Franz Muncker

Friedrich Gottlieb Klopstock Geschichte seines Lebens und seiner

Schriften

Franz Muncker

Friedrich Gottlieb Klopstock Geschichte seines Lebens und seiner Schriften

ISBN/EAN: 9783743311480

Hergestellt in Europa, USA, Kanada, Australien, Japan

Cover: Foto ©ninafisch / pixelio.de

Manufactured and distributed by brebook publishing software
(www.brebook.com)

Franz Muncker

Friedrich Gottlieb Klopstock Geschichte seines Lebens und seiner Schriften

Inhalt.

Erstes Buch.

Bis zur Reise nach Kopenhagen.

Zweites Buch.

In Dänemark.

Drittes Buch.

In Hamburg.

Erstes Buch.

Bis zur Reise nach Kopenhagen.

I.

Elternhaus. Kinderjahre.
1724—1739.

In der ersten Hälfte des vorigen Jahrhunderts beginnt die deutsche
Literatur sich nach langem, winterartigem Schlafe zu neuer, wunderſamer
Blüte zu entfalten, wie sie seit dem Höhepunkt der mittelalterlichen Cultur
aus unserm Volke nicht wieder emporgesproßt war. Der glänzendſte Name
aus dieser Frühlingsepoche des frischen Keimens und Werdens ist Klopstock. Wir rechnen Klopstock zwar nicht mehr, wie die Zeitgenossen, denen
er gleichsam als ein Wunder erschien, zu den größten Dichtern aller Zeiten,
deren Werke, in ihrer Art unübertrefflich, ein Höchstes in der Geschichte
des menschlichen Geistes bedeuten — er bereitete solchen Genien in unserer
Poesie erst den Weg —; auch macht uns sein Leben, dem wegen der frühen
Abgeschlossenheit seines Charakters sowie wegen der leicht gewonnenen Gunst
der äußern Verhältnisse eine voll ausreifende Entwicklung versagt blieb,
nicht durchweg den Eindruck imponierender Größe — auch in dieser Rücksicht übertreffen ihn mehrere von den Führern unserer Literatur, die ihm
folgten —: aber wir begegnen in Klopstock wenigstens einem Dichter, der
mit mächtigem Arm die deutsche Poesie aus den sumpfigen Niederungen,
worin sie lange befangen gewesen, herausriß und rasch der Sonne entgegen
zu den stolzeſten Gipfeln hinaufleitete, der ihr Würde des Inhalts, Wärme
der Empfindung, Adel der Sprache wiedergab, einem Manne, der in ungleich größerem Sinne als alle seine Vorgänger in Deutschland seit zweihundert Jahren sein Leben edel führte und so durch die Achtung, die man
seiner Person zollen mußte, auch der noch jüngst verachteten Dichtkunst in
den Augen der Nation eine höhere Würde mitteilte. Mensch und Künstler
waren in ihm wieder eins geworden, noch nicht in jenem höchsten Grade,

wie in Goethes Wesen die Vereinigung vollzogen ist, aber in anderer und
weitaus innigerer Weise, als es bei irgend einem der vorausgehenden
Poeten, selbst bei Günther, der Fall gewesen war.

Klopstocks Vorfahren stammten aus dem nordwestlichen Grenz-
bezirke Deutschlands, in dem auch der Dichter während der zweiten Hälfte
seines Lebens sich mit Vorliebe aufhielt. Obwohl seiner Geburt nach mehr
zu Obersachsen gehörig, hatte er darum nicht Unrecht, wenn er sich selbst
für einen Niedersachsen gehalten wissen wollte. Von einem in Lübeck auf-
gefundenen Leichenstein aus dem Ende des sechzehnten Jahrhunderts mit
dem Namen Klopstock wußte bereits Karl Friedrich Cramer, der jüngere
Freund und erste, panegyrische Biograph des Dichters, vom Hörensagen.
Der älteste von den Ahnen des letzteren, welchen sein Stammbaum nennt,
war der Magister Christoph Clopstock, bezeichnet als Pastor zu Ratzeburg, wahrscheinlich aber nur aus dieser Stadt gebürtig, 1603 Diaconus
und Schulcollege in dem Städtchen Lauenburg und von dem Superinten-
denten Magister Johannes Rupertus ordiniert. Wie das Visitations-
protokoll vom Jahre 1614 von ihm bezeugt, hatte er „biblia Latina et
Germanica". 1629 wurde er als Pastor nach dem zum Herzogtum
Lauenburg gehörigen Flecken Artlenburg links der Elbe berufen [1]. In
seinem Todesjahre 1632 ward ihm am 10. März ein Sohn Daniel geboren, welcher das Amt eines Stiftschossers oder Kammerverwalters des
Stiftes Queblinburg bis zu seinem am 3. September 1684 erfolgten
Tode bekleidete. Als solcher verheiratete er sich mit einer Tochter des
Ratskämmerers Jakob Breiter zu Queblinburg, die ihm 1667 einen
Sohn Karl Otto gebar. Dieser, des Dichters Großvater, war juris
utriusque licentiatus und advocatus ordinarius in seiner Vaterstadt.
Er starb am 15. Februar 1722. Seine Gattin Juliane Maria war
eine Tochter des vorsitzenden Hofrats David Windreuter (geboren den
24. Juli 1626, gestorben den 18. October 1707), der zweiundfünfzig Jahre
lang das Amt eines Stiftsbedienten in Queblinburg verwaltete. Geboren
am 23. Januar 1671, erlebte sie noch den anbrechenden Ruhm des Enkels;

---

[1] Vgl. Joh. Frd. Burmester, Beiträge zur Kirchengeschichte des Herzogtums
Lauenburg (Ratzeburg 1832), S. 84 f. und 225. Von der Familie Klopstock lebten
übrigens auch später noch Nachkommen in jenen Gegenden; Burmester erwähnt
S. 115 einen Ernst Clopstock, Sohn eines Stadtschreibers zu Lauenburg, seit 1664
Pastor zu Berkentien bei Ratzeburg, gestorben 1685, Schwiegersohn seines Amts-
vorgängers Petrus Hund.

selbst noch im späten Alter fühlte sich dieser als ihren Liebling und erinnerte sich dankbar des religiös erhebenden Eindrucks ihres frommen Wandels. Bis in den Sommer 1750 erfreute sie sich eines frischen Alters; als Klopstock im folgenden Frühjahr, von der Schweiz zurückkehrend, vor der Abreise nach Dänemark einige Wochen im Elternhause verweilte, fand er die Großmutter völlig verändert, bleich, frierend, der Stütze bedürftig, fast erblindet, die Stimme erloschen, teilnahmslos gegen ihre Umgebung. Noch einmal flammte die alte Kraft auf, als sie sich beim Abschied frei und sicher zum begeisterten Segen über den geliebten Enkel erhob. Wenige Monate darnach, am 19. December 1751, verschied sie. Ihr ältester, bald einziger Sohn Gottlieb Heinrich war am 18. (neuen Stils 28.) Juli 1698 geboren. Er ward fürstlich-schleswig-holsteinischer Lehnssecretarius und advocatus ordinarius im Stifte Quedlinburg, hernach fürstlich-mansfeldischer Commissionsrat. Am 9. September 1723 vermählte er sich zu Quedlinburg mit Anna Maria, der am 17. Januar 1703 geborenen sechsten Tochter des Ratskämmerers und großen Kauf- und Handelsmannes Johann Christoph Schmidt zu Langensalza (geboren zu Mühlhausen den 19. October 1659, gestorben den 28. November 1711) und seiner (am 25. Februar 1690 ihm angetrauten) Gattin Katharina Juliane geb. Aurbach, die erst 1729 ihrem Mann im Tode folgte. Dreiunddreißig Jahre lang lebte Gottlieb Heinrich Klopstock mit seiner Gattin in glücklichster Ehe, der während der ersten vierundzwanzig Jahre siebzehn Kinder, acht Söhne und neun Töchter, entsprangen.

Friedrich Gottlieb war das älteste von ihnen. Er wurde am 2. Juli 1724 zu Quedlinburg geboren, am 4. Juli ebendort getauft. Beide Großmütter nebst dem Bruder der einen, dem Canonicus Licentiat Ludwig Friedrich Windreuter, waren die Paten.

Die ersten Kinderjahre verbrachte Klopstock in seiner Vaterstadt. Hier nahmen seine Eltern ihrer Wohlhabenheit wie der bürgerlichen Ämter halber, die seit mehreren Geschlechtern in der Familie gleichsam erblich geworden waren, eine ansehnliche Stellung ein und waren wegen ihres persönlichen Charakters allgemein geachtet. Namentlich der Vater war kein unbedeutender Mann. Viele Charakterzüge des Sohnes waren in ihm bereits vorgebildet. Von seiner Tapferkeit, die bisweilen fast an Tollkühnheit streifte, wußten seine Mitbürger manche abenteuerliche Geschichte zu erzählen, wie er z. B. auf einer Reise nach Böhmen ungeachtet alles Warnens mit vielem Geld in einem unsichern Wirtshause einkehrte, durch

seine fürchterlichen Gespräche mit seinem Jäger aber schon des Abends den
Wirt und dessen Diebesbande in scheuer Ferne hielt, in der Nacht vollends
beim ersten Geräusch an der Thür den Kachelofen in Trümmer schoß und
des Morgens mit strafender Miene ohne ein Wort der Entschuldigung auf
die überreste wies, oder wie er den preußischen Officier, der seine schon
in die Musterrolle des Halberstädter Regiments eingetragenen Söhne zum
zweiten Mal anwerben wollte, mit unerschrockenem Mute derb abfertigte.
Und dabei war er keineswegs — wie später sein Sohn — dem großen
König innerlich abgeneigt. In demselben Jahre geboren, da das früher
sächsische Quedlinburg unter preußische Herrschaft kam, fühlte und bewährte
er sich stets als preußischen Patrioten, und noch einer seiner letzten Briefe
an Gleim gab seiner treuen Anhänglichkeit an Friedrich II. warmen Ausdruck. Aber selbst bieder und fest, ein Mann von altem Schrot und Korn,
kannte er auch keine Rücksicht oder Furcht, wo er ein Unrecht von andern
wahrnahm. Da ließ ihn die Galle, wie er selber bekennt, in der ersten
Nacht nicht schlafen und riß ihn zur Leidenschaft, ja zur Grobheit hin.
Besonders bei einem, der Treu' und Glauben „verrenkt“ hatte, sah er kein
Mittel zur Heilung und Versöhnung. Um so fester hielt er selbst an den
Freunden; als ihn das Ausbleiben einiger Briefe eine Verstimmung
zwischen Gleim und seinem Sohne befürchten ließ, ward er nicht müde,
diesem die großen Verdienste des befreundeten Dichters aufzuzählen, um so
den Bruch eines in Wirklichkeit nie gelösten Verhältnisses zu verhüten.
Mit praktisch ruhigem Blick, den kein Vorurteil, doch auch keine Schwär-
merei trübte, schaute er in die Welt; aber sein Auge blieb nicht am
Materiellen hängen. Er konnte sich in das Streben und Treiben seiner
langensalzischen Verwandten nicht finden, denen nach dem Tode seiner
Schwiegermutter, wie er seinem vertrauten Gleim klagte, der Ankauf eines
Viertel Landes für Tugend und die Belegung eines neuen Capitals für
Wissenschaft, gute Sitten und Religion galt. Er hatte vom Leben eine
höhere und, wenn er auch dem scherzhaften Humor und Witz nicht verschlossen war, im Grund ernste Auffassung. Er hielt es für notwendig, daß
der Mensch „von dem Kreuzsalze durchläutert“ werde, oder, wie er ein
ander Mal sich ausdrückte, die „nackende“ Meldung von Freude, Vergnügen, Süßigkeiten stellte ihn nicht zufrieden, weil seine Briefe auf reellere
Dinge eingerichtet seien und Offenbarung, Philosophie und Erfahrung
ihm von dem irdischen Aufenthalte den Begriff gegeben hätten, „daß er ein
Stand der Probe und Zucht sei, folglich das Schwimmen in Vergnüglich-

keiten ausschließe". Mit dieser Ansicht von dem Leben verband sich ein echt
religiöser, frommer Sinn. Die Anschauungs- und Ausdrucksweise der
Bibel war ihm so geläufig geworden, daß er sich öfters ihrer in seinen
Briefen bediente. Als einen wahren Gottesstreiter fühlte und bekannte er
sich offen. Spott über die Religion nahm er „als Touche gegen sich" an
und wußte die Verächter, indem er allenfalls mit dem Degen drohte, zum
Schweigen zu bringen. Wie er sich stark mit der körperlichen Gegenwart
des Teufels beschäftigte, sogar des Nachts oft mit ihm stritt, so war er
auch schlechterdings überzeugt, daß viele Dinge wirklich seien, die wir weder
ausrechnen, abwägen noch messen können. Er glaubte, hierin von seinem
Sohne ganz verschieden, mit aller Macht an Ahnungen, schien selbst welche
zu haben und gab sich sogar einer gewissen Neigung zum Gespenster-
glauben hin.

Zu seinen Kindern hegte er feste, männliche Liebe, doch ohne alle
Empfindsamkeit. Namentlich sein „redlicher" Ältester lag ihm am Herzen;
er war sein Stolz, in ihm lebte er geradezu. Aus dem großen Dichtwerke
desselben schöpfte er die reinste Freude und innigste Befriedigung. Hier
vermischten sich für ihn die persönlichen und die religiösen Interessen: in
den Gegnern des Gedichtes sah er Feinde Gottes. Die derbsten Schimpf-
wörter konnten da seiner Wut nicht Genüge leisten. „Diese Spötter",
schrieb er 1754 an Gleim, „sind nicht Christen; Sauigel ohne Religion
sind sie, die vom Ungeziefer im Finstern leben." Mit allen erlaubten
Waffen glaubte er sie bekämpfen zu müssen, und rüstig entwarf er Pläne,
um sich selber in die Vorderreihe der Fechtenden zu stellen. Selbstlos
ordnete er dabei sich und seine persönlichen Wünsche dem gemeinsamen
Zweck unter, wie er denn auch mit richtigem Tact die Grenze, bis zu
welcher er als Vater für die Sache des Sohnes eintreten durfte, sicher zu
bestimmen wußte. Seine Briefe an Gleim, die uns überhaupt den gründ-
lichsten Aufschluß über sein Wesen geben, drehen sich hauptsächlich um diese
Fragen. In seiner Teilnahme gieng er so weit, sich im November 1754 ein
Verzeichnis aller derjenigen zu erbitten, „die Freunde unsers Gedichtes in
öffentlichen Schriften sind". Eifrig studierte er die Streitschriften, die für
und gegen die Messiade auf Seiten der Schweizer oder Gottscheds erschienen. Ohne auf den Namen eines Gelehrten Anspruch zu erheben,
hatte er sich jederzeit schon in den Wissenschaften tüchtig umgesehen. Nicht
nur in der praktischen Ausübung seines Berufs war er durchaus bewandert,
sondern er hatte seine Kenntnisse auch durch fleißige juristische und theo-

logische Lectüre ausgebreitet und vertieft; selten sandte er einen Brief an
den Verleger seines Sohnes, den Buchhändler Hemmerde in Halle, ohne
für sich selber eine Bücherbestellung beizufügen. Als während der letzten
Jahre seines Lebens sein fünfter Sohn Ernst in einer Leipziger Buchhand-
lung in Condition stand, hatte er von dem Vater Auftrag erhalten, sich in
den Neuigkeiten der Gelehrtengeschichte umzuthun und das Wichtigste sofort nach Quedlinburg zu melden. Namentlich die neuen Erscheinungen in
der schönen Literatur, die bis zu einem gewissen Grade fast alle mit den
Werken seines Sohnes zusammenhiengen, zogen jetzt die rege Aufmerksamkeit des Commissionsrates auf sich. Sein Geschmacksurteil stimmte ziemlich
regelmäßig mit dem des Sohnes überein. Neben einem Wutausbruch über
des „niedrig-übel-gebornen‟ Voltaire scheusliche ‘Pucelle’ und ‘Les orphe-
lins de China’ — bezeichnend für den Vater des Verfassers jenes treffenden
Epigramms auf die ‘Henriade’ — begegnen in seinem Briefwechsel Lob-
preisungen von Miltons „unvergleichlich nettem Stil‟ und seiner „noch
viel schöneren und stärkeren Logik‟ — es war dabei an die prosaischen
Arbeiten des englischen Dichters gedacht. Ein richtiger Blick leitete Klopstocks Vater besonders auch beim Urteil über Werke der deutschen Literatur.
Seinen vollsten Beifall errangen sich vornehmlich Lessings polemische
Äußerungen über Gottsched; an ihrem Verfasser, den er freilich nur als
einen der rührigsten Kämpfer von der Partei seines Sohnes betrachtete,
nahm er lebhaften Anteil, und als Gleim im Winter 1754 auf 1755 nach
Berlin reiste, trug er ihm ausdrücklich Empfehlungen an Lessing wie an
Kleist und Ramler auf.

Von dem eigenartigen Wesen ihres Gatten scheint Klopstocks
Mutter wenig gehabt zu haben. Der jüngere Cramer hatte aus allem,
was er über sie erzählen gehört hatte, nur den allgemeinen Eindruck gewonnen, daß sie eine würdige Frau gewesen sei. An geistiger Begabung
stand sie ihrem Manne kaum gleich; wenigstens sind ihre Briefe meist unbedeutend dem Inhalt nach und unbeholfen in der Form, während die
Ausdrucksweise des Commissionsrates immer etwas an die umständlich-
bedächtige Schwerfälligkeit des verschnörkelten Amtsstiles erinnert. Doch
besaß auch sie, die Schülerin ihres nachmaligen Schwagers, des Predigers
M. Christian Leisching zu Langensalza, regen Sinn und Verstandesbildung
genug, um den Arbeiten ihres Sohnes aufmerksam folgen zu können, und
Klopstock erkannte dies selber an, indem er, so lange sie lebte, ihr stets eines
der ersten Exemplare seiner Dichtungen zukommen ließ. Ebenso erlebigte

sie nach dem Tod ihres Gatten mehrmals die einfacheren Angelegenheiten ihres Sohnes an seinen Verleger in Halle. Um so reicher scheint ihr Gemüt ausgebildet gewesen zu sein. An ihren Kindern hieng sie mit ängstlich besorgter Zärtlichkeit. Erzählungen aus des Dichters Knabenjahren wie Erfahrungen ihres späteren Alters legen die Vermutung nahe, daß ihre allzu nachsichtige Liebe sich nicht immer die gehörige Strenge gegen ihre Kinder abgewinnen konnte.

Christlich frommer Sinn und Sitte, durch des Vaters Mutter wohlthätig genährt, herrschte in der Familie Klopstock. An die Großmutter hielten sich die Kinder, deren Zahl sich rasch mehrte, vornehmlich gern. Betrugen sie sich artig, so pflegte sie ihnen zur Belohnung eine biblische Geschichte zu erzählen und sie so zur Tugend und zur Kenntnis der heiligen Schrift zugleich anzuleiten.

Der Vater, pedantischem Zwang abgeneigt, wünschte den Kindern eine freiere Erziehung zu geben. Fern von der Enge der Schulstube, verschont mit leerer Gedächtnisarbeit, sollten sie in ländlicher Natur vorerst Körper und Geist gleichmäßig kräftigen und zur Aufnahme richtiger Eindrücke vorbilden. Er pachtete daher die Herrschaft Friedeburg, in der Grafschaft Mansfeld an der Saale hübsch gelegen. Im Frühling oder Sommer 1732 siedelte er mit seiner Familie von Quedlinburg dahin über. Hier genossen die Kinder einer uneingeschränkten ländlichen Freiheit, die zu kühnen Tollheiten lockte. Im wagehalsigen Spiel hiengen sie sich Stieren an den Schweif und reizten sie mit stachlichten Stecken, daß sie die mutwilligen Knaben in wildem Wirbel umherschleuderten, oder sie badeten heimlich trotz dem Verbot der Mutter, während der Vater mit stillem Behagen bloß warnte: „Jungens, ersauft mir nur nicht!" Vor Tagesanbruch sprangen sie mit den beiden Hunden über die hohe Hofmauer, um — nun auch hinter dem Rücken des Vaters — in den Wäldern eines benachbarten Edelmanns mit dessen Söhnen Hasen zu jagen.

Wissenschaftliche Kenntnisse eignete sich Klopstock bei dieser Lebensart nur spärlich an. Der Unterricht in den Anfangsgründen der Sprachen, den er gemeinsam mit den jungen Edelleuten aus der Nachbarschaft von einem Candidaten der Theologie, Christian Gottfried Schmidt, erhielt, gieng in nichts über die herkömmliche Weise solcher Lehrstunden hinaus und förderte den aufgeweckten Knaben wenig: mit leichter Mühe war er der beste unter seinen Mitschülern. Dazu ließ ihn der Vater nur eben so viel lesen und auswendig lernen, als unumgänglich notwendig schien. Dagegen wurde durch die ländliche Umgebung der Natursinn Klopstocks und seiner Brüder, den schon die anmutige Lage Quedlinburgs in der Nähe des Harzes geweckt haben mochte, mächtig angeregt, während sich bei der ungebundenen Erziehung das Bewußtsein persönlicher Kraft kühn entfaltete; dem gesammten Wesen des heranwachsenden Dichters teilte sich jene jugendliche Frische mit, die ihn bis in's späte Alter nicht verließ, ihn stets empfänglich erhielt für körperliche Kraftübungen wie für die edleren Bestrebungen und Genüsse der Jugend, jene Frische, deren begeisternder Hauch durch die besseren seiner Oden weht und die erloschene deutsche Dichtkunst zu neuem Leben entflammte. Aber auch sein Gemüt empfieng tiefe und bleibende Eindrücke: gleich in der ersten Zeit des Friedeburger Aufenthaltes starb neben einer erst elf Monate alten Schwester Klopstocks zweiter Bruder Johann Christian (6. November 1728 — 3. October 1733). Es war der erste und unvergeßlichste Schmerz, der die Freudenträume seiner Kindheit unterbrach. Wehmütig erinnerte er sich noch fünfzehn Jahre darnach in der später 'Der Abschied' überschriebenen Ode des „früh edlen" Bruders, den er „in seiner Unschuld sterben" sehen, und wieder beim Tode des Vaters im Spätherbst 1756 dachte er mit Innigkeit des so sehr geliebten Gespielen seiner frühesten Jahre. Eindrücke jener auf dem Lande verlebten Jahre lagen wohl noch öfter späteren Dichtungen Klopstocks zu Grunde. Ohne Zweifel wurde sein Talent zur Idylle durch den traulichen Verkehr, den schon der Knabe mit der einfach-ländlichen Natur pflog, wesentlich angeregt und gefördert.

Etwa vier Jahre dauerte der Aufenthalt zu Friedeburg, dem Dichter für immer eine Zeit goldner Erinnerungen. Schlimm lief der Pacht für die Familie ab. Der Vater ward schließlich dadurch in einen Proceß verwickelt, in welchem er sein Vermögen zum größten Teil einbüßte — ohne sein Verschulden, wie Klopstock im October 1748 an Bodmer schrieb. Die bis dahin wohlhabende Familie befand sich bald in ziemlich beschränkten Verhältnissen, aus denen sie sich nicht wieder emporzuheben vermochte. Um das Jahr 1736 kehrte man von den Ufern der Saale nach Quedlinburg zurück, zunächst die Mutter mit den Kindern, die vorläufig bei der väterlichen Großmutter Aufnahme fanden, zuletzt, als seine Anwesenheit in Friedeburg nicht mehr nötig war, auch der Vater.

Klopstock empfand die Verpflanzung aus der Freiheit des Landlebens in die engen Mauern der Stadt äußerst schmerzlich. Zwar gab es auch hier der Anregungen manche für den reiferen Knaben, und der zukünftige

Dichter ließ sich dieselben nicht entgehen; sie kamen aber von andrer Seite als bisher. So hübsch Quedlinburg auch liegt, überragt von seinem Schloß auf hohem Sandsteinfelsen, die romantischen Gebirgsthäler des Harzes, dessen waldige Gipfel herübergrüßen, öffnen sich doch erst zwei Stunden weiter südlich: in der Natur zu schwelgen, war hier nicht mehr in dem Grade wie zu Friedeburg möglich. Aber historische Gestalten des deutschen Mittelalters wurden durch die Stadt selbst und durch alte Baudenkmäler in ihr vor die regsame Phantasie des werdenden Dichters hingezaubert. Heinrichs des Finklers Name ist eng mit der Geschichte Quedlinburgs verknüpft. Noch zeigt man den Vogelherd, wo der Sachsenherzog der Sage nach 919 die Abgeordneten des Reichs empfieng, die ihm seine Wahl zum deutschen König ankündigten. Die Stadt Quedlinburg ist eine Gründung des Voglers, 929 als ein Bollwerk und Zufluchtsort gegen die Einfälle räuberischer Grenznachbarn angelegt. Mit Vorliebe weilte er und seine Nachfolger sächsischen Stammes daselbst. Wenige Schritte von Klopstocks Elternhause stand das Schloß, Sitz der Äbtissinnen des reichsunmittelbaren weltlichen Frauenstifts, das Heinrich kurz vor seinem Tode gegründet hatte, und das, wenn auch seit der Annahme der Reformation in seiner Macht kläglich geschwächt, noch immer am einstigen Glanze zehrte. Daneben in der alten, zu Anfang des vorigen Jahrhunderts innen renovierten Stiftskirche zeigte man nicht nur einzelne Reliquien des Sachsenfürsten, sondern auch sein und seiner zu Quedlinburg verstorbenen Gemahlin und Enkelin Grab. So viele geschichtliche Erinnerungen, die durch erläuternde Worte des Vaters und einiger Lehrer Leben in der Einbildungskraft des jungen Klopstock gewinnen mochten, drückten sich seinem Sinne fest ein: als er ein paar Jahre darauf sich nach dem Stoffe zu einem Epos umsah, stellte sich ihm naturgemäß Heinrich, der Befreier Deutschlands, der Städtegründer, zuerst als Held seines Gedichtes dar. Ja noch der Mann und der Greis Klopstock verlegte den Schauplatz seiner patriotischen Dramen in die unmittelbare Nähe seiner Vaterstadt und dachte sich Hermann, den Cheruskerfürsten, auf dem Quedlinburger Schloßberge geboren.

Allein wenn auch die älteste Geschichte seines Heimatortes die Aufmerksamkeit und Teilnahme des Knaben auf sich zu ziehen beginnen mochte, so erwies er sich doch zunächst ernster Geistesarbeit abhold. Mit der Rückkehr nach Quedlinburg traf sein Eintritt in das dortige Gymnasium zusammen. Klopstocks Besuch desselben fiel gerade noch in die letzten Jahre der glänzendsten Periode, welche diese Lehranstalt, eine Stiftung der Refor-

mation, erlebte. Trotz mancher Bedrängnis und Gefahr, in welche Lehrer
und Schüler durch den langjährigen Zwist zwischen den Äbtissinnen des
Stifts Queblinburg und den Königen von Preußen, besonders durch die
von Friedrich Wilhelm I. schonungslos betriebene Werbung gerieten,
war die Frequenz und innere Tüchtigkeit des Gymnasiums unter dem
trefflichen Rector M. Tobias Eckhard, unter dem Klopstock in die
Schule eintrat, noch die alte geblieben. Auch noch in den ersten Jahren
nach seinem Tode (am 13. December 1737) erhielt sich unter seinem Nachfolger M. Johann Kaspar Eberhard Wineken der frühere Glanz
der gelehrten Anstalt, um später unter eben diesem Rector desto unaufhalt-
samer zu schwinden.

Anfangs widmete Klopstock, wie er später selbst gestand, den Studien
keinen besondern Fleiß. Der städtische Schulzwang mit seinen stillen Arbeiten
wollte dem des Landlebens gewöhnten Jungen gar nicht zusagen; es kümmerte
ihn wenig, daß andere Alters- und Klaßgenossen ihn überholten. Das
dauerte, bis ein sächsischer Verwandter, vermutlich der Appellationsrat und
Kanzler Zeumer in Zeitz, für den Knaben eine Freistelle in Schulpforta
erwirkte[1]. Die Bewerbung um diese Gunst scheint sich ziemlich in die Länge
gezogen zu haben. Schon am 7. October 1738 bedankte sich Klopstock in seinem
ersten uns erhaltenen Briefe, der, nach dem Curialstil zu schließen, von dem
Vater dictiert oder wenigstens corrigiert wurde, für Zeumers Bemühen,
ihm „eine Stelle in der Schulpforte zu Wege zu bringen"; sein Eintritt in
die Fürstenschule erfolgte aber erst im November des nächsten Jahres, und
auch die Gewißheit seiner Aufnahme scheint ihm nicht vor dem Frühling 1739
geworden zu sein. Nun erwachte der Ehrgeiz des Knaben. Der Vater hatte
ihm vorgestellt, daß von dem Ergebnis der Aufnahmsprüfung die höhere
oder niedere Klasse, in die er kommen werde, und somit die Dauer seines
Bleibens in der Schule überhaupt abhänge. Latein und Griechisch wurde
jetzt eifrig getrieben; im Schweiße seines Angesichts lernte er, wie er Jahrzehnte später noch erzählte, auf dem Dachboden in der brennenden Sommer-
hitze auf- und abwandelnd.

Doch auch das Gemütsleben schlummerte nicht. Eine zärtliche Neigung
zu einem zwölfjährigen Mädchen, das er Ida nennt, führte im Mai 1739
zu gegenseitigem Geständnis der Liebe im Duft einer Frühlingslaube; der

---

[1] Die Stadt Zeitz hatte das Recht, fünf Freistellen in Pforta zu besetzen. So
konnte Klopstock, obwohl er nicht Sachse war, einen Freiplatz in der Schule erhalten.

Auf der Schwester trennte die Glücklichen, die in stummem Entzücken schüchtern sich gegenüberstanden. Klopstock hat dieses Ereignis stets mit einem
fast feierlichen Ernste behandelt. Elf Jahre darnach bei der Fahrt auf
dem Züricher See machte ihn die überraschende Ähnlichkeit einer jungen
Dame mit Ida zum ausgesprochenen Verehrer derselben; aber in dem
Briefe darüber an seinen Vetter wagte er jene Erinnerung an den Mai 1739
kaum anzudeuten: „Diese Geschichte muß ich Ihnen nicht auserzählen."
Auch als Dichter blieb ihm Ida stets ein Lieblingsname, und noch 1796
besang der Greis in der zarten Ode 'Aus der Vorzeit' mit inniger Begeisterung, den Vorgang poetisch verschleiernd, jenen Frühlingstag.

II.

Schulpforta.

1739—1745.

Im Beginn des Winters 1739 begab sich Klopstock wohl vorbereitet mit seinem Vater nach Pforta. Am 6. November wurde er in die Schule aufgenommen. Die hundertjährige Wiederkehr dieses Tages wurde als ein Fest von der Anstalt gefeiert. Die Prüfung, die dem Eintritt in die Schule vorausgieng, bestand Klopstock rühmlichst. Obgleich er mit der lateinischen Übersetzungsaufgabe schon vor Ablauf der dazu gewährten dreistündigen Frist fertig war, erntete seine Arbeit doch den Beifall des Rectors: er wurde gleich unter die ersten Schüler der dritten Klasse gesetzt; ja, wenn wir Cramer glauben dürfen, wäre er gar in die zweite gekommen, wofern ein parteiischer Lehrer sich nicht dem widersetzt hätte.

Schulpforta selbst mit seiner reizenden Lage an einem Nebenarm der Saale mußte auf den Knaben, der von früh auf an landschaftliche Schönheit gewöhnt war, einen gewinnenden Eindruck machen[1]. Südlich begrenzen kahle Bergrücken mit Kalkfelsen, hübsche Fernsicht verheißend, das breite, fruchtbare Thal, in dessen Mitte vor einem schmalen, zwischen die Thalwände eingeschobenen Hügel Pforta am Eingang zu einem kleinen Engpasse liegt. Sorgfältig gepflegte Laubwälder mit prachtvollen Bäumen bedecken die Bergkette im Norden und bieten Gelegenheit zu den schönsten Spaziergängen in der unmittelbaren Nähe der Schule, während malerische Burgen

---

[1] Manches von dem Folgenden verdanke ich Herrn Professor Dr. Schreyer in Schulpforta, der mich im Herbst 1885, freundlich überall Aufschluß gebend, durch den ganzen Bezirk der Fürstenschule führte. Die geschichtlichen Angaben entlehnte ich meist aus Justin Bertuchs 'Chronicon Portense', neu herausgegeben von Johann Martin Schamel (Leipzig 1739).

und freundliche Städte im weiteren Umkreis zu größeren Ausflügen an-
locken, wie sie von Pforta aus jederzeit unter der Aufsicht der Lehrer unternommen wurden. Doch auch der Bezirk, den die Schulmauern einschlossen
und den die Schüler für gewöhnlich nicht verlassen durften, war anmutig
und unterhaltend genug in mannigfacher Hinsicht. An der breiten Land-
straße etwa in der Mitte zwischen Kösen und Naumburg ist Pforta gebaut,
ursprünglich ein Cistercienserkloster, monasterium sanctae Mariae de Porta,
um 1137 gegründet. Herzog Heinrich I. der Fromme von Sachsen, der
Nachfolger seines Bruders Georg des Bärtigen, hob das Kloster 1540 auf,
und sein Sohn, der spätere Kurfürst Moritz, stiftete 1543 an dessen Stelle
die schola Portensis, bald die bedeutendste unter jenen drei Fürstenschulen,
in denen mehrere der größten Männer Deutschlands ihre wissenschaftliche
Vorbildung erhielten. Die neue Gründung vereinigte die Vorzüge ländlicher Abgeschiedenheit und einer gewissen städtischen Pracht und Bequemlichkeit. Denn die zahlreichen alten Klostergebäude bildeten eine ansehnliche,
im Innern wohl zusammenhängende, nach außen fest abgeschlossene Ort-
schaft mit eigner Kirche, Friedhof, Amthaus, selbständiger Gerichtsbarkeit;
einige Beamte, mehrere Werkleute, Bauern, Knechte und Mägde, welche
die ausgedehnte Landwirtschaft des reichen Stifts zu betreiben hatten,
wohnten dort außer den Lehrern und Schülern. Stattliche Bauten begegneten den Blicken der Zöglinge; aber ein reiner künstlerischer Geschmack
konnte sich an ihnen kaum bilden. Die verschiedensten Stilarten von der
halb noch an die romanische Kunst erinnernden Frühgotik an bis zum
Roccocco waren durch einander gemischt und namentlich die schönsten alten
Denkmäler durch moderne stillose Zuthaten, die zum Teil erst in neuester
Zeit entfernt worden sind, bös entstellt. Im allgemeinen herrschte freilich
in Pforta wie in den umliegenden älteren Städten die Gotik vor, zumal in
der großen, stimmungsvoll angelegten Kirche und in dem gut erhaltenen
Kreuzgang, der den äußerst gefälligen Spazierplatz der Primaner umgibt.
Viel mehr als der Geschmack an bildender Kunst konnte sich hier der frische
Natursinn Klopstocks und besonders auf den weiten Spiel- und Tummel-
plätzen der verschiednen Klassen seine turnerhafte Anlage fortentwickeln.

Aber auch die geschichtlichen Erinnerungen, welche Quedlinburg in dem
Knaben geweckt hatte, mochten hier reichlich vermehrt werden. Einzelne
Ortschaften der Umgegend, in denen sich die sächsischen Kaiser mit Vorliebe
aufhielten, so Memleben, gehörten fast ganz zum Besitz der überaus wohl-
habenden Schule. Auf dem nicht gar fernen Schlachtfeld von Lützen war

Gustav Adolf im Kampf für den evangelischen Glauben gefallen; auf dem Wege dahin lag Weißenfels, wo die Leiche des schwedischen Königs aufgebahrt worden war.

In Pforta selbst wohnten gegen hundert und fünfzig Jünglinge, die gemäß alter Bestimmung beim Eintritt nicht unter elf und nicht über sechzehn Jahre alt sein durften, unter strenger Aufsicht und im beständigen Verkehr mit den Lehrern zusammen und wurden mindestens sechs Jahre lang für den Besuch einer Hochschule gründlich vorbereitet, daneben aber auch in guter Sitte und Zucht für das praktische Leben tüchtig herangebildet. Die feinen Manieren und der gesellschaftliche Tact der Portenser waren jederzeit rühmlich anerkannt. Ein einseitig protestantischer Geist waltete in der Anstalt; noch heute ist die Aufnahme in dieselbe streng auf Angehörige des evangelischen Bekenntnisses beschränkt. Desto bemerkenswerter erscheint es, daß Klopstock zeitlebens frei blieb von jeglicher Regung der Unduldsamkeit gegen Andersgläubige.

Zum Besuch der Schule waren zwar nicht ausschließlich künftige Gottesgelehrte zugelassen; der Unterricht war jedoch vornehmlich für werdende Theologen und Philologen berechnet. Auf die religiösen Studien und Übungen wurde immer ein vorzügliches Gewicht gelegt. Auf Klopstock mußten dieselben um so stärker und nachhaltiger wirken, da er schon aus dem Vaterhause einen gläubig-frommen Sinn mitbrachte. So war es kein Zufall, daß er auf der Schule, wo das alte und noch mehr das neue Testament (mit synoptischer Vergleichung der vier Evangelien) eifrigst gelesen und erklärt wurde, den Gedanken eines religiösen Epos faßte und den Entwurf bereits in allen Einzelheiten ausbildete.

Sorgfältig war namentlich der Unterricht in den klassischen Sprachen. Latein war in der alten Schulordnung sogar als Umgangssprache vorgeschrieben. Aber auch das Griechische wurde emsig gepflegt und selbst das Hebräische nicht ganz vernachlässigt. Die besten Prosaiker und Dichter wurden fleißig gelesen, Übersetzungen aus einer fremden Sprache in die andere ausgearbeitet, poetische Versuche, im Lateinischen auch Disputationen und Redeübungen angestellt. Daran schloß sich nach den Bestimmungen des Stifters der Unterricht in Logik, Mathematik, Musik und den übrigen sogenannten freien Künsten. Mangelhaft war es im Verhältnis zu den alten Sprachen mit dem Studium des Deutschen in der Pforte bestellt. Daß in den obern Klassen sogar in lateinischer Sprache gelehrt wurde, that der wissenschaftlichen Kenntnis der Muttersprache harten Eintrag. Deutsche

Schriften wurden daselbst noch im Anfang unsers Jahrhunderts recht spärlich gelesen. Manche derselben gehörten überdies zu den „falschen Büchern" und waren geradezu verboten. Freie deutsche Aufsätze und Vorträge waren noch damals den Schülern der Pforte so gut wie unbekannt, Verstöße gegen Stillehre, Grammatik und selbst Rechtschreibung nicht selten. Nicht viel besser scheint es dem Französischen gegangen zu sein. Zwar waren dafür seit 1725 besondere Lehrer angestellt; doch war noch bei der Übernahme der Anstalt durch Preußen 1815 dieser Teil des Unterrichts sehr vernachlässigt. Zu den französischen Lehrern scheint auch Klopstock in kein näheres Verhältnis gekommen zu sein; wenigstens erwähnte er keinen derselben bei seiner Abschiedsrede. Doch las er, wie eben dieser Vortrag beweist, noch auf der Schule verschiedne französische Werke, namentlich der schönen Literatur, manches davon allerdings wahrscheinlich nur in deutscher Übertragung, so z. B. die von am Ende übersetzten Abschnitte der 'Caractères' von La Bruyère, die schon damals und nicht minder in der Folge einen gewissen Einfluß auf Klopstock ausübten. In spätern Jahren wußte er französisch zu sprechen, obschon er es nicht liebte. Desgleichen vermied er es möglichst, französisch zu schreiben.

Klopstock verdankte der Schulpforte die Sicherheit im lateinischen Ausdruck, den er in jenen Jugendjahren viel zwangloser und gewandter seinen Gedanken anzuschmiegen wußte als später, da Riesenperioden, mit unnatürlicher Stellung künstlich in einander verschlungen, das Verständnis seines Latein erschwerten und die gesuchte feierliche Würde des Vortrags ihn verführte, seltne, ja völlig unmögliche Flexionsformen den gewöhnlichen und richtigen vorzuziehen. Während es hier überall von Germanismen wimmelt, erfreut uns die Abschiedsrede von Schulpforta, sowie die lateinisch geschriebenen Briefe aus den nächstfolgenden Jahren durch ihren einheitlichen, ungezwungenen, frischen und echten Stil. Klarheit vermittelst eines einfachen Satzbaues und treffende Kürze sind die Hauptvorzüge dieser früheren Versuche in lateinischer Darstellung, denen man bei dem originalen Eindruck des Ganzen kleine Härten und seltnere Constructionen oder Phrasen im einzelnen leicht verzeiht. Der Ausdruck ist reich an Schmuck, die ganze Sprache lyrisch gefärbt; alle Künste der Rhetorik werden aufgeboten, und nicht ohne Erfolg. Auch im Griechischschreiben erwarb sich Klopstock in Pforta eine gewisse Fertigkeit; konnte er es doch 1749 wagen, die Anfangsstrophen einer Ode an Fanny in griechische Alcäen zu übersetzen, die freilich überall den in der Syntax wie in den Dialekten der althelleni-

schen Sprache unsicher herumtastenden Deutschen verraten. Über seine
Kenntnisse im Hebräischen hat sich Klopstock nie selbst geäußert oder deutliche
Proben davon abgelegt. Trotzdem besteht kein Zweifel, daß er es in dieser
Sprache nicht weit gebracht hat. Die hebräischen Eigennamen, welche uns
in der Messiade so häufig begegnen, hat er zwar zum geringsten Teile
selbst erst gebildet. Aber er hielt nicht nur an der falschen Betonung derselben fest, welche damals in Deutschland üblich war und es oft noch bis auf
den heutigen Tag geblieben ist; sondern er legte auch mehrere Namen mit
weiblicher Endung, die er aus verschiednen Quellen kennen lernte oder
selbst erfand, Männern bei[1]). Ebenso würde ein gründlicher Kenner des
Hebräischen hinter dem Ausdruck der Lutherischen Übersetzung (bei der
Versuchung des sündigen Menschen) „Du wirst des Todes sterben"[2]) keine
so tiefe Bedeutung gesucht haben, wie Klopstock es in seinem Trauerspiel
‚Der Tod Adams‘ und im zehnten Gesange der Messiade (Vers 54) that.

Wichtiger als die Fertigkeit in den alten Sprachen war für den heranwachsenden Dichter die dauernde Liebe zu der antiken Literatur, die ihm in
Pforta eingepflanzt wurde, und die künstlerische Anschauung von den einzelnen Schriftstellern der Griechen und Römer, die er gleichfalls schon in
der Anstalt gewann. Zu einer richtigen Würdigung des geschichtlichen
Verhältnisses zwischen Hellas und Rom, überhaupt zu einer im höchsten
Sinn historischen Betrachtung des Altertums konnte sich der Jüngling un-
möglich aufschwingen; es war ja die Philologie jenes Zeitalters insgesammt
noch nicht zu diesem Punkt der Erkenntnis vorgedrungen. Als später
Winckelmann und Friedrich August Wolf den Grund zu einer geschichtlichen
Behandlung der antiken Kunst und Literatur legten, spendete der gereifte
Mann dem Talent und den Leistungen beider Forscher seine bewundernde
Anerkennung, ohne jedoch zu ihnen oder den Ergebnissen ihrer Arbeit in ein
Verhältnis zu treten, das ihrer Bedeutung angemessen gewesen wäre. Wenn
er gleichwohl in einzelnen Fällen mit ihnen übereinstimmte, so war dies die
Folge eines instinctiven Gefühls, welches ihn das Richtige treffen ließ, ohne
daß er sich der wissenschaftlich beweisenden Gründe völlig bewußt geworden
wäre. So stellte er jederzeit die Griechen als die erfinderischen Schöpfer

---

[1]) Vgl. Messias V, 87 (Selima), V, 91 (Mirja), V, 96 (Sunith), XVII, 421
(Tinnot), XVII, 433 (Kerbith).

[2]) Einfache Construction mit dem infinitivus absolutus im Hebräischen:
מֹות תָּמוּת.

des Schönen über die Römer, ihre bloßen Nachahmer. So gestand er schon in Pforta, mehr noch in späteren Zeiten seines Lebens, insbesondere dem Homer, der freilich für ihn immer eine geschichtliche Persönlichkeit, ein einziger, künstlerisch arbeitender Dichter blieb, einen leisen Vorzug vor Virgil zu. So konnte er Sophokles, den er aber noch, als er den 'Tod Adams' dichtete, nicht ganz gelesen hatte, 1763 seinen Liebling unter den alten Tragikern nennen. Von den Lyrikern hingegen stand ihm Horaz am nächsten. Pindars Gesänge vermochten ihn, dem die nationale Begeisterung des Hellenen fehlte, wenigstens nicht alle in dem gleichen Maße zu entzücken; von Sappho und Alkaios sprach er wohl in Worten des höchsten Beifalls; Horaz aber war der Sänger nach seinem Herzen, den er geradezu auswendig wußte, aus dem er immer wieder citierte und mit Vorliebe übersetzte, den er in eignen Gedichten öfters nachbildete. Neben ihm kümmerte er sich kaum um die übrigen römischen Lyriker. Unter den Prosaikern scheint er einzelne Historiker am meisten gelesen zu haben; seine späteren Arbeiten zur Grammatik und Verslehre verraten zugleich ein eindringendes Studium der Redner und gewisser philosophischer Schriften. Diese umfassende Kenntnis der antiken Autoren und der beständige Geistesverkehr mit ihnen bildete und bereicherte nicht nur im allgemeinen Klopstocks Phantasie und Verstand, sondern befähigte im besonderen den Dichter, für die Umgestaltung unserer Poesie sich die Form in unmittelbarem, freiem Anschluß an das Altertum mit offner Mißachtung desjenigen romanischen Volkes zu schaffen, welches bisher den Deutschen als Vermittler und Fortbildner der antiken Kunst galt[1]).

So lange sich Klopstock in Pforta befand, leitete M. Friedrich Gotthilf Freytag die Anstalt, ein Mann von gediegner philologischer Kenntnis, scharfem Urteil und richtigem natürlichen Gefühl; dazu besaß er die Gabe eines klaren und lebhaften Lehrvortrags. Zu Burkartsdorf im Erzgebirg am 18. November 1687 geboren, war er selbst in einer der sächsischen Fürstenschulen, zu Meißen, erzogen worden. Dann hatte er zu Leipzig studiert, sich als Hofmeister in Frankfurt an der Oder und in Wittenberg aufgehalten und war endlich wieder nach Leipzig zurückgekehrt, wo er an den 'Acta eruditorum' mitarbeitete. Im Jahre 1722 wurde er dritter Lehrer zu Pforta; 1731 rückte er zum Rector der Schule vor und wirkte als solcher bis zu seinem Tod am 9. Juli 1761. Seine schriftstellerischen

---

[1]) Vgl. dazu meine ausführlicheren Aufsätze über Klopstocks Verhältnis zum klassischen Altertum in der Augsburger 'Allgemeinen Zeitung' von 26. und 29. April, 3. und 4. Mai 1878.

Arbeiten, sämmtlich in lateinischer Sprache abgefaßt, bezogen sich meist auf
Fragen aus der griechisch-römischen Philologie, vorwiegend antiquarischer
Natur; einige von ihnen behandelten aber auch allgemeinere pädagogische
Themata. Überdies war Freytag ein tüchtiger Kenner der schönen Wissen-
schaften.

Neben ihm war als Inspector bei Klopstocks Eintritt in die Schule
der Pastor Dr. Johannes Andreas Walter aus Langendorf im Bis-
tum Naumburg-Zeitz thätig, der nach einem wechselvollen Amtsleben
an verschiednen Orten Sachsens in seinem sechzigsten Jahre 1729 an die
Schulpforte berufen worden war. Zahlreiche Schriften in lateinischer
und deutscher Sprache hatte er veröffentlicht, meist theologischen Inhalts;
aber auch in deutschen Versen hatte er sich versucht und unter anderm Kirchenlieder sowie ein größeres Gedicht, das ihm persönlich wenig Gewinn
brachte, 'Kaiserliche Wirtschaft oder Götterspiel' (Zeitz 1699), verfaßt.
Gelehrtes Wissen und unermüdlicher Fleiß zeichnete ihn aus; namentlich
die biblischen Schriften kannte er gründlich aus dem Studium des Urtextes;
auf dem Gebiete der Religionsstreitigkeiten war er trefflich bewandert. In
seinen theologischen Vorträgen herrschte Deutlichkeit und Ordnung, in
seinen Predigten kunstlose Innigkeit. Dabei war er aber äußerst streng
und herb gegen andere, ohne selbst den leisesten Tadel ertragen zu können.
Als Klopstock in die Pforte aufgenommen wurde, war Walter bereits ein
Greis, der die Abnahme seiner Kräfte schmerzlich fühlte; er starb, eben
zweiundsiebzig Jahre alt, im November 1742.

Fünfzehn Monate lang verwaltete die erledigte Stelle der Diaconus
Dr. Christoph Haymann (1709—1783) aus Langenhennersdorf bei
Freiberg, seit 1738 Lehrer an der Pforte, aus der er 1748 zur Superin-
tendentur in Glauchau, später in Meißen vorrückte, Verfasser mehrerer
(meist deutscher) theologischer Schriften und Predigten. Seine Schüler
rühmten ihn als aufrichtigen und beständigen Verehrer und Erforscher der
göttlichen und menschlichen Wahrheiten, als eindringlichen Kanzelredner,
bescheidnen Polemiker, treuen Freund und anregenden Gesellschafter. Ei-
rig pflegte er, auch durch seine Vorträge in der Anstalt, die geistliche und
die gelehrte Geschichte.

Erst im Februar 1744 traf der neu ernannte Pastor und Inspector
Dr. Johannes Joachim Gottlob am-Ende in Pforta ein, ein
liebenswürdiger, milder Mann, der sich gleich bei seiner Ankunft die Herzen aller Schüler gewann. Mit warmer Liebe erzählte Klopstock noch in

späterer Zeit, mit welcher Güte und Achtung ihrer Jugend er sie stets behandelt habe. Auch er kannte, wie Freytag, die Fürstenschulen schon von früher her aus eigner Erfahrung. In Gräfenhainichen bei Wittenberg am 16. Mai 1704 geboren, war er zu Grimma erzogen worden; studiert hatte er in Wittenberg. Der Ruf nach Pforta traf ihn in seiner Geburtsstadt, wo er seinem Vater im geistlichen Amte gefolgt war. Nur vier Jahre wirkte er an der Schule; 1748 wurde er nach Freiburg an der Unstrut versetzt, 1749 nach Dresden befördert, wo er am 2. Mai 1777 als Oberconsistorialrat und Generalsuperintendent starb. Am Ende war nicht minder reich an Gaben des Geistes als an Vorzügen des Gemütes. Sein Rednertalent sicherte ihm die nachhaltigste Wirkung auf Hoch und Niedrig; seine Predigten, die zum Teil im Druck erschienen, gewannen sogar den Beifall des großen Friedrich. Aber nicht bloß in theologischer Gelehrsamkeit, sondern auch in den weltlichen Wissenschaften war am Ende wohl bewandert. Er gehörte zu den Kennern der französischen und englischen Literatur, hatte 1739 'Des Herrn Jean de la Bruyère vernünftige und sinnreiche Gedanken von Gott und der Religion wider die sogenannten esprits forts oder starken Geister' (das letzte Capitel der berühmten 'Caractères de ce siècle') ins Deutsche übersetzt und mit Anmerkungen versehen und Popes 'Essay on man' in lateinische Hexameter übertragen. Bei seiner Übersiedlung nach Pforta 1744 hatte er eine dichterische Bearbeitung der Apostelgeschichte, ebenfalls in lateinischen Hexametern, zum größten Teil bereits vollendet. So weit ihm in seinem neuen Amte freie Muße blieb, suchte er den Rest der Aufgabe in Pforta zu erledigen[1]); das Werk wurde aber erst 1759 unter dem Titel 'Christeis' gedruckt[2]).

[1]) So berichtet er später in der Vorrede des gedruckten Gedichtes. In einem Briefe jedoch an Hagedorn vom 15. December 1744, den mir Herr Professor Dr. Berthold Litzmann in Jena gütigst zur Einsicht gesandt hat, schreibt er, er habe die Dichtung (mit Ausschluß des begleitenden gelehrten Commentars) noch vor seiner Übersiedlung nach Pforta fertig gebracht. Mit Klopstocks Messiade steht das Werk am Ende nicht im geringsten Zusammenhang. In poetischer Hinsicht ist es durchaus unselbständig gearbeitet, inhaltlich eine genaue Umschreibung des biblischen Textes, der Form nach eine bis in's Kleinste gehende Nachbildung des Virgilischen Ausdrucks und Verses.

[2]) Vorstehendes großenteils nach 'H. E. Schmieder: commentarii de vitis pastorum et inspectorum Portensium' (Naumburg 1838) und Janozkis Briefen (vgl. die nächste Seite). Für einzelne Personalangaben hier und im Folgenden bildet das 'Pförtner Album' von Dr. C. J. H. Bittcher (Leipzig 1843) die Quelle.

Inniger noch als an am Ende hieng Klopstock an M. Johann
Friedrich Stübel, dem liebsten seiner Lehrer; sechzig Jahre später,
im April 1800, ließ er durch einen Zögling der Pforte „etwas, das der
Frühling zuerst gegeben hat, junge Zweige oder Blütenknospen oder Blumen," mit leiser Nennung seines Namens auf das Grab des ihm unver-
geßlichen Toten streuen. Stübel, zu Annaberg im Erzgebirge geboren,
war, nachdem er schon in Meißen und in seiner Vaterstadt als Lehrer
thätig gewesen, 1730 an die Schulpforte gekommen, zuerst als dritter Collega, später (1736) als Conrector. Er starb nach schwerem, einjährigem
Leiden, während Klopstock die Anstalt besuchte, am 12. October 1742.
Die Verehrung für ihn und der Schmerz über seinen Tod war in Pforta
allgemein. Kurz darnach erschien von einem damaligen Schüler der Anstalt (1738—1744), Johann Daniel Andreas Janozki (1720—1786),
später Secretär bei dem Krongroßreferendarius in Krakau, zuletzt Probst
von Babimost (Bomst) im jetzigen Posen, der sich um die Geschichte der
polnischen Literatur manche Verdienste erwarb, ein Büchlein, dessen Widmung aus Pforta vom 28. December 1743 datiert ist, 'Kritische Briefe,
an vertraute Freunde geschrieben und den Liebhabern der Gelehrtengeschichte zu Gefallen herausgegeben') Diese Briefe, zum größten Teil
aus der Pforte geschrieben, schildern unter anderm die Charaktere und geistigen Bestrebungen verschiedner Lehrer und Zöglinge der Fürstenschule.
Die letzteren dürften davon nicht immer sehr erbaut gewesen sein. Klopstock insbesondere scheint von Janozki wenig gehalten zu haben; in einem
(ungedruckten) Brief aus dem December 1745 nennt er ihn einen Wind-
macher. Janozki, sonst knapp, fließt von Stübels Lob über. Er gesteht
ihm die höchste Lehrbegabung zu, rühmt, wie er die Anlagen jedes einzelnen Schülers untersuchte, den von seiner Nichtigkeit überzeugte, jenen auf
Gaben aufmerksam machte, die ihm selbst unbewußt in ihm schlummerten,
einem das Nachsinnen, einem andern Gedächtnisübung empfahl. Seine
Unparteilichkeit, seine Milde auch im Strafen, sein zufriednes, heiteres
Wesen, sein edler Charakter gewannen ihm die Herzen seiner Amtsgenossen
und Zöglinge. Janozki konnte zweifeln, ob er ihn den Lehrer, Freund
oder Vater seiner Zuhörer nennen sollte. Dabei besaß Stübel einen schar-

---

') Die Münchner Staatsbibliothek besitzt zwei Drucke des Büchleins, die sich
nur in den Schlußworten des Titels unterscheiden. Der eine ist ohne Jahrzahl:
„Dresden, bei Gottlob Christian Hilschern, königl. Hofbuchhändler"; der andere
hat nur „Dresden 1745".

sen Verstand und ein glückliches Gedächtnis, war in den römischen und griechischen Schriftstellern tüchtig belesen, ein guter Hebräer und ein Kenner der Gelehrtengeschichte wie der Bibliotheken. In der Philosophie bekannte er sich zu keiner Secte, seinem bedeutendsten Schüler hierin vollkommen gleich. In seinen schriftstellerischen Arbeiten bewegte er sich vornehmlich auf theologischem und philologischem, antiquarischem und historischem Gebiete.

An seine Stelle kam im Januar 1743 M. Daniel Peucer (1699 —1756) aus Großentenplitz in der Niederlausitz, „gar ein aufgeweckter", auch gelehrter Mann, besonders im Hebräischen und in der „Historie der Schulwissenschaften", dem aber im Umgang „etwas Eigenes" anklebte. Er war zuvor Rector in Buttstedt bei Weimar und in Naumburg gewesen und kam 1751 als Director an das Gymnasium zu Eisenach. In deutscher und lateinischer Sprache veröffentlichte er Schriften philologischen und pädagogischen Inhalts; auch ein deutsches Gedicht von der Buße über die Sünden anderer ließ er drucken.

Als dritter Collega wirkte seit 1736 Salomo Hentschel an der Schulpforte. Er stammte aus Steinau in Schlesien, hatte in Leipzig studiert und war schon seit 1724 als Cantor an der Anstalt beschäftigt. Janozki nennt ihn einen Meister in der deutschen, römischen, griechischen und hebräischen Sprachlehre und in Ansehung der Sitten einen alten, ehrlichen und redlichen Deutschen. Er habe ein fruchtbares Nachsinnen, sei in seinen Untersuchungen unermüdet und sehe bei allen Dingen auf den zureichenden Grund.

Nach Hentschels Beförderung zum Tertius wurde 1737 Gottlob Geißler aus Waldheim als Cantor angestellt (gestorben 1775). Ein besonderer Lehrer der Mathematik war 1725 in dem M. Johann Christian Gotthelf Hübsch aus Liebenthal ernannt worden. Er wird als gutherzig und dienstwillig gerühmt, zugleich als munter und erfahren, namentlich in der Geometrie, Zeitrechnung und Geographie. Seine Bibliothek war die curieuseste, während Freytag die kostbarste, Stübel die weitläufigste, Haymann die nützlichste Büchersammlung hatte.

Als Lehrer der französischen Sprache wirkten in Pforta, so lange Klopstock die Schule besuchte, nach einander Georg Christian Schmidt aus Weißenfels, der sich früher auf großen Reisen und in den verschiednen Stellungen eines Amtmanns, Commissionsrats, Pagenhofmeisters manche Weltkenntnis erworben hatte, Gerard Joseph Berne aus der

Picardie, eine Zeit lang Secretär des Grafen Brühl, und Johann Franz Engelbert de Finance aus Lothringen. Keiner von ihnen wird in irgend welcher Beziehung auf Klopstock erwähnt; eben so wenig Karl Jonathan Pauli aus Mecklenburg, der zugleich die Stelle eines Tanzmeisters und eines Schreiblehrers in Pforta versah. Kalligraphie war Klopstocks Sache nicht. Nur wenn er sich lateinischer Buchstaben bediente, konnte er schön schreiben; seine deutsche Schrift wurde von Jahr zu Jahr unleserlicher. Er selbst pflegte zu sagen, er schreibe eine Feder, keine Hand. Aber auch in der andern Kunst Paulis leistete er nichts. Wenigstens versichert der jüngere Cramer, tanzen habe er ihn nie sehen.

Klopstock scheint von den meisten seiner Lehrer mit Achtung und Zuneigung behandelt worden zu sein. Daß er sich stets mit Liebe an Pforta erinnerte, deutet darauf, desgleichen einige Vorgänge während seiner Schulzeit daselbst, wobei der Rector ihm eine außergewöhnliche Gunst erzeigte oder eine drohende Strafe erließ. Denn Klopstock beugte sich keineswegs unbedingt den in Pforta herrschenden Anschauungen und Sitten. So sehr er die Sprachen liebte, so blieb es doch seinen Mitschülern und sicher auch den Lehrern kein Geheimnis, daß er sie für keinen Teil der Gelehrsamkeit hielt — hierin schon der nämliche wie dreißig Jahre hernach, als er die Scholiastenzunft aus seiner Gelehrtenrepublik verbannte. Ja, wie er selbst später erzählte, gab er durch seine Dreistigkeit geradezu Ärgernis, indem er einmal im Angesicht der ganzen Schule dem Rector erklärte, er habe eine Rede, die dieser ihm aufgegeben, nicht gemacht, weil das Thema ihm nicht gefiel. Noch viel weniger konnte er es über sich gewinnen, gewissen sonst begünstigten Mitschülern, etwa dem Sohn des Rectors, dem alle mit Auszeichnung begegneten, sich unterzuordnen.

Überhaupt verleugnete Klopstock auch den gleichaltrigen Genossen gegenüber sein Selbstgefühl nicht. Janozki rühmte an ihm die Einfalt und Unschuld seiner Sitten, fand aber in seinen Unterredungen Freundlichkeit und Vorsicht verbunden, in seinem Umgang „eine mit Hoheit begleitete Vertraulichkeit", treue Liebe zu aufrichtigen Freunden, Großmut gegen Neider. Ähnliches lassen die Dankesworte vermuten, die der Dichter beim Abschied von der Schule den Genossen zurief. Wie ein Buch, das er mit peinlicher Sorgfalt studiert habe, erschienen ihm da die Charaktere der Kameraden. Er wußte wohl zu unterscheiden zwischen einigen von ihnen, die er ihres lebhaften Geistes und tugendhaften Herzens halber geliebt, andern, die er trotz ihrer Mittelmäßigkeit wegen ihres tüchtigen

Strebens geschätzt, und wieder andern, deren Schwäche er ohne Unwillen ertragen habe. Die Fehler nur versicherte er an diesen letzten gehaßt zu haben; ihnen selbst dankte er wenigstens für das abschreckende Beispiel, das sie ihm gegeben. Aber wollte man auch aus diesen Worten, in denen doch vielleicht zum Teil nur eine damals in den pfortaischen Abschiedsreden übliche Wendung wiederkehrt, auf eine große Selbstgenügsamkeit des Sprechenden schließen — einem selbständiger angelegten Charakter mußte diese durch manche Einrichtungen der Schule fast aufgezwungen werden. Das Aufsichts- und Strafrecht, das gesetzlich den ältern Schülern gegen die jüngeren zugestanden war, führte jederzeit zu bedenklichen Ausschreitungen. Gerade damals, als Klopstock die Pforte besuchte, blühte an den Fürstenschulen der von den Universitäten endlich vertriebene Pennalismus. Besonders die neuen Ankömmlinge dienten den Schülern der obern Klassen zur Zielscheibe ihrer mutwilligen Launen. Klopstock wehrte gleich nach der Aufnahmsprüfung die erste Spötterei, die ihm sein Name zuzog, ruhig, aber entschieden ab und befreite sich dadurch schon beim Eintritt von vielen künftigen Neckereien. Mit den gleichaltrigen Genossen war er bald gut Freund. Galt es irgend, gegen eine ungerechte Bedrückung der untern Klassen durch die höheren gemeinsam vorzugehen, so stand er in den vordersten Reihen der Kämpfenden. Bei einem solchen Anlaß, wobei Klopstock durch Reden im Geschmack des Livius schürte — es handelte sich um einen Spazierplatz, den die Primaner den Secundanern bestritten, — wurde der Streit so blutig, daß die Lehrer dem größten Teil der Klasse mit Dimission drohten. Klopstocks Vater, von der Gefahr unterrichtet, verhehlte nicht seine Freude, daß der Sohn sich so tapfer gehalten, wie schwer ihm auch gerade damals bei seinen mißlichen Vermögensverhältnissen die Rücksendung seines Ältesten gefallen wäre. Doch lief die Sache gnädiger ab.

In ihrer klösterlichen Abgeschiedenheit spürte die Schulpforte wenig von den Ereignissen, die draußen die Welt bewegten. Die beiden ersten schlesischen Kriege, die in die Zeit von Klopstocks Aufenthalt in der Anstalt fielen, trafen die Gegend um Pforta selbst weniger, so daß keine Störung des Unterrichts dadurch hervorgerufen wurde. Aber festlich unterbrochen wurde der regelmäßige Studiengang, als 1743 vom 1. November an drei Tage lang das zweihundertjährige Bestehen der Schulpforte durch Gottesdienst, Reden und Gedichte gefeiert wurde. Doch auch dieses Fest blieb auf den engsten Kreis der Schule beschränkt. Das öffentliche Interesse an den gelehrten Bildungsanstalten konnte unter König Friedrich August III.

und seinem Minister, dem Grafen Brühl, nur gering sein; Auswärtige nahmen an der stillen Feier in Pforta fast keinen Anteil. Unter den Schülern, die sich in Prosa oder Versen an den Festtagen hervorthaten, wird Klopstock nicht genannt.

Schon in der alten Schulordnung war die zeitweilige Rückkehr der Zöglinge in's Elternhaus, wenige besondere Fälle ausgenommen, verboten. Von Ferienbesuchen Klopstocks in Quedlinburg, die jedenfalls nur kurze Zeit — nicht über vierzehn Tage — dauern durften, ist uns wenig und dies ungenau überliefert. Eigne Äußerungen des Dichters aus dem Jahr 1750 [1]) deuten auf eine Begegnung mit den Seinen etwa im Herbst 1743, wohl in Quedlinburg, vielleicht auch in Pforta selbst. Nach andern Nachrichten [2]) besuchte Klopstock schon 1741 seine Eltern in Quedlinburg und schrieb damals seiner ältesten Schwester Marie Sophie in eine Bibel, welche ihr der Vater bei ihrer Confirmation geschenkt hatte, die frommen Reime:

> Eilt zu jener Ewigkeit!
> Schwingt euch mit des Geistes Flügeln
> Munter zu den Wolkenhügeln,
> Wo euch Freude ist bereit!

Auf jeden Fall war Klopstocks Verkehr mit dem Elternhause während der Schulzeit auf das dürftigste Maß beschränkt. Desto inniger, sollte man glauben, werde er sich an einzelne Genossen in der Anstalt angeschlossen haben. Wie oft sind nicht auf solchen Schulen Freundschaftsbündnisse für das Leben geknüpft worden! So blieb es für Gellert stets eine teure Erinnerung, daß er zu Meißen schon Gärtner und Rabener kennen gelernt hatte, bis zum Tod seine treuen Freunde. Einen ähnlichen Lebensbund hat Klopstock mit keinem seiner Mitschüler bereits zu Pforta geschlossen.

Johann Elias Schlegel, derjenige unter den damaligen Zöglingen der Pforte, der ihm an geistiger Bedeutung am nächsten stand, hatte über ein halbes Jahr vor seinem Eintritt, im März 1739, die Anstalt verlassen. Aber noch sprach man dort mit Stolz von seinen wissenschaftlichen

---

[1]) Brief an Bodmer vom 6. Juni 1750: „Ich hatte meine Eltern und Geschwister in sieben Jahren nicht gesehen." An Bodmer im December 1750: „Ich verließ auch um Ihrentwillen meine Eltern, die ich über sechs Jahre nicht gesehen hatte."

[2]) W. L. Bosse, Klopstockische Studien, Heft III, S. 8 (Cöthen 1867).

Kenntnissen und vornehmlich von seinen dichterischen Leistungen; hatten seine Mitschüler doch erst in den beiden vorausgegangenen Jahren die zwei dramatischen Erstlingswerke des jugendlichen Trauerspieldichters in abgelegener Zelle heimlich aufgeführt. Alles, was er von Schlegel hörte, mußte Klopstock mit Liebe und Hochachtung für ihn erfüllen und ihn zugleich anreizen, seinem leuchtenden Vorbilde nachzueifern. Mit vollem Recht konnte er daher nach dem frühen Tode des hochbegabten Dramatikers schmerzlich erregt an den jüngeren Schlegel schreiben, das Muster seines Bruders habe seine Jugend in der Pforte mit ausgebildet.

Dieser jüngere Johann Adolf Schlegel (1721—1793) war gleichzeitig mit Klopstock in der Schule, die er 1735 bezogen hatte und 1741 mit der Universität Leipzig vertauschte. Auch er versuchte sich schon hier in der Dichtkunst; seine weniger durch Lebhaftigkeit als durch Tiefsinn ausgezeichneten Verse kamen nach Janoßlis Urteil flüchtigen Lesern sehr trocken vor, während gründlichere Geister viel Edles darin fanden. Aber auch zu ihm trat Klopstock zu Pforta noch in kein innigeres Verhältnis. Schlegel war denn doch schon zu alt und zu weit in der Schule vorgerückt, um sich viel um den neuen, bedeutend jüngeren Ankömmling zu kümmern. Er beklagte nachmals in einer 'Choriambischen Ode' schwer, daß er jene Jugendjahre ungenützt für die Freundschaft hatte verstreichen lassen. Und Klopstock schrieb noch von Leipzig aus 1748 an den älteren Genossen: „Himmel, wie aufmerksam war ich auf Sie, wenn Sie in dem Walde . . . in einen Baum Verse einschnitten, die ich nach Ihrem Abzuge erneuert habe! Aber Sie kannten mich nicht, mein liebster Schlegel."

Fast gleichzeitig mit Klopstock bezogen seine beiden Vettern Johann Christian und Karl Gottlob Leisching die Schulpforte, ersterer im Juli 1738, letzterer im Januar 1740. Der jüngere Bruder verließ auch die Anstalt an dem gleichen Tage wie Klopstock. Janoßki rühmte sein lebhaftes Naturell, sein ungezwungenes Wesen, sein redliches Gemüt, seinen ergötzenden und anregenden Umgang, seinen glücklichen Witz; er vermißte an ihm Ernst und Tiefe. Er wurde Geistlicher und zuletzt Superintendent in seiner Vaterstadt Langensalza; 1769 schrieb er 'Von den natürlichen Kräften des Menschen in Absicht der Religion und Tugend', wider Rousseaus 'Neue Heloise' und 'Emil'. Der ältere Bruder widmete sich der Rechtswissenschaft und trat in dänische Dienste; zuletzt war er Ministerresident in Lübeck.

Ein dritter Vetter Klopstocks, der jüngere Sohn eines Bruders seiner

Mutter, studierte in Pforta, Johann Christoph Schmidt aus Langensalza (28. December 1727 — 4. October 1807). Am 5. August 1740 trat
er in die Schule. Sein Charakter sowie die Art seiner dichterischen Anlage
war ziemlich von Klopstocks Wesen verschieden. Janozki schrieb ihm schon
damals eine kühne und an seltnen Einbildungen überaus reiche Natur zu.
Dagegen vermißte er an ihm noch kritischen Verstand und künstlerisches
Urteil. Er sah ihn, von lauter wilden, entzündeten Regungen fortgerissen,
seine Kräfte in einem weitgesuchten, übermäßigen und unpassenden Prunk
verschwenden und kam so zu dem Endurteil über ihn: „Er schöpfet niemals
aus der Quelle des guten Geschmacks." Dennoch scheint Schmidt unter
allen Genossen seinem Quedlinburger Vetter schon in der Schule am
nächsten gestanden zu sein, wie er dann auch während der Universitätsjahre
lange sein liebster Freund blieb.

Neben ihm waren es Christian Wilhelm Becker aus Markwerben
bei Weißenfels und Johann Joachim Christian Freißleben aus
Leipzig, an die sich Klopstock in der Schule am innigsten angeschlossen
haben muß. Beide kamen ein Vierteljahr nach ihm in die Pforte und ver-
ließen sie wenige Monate später als er. Becker folgte ihm nach Jena; mit
Freißleben traf er in Leipzig wieder zusammen. Sie sind neben Schmidt
die einzigen früheren Mitschüler, um die sich Klopstock in den uns erhaltnen
Briefen aus seiner Universitätszeit angelegentlicher kümmerte. Becker starb
bald (1754) als Rector in Temstädt bei Langensalza, auch schriftstellerisch
thätig als Kritiker theologischer Werke; von Freißlebens spätern Schicksalen ist nichts bekannt.

Noch ein Jüngling, mit dem Klopstock hernach zu Leipzig herzlich verkehrte, dürfte ihm schon in Pforta lieb geworden sein: wenige Monate vor
ihm war Christian Kühnert aus Schaafstädt in die Fürstenschule aufgenommen worden, wohl derselbe, dem der Dichter in seiner größten Ode
aus den Jugendjahren ein bleibendes Denkmal setzte.

Fehlte es so Klopstock auch nicht an Freunden unter seinen Schul-
gefährten, so scheint er doch den Umgang mit ihnen selbst einigermaßen
beschränkt zu haben. Ein Hang zur Einsamkeit gab sich in dem Jüngling
mehr als später in dem Manne kund. Die Orte, wo er die Werke und
Wunder Gottes in der Natur betrachten konnte, suchte er nach Janozkis
Bericht am liebsten auf. Gewöhnliche Lustbarkeiten sah er hingegen ganz
gleichgültig an. Aber allezeit blieb er gelassen und vergnügt. Ungeheuchelte
Ehrerbietung gegen die Religion und eine wahre Neigung zur Weltweis-

heit nahm Janozki überhaupt an ihm wahr, daneben aber einen natürlichen Trieb zur Dichtkunst.

Großes Gewicht wurde in der Pforte von je her auf das Privatstudium der Zöglinge in den sogenannten Repetierstunden gelegt. Noch der
Greis Klopstock hob (in einem Brief an Rector Heimbach) den hohen Wert
hervor, den er dieser Einrichtung beimaß. In der Regel lasen die Schüler
in jenen Stunden griechische und römische Dichter oder Prosaiker; auch
Schriften der modernen Literaturen und selbst deutsche Bücher wurden da
in die Hand genommen. Klopstock scheint der neueren Geschichtschreibung
sein besonderes Augenmerk gewidmet zu haben; er besaß sogar, ganz
gegen seine spätere Gewohnheit, eine kleine Bibliothek, in der die großen
Werke Pufendorfs zur schwedischen und brandenburgischen Geschichte
glänzten.

Vorzüglich waren jene Repetierstunden auch für die Versuche bestimmt,
die zu Pforta in allen Arten und Formen der Poesie angestellt wurden.
Lateinische und griechische Gedichte waren vor allem an der Tagesordnung;
doch kamen jetzt, da sich die ersten Spuren eines Wiedererwachens der vaterländischen Literatur zeigten, auch deutsche Verse allmählich an die Reihe.
Haller und Hagedorn standen in ihrer Blüte; die Reibungen zwischen Gottsched und den Schweizern hatten schon begonnen und höhere Ziele der Poesie
erkennen lassen, als man vorher verfolgte; Miltons 'Verlorenes Paradies'
war von Bodmer neuerdings übersetzt worden und hatte den Deutschen das
großartige Kunstwerk eines echten Dichters von anderer und reicherer Begabung, als sie bis dahin einen in ihrer Mitte hatten, vor Augen gestellt.
Der Lehrer freilich, der den poetischen Unterricht in Pforta erteilte, Hübsch,
gehörte noch ganz zur alten Schule der Verstandesdichtung, welche in der
platt-verständlichen Nüchternheit eines Canitz oder Pietsch den höchsten Vorzug der Kunst erblickte. Folgerichtig konnten ihm die theoretischen Schriften
der Schweizer keinen Beifall abringen, während er sich willig unter die
Autorität Gottscheds beugte. Seine Lehrbücher und Musterbeispiele bekamen
die Schüler durch Hübsch in die Hand. Doch ließen die selbständigeren sich
daran nicht genügen. Rector Freytag und am Ende gehörten überdies zu den
besonderen Bewunderern Hagedorns. Seine Werke vor allem empfahl darum
am Ende, wie er brieflich dem verehrten Dichter versicherte, den Zöglingen
als nachahmenswürdige Meisterstücke, wie er denn überhaupt unter ihnen
„den guten Geschmack an guten Gedanken, Ausdrückungen und Reimen bester-
maßen zu unterhalten und zu erhöhen" suchte. So kam es, daß die Schüler,

welche sich im Stillen über die kritischen Schriften der Sachsen ärgerten,
wie Klopstock einige Jahre darnach gegen Bodmer bekannte, allmählich sich
Einsicht in die Werke der Schweizer verschaffen konnten. Vorerst jedoch
mußten sich gleichwohl ihre eignen dichterischen Versuche noch im Geleise der
alten Poesie bewegen.

Knapp und anschaulich schildert Janozki die jugendlichen Dichter, die
damals an der Schulpforte heranreiften. Am höchsten bewundert er den
älteren Schlegel, dessen künstlerische Begabung ebenso wie die edle Vor-
nehmheit seines etwas zurückhaltenden persönlichen Benehmens den Genossen
ungeteilte Achtung einflößte. Unter den jüngeren Zöglingen sind außer
Adolf Schlegel und Johann Christoph Schmidt wenige erwähnt, die auch
späterhin in der Geschichte der deutschen Literatur einen Namen erlangten.
Klopstocks poetisches Talent, durch die Nacheiferung des älteren Schlegel
vermutlich angespornt, fiel schon den Mitschülern auf. Seine Gedichte
zeugten, wie Janozki sie beschreibt, von einer stillen und gesetzten Majestät.
Hitzige und außerordentliche Bewegungen verursachten sie nicht; sie nahmen
aber das Gemüt mit einer süßen Regung ein, indem sie ihm eine mannig-
faltige Reihe lieblicher, anmutiger und sanft ergötzender Bilder vorstellten.
In verschiednen Dichtungsarten, besonders aber in der Idylle that sich
Klopstock unter seinen Gefährten hervor. Während die übrigen meist nur in
Einer poetischen Gattung und in Einer Sprache Besseres leisteten, rühmte
man ihn, daß er sowohl in der deutschen als in der römischen und griechischen Sprache mehrere wohlgeratene Schäfergedichte verfaßt habe. „Er
kennet die wahre Natur dieser Poesie,“ urteilt Janozki. „Er schildert seine
Schäfer und Schäferinnen nach ihrer glückseligen Ruhe und Zufriedenheit
ab. In der Beschreibung ihrer unschuldigen Liebe ist er am vortrefflichsten.
In der Einrichtung breitet er sich allzu sehr aus.“ Des mächtigsten Eindruckes waren seine Bußlieder fähig. Aus der Quelle einer echten Zärtlichkeit fließend, drangen sie nach und nach in das Innere des Herzens ein,
bis endlich in den Thränen des Lesers ihre Wirkung hervorbrach. An seinen
Oden bewunderte man die natürliche Zärtlichkeit der Gedanken, den glücklichen Reichtum neuer Bilder und die vollständige Ausarbeitung. In seinen
Anakreontischen Liedern fand Janozki das, was seine Freunde das
einfältige und bescheidene Schöne zu nennen pflegten. Seine Schreibart
überhaupt schien ihm lieblich, zierlich und anmutig.

Von diesen ersten Versuchen des Dichters hat sich nichts erhalten. Aber
wie so manche Züge in dem persönlichen Charakter des späteren Klopstock

schon in dem Auftreten des Jünglings zu Pforta sich ankündigen, so scheinen auch in diesen frühesten poetischen Proben die vorzüglichsten Wesenseigenschaften des nachmaligen Neubegründers deutscher Dichtung bereits vorgebildet gewesen zu sein. Das idyllische und — wenigstens von der religiösen Seite her — auch das elegische Element seiner Poesie begann sich zu entwickeln; es fehlte noch, wenn anders Janozkis Bericht zutrifft, der glühende Drang der Leidenschaft, die Kraft und Erhabenheit der Darstellung, überhaupt das pathetische Element. Dieses vermissen wir aber auch in den frühesten Oden Klopstocks, die auf uns gekommen sind, aus dem Jahre 1747; die wachsende Innigkeit der Freundschaft mit den Bremer Beiträgern und vollends erst die hoffnungslose Liebe zu Fanny teilten seiner Lyrik die leidenschaftliche Erregung mit, während seinem epischen Werke der religiös geweihte Stoff die erhabene Größe verlieh.

Allein wie viel sich auch von Klopstocks dichterischer Individualität bereits aus diesen ersten Proben ahnen lassen mochte, in den Formen und gewiß auch in den künstlerischen Anschauungen zeigte sich durchaus noch der Anhänger der alten Schule. Die poetischen Versuche in deutscher Sprache waren sicherlich in Reimen und wohl zum größten Teil in Alexandrinern abgefaßt. Einen bedeutsamen Umschwung erfuhr sein künstlerisches Denken und Vermögen erst, als die kritischen Schriften Bodmers und Breitingers dem an der Unfehlbarkeit Gottscheds bereits Zweifelnden in die Hand fielen — wahrscheinlich doch erst in den letzten Jahren seines Aufenthaltes in Schulpforta.

Die Gesammtheit seines bisherigen ästhetischen und poetischen Wissens kann den Inhalt von Gottscheds 'Versuch einer kritischen Dichtkunst vor die Deutschen' kaum überstiegen haben. Was aber der Leipziger Professor der Poetik hier an allgemeineren Grundsätzen und besonderen Vorschriften seinen Landsleuten übermittelte, konnte auf einen wahrhaft dichterisch angelegten Geist unmöglich fördernd einwirken. Gottscheds Werk schloß jene lange Reihe von Lehrbüchern der Dichtkunst ab, die Opitz mit seinem Büchlein von der deutschen Poeterei eröffnete. Wie Gottscheds ganze Persönlichkeit trotz mancher Neuerungen, die er versuchte, der Vergangenheit angehörte — das durch Autoritäten gestützte Dogma fand an ihm einen hartnäckigen Verfechter —: so wies seine 'Kritische Dichtkunst' ganz besonders auf eine nunmehr zu Ende gehende Zeit zurück, der die formale Schulung des Poeten alles war. So bedeutsam das Buch in geschichtlicher Beziehung war, weil in ihm die Summe der Kunstanschauungen und Regeln eines

vollen Jahrhunderts zusammengefaßt und aufgespeichert war, so wenig
war es geeignet, die schlummernden Anlagen eines gebornen Dichters zu
wecken und zu künstlerischen Leistungen heranzubilden. Gerade daß Gottsched nur praktische Zwecke verfolgte, daß er immer fragte, was dem Dichter
nötig sei, schadete. Seine Vorschriften, die meist auf eine besondere Form
oder Gattung der Poesie abzielten, waren nur für den schablonenhaften
Verseschmied brauchbar; oft aber waren sie auch für diesen doch wieder
zu unbestimmt oder zu sehr auf eine vorwiegend negative Kritik beschränkt.
Ein wirklich künstlerisches Talent mußte sich durch die Nüchternheit abgestoßen fühlen, die, allem phantasievollen Schaffen abhold, nur immer
auf möglichst getreue Nachahmung der Natur drang, den Gebrauch des
Wunderbaren, das die Schranken der Natur übersteigt, auf das äußerste
Maß, auf die Darstellung dessen, was dem Verstande glaublich ist, beschränkte und in der Wahrscheinlichkeit der Erfindung wie in der Deutlichkeit der Sprache die größten Vorzüge eines Dichtwerkes erblickte.

Einen andern Einfluß konnten die Werke auf einen werdenden Dichter
ausüben, mit denen die Schweizer nach langer, ernster Vorbereitung 1740
auf dem Plan erschienen. Breitingers 'Kritische Abhandlung von der
Natur, den Absichten und dem Gebrauche der Gleichnisse' bewegte sich
freilich noch ziemlich in der alten Bahn. Doch schon sprach es Bodmer in
seiner Vorrede zu der Arbeit des Freundes aus, daß die Kunst vor den
Regeln gewesen sei, und Breitinger gieng überall in seiner Untersuchung
von der Phantasie aus. Aus ihren Bildern leitete er die Wesenseigenschaften
der Dichtkunst und Beredsamkeit nach den gleichen logischen Gesetzen ab,
nach denen er aus den Bildern des reinen Verstandes alle Erkenntnis und
Wahrheit fließen sah. Schon durch den Gegenstand bedeutender erschien
Bodmers 'Kritische Abhandlung von dem Wunderbaren in der Poesie
und dessen Verbindung mit dem Wahrscheinlichen, in einer Verteidigung
des Gedichtes Johann Miltons von dem verlornen Paradiese'. Zwar
wurden auch hier die Angriffe, die Voltaire und Constantin Magny vom
Standpunkte des nüchternen Verstandes oder einer ängstlichen Orthodoxie
auf Miltons Werk gemacht hatten, mit denselben Waffen zurückgewiesen,
mit welchen die Gegner fochten. Bodmer dachte im einzelnen nur selten
daran, sich auf das Recht des Dichters zu berufen, der nicht den Verstand
im Bereiche des Wirklichen, sondern die Phantasie in der Welt des Möglichen walten lassen soll. Aber mochten die Beweisgründe auch mühselig
und weit herbeigeschafft sein, der Versuch war wenigstens gelungen, die

„Lustbarkeiten der Einbildungskraft" in ihrem Rechte gegenüber den „Lustbarkeiten des Verstandes" zu verteidigen. Neue Aussichten waren dem
deutschen Dichter eröffnet, der sich kühnen Mutes an einem solchen Buche
bildete; vornehmlich aber sah er sich, auch durch die beigefügte Übersetzung
des Aufsatzes Abbisons von den Schönheiten des ‘Verlornen Paradieses’,
eine großartige Künstlergestalt nahe gerückt, deren gesammter Denk- und
Dichtkreis dem Bezirk, in welchem die deutschen Poeten jener Jahre sich
meist bewegten, nahezu entgegengesetzt war. Gleichfalls noch 1740, wenn
schon mit der Jahrszahl 1741, erschienen Bodmers ‘Kritische Betrachtungen über die poetischen Gemälde der Dichter’, eingeleitet durch eine Vorrede von Breitinger. Auch hier war die Phantasie, allerdings gelenkt und
gelehrt durch den Verstand, als Anfang und Urquell alles Dichtens dargestellt; in den Grundsätzen, die Bodmer aufstellte, wie in den Beispielen,
durch welche er seine Lehre erläuterte, zeigte sich der weitere und freiere
Gesichtskreis des belesenen Verfassers; immer wieder deutete er auf die
Hauptabsicht der Dichtkunst hin, durch das Mittel der Nachahmung
der Natur zu ergötzen, zu überraschen, zu entzücken: das psychologische
Moment in der Auffassung der Poesie trat deutlich hervor im Einklang
mit der Lehre des Grundwerkes, der ‘Kritischen Dichtkunst’, welche
Breitinger wenige Monate zuvor (1740) in zwei Bänden herausgegeben
hatte. Im völligen Gegensatz zu Gottsched erklärte es Breitinger schlechterdings für unnötig, besondere Regeln für jede einzelne Dichtungsart aufzustellen, wie überhaupt für unmöglich, den guten Geschmack durch Regeln
zu lehren. Die bloße technische Ausbildung des Poeten, zu der Gottscheds
Buch vorzüglich anleiten mochte, hatte in seinen Augen nur einen nebensächlichen Wert; viel höher als die „Mechanik der Kunst" schätzte er die
geschickte Wahl der Bilder, des Stoffes. Und hier konnten seine Winke,
eben weil sie von Gottscheds Ratschlägen so grundverschieden waren, für
einen noch suchenden und strebenden Dichter wie Klopstock überaus bestimmend werden. Die Wirkung aller Kunst auf die Einbildungskraft und das
Gemüt ward betont: der Künstler soll dafür sorgen, die Phantasie zu
befruchten, das Herz für die Aufnahme der abstracten Wahrheiten empfänglich zu machen. Die Bilder, mittelst deren der Dichter jenen Eindruck
auf die Phantasie hervorzubringen sucht, nimmt er aus der Natur, aber
lieber aus der möglichen als aus der wirklichen Welt, an welch letztere der
Geschichtschreiber gebunden ist. Jedes wohlerfundene Gedicht ist hingegen
als eine Geschichte aus einer andern, möglichen Welt zu betrachten; mit der

Vernichtung der rohen Wirklichkeit beginnt erst die Poesie. Zwei Gattungen des Wahren gibt es, das historische und das bloß poetische Wahre. Der Dichter wird das letztere, das ihn aus der wirklichen Welt entführt, vorziehen. Denn da er vornehmlich die Einbildungskraft zu rühren strebt, muß er auf ungewohnte Neuheit seiner Gegenstände sinnen. Die äußerste Staffel des Neuen aber ist das Wunderbare, mit dem nur eine poetische Wahrheit, d. h. Wahrscheinlichkeit, innere Folgerichtigkeit des an sich Unwirklichen, verbunden sein kann. Diesen allgemeinen Grundsätzen der Breitinger'schen 'Dichtkunst' entsprachen verschiedene mehr auf die Form zielende Vorschläge im einzelnen. Das „lebhafte und herzbewegende Schildern" war wiederholt als das eigentümliche Werk des Dichters bezeichnet; darum verwandelt er das Wirkliche in das Mögliche, er beschreibt nicht, was wirklich geschehen, sondern was in veränderten Umständen, in die er seine Personen versetzt, wahrscheinlich hätte geschehen können. Er gibt ferner gemeinen Dingen einen Schein der Neuheit, stellt durch einen „Betrug der Affecte und Gemütesleidenschaften" die Dinge nicht in ihrer natürlichen, sondern in einer idealen Größe dar, strebt nach Kraft und Bestimmtheit des Ausdrucks, verschmäht die alten, natürlichen und oft vielsagenden Wörter nicht und spricht überhaupt die Sprache der Leidenschaft, die sich nicht an die grammatischen Gesetze und an die logische Ordnung der ruhigen Rede bindet — lauter Vorschriften, die Klopstock in seinen dichterischen Werken treu befolgt hat.

Als das höchste Ziel oder, wie Gottsched sich ausdrückte, als „das rechte Hauptwerk und Meisterstück" der ganzen Poesie ward auch von den Schweizern das Epos gerühmt. Ihre gesammte Theorie lief darauf hinaus; auch die Äsopische Fabel, die ja zunächst durch ihre Lehre an die Spitze der Dichtkunst gerückt zu sein scheint, galt ihnen als ein kleines, kurz gefaßtes Epos. Gottscheds verwerfendes Urteil über die vorhandenen Versuche auf diesem Gebiete der deutschen Literatur konnte aber einem jungen Dichter wenig Lust einflößen, sich an die schwierige Aufgabe der Begründung eines deutschen Epos zu wagen, sowie ihn auch dessen Vorschriften im einzelnen wenig fördern konnten. Auch die Schweizer waren mit dem 'Großen Wittekind' des Hamburger Heldendichters Christian Heinrich Postel, den Gottsched besonders getadelt hatte, übel zufrieden; allein sie beschränkten sich gerade hier am wenigsten auf die verneinende Kritik. Neben die Epiker des Altertums stellten sie aus der neueren Literatur des englischen Volkes die Gestalt Miltons, untersuchten unermüdlich die Schönheiten seiner Schöpfungen, nach denen sie zum Teil ihre ästhetischen Grundsätze erst formten, und sorgten wenigstens für eine genaue, wortgetreue Übersetzung seines bedeutendsten epischen Werkes, des 'Verlornen Paradieses'. Unter dem Einfluß der Gottschedischen Poetik verfaßte Klopstock Schäfergedichte, Oden und Lieder [1]); das Studium der schweizerischen Lehrbücher konnte in ihm den Gedanken an die Dichtung eines Epos anregen.

Damit begann für den Jüngling eine Zeit des Suchens und Zweifelns. Voll heißen Durstes nach der Unsterblichkeit wollte er das in deutscher Poesie noch Unerreichte versuchen; seine unmittelbaren Vorläufer sah er alle auf halber Fahrt gescheitert. Ernste ästhetische Fragen, auf die er aus den Werken der Züricher sich Antwort suchte, traten zunächst an ihn heran; die Ode 'An Freund und Feind' von 1781 erzählt noch von diesen dichterischen Vorstudien:

> „Bis zu der Schwermut wurd' ich ernst, vertiefte mich
> In den Zweck, in des Helden Würd', in den Grundton,
> Den Verhalt, den Gang, strebte, geführt von der Seelenkunde,
> Zu ergründen, was des Gedichts Schönheit sei."

Vorzüglich die Wahl eines epischen Helden beschäftigte den Jüngling lang. Rat suchte er und fand ihn auch zum Teil in Bodmers kritischem Lobgedichte von 1734 'Charakter der deutschen Gedichte'. Zu dem Bild eines epischen Poeten, das hier entworfen war, blickte er nach eignem Bekenntnis oft wie Cäsar zu Alexanders Bildnis hinauf. Den Dichter, in den die Natur „die Hoheit von Verstand, womit sie selbst gedenkt," gelegt, dem sie ihren inneren Organismus enthüllt hat, ermunterte Bodmer, „das Meisterstück der Poesie" zu beginnen und, nachdem er an kleineren Stoffen „den Geist zuerst gewetzet", sich auf die Bahn Homers zu wagen.

> Erscheine, großer Geist, und singe Ding' und Thaten,
> So teils die Zeit begrub, teils ihr noch nicht geraten.
> Ergänz', was sie verbarg, bring' vor der Zeit herbei,
> Was einmal kommen soll, in einer neuen Reih'.
> Was jemals die Natur vom Wunderbarn und Großen
> In Engeln, Geistern, Mensch und Körpern eingeschlossen,
> Was in den Neigungen und Thaten Hohes steckt,
> Liegt offenbar vor dir, entwickelt, unbedeckt.

---

[1]) Es ist kaum zufällig, daß Klopstocks erste poetische Versuche sich in den Dichtungsgattungen bewegen, die Gottsched, sei es als die ältesten oder als die ergiebigsten, besonders empfohlen hatte; auch auf die Bußlieder hatte er ausdrücklich hingewiesen.

Als Gegenstand empfahl Bodmer dem Epiker eine geschichtliche Begebenheit, die er selbst später (1753) zum Vorwurf eines epischen Gedichtes machte und genau in der Weise behandelte, wie er sie schon 1734 vorgezeichnet hatte, die Entdeckungsfahrt des Columbus. Damit aber das Gedicht „nicht menschlich und gemeine", sondern vielmehr dem Sänger „bei Nacht geoffenbaret" scheinen möge, riet Bodmer, Geister aus Himmel und Hölle, verschieden an Gestalt, Macht und Willen, in die Handlung einzuführen.

Mit diesem Schema des epischen Gedichts mochte sich Klopstock vollkommen einverstanden fühlen; von dem Helden jedoch, den der Schweizer Kritiker vorgeschlagen, wurde er persönlich nur wenig angezogen[1]): ihm fehlte vor allem ein nationales Interesse an dem Entdecker Americas. Unter den Denkmalen des Vaterlands suchte er sich seinen Helden. Quedlinburger Jugendeindrücke bestimmten seine Wahl: Heinrich den Vogler, den Befreier Deutschlands, erkor er „unter den Lanzen und Harnischen" zu singen. Gute und böse Engel dachte er hier gleichfalls anbringen zu können, vielleicht auch allegorische Personen[2]); die letztern hatte Breitinger im sechsten Abschnitt seiner 'Kritischen Dichtkunst' ausdrücklich empfohlen, durch sie ersetzte auch Elias Schlegel in seinen zur gleichen Zeit entstandenen Bruchstücken eines Epos 'Heinrich der Löwe' die übliche Göttermaschinerie. Doch bei all dem sagte dem jungen Klopstock sein Thema nicht ganz zu; noch weniger vermochten andere epische Stoffe, die vorübergehend seine Teilnahme forderten, ihn zu fesseln. Nicht einmal die Titel davon sind uns erhalten; vermutlich waren auch sie aus der deutschen Geschichte entnommen.

In einer schaflosen Nacht, in der ihn solche Zweifel heftiger aufregten, stellte sich ihm — so erzählte Klopstock in spätern Jahren — auf einmal der Messias als würdigster Held seiner Dichtung dar. Bald — noch in derselben Nacht — stand im schwebenden, großen, noch unbestimmten Umriß eine Art von Plan vor seiner Seele. Tag und Nacht verließ ihn nun dieser Gedanke nicht mehr. Im Traum sah er das Weltgericht, Eva in erhabner Schönheit den Richter um Gnade für ihre Kinder anflehend; als er zu den glänzenden Füßen des Gottessohnes voll Ehrfurcht aufzu-

---

[1]) Dagegen dachte Ewald Christian von Kleist 1745 eine Zeit lang an ein Heldengedicht über Columbus.

[2]) Vgl. die Aussage eines persönlichen Bekannten Klopstocks, dem der Dichter dies 1791 erzählte, in den Ergänzungsblättern zur hallischen allgemeinen Literaturzeitung vom Mai 1827, Nr. 51.

bliden wagte, erwachte er schnell[1]). In der That konnte der Stoff seines
Epos dem Dichter „bei Nacht geoffenbaret" scheinen.

Wie durch eine plötzliche Eingebung, bevor er noch eine Zeile von
Milton gelesen habe, behauptete Klopstock später, sei er zu dem Entschluß
gedrängt worden, ihn, den er als Christ liebte, als Dichter zu singen.
Vielleicht täuschte ihn hier doch sein Gedächtnis. Ehe er die Schriften der
Schweizer gelesen hatte, konnte ihm der Gedanke an den 'Messias' nicht wohl
aufsteigen; Bodmer und Breitinger aber priesen Milton so hoch, sprachen
so ausführlich über sein Werk, daß der Jüngling sich zur Lectüre desselben
getrieben fühlen mußte, aber auch ohne diese mit dem Inhalt des 'Verlornen Paradieses' wohl vertraut sein konnte. Auch Immanuel Jakob
Pyra, dessen allegorisch-bidaktisches Gedicht 'Der Tempel der wahren
Dichtkunst' (1737) Klopstock wahrscheinlich bald kennen lernte und nicht
ohne Gewinn studierte, wies ermunternd auf die religiöse Poesie und insbesondere auf Milton, den Meister des religiösen Epos, hin. Freilich war
der erste Eindruck, den Klopstock von dem 'Verlornen Paradies' empfieng,
kein günstiger. Er sah es zuerst bei einem Mitschüler, wie es scheint, in
der alten, holperigen und unbeholfenen Übersetzung im Versmaß des
Originals von Ernst Gottlieb von Berge (Zerbst 1682). Überdies, da er
das Buch aufschlug, fiel sein Blick zunächst auf die Darstellung der Sünde
und des Todes im zweiten Gesang. Schon Gottsched hatte sich im Anschluß
an den von ihm überhaupt vielfach ausgeschriebenen Voltaire[2]) heftig gegen
diese „schmutzige und wahrhaftig abscheuliche Allegorie" ausgesprochen und
ihre Wahrscheinlichkeit bezweifelt; ja sogar Addison hatte an der Erfindung
Anstoß genommen, und Bodmer selbst mußte in seiner Verteidigung zugeben,
daß der Dichter mit Absicht ein ekelhaftes Bild der Phantasie seiner Leser
vorgeführt habe, um Abscheu vor den Gestalten der Sünde und des Todes
zu erwecken. Klopstock aber las die Stelle außer dem Zusammenhang; die
verwerfende Kritik der namhaftesten Kunstrichter mußte ihm völlig gerecht
scheinen; ohne Lust zum Weiterlesen schlug er das Buch gleich wieder zu[3]).
Später jedoch kam ihm die bessere Übersetzung des Werkes von Bodmer in

---

[1]) Vgl. Klopstock an Heimbach vom 20. März 1800; 'Messias', Gesang
XIX, 1—8.

[2]) Vgl. 'Essai sur la poésie épique': „cette dégoûtante et abominable
histoire".

[3]) Aus einem andern Grunde tadelte er diese Allegorie noch 1760 im 'Nordischen
Aufseher' (Stück 150).

die Hand, und nun gewann er es um so lieber. Selbst das Verbot des
Rectors vermochte seine Neigung nicht zu dämpfen: heimlich setzte er die
Lectüre fort; aber offen trat er in einer Schulrede für das Gedicht ein,
das man ihm vorenthalten wollte.

Der Einfluß Miltons auf den werdenden Epiker war gewaltig. Die
Glut, die Homer in ihm entzündet hatte, loderte zur Flamme auf; sein
Geist ward zum Himmel und zur religiösen Dichtung emporgehoben[1]). So
wurde der Entwurf des 'Messias' genauer in seinen Einzelheiten ausgebildet
und noch in Pforta fast ganz vollendet. Aber auch in den poetischen Schul-
übungen zeigte sich, daß mit der Kenntnis Miltons der Phantasie Klopstocks
sich neue, den Anhängern der alten Verstandesdichtung ewig verschlossene
Reiche eröffnet hatten. Der allgemeine Charakter seiner Poesie war jetzt
endgültig bestimmt. An eine Karfreitagsrede in Alexandrinern, bei
welcher der Rector wider die Gewohnheit die Wahl des Themas ihm frei
gestellt hatte, erinnerte sich Klopstock später noch mit Wohlgefallen. Hübsch,
der Lehrer der Dichtkunst, wollte sie allerdings durchaus nicht gelten lassen:
kein Mensch könne sie verstehen; Rector Freytag hingegen war sehr zufrieden
damit und verlangte von dem kühnen Neuerer nur die Änderung eines
einzigen Wortes.

Wie glühend er Milton verehrte und welchen Einfluß er dem 'Verlornen Paradies' auf seine eignen künstlerischen Anschauungen wie auf sein
geplantes Gedicht zuschrieb, zeigte Klopstock am kräftigsten bei seinem
Abgang von der Pforte. Nach alter Sitte hatte der Schüler, der aus der
Anstalt entlassen wurde, als eine Probe dessen, was er gelernt, eine Abschiedsrede in Prosa oder in Versen, meist in lateinischer, bisweilen auch in
griechischer Sprache, vor den versammelten Lehrern und Zöglingen zu
halten. Daran schloß sich die vierfache Danksagung gegen Gott, den
Landesherrn, die Lehrer und Mitschüler. Am 21. September 1745 hielt
Klopstock seine Abschiedsrede in schwungvoller lateinischer Prosa. Wahrscheinlich durfte er das Thema sich selbst wählen; er sprach über das, was
in der letzten Zeit vor allem andern sein Studium gewesen war, was er
jetzt schon als die Aufgabe seines Lebens erkannte, über die epische Dichtung.

Religiöse Grundideen und Bodmerisch-Breitinger'sche Kunstanschauungen, gelegentlich auch Ansichten La Mottes, Batteux' und ähnlich
denkender französischer Ästhetiker, die Klopstock aber damals gewiß nur aus

---

[1]) Klopstock an Bodmer vom 10. August 1748.

zweiter oder dritter Hand überkam, vereinigen sich in der Einleitung dieser berühmt gewordenen 'Declamatio, qua poetas epopoeiae auctores recenset Fridericus Gottlieb Klopstock'. Daneben vernimmt man mehrfache Anklänge an Pyras 'Tempel der wahren Dichtkunst'. Der jugendliche Redner, der mit einem raschen, verächtlichen Blick die niedrige Gelegenheitspoesie streift, rühmt begeistert die hohe Würde der echten, von Gott selbst geweihten Dichtung, der vorzüglichsten Nachahmerin der Natur. Er sieht in der Bibel das vollkommenste Muster einer göttlich erhabenen Darstellung, preist die dichterische Größe Moses, Hiobs, Davids, Salomos und der Propheten, ja beruft sich auf Christus selbst, der die Poesie würdigte, mit weisen Gleichnissen seine Lehre zu umhüllen. Hoch über die andern Dichter, wie himmlische Genien über bloße Menschen, stellt er die Epiker, aus stofflichen Gründen. Wenn jene sich enge Grenzen stecken, singen sie allumfassend erhabne Handlungen, die den ganzen Erdkreis oder wenigstens die meisten seiner Bewohner angehen. Herrlich als Begründer und zugleich als Vollender der epischen Dichtung in nie getrübter Schönheit eröffnet Homer die Reihe, der Bruder der Natur; ebenbürtig, wenn er nicht sein Nachahmer wäre, folgt ihm Virgil: beide nur wegen ihres heidnischen Irrglaubens beklagenswert, da sie doch des Christentums so würdig gewesen wären. Viele Jahrhunderte lang schlief nach ihnen die epische Muse. Von der mittelalterlichen Heldendichtung in germanischen und romanischen Landen weiß Klopstock noch nichts; auch Dante ist ihm noch fremd geblieben. Aber auch der viel reifere Voltaire erwähnte in seinem 'Essai sur la poésie épique' die 'Divina commedia' nicht.

Überhaupt scheint dieser Aufsatz Voltaires der Rede Klopstocks mehr zum Vorbilde gedient zu haben, als dieser es sich selbst eingestehen wollte. Zwar offenbart sich in dem Urteil über die einzelnen Epiker überall die grundverschiedne Geistesrichtung der beiden Schriftsteller. An die Bibel und an eine göttliche Weihe der Dichtkunst zu erinnern, fällt begreiflicher Weise dem frivolen Franzosen nicht ein. Er ist viel mehr Kritiker als Klopstock; er erhebt sich weit mehr über die Verfasser und Werke, die er bespricht. Keine Autorität blendet ihn. Mit scharfem Verstande prüft er alles, und selbst an Homer und Virgil weiß der Unerbittliche Fehler zu entdecken. Klopstock stellt sich uns jugendlicher, mitunter auch unreifer dar. Er kritisiert weniger, aber er bewundert mehr als Voltaire. Freilich muß er sich auch kürzer fassen als dieser und einige ihm ferner stehende oder noch unbekannte Dichter, welche dieser ausführlicher betrachtet, mit Stillschweigen übergehn.

Er tritt dem Franzosen in seinem Urteil oft sogar gerade entgegen. Und doch hat er die Anordnung des Stoffes und namentlich die Schlußwendung seiner Rede mit ihm gemein.

Lucan, Trissino, Camoens und Alonzo d'Ercilla, denen Voltaire je ein Capitel widmet, verschweigt Klopstock, wie denn auch Gottsched in seiner 'Kritischen Dichtkunst' Trissino ganz übergieng, die andern aber nicht als Epiker, sondern nur als Autoren von „poetisch abgefaßten Historien" gelten ließ. Erst Tasso nennt der junge Redner wieder, preist seine Wahl des Stoffes, seine Phantasie, tadelt aber, hierin von Voltaire und von Gott- sched abhängig, seine ungleichartige und nicht immer genug edle Darstellung: Bewunderung vermag sein Werk zu entlocken, nie aber Thränen edler Nach- eiferung auszupressen. Auch den Marini verwirft Klopstock nicht geradezu; er beklagt nur, daß der Stoff seines 'Adonis' der Epopöe nicht würdig sei. Überschwänglich aber rühmt er um des religiösen Inhalts willen Milton, den glücklichen Nebenbuhler Homers, den treuen Maler der Natur, den christlichen Dichter. Und kühn deutet er sogleich seine Absicht an, dem englischen Sänger nicht nur zu folgen, sondern ihn durch einen noch größern und erhabneren Stoff zu übertreffen. Rasch geht er über die epischen Ver- suche mehrerer Franzosen hinweg. Er hatte sie augenscheinlich nicht selber gelesen. Die Namen der Verfasser und sein Urteil über ihre Werke ent- lehnte er teils aus Gottscheds 'Kritischer Dichtkunst', teils aus Morhofs damals noch immer vielgebrauchtem 'Unterricht von der deutschen Sprache und Poesie' (II. Teil, Capitel 1 und III. Teil, Capitel 14). Aus eigner Lectüre kannte er vermutlich nur den 'Télémaque' und die 'Henriade'. Fénélon schien ihm an einfacher dichterischer Schönheit dem Virgil gleich zu kommen, an sittlicher Tüchtigkeit ihn zu überragen; ihn achtete Klopstock des Namens eines Epikers würdig, obwohl er den Vers verschmäht hatte, nicht aber den eitel und kleinlich gescholtenen Voltaire. Besseres hoffte er vorurteilsvoll von den gleichzeitigen Engländern Blackmore und Glover und von dem Holländer Wilhelm von Haren, den er, wahrscheinlich nur durch fremde Ansichten geleitet, fast Fénélon gleich schätzte.

Wie Voltaire in seinem 'Essai', wandte sich Klopstock schließlich zu seinem eignen Volk und eignen Werk. Aber Voltaire forschte ruhig den Ursachen nach, warum die Franzosen kein Epos hätten, ohne seine Lands- leute zu Versuchen in dieser Dichtungsart aufstacheln zu wollen; die fran- zösische Literatur war reich genug, um diesen Einen Mangel verschmerzen zu können. Klopstock hingegen durfte mit bitterem Unwillen den niedrigen und kleinlichen Sinn der Deutschen beklagen, welche, regsam in den übrigen Wissenschaften, die Poesie noch immer vernachlässigten. Nur um gleich wieder vergessen zu werden, entstünden deutsche Verse; zwar tauchten nunmehr Dichter auf, die sich über die Mittelmäßigkeit erhöben, aber kein Epiker unter ihnen. Vor Scham glühend, wies Klopstock die deutschen Heldengedichte ab, die er kannte, und wohl gar mitunter loben hörte, Kaiser Maximilians 'Teuerdank', Postels 'Wittekind', den erst jüngst begonnenen 'Alexander den Großen', womit ein übrigens unbekannter Verfasser drohte. Zürnend mahnte er an den verdienten Spott der Ausländer, die eben wieder Deutschlands geistige Ohnmacht verlacht hatten. Schon 1671 hatte der Jesuitenpater Bouhours in seinen 'Entretiens d'Ariste et d'Eugène' die Frage verneint, ob ein Deutscher ein bel esprit sein könne, und darnach Swift gar die Deutschen die dümmste Nation genannt. Erst 1740 aber hatte Eleazar Mauvillon, der selbst als Lehrer in Braunschweig lebte, 'Lettres françaises et germaniques ou réflexions militaires, littéraires et critiques sur les Français et les Allemands' herausgegeben und darin den Mangel an guten deutschen Dichtern aus dem — zum Teil durch die Gleichgültigkeit der Großen verschuldeten — Mangel an Geist unter den Deutschen erklärt. Herausfordernd rief er: „Nommez-moi un esprit créateur sur votre Parnasse, c'est à dire, nommez-moi un poète allemand, qui ait tiré de son propre fond un ouvrage de quelque réputation: je vous en défie." Beifällig bekräftigten die Schweizer, gleich als ob sie nicht auch Deutsche wären, in den 'Züricher Streitschriften' diesen Hohn; Gottscheds Schüler unter Schwabes Führung suchten den Lästerer durch die That zu widerlegen und begründeten — mit mattem Erfolg — die 'Belustigungen des Verstandes und des Witzes'. Gleich ihnen wünscht Klopstock den Franzosen durch die That zu überführen, aber durch ein großes, unsterbliches Werk. In der Versammlung der besten deutschen Dichter möchte er diesen sie beschämenden Mahnruf ergehen lassen. Heiß ersehnt er die Erscheinung des Sängers, der Deutschlands Ehre rächt, und erfleht Segen auf sein Haupt: „Hunc virtus, hunc cum caelesti Musa sapientia teneris in ulnis nutriant. Ante oculos eius sese aperiat totus naturae campus et inaccessa aliis adorandae religionis amplitudo nec futurorum saeculorum ordo reclusus penitus obscurusque illi maneat. Fingatur his ab doctricibus suis humano genere, immortalitate Deoque ipso, quem in primis celebrabit, dignus." Mit der gleichen, nur ihm selbst ganz verständlichen Anspielung auf den Plan seines Epos schloß

Klopstock die übliche Danksagung. Treu gelobte er die Schule auch ferner zu verehren „tamquam illius operis matrem, quod tuo in amplexu meditando incipere ausus sum".

Stolze Zuversicht auf die Zukunft und bescheidene Demut mischt sich in diesen Worten und ebenso in den übrigen Teilen der Danksagung. Wenn uns der selbstgenügsame Ton der Abschiedsrede an die Mitschüler und das ausschweifende Lob des Königs Friedrich August III. befremdet, so berühren uns wohlthuend die Worte an die Lehrer, denen der Jüngling sich auf Lebensdauer für ihren Unterricht und noch mehr für ihr sittliches Beispiel verpflichtet erklärt. Und in ehrfurchtsvoller Hingebung, in stammelndem Entzücken dankt er Gott; wenig wissen und ihn in seiner Heiligkeit anbeten, erkennt er für die höchste Weisheit des Menschen.

III.

Universitätsjahre.
1745—1748.

Klopstock begab sich geraden Wegs von Schulpforta, ohne Quedlinburg zu besuchen, an die Universität Jena, wo er am 28. September 1745 immatriculiert wurde[1]. Was den jungen Theologen eben hieher zog, läßt sich schwer sagen, wenn es nicht ganz allgemein die Nähe und der große Ruf der Jenaer Hochschule war, die, selbst eine Stiftung der Reformation, ausgezeichnete Lehrer der protestantischen Theologie, zugleich aber auch tüchtige philosophische Lehrkräfte damals an sich vereinigte. In wie weit sich Klopstock ihren Unterricht zu Nutze machte, darüber wissen wir wenig Bestimmtes; daß er nicht nur für sich fleißig studierte, sondern während des ersten Semesters zu Jena auch gewissenhaft die akademischen Vorlesungen besuchte, dürfen wir namentlich aus seinen Briefen von jenen Tagen schließen. An einen jüngeren Kameraden, wahrscheinlich Christian Wilhelm Becker, der erst einige Monate nach ihm, am 30. November 1745, aus Schulpforta schied, schrieb er verlockend: „Sie wissen, ich bin eben nicht sehr zum Loben geneigt; allein so viel kann Ihnen versichern, daß unsere meisten Lehrer Beifall verdienen." Insbesondere rühmte er die „abstracte Lebhaftigkeit" des ungemein hochzuschätzenden Professors der Moral und Politik

---

[1] Ich verdanke diese Angabe sowie sonst manchen Hinweis auf die damaligen Jenaer Universitätsverhältnisse der Güte Berthold Litzmanns. Außerdem liegen mir drei ungedruckte Briefe Klopstocks aus den Jahren 1745 und 1747 vor, im Besitze des Landgerichtsdirectors Herrn Robert Lessing zu Berlin. Einiges bietet auch die 'Ausführliche Nachricht von dem gegenwärtigen Zustande der jenaischen Akademie' (Jena 1751) und Karl Gotthelf Müllers 'Nachricht von der deutschen Gesellschaft zu Jena und der jetzigen Verfassung derselben' (Jena 1753).

Dr. Joachim Georg Darjes (1714—1791), der auch über Logik, Meta-
physik und besonders trefflich über das Naturrecht (früher desgleichen über
Institutionen und Pandekten) las. Darjes huldigte einem eklektischen Wolf-
fianismus; er behielt Wolffs mathematisch-dogmatische Methode bei, verwarf aber die allgemeine Gültigkeit des Satzes vom zureichenden Grunde
und damit Wolffs Determinismus und die Lehre von der vorherbestimmten
Harmonie. Als Schriftsteller wirkte er geringer, da ihm philosophische
Gründlichkeit, knappe Genauigkeit und eine systematische Darstellung mangelten; als Docent erzielte er die größten Erfolge. Außerdem hörte Klopstock
noch Dr. Johann Georg Walch (1693—1775), den bedeutendsten der
jenaischen Theologen, in dessen Collegien gegen sechshundert Studenten
saßen. Er las über die verschiednen Fächer der Gottesgelahrtheit, namentlich dogmatische Theologie, daneben Kirchengeschichte, Katechetik, Symbolik,
Moral- und Pastoraltheologie; als Schriftsteller war er überaus thätig;
auch hatte er sich als früherer Professor der Philosophie und der Alter-
tümer einen über seine besondere Wissenschaft hinausreichenden weiteren
Blick gewonnen. Daß Klopstock neben ihm gleich in seinem ersten Semester
noch andre Theologen gehört habe, ist nicht recht wahrscheinlich; Walchs
Vorlesungen nahmen schon mehr als zwei Stunden täglich in Anspruch.
Auch von den übrigen Lehrern philosophischer Fächer zog ihn keiner in ähn-
lichem Grade wie Darjes an. Vielleicht hörte er noch bei Dr. Christian
Gottlieb Buder (1693—1763), dem hervorragendsten Mitglied der
juristischen Facultät, der außer seinem Staats- und Lehnsrecht regelmäßig
auch Geschichte las.

Jedenfalls beschränkte sich Klopstocks Lerneifer nicht einseitig auf das,
was er in den Collegien hörte, und am wenigsten auf sein theologisches
Fachstudium. Was mit Literatur zusammenhieng, zog seine Aufmerksamkeit auf sich. Liskows Gegner Philippi hielt sich eben in Jena auf; Klopstock blieb ihm nicht fremd, obgleich er in seinen Briefen abschätzig genug
über den „Elenden" urteilte. Ebenso verkehrte er mit einem Ungarn
Rotarides, der anonym über ungarische Gelehrtengeschichte geschrieben
hatte, ohne sich durch den „lamentablen" Eindruck abschrecken zu lassen,
den sein Äußeres gleichermaßen wie die Vorrede seines Buches machte.
Von sonstigen Bekannten nennt er selbst brieflich noch einen Danziger
Szerniewski; doch scheint er auch mit diesem, den er seinem ehemaligen
Mitschüler Janozki in vielen Stücken gleich fand, nicht eben sehr überein-
gestimmt zu haben. Inniger dürfte er sich an Becker angeschlossen haben,

als dieser ihm von der Schulpforte her nachzog. Alte Schulfreundschaft und das gleiche Studium erhielt den Verkehr der beiden sogar noch rege, als Klopstock längst eine andere Universität aufgesucht hatte; Becker gehörte auch zu den ersten, denen der Freund das Geheimnis seines Dichtens, vielleicht schon in Jena, anvertraute.

Denn nicht minder fleißig als sein Studium betrieb er stets die Arbeit am 'Messias'. Er begann jetzt den Entwurf auszuführen. Ursprünglich hatte er sich zwar vorgenommen, damit bis zum dreißigsten Jahre zu warten, bis die Empfindung das Übergewicht über die Phantasie gewonnen habe[1]. Aber dazu hatte er den Plan viel zu genau in allen Einzelheiten ausgebildet. Die lebhafte Vorstellung derselben drängte ihn zur Ausführung, obschon er an seiner geistigen Reife zweifelte. So begann er, den größten Teil der ersten drei Gesänge niederzuschreiben — zunächst in Prosa.

Die Frage nach der Form ist keinem unsrer großen modernen Dichter, die in bewußtem Streben nach dem künstlerischen Ideal ihre Werke schufen, erspart geblieben. Die Sänger der Antike, des Mittelalters hatten für eine jede Gattung der Poesie allgemein gültige Formen, die der einzelne ohne weiteres Prüfen naiv sich aneignete; die Dichter der neueren Zeit mußten meist in immer frischem Suchen und Versuchen die Kunstform sich erst erringen. Klopstock sah sich in Jena zuerst vor diese Aufgabe gestellt. Sein Glaube an die künstlerische Tauglichkeit des deutschen Alexandriners, den er in Pforta noch unbedenklich gebraucht hatte, war erschüttert. Schon Breitinger hatte gegen den Schluß seiner 'Kritischen Dichtkunst' geklagt, daß der Alexandriner schwach und unbehilflich wie eine mitten entzwei geschnittene Schlange fortkrieche, doppelt unbequem in der deutschen Sprache, welche die Silben nicht zählt wie die französische, sondern wägt, und an langen zusammengesetzten Wörtern reich ist. Breitinger verschwieg die Vorteile nicht, die auch dem deutschen Alexandriner durch das bloße Zählen der Silben erwachsen würden, und erörterte die Vorzüge des altdeutschen achtsilbigen Verses wie des italienischen fünffüßigen Jambus mit weiblichem Ausgang. Die Anmut des Reimes hielt er für kein wesentliches Erfordernis; ja selbst dem Hexameter der alten Griechen und Römer (aber nicht dem gereimten des Heräus) spendete er empfehlende Worte. Aber mit all diesen Andeutungen verfolgte er keine positive Absicht. Er erklärte

---

[1] Vgl. die Ode 'An Freund und Feind' von 1781.

ausdrücklich, so gut er auch die Mängel des Alexandriners einsehe, so habe er doch nicht das nötige Feuer, um ihn seinen Landsleuten aus den Händen zu winden; er wolle nur „andere, die ihre Sorge für die Ehre und das Vergnügen des Vaterlands bis auf den Vers hinunter erstrecken," auf die Spur eines Bessern führen. Aber wo sollte der junge Klopstock dieses Bessere finden? Wie einförmig und ermüdend ihm auch der herkömmliche Alexandriner vorkommen mochte, die andern Versarten, die man in Deutschland bisher versucht und empfohlen hatte, schienen ihm wenig Vorzug vor jenem zu verdienen. Fortlaufende Trochäen dünkten ihn mit Recht schleppend und eintönig; überdies sah er sie in keinem der ihm bekannten Heldengedichte angewandt. Von den altdeutschen kurzen Reimpaaren mochte ihn nicht nur das Vorurteil abschrecken, das damals noch an dem Namen des Hans Sachs und an seinem nunmehr als Knüttelvers bezeichneten Metrum klebte, sondern auch die richtige Einsicht, daß dieses Versmaß zu dem feierlichen Tone seines Epos wenig passe. Der fünffüßige Jambus war ihm durch sein englisches Vorbild nahe gelegt; aber wenn Klopstock auf den einzigen Versuch, Miltons Vers in größere deutsche Dichtungen einzuführen, auf Berges Übersetzung des 'Verlornen Paradieses', blickte, so mochte ihm in der That der Zweifel aufsteigen, ob wir Deutsche überhaupt reine Jamben bilden können, wenn er auch noch nicht, wie später, das Gegenteil aus sprach- lichen Gründen erweisen zu können glaubte. Doch den Hexameter hatte auch Gottsched seit der ersten Ausgabe seiner 'Kritischen Dichtkunst' empfoh- len und selbst nicht übel gelungene Proben davon gegeben. Er hatte mit ausdrücklicher Anspielung auf Miltons „Heldengedicht ohn' alle Reime" seine Landsleute herausgefordert, auch in der Form der deutschen Poesie „was Neues in Schwang zu bringen." Schon hatte auch Uz in seiner Ode auf den Frühling (1742) dem Rufe Folge geleistet; allein ein schärfer zu- sehender Beobachter konnte hinter diesen scheinbaren Hexametern mit un- betonter Vorschlagssilbe leicht den alten, hier nur künstlich verkappten Alexandriner entdecken. Und was Klopstock von frühern Versuchen im deutschen Hexameter kannte, die nach antiker Prosodie, sogar mit Geltung consonantischer Position gemessenen Verse Konrad Gesners aus dem sech- zehnten Jahrhundert oder die gereimten Distichen des Heräus von 1713, war freilich nicht geeignet, ihm zu dem neuen Metrum Mut zu machen. Auch Gottscheds Vorbild mochte für ihn seit seiner Hinneigung zu den Schweizern, die jetzt in offner Feindschaft gegen jenen kämpften, an Wert verloren haben. Dazu wußte man, daß hervorragende Gelehrte, z. B. der

Leipziger Professor Christ, die Möglichkeit deutscher Hexameter geradezu leugneten. Vorläufig verzichtete daher Klopstock auf einen Versuch in dieser Versart. Unmöglich aber konnte er mit dem Gedanken sich befreunden, das metrische Princip, das seit Opitz unangetastet in der deutschen Dichtung galt, umzustoßen und nach romanischem Beispiel die Silben zu zählen statt zu messen. Auch hätte bei der geringen Ausbildung des rhythmischen Sinnes damals in Deutschland eine solche Neuerung unsrer Literatur schwerlich Heil gebracht. Lieber gab Klopstock die metrische Form vorerst ganz preis. Fénélons 'Télémaque', obgleich in Prosa geschrieben, hatte er stets als eines der edelsten epischen Gedichte betrachtet; so durfte auch er es wagen, den Beginn seiner Epopöe in Prosa auszuarbeiten.

Aber unmöglich konnte dieser Notbehelf ihn befriedigen. Sein Gedicht sollte ein höchstes Werk der Poesie werden, bei dem die Form dem Gehalt ebenbürtig angepaßt sein mußte. Die Idee desselben hatte er sich nach den großen Epen des griechischen und römischen Altertums gebildet. Bitter verdroß es ihn, daß er nun so weit hinter seinen Mustern zurückbleiben mußte. Doch alles Grübeln half ihm die metrische Kunstform, die er suchte, vorläufig nicht finden.

Jena war auf die Dauer kein Aufenthalt für Klopstock. Die kleine Stadt, eben so hübsch als gesund gelegen, mochte ihm zwar mit ihren saubern Straßen, ihren großenteils neu gebauten Häusern, ihren vielen freundlichen Gärten wohl gefallen; auch war das Leben dort billig und Gelegenheit zu ruhigem Studium reichlich vorhanden. Freundschaftlichen Verkehr aber, woran Klopstock trotz seinem angebornen Hang zur Einsamkeit von Pforta her gewöhnt war, bot ihm Jena viel zu wenig. Noch herrschte hier das wüste Renommistenleben, das jüngst (1744) Zachariä in seinem komischen Heldengedichte mit frischen Farben gemalt hatte; der in seinen Sitten erzogene Fürstenschüler mußte sich davon abgestoßen fühlen. Von älteren Gefährten traf er in Jena nur wenige an; neue Freunde waren an diesem Herde studentischer Roheit kaum zu gewinnen. Geistige Nahrung konnte er hier überhaupt nur in den Hörsälen oder bei seinen Büchern finden. Zwar bestand schon seit 1728 eine deutsche Gesellschaft in Jena (1730 vom akademischen Senat bestätigt); doch trat Klopstock, so lang er dort studierte, nicht in sie ein. Erst hernach, als der Ruhm seines Gedichts anfieng ihn zu umstrahlen, wurde er, gewiß ohne sein Zuthun, zum ordentlichen Mitglied derselben ernannt, eine Ehre, die bald darauf auch Lessing und seinen Freunden Mylius und Ossenfelder zu Teil ward.

Größere Anziehungskraft als Jena übte Leipzig aus, der Sitz feiner
Lebensart und zierlicher Galanterie, zugleich aber der Mittelpunkt der
wiſſenſchaftlichen und dichteriſchen Beſtrebungen im nördlichen Deutſchland.
Hier blühte ein altes, reiches Bürgertum, dem gelehrte und künſtleriſche
Bildung nicht fremd geblieben war; hier vereinigten die großen Meſſen,
was im deutſchen Handel und Gewerbe Neues und Bedeutendes geleiſtet
wurde. Statt der einförmigen Öde des Lebens in dem kleinen Jena lockte
hier das wechſelreichere Treiben einer merklich größern und rührigern
Stadt. Hier ſpielte die anerkannt beſte Schauſpielertruppe von ganz
Deutſchland; von hier aus wurde der deutſche Buchhandel organiſiert, und
hier hatte die deutſche Journaliſtik noch immer ihre vorzügliche Heimſtätte.
Dazu wandten ſich hieher vor allem die Zöglinge der ſächſiſchen Fürſten-
ſchulen; hier war Klopſtock ſicher, frühere Bekannte wiederzutreffen. Namentlich ſein Vetter Johann Chriſtoph Schmidt hatte ſich feſt für
Leipzig entſchieden. Am 28. April 1746 war er von der Pforte nach der
Univerſität abgegangen; ſo ſiedelte denn auch Klopſtock um Pfingſten 1746
nach Leipzig über. Am 13. Juni wurde er an der Univerſität daſelbſt
unter dem Rectorat des Profeſſors Johann Ernard Kapp bei der Nation
der Sachſen immatriculiert[1]). Gemeinſam mit Schmidt bezog er ein Zimmer des Rabike'ſchen Hauſes in der Burgſtraße.

Einträchtig wohnten die beiden zuſammen, durch Bande der Verwandtſchaft und zärtlicher Freundesliebe mit einander verknüpft, wenn
gleich der Gegenſatz der Charaktere jetzt immer merklicher hervortrat. Als
die Grundzüge ſeines Weſens bezeichnete ſpäter Schmidt ſelbſt in einem
Brief an Gleims Verlobte Aufrichtigkeit, Neigung zum Lachen und zum
Vergnügen, Schwatzhaftigkeit, eine kleine Doſis von Stolz, Liebe zur
Spötterei und eine ausnehmende Zärtlichkeit. Er war ſich eben ſo wohl
bewußt, daß er des Einfluſſes der Geſellſchaft bedurfte, als daß er mit
ſeinen geſelligen Talenten in ihr und beſonders bei den Mädchen wohl
gelitten war. So innig er ſeinen Vetter liebte und ſo ſehr er deſſen Dichtung bewunderte, ſo blickte er doch nicht ſelten mit ironiſchem Lächeln zu
den ätheriſchen Höhen auf, in die ſich jener emporgeſchwungen, ſpottete
treffend über die „halb weltlichen, halb geiſtlichen Galanterien", mit denen
ſein „kleiner Klopſtock" die Damen gewann, und verſchonte mit ſeinem

---

[1]) Durch Herrn Dr. Georg Witkowski mir aus dem Leipziger Univerſitäts-
album freundlich mitgeteilt.

Geschick, alles zu travestieren, weder den 'Messias' noch die Oden und prosaischen Aufsätze seines Freundes. In alter und neuer Literatur war er vielseitig gebildet, auch als Dichter hübsch begabt; Klopstock spendete ihm das Lob, daß er ihm gleich sei, neben ihm von den Unsterblichen zu höheren Gesängen auferzogen. Mit Glück versuchte er sich in der ernsten Poesie; als Jünger Miltons wollte er eine Zeit lang sogar mit seinem berühmtern Vetter durch ein Gedicht vom Weltgerichte wetteifern. Aber sein eigentlicher Bereich war das leichte, bisweilen kecke Anakreontische Lied; in seiner Dichtung wie auch in seinem späteren Leben stand er Gleim entschieden näher als dem Sänger der Messiade. Leider spielte er nur mit seiner Poesie; Mangel an künstlerischem Ernst im Verein mit einem regen Geschäftssinn, der bald alle seine Geisteskräfte auf seinen juristischen Beruf concentrierte, ließen ihn nicht zu reifer Ausbildung seiner dichterischen Anlagen gelangen. Desto ersprießlicher wirkte er als Goethes Amtsgenosse in Weimar, wo er sich bis zu dem Rang eines geheimen Rates und Oberkammerpräsidenten aufschwang[1]).

Neben ihm fand Klopstock in Leipzig Freißleben wieder, der am 6. Februar 1746 aus der Schulpforte ausgetreten war, und Kühnert, der bereits ein paar Wochen vor ihm Pforta verlassen hatte, einen vorzüglichen Kopf, aber unbeständigen Charakter, in welchem sich ideale Begeisterung und ein zu Mephistophelischer Ironie neigender Verstand gestritten zu haben scheinen; er war Jurist wie Schmidt, ward später Anwalt in Querfurt und starb als Bürgermeister des Städtchens Artern im Mansfeldischen. Auch neue Freunde schlossen sich an, zunächst der „freie, gesellige" Heinrich Gottlieb Rothe, den auch Johann Andreas Cramer als sanft, lieb und dienstfertig rühmte — hernach lebte er sehr einsam als geheimer Finanzsecretär und Archivar zu Dresden, wo er im dreiundachtzigsten Jahre am 28. August 1808 starb.

Sicherlich verschlossen sich die Freunde nicht pedantisch-schüchtern den edleren Genüssen, die das mannigfach anregende Leben Leipzigs ihnen bot; Schmidts Charakter und Klopstocks späteres Benehmen in Zürich bürgen dafür, daß sie es wohl auch nicht verschmähten, in harmlosem Übermut studentisch mit einander zu kneipen. Vor roheren Ausschwefun-

---

[1]) Eine ausführlichere Charakteristik Schmidts hat Erich Schmidt in seinen 'Beiträgen zur Kenntnis der Klopstock'schen Jugendlyrik' gegeben (Quellen und Forschungen, Band 39, Straßburg 1880).

gen behütete ſie ihr eignes maß- und tactvolles Weſen ſowie der zierlich-
feine Ton, der in der Muſenſtadt an der Pleiße herrſchte. Das Theater,
das zur gleichen Zeit Leſſing und ſeine Genoſſen ſo mächtig anzog, ſcheint
Klopſtock weniger angelockt zu haben; aber Wiſſenſchaft und Kunſt belebte
vor allem andern auch ſeinen Verkehr mit den Freunden, die „des Umgangs
ſüße Reizung und der Geſchmack mit der hellen Stirne" zu einander geſellte.
Auch hier mochte Klopſtock erkennen, was ſich ihm in der Stadt und an
der Hochſchule auf Schritt und Tritt darſtellte; er befand ſich in der geiſti-
gen Metropole Deutſchlands und zwar gerade zu einer Zeit, wo die entgegengeſetzten Secten des Geſchmacks ſich anſchickten, auf dieſem Boden
ihren langjährigen Streit auszufechten.

Faſt zwei Jahrzehnte hindurch waren die Männer, welche durch ihre
Kritik die zur gemeinſten Plattheit herabgeſunkene deutſche Dichtung zu
heben verſuchten, auf grundverſchiedenen Pfaden in Eintracht neben einander gewandelt, Bodmer und Breitinger zu Zürich mit ihren rein theore-
tiſchen Unterſuchungen, die aus der philoſophiſchen Erkenntnis vom Weſen
des Schönen und der Kunſt eine Erneuerung der deutſchen Poeſie im freien
Anſchluß an die phantaſievolle Dichtung Englands für eine vielleicht noch
ferne Zukunft vorbereiteten, und Gottſched zu Leipzig mit ſeinen mehr
praktiſchen Regeln, die, aus der Kenntnis guter Muſter geſchöpft, die vorhandene deutſche Literatur nach dem Beiſpiel der durch den Verſtand
geſchulten franzöſiſchen Dichtung in eine formale Zucht nehmen und ſo
unmittelbar verbeſſern ſollten. Als aber 1740 die bisher noch ſchüchtern
verſchleierten Abſichten der Schweizer frei zu Tage traten, erſchrak man in
Leipzig über den zuvor kaum vermuteten Gegenſatz und rüſtete ſich zum
heftigſten Kampfe gegen die neuen Anſchauungen. In kleinen Broſchüren
wie in den größeren Zeitſchriften, welche auf beiden Seiten erſchienen,
tobte bald eine oft nur perſönliche Polemik, die ſtellenweiſe die Beſorgnis
einflößen mochte, daß die großen Zielpunkte, die man einſt im Auge gehabt,
wieder vergeſſen ſeien. Die Züricher als die Verfechter des geſchichtlich
berechtigten Neuen waren bei dieſem Kampfe von vorn herein im Vorteil;
ihr Sieg ward aber erſt beſtätigt, als nicht bloß in der Schweiz, ſondern
auch im nördlichen Deutſchland Dichter anſtanden, die, wie ſie perſönlich
mit Bodmer und Breitinger verkehrten, ſo auch ihren poetiſchen Leiſtungen
die Theorien dieſer Männer zu Grunde legten, als vollends die begabteren
unter Gottſcheds Schülern ſich von dem Meiſter abwandten und als Freunde
der Züricher dicht neben ihm auf dem Boden, den er ſelbſt ihnen bereitet

hatte, auf den Sturz seines Ansehens hinarbeiteten. Kurz ehe Klopstock
Leipzig betrat, hatte sich dieser Umschwung vollzogen.

Heftiger als Gottscheds eigne Monatsschriften hatte das Organ seiner
jüngern Parteigenossen, die 'Belustigungen des Verstandes und des Witzes',
die Schweizer bestritten. M. Johann Joachim Schwabe, der treueste
Schildgenosse des Leipziger Dictators, leitete die Zeitschrift; die fähigsten
Schüler und Anhänger Gottscheds lieferten Beiträge. Allmählich aber
nahmen diese an der maßlosen Streitsucht Anstoß; auch dünkte ihnen
Schwabes Geschmack bei der Auswahl der abzudruckenden Arbeiten nicht
heikel genug. Sie sagten sich daher von Schwabe und damit auch äußerlich von Gottsched los und vereinigten sich etwa seit 1744 zur Herausgabe
einer eigenen Zeitschrift, der nach dem Verlagsort so genannten 'B r e m e r
B e i t r ä g e '[1]). Grundsätzlich war alle Polemik ausgeschlossen, dagegen
das höchste Gewicht auf die künstlerische Thätigkeit gelegt, und darauf
beruhte die Bedeutung dieses Unternehmens, durch die es Gottscheds Zeitschriften gegenüber einen Fortschritt bezeichnete; denn so sicher er sich hinter seinem Regelbau wußte, so schwach war es mit seinen dichterischen
Versuchen bestellt. Was die Beiträger selbst als Dichter leisteten, gieng
zunächst kaum über das hinaus, was die 'Belustigungen' gebracht hatten.
Es waren zum großen Teil dieselben Verfasser; es war auch noch derselbe
Geist, der sie beseelte und ihnen die äußere Richtigkeit der Form als höchstes Ziel ihrer Schriftstellerei erscheinen ließ. Aber langsam näherten sie
sich persönlich und literarisch den Schweizern. Auch hatten sie einen weiteren Leserkreis im Auge, als ihn sich Streitschriften zu gewinnen vermochten; namentlich auf Bildung der Sitten und des Geschmacks in der
Frauenwelt hatten sie es abgesehen. Freundlich kamen hochgeachtete Dichter, wie Friedrich von Hagedorn, ihrem Bestreben entgegen, und bald
bewiesen mehrfache Auflagen, daß die 'Bremer Beiträge' nicht nur ihrer
Mitarbeiter halber, deren Namen dem weiteren Publicum übrigens verborgen blieben, die bedeutendste deutsche Zeitschrift jener Jahre, sondern
daß sie auch die gelesenste waren.

Wenn sich Klopstock in Leipzig nach neuen literarisch begabten und
ästhetisch gebildeten Genossen umsah, so wies ihn nahezu alles auf diesen
Kreis. Der Polemik war seine Natur ganz und gar abgeneigt; bis in's

---

[1]) Neue Beiträge zum Vergnügen des Verstandes und Witzes. Bremen und
Leipzig 1744 ff.

späte Alter setzte er einen Stolz darein, nie auf den Tadel eines Kritikers geantwortet zu haben. Die Abkehr von Gottsched zu den Schweizern hatte auch er und zwar entschiedner als die Beiträger durchgemacht. Ihr Streben, durch die Dichtung vorzüglich die Sitten zu bilden, war auch das seinige, wie überhaupt in der Lehre der Schweizer begründet. Unter den Beiträgern befanden sich ferner Schriftsteller von bereits anerkanntem Ruf, deren Werke Klopstock mit Beifall, ja mit Entzücken gelesen hatte, wie Rabener und Gellert; unter ihnen befand sich Adolf Schlegel, sein ehemaliger Mitschüler in Pforta; ihnen sandte von Kopenhagen aus seine Beiträge Elias Schlegel, dessen Vorbild einst dem heranreifenden Jüngling auf der Schule begeisternd vorgeleuchtet hatte.

Vorläufig jedoch blieb Klopstock dem Verkehr mit den Beiträgern fern. Er scheute sich noch, mit seinen poetischen Versuchen hervorzutreten. Ganz in der Stille — nur Schmidt war sein Vertrauter — arbeitete er an seinem Gedichte fort. Aber nun nicht mehr in Prosa. In seinem Suchen nach dem geeignetsten Metrum fühlte er sich immer wieder von der Macht und Ausdrucksfähigkeit des Homerischen und Virgilischen Verses hingerissen. Die Gottschedischen Versuche erwiesen ihm, sobald er sie unbefangen betrachtete, doch wenigstens die Möglichkeit einer Nachbildung des Hexameters in unserer Sprache. Was ihm nun auch engsinnige Theoretiker vom Katheder herunter oder im geselligen Verkehr dagegen sagen mochten, er beschloß, doch erst selbst einmal deutsche Hexameter zu probieren, bevor er sie endgültig verwerfe. An einem glücklichen Sommernachmittage 1746 machte er den Versuch. Es gelang über Erwarten gut. Die Übungen in lateinischen Versen, zu denen noch vor kurzem der Schüler der Pforte angehalten worden war, erleichterten ihm jetzt die Mühe, als es galt, ein bisher ungewohntes antikes Versmaß im Deutschen anzuwenden. In wenig Stunden war eine Seite deutscher Hexameter fertig. Nun fest entschlossen, begann Klopstock alsbald, den ersten Gesang seines Epos in Hexameter umzuschreiben.

Vorerst war es seine Absicht, das Geheimnis seines dichterischen Schaffens zu wahren, bis sein Werk in jeder Hinsicht vollendet sein würde. Der Vorsatz war bei der Weitschichtigkeit der Arbeit an sich unhaltbar; die Durchführung desselben hätte dem Erfolg der Dichtung auf jeden Fall geschadet, wenn sie auch vielleicht den Fortgang der Arbeit beschleunigt hätte. Doch blieb Klopstocks Beginnen nur wenige Wochen verborgen.

Im Radike'schen Hause wohnte auch der künftige Eidam des Besitzers, Johann Andreas Cramer, der mit Gärtner, Adolf Schlegel und Rabener den Verein der Bremer Beiträger begründet hatte. Ein Jahr älter als Klopstock, weilte er bereits seit 1742 zum Studium der Theologie in Leipzig und hatte sich 1745 als Magister die venia legendi erworben. Mit Klopstock und seinem Vetter hatte er bisher nur flüchtige Grüße und gleichgültige Worte gewechselt; doch hatte schon sein Gesicht und Wesen in Klopstock den Wunsch angeregt, ihn und durch ihn die Beiträger näher kennen zu lernen. Ein Zufall führte während der Herbstmesse 1746[1]) die Stubennachbarn inniger zusammen; Schmidts vorwitzige Neckerei enthüllte das Geheimnis des Dichters; Cramer, entzückt, teilte den ersten Gesang, der eben in Hexametern fertig war, Gärtner und den übrigen Freunden mit und brachte bald dem Verfasser die Einladung, unter die Beiträger zu treten. Klopstock that es mit Freuden; Schmidt schloß sich gleichfalls ihrem Kreise an, und auch Kühnert und Rothe knüpften Beziehungen mit einzelnen von ihnen an.

Ein neues Leben begann jetzt für Klopstock. Das Ideal der Freundschaft, dem er so lang in dunklem Drange nachgestrebt hatte, schien sich ihm nun zu verwirklichen. Wenn er bisher nur sich und seinen Studien gelebt hatte, so daß ihn die Lectüre eines anziehenden und bedeutenden Buchs wie der 'Theodicee' von Leibniz vierzehn Tage lang nicht aus seiner Wohnung kommen ließ[2]), so lebte er jetzt vornehmlich den Freunden. Mit Cramer als Hausgenossen pflegte er zunächst den innigsten Verkehr. Sein reiches Wissen, sein milder Charakter und seine gesellschaftliche Bildung mußten Klopstock eben so sehr gewinnen, als Cramers auf das Religiöse und Vaterländische gerichtete Dichtung neue Bande um sie schlang. Inniger noch mochte sie ein gemeinsamer Schmerz verknüpfen. Zu Anfang Junis 1747 starb Cramers Braut, die auch von Klopstock hoch verehrte Johanna Elisabeth Radike, „schön wie die junge Morgenröte, heilig und still wie der Sabbath Gottes".

---

[1]) Strauß zweifelt, ob der Vorgang in den Herbst 1746 oder Frühling 1747 fällt. Letzteres ist unmöglich, da Ostern 1747 auf den 2. April fiel, die Jubilatemesse also erst am 23. April begann, Hagedorn aber schon am 10. April an Bodmer über Klopstock schrieb, auch Gärtner bereits am 9. April Proben des 'Messias' nach Zürich schickte. Auch Karl Friedrich Cramer verlegt das Zusammentreffen in das Jahr 1746.

[2]) Vgl. C. A. Böttiger in der 'Minerva, Taschenbuch für das Jahr 1816' S. 326.

Cramer nahm, als Klopstock in näheren Verkehr mit ihm kam, bereits eine selbständigere Stellung als Docent an der Universität ein. Auch Gellert hatte sich schon 1744 habilitiert und las vor einem Zuhörerkreis, der von Jahr zu Jahr sich erweiterte, über Poesie und Beredsamkeit. Das schöne Gleichmaß von Wollen und Können, die zwanglose Correctheit, wodurch sich seine Dichtung auszeichnet, zusammen mit der fast weiblichen Milde seines ängstlich tugendsamen Herzens hatte ihm längst Klopstocks volle Zuneigung erworben; seine Lustspiele namentlich hatten dem gerührten Jüngling Thränen des Entzückens erpreßt. Nun ward diese bewundernde Liebe noch erhöht durch die menschliche Liebenswürdigkeit, die Gellert trotz seines schwermütigen Naturells und seiner Kränklichkeit im persönlichen Umgang bewährte.

Ebenfalls den Studienjahren seit geraumer Zeit entwachsen war Rabener, damals Steuerrevisor des Leipziger Kreises. Auch ihn kannte Klopstock schon zuvor aus seinen Schriften. Er hatte ihn besonders seines Gerechtigkeitssinnes halber verehrt, der in dem Haß gegen die Thorheit nie die Menschenliebe ersticken ließ; nun lernte er noch den hellen Blick und die heitere Laune des geistvollen und witzigen Gesellschafters an ihm schätzen.

Auch in Gärtner, dem Redacteur der 'Beiträge', dem Leiter und kritischen Berater der Genossen, liebte Klopstock vornehmlich den Freund. Was Gärtner als Dichter leistete, war wenig und unbedeutend; aber sein strenger Ernst, durch gesellschaftliche Heiterkeit gemildert, und seine allem ehrsüchtigen Streben abholde weise Zufriedenheit gewann ihm bald die herzliche Verehrung eines jeden. Wie sehr auch Klopstock die Eleganz seines Schäferspiels 'Die geprüfte Treue' rühmte, höher stellte er sein kritisches Talent, das sich am Studium der alten Klassiker gebildet hatte.

Aus demselben Grunde schätzte er Ebert vorzüglich, den belesensten unter den Beiträgern, gleich Gärtner in der antiken Literatur wohl bewandert, nicht minder aber in der modernen englischen, für deren Kenntnis in Deutschland er namentlich als Übersetzer wirkte. Er versah die Freunde mit englischen Büchern; auch Klopstock ward durch ihn tiefer in die Dichtung der Engländer eingeführt, die er freilich jetzt noch nicht in ihrer Sprache lesen konnte. Erst im Frühling 1752 fieng er vielmehr an, aus dem Young Englisch zu lernen. Mit Ebert, dem „Liebling der sanften Flyn", der Freundschaftsgöttin, verband ihn zudem aber ein besonders inniges persönliches Verhältnis, das den Tod oder die Entfremdung der übrigen Beiträger unversehrt überdauerte.

Sehr nahe trat ihm auch Johann Adolf Schlegel. Von der Pforte her waren die beiden einander wenigstens nicht mehr völlig fremd. Noch in spätern Jahren setzte sich diese Freundschaft fort durch brieflichen Verkehr und persönliche Dienste, die Klopstock dem Studiengenossen zu leisten suchte. Wie die Beiträger überhaupt, so ließ auch er sich von der Leichtigkeit blenden, mit der Schlegel, unerschöpflich an Einfällen und Wendungen, seine Gedichte entwarf und abänderte.

Persönlich unbekannt blieben Klopstock von den Beiträgern Johann Elias Schlegel, Konrad Arnold Schmid, Zachariä, die aus Leipzig schieden, ehe Klopstock dem Vereine beitrat, vielleicht auch der Freund des eben damals in Leipzig studierenden Lessing, Christlob Mylius, der sich gleichfalls schon vorher von der Gesellschaft zurückgezogen hatte. Nicht gar zu nahe scheinen ihm Gottlieb Fuchs, der „Bauersjohn", und einige andere gekommen zu sein, die — mitunter nur vorübergehend — Anteil an dem Bunde nahmen. Am meisten zog ihn von diesen der Mediciner Olde aus Hamburg an. Sein Widerwille gegen alle Halbheit gewann ihm vorzüglich Klopstocks Herz, daß er, ein Kenner, „edel und feuervoll", der nie schmeichelte, gleichmäßig „Stümper der Tugend und Schriften" haßte. Eine zärtliche Neigung Oldes zu einer „empfindenden Freundin" knüpfte das Band mit dem Dichter, in welchem eben damals die ersten Regungen der Liebe zu Fanny keimten, noch fester.

Am herzlichsten aber von allen Beiträgern liebte Klopstock den für die kleineren Formen der Poesie glücklich begabten Nicolaus Dietrich Giseke. Wenige Monate vor dem Sänger des 'Messias' in Ungarn geboren, nach dem baldigen Tod seines Vaters in Hamburg erzogen, kam er, in Sprachen und Wissenschaften tüchtig vorgebildet, gleich Ebert ein Schützling Hagedorns, den die Freunde wie einen Vater ehrten und liebten, 1745 nach Leipzig. Beim ersten Anblick von der Sanftheit und Innigkeit seines Wesens gewonnen, liebte ihn Klopstock, wie er selbst bekannte, mit einer ganz eigenen Zärtlichkeit, die durch den engsten persönlichen Verkehr nur noch erhöht wurde; auch Giseke wohnte seit dem Frühling 1747 zusammen mit Rabener, Cramer und dem frühverstorbenen Matthias Gerhard Spener aus Hamburg, gleichfalls einem Mitarbeiter der 'Beiträge', im Rabike'schen Hause. Ihn allein unter allen seinen Freunden dutzte Klopstock entgegen der Sitte jener Zeit, welche die förmliche Höflichkeit auch bei innigeren Freundschaftsverhältnissen nicht leicht außer Acht ließ.

Zwar hat sich Klopstock niemals recht in dieses Ceremoniell gefunden. Die Beiträger, in deren Kreis er eintrat, waren Anhänger Gottscheds gewesen, die in dem zierlichen Leipzig aus seiner Schule hervorwuchsen. Lange noch, nachdem sie sich äußerlich von ihm getrennt, blieb sein Geist unter ihnen. Wie Gottsched, hierin im engsten Zusammenhang mit der zwar verständig-klaren, aber zopfig-steifen Hofpoesie, bei sich und andern nicht leicht das kleinste Pünktchen in Titel und Würde vergaß und allmählich sogar dazu gelangte, seine Gedichte nach dem Rang der Personen, an die sie gerichtet waren, zu ordnen, so waren auch die freier denkenden unter seinen Schülern gewöhnt, sogar bei freundschaftlichem Verkehr doch immer der äußeren Höflichkeitsformen eingedenk zu sein. Das zähe Festhalten an den Vorrechten des Standes auf der einen und die Ehr- und Titelsucht im Bürgertum und niedern Adel auf der andern Seite zeigte sich hier auch beim kameradschaftlichen Umgang in gelehrten und künstlerischen Kreisen. Klopstock war wenigstens in etwas freieren Anschauungen aufgewachsen. Die jugendliche Frische, von der sein ganzes Wesen zeugte, die völlig neuen und alles Vorhandene überholenden Pläne, die er als Dichter in sich trug, hoben ihn über die spießbürgerlichen Schranken hinaus, von denen das gesellschaftliche Leben des altväterisch-biedermännischen Leipzig auf allen Seiten eingeengt war. Hie und da sah auch er sich freilich genötigt, der Mode seinen Zoll zu entrichten, und so begegnet uns die förmliche Anrede der Freunde noch bei der Überschrift einiger Oden und in einzelnen seiner frühesten Briefe. Meist aber warf er das steife „Herr“ vor dem Namen ab und begnügte sich mit dem letzteren, ohne durch die Beifügung des Titels zu ermüden; bald vertauschte er den Familiennamen, mit dem die übrigen Genossen die Geliebte regelmäßig nannten, mit einem erdichteten oder auch mit dem wirklichen Vornamen. Das Sie der Anrede blieb freilich; sogar den leiblichen Vetter Schmidt, seinen Stubenburschen und Bruder seiner Fanny, sowie später Gleim, den innigsten und ausdauerndsten Freund seines Lebens, dutzte er nicht.

Aber er hieng mit all der empfindsamen Zärtlichkeit einer ersten Liebe an ihnen. Und hier stimmte er ganz in den Ton der Zeit ein. Das so lange zurückgedämmte deutsche Gefühlsleben erwachte eben jetzt, da die religiöse Richtung des Pietismus wie die philosophisch-ästhetische Forschung auf das psychologische Gebiet hinüberlenkten, aus seiner todesähnlichen Erstarrung. Dem einen Extrem folgte das andere, und so verband sich mit jenen noch ganz der alten Zeit angehörigen Formen ein überschwäng-

licher Cultus des freundschaftlichen Gefühls, der uns selbst, wo der Ausdruck nicht künstlich über die wahre Höhe des Empfindens hinaufgeschraubt
ist, krankhaft und unnatürlich erscheinen mag. Die ganze Schwärmerei
und Ausschließlichkeit, oft auch die Plauder- und Koseweise der Liebe wird
auf die Freundschaft übertragen. Ewald von Kleist macht einmal den bezeichnenden Scherz, er ließe sich sogleich Gleim zur rechten und Sulzer zur
linken Hand antrauen, wenn sie Frauenzimmer wären. Sehnsüchtig träumt
man von den zukünftigen Freunden wie von der künftigen Geliebten; in
begeistertem Entzücken fliegen die Seelen bei der ersten Begegnung
einander zu; wie der Liebende im Bewußtsein der Gegenliebe, schwelgt
man im Genuß der Freundschaft, begrüßt sich mit Umarmung und Kuß,
heiligt durch die Erinnerung und andachtsvollen Besuch die Orte, wo der
abwesende Freund geweilt hatte, die Pfade, auf denen er gewandelt war,
hegt sein Bild wie eine Reliquie, ist wachend und schlummernd mit ihm
beschäftigt. Man wird nicht müde, die Trennung in schlaflosen Nächten
zu beklagen und den Entfernten seiner Liebe und Treue zu versichern; zugleich aber wacht man mit ängstlicher Eifersucht über die Zuneigung des
andern, und ein geringfügiger Zufall, etwa eine längere Pause im Briefwechsel oder schon der Umstand, daß ein Brief nicht gehörig mit Thränen
benetzt ist, genügt, um dem Busenfreund Kälte vorzuwerfen. Mit der
Wollust der Selbstpeinigung versenkt man sich in den Gedanken des Ab-
schiedes oder gar des Todes der Freunde; weinend malt sich der Jüngling
im Kreis zahlreicher, blühender Genossen die traurige Einsamkeit aus, in
der er einst, ein Greis, der einzige Überlebende, an den Gräbern aller
Freunde klagen werde. Inzwischen aber wirbt man emsig für den Liebling und versucht jeden neuen Bekannten in jenen Taumel der Schwärmerei
für den Herzensfreund mit hineinzureißen. Ja selbst kleine Unwahrheiten
und Fälschungen hält man für erlaubt, wenn dadurch neue Freundschaftsbündnisse gestiftet, alte befestigt werden können [1]).

Klopstock und Gleim sind die Beginner dieser schwärmerischen Zärt-
lichkeit im Leben der deutschen Jugend des vorigen Jahrhunderts. Im
Gleim'schen Kreise kam sie eher zur Herrschaft; schon 1746 konnte Gleim
'Freundschaftliche Briefe' von jener Art aus seinem Briefwechsel heraus-

---

[1]) Vgl. unter anderm Ewald von Kleists Werke, herausgegeben von Dr. August
Sauer (Berlin 1881), Teil I, S. XXII f. und zahlreiche Briefe des zweiten und
dritten Teils.

geben. Durch Klopstock kam der begeisterte Hauch nun auch in den freundschaftlichen Verkehr der Beiträger, der vorher nur wenig von der empfindsamen Innigkeit späterer Jahre anwies. Bald aber waren Klopstocks
Freunde, namentlich sein Vetter Schmidt, von dem neuen Geiste durch-
drungen. In ihrem persönlichen Umgang und in ihren Gedichten offenbart
er sich noch in seiner ursprünglichen Reinheit und Schönheit. Bereits ist
das Gefühl und der Ausdruck desselben über die gesunden und natürlichen
Schranken hinausgetrieben und könnte durch das Übermaß zur Parodie
reizen; aber der Freundschaftscultus selbst streift wenigstens noch nicht an
das Lächerliche, der Ausdruck desselben ist noch nicht zur völligen Caricatur
aufgeputzt: dem zärtlichen Getändel fehlt noch jene zimpferliche Süßlichkeit,
mit der im Kreise Gleims und seiner jüngern Genossen die Äußerungen
freundschaftlicher Liebe überzuckert sind. So warm und reich auch die
Ergüsse inniger Zuneigung in Klopstocks Freundesbriefen, besonders aus
der Jugendzeit sind, das ängstliche Prüfen und Abwägen des gegenseitigen
Verhaltens, den Verdacht und Vorwurf, daß der Genosse in der Liebe er-
kalte, sucht man bei ihm vergebens. Entschieden wies er vielmehr zu
wiederholten Malen die weibischen Klagen Gleims über gelockerte Freundschaft zurück. Doch blieb nicht nur Klopstock selbst im allgemeinen bis auf
die spätesten Jahre seines Lebens in dieser empfindsam-schwärmerischen
Auffassung der Freundschaft befangen — nur sparsamer wurde er mit der
Zeit im Gebrauch des Namens und wählerischer in den Personen —, sondern er teilte sie auch den verschiedenen Kreisen mit, die sich nach und nach
um ihn schlossen, bis auf die Jünglinge des Göttinger Bundes, bei denen
sich die Begeisterung seiner eignen Jugendjahre wieder erneut zu haben
schien, aber nun nicht mehr eingeschränkt durch die steiferen Formen der
alten Mode.

In Klopstocks Oden an die Leipziger Gefährten fand dieser
Freundschaftscultus seine künstlerische Verklärung. Mit diesen Gedichten
entsprang — etwa im Frühling 1747 — die eigenartige Lyrik Klopstocks,
in der Form wenigstens von den ehemaligen Versuchen des Fürstenschülers
grundverschieden. Zuerst zwar war er entschlossen gewesen, sein ganzes
poetisches Denken und Schaffen auf den 'Messias' zu beschränken; die
Freunde entlockten ihm diesen Vorsatz, wie Klopstock 1748 an Adolf Schlegel
schrieb, richtiger die Freundschaft: das überwallende Empfinden seiner
durchaus lyrischen Natur bedurfte eines selbständigen dichterischen Ausdrucks. Indem er aber für sein Epos den heroischen Vers der alten

Griechen und Römer im Deutschen neu schuf, hatte er auch für seine Lyrik die richtige neue Form gefunden. Im unmittelbaren Anschluß an Horaz, seinen Lieblingsdichter, verfaßte er seine ersten Oden. In gewissen Anschauungen, ja in vielen Ausdrücken und Bildern stimmte er mit ihm überein; ganze Verse entlehnte er von ihm: wie von selbst boten sich ihm da auch die Versmaße des römischen Lyrikers dar. Und wie beim Hexameter an Gottscheds spärliche Versuche, so konnte der jugendliche Sänger bei seiner Nachbildung der antiken Odenform an die reimlosen Lieder Langes und Pyras anknüpfen, durch sie halb ermutigt, dem Horaz nachzueifern, halb eingeschüchtert, wenn er sich sagte, daß er sich in einen Wettstreit mit zwei Dichtern einließ, die von allen Unparteiischen in Deutschland einhellig gepriesen wurden.

Noch bevor Gleim durch seinen 'Versuch in scherzhaften Liedern', Uz und Göz (nach Gottscheds Vorgang) durch ihre Übersetzung Anakreons, Hagedorn durch einige seiner 'Oden und Lieder' die einfacheren, Anakreontischen Silbenmaße des Altertums, die sich meist aus kurzen Jamben und Trochäen zusammensetzen, in unsere Literatur einführten, unternahmen Samuel Gotthold Lange und Jakob Immanuel Pyra das kühnere Wagestück, neben jenen reimlosen Jamben und Trochäen auch gewisse Horazische Strophengebäude im Deutschen nachzubilden. Bald nachdem Pyra sein kurzes, freudenarmes Leben beschlossen hatte, erschienen 1745 seine und Langes lyrische Gedichte, als 'Thyrsis' und Damons freundschaftliche Lieder' von Bodmer, in zweiter, vollständigerer Auflage 1749 von Lange herausgegeben. In beiden Sammlungen, mehr noch in Langes 'Horazischen Oden' von 1747, die namentlich durch Georg Friedrich Meiers Vorrede vom Werte der Reime Aufsehen erregten, war zuerst der Versuch gemacht, die deutsche Dichtkunst den Silbenmaßen der griechisch-römischen Lyrik anzunähern. Allein man beschränkte sich darauf, etwas der vierzeiligen Sapphischen Strophe Ähnliches zusammenzustellen. An die echte antike Gestalt dieser Strophe wagte man sich noch nicht. Den dreimal wiederkehrenden längern Vers derselben ersetzte man zuerst durch reine Jamben, später sogar durch den Uzischen Pseudohexameter; auch die kurze Schlußzeile formte man ganz willkürlich. Klopstock hatte noch einen tüchtigen Schritt über diese Vorgänger hinaus zu thun, um bei den wirklichen Versmaßen der antiken Lyrik anzugelangen.

Mehr wirkten 'Thyrsis' und Damons freundschaftliche Lieder' auf die Bildung der Klopstockischen Sprache ein. Wohl ohne daß der junge

Dichter sich dessen deutlich bewußt war, ahmte er grammatische und stilistische Eigentümlichkeiten der Hallenser, namentlich Pyras, nach und bewegte sich oft in ähnlichen Vorstellungen und Gedanken wie sie. Zum Teil war dies schon dadurch bedingt, daß Klopstock wie Lange und Pyra die Freundschaft im pietistischen Geiste auffaßte, daß für ihn wie für jene die Begriffe Freundschaft und Tugend und ebenso Liebe und Religion unzertrennlich waren, daß überdies die Freunde, die er besang, ebenso wie die, welchen seine Hallenser Vorgänger ihre Lieder widmeten, selbst Dichter oder Liebhaber der Dichtkunst waren. So wies unter anderm sogar Klopstocks größte Freundschaftsode einige schwache, doch unverkennbare Anklänge an ein Gedicht aus Langes 'Horazischen Oden' ('Die Freunde') auf[1]. Im übrigen kann der Einfluß, den diese Sammlung auf Klopstocks erste Oden ausübte, nicht allzu bedeutend gewesen sein. Denn die 'Horazischen Oden' erschienen um die Mitte des Jahres 1747; aus früherer Zeit aber, spätestens aus dem Frühling desselben Jahres stammen die ersten uns bekannten Proben der Klopstockischen Lyrik.

Auch Klopstock bildete die Horazischen Metren leise um, ohne jedoch, wie die Hallenser, ihr antikes Gepräge zu verwischen. Aus dem Hexameter erwuchsen ihm zum größern Teil die Silbenmaße seiner frühesten Oden. Er fügte dem Hexameter einen halben Pentameter bei, den sogenannten kleineren Archilochischen Vers (aber mit Wegfall der letzten Kürze), oder ergänzte ihn durch den vollständigen Pentameter zum gewöhnlichen Distichon, gestattete sich aber in beiden Fällen, auch die nach der antiken Metrik unverletzlichen Daktylen der letzten Füße mit Spondeen oder Trochäen zu vertauschen. Mit Vorliebe bediente er sich ferner der Alcäischen Strophe, die er unverändert ließ. Auch gebrauchte er in einer solchen Jugendode, vielleicht dem ältesten Gedicht, das uns von Klopstock erhalten ist, das sogenannte zweite (zweizeilige) Asklepiadeische Metrum, doch mit der Freiheit, daß er nicht nur den ersten Spondeus des Auftacts nach Bedarf in einen Daktylus verwandelte, sondern auch regelmäßig die Horazische Stellung umkehrte und den kürzern Vers dem längeren folgen ließ.

Als 'Lehrling der Griechen' bekannte er sich in dieser Ode, die nur in stark überarbeiteter Form aus dem Jahre 1771 auf uns gekommen ist. Begeisterte Liebe des Dichters zum antiken Kunstwerk, dessen Genuß

---

[1] Vgl. Gustav Waniek, Immanuel Pyra und sein Einfluß auf die deutsche Literatur des achtzehnten Jahrhunderts. Leipzig 1882. S. 148 ff., 160 ff.

er sich durch philologische Tüftelei nicht verkümmern lassen will, spricht aus den Versen, die in Form und Inhalt, in Gedanken und sprachlichem Ausdruck nirgends das Horazische Vorbild verleugnen. Aber eben so deutlich gibt sich in ihnen der Schüler der Schweizer kund, dem das psychologische und das sittliche Moment in aller Kunst die Hauptsache ist. Die seelische Rührung und sittliche Erhebung einer denkenden Freundin gilt ihm als höchster Zweck seiner Poesie.

Das Gedicht scheint ebenso wie die Alcäische Ode an Schmidt[1]) einer Zeit zu entstammen, als der Verkehr mit den Beiträgern noch nicht innig war; in beiden Oden blieben die letzteren unerwähnt. Ja selbst mit Schmidt kann Klopstock erst auf ihrer Freundschaft „zärtliche Jugend" zurückschauen. Doch waren die beiden Vettern sich einander schon herzlich nahe gerückt, und bei der denkenden Freundin, deren Zähren der Dichter als eine Gewähr für die dauernde Wirkung seiner Verse begrüßte, dachte er vielleicht nicht sowohl an die geistvolle Tochter seines Hausherrn Rabike als an Schmidts Schwester, die er bald als Fanny besang.

Unter dem ersten Eindruck des sich fester schließenden Freundschaftsbundes mit den Beiträgern scheint die Ode 'Verhängnisse', die Klopstock wie die vorige von der Sammlung seiner Gedichte ausschloß, entstanden zu sein. Auch sie erinnert durch ihre Form an Horaz, dessen erste Ode das Vorbild für die etwas eintönig parallele Gliederung des Klopstockischen Gedichtes geliefert haben dürfte. Dankbar freut sich der Sänger der Gaben, die „der Olympier" ihm verliehen, der singenden Leier, die, der Weisheit heilig, nie Geringeres als sie verherrlichen soll, und redlicher Freunde, deren innige Neigung er durch die treueste Liebe erwidert; aber noch wagt er nicht, „der Himmlischen Glück, die selige Liebe," zu erbitten. Der Gedanke an die künftige Geliebte, dem bald eine ganze Elegie ausschließlich gewidmet werden sollte, regt sich schon leise.

Nachdrücklicher tritt er in der großen Ode 'Auf meine Freunde' (nachmals 'Wingolf' betitelt) aus der zweiten Hälfte des Jahres 1747 hervor, dem nach Umfang und Inhalt bedeutendsten Hymnus auf die Freundschaft, den Klopstock gedichtet hat. Die Genossen, deren er in den 'Verhängnissen' nur im allgemeinen gedacht hatte, ziehen hier einer nach dem andern zum Cultus des Rebengottes festlich geschmückt unter

---

[1]) Neuerdings in Zürich von Michael Bernays wieder entdeckt, von Erich Schmidt a. a. O. S. 1 mitgeteilt.

dem Schall der mächtig feiernden Dithyramben in den Dionysostempel.
Ebert führt den Reigen; ihm folgen zunächst die Freunde, die noch in
Leipzig weilten, Cramer, Giseke, Rabener, Gellert, Olde, Kühnert, Schmidt
und Rothe. Von ihnen wendet der Dichter den Blick sehnsuchtsvoll auf die
künftigen Freunde und auf die künftige Geliebte, der er jetzt schon den
Namen Fanny gibt. Aus seiner Wehmut, daß dem Liebesideal, welches
er sich gebildet, die Wirklichkeit noch fehlt, befreit ihn die Erinnerung an
die entfernten Genossen, die, wie Gärtner und Schlegel, kurz zuvor Leipzig
verlassen hatten, oder, wie der von allen Beiträgern gleich einem Vater
verehrte Hagedorn, nur aus ihren Dichtungen und Briefen Klopstock bekannt waren. Von ihnen eröffnet sich dem Sänger der Ausblick in das
goldne Zeitalter der Poesie, das er mit den Genossen über Deutschland
heraufzuführen strebt. Klopstock schildert die Freunde als Dichter; aber
wie bei ihm Leben und Dichten zusammenfloß, so sucht er auch in dem
literarischen Schaffen der Gefährten besonders die Seiten auf, in denen
sich ihr persönlicher Charakter am deutlichsten abbildet: nur in so fern die
Dichter seine Freunde geworden sind, in so fern auch in ihrem menschlichen
Wesen ihre künstlerischen Bestrebungen zum Ausdruck gelangen, besingt er
sie. So ist ihm folgerichtig die Darstellung derjenigen Beiträger am besten
gelungen, deren menschlicher Charakter sich in ihrer Dichtung am klarsten
widerspiegelt, die Schilderung Gellerts und Hagedorns. Letzterem sollte
Klopstocks Preislied zugleich zu einer Art von Rettung werden in dem
Sinn, in welchem Lessing dieses Wort später gebrauchte; den Vorwurf,
den eine ängstlich befangene Moral oder unduldsame Orthodoxie auf den
Sänger der heitern Lebensweisheit schleudern konnte, als sei er zu Wein
und Liedern allein geboren, lehnte Klopstock mit edler Geistesfreiheit
kräftig ab:

> „Dir schlägt ein männlich Herz auch, dein Leben ist
> Viel süßgestimmter als ein unsterblich Lied;
> Du bist in unsokrat'schen Zeiten
> Wenigen Freunden ein teures Muster.“

Klopstocks Dichtung schwebt meistens in einer Traumwelt, die nur in
der Phantasie oder im Empfinden des Verfassers Wahrheit besaß; nur
wenige seiner Oden sind durchaus fest auf das objectiv wirkliche Leben gegründet. Die Ode 'Auf meine Freunde' gehört zu diesen: lauter geschichtliche Vorgänge aus dem Verkehr der Freunde, thatsächliche Erlebnisse
Klopstocks mit ihnen, ihre wirklichen Charaktereigenschaften, Neigungen und

Absichten bilden den Inhalt des Gedichts, nicht bloße Schatten, die der Wahn des Sängers erzeugte. Daher trägt auch die Darstellung durchweg den Stempel gesunder, sinnlicher Wahrheit. Dieses Gepräge wird selbst durch die Kühnheit nicht verwischt, mit welcher Klopstock, hier wiederum im dichten Anschluß an die antike Lyrik, zumal an Horaz, dem er auch im einzelnen viel entlehnt, öfters von seinem eigentlichen Thema abschweift, um durch breit ausgemalte, meist der alten Sage oder Geschichte entnommene Bilder unsere künstlerische Anschauung glücklich zu erweitern.

Adlergleich mit mächtig entfalteten Schwingen steigt seine Lyrik in diesen ersten Oden zu den Wolken empor; stolzes Bewußtsein geistiger Kraft und edlen Strebens nebst frischem Jugendmute durchdringt belebend und erheiternd seinen Gesang. In den späteren Oden der Leipziger Periode herrscht fast ausschließlich der elegische Ton, der in den bisherigen Gedichten nur an einigen Stellen leise vorgeklungen hatte. Zunächst verarbeitete der empfindsame Poet, dem sich seit geraumer Zeit die Liebe langsam zu nähern begann, mehrere Motive, die er in der großen Ode auf die Freunde schon mitverwertet hatte, zu einer schwärmerisch-wehmütigen Elegie, die er nachmals 'Die künftige Geliebte' betitelte. Klopstock selbst verlegte das Gedicht bald in das Jahr 1747, bald 1748; frühestens könnte es am Ende des ersteren Jahres entstanden sein. Der Freundin, deren Bild ihm bei dem Gedanken an die künftige Geliebte schon bestimmt vorschwebte, sandte er die Ode, deren leidenschaftliche Sprache, der Ausdruck sehnsüchtigen Empfindens, den Mangel an eigentlich poetischem Gehalte verdeckte, am 10. Februar 1748. Noch im Frühling desselben Jahres erschien die von den herkömmlichen Liebesgedichten wesentlich verschiedne Elegie in den 'Bremer Beiträgen', der erste Versuch Klopstockischer Lyrik, der, freilich ohne des Verfassers Wissen und Wollen, durch Gisefe einem weitern Leserkreise mitgeteilt wurde.

Noch düstrer ward Klopstocks Stimmung in den beiden letzten Oden, die uns aus der Zeit seines Leipziger Aufenthaltes aufbewahrt sind. Hatte er bisher das Glück der Vereinigung mit den Freunden gepriesen, so sang er nunmehr den Schmerz der Trennung. Bald nach seiner Aufnahme unter die Beiträger, schon zu Anfang des Winters 1746, verließ Adolf Schlegel die Universität, um in dem kursächsischen Städtchen Strehla an der Elbe die Stelle eines Hauslehrers anzutreten. Auch Gärtner war bereits während des Winters vielfach durch Reisen von den Freunden fern gehalten; im April 1747 verließ er Leipzig endgültig und begab sich als Hofmeister

der Grafen von Schömburg nach Braunschweig. Im Frühling des folgenden Jahres kehrte Olde nach Hamburg zurück; am 8. April 1748 folgte ihm
Giseke. Gedanken an den Abschied von den Freunden erfüllten Klopstocks
Seele mit Wehmut und drängten zu poetischer Darstellung. Zuerst, als
sich noch der größere Teil der Genossen bei einander befand, kurz nachdem
die Elegie an die künftige Geliebte entstanden war, etwa Anfangs 1748
kam ihm der Einfall der Trennung von den Freunden. In dichterischem
Traume potenzierte Klopstock sogleich dieses Motiv, indem er an Stelle
der zeitlichen und örtlichen Entfernung der Genossen die bleibende Trennung
durch den Tod setzte. So entstand die Ode 'An Ebert'. Aus der Vorstellung, wie alle Freunde nach einander hinsterbend ihn verlassen, erzeugt
sich ihm schließlich der Gedanke völliger Vereinsamung, in der er, von Gram
gebeugt, weinend von Grab zu Grab wandert. Aber bevor er sich dieses
Bild der Trauer ganz ausmalen kann, erliegt „die verstummende Seele"
dem Gedanken[1].

Während die Ode 'An Ebert' das reine Erzeugnis dichterischer Imagination war und als solches dem Schmerz der Trennung über alle Wahrscheinlichkeit hinaus den denkbar höchsten Ausdruck zu verleihen suchte, ward
die Ode 'An Giseke' durch einen wirklichen Vorgang veranlaßt; sie entstand
kurz nach der Abreise dieses Freundes von Leipzig noch im Frühling 1748.
Der gesunde Hauch der Wirklichkeit weht uns daher aus ihr entgegen. Der
Gedanke an Tod und Grab taucht auch hier auf, aber flüchtiger und weniger
trüb; der Dichter versenkt sich nicht sinnend in die bängsten Schauer dieser
Vorstellung. Er wendet sich alsbald wieder dem Leben zu und schließt mit
Worten der Liebe und Verehrung für Hagedorn, zu dem Giseke gegangen
war. Die Ode 'An Giseke' ist das älteste Gelegenheitsgedicht im engeren
Sinne, das uns von Klopstock bekannt ist. Von den Abschiedsgesängen der
früheren Gelegenheitsreimer ist auch diese Ode grundverschieden; aber der
Dichter ist noch zu sehr in der Reflexion über den Vorfall, von dem er ausgieng, befangen, er haftet noch zu fest an den Einzelheiten des wirklichen
Ereignisses, um, wie es Goethe in seinen vollendetsten lyrischen Gebilden
gethan hat, alle subjectiven Beziehungen abzustreifen und das Besondere in
eine allgemeine, sinnlich dargestellte Idee aufzulösen.

Die Ode 'An Giseke' scheint die letzte gewesen zu sein, die Klopstock

---

[1] Lessing ahmte dieses Gedicht (mit verändertem Sinn) teilweise in dem
prosaischen Entwurf seiner Ode an Ewald von Kleist nach.

in Leipzig dichtete; nach dem Weggang des Freundes verließ auch er die
Universität. Bald nach Ostern 1748 schied er aus Leipzig. Von seinen
Eltern konnte er keine Unterstützung erwarten; schon während der letzten
Jahre hatte sein wohlhabender Vetter ihm manche materielle Erleichterung
verschafft. Jetzt suchte dessen Oheim von mütterlicher Seite, der Kaufmann
Johann Christian Weiß in Langensalza, einen Hauslehrer für seine Söhne;
seine Wahl wurde, nachdem Ebert mehrmals abgelehnt hatte[1]), — unzweifelhaft durch Schmidts Vermittlung — auf Klopstock gelenkt. Der
junge Dichter durfte sich glücklich schätzen, daß er nach so kurzen Universitätsjahren wenigstens auf einige Zeit ein genügendes Auskommen gefunden
hatte, zumal wenn er auf seine akademischen Studien in Leipzig zurückblickte.

Wir sind nicht genau unterrichtet, ob er die Vorlesungen an der dortigen Universität fleißig besucht hat. Die Sorgfalt, mit der er in Jena
einige Collegien gehört hatte, und der hohe Wert, den er dem lebendigen
Vortrag stets vor dem Bücherstudium beimaß, ließe vermuten, daß er auch
zu Leipzig sich regelmäßig in den Hörsälen eingefunden habe. Die frühe Selbständigkeit seines geistig-sittlichen Charakters jedoch zusammen mit dem
raschen Fortgang, den seine dichterischen Arbeiten in Leipzig nahmen, spricht
vielmehr für das Gegenteil. Auch die (schon erwähnte) Angabe, er sei, in
Leibnizens 'Theodicee' vertieft, einmal vierzehn Tage lang nicht aus dem
Hause gekommen, deutet eher auf eifriges Privatstudium als auf regen
Collegienbesuch. Er selbst nannte (in einem ungedruckten Brief an Becker
vom 22. Juni 1747) nur den Professor der Philosophie (seit 1750 der
Theologie) Christian August Crusius (1715—1775), der sich damals
in Leipzig eines außerordentlichen Beifalls erfreute. Kein speculativ scharfer
oder tiefer Kopf, bemühte sich Crusius als entschiedener Gegner Wolffs ohne
rechten Erfolg, Vernunft und Offenbarung, Philosophie und Theologie in
vollständigen Einklang zu bringen. Klopstock ließ sich durch die fromme Absicht in seinem Urteile nicht bestechen. Er versicherte, daß er Crusius wegen
seines tugendhaften Lebens sehr lieb habe; sein System aber gehe ihn wenig
an. Scherzend lehnte er es ab, in der Moralphilosophie sich nach der augenblicklichen Mode zu richten. Freißleben nannte in dem Briefe, dem Klopstock dieses Urteil als Nachschrift beifügte, außer Crusius noch den Professor
der Philosophie August Friedrich Müller (1684—1761) und Johann

---

[1]) Vgl. Eberts Brief an Hagedorn vom 15. Januar 1748. Unter dem hier
erwähnten dritten Kind ist Weiß' Tochter Marie Victorie (geboren 1732) gemeint.

Heinrich Winkler (1703—1770), der 1742 die Professur der Philosophie mit der der griechischen und lateinischen Sprache, 1750 diese wieder
mit der der Physik vertauschte, als besonders beliebte Lehrer; ob Klopstock
einen von ihnen hörte, muß dahingestellt bleiben. Jedenfalls dürfte er sich
allmählich mehr der Philologie und den schönen Wissenschaften überhaupt
zugewandt haben, ohne jedoch die Theologie ganz aufzugeben. Der Gedanke, künftig einmal eine Anstellung als Geistlicher zu suchen, scheint ihm
schon bald fremd geworden zu sein; so ist es, da jede urkundliche Auskunft
darüber fehlt, auch nicht wahrscheinlich, daß er sich zum Abschlusse seiner
Universitätsstudien einer theologischen Prüfung unterzogen habe: in den
Kopenhagner Amtsschreiben wurde er wenigstens noch viele Jahre darnach
regelmäßig als studiosus theologiae bezeichnet.

Unter den Docenten der Leipziger Hochschule waren Cramer und
Gellert persönlich mit Klopstock befreundet; die Vorlesungen des erstern
konnten den Theologen, die des andern den Dichter vornehmlich anziehen.
Poetik trug neben seinem Hauptfache, der Philosophie, Gottsched vor,
Staaten-, Kirchen- und Literaturgeschichte hauptsächlich Christian Gottlieb Jöcher. Beide lernte Klopstock vermutlich kennen; daß er freilich
Gottsched andauernd gehört habe, ist bei dem Einflusse, den die Schweizer
bereits seit einigen Jahren auf seine Kunstanschauung und Dichtung ausübten, nicht wahrscheinlich. Überdies war Gottscheds Ansehn damals
schon tief gesunken; die Anzahl seiner ständigen Zuhörer im Sommer 1747
gab Freißleben auf kaum sechs an. Unter den klassischen Philologen ragten
in Leipzig damals Johann August Ernesti und Johann Friedrich
Christ hervor. Von Beziehungen Klopstocks zu dem ersteren ist nichts überliefert; Christs Collegien hingegen scheint der junge Dichter nicht nur besucht zu haben, sondern auch mit dem Professor in persönlich näheren Verkehr
gekommen zu sein. Er durfte es wagen, dem geist- und geschmackvollen
Lehrer aus den fertigen Gesängen seines 'Messias' vorzulesen. Christ, vielseitig gebildet, in den neuern Literaturen wohl bewandert, auch in der ältern
deutschen Poesie tüchtig belesen, hatte in seiner Jugend selbst deutsche
Gedichte und sogar Lustspiele verfertigt, sich später aber, weil er mit der ver-
kommenen deutschen Sprache nichts anzufangen wußte, ganz zur lateinischen
Poesie gewandt. Vor allem an der prosodischen Unbestimmtheit der deutschen Silben nahm er Anstoß. Noch 1753 klagte er in einer akademischen
Rede 'De poëtica recte intelligenda', daß die Dichter der neuern Sprachen,
welche die Silben niemals richtig abwögen, sondern meist nur zählten, auf

metrische und rhythmische Schönheit verzichten müßten. Er selbst hatte 1746 in seinem 'Villaticum' die Regeln einer wahren Zeitmessung für seine Muttersprache aufgestellt. Den antiken Hexameter im Deutschen nachzubilden, hielt er für unmöglich. Dem Rat suchenden Klopstock erklärte er darum, es sei eine Tollheit, unserer Sprache Hexameter zuzumuten, da selbst Petrarca in der viel harmonischeren italienischen nur Sonette zu Wege gebracht habe[1]) — ein Bescheid, den der Dichter lange nicht zu verwinden vermochte: noch am 21. September 1748 bekämpfte er diese Ansicht in einem Brief an Bodmer. Gleichwohl mußte Christ ihn anziehen. Schon die Stoffe, die er in jenen Jahren behandelte, reizten Klopstock zu jeder Zeit, vornehmlich die Oden des Horaz, in denen der Jüngling damals geradezu lebte[2]).

Doch wie in Jena, so beschäftigten ihn auch in Leipzig seine epischen Pläne mehr als die akademischen Studien. Christs Einwürfe konnten ihn nicht abhalten, daß er nicht, nachdem er 1746 den ersten Gesang in Hexameter umgesetzt hatte, während des folgenden Jahres die zwei nächsten Gesänge in gleicher Weise umarbeitete. Drucken lassen wollte er allerdings zunächst nichts davon; noch hielt er an dem Gedanken fest, sein Gedicht, vollkommen ausgereift, als ein Ganzes erscheinen zu lassen. Das Schwanken der Beiträger zwischen Bewunderung der Größe und ängstlicher Scheu vor der Kühnheit des Neuen, das hier gewagt war, bestärkte ihn wohl zunächst in diesem Entschlusse. Wenn den Dichtungen der Beiträger immer etwas von Gottscheds Geist anhaftete, und sei es auch nur das Streben nach einer den Franzosen abgelernten äußeren Richtigkeit und Zierlichkeit der Form, wodurch die künstlerische Phantasie unter die Aufsicht des Verstandes gestellt war, so bewegte sich Klopstocks epische Muse frei und ausschließlich in den Bahnen, welche die Schweizer der deutschen Dichtkunst vorgezeichnet hatten. Zwar machten die Beiträger den Versuch, ihre ästhetisch-kritischen Grundsätze auch auf den 'Messias' anzuwenden. Klopstock mußte sich so gut wie jeder andere von ihnen der gemeinschaftlichen Censur unterwerfen. Aber mochten auch Ebert und Cramer noch so unbarmherzig mit den drei Gesängen umgehen, ganze Abschnitte streichen, andere auf jedes Wort und

---

[1]) Vgl. Böttiger, Klopstock im Sommer 1795, in der 'Minerva, Taschenbuch für das Jahr 1814' S. 336.

[2]) Über die damaligen Vorlesungen an der Leipziger Hochschule vgl. Danzel in seinem Buch über Lessing, S. 53 ff.

Bild hin prüfen und nach den strengsten Gesetzen der Logik corrigieren[1]), damit war wenig geholfen. Vollkommen correct in ihrem Sinn konnten sie durch diese Besserungsversuche im einzelnen das Gedicht nicht machen. Schon das ungewohnte Versmaß bildete dabei ein unübersteigliches Hindernis. Wer von den Beiträgern durfte sich ein sicheres Urteil darüber zutrauen? Keiner von ihnen hatte sich noch in deutschen Hexametern versucht; nur Gisele hatte in der Uzischen Abart dieses Verses eine Horazische Ode und einen Psalm nachgedichtet[2]). Für den Rhythmus vollends, der in den ersten Ausgaben der Messiade oft allein den metrisch zerfallenden Vers zusammenhält, gieng den Beiträgern selbst später, als einige von ihnen nach Klopstocks Vorbild Hexameter schmiedeten, der Sinn niemals ganz auf. Nicht geringern Anstoß mußten sie an der Sprache, ja an dem ganzen Inhalte des Gedichts nehmen, mochten sie es auch noch so sehr bewundern. Hier fanden sie sich überall aus der Welt des Verstandes in die der Phantasie und der Empfindung gedrängt. In dem Bereiche des Wunderbaren bewegte sich Klopstock am liebsten. Ebert, der gründlichste Kenner der englischen Literatur unter ihnen, wählte sich eben damals zum Übersetzen dasjenige Epos des Inselvolkes, aus dem der Verfasser grundsätzlich alle übernatürliche Maschinerie ausgeschlossen hatte, Glovers 'Leonidas'. Miltons Kühnheiten hatten die Beiträger als ehemalige Schüler Gottscheds immer mit zweifelhaften Gefühlen betrachtet. Jetzt fanden sie dieselben nicht nur zum ersten Mal im Deutschen nachgebildet, sondern fast noch überboten. Und, was am gefährlichsten schien, der Dichter behandelte einen christlich-religiösen Stoff, der in allen seinen Teilen seit Jahrhunderten durch die Dogmen der Kirche unverrückbar fest bestimmt war. Nicht bloß der ängstlichen Frömmigkeit eines Gellert mochten da Bedenken aufsteigen, ob dem Sänger die phantastischen Ausmalungen und Erfindungen in der Heilsgeschichte vom christlichen Standpunkt aus gestattet seien; auch die übrigen theologisch gebildeten Beiträger konnten von orthodoxen Zweifeln über die Zulässigkeit solcher Erdichtungen geplagt werden und traten jedenfalls nur mit großer Scheu der Frage näher, ob es für sie als künftige Geistliche sich zieme, die Veröffentlichung eines derartigen Werkes

---

[1]) Vgl. meine Schrift über Lessings persönliches und literarisches Verhältnis zu Klopstock (Frankfurt a. M. 1880), S. 29 f. Anm. Aus Cramers (ungedruckten) Briefen an Gleim geht hervor, daß er später auch den vierten und fünften Gesang des 'Messias' vor dem Druck einer kritischen Durchsicht unterzog.

[2]) Bremer Beiträge, Bd. II, St. 4 (1745) und Bd. III, St. 1 (1746).

zu betreiben. Um ſichrer zu gehen, beſchloß man, zuvor das Urteil literariſcher Autoritäten einzuholen.

Von Dichtern ſtand dem Kreis der Freunde Hagedorn am nächſten, den Ebert, Giſeke und andre Genoſſen von früher her perſönlich kannten und alle gleichmäßig verehrten; unter den beſſern Kunſtrichtern der Zeit war Bodmer namentlich durch die Herausgabe der Satire des jüngern Schlegel 'Vom Natürlichen in Schäfergedichten' (Zürich 1746) mit ihnen in engere Verbindung gekommen. An Hagedorn wurden in den erſten Monaten des Jahres 1747 Proben des neuen Epos geſandt. Ihm war Klopſtocks Name und Weſen aus Janozkis Briefen bereits einigermaßen bekannt; zu ſeinem Werke mußte er Anfangs die gleiche Stellung wie die Beiträger einnehmen. Auch Hagedorn bewegte ſich, ſo gut er die engliſche Literatur kannte, doch vorzugsweiſe in den Bahnen der franzöſiſchen Poeſie; in dem Streben nach äußerer Formenrichtigkeit und Formenſchönheit war er den Beiträgern vorausgegangen. Seine Phantaſie war zwar reicher als die irgend eines von den Leipziger Dichtern; bisweilen übertraf er ſie auch an Innigkeit, aber nicht an Tiefe und Gewalt der Empfindung. Den Anteil, den der Verſtand an ſeiner Poeſie hatte, wußte er durch ſeine ſtaunenswerte Gewandtheit in der Form glücklich zu verſtecken; allein er vermochte eben ſo wenig wie die Beiträger ſeine Dichtung von den Feſſeln des logiſchen Denkens zu befreien. Klopſtocks kühne Erfindungen, der ſchrankenloſe Ausdruck des Gefühlslebens in ſeiner Dichtung mußten ihn Anfangs fremdartig berühren. Auch ihm war der Hexameter ein ungewohnter Vers und blieb es zeitlebens. Noch im Mai 1751, als der Erfolg der Klopſtock'ſchen Neuerung ſchon gewiß war, als Hagedorn in perſönlichen Verkehr mit dem Sänger des 'Meſſias' getreten war und ſich für ihn und ſein Werk manchfach bemüht hatte, ſchrieb er an Gottlieb Fuchs, den „Bauersſohn“, ſeiner Toleranz nach leide er den Hexameter in der deutſchen Sprache, während ihn andre nicht darin gelten laſſen wollten und ihn dem wahren Hexameter der Alten ſelten ähnlich und ſelten unſträflich fänden. Jetzt, wo alles „hexametriere“, was in Deutſchland dichte und drucken laſſe, habe man auch ihn gebeten, ſich dafür zu erklären und in dieſem Versmaß zu ſchreiben. „Ich erkläre mich nicht dagegen, ſchreibe aber auch nicht darin.“ Überdies rechnete ſich Hagedorn eher zu den Ungriechen als zu den Kennern des helleniſchen Altertums, ob er gleich Homer, den er als Klopſtocks Vorbild in formaler Hinſicht alsbald erkannte, faſt ſo ſehr in Ehren hielt, „als wenn er ein Patriarch geweſen wäre“. Am

10. April 1747 schickte er die ihm übersandte Probe des 'Messias' nebst seinem Gutachten darüber im Vertrauen an Bodmer. Wohlwollend, mit ruhigem Beifall nahm er als ein Mann, der auch das aus seinen eignen Bahnen heraustretende Neue zu würdigen verstand, das „ganz große und Homerische Gedicht" auf; daß der Verfasser so zeitig den Urvater aller Poesie kindlich lieben und ehren gelernt, erweckte ihm ein günstiges Vorurteil. Auf das Ganze wagte er vorsichtig aus dem ihm vorliegenden Stücke noch keinen zuverlässigen Schluß zu machen. Überhaupt wollte er sich über den „schweren Inhalt" nicht erklären. Doch unterdrückte er nicht seine Besorgnis vor den Angriffen, die dem Dichter von den Orthodoxen drohten. „Incedit per ignes suppositos cineri doloso. Mich deucht, er stehet in weit größerer Gefahr, angefochten zu werden, als Milton selbst."

Weit enthusiastischer nahm Bodmer das Gedicht auf. An ihn hatte Gärtner mit einem Briefe vom 8. April ein Stück aus der Beratung der Satane im zweiten Gesang geschickt zugleich mit der Nachricht, daß Klop-stock sich nun entschlossen habe, den ersten Gesang seines Werkes, dessen Grundplan auf zwölf oder mehr Bücher angelegt sei, in die 'Beiträge' ein-zurücken, einzig in der Absicht, das Urteil der Kenner zu erfahren. Bod-mer erhielt den Brief, der in Leipzig bis zur Meßzeit liegen blieb, erst im Mai 1747[1]); die Verse, die ihm Hagedorn und Gärtner mitteilten, begeisterten ihn bis zur Schwärmerei. Was er längst ersehnt, was er nach Kräften vorbereitet hatte, sah er jetzt über sein Erwarten erfüllt: ein deutsches Epos, um das sich die Dichtung und Kritik der letzten Jahrzehnte vergeblich bemüht hatte, nach Form und Inhalt ganz neu, wie es die Schweizer Lehren verlangt hatten, in allen Stücken darauf angelegt, den mächtigsten Eindruck auf das Gemüt des Lesers zu machen, in der Haupt-sache geschichtlich, aber überall aus dem Bereich des Wirklichen in das Gebiet des bloß Möglichen, des Wunderbaren gerückt, unter dem Einflusse Miltons entstanden, den er selbst in Deutschland eingeführt, den er über-setzt hatte. Kaum fand er Worte, um sein Entzücken über das „Ungemeine", das man ihm gezeigt hatte, ganz auszudrücken. „Aus diesem Stücke zu urteilen," schrieb er am 12. September an Gleim, „ruhet Miltons Geist auf dem Dichter; es ist ein Charakter darin, der Satans Charakter zu übersteigen drohet. Ein anderer erwirbt sich das Mitleiden mitten unter

---

[1]) Bodmers handschriftliche Bemerkung zu dem Original in der Züricher Stadt-bibliothek.

den verdammten Engeln. Welches Prodigium, daß in dem Lande der
Gottscheds ein Gedicht von Teufelsgespenstern und Miltonischen Hexen-
mährchen geschrieben wird!" Zu noch höherer, fast prophetischer Begeisterung über den Sänger der Erlösung schwang er sich in einem spätern,
für den Druck bestimmten Brief empor: „Seine Helden sollen unter den
himmlischen, unter den höllischen, unter den irdischen die größten sein. . . .
Die Menschheit wird in einer Würde vorgestellt werden, welche den Rat
der Erschaffung rechtfertiget und den Leser in eine so hohe Gemütsverfassung
setzet, die ihn vor das Angesicht Gottes nähert. Die Stunden sind schon
vorhanden, in welchen alle diese Dinge in die Erfüllung kommen sollen. Die
große Seele, die sie empfangen und an das Licht bringen soll, ist wirklich
mit einem Leibe bekleidet; sie arbeitet wirklich an dem großen Werke. Ich
könnte Ihnen den Namen melden, der itzt noch so dunkel und so schwer
auszusprechen ist, der doch in die späteste Nachwelt erschallen soll; ich
könnte Ihnen den unansehnlichen Ort nennen, wo er, den Großen, den
Glücklichen und dem Pöbel unangemerket, auf Verse von einem Inhalt
sinnt, der weit über die Großen, über die Glücklichen und den Pöbel
weg ist."

Ebenso entzückt schrieb Bodmer an Gisecke, der mit Cramer nach
Gärtners Abreise die Redaction der 'Bremer Beiträge' übernommen hatte.
Und andere auswärtige Freunde, denen Klopstock kleine Abschnitte seines
Gedichts mitgeteilt hatte, so Becker in Jena, spendeten ähnliches Lob.
Nun wuchs auch den Leipziger Gefährten der Mut. Statt nur Einen
Gesang oder höchstens zwei zur Probe drucken zu lassen, wie vorher
geplant war, beschlossen sie jetzt, so viel von dem Werk völlig ausgearbeitet
war, nämlich die drei ersten Gesänge, in die 'Beiträge' aufzunehmen.
Während des Winters wurde der Druck derselben vollendet; im Frühling
1748 erschien der Anfang des 'Messias', allein mit wenigen Beigaben
das zugleich ausgegebene vierte und fünfte Stück des vierten Bandes der
'Beiträge' ausfüllend.

IV.

'Der Messias.'

Die drei Gesänge der Messiade, die 1748 an die Öffentlichkeit traten, enthielten kaum mehr als die Exposition des Gedichts, dessen Plan damals schon fertig und ausgereift vor der Seele des Sängers stand. Allein in ihnen offenbarte sich bereits die ganze Eigenart der Klopstockischen Poesie; und mochten auch vorsichtige Kritiker es ablehnen, aus diesen einleitenden Gesängen ein abschließendes Urteil über den Inhalt und Aufbau des Epos zu fällen, auf den künstlerischen Charakter desselben wie überhaupt auf die Natur der Begabung seines Verfassers konnte man aus ihnen zuverlässig schließen.

Was den Zeitgenossen an dem Klopstockischen Werke zunächst auffallen mußte, war dessen vollkommene Neuheit nach Form und Inhalt. An Heldengedichten war, als die Messiade hervortrat, gerade kein Überfluß in unsrer neuern Literatur; doch mangelten sie auch nicht mehr ganz und gar. Nachdem Opitz, der Reformator unserer Dichtkunst, die sangeskundigen Pfleger und Förderer deutscher Sprache auf die kleineren Gebiete der Poesie hingewiesen und die Erzeugung eines Epos künftigen, in der Kunst reiferen Zeitaltern aufbehalten hatte, war fast ein Jahrhundert lang kein rechter Heldendichter in Deutschland erstanden. Die Übersetzungen eines Tobias Hüebner und Dietrich von dem Werder aus der epischen Literatur Frankreichs und Italiens vermochten die Zeitgenossen, die sich unter Opitzens Autorität beugten, nicht zu regerem Eifer auf einem Feld anzufeuern, an dessen Ergiebigkeit der Anfänger und Meister ihrer Bestrebungen selbst gezweifelt hatte. Was Johann Sebastian Wieland zum Preise Gustav Adolfs, Johann Freinsheim zum Lobe Herzog Bernhards, Georg Greslinger und noch einige zur Verherrlichung andrer Helden des dreißigjährigen Krieges leiſteten, verdiente kaum den Namen eines epiſchen Gedichts. Die Werke des Freiherrn von Hohberg aber, beſonders ſein 'Habsburgiſcher Ottobert', nach italieniſchem Muſter mit regelloſen, roman= haft abenteuerlichen Epiſoden überladen, entbehrten jeglicher künſtleriſchen Einheit, waren auch in der äußeren Form zu ungleich und wurden von der fortſchreitenden Literatur zu bald überholt, als daß ſie tiefer in das Pu= blicum eindringen konnten. Auch blieben ſie ohne weitere Nachfolge. Der Proſaroman war für Jahrzehnte an die Stelle des in gebundner Rede ab= gefaßten Epos getreten. Allein mit dem Beginn des achtzehnten Jahrhun= derts hatte das Heldengedicht namentlich im Kreiſe der Hofpoeten wieder eine eifrigere Pflege gefunden.

Chriſtian Heinrich Poſtel, der fruchtbarſte von den Dichtern der hamburgiſchen Oper, gieng voran. Faſt gleichzeitig, während er 'Die liſtige Juno, wie ſolche von dem großen Homer im vierzehenten Buche der Ilias abgebildet', in ganz erträglichen deutſchen Verſen „vorſtellte" (1700), wagte er ſich (ſeit 1698) an ein Epos eigner Mache, zu deſſen Vorwurf er einen nationalen Stoff, den 'Großen Wittekind', wählte. Erſt 1724, neunzehn Jahre nach ſeinem Tode, wurden zehn Bücher des unvollendeten Heldengedichts von Chriſtian Friedrich Weichmann herausgegeben. Sie enthalten nur die Vorausſetzungen und den Beginn der epiſchen Handlung. Zahlreiche Epiſoden ſind eingemiſcht. Aber dem Werke mangelt jede Ori= ginalität. Die Phantaſie des Verfaſſers zeigt ſich in ſtofflicher Hinſicht wenig erfinderiſch. Was ihm ſeine geſchichtlichen Quellen nicht darboten, ſuchte und fand er in ſeiner umfaſſenden Kenntnis der poetiſchen und pro= ſaiſchen Literatur alter und neuer Völker. Von Homers Odyſſee und Vir= gils Äneide bis auf Taſſos 'Befreites Jeruſalem' und Marinis 'Adonis', von Herodot und Plutarch bis auf die Scudéry und Lohenſtein, alle denk= baren Schriftſteller und Werke (welche in den Anmerkungen unter dem Texte gewiſſenhaft verzeichnet ſind) mußten ihm dichteriſche oder geſchicht= liche Motive, Schilderungen, Gleichniſſe, ja ſelbſt einzelne Ausdrücke dar= leihen. Ziemlich äußerlich, an der Oberfläche haftend, nahm er dieſe herüber und ahmte ſie nach. Aber die ſo erborgten Schätze umkleidete er mit dem überladenen Prunk, den ihn der ſchwülſtige Stil eines Lohen= ſtein und ſeiner an den italieniſchen Muſtern gebildeten Genoſſen kennen lehrte. Alles iſt in dem 'Großen Wittekind' mit ſinnlicher Pracht ausge= malt; breite Beſchreibungen in der Manier Marinis zergliedern jede Em= pfindung, die ſich in der Bruſt des Helden und ſeiner Gefährten regt, und

verzögern unausgesetzt den Fortschritt der Handlung; manches kühne Bild,
manche sonderbare, verschrobene, den Sinn des Lesers fast irre führende
Wendung des Ausdrucks ist gebraucht: die Polyhistorie des Verfassers
wie die hohe Würde, die man der epischen Muse vor ihren andern Schwestern beimaß, wurden der Anlaß, daß der Stil und Ton des Gedichts immer
über die Grenzen des Naturgemäßen hinaus zum Ungewöhnlichen und
Außerordentlichen hinaufgetrieben ward. Als der 'Große Wittekind'
erschien, war längst an die Stelle der phantastisch überspannten Imagination und Sprache, wie sie die Dichter der zweiten schlesischen Schule aus-
bildeten, die platt-nüchterne Denk- und Redeweise der durch Canitz in enge
französische Bahnen geleiteten Hofpoeten getreten. Postels Gedicht, das
noch den alten Stil aufwies, fand man jetzt dunkel und unverständlich.
Die erwachende Kritik, die von dem Kampf gegen die Schlesier ausgieng,
wandte sich entschieden gegen den 'Großen Wittekind', und noch Breitinger
stellte in seiner 'Kritischen Dichtkunst' einen Vergleich an zwischen ähnlichen
Abschnitten dieses Heldengedichts und der Odyssee, der keineswegs zum
Vorteil Postels ausfiel. Klopstock wuchs als Schüler der Schweizer heran;
ihr Tadel mußte ihn von vorn herein gegen Postels Werk einnehmen.
Dazu kam der Gegensatz in der geschichtlichen Stellung der beiden Dichter.
Postel stand am Abschluß einer Zeit, in welcher die künstlerische Manier
der zweiten schlesischen Schule herrschte; dann folgten die Hofpoeten, die
eine den Schlesiern gerade entgegengesetzte Richtung einschlugen; Klopstock
endlich eröffnete eine Epoche der deutschen Dichtung, die sich wieder mit
den Versuchen jener Hofpoeten durchaus im Widerstreit befand. In der
Zeit, da er sich bildete, waren die Schlesier kaum mehr beachtet; von Einfluß auf ihn konnten sie und wer sich ihnen anschloß, unmöglich sein, wenn
gleich seine an Phantasie und Empfindung so reiche Poesie notwendig ihren
Werken verwandter war als den phantasielosen und kalten Arbeiten der
Hofdichter. Und auch diese zufällige Ähnlichkeit blieb meistens äußerlich.
Die Poesie Postels wie der Schlesier schöpfte aus der Sinnenwelt und
schilderte auch die innersten Vorgänge des Seelenlebens mit sinnlichen
Mitteln; Klopstock hingegen wurde durch seine dichterische Anlage von aller
sinnlichen Darstellung abgeleitet und schilderte sogar äußere Vorgänge nur
nach ihrem Zusammenhang mit seelischen Stimmungen. Auch dadurch
mußte er sich von Postels Gedicht abgestoßen fühlen. So wies er denn
in seiner Abschiedsrede zu Pforta mit einer Verachtung, die in solchem
Grade nicht mehr gerechtfertigt war, auf das holperichte, regellose und

schwülstige Gedicht hin, durch welches Postel die Thaten des verehrungs-
würdigen Wittekind beschimpft habe.

Außer diesem Bruchstück einer Epopöe besaß die deutsche Literatur
vor Klopstocks Auftreten noch einige Versuche in Heldengedichten, hervorgegangen aus dem Kreis der Hofpoeten und ihrer unmittelbaren Nachfolger, die ängstlich genau nach Gottscheds Regeln ihre Verse schmiedeten.

Gleichzeitig mit Postel, den er fast um ein Vierteljahrhundert
überlebte, entfaltete Johann von Besser seine dichterische Thätigkeit,
zuerst in Berlin, dann in Dresden. Besser hat kein eigentliches Epos
verfaßt; seine Würde als Ceremonienmeister und die damit verbundene
Pflicht, alle festlichen Ereignisse am Hof und im Land durch verherr-
lichende Verse zu feiern, trieb ihn vielmehr zur Lyrik: er pries die Fürsten,
denen er diente, und ausgezeichnete Männer und Frauen ihrer Umgebung
in Gelegenheitsgedichten, welche höchstens nur in dem Augenblicke, da sie
an's Licht traten, und in dem Kreis, für den sie bestimmt waren, Anspruch
auf künstlerische Berechtigung hatten. Aber in den größten dieser Gelegen-
heitsstücke war nur der äußere Rahmen lyrisch, die gesammte Darstellung
jedoch im epischen Tone gehalten: Besser besang seine Helden, indem er in
aller Breite ihre Thaten schilderte. So begann er 1688 nach dem Tode
des großen Kurfürsten ein weitschichtiges Lobgedicht auf ihn, worin er den
ganzen Lebenslauf des Verstorbenen von der Geburt bis zur Belagerung
von Stettin (1677) langsam vor den Augen des Lesers vorüberführte; die
Vollendung des Bruchstücks gab er als zu schwierig auf, wohl mit Rücksicht
auf das gespannte Verhältnis, in welchem der Kurfürst in seinen letzten
Jahren zu dem Thronfolger stand. In derselben Weise dichtete Besser
1694 eine „Lobschrift" auf den dirigierenden Minister des Kurfürsten Friedrich III., Eberhard von Danckelmann, und begann Ende 1716 ein „heroisches Gedicht" auf Prinz Eugen, „betrachtet in seinen Heldenthaten,
sonderlich aber in seinem ungarischen Feldzuge des Jahres 1716"; auch
dieses letztere blieb Bruchstück. Diese halbepischen Versuche Bessers erheben sich nur durch die höfisch glattere und saubrere Sprache einigermaßen
über die sogenannten epischen Werke der früheren Dichter des siebzehnten
Jahrhunderts: geschichtlich genau, als wolle er eine Chronik schreiben,
schildert uns der Verfasser Begebenheit für Begebenheit ab; trotz seiner
Verse und Reime steigt er kaum jemals über das Niveau des Prosaikers
empor. Besser sinkt sogar oft unter dasselbe, weil er der dichterischen
Form nie Herr wird. Wie seine Gedanken platt sind, so ist der Ausdruck,

den er für sie wählt, niedrig. Dazwischen fehlt es aber auch nicht an
schwülstigen, meist recht ungeschickt gedrechselten Redensarten. Besser verschont uns in diesen epischen Versuchen mit der raffinierten sinnlichen Gemeinheit, von der seine Liebesgedichte strotzen. Doch wechselt auch in
jenen der üppige Bombast der Lohenstein'schen Manier mit der dürren
Verstandesprosa der Hofpoeten. Und gerade durch diese Mischung wird
uns die ganze Reimerei Bessers noch widerlicher.

An einen ähnlichen Stoff, wie ihn Besser sich zuletzt gewählt hatte,
wagte sich ein Jahr darnach Johann Valentin Pietsch. In einem
kürzeren, mehr lyrisch gearteten Lobgedicht besang er 1717 den jüngsten
türkischen Feldzug des Prinzen Eugen, und in einem größeren Heldengedicht, dem der Charakter des Epos kräftiger aufgeprägt war, „beschrieb"
er 'Karls VI. im Jahr 1717 erfochtenen Sieg über die Türken'. Den
Fehler Bessers, der das (lyrische) Lobgedicht auf einen Helden mit dem
(epischen) Heldengedicht verwechselte, setzte Pietsch fort. So drängt sich
denn auch in diesem Gedicht auf und über Karl VI., dem epischesten, das
Pietsch geschrieben hat, nicht nur die Subjectivität des Verfassers wiederholt in den Vordergrund, sondern auch hier ist die Erzählung lyrisch eingekleidet. Die Form des Ganzen, das in vier Gesänge zerfällt, schwebt in
Bessers Art zwischen Epos und Lyrik in der Mitte. Aber während Besser
gewöhnlich Stoffe behandelte, die nur für den Hof, dem er diente, oder
höchstens für den Preußen ein particularistisches Interesse hatten, wußte
Pietsch einen Gegenstand zu finden und in einem in sich abgeschlossenen
Dichtwerke zu besingen, welcher der allgemeinen Teilnahme der Nation
gewiß und fähig war, die vaterländische Begeisterung jedes deutschen
Herzens zu entflammen. Diese Würde des Stoffs und das Vorbild Lucans,
an dem sich Pietsch geschult hatte, bewahrte seine Poesie vor der Trivialität,
der Besser so oft verfällt. Der dichterische Ausdruck bei Pietsch ist nie
ganz niedrig, nie gemein; vielmehr wird eine schmuckreiche, pathetische
Darstellung angestrebt. Die Sprache ist durchaus rhetorisch gegliedert;
sie erscheint manchmal steif, geschraubt, gespreizt, verschnörkelt, aber sie hat
nur wenig von dem Schwulst der zweiten schlesischen Schule. Sie steht
unter der Herrschaft des Verstandes; auch der Ausdruck der Leidenschaft
in ihr ist durch den Verstand geregelt und gemäßigt; Wärme der Empfindung und sinnliche Glut der Phantasie vermißt man in den meisten Fällen.

Phantasie und Empfindung ist auch in den übrigen epischen Versuchen
jener Jahrzehnte spärlich; ganz versagt blieb beides dem Dresdener

Ceremonienmeister Johann Ulrich von König. Im Geiste Bessers, nur subjectiver und lyrischer schrieb er im September 1719 sein 'Heldenlob Friedrich Augusts'; 1731 entwarf er ein großes, auf mehrere Gesänge angelegtes Heldengedicht 'August im Lager', worin er die Zusammenkunft der Könige von Polen und von Preußen in dem prunkreichen Lustlager bei Zeithayn (1730) zu besingen gedachte. Nur Ein Gesang, 'Die Einholung' benannt, erschien und ward dem preußischen König zugeeignet. Schon wegen des nichts bedeutenden, an wirklichem Gehalt für den Künstler unsäglich armen Stoffes steht Königs Versuch tief unter allen gleichen Bestrebungen seiner Mitbewerber. Zudem befindet sich seine Darstellungsweise ganz im Bann des prosaischen Verstandes, aber eines recht schwachen und dürftigen Verstandes. Tiefe oder auch nur würdige Gedanken fehlen vollständig; der Inhalt bewegt sich stets in den niedrigsten Bezirken des geistigen Lebens, die Sprache in den plattesten und nüchternsten Ausdrücken. Ist einmal eine pathetische Wendung gewählt, so mahnt die Incongruenz von Form und Gehalt an die Parodie. Wenn Besser in seinen Lobgedichten immer möglichst viel Thatsächliches berichtet, wenn Pietsch sich bemüht, eine Art von einheitlicher Handlung durchzuführen, so mangelt bei König beides. Gehandelt wird in dem ersten Gesang seines Heldengedichts schlechterdings nicht: alles ist bloß Beschreibung; aber auch was äußerlich geschieht, ist ebenfalls nichts. Wie Pietsch in sein Preisgedicht auf Karl VI. eine epische Maschinerie von Schutzgeistern eingeführt hatte, die freilich wenig Geisterhaftes und Überirdisches an sich tragen, so flocht nun auch König allegorische Personen in seine Schilderung ein; leider läßt sich nur gar kein Zweck dieser Einfügung erkennen: sie ist vollständig unwesentlich und überflüssig.

König fühlte das Bedürfnis, durch einen Vorbericht sich kurz über das zu erklären, was er mit seinem epischen Versuch wollte und von ihm hoffte; umfangreiche Vorreden und Widmungsoden wurden nun auch bei den Dichtern gewöhnlich, die im Geiste Gottscheds und unter dem Einfluß seiner kritischen Bestrebungen sich an ein deutsches Epos machten. So erschien 1743 in vier Büchern mit ausgiebigen geschichtlichen Anmerkungen und Anhang 'Der sächsische Prinzenraub oder der wohlverdiente Köhler' von dem Arzte Dr. Daniel Wilhelm Triller. Hatten die früheren Hofpoeten ihre epischen Versuche als eine Arbeit betrachtet, die sie zur Feier einer bestimmten Gelegenheit übernahmen, so dichtete Triller zur Erholung in seinen müßigen Stunden „nach verrichteten mühsamen Amts-

geschäften," die gerade damals ihm durch „eine der abscheulichsten Kinder=
krankheiten" verdoppelt wurden. Er nahm einen persönlichen Anteil an
seinem Stoffe: der wohlverdiente Köhler, den er besang, war der Ahnherr
seines Geschlechtes, dessen tugendreiche Sprossen der Verfasser darum in
all ihren Ehren und Würden als Traumgesicht dem Urvater erscheinen
ließ. Daneben verfolgte er, ähnlich wie vorher Postel, sittliche Zwecke; er
erklärte selbst, er habe sein Gedicht „vornehmlich der göttlichen Vorsehung
zum schuldigsten Danke und Preise, hiernächst dem geneigten Leser zur er=
baulichen Ergötzung" aufgesetzt, er habe nützen wollen. Allerdings, wer
sich trotzdem beikommen ließ, Trillers Werk zu tadeln, der ward als ein
„frecher Aristarch" im voraus schon mit der ganzen Grobheit des eben so
beschränkten wie unduldsamen und bissigen Verfassers überschüttet. Auf
den Titel eines Heldengedichts verzichtete Triller für seine Arbeit von vorn
herein; er übergab sie dem Publicum als ein historisches Gedicht, wie
deren unter den Römern Lucan, Silius Italicus, Statius, zum Teil auch
Claudian geschrieben hatten. So gieng er denn auch in der Darstellung
über den historischen Prosastil kaum hinaus. Er vermied dadurch eine
Klippe, an der König mehrmals gescheitert war. Da sein Stoff doch immer
geschichtlich brauchbar war und Triller ihn fast ohne alles Pathos behan=
delte, machte er höchst selten den Eindruck einer Parodie. Aber dem Werk
fehlte auch jede Spur von Phantasie und Empfindung. Triller ahmte
zwar mit Bewußtsein die wunderbaren Erdichtungen früherer Epiker nach;
aber diese phantastischen Zieraten entlehnte er eigentlich gegen seine innere
Überzeugung, welche dieselben als der geschichtlichen Wahrheit und der
christlichen Lehre zuwider verwarf. Öfters dienten ihm jene Erdichtungen,
um die Göttermaschinerie des antiken Epos zu ersetzen. In dieser Absicht
erfand er besonders bedeutsame Träume, in denen seinen Helden sich die
Zukunft entschleiert. Das gleiche Motiv hatte vor ihm schon Postel und
Pietsch gebraucht, und nach ihm nützte noch Schönaich es auf das ergiebigste
aus, zum Teil ganz in derselben Weise wie Triller. Aber auch Klopstock
ließ es sich nicht entgehen. Auch Schutzgeister führte Triller nach fremden
Vorbildern in sein Gedicht ein, Engel, die Gott als seine Diener zum
Schirm eines Landes und seiner Fürsten aufgestellt hat. Hier nähern sich
der 'Prinzenraub' und Klopstocks 'Messias' noch am ersten einander: beide
gehen eben auf das gleiche englische Original zurück. Wo jedoch Triller
in seiner eignen Art ohne ein anderes Muster schreibt, überschreitet er nicht
wohl die engsten Grenzen des logischen Denkens und des geschichtlichen

Wissens; wie genau er auch in dem Ton seiner Darstellung die historische
Treue zu wahren sucht, beweist der Umstand, daß er die Kurfürstin ihren
Gemahl mit Er anreden läßt.

Vor dem 'Prinzenraub' schon entstand, aber erst 1750 erschien vollständig im Druck das Heldengedicht in zehn Büchern 'Der großmütige
Friederich III., König zu Dänemark' von Dr. Ludwig Friedrich Hudemann. Auch er schickte außer einer gereimten Widmung an Friedrich V.
von Dänemark eine prosaische Vorrede seinen Alexandrinern voraus. Auch
er verfolgte sittliche Absichten; nur machte ihn sein wortgläubiges Christentum noch engherziger als Triller. Aus diesem Grunde betrachtete er es
selbst als einen „wichtigen Fehler", daß er den heidnischen Fabelntand hin
und wieder in sein Gedicht eingestreut hatte. Noch immer war er der
Meinung, die er früher an anderm Orte[1]) vertreten hatte, „daß zum wenigsten in jedem Gedichte, darin der Name des hocherhabenen Gottes auch nur
ein einiges Mal genannt wird, dergleichen heidnisches Dampf- und Lügen-
spiel billig gar nicht zum Vorschein kommen sollte", und nur, weil nach dem
Geschmacke der Zeit ein Heldengedicht ohne Wunderbares nicht erträglich
schien, entschloß er sich gegen die Mahnstimme seines Gewissens, seine
Arbeit „durch diese unnatürliche Schminke hie und da zu firnissen". So
flocht er nach dem Muster früherer Epiker und oft im engsten Anschluß an
sie zahlreiche Fictionen in seine Epopöe ein und vermied dadurch wenigstens
den Anschein, als habe auch er nur ein historisches Gedicht schreiben wollen.
Auf diesen Verdacht wenigstens könnten seine immer gar prosaischen Gedanken und seine gesammte Darstellung führen, die bei allem Bilderreichtum
doch wenig Talent verrät, wenig charakteristisch und eigenartig ist. Die
Sprache ist zwar sorgfältig ausgefeilt, doch manchmal gespreizt und steif,
nicht allzu klar und verständlich, stets ohne Imagination und Gefühl.
Auch von dem Schwulst, dessen sich ein früherer Anhänger der Hamburger
Operndichtung nur schwer entschlagen konnte, merkt man im 'Großmütigen
Friederich' nicht eben mehr viel. Hier steht Hudemann bereits völlig unter
Gottscheds Einfluß: alles ist mit dem Verstand gedichtet. Die Lehren, die
der Verfasser aus einzelnen Naturereignissen zieht, erinnern beinahe an die
Nutzanwendungen eines Brockes. An Moralpredigt im immer gleichen
Kanzelton ist überhaupt kein Mangel. Ein persönliches Interesse bringt

---

[1]) Vorrede zu seiner Übersetzung von Daniel Heinsius 'De contemptu mortis'
(Rostock 1749).

der Dichter seinem Gegenstand nicht entgegen; höchstens ergreift auch er die Gelegenheit, die spätern Herrscher Dänemarks bis auf den König, dem er sein Werk widmet, seinem Friedrich III. im prophetischen Traum zu zeigen. Die Handlung, für den großen Umfang der Epopöe dürftig, ist ähnlich der im 'Prinzenraub' und im Lobgedicht auf Karl VI. eingekleidet: sie erweist sich als eine Art von Intriguenspiel, das durch böse Dämonen eingefädelt ist. Obwohl im einzelnen poetischer als Trillers Arbeit, ruft Hudemanns Epos doch noch mehr den Eindruck unsäglicher Langeweile hervor.

Dasselbe Gefühl in nicht geringerem Grade wird durch die Theresiade des niederösterreichischen Landschaftssecretärs Franz Christoph von Scheyb in Gandikolheim erzeugt, die in zwölf Gesängen von nahezu achttausend Versen 1746 zu Wien erschien. Zwar ist die Sprache hier mannigfacher als in andern Werken aus diesem Kreise, reicher an neuen Wortbildungen und Zusammensetzungen, nicht ganz baar jeder Phantasie: daneben begegnen aber auch unedle und niedrige, der Poesie unwürdige Wörter und Redensarten: im Grund bleibt die Darstellung prosaisch, ohne Wärme der Empfindung, bloß durch den Verstand geregelt. Im Gegensatz zu Hudemann ist Scheyb arm an Gleichnissen; im Gegensatz zu jenem gibt er aber auch seinem Werk eine viel subjectivere Färbung: die Person des Dichters steht überall mit im Vordergrund und nimmt sogar an der Handlung des Gedichtes Anteil, so weit von einer solchen eben die Rede sein kann. Scheyb betitelte sein Werk selbst „ein Ehrengedicht". Es sollte ein Heldengedicht werden in jenem Sinne, wie Besser die preußischen Herrscher besungen hatte, wie Karl Gustav Heräus zu Wien in kürzeren Formen die festlichen Ereignisse des Tages verherrlichte, mit epischem Gehalt in lyrischer Einkleidung, nur großartiger und umfangreicher. Die bisherigen Jahre von Maria Theresias Regierung, namentlich der eben 1745 beendigte Feldzug konnten dem Dichter Stoffs die Fülle bieten; Scheyb aber verzichtete darauf, uns geschichtliche Thaten aus der wirklichen Welt vorzuführen, und gab dafür eine breit ausgesponnene, armselige Allegorie fast ohne Handlung, bloße Schilderungen, in denen sich die gleichen Motive immer von neuem wiederholten, ein Festgedicht, das nicht einmal durch die thatsächliche Größe der besungenen Persönlichkeit über die ähnlichen Versuche der andern Hofpoeten emporgehoben wurde.

So wenig sich Klopstock an Postels 'Wittekind' bilden konnte, so wenig konnte auch alles, was diese Männer in der epischen Dichtkunst geleistet hatten, ihm zum Muster dienen oder auch nur Anregung geben. Postel nannte er doch wenigstens, wenn gleich tadelnd, in seiner Rede über die epischen Dichter; jene Hofpoeten achtete er aber nicht einmal der Erwähnung wert. Aus den vollendeten Schöpfungen der antiken Literatur hatte er seine Idee vom Epos abgezogen; wie konnten ihn da die kläglichen Versuche talentloser Gelegenheitsreimer befriedigen? Bessers geschichtliche Lebens-abrisse mußten ihm so armselig erscheinen als Königs 'August im Lager', auch wenn Breitinger nicht erst jüngst in seiner Poetik die Frage, ob die letztere Schrift ein Gedicht sei, nach ausführlicher und gründlicher Unter-suchung verneint hätte. Aber nach den neuen Aussichten, welche die Lehr-bücher der Schweizer dem künstlerischen Forschen und Schaffen eröffneten, konnte auch weder der 'Prinzenraub' noch die Theresiade oder 'Der groß-mütige Friederich', wenn anders die in Zeitschriften mitgeteilten Bruch-stücke des Hudemannischen Werkes dem Jüngling bekannt wurden, Klopstocks Aufmerksamkeit fesseln: ihnen fehlte ja nebst so vielem andern vornehmlich das „herzbewegende Schildern", sie waren Verstandesarbeit, nicht eine Frucht der Einbildungskraft und der Empfindung. Am ersten hätte noch Pietsch dem heranreifenden Epiker eine gewisse Teilnahme einflößen können: er hatte ein Thema von nationaler Bedeutung behandelt, wie Klopstock eine Zeit lang sich auch an einem solchen versuchen wollte, und er hatte sich einer würdigen, rhetorisch-pathetischen Darstellung befleißigt. Allein, mochten sich nun die Schweizer in ihren kritischen Schriften zu wenig auf Pietsch bezogen haben oder vermißte Klopstock auch hier die Wärme des Empfin-dens und die Lebhaftigkeit der Imagination, welche die Züricher von dem Dichter verlangten: auch an ihm konnte er sein Talent nicht schulen; wir wissen eben so wenig davon, daß er Pietsch je an bedeutender Stelle mit Beifall genannt hätte, als wir irgend eine nähere Verwandtschaft in der Auffassung oder im Stil der beiden Dichter wahrzunehmen vermögen.

So konnten die Zeitgenossen, wenn sie Klopstocks 'Messias' lasen, durch nichts an ältere deutsche Epopöen erinnert werden. Diese alle verherrlichten einen Helden der profanen Geschichte, der im besten Falle für das gesammte deutsche Volk, oft aber nur für Einen Stamm oder Staat desselben Be-deutung hatte. Klopstock hatte sich einen Stoff gewählt, der nicht bloß die höchste Teilnahme der ganzen Menschheit erregen mußte, sondern gemäß seiner religiösen Natur über den irdischen Schauplatz hinausreichte und auch noch Himmel und Hölle umspannte. Wer den Kampf der Schweizer gegen Gottsched genauer verfolgt hatte, der mochte sich zwar entsinnen, daß

Bodmer schon 1742 in den Züricher Streitschriften[1]) den Plan eines ähnlichen Epos entworfen hatte: er dachte an ein Gedicht von dem geretteten Noah
in sieben Büchern. Aber Klopstocks Gegenstand war doch noch bedeutender.
Die unübertrefflich größte That der Heilsgeschichte war sein Vorwurf, sein
Held kein gewöhnlicher Mensch), sondern der Gottessohn, der als Erneuerer
des menschlichen Geschlechtes, als ein zweiter Adam in der Bibel verkündigt
wird; Gott auf der einen, Satan auf der andern Seite waren die Haupt-
personen des Gedichts und traten jedenfalls viel wichtiger und wirksamer
hervor, als es in dem Bodmer'schen Grundriß der Fall gewesen war. Überdies schrieb Klopstock noch im Juni 1749 an Cramer, er kenne die Sammlung dieser Streitschriften nicht. Sollte von einem Vorbild Klopstocks die Rede
sein, so war nur an Milton zu denken, auf den ja auch Bodmer in seinem
Entwurf immer und immer wieder zurückgewiesen hatte. Stofflich durfte
man die Messiade als eine Art von Fortsetzung und Ergänzung des 'Verlornen Paradieses' betrachten; allein so hoch jener zweite Adam über dem
ersten stand, so hoch schien der religiöse und bald auch der dichterische Gehalt des 'Messias' über den des 'Paradise lost' erhaben zu sein. Und doch,
wie viel leichter und fügsamer als Klopstocks Gegenstand bot sich Miltons
Vorwurf der epischen Behandlung dar!

Das 'Verlorne Paradies' stellt den Abfall des ersten Menschenpaares
von Gott dar. Aber eine breite Vor- und Nachgeschichte gruppiert sich um
diesen Mittelpunkt. Zwischen Himmel und Hölle auf der Erde hat Gott
den Menschen geschaffen zum Ersatz für die Schaaren abtrünniger Engel,
welche im Empörungskampf gegen den Höchsten aus dem Reich ewiger
Wonne in endloses Verderben gestürzt worden sind. Nicht gleiche Fähigkeiten mit den Engeln hat er dem neuen Geschlecht zugeteilt, aber er hat es
nach seinem Bilde zur Hoffnung auf die nämliche Seligkeit erschaffen: durch
freien Gehorsam gegen sein Gebot im Streit wider die Versuchung soll
der Mensch sich des ewigen Glückes erst würdig erweisen. Ihn zu verführen
und so sich an Gott zu rächen, beschließen die gefallenen Geister. Satan
selbst übernimmt die gefährliche Aufgabe. Durch die grauenvollen Bezirke
des Chaos und der Nacht gelangt er in den Bereich der lichten Welt und
kundschaftet sich gleißnerisch den Weg zur Erde aus. Gott erkennt sein

---

[1]) Sammlung kritischer, poetischer und anderer geistvollen Schriften zur Verbesserung des Urteiles und des Witzes in den Werken der Wohlredenheit und der
Poesie. Zürich 1742. Stück IV, S. 1—17.

Vorhaben, hindert ihn aber nicht; doch in feierlicher Versammlung der Engel verspricht der eingeborne Sohn des Vaters, durch sein schuldloses Sterben dereinst die Schuld des Menschen vor der ewigen Gerechtigkeit zu sühnen. So stiehlt sich Satan in das Paradies ein. Schmerzliche Sehnsucht ergreift ihn, als er alle Wonnen der neuen Schöpfung und das reine Glück der Menschen erblickt; indem er sich gramvoll in die Betrachtung der Seligkeit versenkt, die er auf ewig verloren, wird er wenigstens auf Augenblicke unserm menschlichen Mitgefühl nahe gebracht. Bald aber rafft er sich auf; im Traum versucht er der schlafenden Eva verderbliche Begierden einzuflüstern. Die Schutzengel an der Pforte des Paradieses entdecken ihn, und er muß fliehen. Die Wirkung der aufregenden Träume, die er dem Weibe eingeflößt, zu vernichten und den Menschen noch einmal vor der Gefahr zu warnen, steigt Raphael als Gottes Bote auf die Erde nieder. Er schildert als schreckendes Beispiel des Ungehorsams den Sturz der abtrünnigen Engel und in heiterem Gegensatz dazu die Schöpfung der Erde und des Menschen. Als Gegengabe erzählt ihm Adam seine eigne Geschichte, wie Gott ihm die Erde und alles, was darauf, untergeben und in Eva ihm die liebenswürdigste Genossin zugeteilt hat. Aber das Verhängnis ist dadurch nur auf kurze Tage aufgehalten. Noch einmal schleicht Satan herzu und verführt, in die Gestalt der Schlange verkleidet, Eva, daß sie das Gebot des Herrn bricht. Liebe zu ihr verblendet auch Adam, ihrem Beispiele zu folgen. In dem beschämenden Bewußtsein der verlornen Unschuld und in lieblosen Anklagen zeigen sich alsbald die Folgen der Sünde. Der Sohn Gottes steigt herab und spricht das Urteil über Schlange, Weib und Mann. Sünde und Tod, die Abkömmlinge Satans, pflastern eine breite Straße von der Hölle durch das Chaos zur Erde und nehmen von der letzteren Besitz. Aber der Triumph Lucifers bei seiner Rückkehr in die Unterwelt wird durch gräßliche Qualen vergällt, womit Gott neuerdings den Verführer straft. Die Stellung der Himmelskörper wird verändert; damit hört der ewige Frühling auf, der bisher den Menschen gelächelt hat; Zwietracht und gegenseitige Verfolgung erhebt sich in der zuvor friedlichen Tierwelt. Schrecken und Verzweiflung packt das sündige Paar; endlich flehen sie voll Reue zu Gott. Da wird der Erzengel Michael herabgesandt, ihnen zur Buße noch Frist vor dem Tode zu gewähren, aber aus dem Paradiese sie zu vertreiben. Zuvor zeigt er dem Mann in großen Bildern den Gang der Heilsgeschichte bis auf den Erlöser und seine letzte Wiederkunft zum Gericht und zur Schöpfung einer neuen Welt, und getröstet verlassen Adam und Eva die Stätte ihres ersten, schuldlos-glücklichen Wandels.

An Handlung ist in den zwölf Büchern des Milton'schen Gedichts kein Mangel. Den Inhalt bildet eine That des Kampfes, der Rache. Gott und Satan wirken in Wahrheit gegen einander, ringen mit einander um die Herrschaft über den Menschen. Vorerst gewinnt Satan die Oberhand; aber der Dichter behält den endlichen Sieg Gottes stets unverrückbar fest im Auge. Manchfache Episoden, bald von großartiger Pracht, bald von idyllischer Anmut, sind in den Gang der Haupthandlung eingeschoben und dienen zugleich, durch vor- oder rückgreifende Motive den Aufbau derselben fester zu gründen und mehr in die Höhe und Breite auszugestalten. Sicher umrissen und mit plastischer Kraft ausgeführt, treten uns die vorzüglichsten Personen des Gedichts entgegen. Adam und Eva, deren Charakter wie ihr Geschlecht sich unterscheidet und gegenseitig ergänzt, sind feinsinnig in ihren Gedanken und Empfindungen oder wenigstens in der Art, wie sich dieselben äußern, einander entgegengesetzt. Die Gottheit mit sinnlich bildender Kunst in der Gesammtheit ihres Wesens darzustellen, übersteigt allerdings das Vermögen des Verfassers. Milton hat sich die Aufgabe noch besonders dadurch erschwert, daß er alles wirkliche Handeln dem Sohne Gottes über- trägt, während der Vater in ruhiger Majestät nur den Gedanken zur That faßt und den Befehl dazu erteilt. Daher ist auch die Gestalt des Sohnes viel bestimmter gezeichnet als die des Vaters, bei der dem Dichter keine begrenzte, sinnliche Anschauung vorschwebte. Unübertrefflich hat Milton hingegen die Person Satans gebildet. Er schilderte ihn nicht als den durchaus verabscheuungswürdigen Teufel des mittelalterlichen Volks- glaubens, sondern als den gefallenen Engel, auf dessen Antlitz noch ein Abglanz von der Hoheit des einstigen Seraphs leuchtet. Nur ein Künstler, dessen Leben und Dichten durch die Stürme der großen Rebellion hindurch- gegangen war, vermochte eine so großartige Dämonengestalt zu ersinnen; aber auch nur aus der Kenntnis der englischen Revolution ist die Größe dieser dichterischen Schöpfung ebenso wie die Darstellung des Empörungs- kampfes Satans wider Gott zu begreifen.

Miltons Subjectivität verschwindet nicht durchaus hinter seinem Werke. Gleichwohl ist das 'Verlorne Paradies' vollkommen im epischen Geiste abgefaßt; Lessing wußte, was er that, als er es im 'Laokoon' die erste Epopöe nach dem Homer nannte. Der Dichter des 'Paradise lost' besaß eben im vollen Maße jene plastische Gestaltungskraft, deren der Epiker mehr als der Lyriker und selbst als der Dramatiker bedarf. Er wandte sich ferner zu dem Epos in einer Zeit, da die englische Literatur auf den übrigen Gebieten der Poesie bereits die schönsten Früchte gezeitigt hatte. Eine künstlerisch ausgebildete Sprache, eine reiche Fülle glänzender Dichtungen fand er vor; während eines wechselvollen Lebens eignete er sich die Errungenschaften seiner Vorgänger an und versuchte sich an kleineren Aufgaben der Poesie, bis er zuletzt mit dem 'Verlornen Paradies' das Höchste wagte.

Die Jahre, in denen der 1608 geborene Dichter seine erste Bildung empfing, fielen noch in die schönste Blütenzeit der englischen Literatur, in die Glanzperiode Shakespeares und Ben Jonsons. Von seinen Eltern für den geistlichen Stand bestimmt, machte sich Milton die theologische Fachgelehrsamkeit, die Schätze der antiken Cultur und die Früchte des modernen Geisteslebens in seiner Heimat wie in den romanischen Ländern gleichmäßig zu eigen; auf der Universität trieb er geradezu alle Wissenschaften, ohne einer einzelnen sich ausschließlich zu widmen. Aber die Fülle seines Wissens drückte nicht als ein schwerer Ballast seine dichterische Begabung nieder, sondern sie bildete die Grundlage, auf der sich seine Poesie mit spielender Freiheit und Sicherheit erhob. Seine ersten Versuche standen unter dem Einfluß der italienischen Literatur, der durch Frankreich seinen Weg nach England gefunden hatte und namentlich die dortige Lyrik beherrschte, so weit sie nicht, allem klassicistischen Wesen fremd, sich im Volkston bewegte. Und nach dem Vaterlande der Renaissance zog den jungen Dichter sein heißes Sehnen. Über Paris eilte er 1638 nach Italien. Er kam nicht als ein Unbekannter nach dem Süden: der Ruhm seiner Verse war ihm vorausgegangen; Empfehlungen an die ersten Gelehrten und Kunstfreunde Italiens begleiteten ihn. Mit Ehren überschüttet, durchzog er die Halbinsel bis nach Neapel. In dem fremden, von der Heimat so überaus verschiedenen Land erweiterten sich seine politischen Anschauungen, kräftigte sich sein Protestantismus; auf's reichste mehrten sich seine wissenschaftlichen Kenntnisse und belebte sich seine Phantasie. Die Kunde vom Ausbruch der großen Rebellion trieb ihn nach London zurück. Mit leidenschaftlicher Hingabe beteiligte er sich als Verteidiger kirchlicher, häuslicher, literarischer und politischer Freiheit an der Erhebung des englischen Volkes. Er ward Cromwells Secretär und im Auftrag der Republik der Anwalt des Königsmordes. Hart trafen ihn die Schläge des Schicksals, ohne seinen Mut zu beugen. Familienglück lächelte ihm nie dauernd; im

rüstigsten Mannesalter verlor er für immer das Augenlicht; nun zerstörte
die Rückkehr der Stuarts auf den englischen Thron auch seine staatlichen
und kirchlichen Ideale und bedrohte gar eine Zeit lang sein Leben und seine
persönliche Freiheit. Von seinen Feinden begnadigt, aber politisch vernichtet, zog er sich endlich, blind und schwach, in die Einsamkeit zurück und
schuf hier, an Erfahrung und Weisheit gereift, sein großes Werk, dessen
Idee ihm schon vor Jahrzehnten aufgestiegen war, als er in Neapel mit
dem Marchese von Villa, dem Gönner Tassos, innig verkehrte. Wie nach
ihm Klopstock, so wandte sich auch Milton zuerst einem vaterländischen
Stoffe zu: König Arthur sollte der Held seines Gedichts werden. Aber
mehr und mehr vertiefte sich sein poetisches Streben, und nun wählte er sich
die Geschichte von der ewigen Sündenschuld des menschlichen Geschlechtes
zum Gegenstand, den er eine geraume Zeit hindurch als Tragödie zu behandeln versuchte. Mehrere Entwürfe arbeitete er zu diesem Behufe aus.
Dann aber, wohl 1658, begann er, sein Gedicht in die epische Form um-
zugießen. Doch erst, nachdem die Wiederherstellung des Königtums ihn
vollständig aus dem öffentlichen Leben gedrängt hatte, konnte er das Werk
vollenden. Nach mannigfachen Hindernissen erschien endlich 1667 die erste
Ausgabe des 'Verlornen Paradieses'. Noch konnte man die ursprünglich
dramatische Anlage dem Gedicht anmerken; nicht bloß der Vers Shakespeares, dem Milton einen gleichmäßigeren, feierlicheren und wuchtigeren
Gang verlieh, gab dies kund. Allein da die künstlerische Begabung des
Verfassers von vorn herein weit mehr epischer als dramatischer Natur war,
so konnte seine anfangs auf eine Tragödie gerichtete Absicht dem Werke
niemals schaden, wohl aber förderlich sein: die Handlung wurde dadurch
mannigfacher verwickelt und von bewegterem Leben durchweht; die Personen
stellten sich nun charakteristischer und individueller in ihren eignen Reden
dar. Zur Wahrung des epischen Tones dienten andrerseits außer den umständlichen Schilderungen und der episodisch eingeflochtenen Erzählung der
Vorgeschichte noch alle die Kunstgriffe, die seit Homer in der gesammten
Epopöenliteratur heimisch waren, die nicht eben zahlreichen, doch breit
ausgemalten Gleichnisse, die stehenden Formen für gewisse Begriffe,
welche Milton zum Teil geradezu aus Homer entlehnte, die öftere Wiederholung bei der Darstellung bestimmter bedeutender Vorgänge oder
Verhältnisse, und was der englische Dichter dergleichen mehr der
Lectüre älterer epischer Muster oder seinem eingebornen Formsinn
verdankte.

Wie ganz anders und zum größten Teil wie viel schlimmer hatte es Klopstock, als er sich eine ähnliche Aufgabe wie Milton stellte! Er stand am Beginn, nicht am Ende der Blütenperiode seiner Literatur. Keine großen nationalen Dichter, an denen er sich begeistern und bilden konnte, waren ihm vorausgegangen; er mußte sich mit einer noch wenig geübten, oft noch ungehobelten Sprache behelfen. Freilich, wie später Lessing das Glück hatte, seine Kritik nicht an bloße Forderungen eines Theoretikers, sondern an die Leistungen eines wahren Dichters anknüpfen zu können, so war auch Klopstock so glücklich, nicht als der allererste Poet nach langer Pause in seinem Volke hervorzutreten. Hagedorn und Haller wirkten schon seit zwei Jahrzehnten; die Bremer Beiträger hatten ihm den Boden bereitet. In der Hauptsache freilich brachte ihm dies doch nur mäßigen Gewinn: sie hatten eben begonnen, nur erst die Sprache für den Dichter gelenkiger und aus-drucksfähiger zu machen. Das Höchste vollends, was Klopstock bezweckte, die poetische Empfindung und Phantasie wieder zu beleben, hatte in der Weise, wie er es that, keiner vor ihm versucht; hier hatte er ganz neu an-zufangen.

Und auch persönlich recht als ein Anfänger trat er auf den Schau-platz, ohne die gereiften Lebenserfahrungen, ohne das universelle Wissen des Engländers. Fast noch ein Knabe war er, als er den Plan seines Gedichts entwarf, ein Jüngling, als er mit den Gesängen an's Licht trat, welche auf die Leser den überwältigendsten Eindruck machten. Auch er hatte keine Wissenschaft recht eigentlich als Fachstudium betrieben, auch die Theologie nicht, der er sich widmete; aber bei vielen Kenntnissen fehlte ihm doch jene gründliche polyhistorische Gelehrsamkeit Miltons. Er hatte vor allem auch keine der ausländischen Literaturen durch eigne An-schauung im fremden Lande kennen gelernt.

Dazu kam eine dichterische Anlage, die jedem epischen Bilden wider-strebte. Klopstock war eine durchaus lyrische Natur. Die Gabe, fest umrissene Gestalten deutlich und faßlich für die sinnliche Anschauung zu zeichnen, war ihm versagt; äußere Vorgänge und Situationen vermochte er nicht plastisch zu schildern[1]). Dagegen fühlte er sich in seinem Element, wenn es galt, das Innerste des Seelenlebens zu entschleiern, die Empfin-

---

[1]) Manchmal, so im 'Messias' XV, 326 ff. bei der Erscheinung, welche Ta-bitha zu Teil wird, gewinnt der Leser fast den Eindruck, als ob Klopstock gar nicht anschaulich darstellen wollte; denn die geschilderten Vorgänge werden auch bei mehrfachem Lesen kaum zur Not klar.

dung zu wecken und mächtig zu entzünden. Der Einfluß dieses lyrischen Naturells machte sich in seinem Leben nicht minder als in seinem Dichten geltend. Seine Freundesliebe ward bald zu einem Cultus des leidenschaftlichen Empfindens; auch sein Verhältnis zur christlichen Religion gründete sich eben so sehr auf das Gefühl als auf den Glauben.

Orthodoxie und Freigeisterei standen sich in offner Fehde gegenüber, als Klopstock heranwuchs. Auf der einen Seite war die freiere Lehre des göttlichen Wortes, welche die Reformatoren verkündigt hatten, auf's neue in starre Dogmen gefesselt worden; die Lebenssäfte des Reifes, das Luther dem Christentum aufgepfropft hatte, drohten zu vertrocknen, der Wuchs der Pflanze selbst zu verknöchern. Von der andern Seite waren die heftigsten Angriffe auf die Religion überhaupt und besonders auf das Christentum gemacht worden. In der englischen Philosophie der Deisten hatte die skeptische Kritik des Offenbarungsglaubens begonnen und nach wenigen Jahren durch Frankreich hindurch ihren Weg nach Deutschland gefunden. Hier gieng zwar der Zweifel an der religiösen Autorität behutsamer und wissenschaftlicher zu Werke, indem er zunächst zu einer Kritik der geschichtlichen Überlieferungen der Religion führte; der Kampf gegen den bestehenden Glauben wurde aber dadurch nur um so ernster und gefährlicher. Versöhnend stellte sich nun zwischen beide Parteien eine dritte. Philipp Jakob Spener und August Hermann Francke wurden die Stifter eines edlen Pietismus. Das menschliche Gemüt, das von dem dürren Dogmenglauben unbefriedigt geblieben, sollte in persönlicher Hingabe an die allumfassende Gottheit Glück und Ruhe finden; nicht auf tote Lehrsätze, die einen Zwang auf das Gewissen ausüben, sondern auf die lebendige Liebe sollte das Verhältnis zwischen Gott und dem Menschen begründet werden. Pantheistische Ideen mischten sich hier mit echt christlichen; seinem innersten Wesen nach der Mystik verwandt, wirkte der Pietismus doch nach einem andern Endziele: die lebendige Liebe zu Gott soll sich nach außen in selbstlosem Wirken für die Mitmenschen offenbaren; nicht der Buchstabenglaube, sondern das Handeln in der Liebe macht den wahren Christen. Klopstock — wie vor ihm Pyra, wie nach ihm Lessing und Goethe — neigte sich zu dieser Anschauung, ohne daß er sich je nachgewiesenermaßen ausdrücklich zur Secte der Pietisten bekannt hätte; allein seine gesammte religiöse Poesie ist von dem Geiste jenes ursprünglichen Pietismus eingegeben und durchwellt. Einem Dichter, der als wahrer Epiker einen Stoff aus der Geschichte des Christentums behandeln wollte, konnte die pietistische Auffassung der

Religion nur hinderlich sein; dagegen bot sie, die ihrem Wesen nach selbst lyrisch war, dem Lyriker, dem Verfasser christlicher Oden und Hymnen, schätzenswerte Vorteile die Fülle.

Wenn nun schon alle diese Mängel in Klopstocks Bildung und Lebens-erfahrung auf der einen und der lyrische Charakter seiner künstlerisch-menschlichen Anlage auf der andern Seite ihm die Schöpfung eines Epos erschwerten, so konnte überdies auch der Stoff, den er gewählt, nicht glück-lich für den Epiker geheißen werden. Es fehlte ihm an der Hauptsache, die dem Epiker wie dem Dramatiker gleich unerläßlich ist, an Handlung. Klopstocks Held, der Heiland, ist weniger groß durch das, was er thut, als durch das, was er leidet. Freilich leidet er aus freiem Entschluß; dieser ist aber von Ewigkeit gefaßt. Die Beweggründe, die den Sohn Gottes dazu vermocht haben, im Anfang der Zeit den Erlösungsplan zu entwerfen, liegen Jahrtausende vor dem Beginn unsers Gedichtes; mit ihnen fällt die eigent-liche That Christi, das Fassen des Heilsgedankens, außer dem Rahmen des Klopstockischen Werkes, bis in den Bereich des Milton'schen Epos zurück. Der Dichter hat das recht wohl gefühlt und deßhalb nicht versäumt, gleich im Eingang der Messiade[1]) den Erlöser vor uns seinen ewigen Ratschluß feierlich bestätigen zu lassen. Auch sonst im weiteren Fortgang des Gedichtes wiederholt der Gottessohn die Versicherung, die Menschen zu erlösen. Allein, wie oft wir auch an die Freiheit dieser That der göttlichen Gnade gemahnt werden, wir erblicken immer nur den leidenden Messias.

Der Mangel an Handlung in Klopstocks Gedicht ist aber noch tiefer begründet. Er ist in letzter Linie bedingt durch die monistische Weltan-schauung der christlichen Religion, wonach Gott auch das Böse zuläßt und zu seinem Zwecke lenkt. Die Feinde des Messias verfolgen bis zu einer ge-wissen Grenze das nämliche Ziel wie er selbst; alle ihre gehässigen An-strengungen dienen nur dazu, sein Vorhaben zu befördern. Für die Sünder soll Christus sterben; in den Tod ihn zu stürzen, mühen sich die Juden wie die Satane. Der Kampf der verschiedenen Mächte in Himmel, Erde und Hölle, die in dem Gedicht gegen einander wirken, ist also leerer Schein und ein bloßes Spiel. Schon Lessing hat in seiner Kritik der Anfangsverse der Messiade auf das Bedenkliche dieses Umstandes hingedeutet, noch ent-schiedner August Wilhelm Schlegel 1802 in seinen Berliner Vorlesungen. Auch Klopstock scheint bereits bei der Conception seines Werkes die Gefahr

---

[1]) Gesang I, Vers 41 ff.

gemerkt zu haben und suchte deßhalb dem Tadel wenigstens die schärfste
Spitze abzubrechen. Er gab dem Satan, dem Führer der Höllenfürsten,
den er von Milton überkommen hatte, einen noch verruchteren Geist an die
Seite, für den er in dem englischen Gedicht kein unmittelbares Vorbild
fand, Abramelech. Lange vor Satan hat dieser schon Empörung gegen
Gott geplant und noch grollt er ingrimmig, daß Satan ihm zuvorgekommen.
Heuchlerisch ordnet er sich jenem unter; aber allmählich hofft er ihn zu
stürzen. Seine Entwürfe reichen weit über die seines Nebenbuhlers hinaus.
Wenn dieser nur auf den physischen Tod des Messias denkt, so geht Abramelechs ganzes Sinnen darauf, das Sterben der Geister zu erfinden,
Satan selbst so zu vernichten und nach ihm die Seele des Gottessohnes zu
töten[1]. Allein durch diese scharfsinnige Potenzierung der teuflischen Bosheit
ist wohl der Charakter Abramelechs gerechtfertigt, dem Mangel an Handlung
jedoch nur wenig aufgeholfen. Denn auch Satan, wenn er den leiblichen Tod
des Messias wollte, meinte damit nicht das weltversöhnende Sterben am
Kreuze, sondern dachte mit dem zeitlichen Leben des Heilands sein Er-
lösungswerk im Keim zu ersticken: Aber gleichviel, was die weiteren Absichten bei ihrem Plane waren, zunächst vermochten sie nur den göttlichen
Ratschluß, in welchem der Tod des Messias lag, zu fördern. Noch mehr
gilt das von den Verfolgern Christi unter den Juden. Sie, die von seinem
göttlichen Wesen nichts ahnten, arbeiteten nur auf seinen physischen Tod
hin; eine tiefere Bedeutung mit dem schmachvollen Sterben des von ihnen
Verurteilten zu verknüpfen, lag ihnen durchaus ferne.

Mit einer eigentlichen epischen Handlung war dieser Stoff nur dann
zu erfüllen, wenn Klopstock sich entschloß, sich einzig und allein auf den
Boden der Geschichte zu stellen. Das Eingreifen der über- und unterirdischen Mächte mußte dann auf das geringste Maß beschränkt, wo möglich, ganz beseitigt werden; Christus durfte nur als Mensch dargestellt
werden. Die geschichtliche Lage der Dinge in Palästina zur Zeit des
Pilatus, die Gegensätze zwischen Juden und Römern, die Parteien und
Secten innerhalb des Judentums selber hätten den Untergrund geliefert,
auf dem der Dichter seine Schöpfung aufzubauen hatte. Aus diesen zeit-
geschichtlichen Verhältnissen wäre Jesus hervorgegangen; als Lehrer und
Wohlthäter seines Volkes wäre er vor unsern Augen vorübergezogen, im
Kampf mit seinen Neidern und Verfolgern wäre er endlich physisch zu

---

[1] Messias, Gesang II, Vers 856 ff. Vgl. Hamel, Klopstock-Studien, Heft I,
S. 56 ff.

Grunde gegangen, während er geistig durch seine persönliche Würde und durch den Sieg seiner Lehre über die Feinde triumphierte. Der Gesichtskreis des Gedichtes wäre durch diese Beschränkung auf eine pragmatische Wiedergabe der Geschichte verengert, dagegen der Gehalt des Werkes an Handlung erhöht und unsre menschliche Teilnahme an dem Helden des Epos vermehrt worden; wir hätten Menschen gegen Menschen kämpfen, durch Menschen untergehn sehen. Aber Klopstock konnte an eine derartige Auffassung gar nicht denken. Im strengen Glauben an das Evangelium war er herangewachsen; in tiefster Seele war er von der Gottheit Jesu überzeugt; als Christ liebte er den Heiland, den er als Dichter sang. Gerade er als Anhänger des Pietismus durfte die größte That der göttlichen Liebe nimmermehr ihres mystischen Charakters entkleiden[1]. Seine Dichtung ward somit für ihn eine religiöse Pflicht, wie andrerseits auch sein geschichtliches Verdienst nicht zum geringsten Teil darin besteht, daß er in einer Zeit des Zweifels und Unglaubens den Wahrheiten des Christentums durch die Zaubermacht der Poesie neuen Glanz und neue Stärke verlieh. Der Philosophie der Freigeister gegenüber war Klopstock beständig auf der Hut, daß er den Erlöser nicht allzu menschlich darstellte. Aber nicht minder hatte er sich in Acht zu nehmen, daß er ihn nicht im Sinn einer unduldsamen Orthodoxie allzu furchtbar und dogmatisch herb zeichnete[2]. Das Hauptgewicht fiel also auf das versöhnende Element in der göttlichen Natur des liebenswürdigen Mittlers. Unablässig war der Dichter bestrebt, die erlösende Milde gegen alle Geschöpfe und die niederschmetternde Strenge gegen Satan und seine Genossen, die siegende Hoheit und Allmacht des Gottes und das schmachvolle Leiden des von seinen Feinden überwältigten Menschen in Einer Person vereinigt aufzuweisen. Dadurch wurde jedoch die Hauptfigur seines Gedichts durchaus unepisch. Mit demselben Blicke gibt der Messias einem sterbenden Würmchen das Leben und schreckt den lästernden Satan durch Entsetzen[3]; in dem nämlichen Augenblick, da er am

---

[1] In Einer Hinsicht that er es freilich unwillkürlich und vielleicht sogar unbewußt. Schon August Wilhelm Schlegel bemerkt, die Passion sei im mystischen Sinn eine ewige Handlung, in der Darstellung hingegen auf eine kurze Zeit beschränkt, die gegen die offen liegende Ewigkeit ganz verschwinde. Natürlich wird dadurch auch der rührende Eindruck der Passion abgeschwächt.

[2] Vgl. das eigene Bekenntnis des Dichters im Anfang des zehnten Gesanges.

[3] II, 620 ff. Die Stelle ist allerdings erst in der Ausgabe von 1755 eingefügt, ein Beweis mehr, daß selbst bei den gelungensten Änderungen und Zusätzen der späteren Ausgaben der epische Dichter sich oft verleugnet.

Kreuz die bittersten Schmerzen erduldet, stürzt er durch einen Strahl aus seinem „menschenliebenden" Auge Satan und Abramelech zur niedrigsten Stufe ihres Elends herab [1]); mit dem Tode ringend, erteilt er den Engeln Befehle [2]): eine solche Gestalt entzieht sich völlig der sinnlichen Vorstellungs= kraft und damit auch der plastischen Darstellung des echten Epikers.

Diese letztere aber hat Klopstock überhaupt beiseite gesetzt. Auch nach= dem er den himmlischen und höllischen Mächten Eingang in sein Gedicht verstattet, nachdem er den Charakter des Gottmenschen im pietistischen Geist erfaßt und die Handlung in der Messiade dadurch auf das geringste Maß beschränkt hatte, blieb ihm noch ein Weg, wenigstens die sinnlich bildende, objective Darstellungsweise des Epos zu retten. Er brauchte sich nur die Evangelisten zum Muster zu nehmen. Wie einfach und doch zu= gleich wie innig und gewaltig erzählen sie die Geschichte der Passion! Aber mit ihnen in einen Wettstreit sich einzulassen, daran mußte Klopstock von vorn herein verzweifeln.

Dazu kam noch ein Bedenken. Sobald er die äußere Geschichte zu= meist betonte, sah er die Freiheit seines Dichtens auf den engsten Spiel= raum beschränkt. Auch hier wieder war Milton im Vorteil. Der Vorgang, der im Mittelpunkt seines Epos stand, war in der Bibel nur einmal in kurzen Umrissen beschrieben; er fiel in die Uranfänge der Menschheit zurück. Das Ereignis als solches gehörte zwar zu den Dogmen des christlichen Glaubens; über die Einzelheiten des Vorgangs aber war dogmatisch nichts bestimmt. Die Theologen hatten wohl auch darüber verschiedene Ansichten aufgestellt; aber gerade diese Divergenz der Meinungen gewährte dem Dichter die Freiheit, die Sache wieder anders — als Dichter — anzu= schauen und darzustellen.

Anders stand es mit Klopstocks Thema. Vier Evangelisten hatten die Geschichte mit allen Einzelzügen geschildert; auch sonst war an zahlreichen Stellen der heiligen Schrift auf die Passion und die besonderen Umstände dabei verwiesen. Sie ereignete sich nicht in einer vorgeschichtlichen Urzeit, von der wir wenig oder nichts wissen, sondern in einer Epoche, die uns verhältnismäßig nahe liegt und historisch wohl bekannt ist. Nicht nur der Erlösungstod Christi an und für sich gehört zu den Fundamentalsätzen unseres Glaubens; sondern auch alle einzelnen Vorgänge und Umstände

---

[1]) X, 85 ff. Ähnlich V, 439 ff.
[2]) X, 221 ff. Ebenso VII, 830 ff.

dabei sind von der Kirche dogmatisch festgesetzt. Hier durfte der Dichter an der äußern Geschichte nichts ändern, ohne den Vorwurf der Ketzerei auf sich zu laden. Ein Beweis, wie ängstlich er hier selbst bei unwesentlichen Dingen verfuhr, ist die Frage, die er bereits im Juni 1749 an Bodmer richtete, ob die Leiber der Heiligen sofort nach dem Tode Jesu auferstanden seien, oder erst nach seiner Auferstehung. Bodmers Freund Heß erklärte, nach dem Buchstaben des Textes im Evangelium Matthäi (XXVII, 52 f.) sei es das natürlichste, zu sagen, sie seien zwar mit dem Tode Jesu auferstanden, aber, so lange dieser im Grabe lag, nicht nach Jerusalem gekommen und niemanden, im äußersten Falle nur ganz wenigen, in der Zwischenzeit erschienen. Klopstock befolgte diesen Rat gewissenhaft.

Um sich jedoch seine dichterische Freiheit einigermaßen zu wahren, verzichtete er überhaupt, so weit es irgend möglich war, darauf, den äußerlichen Verlauf der Passion eingehend zu schildern. Mit knappen Worten berichtete er alles Thatsächliche. Ja manchen für den Epiker wichtigen Vorgang deutete er nur kurz an, statt ihn zu erzählen, oder ließ ihn gar unerwähnt. So machte er die Handlung des Verrates (IV, 586 ff.), die Einsetzung des Abendmahles (IV, 1157 ff.), die Verleugnung des Herrn durch Petrus (VI, 344 ff.) mit wenigen Versen ab; die Fußwaschung, das Gesuch der Priester um eine Wache am Grab des Gekreuzigten ließ er ganz beiseite. Dagegen verweilte er überall da, wo sich Verhältnisse des innern Lebens der Betrachtung darboten, wo sich Ausblicke in die Welt des Geistes und Gemüts eröffneten. Statt der Handlungen nehmen prächtige Reden die erste Stelle in der Messiade ein. Die verzweifelnden Klagen des Judas, der Schmerz des reuevollen Petrus, die belehrenden und tröstenden Reden Christi vor dem Abschied von seinen Jüngern, werden uns ausführlichst mitgeteilt. Klopstock schildert uns das Denken und Empfinden Jesu auf den verschiedensten Stufen seines Erlösungswerkes, sein inneres Seelenleiden, und er schildert es so, wie es auf unser eignes Empfinden den mächtigsten Eindruck machen, nicht wie es unserer Phantasie das anschaulichste Bild darbieten kann. Er versammelt um den Heiland Schaaren von Menschen, Engeln und Teufeln; aber auch sie tauschen nur ihre Betrachtungen gegenseitig aus oder machen uns zu Zeugen ihrer Gebete, ihrer Wehrufe und Klagelieder, wie ihrer Jubelchöre und Triumphgesänge. Der Dichter bemüht sich uns zu zeigen, welche Wirkung in jedem einzelnen Augenblick das, was zu Jerusalem geschieht, auf die Bewohner von Himmel und Hölle, auf die gerade lebenden wie auf die längst verstorbenen und auf die noch ungeborenen Menschen ausübt. Diese Wirkung offenbart sich aber meist nur durch Gedanken und Empfindungen, im günstigsten Falle durch Reden. So wird denn die Handlung, welche ohnedies langsam fortschreitet, durch diese beständige Rücksicht auf alle, die an dem Erfolge der Passion Anteil nehmen, neuerdings beständig verzögert.

Daher vornehmlich kommt es, daß den modernen Leser die Messiade so bald langweilt und abstößt. Im Besonderen hat Klopstock viel gethan, um einen kunstvollen Aufbau seines Werkes zu ermöglichen. Wie geschickt weiß er uns z. B. in den Gesängen, in welchen der Schauplatz der Handlung zwischen Himmel und Erde mehrfach wechselt (Gesang I, VIII ꝛc.), aus dem einen Bereich in den andern zu geleiten! Wir sind selbst mit den fliegenden Engeln gleichsam in ununterbrochener Bewegung von einer Stätte zur andern. Wie vielfältig und wie glücklich ist das aus der biblischen Überlieferung stammende Motiv ausgebeutet, wonach die gesammte Natur in die Geschichte der Passion hereinspielt und mit elementaren Erscheinungen einzelne Momente derselben begleitet! Wie prächtig, auch durch Klangfülle und Tonmalerei unterstützt, ist die Naturschilderung überhaupt! Wie bemüht sich der Dichter, bald die Schicksale, bald die Charaktere seiner epischen Gestalten bis zu einem gewissen Grade gleichförmig auszuprägen, so daß ähnlich wie die symmetrischen Teile eines Gebäudes bestimmte Abschnitte seines Werkes sich entsprechen[1])! In andern Fällen wiederum, wo dieselbe Handlung durchaus öfter als einmal erzählt werden mußte, so bei den drei Nachtwachen des Heilands in Gethsemane, beugt Klopstock der drohenden Einförmigkeit durch eine angemessene Steigerung der begleitenden Umstände vor[2]). An dichterischen Schönheiten fehlt es überhaupt der Messiade keineswegs. Diese beruhen aber meist nur auf der glücklichen Erfindung einzelner Motive oder auf der Darstellung lyrischer Momente, welch letztere jedoch leicht zum Nachteil des Gesammteindrucks allzu breit ausgedehnt wurde.

---

[1]) Vgl. dafür den Tod des Verräters Judas mit dem des Priesters Philo, das Verhältnis Philos zu Kaiphas mit dem Abramelechs zu Satan, das verwandte Schicksal der Liebespaare Semida — Cidli und Nathanael — Maria u. s. w.

[2]) In ähnlicher Weise beachtet er auch bei den Erscheinungen in der zweiten Hälfte der Messiade eine Art von Stufenfolge: zuerst erscheinen einzelne Auferstandene einzelnen Menschen, dann (im siebzehnten Gesang) Gruppen von Auferstandenen mehrerer Frommen zusammen. Auch Christus offenbart sich zuerst nur einzelnen Auserwählten, dann mehreren Jüngern auf einmal, endlich allen Gläubigen auf dem Berg Tabor.

Nun mischte Klopstock überdies unter die Betrachtungen der Personen in seinem Gedicht gar oft seine eignen. Vollkommener Objectivität kann sich, wofern man von Goethes 'Hermann und Dorothea' absieht, vielleicht das moderne Epos überhaupt nicht rühmen. Auch Milton verschwindet mit seiner Subjectivität keineswegs hinter seinem Stoff. Ja es ist nicht am mindesten die Persönlichkeit des Dichters, die uns an sein Gedicht fesselt. Aber die Art, wie sich diese Persönlichkeit kund gibt, ist von der Weise, wie Klopstocks Subjectivität in der Messiade hervortritt, grundverschieden. Milton erscheint auch hierin männlicher, kräftiger. Auch er ist sich bewußt, daß sein Gesang einen verwegenen Flug nimmt über die Höhe hinaus, zu der andere Dichter sich aufgeschwungen haben, daß er „things unattempted yet in prose or rhyme" darzustellen hat. Aber nachdem er die Aufgabe einmal übernommen, führt er sie ohne Zagen und Beben mutig durch, und sein Bestreben ist nun, in die Geheimnisse, die er verkünden soll, möglichst tief einzudringen und sie möglichst deutlich und erschöpfend seinen Lesern mitzuteilen. Bei Klopstock hingegen steigert sich die Achtung vor dem heiligen Gegenstand, den er besingt, zu ängstlicher Scheu, als möchte sein Gesang ihn entweihen. Wiederholt sinkt er unter der Last seiner Aufgabe zusammen. Er weiß, daß Seraphim und Cherubim nicht im Stande wären, das Leiden des Messias in all seiner Größe darzustellen; wie viel weniger ein Mensch, das Gebilde von Staub! Er fleht zu dem Erlöser selbst, daß er ihn in seiner Schwachheit stütze und leite; aber auch so wagt er nur „mit Einem weinenden Laute" die Passion des Herrn zu singen (V, 347 ff.; VII, 806; X, 1 ff. x.). Die religiöse Ehrfurcht vor dem Stoffe vereinigte sich mit der durchaus unplastischen Anlage des Dichters, um das Epos, das er den Deutschen liefern wollte, ganz und gar lyrisch zu gestalten.

Dazu eignete sich auch der Gegenstand, den er gewählt hatte, vortrefflich. Die Liebe Gottes, der durch sein Leiden und Sterben die sündige Welt erlöst, spricht eindringlich zu dem Gemüte desjenigen, der sich betrachtend in die Abgründe solcher Liebe versenkt. Der Dichter, welcher selbst aus empfindendem Herzen diese That der Gnade sang, mußte seine Hörer mächtig rühren, auch wenn er nicht der gewaltige Lyriker gewesen wäre, der Klopstock war. Es läßt sich billig bezweifeln, ob ein echtes Epos von dem Umfang der Messiade damals bedeutend auf das deutsche Volk gewirkt hätte. Ein derartiges Pseudoepos aber von eminent lyrischem Charakter, nach seinem innersten Wesen verwandt mit Händels gewalti-

gem, nur um sieben Jahre älterem Oratorium, mußte einen ungeahnten
Eindruck auf die Zeitgenossen machen. In totenähnliche Starrheit hatten
die Hofpoeten alles tiefere Gefühl gebannt. Nun war wie mit Einem
Schlage das Eis gebrochen, das dichterisch-menschliche Empfinden auf religiöser Grundlage neu belebt.

Mehr noch als die Gestalt des Heilandes dienten dazu die mannigfachen Nebenpersonen, die Klopstock um ihn schaarte. Hier hielt den
Dichter jene religiöse Scheu weniger von einer charakteristischen Zeichnung
zurück; hier konnte er auch nicht, wie bei dem Messias, die Wesenseinheit
göttlicher und menschlicher Natur beständig betonen: jene Nebenfiguren
sind daher mehr aus Einem Guß und treten deßhalb auch unserm menschlichen Interesse näher, obgleich sie nur zum Teil der Erde angehören, zum
Teil aber in Himmel und Hölle ihre Wohnsitze haben. Zwar bringt es
Klopstock trotz aller Mühe, die er sichtlich aufgewendet, nicht immer dahin,
die zahlreichen Engel durch eine wirkliche Charakteristik zu unterscheiden.
Dazu handeln diese „himmlischen Pflastertreter", wie Schlegel sie in seinen
Berliner Vorlesungen spöttisch nennt, durchweg zu wenig. Auch von Gott
Vater vermag uns der Dichter der Messiade kein Bild zu machen. Um den
Anthropomorphismus bei der Darstellung des Ewigen, Unendlichen und
Allgegenwärtigen zu vermeiden, verfällt Klopstock, der nicht, wie Dante, zu
mathematischen Symbolen seine Zuflucht nimmt, einer (gleichfalls von
Schlegel mit Recht gerügten) ungeheuern Formlosigkeit. Und ebenso
erscheint selbst seine Zeichnung der Menschen im 'Messias' oft verschwommen, oft verstößt sie mit ihren subjectiven Übertreibungen gegen die natürliche Wahrheit. Bisweilen aber weiß Klopstock hier auch durch einen einzigen Zug fein und scharf zu charakterisieren. So, wenn der Verräter
Judas stolz über die beifällige Aufnahme seines Anerbietens die Versammlung der jüdischen Ältesten verläßt. „Nur war ihm der Lohn zu geringe",
bemerkt der Dichter dazu (IV, 598). Weder die Evangelisten, noch die
ältern poetischen Bearbeiter der Passionsgeschichte betonen an dieser Stelle
die Habsucht Ischariots. Überhaupt ließ Klopstock sich die Darstellung
des Verräters sehr angelegen sein. Von Gesang zu Gesang und von Ausgabe zu Ausgabe bemühte er sich, seine Handlungsweise folgerichtiger und
wahrscheinlicher zu gestalten.

Weniger gelang ihm dieses Bestreben dem Pilatus gegenüber, dessen
Charakter sich schon in der Bibel aus so vielen verschiedenartigen Zügen
zusammensetzt, daß Lavater in ihm einen „Universal-Ecce-homo" oder

den „Menschen in allen Gestalten" erblicken konnte. Wenigstens vergaß
Klopstock, als er zuerst das sittliche Wesen des römischen Landpflegers
schilderte (VII, 65 ff.), eine seiner wichtigsten Eigenschaften, unmännliche
Furchtsamkeit. Erst am Schlusse des siebenten Gesangs holte er — wohl
zu spät — das Versäumnis nach. Jener anfänglichen, ungemein verdam-
menden Charakteristik widerspricht aber manches in dem Handeln des Pilatus, der edle Zorn, den in ihm wiederholt das Wüten des verblendeten
Volkes entfacht, seine immer wieder erneuten Versuche, die Tobenden zu
beschwichtigen und Jesus ihrem Haß zu entziehen. Sein Charakter ist
auch in Klopstocks Gedicht, wie in der Bibel, nicht sowohl böse von Natur
als vielmehr ohne jeden sittlichen Halt. Das ungerechte Urteil, das er
schließlich fällt, ist auch nach Klopstocks Darstellung nur eine Folge feiger
Schwäche; nicht aber sind, wie es in jener ersten Schilderung seines
Wesens deutlich ausgesprochen wird, seine Bemühungen für den unschuldig
Verklagten bloß die eitle Frucht kluger Verstellung.

Dem Manne, der das Todesurteil über den Messias spricht, gibt
Klopstock Portia, die schnell zum Glauben bekehrte und selbst himmlischer
Offenbarung gewürdigte Bewunderin des Herrn, zur Gattin. Keiner
seiner dichterischen Vorgänger hat daran gedacht, in dieser großartigen
Weise das einfache Motiv aus dem Evangelium Matthäi (XXVII, 19)
auszubeuten.

Überhaupt wirken die Charaktere in der Messiade vornehmlich durch
die Kunst des Contrastes, in den Klopstock wohlberechnend ziemlich regelmäßig die zusammengehörigen Personen setzt. Wie Pilatus und Portia
stehen sich Kaiphas und Hannas, Philo und Gamaliel, Abramelech und
Abbadona, in anderer Weise Joseph von Arimathäa und Nicodemus, die
Apostel unter einander, einzelne Engel, besonders Gabriel und der Todesengel Obaddon, gegenüber. Die entfernteren Jünger jedoch, die Frauen
im Gefolge Jesu und vollends die auferstandenen Frommen aus dem alten
Testament sind alle ziemlich gleichartig gehalten. Selbst den schon in der
Bibel (ev. Luc. X, 38 ff.) betonten Gegensatz zwischen Maria und Martha,
den Schwestern des Lazarus, ließ sich Klopstock beinahe ganz entgehn.
Freilich hatte er auch bei der geringen Rolle, welche Martha in seinem
Gedichte spielt, nur wenig Anlaß, ihn hervorzuheben.

Viele von diesen Nebenfiguren sind nach leisen Andeutungen der Bibel
von dem Dichter vollkommen neu geschaffen worden. Dem Historiker
flößen sie ein doppeltes Interesse ein; denn in dem Charakter, den ihnen

Klopstock aufgeprägt hat, bergen sich Bezüge auf das eigne Leben und
Wesen des Verfassers wie auf die geistigen Strömungen des Jahrhunderts,
und in der allgemeinen Teilnahme, die einzelne von diesen Gestalten fanden, zeigt sich offenkundig das Geistes- und Gemütsleben des Zeitalters.
So trägt Portia viele Merkmale einer edlen, nach reiner Humanität strebenden Aufklärung an sich. Auch der zwischen Glauben und Unglauben rin-
gende römische Hauptmann Cneus (XIII, 273 ff.), ja selbst der Jünger
Thomas bei seinen Zweifeln an der Auferstehung des Herrn (im vierzehnten Gesang) verrät einigen Hang zum Rationalismus im guten Sinn.
Dagegen tritt die niedrig-gemeine Seite einer flachen Aufklärung merklich
bei Kaiphas, dem Sadducäer hervor (besonders IV, 41 f.), während
Philo, der Pharisäer, als Vertreter der unduldsamen Orthodoxie erscheint[1]).
Andrerseits stattete Klopstock den Jünger Lebbäus, auch den Zebedäiden
Jacobus mit manchen Zügen seines eignen Charakters aus. Den Abschied
der sterbenden Cidli von ihrem Gatten Gedor (XV, 419—475) bildete er
dem letzten Gespräche nach, das er mit seiner Gemahlin Meta vor ihrem
Tode hatte. Namentlich aber steht die hoffnungslose Liebe des Lazarus
(an dessen Stelle später Semida, der Jüngling von Nain, trat) zu (einer
anderen) Cidli, der Tochter des Jairus, im innigsten Bezuge zu Klopstocks
eigner Herzensgeschichte.

Noch einmal verknüpft der Dichter einen Jünger und eine Jüngerin
Jesu gegenseitig durch zärtliche Bande, um unser persönliches Empfinden
für diese Nebenpersonen in höhere Bewegung zu setzen. Maria, die
Schwester des Lazarus, ist von heiliger Liebe zu Nathanael entzündet.
Eben so innig erwidert der Apostel die Neigung der frommen Dulderin, die
wenige Stunden nach dem Tode des Herrn selig entschlummert. Auch die
Liebe zwischen Semida und Cidli muß naturgemäß auf Erden unbefriedigt
bleiben; denn beide gehören, weil bereits vom Tod erstanden, nur mehr
halb der Erde an. Viel harmonischer löst sich ihr Schicksal, indem sie
vor der Himmelfahrt Christi auf Tabor gemeinsam der Erde entnommen
und verklärt werden (XV, 1543 ff.).

Aber wie sehr sich auch die Teilnahme der Zeitgenossen diesen
Liebespaaren zuwandte, keine Gestalt der Dichtung rührte sie doch so zum
Mitleid und erregte zugleich in ihrem Gewissen so viele religiöse und sitt-

---

[1]) Vgl. besonders in der Gegenrede des Nicodemus die Worte über die Religion IV, 450 ff.

liche Bedenken wie Abbiel Abbadona. Einst der Seraphim einer, ist er durch Satan zum Abfall von Gott mitverführt worden; doch in die Tiefen der Hölle gestürzt, bereut er verzweiflungsvoll seine Schuld, widersetzt sich dem Rate der Teufel, die den Untergang des Messias beschließen, flieht zur Erde und schaut dort in bußfertiger Zerknirschung das Leiden und den Triumph des Gottessohnes. Von Anfang an muß es Klopstock bei dieser Episode auf einen in der That lösenden Schluß abgesehen haben. Wenn die Ausnahmsstellung, die Abbadona unter den Satanen einnimmt, nicht völlig sinnlos sein sollte, konnte der Dichter ihn am Ende nicht in derselben reuevollen Verzweiflung fortleben lassen. Es blieben ihm nur zwei Möglichkeiten. Entweder mußte Gott den bußfertigen Teufel aus seiner Schöpfung ganz und gar vernichten, wie Abbadona wiederholt fleht, oder ihn zu Gnaden annehmen. Gleichwohl zweifelten und stritten die Leser der Messiade Jahrzehnte lang, ob Klopstock das Letztere geschehen lassen könne, ohne gegen die Lehren der Kirche zu verstoßen, und ob er den Reumütigen ewig verdammt lassen könne, ohne der sittlichen und künstlerischen Schönheit seines Werkes Eintrag zu thun. Klopstock wahrte sich inmitten aller Bestürmungen stets nach außen seine poetische Freiheit. Doch wuchs die Wahrscheinlichkeit, daß der gefallene Engel begnadigt werde, von Ausgabe zu Ausgabe (seit Georg Friedrich Meiers Kritik). Endlich ließ ihn der Dichter in einer großartigen Scene, die er vermutlich schon sehr früh ausgeführt hatte (XIX, 96 ff.), Gnade vor den Augen des Weltenrichters finden.

Gewiß war es ein poetisch fruchtbarer und glücklicher Gedanke, einen der gefallenen Engel in verzweifelnder Reue und in Sehnsucht nach dem ewig verlornen Heile darzustellen. Aber die Ausführung blieb, so sehr sie auch die gleichzeitigen Leser ergriff, unter der Größe der Idee. Der Vorwurf maßloser Breite, deren Folge nicht selten langweilige Eintönigkeit ist, kann auch den Klagen Abbadonas nicht erspart bleiben. Sogar zu äußeren Widersprüchen gibt diese Umständlichkeit des Dichters bisweilen Anlaß. In Gethsemane z. B. (V, 527 ff.) und dann wieder auf Golgatha (IX, 430 ff.) dauert es unsäglich lang, bis Abbadona sich über die Situation klar wird, gleich als habe er alles Vorausgehende vergessen, als habe er beim Ratschluß in der Hölle nicht gehört, daß der Messias sterben solle. So geht es Klopstock noch öfter. Auch das Motiv, Portia und die Mutter des Heilands zusammenzuführen (VII, 305 ff.), ist nur in der Erfindung großartig und wahrhaft dichterisch. Die Darstellung im einzelnen ist ganz unwahrscheinlich; was der Dichter thut, um das Verhalten der beiden

Frauen zu begründen, ist äußerst kümmerlich und ungenügend. Welche Mutter würde, nachdem ihr die tröstliche Zusage der mächtigen Römerin geworden, nicht ohne Aufenthalt zu ihrem Sohn eilen, um zu schauen, ob er die verheißene Freiheit auch wirklich erlangt habe, um den Befreiten sogleich in ihre Arme zu schließen? Statt dessen steigt Maria mit Portia in ihren Blumengarten herab, um mit ihr Gespräche über Gott, Erlösung und Jenseits, über heidnische und jüdisch-christliche Anschauung zu führen; freilich Gespräche von unzweifelhafter religiöser Tiefe und dichterischer Schönheit, so daß mehrere Verse daraus im vorigen Jahrhundert geradezu sprichwörtlich geworden sind.

Zahlreiche, an sich schöne, im Hinblick auf das Ganze jedoch weniger gelungene Episoden bald idyllischer, bald elegischer Art, meist pathetischer Natur und oft von tragischem Ernst erfüllt, wurden so durch jene Nebenpersonen in die Haupthandlung eingeflochten. Dadurch zumeist ward Klopstock in Stand gesetzt, eine Art von großer Bibelharmonie in seinem Gedichte darzubieten. In ähnlicher Weise hatten einst zwei Evangelienharmonien die christliche Poesie des deutschen Mittelalters eröffnet, der 'Heljand' eines altsächsischen Sängers und Otfrieds 'Krist'. Allein beide erzählten ausführlich die gesammte Geschichte des neuen Testamentes von der Verkündigung der Geburt Johannes' des Täufers an bis auf die Himmelfahrt Christi, der Dichter des 'Heljand' bei aller durch den Stoff und den religiösen Zweck seines Werkes bedingten Hinneigung zum Lehrhaften doch im wahren Geiste des Volksepos, Otfried von Weißenburg mehr als lyrischer Poet und moralisierender Prediger, dem die mystisch-allegorische Deutung der Geschichte Hauptzweck ist. Wesentlich verschieden ist Klopstocks Darstellung von der des 'Heljand', die in ihrer epischen Kraft und Fülle eher der Darstellung Miltons verwandt erscheint. Gleichartiger ist Klopstocks dichterische Anlage der des Mönches von Weißenburg, den er an künstlerischer Begabung allerdings übertrifft. Auch er ist mehr Lyriker als Epiker, auch er setzt sich über die poetische Schönheit hinaus die sittliche zum Ziel, hierin ein treuer Schüler der Schweizer, die für die Epopöe, das Drama und die Satire ausdrücklich vorgeschrieben hatten, daß diese Dichtungsgattungen nicht das bloße Ergötzen, sondern die Besserung des Willens zum Zwecke haben sollten[1]). Und so flicht denn auch

[1]) Breitinger, kritische Dichtkunst, I, 104 f. Der Zweck des Epos wird daselbst noch besonders dahin bestimmt: „Das epische oder heroische Gedichte ist eine

Klopstock ohne Scheu unverblümt lehrende Stellen mehrfach in sein Werk ein. Bald kleidet er sie noch in eine halbwegs epische Form (so z. B. im allgemeinen die Schilderung der Frommen, welche in der Todesstunde Christi geboren werden, X, 232 ff., und öfter); bald aber spricht er seine Lehren und Betrachtungen gleich Otfried, nur kürzer als er, geradezu und unverschleiert aus (z. B. X, 333, 355 ff., 412 ff. ꝛc.). Jedoch auch von Otfried unterscheidet sich Klopstock durch den engen Zeitraum, den er in seiner Messiade umspannt: er schildert nur die letzte Woche vor dem Tode Christi und die Tage seines verklärten Erdenwandels.

Allein auch hier zeigt sich wieder, wie wenig es dem Dichter auf anschauliche Klarheit und Übersichtlichkeit seiner Darstellung ankommt. Es wäre vergebliche Mühe, die Ereignisse der Messiade nach den einzelnen Tagen, an welchen sie stattfanden, einteilen zu wollen. Die Vorgänge des dritten Gesangs können, so bald man den Zusammenhang mit dem vierten, der am Donnerstag spielt, in's Auge faßt, nur auf den Mittwoch fallen. In der That deutet auch ein Vers (III, 99) darauf, daß wir sie uns am Mittwoch Abend zu denken haben¹). Die vorausgehenden Gesänge hingegen, namentlich der Anfang des zweiten, und selbst noch der Beginn des dritten (III, 19) weisen ziemlich bestimmt auf den Montag. Und endlich scheint III, 348 es außer allen Zweifel zu setzen, daß weder Montag noch Mittwoch, sondern Dienstag gemeint sei. Auch II, 887 unterstützt diese Annahme. Deutlicher gliedert sich die Handlung des vierten Gesangs vom Morgen zum Mittag (IV, 224 f.) und von da zum Abend. Auch bei der Gefangennahme, dem Verhör und der Kreuzigung des Heilands ist auf den Wechsel der Tageszeiten mehr Rücksicht genommen. Mit der zweiten Hälfte des Werkes beginnt aber gleich wieder die Verwirrung. Gesang XI und XII fallen am wahrscheinlichsten noch auf den Abend des Karfreitags. Der dreizehnte Gesang führt uns unmittelbar zum Morgen des Ostersonntags. Kein Wort erfahren wir über den dazwischen liegenden Samstag. Es ist, als ob die Nacht nach dem Freitag unmittelbar bis zum Morgen des Sonntags herüberreiche. Nur später wird vorübergehend an nebensächlicher Stelle erwähnt, daß zwei Mitternächte zwischen dem Tod und

---

Schule für den Leser, wo er zu hohen, tugendhaften und großmütigen Unternehmungen aufgeweckt und vorbereitet wird, und die epische Fabel hat allezeit eine nützliche Hauptlehre in sich."

¹) Vgl. auch III, 694 am Donnerstag früh, nachdem der Heiland vom letzten Schlummer erwacht ist.

der Auferstehung Christi liegen (XIII, 898). Bei den Ereignissen von der Auferstehung bis zur Himmelfahrt ist vollends von einer bestimmten Zeit kaum mehr die Rede. Die einzelnen Vorgänge nach Tagen abzuteilen, ist hier geradezu unmöglich. Ja, wir erfahren nicht einmal, wie viel Tage oder Wochen der Auferstandene noch auf Erden weilt.

Das Gedicht beginnt mit dem Abend nach dem Einzug Jesu in Jerusalem. In feierlichem Gebet auf dem Ölberg erklärt sich der Messias noch einmal bereit, die Menschen zu erlösen, und empfängt von Gott Vater das Versprechen, daß er die Sünde vergeben werde. Gabriel, der Engel, der dem Heiland zum Dienst auf Erden bestimmt ist, trägt ein Gebet des Sohnes zum Vater empor. Den versammelten seligen Geistern wird das Nahen des großen Opfertages kund gemacht.

Wie uns der erste Gesang auf zu den himmlischen Regionen leitet, so der zweite nieder zur Hölle. Dorthin muß Satan vor dem Machtgebote Christi, das die Besessenen heilt, entfliehen. Dort ruft er seine Dämonen zusammen; sie beschließen den Tod des Messias. Vergebens widersetzt sich Abbadona. Er verläßt die Hölle, sucht voll Verzweiflung umsonst im Weltall sich zu vernichten und kommt endlich zur Erde, wo er zerknirscht ein Zeuge von dem Leiden des Gottmenschen wird. Eben dahin gelangen Satan und Abramelech, aber in triumphierendem Trotze, den Geist voll schwarzer Entwürfe.

Indessen haben die Leiden der Erlösung in der Seele des Messias begonnen. Ihn suchen die Jünger um den Ölberg. Ihre Schutzengel begleiten sie und schildern ihre Charaktere der Reihe nach. Satan flößt dem Judas Ischariot im Traum den Gedanken des Verrates ein.

Reicher an bewegter Handlung ist der vierte Gesang, in drei Abschnitte gegliedert. Auch Kaiphas hat einen Traum von Satan. In stürmischer Sitzung des hohen Rates wird trotz Gamaliels Warnung, trotz des Nicodemus feuriger Verteidigung der Tod des Messias beschlossen; Judas bietet seine Hand zum Verrat. Christus, der sich wieder zu seinen Jüngern begeben, entsendet Petrus und Johannes, das letzte Abendmahl zu bestellen. Ihnen begegnet Maria, die Mutter des Herrn, mit Lazarus, seiner Schwester Maria, Semida und Cidli. Wie in der Versammlung des Synedriums pathetische Reden voll glühender Leidenschaft, so wechseln jetzt innige Gespräche der Liebe voll sanfter Wehmut. Das letzte Abendmahl des Herrn und sein Aufbruch nach Gethsemane schließt den vierten Gesang.

Den fünften liebte Klopstock besonders. Nicht mit Unrecht: er ist neben den beiden folgenden Gesängen, vornehmlich dem siebenten, der schönste, an

Handlung reichste des ganzen Gedichts. Er schildert das Gericht Jehovahs
über den Messias. Langsam durch die Himmel, vorbei an seligen Geistern
und an Sternen, auf denen nie gefallene Menschen wohnen, steigt Gott auf
Tabor herab. Alle Sünden vom Anfang der Schöpfung ziehen vor seinem
Geist vorüber. Im einsamen Gebet beugt sich der Heiland unter der Last
aller Schuld des Menschengeschlechts vor dem göttlichen Richter. Sinnlos
bleibt Abramelech: der Spott erstirbt ihm auf der Lippe. Scheu entflieht
Abbadona. Alle Engel wenden sich weg außer Gabriel und Eloa, dessen
Hymnus von der künftigen Herrlichkeit den Leidenden tröstet. Aber die
Himmel besingen feierlich die drei Stunden des großen Sabbats. Gott
kehrt auf seinen Thron zurück.

Die Gefangennahme Jesu und sein Verhör vor Hannas und Kaiphas
stellt der sechste, das Verhör vor Pilatus und Herodes bis zur Verurteilung
der siebente Gesang dar. Bedeutend ist der Charakter Portias, der Gemahlin des Pilatus, herausgehoben. Das Verlangen, den großen Propheten zu sehen, treibt sie in den Palast des Hohenpriesters; zu ihr nimmt darauf Maria ihre Zuflucht und erbittet ihre Fürsprache bei Pilatus. Hannas
und Kaiphas sind in Gegensatz zu einander gestellt. Hannas bewundert
die bescheidene Hoheit Christi; ihn zu sehen, entreißt sich der Greis dem
Schlummer der Nacht; aber Kaiphas, der wütende Feind des Messias, ist
sein Richter. Ihm steht Philo zur Seite und übertrifft ihn an Haß und
Bosheit, wie Abramelech den Satan. Ischariot, der mit Entsetzen die ungeahnten Folgen seiner That erkennt, erhängt sich.

Die drei folgenden Gesänge schildern die Kreuzigung. Klopstock fühlte,
daß bei diesem Höhepunkt des Gedichts alle Personen desselben in leb-
haftester Bewegung sein müssen, und vereinigte sie daher alle um das Kreuz,
an dem der Messias leidet. Aber fast nirgends bringt er es auch hier zu einer
wirklichen Handlung — am fühlbarsten ist dieser Mangel im zehnten Gesang; schließlich bleibt alles nur Empfindungen, Gedanken und Reden.
So werden die Engel, die Seelen der entschlafenen Stammväter Jesu und
die Seelen der zukünftigen Menschen um das Kreuz versammelt, das die
Todesengel umschweben. Nah oder fern irren die Jünger Jesu um dasselbe. Ischariots Seele wird von dem Todesengel herzugeführt, bevor sie
in die Hölle gestürzt wird. Abbadona darf an der heiligen Stätte weilen;
doch entweicht er scheu vor dem Anblick seiner ehemaligen himmlischen Gespielen. Satan und Abramelech hingegen werden in das tote Meer verstoßen und empfinden auch dort noch das Gericht Gottes. Erde und Him-

mel und alle Geschöpfe darin sind im Aufruhr. Christus aber duldet alle
Leiden des Erlösungstodes. Zugleich tröstet er die Menschen, die am Fuß
seines Kreuzes stehn, und die Seelen der Väter, die in ernster Wehmut ihn
anbeten. Endlich tritt, von dem Gekreuzigten selbst erst gestärkt, der Todesengel zu ihm heran. Der Sohn Gottes stirbt.

Die zweite Hälfte des Gedichtes zeigt uns nicht mehr den leidenden,
sondern den triumphierenden Messias. Die Herrlichkeit des Sohnes schwebt
von Golgatha in das Allerheiligste des Tempels, wo sich geheimnisvolle
Gespräche mit Gott Vater über die Vollendung der Erlösung anheben. Auf
Gabriels Befehl begeben sich die Seelen der entschlafenen Frommen zu
ihren Gräbern. Der Messias erweckt sie vom Tode. In ihren Jubel-
gesprächen oder in den Worten, mit denen der Dichter die einzelnen Auferstandenen schildert, zieht das ganze alte Testament an uns vorüber. Wir
erhalten so im elften Gesang ein lyrisch vermitteltes Bild des gesammten
biblischen Lebens, welches die Vorgeschichte der Erlösung ausmacht. Aber
dieses Bild langweilt und ermüdet den Leser. Denn dieser muß mit dem
alten Testament außergewöhnlich vertraut sein, wenn er alle Anspielungen
Klopstocks verstehen soll. Ist dies aber der Fall, so bietet ihm die dichterische Darstellung wenig oder nichts Neues und Anlockendes. Denn nun
werden ihm bloß zahlreiche einzelne Episoden, die ihm altbekannt sind, in
oberflächlichen Umrissen vorgezeichnet, ohne daß auch nur einmal das Gemälde breiter ausgeführt würde. Dazu bleibt die Art der Einkleidung bei
den allermeisten Episoden die gleiche. Im fünfzehnten Gesang, wo etwas
Ähnliches stattfindet, hat Klopstock wenigstens hie und da zu individualisieren und in der Form abzuwechseln gesucht.

Das zwölfte Buch führt uns wieder zu den Sterblichen zurück. Der
Leichnam des Herrn wird begraben. Seine Mutter und seine Jünger beklagen ihn. Maria, die Schwester des Lazarus, stirbt.

Noch einmal versammelt nun Klopstock Engel und Auferstandene zu
einer großen Scene, dem Gegenbild der Kreuzigung, am Grabe des Heilands,
mit ihnen wieder Abbadona und Satan, auf den von nun an immer neue
Qualen sich wälzen. Unter Triumphgesängen steht der Messias vom Tode
auf. Aber auch über seine Feinde unter den Menschen kommt jetzt die Strafe.
Die Priester erfüllt das leere Grab mit Schrecken; in der Wut der Verzweiflung stößt Philo sich das Schwert in die Brust.

Erscheinungen bilden zum größeren Teil den Inhalt der nächsten vier
Gesänge, Erscheinungen des verklärten Erlösers vor den trauernden Frauen

und Jüngern und Erscheinungen der vom Tod erweckten Frommen des alten
Bundes vor denen, die bereits erklärte Anhänger des Gekreuzigten oder
von Gott zu künftigen Christen auserkoren sind. Auf Tabor offenbart sich
Christus den Engeln und Auferstandenen als Herrscher der Welt und hält
über die Seelen der Menschen, die vor kurzem verstorben sind, das erste
Gericht. Zur Hölle steigt er hinunter, die Niederlage Satans und seiner
Genossen zu vollenden. Er sucht die Geister im Gefängnis heim, die
Seelen derer, die in der Sündflut umgekommen, und führt die Auserwählten
zur Seligkeit.

Allein wie Klopstock den Blick zurück in das alte Testament gewandt
hatte, so fühlte er auch das Bedürfnis, die letzte Entwicklung der Heilsgeschichte wenigstens in andeutenden Bildern seinem Gedicht einzuverleiben.
Diesem Zweck diente neben einigen Abschnitten des fünfzehnten Gesangs
insbesondere das achtzehnte und ein Teil des neunzehnten Buchs der
Messiade. Adam bittet den Erlöser, ihm einige Folgen der Versöhnung zu
zeigen. Der Herr offenbart ihm in einem Gesicht etwas von den Ereignissen des jüngsten Tages, meist allgemeine Scenen, welche das Gericht
über ganze Klassen von Menschen schildern. Als Darstellung eines einzelnen
Falles hebt sich fast nur Abbadonas Begnadigung aus ihnen hervor.
Sonst ist das Gericht gemeinhin unerbittlich streng; das Urteil lautet in
den meisten Fällen verdammend. Zwar auch Verbrechen gegen das allgemeine, bürgerliche Sittengesetz, vorzugsweise aber religiöse Fehler werden
bestraft. Die Verurteilten sind Ketzerrichter, Gotteslästerer, Unterdrücker
der Rechtschaffenen, Stifter des Götzendienstes, böse Könige, selbstgenügsame Halbfromme, laue Christen und andere dergleichen. Der Richter
entscheidet bisweilen sogar nach beschränkt protestantischen Anschauungen.
Mit dem Aufsteigen der Seligen zum Himmel und der Verwandlung der
Erde endigt Adams Vision.

Noch bringt das neunzehnte Buch einige Erscheinungen Christi und
seinen Abschied von den Jüngern. Die Auffahrt durch die verschiedenen
Bezirke des Himmels zur Rechten des Vaters, die von den Jubelchören
der Engel und Auferstandnen begleitet wird, schildert der letzte Gesang.

Um seinen Stoff symmetrisch zu gliedern, stellte Klopstock die stufen-
weise aufsteigende Erhöhung des Messias in eben so vielen Gesängen dar
als vorher die Passion. Für den Epiker war dies ein entschiedener Mißgriff. Denn die Geschichte des verklärten Erdenwandels Christi enthält
für unsere menschliche Betrachtung noch viel weniger Handlung als die

seiner Erniedrigung. Um zehn umfangreiche Gesänge seines Epos damit zu füllen, mußte Klopstock zu allerlei Aushilfsmitteln greifen. So fügte er jene massenhaften Visionen, jene Ausblicke in die Vergangenheit und Zukunft des Reiches Gottes ein. Die noch auf der Erde lebenden Menschen traten dabei freilich zurück. Damit hieng es zusammen, daß Klopstock auch das menschliche Interesse des Lesers in dieser zweiten Hälfte des Gedichts nicht mehr wie früher zu fesseln vermochte. Besonders der elfte bis fünfzehnte Gesang bildet den mattesten Teil des gesammten Werkes. Nur etwa die Scene der Auferstehung Christi selbst trifft dieser Tadel nicht. Die folgenden Gesänge sind wieder um ein gutes Stück frischer gehalten. Namentlich verraten mehrere Abschnitte des Weltgerichts auch durch den Ton der Darstellung, daß sie frühzeitig entstanden sind. Dagegen vermochten im zwanzigsten Gesang alle äußeren poetischen und rhetorischen Kunstmittel über den innern Mangel an dichterischer Phantasie und Empfindung nicht immer hinwegzutäuschen. Wenig half es dem Verfasser, daß er in der zweiten Hälfte der Messiade überhaupt im einzelnen weit geschäftiger war, seinem Werke Leben und rege Bewegung mitzuteilen, als bei der ersten Hälfte, wo die Aufgabe für ihn leichter gewesen wäre. Denn schließlich blieb ihm dabei doch weiter nichts übrig, als dieselben Motive immer wieder bis zur Ermüdung des Lesers zu wiederholen. Die Empfindungen, welche die Engel oder die verklärten Seligen aussprechen, die Formen, unter denen sie den Menschen erscheinen, sind bis auf unscheinbare Nebendinge dieselben. Noch ähnlicher sehen die Klagen der Jünger, die zuerst an die Auferstehung des Herrn nicht glauben können, des Petrus und namentlich des Thomas, jenen Ergüssen wehmütigen oder verzweifelnden Schmerzes, welchen sich Lebbäus, Semida, Cidli, Abbadona und andere in der ersten Hälfte der Messiade hingeben.

Der Charakter der Darstellung bleibt durch das ganze Gedicht der gleiche. Äußere Vorgänge werden durch Reden, Gesänge oder Zwiegespräche ersetzt. Letztere treten oft auch äußerlich ganz aus dem epischen Rahmen heraus. Die redenden Personen werden nicht in einem Verse, der die Rede einleitet oder abschließt, genannt, sondern, wie beim dramatischen Dialog, durch bloße Anführung ihres Namens außerhalb des Verses angedeutet. Zuerst hatte Klopstock nur sehr selten es gewagt, solche unepische Dialoge in die Erzählung einzuflechten (VI, 498 ff.; X, 456 ff., 486 ff.). Aber vermutlich verleitete ihn der Beifall, den diese ersten Versuche bei seinen Freunden fanden, dazu, solche halbdramatische Duette vom elften

Gesang an außerordentlich zu häufen[1]). In der zweiten Hälfte des 'Messias' blieben nur der achtzehnte und der zwanzigste Gesang völlig davon frei.

Die Einheit im Ton des ganzen Gedichts erklärt sich aus der frühen Entstehung und raschen Vollendung des Entwurfs. War der Plan der Messiade doch auf der Schulpforte fast fertig geworden. Auch die Einteilung in zwanzig Gesänge wurde schon frühzeitig getroffen, spätestens während Klopstocks Aufenthalt in der Schweiz. Am 7. November 1748 hatte Bodmer an Zellweger geschrieben, das Werk werde wohl fünfzehn Bücher betragen. Am 5. September 1750 sprach er bereits von zwanzig Gesängen. Und in den 'Monatlichen Nachrichten einiger Merkwürdigkeiten in Zürich gesammlet und herausgegeben' wurde sogar schon öffentlich im Februar 1751 mitgeteilt, der Dichter habe eine Pension von dem König von Dänemark erhalten, „zu dem Ende, daß er diese seine Arbeit, von welcher drei Gesänger im Druck, siebenzehn aber noch zu erwarten sind, desto ungehinderter fortsetzen möchte".

Wohl nahm Klopstock im Verlauf der Jahre Änderungen an dem ursprünglichen Entwurfe vor und zwar Änderungen, die nicht immer zum Vorteil des epischen Charakters der Dichtung ausfielen; sie betrafen aber stets nur einzelne Abschnitte und Scenen. Der Geist des Ganzen war durch die drei ersten Gesänge endgültig bestimmt und wurde durch die Art, wie Klopstock arbeitete, gleichmäßig allen Teilen des Werkes, den letzten wie den früheren, eingehaucht. Nicht planmäßig hinter einander ward Gesang für Gesang ausgeführt; sondern losgerissene Fragmente aus den verschiedensten Teilen des Werkes wurden zunächst gedichtet und niedergeschrieben. Oft änderte Klopstock dieselben noch im Manuscript mehrfach ab. Erst lange nachher, wenn es galt, die Arbeit zur Herausgabe fertig zu machen, verfaßte er gewöhnlich die verbindenden Zwischenstellen zwischen den anfänglichen Bruchstücken. Namentlich in der ersten jugendlichen Begeisterung, nachdem der Plan vollendet und der Hexameter gefunden war, dichtete er fast zugleich an allen Gesängen. Aber auch später, als der Reiz des neuen Versuchs längst abgestumpft war, behielt er dieses Verfahren bei. Bereits 1764 waren Fragmente aus dem zwanzigsten Gesang in einem nur für Freunde bestimmten Abdruck erschienen, während nach

---

[1]) Vgl. Hamel, Klopstockstudien, III, 12 f.

einer brieflichen Äußerung des Dichters an eine Freundin der sechzehnte Gesang erst im Herbst 1767 begonnen wurde.

Zum Teil war dieses planlose Aufgreifen und Abbrechen der Arbeit auch schuld daran, daß der Druck so langsam fortschritt. Selbst nach der glänzenden Aufnahme, welche die ersten Gesänge gefunden hatten, entschloß sich Klopstock nicht dazu, die Fortsetzung zu beschleunigen. Anfangs wollte er zwar schon zur Michaelismesse 1749 damit vor das Publicum treten. Aber erst zu Ostern 1751 erschien in mehreren Drucken der erste Band des 'Messias' zu Halle bei Karl Hermann Hemmerde. Zu den drei ersten Gesängen, deren Text jetzt schon manchfach verbessert war, trat der vierte und fünfte als neue Gabe der Klopstockischen Muse. Schon Anfangs 1749 hatte Hemmerde mit Bewilligung Saurmanns, des Verlegers der 'Bremer Beiträge', die drei ersten Gesänge in einem Sonderabdruck herausgegeben, und Klopstock hatte nachträglich den Nachdruck, wie sehr er auch durch Druckfehler entstellt war, anerkannt. Auf die Empfehlung des hallischen Professors der Philosophie Georg Friedrich Meier, der jenen Nachdruck besorgt hatte, überließ der Dichter nun auch die neue Ausgabe von 1751 an Hemmerde, obwohl ihn andere Freunde vor diesem Buchhändler warnten. Trotz manchfacher Reibereien blieb Klopstock fast ein Vierteljahrhundert lang seinem Verleger treu, und so erschien nach und nach der ganze 'Messias' bei Hemmerde. Selbst, wo andere Rücksichten den Dichter bestimmten, die neuen Gesänge seines Epos zuerst in Kopenhagen an's Licht treten zu lassen, bekam der hallische Buchhändler das Recht, sofort einen selbständigen Abbruck davon zu veranstalten. Klopstock teilte ihm zu diesem Zweck mitunter sogar seine Handschriften mit. So kamen seit dem Ende des Jahres 1755 zu Kopenhagen in zwei stattlichen Quartbänden unter des Verfassers eigner Aufsicht die zehn ersten Gesänge der Messiade heraus, Gesang I bis V durchgängig umgearbeitet; 1768 folgte nach langer Pause ein dritter Band mit weiteren fünf Gesängen. Die hallischen Ausgaben (des zweiten Bandes 1756, des ersten 1760, des dritten 1769) schlossen sich unmittelbar daran. Endlich ward im Frühjahr 1773 durch einen vierten Band, der nur in Halle erschien, der Druck des Gedichtes abgeschlossen. Allein Klopstock konnte sich im Feilen nie genug thun. Schon bevor die erste Ausgabe vollendet war, dachte er an eine neue verbesserte. 1780 (richtiger 1781) kam diese zu Altona in drei verschiednen Drucken heraus. Sie sollte ursprünglich eine Ausgabe letzter Hand werden. Klopstock versicherte in der Ankündigung derselben sogar, er werde

später nichts mehr an dem Gedicht ändern. Doch unterzog er es noch-
mals einer sorgfältigen Durchsicht, die zu manchen Besserungen führte,
bevor er es (seit 1798) als dritten bis sechsten Band der Sammlung seiner
Werke einreihte.

Als die letzten Gesänge und vollends die späteren Gesammtausgaben
der Messiade im Druck erschienen, war die literarische Entwicklung Deutschlands seit 1748 mächtig fortgeschritten. Die Kämpfe zwischen den
Zürichern und Leipzigern, aus denen die ersten Gesänge des Epos hervorwuchsen, waren längst vergessen; die schweizerische Kunstlehre, unter
deren Einflüssen sich Klopstock gebildet hatte, war durch Lessings und Herders kritische Arbeiten weit überholt; die Bewegung des Sturms und
Drangs hatte begonnen; Milton, Young und Richardson, die Vorbilder
jener früheren Generation, waren durch Shakespeare verdrängt; die
Teilnahme des deutschen Publicums hatte sich vom Epos zum Drama
gewandt.

Auch an Klopstock war die Zeit nicht spurlos vorübergegangen, wie
andere Schriften von ihm aus jenen Jahren beweisen. Namentlich aber
hatte sich sein menschlich-sittlicher Charakter einigermaßen gewandelt. In
seiner religiösen Grundanschauung war er duldsamer geworden. Eifriger
als je in seiner Jugend vertrat er jetzt die Lehre, daß die Höllenstrafen
nicht ewig seien, daß alle Sünder am Schluß der Zeiten durch die göttliche Gnade erlöst werden sollten. Dagegen war er nun in der Darstellung
einzelner Vorgänge, in der Wahl des Ausdrucks viel ängstlicher, sobald
religiöse Fragen in Betracht kamen. Aber während er früher manchen
schönen Vers geopfert hatte, um nicht seine katholischen Leser durch einen
noch so leidenschaftslos ausgesprochenen antikatholischen Gedanken zu verletzen, glaubte er jetzt diese scheue Vorsicht ablegen zu dürfen, und wenigstens
Eine vorher unterdrückte Stelle jener Art (XVIII, 655—706) nahm er in
die letzte Ausgabe des Gedichtes auf. Die Begeisterung für die Engländer,
die ihn früher beseelte, war mehr und mehr gewichen. Von ihrer Literatur
kannte er nun unverhältnismäßig mehr als damals, wo er nur durch
Übersetzungen zu einzelnen Schriften derselben gelangt war; aber bloß
wenige Autoren, und nicht immer die bedeutendsten, fanden seinen ganzen
Beifall. Schon die englische Sprache mit ihrem aus germanischen und
romanischen Bestandteilen gemischten Wörterschatz war ihm später ein
Greuel. In dem Freiheitskrieg der americanischen Kolonien gegen England ergriff er leidenschaftlich Partei für die Aufständischen. Vor allem

aber reizte die Anglomanie, die in der deutſchen Literatur der ſechziger und ſiebziger Jahre herrſchte, ſeinen vaterländiſchen Ingrimm. Sie flößte ihm geradezu perſönlichen Haß wider die reichen und ſtolzen, aber gegen fremdes Verdienſt nicht gerechten Engländer ein.

Von dieſer Entwicklung des Menſchen Klopſtock verraten die letzten Geſänge ſeines Epos äußerſt wenig. Die Wandlung in ſeinen religiöſen Anſichten läßt ſich auch durch die ſpätern Ausgaben der Meſſiade ver- folgen; daß ſich aber zum Teil ebenſo ſeine äſthetiſche Auffaſſung ver- änderte, iſt nirgends in ihnen wahrzunehmen. Denn nur die Autoren, von denen bereits der Jüngling tiefe Eindrücke empfieng, konnten auf ſein Werk dauernd einwirken; nicht aber die, deren Schriften ihm erſt in reiferen Jahren erſchloſſen wurden. Das verwehrte der frühzeitig bis in das Kleinſte beſtimmte Entwurf und die zum Teil ſchon begonnene Aus- führung desſelben. Jene Autoren aber, die in ſachlicher oder formaler Hinſicht auf die Dichtung der Meſſiade Einfluß hatten, waren nur wenige.

Die Geſchichte der Erlöſung war ja ſchon oft vor Klopſtock in lateiniſcher und deutſcher Sprache, in epiſcher, lyriſcher oder drama- tiſcher Form behandelt worden. Namentlich ſeit dem Anfang des vorigen Jahrhunderts zog es die deutſchen Dichter immer wieder auf's neue zur Feier der Heilsthaten hin. Selbſt Leibniz dachte an ein großes Epos 'Uranias' nach Virgiliſchem Zuſchnitt, in welchem unter anderm der Fall und die Erlöſung der Menſchen in mehreren Geſängen dargeſtellt werden ſollte. Zunächſt bemächtigten ſich zahlreiche Verfaſſer von gereimten Oden, allegoriſch-didaktiſchen Gedichten und hauptſächlich von Cantaten des heiligen Stoffes und umſchrieben den Text der Evangelien bald in der Weiſe der zweiten ſchleſiſchen Schule, bald nach der Art ihrer platteſten Gegner. Sie alle konnten Klopſtock nichts geben; er verachtete dieſe Reimer ſchon frühzeitig zu ſehr, als daß er ſich um ſie gekümmert hätte. Unter den jüngſten Verſuchen der Art kam ein Alexandrinergedicht in vier Geſängen, 'Der Heiland' betitelt und von einem ungenannten Schul- mann in Schleſien verfaßt, dem Begriffe des Epos verhältnismäßig noch am nächſten. Es wurde 1747 im ſechſten Stücke der von Chriſtlob Mylius herausgegebenen 'Ermunterungen zum Vergnügen des Gemüts' gedruckt. Auch die Sprache des Gedichts, nüchtern und kahl, ſank wenigſtens nicht in's Niedrige oder gar Unwürdige herab. Aber weiter als zu einer dürftigen erbaulichen Umſchreibung der Evangelien brachte es auch der „ſehr geſchickte und gelehrte“ Schleſier nicht. Für Klopſtocks Werk hätte

nur der Inhalt des vierten Gesangs allenfalls einige Bedeutung gewinnen
können, wenn die ganze Arbeit nicht zu spät für seinen Entwurf erschienen wäre.

Ob der jugendliche Dichter von den lateinischen Poeten des sechzehnten und siebzehnten Jahrhunderts, welche Christi Leiden und Sterben
besangen, etwas wußte, ist zweifelhaft. Die Ähnlichkeit, welche vielleicht
zwischen ihren Werken und der Messiade besteht, kann fast immer aus der
Wahl des gleichen Stoffes und aus der Benützung der nämlichen biblischen
Quellen erklärt werden. Am ersten noch etwas näher verwandt scheint
Klopstocks Gedicht der 'Christias' des Marcus Hieronymus Vida zu
sein. Vida war der Verfasser einer Poetik, die in ihren letzten Folgen
noch immer fortwirkte. Seinen Namen und sein Verdienst lernte Klopstock
ohne Zweifel schon in Schulpforta oder frühzeitig auf der Universität
kennen. Warum sollte er damals nicht auch sein episches Gedicht gelesen
haben? Überdies hatte es noch Pyra 1737 im 'Tempel der wahren Dichtkunst' unmittelbar neben das 'Verlorne Paradies' gestellt. Einzelne Anklänge an die 'Christias' finden sich wenigstens bei Klopstock. So ist schon
bei Vida (Buch II, Seite 39 der Ausgabe von Lyon 1536) die Schaar
der höllischen Geister geschäftig, die Priester und Ältesten der Juden zum
Haß gegen den Heiland aufzustacheln, unter anderm auch durch Träume
(vgl. Messias III, 679 ff.; IV, 1, 60 ff.). Im Rate der jüdischen
Obersten verteidigt schon hier (Buch II, S. 44), wie bei Klopstock, Nicodemus den Herrn. Er wird von den Wütenden aus der Versammlung
gestoßen. Erst nachdem er sich entfernt hat, kommt Judas, sich zum Verrat
bereit zu erklären (Buch II, S. 47; ebenso Messias IV, 586). Wie
Klopstock die Mutter des Erlösers mit der Gemahlin des Pilatus zusam-
menführt, so sucht bei Vida Christi Pflegevater Joseph nebst dem Lieblingsjünger Johannes den römischen Landpfleger selbst auf, um für den
fälschlich Angeschuldigten um Gnade zu bitten (Buch III, S. 76 ff.). Ehe
es zum zweiten Verhör vor Pilatus und zur schließlichen Verurteilung des
Heilands kommt, bekennt Vida (Buch V, S. 156) — was Klopstock sonst
so oft und auch ziemlich an derselben Stelle (Messias VII, 818 ff.) mit
ähnlichen Worten thut — seine Ohnmacht dem heiligen Stoff gegenüber
und wendet sich im Gebet um Stärkung nach oben. Endlich versammeln
sich auch bei Vida über dem Kreuz die himmlischen Heerschaaren (Buch V,
S. 165 ff.). Aber sie beten nicht, wie bei Klopstock, in müßiger Bewunderung den Messias an; sondern in höchster Erregung wollen sie auf die

sündige Erbe herabstürzen, dem Gekreuzigten zu Hilfe. Da gebeut Gott
Ruhe und verkündigt den Unwissenden seinen von Ewigkeit her gefaßten
Ratschluß. Und wie hier, so hat Biba auch früher, wo er, äußerlich betrachtet, das Gleiche vorträgt wie Klopstock, überall auf bewegte Handlung
und epische Darstellung viel mehr Sorgfalt verwendet als der deutsche
Dichter. Nicodemus spricht bei ihm ganz anders wie bei Klopstock; Joseph
und Johannes ergehn sich nicht mit Pilatus in allgemeinen Betrachtungen
über das Wesen der Gottheit, sondern berichten ihm ausführlich über die
Geburt Christi und über seinen Wandel im jüdischen Lande. Biba faßt
sich überall in weniger Worte, läßt einzelne Episoden, wie das Verhör vor
Hannas, ganz weg, versäumt hingegen nicht, die Fußwaschung und die
Verleugnung Petri klar und ohne Umschweife zu erzählen. Wie fast
überall durch seine epische Auffassung, so unterscheidet er sich auch oft
durch den Inhalt seiner Darstellung von Klopstock. In dem, was beide
gemeinsam haben, könnte am Ende auch nur ein Spiel des Zufalls
vorliegen.

Jedenfalls zufälliger Art sind die spärlichen Ähnlichkeiten, welche die
Messiade mit den älteren deutschen Passionsspielen aufweist. Auch
in mehreren von diesen[1]) tritt Nicodemus im Rate der Juden dem Ansinnen,
den Heiland zu töten, entgegen. Desgleichen werfen schon in einigen dieser
Spiele Ankläger oder falsche Zeugen dem Herrn vor, daß er die Tische der
Wechsler und Verkäufer im Tempel umgestoßen[2]). Aber damit sind die
übereinstimmenden Motive, welche nicht geradezu der Bibel entnommen
sind, so ziemlich erschöpft. In vielen andern Fällen offenbart sich der
äußerste Gegensatz zwischen Klopstock und den Passionsspielen. Hannas
z. B. schnaubt in diesen gemeinhin nicht minder Wut als Kaiphas; die Bot-
schaft, welche Pilatus um des Messias willen von seiner Gemahlin empfängt,
gilt den mittelalterlichen Verfassern als eine That des Teufels, der den
Erlösungstod noch im letzten Augenblick vereiteln möchte; und dergleichen
mehr. Woher sollte auch Klopstock jene alten Spiele kennen? Das Volk

---

[1]) Z. B. im alten Oberammergauer Spiel von 1662 und in Sebastian Wilds
'Schöner Tragedi von dem Leiden und Sterben, auch die Auferstehung unsern
Herren Jesu Christi' (1566), aus welcher jenes zur Hälfte geschöpft ist, desgleichen
in einem Freiburger Passionsspiel des sechzehnten Jahrhunderts.

[2]) So in dem gleichfalls dem Oberammergauer Spiel zu Grunde liegenden
Augsburger Passionsspiel von St. Ulrich und Afra aus dem fünfzehnten Jahrhundert
und in dem genannten Freiburger Spiel.

hatte ſie, wenigſtens in den proteſtantiſchen Gegenden, in denen er aus-
ſchließend weilte, vergeſſen, und die gelehrte Forſchung ſpürte ihnen noch
nicht nach: noch nichts war daraus durch den Druck dem leſenden Publicum
zugänglich gemacht.

Auch um die epiſchen Bearbeitungen der Paſſion Chriſti, welche auf
Grund der mittelalterlichen Literatur von katholiſcher Seite im ſiebzehnten
oder achtzehnten Jahrhundert verſucht worden waren, kümmerte ſich der
Proteſtant Klopſtock kaum. Das bedeutendſte Werk dieſer Art, das 'Leben
und Leiden Jeſu Chriſti' des Capuzinerpaters Martin von Cochem
(1691), in Proſa geſchrieben, keineswegs durch poetiſch große Auffaſſung
oder künſtleriſche Vollendung, wohl aber durch die detaillierte, epiſch breite,
anſchaulich klare und eindringliche Darſtellung vor Klopſtocks Meſſiade
ausgezeichnet, hatte zwar das eine und andere Motiv des letzteren Gedichtes
ſchon vorgebildet, die ängſtliche Sehnſucht, mit der Maria den lang entbehrten Sohn kurz vor dem Beginne der eigentlichen Paſſion ſucht (Meſſias
IV, 640 ff.), das Gericht Jehovahs über den Heiland in der Nacht zu
Gethſemane[1]), noch einiges, wozu bereits ein Vers oder auch nur ein Wort
der Bibel den Keim enthielt. Gleichwohl ſcheint Klopſtock das zur Hälfte
aus den legendariſchen Quellen geſchöpfte Buch nicht gekannt zu haben.
Denn ſonſt wäre, was an ſich ſchon auffällt, vollends unerklärlich, daß er
nämlich gewiſſe, gerade bei ſeiner lyriſchen Behandlungsweiſe dankbare
Scenen, die dem Pater meiſterlich gelungen waren, wie den Abſchied Marias
von ihrem Sohne, ſich entgehen ließ. Vielmehr ſchöpfte Klopſtock den Inhalt ſeines Werkes, die geſammte Motivierung der Handlung, Epiſoden,
Charaktere und Situationen, ſoweit er dies alles nicht aus eigner Phantaſie neu ſchuf, ziemlich durchweg aus der Bibel und aus Milton.

Das alte wie das neue Teſtament, die geſchichtlichen wie die lyriſchen
und prophetiſchen Bücher der heiligen Schrift lieferten ihm Stoff. Die
ſachgemäße Verteilung und Anordnung desſelben war ſein eignes Verdienſt.
Von den vorhandenen Evangelienharmonien benützte er kaum Eine. Zwar
ſtimmte die Evangelienharmonie von Andreas Oſiander (Baſel 1537) bei

---

[1]) Bei Cochem (12. Auflage, Augsburg 1839, II, 81) öffnet Gott Vater das
alte Schuldbuch, worin alle Sünden der Vergangenheit, Gegenwart und Zukunft
aufgezeichnet ſind, und zeigt es dem Sohne; bei Klopſtock (V, 294 f.) erheben ſich
— weniger plaſtiſch — alle Sünden vom Anbeginn der Schöpfung bis zum jüngſten
Tag empor in die Wolken „zu dem ſchauenden Antlitz des Richters“.

der Geschichte des letzten Abendmahles und der Erscheinungen am Grabe des Herrn einigermaßen mit seiner Darstellung überein. Doch schuf er sich wahrscheinlich seine Harmonie selbst und allein. Er nahm aus allen vier Evangelien, was er für seinen Zweck brauchen konnte. So fand er z. B. die Worte Jesu (Messias IV, 1073 ff.)

„Mich hat herzlich verlangt, mit euch dies Mahl noch zu halten,
Eh' ich leide. Bald sind sie erfüllt, die Worte der Zeugen,
Welche von mir verkündiget haben"

nur im Evangelium des Lukas (XXII, 15—16), die späteren Worte des Herrn (IV, 1116 f.)

„Ich werde mit den Geliebten
Nun nicht mehr das Gewächs der frohen Rebe genießen"

nur bei Matthäus (XXVI, 29), Marcus (XIV, 25) und Lukas (XXII, 18). Seine Hauptquelle aber war das Evangelium des Johannes vom dreizehnten Capitel bis zum Schluß. Auf einige Verse (28 ff.) des zwölften Capitels spielte er im ersten Gesang (35 ff.) flüchtig an. Den nächtlichen Aufenthalt des Heilands am Ölberg im Anfang des Gedichts bildete er nach dem Evangelium des Lukas (XXI, 37; auch ev. Joh. VIII, 1). Die Scene, in der Jesus seinen Jüngern den bevorstehenden Verrat mitteilt, stellte Klopstock — ebenso bereits Osiander — sogar zweimal dicht hinter einander dar (IV, 1143—1155 und 1185—1206), zuerst nach dem Bericht der drei synoptischen Evangelisten (Matth. XXVI, 21—25; Marc. XIV, 18—21; Luc. XXII, 21—23), dann nach der ausführlicheren Erzählung des Johannes (XIII, 21—30). Nach dem dreizehnten und siebzehnten Capitel des Johannes dichtete er den Schluß des vierten Gesangs, das letzte Abendmahl des Herrn. Von den dazwischen liegenden drei Capiteln verwertete er das vierzehnte und einen Teil des fünfzehnten erst im neunzehnten Gesang (696—742) bei der Erscheinung Christi vor den Fünfhundert auf dem Berg Tabor. Auch das schon früher benützte siebzehnte Capitel bearbeitete er hier noch einmal fast mit denselben Worten (Gesang XIX, 810—869). Ferner mag Vers 16 des vierzehnten Capitels, vielleicht auch Capitel XVI, 7 ff. den Anlaß zu dem letzten Gebete des Gekreuzigten für seine Jünger (Gesang X, 36 ff.) gegeben haben. Sonst hat Klopstock, wie es scheint, das sechzehnte Capitel für sein Gedicht nicht weiter verwertet. Dagegen bestimmte ihn eine Bemerkung im neunzehnten Capitel (Vers 38), Joseph von Arimathäa sei ein Jünger Jesu gewesen,

„doch heimlich aus Furcht vor den Juden", daß er diesem Joseph im Rate der jüdischen Ältesten (IV, 103 ff., 574 ff.) die Aufgabe zaghaften Schweigens, dem Nicodemus hingegegen die des mutigen Redens zuteilte. Bei der Geschichte des Todes, der Auferstehung und des verklärten Erden- wandels Christi combinierte der Dichter wieder die Berichte der vier Evan- gelisten, besonders glücklich bei den ersten Erscheinungen des Erstandenen im vierzehnten Gesang, wo er ausnahmsweise sich einmal auch um die äußeren Vorgänge angelegentlicher kümmerte. Aber die Grundlage seiner Darstellung blieb auch hier das Evangelium des Johannes. Es war dies um so natürlicher, als Johannes nicht nur viele Reden des Heilands auf- bewahrt hat, die uns sonst nicht erhalten sind, sondern auch die thatsächlichen Begebnisse der Passionstage und der folgenden Wochen ausführlicher als irgend einer der übrigen Jünger überliefert hat. Nur er erzählt von der Fußwaschung, die Klopstock sogar ganz bei Seite ließ, von dem Verhör vor Hannas, dem Lanzenstich in die Seite des Herrn, von der zweifelnden Klage des Thomas und Christi Erscheinung vor ihm, wie denn überhaupt die Erscheinungen des Auferstandenen von ihm viel genauer als von den andern Evangelisten berichtet werden.

Den Schluß des neunzehnten Gesangs, der die Himmelfahrt schildert, bildete Klopstock natürlich nach dem ersten Capitel der Apostelgeschichte. Ebendaher (V, 34 ff.) nahm er den Charakter des Schriftgelehrten Ga- maliel, der im Rat der Juden dem Wüten Kaiphas' und Philos entgegentritt, (IV, 185 ff.). Wiederholt spielte er auch später auf Personen aus der Apostelgeschichte an (so z. B. X, 232 ff.) und flocht besonders in den fünf- zehnten Gesang mehrere Capitel derselben ein. Einige Male hatte er auch Stellen der Paulinischen Briefe im Sinn (X, 260 ff., 282 ff. ꝛc.). Nicht minder oft griff er auf Vorgänge aus dem Leben Jesu vor der Karwoche oder gar auf das alte Testament zurück. Außer dem elften Gesang, der fast ganz dem letztern Zwecke diente, deutete er bereits in der zweiten Hälfte des zehnten und noch an mehreren Orten des siebzehnten Gesangs auf ver- schiedne geschichtliche Persönlichkeiten und Ereignisse des alten Bundes hin, während er in andern Fällen (IV, 1075 ff.; XII, 107 ff.; XIII, 188 ff., 227 ff. ꝛc.) einige der berühmtesten Weissagungen aus den prophetischen Büchern einfach umdichtete (Jesaj. VI, 1 ff.; LIII, 2 ff.; LXIII, 1 ff.; Hesek. XXXVII, 1 ff.).

In den letzten Büchern der Messiade mehrten sich die Anklänge und Reminiscenzen aus der 'Offenbarung Johannis'. So enthielt der Anfang des fünfzehnten Gesangs eine Paraphrase des siebenten Capitels der 'Apokalypse'. Ganz allgemein auf das sechzehnte Capitel derselben deuteten ein paar Verse des achtzehnten Gesanges (63 ff.) hin. Überhaupt entlehnte Klopstock bei dem Gesicht vom Weltgerichte nur zahlreiche Phrasen und Ausdrucksformen aus dem einzigen poetischen Buche des neuen Testamentes. Aber er verschmähte es, größere Abschnitte daraus unmittelbar in sein Werk herüberzunehmen. Ja, er ahmte nicht einmal die Bilderpracht der Johanneischen Darstellung nach.

Und doch hätte diese seinem Gedicht nur zum Vorteil gereichen können. Es wäre dadurch das ganze Gemälde anschaulicher, plastischer, großartiger geworden. Die reiche Sinnlichkeit der orientalischen Phantasie wäre ihm zu Gute gekommen, und mit der zunehmenden Treue des culturgeschichtlichen Colorits hätte sich auch ein mehr epischer Geist seiner Schilderung mitgeteilt. Nun aber wurde sie ganz lyrisch, ganz subjectiv gehalten, so daß eben nur ein Mann des achtzehnten Jahrhunderts von Klopstocks eigentümlichem Charakter eine solche Vision haben konnte, nimmermehr aber Adam im Anfang unserer Zeitrechnung. Dazu kam, daß sich der Dichter auch ein weiteres Mittel, seine Darstellung plastischer und individueller zu gestalten, entgehen ließ. Er führte nicht, wie Dante, bestimmte, einzelne, geschichtliche Personen dem Weltenrichter entgegen, sondern hatte nach Art der moralischen Zeitschriften, nach Art der Rabener'schen Satiren immer Klassen von Charakteren im Auge. Und wie oft waren diese Charaktere nicht nach dem Leben gezeichnet, sondern nur ganz allgemein aus einer farblosen Einbildungskraft geschaffen!

Auch mehreren Abschnitten des zwanzigsten Gesangs lag die 'Apokalypse' zu Grund. Die drei ersten Capitel derselben lieferten z. B. den Stoff zu verschiednen Preis- und Klageliedern der Engel, welche die Erhebung des Messias zum göttlichen Throne begleiten (Vers 725—818). Freilich schaltete Klopstock dabei ziemlich frei mit dem Wortlaut des biblischen Textes. Die ferneren Quellen dieses Schlußgesangs der Messiade sind vorzugsweise in den historischen Büchern des alten Testamentes zu suchen. Was hier gewöhnlich als geschichtlicher Vorgang episch erzählt ist (z. B. Exod. XII), setzt Klopstock in lyrische Formen um (Vers 30—45). So läßt er noch einmal in flüchtigeren Bildern, aber in strengerer chronologischer Ordnung als im elften Gesang die Geschichte des alten Bundes an uns vorüberziehen. Meistens begnügt er sich jedoch mit bloßen, abgerissenen Andeutungen, die er der Bibel entnahm, um sie in religiöse Oden einzustreuen, die er selbst frei aus eigner Erfindung gedichtet und kaum auch nur allgemein den Psalmen nachgebildet hatte.

Überaus selten entlehnte Klopstock von der christlichen Legende ein Motiv (so X, 352 ff.). Nur auf die letzten Worte, welche die Sage dem Kaiser Julian in den Mund legt, spielte er mit einer gewissen Vorliebe zu wiederholten Malen an (IV, 11 f.; XIII, 987 ff.; XVIII, 449 f.).

Seine vorzüglichste Quelle aber neben der Bibel blieb Miltons 'Verlornes Paradies'. Ja für die künstlerische Composition der Messiade wurde dies Vorbild ungleich wichtiger als die heilige Schrift. Klopstock baute seine dichterisch-religiösen Anschauungen auf dem Grunde auf, den Milton für das biblische Epos gelegt hatte. Er versuchte es, den gleichen Geist, der durch das 'Verlorne Paradies' wehte, auch seiner Messiade einzuhauchen. So entnahm er unter anderm von dem Engländer im allgemeinen die Schilderung des Himmels und der Hölle sammt ihren Bewohnern; aber er band sich mit der Beschreibung der einzelnen Bezirke über und unter der Erde, mit der Charakteristik der verschiednen Engel und Teufel nicht sklavisch an dieses Muster. Bald mit, bald ohne Absicht entfernte er sich von seinem Vorgänger. Bisweilen scheint ihm dessen Darstellung nicht recht klar geworden zu sein.

Miltons Anschauungen vom Weltall sind ja in der That im 'Verlornen Paradies' nicht ganz leicht zu erkennen. Der Dichter stellt sich die Gesammtheit des geschaffenen Raumes, so zu sagen, als eine Kugel von unendlichem Durchmesser vor. Diese zerfällt von Anfang an in zwei Hälften. Die obere Halbkugel ist der empyreische Himmel (Heaven oder the Empyrean), der Sitz Gottes und seiner Engel, die untere Halbkugel das Chaos. Nach dem Sturz der aufrührerischen Engel wird als Wohnsitz der Gefallenen die Hölle gegründet, eine Art von Kugelabschnitt an dem von dem Himmel entferntesten Teil des Chaos. Zwischen Himmel und Hölle schafft nun endlich Gott unsere Welt, unser sogenanntes Universum mit Sonne, Mond und Sternen, dessen Mittelpunkt die Erde bildet. Auch diese Schöpfung ist in Kugelform gedacht. Der Platz dazu wird gleichfalls dem Chaos abgewonnen. Mit ihrem nördlichen Pole streift sie den Mittelpunkt des gesammten vorhandenen Raumes, das Himmelsthor; ihr südlicher Pol ist von dem Höllenthor eben so weit als von ihrem Mittelpunkt, der Erde, entfernt[1]).

---

[1]) Vgl. David Massons ausführliche Einleitung zum 'Verlornen Paradies' in seiner Ausgabe der 'Poetical works of John Milton', London 1874, I, 80 ff.

Hier lag es nun außerordentlich nahe, den von Anfang an geschaffenen empyreischen Himmel der großen oberen Halbkugel mit unserm Sternenhimmel zu verwechseln, der nur einen Teil unsrer „neuen", später erst in die untere Halbkugel hineingebauten Welt bildet. Die Verwirrung, die aus diesem Irrtum unvermeidlich für die ganze poetische Kosmographie erfolgte, konnte bei einem Dichter, dem es um plastische Anschaulichkeit so wenig zu thun war wie Klopstock, nicht eben auffallen. Er selbst wurde sich ihrer kaum recht bewußt.

Ganz im Einklang mit Milton verlegte er die Hölle fern von „unserer Welt" (II, 254 ff.) „an der äußersten Schöpfung Gestade" (IX, 736). Um aus unserm Universum zu ihr zu gelangen, muß man das Chaos oder, wie Klopstock es lieber nennt, „das unendliche Leere" (II, 253), „den unendlichen Raum" (II, 308), „das Unendliche" (II, 362 der ersten Ausgabe, seit 1755 ausgefallen; IX, 738) durchschreiten. Ausdrücklich wird (II, 435) angeführt, daß Gott unsere Welt „im nächtlichen Chaos" gebaut hat. Auch der innere Raum der Hölle entspricht im allgemeinen der Schilderung Miltons. Das Thor derselben bleibt aber nicht, wie bei Milton, nach dem ersten Zuge, den Satan gegen die Erde unternimmt, offen, sondern muß von den Hütern vor dem Eintretenden erst aufgeschlossen werden (IX, 750; XVI, 580). Aber dies nach epischer Sitte in jedem einzelnen Fall zu erwähnen, dazu läßt sich Klopstock nicht herbei. Die geöffneten Pforten („gates of burning adamant" II, 436 des ‚Verlornen Paradieses', „Pforten von brennendem Diamant" nach Bodmers Übersetzung) stehen bei Milton (II, 884 ff.) so weit aus einander, daß mit ausgebreiteten Flügeln eine ganze Heeresordnung bequem durchziehen könnte. Bei Klopstock ist „die diamantene Pforte" so breit, daß Gebirge, darein gelegt, den Eingang nicht ausfüllen, sondern nur rauher machen würden (IX, 751 ff.). Aber statt Sünde und Tod, den blutschänderischen Nachkommen Satans, die den jungen Dichter anwiderten, seitdem er zum ersten Mal das ‚Verlorne Paradies' gelesen, hüten bei ihm zwei der heldenmütigsten Engel dieses Thor (II, 262 rc.). Klopstock erwähnt keine von jenen scheuslichen Ungeheuern gepflasterte breite Heerstraße von der Hölle zur Erde (Milton II, 1024 ff.; X, 229 ff.); dagegen führt „ein strahlender Weg" von der Höllenpforte, „gegen den Himmel gekehrt, nach Gottes Welten hinüber" (II, 271).

Schon hier sieht man nicht deutlich, was unter dem „Himmel" zu verstehn ist. Augenfälliger erscheint die Verwirrung im ersten Gesang (Vers

193 ff.). Durchaus im Einklang mit Milton (III, 526 ff.) wird daselbst von einem glänzenden, zwischen Sternen hindurchführenden Weg erzählt, durch den sich in den ersten Zeiten nach der Schöpfung vom göttlichen Thron her ein Strom der Himmelsheitre nach Eden herab ergoß. Der „Himmel der göttlichen Herrlichkeit" selbst aber wird an die äußerste Grenze unsers Universums verlegt, wo er sich rund, unermeßlich innerhalb eines Kreises von Sonnen ausdehnt. Dieselbe, der Miltonischen Kosmographie durchaus widerstreitende Vorstellung wird auch in den spätern Gesängen der Messiade festgehalten (IX, 11 ff. und öfter). Dazu kommt im ersten Gesang (563 ff.) Klopstocks seltsame, höchst unplastische Erfindung von einer Sonne im Mittelpunkt unserer Erde, auf welcher sich die zu Hütern der tugendhaften Menschen auserschenen Engel zugleich mit den Seelen früh verstorbener Kinder versammeln. Im ferneren Verlaufe seines Werkes greift Klopstock niemals wieder auf dieses Motiv zurück. Dagegen schildert er im siebzehnten Gesang (85—201), wie Christus zu den Geistern derer, die in der Sündflut umkamen, in's „Gefängnis" niedersteigt. Aber er läßt es dabei vollständig unklar, wo wir uns dieses „Gefängnis" zu denken haben, im Innern der Erde, im Chaos oder gar in der Hölle.

Klopstock setzt, namentlich in den ersten Gesängen, bei seinen Lesern voraus, daß der Inhalt des 'Verlornen Paradieses' im allgemeinen ihnen bekannt sei. Er spielt auf einzelne Gestalten und Vorfälle jenes Gedichtes wie auf geschichtliche Personen und Ereignisse an. So gedenkt er zu wiederholten Malen des Kampfes zwischen Gott und den abtrünnigen Engeln, welcher der Schöpfung unserer Welt vorausgieng, und bestimmter Scenen aus diesem Kampfe. Den Grund der Fehde, daß nämlich Gott seinen eingebornen Sohn den Heerschaaren des Himmels als Herrn „aufdrang", deutet Satan selbst in seiner großen Rede vor den versammelten höllischen Geistern an (II, 557; vgl. paradise lost V, 577 ff.). Mehrfach (II, 633 ff., 748; VIII, 356; IX, 630) weist Klopstock auf die heldenmütige Tugend des Seraphs Abdiel hin, der allein am Tage des Aufruhrs im Himmel den Empörern widersprach und unüberwindlich aus ihrer Schaar zu Gott zurückkehrte (par. lost V, 803 ff.). Drei erschreckliche Tage dauert die Schlacht zwischen Gott und Satan (Messias II, 429; par. lost VI); am dritten Tage stürzt der Sohn Gottes mit entsetzlichen Donnerkeilen die Feinde zur Hölle hinab (Messias II, 317; par. lost VI, 764, 835 ff.). Gleich Brandmalen erinnern „des Donners Narben" („deep scars of thunder" Milton I, 601; vgl. auch Young, nightthoughts IX, 277) auf ewig die Abtrünnigen an ihre Niederlage (Messias II, 484, 683 f.). Nun schafft der Allmächtige unsere Welt, den „jüngeren Erdkreis" (Messias I, 262). Adam wird zum Herrn der neuen Welt bestimmt. Auf seine Bitte gibt Gott ihm Eva zur Gefährtin, deren liebenswürdiges Bild zuerst während des Actes ihrer Schöpfung dem schlummernden Mann vor der Seele schwebt (Messias II, 83 f.; par. lost VIII, 452 ff.). Neuerdings gehn nochmalige Veränderungen im Weltbau nach dem Sündenfall der ersten Menschen vor sich (par. lost X, 649 ff.). Klopstock spielt darauf sowie auf das ungetrübte Glück Adams und Evas im Paradies vor der Verführung nur im allgemeinen und weniger bestimmt an (I, 209 ff.; II, 24 ff.).

Aber auch wo er nicht geradezu auf Miltons Werk hinwies, nahm er doch die von jenem überlieferten Namen und Charaktere, oft ohne sie merklich zu verändern, in sein Gedicht herüber. Von den Engeln, die im 'Verlornen Paradies' eine bedeutendere Rolle spielen, fand nur Michael in der Messiade keine Stelle. Uriel blieb, wie bei Milton (III, 690), der von Gott eingesetzte Beherrscher der Sonne (Messias III, 74; VIII, 369 x.). Gabriel, in dem englischen Gedicht (IV, 549 ff., 781 ff.) der Wächter der Paradiesespforte, heißt bei Klopstock der Seraph, der dem Heiland zum Dienst auf Erden gesendet war (I, 55 x.). Raphael, im 'Verlornen Paradies' der Vermittler zwischen der Gottheit und dem noch schuldlosen Menschen, wird in der Messiade zum Schutzengel des Johannes (II, 69 ff.; III, 468 ff.). Ebenso Ithuriel, der bei Milton sich in Gabriels Hüterschaar befindet (IV, 788, 810), zum Schutzengel des Judas Ischariot (III, 368 x.). Zophiel aber, im 'Paradise lost' (VI, 535) als schnellster Cherub gepriesen, wird in dem deutschen Gedichte gar zu einem Herold der Hölle degradiert (II, 278).

Von den Namen der Teufel fand Klopstock Gog und Magog nicht bei Milton vor, sondern in dem Propheten Hesekiel (Capitel 38 und 39) und in der 'Offenbarung Johannis' (XX, 8). Milton konnte diese Bezeichnungen nicht brauchen, weil seine Teufel ihrem Namen und teilweise auch ihrem Wesen nach den heidnischen Göttern des orientalischen und occidentalischen Altertums entsprachen. Klopstock personificierte hingegen in einzelnen seiner Satane nur die religionsfeindlichen Bestrebungen seiner Zeit, so in Gog den Atheismus (II, 417 f.), in Magog die Gotteslästerung (II, 395 ff.). In Einer Hinsicht schuf der deutsche Dichter seine Teufel mehr gemäß der biblischen Anschauung als der Engländer. Bei diesem stimmen

die Satane im Haß gegen die Gottheit einträchtig zusammen. Nur über die
Mittel, diesen Haß zu befriedigen, sind sie verschiedner Ansicht, gelangen
dabei aber leicht und friedlich zu einer aufrichtig gemeinten Einigung.
Klopstocks Teufel aber sind unter sich selbst uneins. Sie hassen einander
nicht minder als Gott und heucheln sich gegenseitig nur in falscher Verstellung Treue oder Unterwerfung. Um die Mittel, durch welche sie ihre
Feindschaft gegen den Ratschluß des Himmels in's Werk setzen wollen,
kümmerte sich der unepische Dichter nicht. Doch entlehnte er gerade für die
Schilderung der höllischen Geister von Milton manche Züge. Aber diese
konnten bei der grundverschiednen Auffassungs- und Darstellungsweise der
beiden Dichter immer nur zu einer äußerlichen Ähnlichkeit führen. So war
Moloch schon von dem Engländer als der stärkste und tapferste Geist, der
im Himmel kämpfte, bezeichnet worden (par. lost II, 43 ff.; vgl. Messias
II, 352). Belials Name erschien in der Messiade regelmäßig unter der
Form Belielel; seine Natur entsprach nur ganz allgemein der des wollüstigen
Teufels bei Milton. Dagegen bemühte sich Klopstock redlich, den Charakter
Satans, wie ihn der Dichter des 'Verlornen Paradieses' großartig ge-
schaffen hatte, möglichst beizubehalten. Das Vorhaben scheiterte wenigstens
in so fern, als er bei seinem Mangel an epischer Gestaltungskraft kein an-
schauliches Bild des Höllenfürsten zu umreißen verstand.

Allein, wie er die handelnden Engel Miltons in der Messiade um
mehrere Namen vermehrte und den Seraphim, die er aus dem 'Paradise
lost' schon kannte, namentlich noch Eloa, den Erstgebornen der Thronen,
Gottes Geliebten, an die Seite gab, so suchte er auch in der Charakteristik
der höllischen Dämonen den Engländer zu überbieten. Er schuf aus Miltons Satan, der den wütendsten Haß gegen die Gottheit mit wehmütiger
Trauer über die verlorene Himmelswonne vereinigte, drei verschiedene
Teufelsgestalten, deren jede nur Einen Grundzug im Charakter jenes
furchtbar-gewaltigen Wesens, diesen aber selbständig und eigenartig gesteigert, verkörperte. Zunächst gesellte er zu Satan, dem wirklichen Auf-
wiegler und Führer der aufrührerischen Engel, in dessen Brust der Haß
gegen Gott und seinen Messias jedes weichere Gefühl erstickt, den noch
boshafteren Abramelech, der die Empörung schon lange vor Satan beschlossen hatte, der, eben so wohl Gottes Feind wie Satans Nebenbuhler,
weiter als dieser strebt, der Satan zu stürzen, aber auch nicht bloß den
Leib, sondern die Seele des Messias zu töten trachtet. Den Namen entlehnte Klopstock, wie es scheint, wieder aus dem 'Verlornen Paradies' (VI,

365), wo ein gefallener Engel auf Grund biblischer Angaben (II. Buch der
Könige XVII, 31 und Jesajah XXXVII, 38) Abramelech genannt wird.
Neben die beiden stellte Klopstock nun noch den reuevollen Halbteufel Abbabona, der, einst durch Satan mitverführt, längst dem Einfluß des Bösen
sich zu entziehen sucht.   Sein Auftreten gegenüber den andern höllischen
Geistern (Messias 11, 660 ff.) wurde großenteils dem Benehmen Abbiels
in der Versammlung der abtrünnigen Engel nachgebildet. Vielleicht wurde
auch sein Name nicht ganz ohne Zuthun Miltons gewählt. Als Gegenstück
zum 'Paradise lost' hatte der alternde Dichter 1671 sein 'Paradise regained' herausgegeben.   In französischer Übersetzung war es dem jungen
Klopstock zugänglich, bevor es 1752 in's Deutsche übertragen wurde.
Doch läßt sich eine nähere Verwandtschaft der Messiade mit diesem Gedichte
kaum nachweisen.   Die Zeitgenossen beachteten es wenig; über den Eindruck, den seine Lectüre etwa auf Klopstock machte, ist uns nichts überliefert.
Doch ist es, nachdem auch Bodmer das Werk in Schutz genommen hatte,
von vorn herein wahrscheinlich, daß der unter Bodmers Lehren heran-
reifende Dichter schon frühzeitig es kennen lernte. Nun stimmen die Engel
am Schluß des 'Paradise regained' auf den Heiland, der dem Versucher
widerstanden, einen Lobgesang an, in welchem sie zugleich den nahen, endgültigen Sieg des Gottmenschen über die Hölle verkündigen.   Dem ge-
stürzten Satan wird dabei verheißen (IV, 624 f.):

> In all her gates Abaddon rues
> Thy bold attempt.

Der Name Abaddon findet sich zwar schon in der 'Offenbarung Johannis'
(IX, 11) und bezeichnet daselbst „einen Engel aus dem Abgrund". Milton
personificiert die bodenlose Tiefe der Hölle selbst unter diesem Namen. Er
aber verbindet zuerst damit die Eigenschaft des reuevollen Betrauerns, welche
den Grundzug in dem Wesen des Klopstockischen Abbabona bildet.

Hingegen entfernt sich die Charakteristik der Stammeltern des Menschengeschlechts in der Messiade nur zu weit von Miltons Muster. Sie
begleiten durch das ganze Gedicht hindurch mit ihren Klagen oder Freude-
rufen die Geschicke des Messias. Bei ihrem ersten Auftreten (besonders
II, 3 ff.) erinnern sie noch einigermaßen an die in ihrer natürlichen Einfalt so ungemein anmutigen und liebenswürdigen Gestalten aus dem 'Verlornen Paradies'. Später schwindet die Ähnlichkeit mehr und mehr.
Gerade in der Zeichnung Adams und Evas befleißigt Milton sich einer

gewissen Naivetät — das Wort in dem Sinne genommen, wie Schiller es verstand. Klopstock hingegen möchte die Charaktere der beiden ersten Menschen möglichst tief fassen. Von Gott geschaffen, ursprünglich rein, sind sie zum Bösen abgefallen und haben ihre Sünde auf das ganze Menschengeschlecht, dessen Ureltern sie sind, fortgepflanzt. Für ihre Schuld zumeist also leidet der Messias. Und Klopstock bleibt sich stets der ganzen Bedeutung bewußt, welche die Erlösungsthat für sein erstes Menschenpaar hat. Dadurch wird aber seine Darstellung hier noch weniger naiv als sonst, im Gegensatze zu Milton ganz und gar sentimentalisch.

Kaum weniger häufig als die Fälle, in welchen Klopstock geradezu auf Vorgänge im 'Verlornen Paradies' hinweist, oder Personen und Umstände daraus in sein Werk herübernimmt, sind jene, wo er dichterische Motive Miltons mehr oder minder ähnlich verwertet. In der Anlage ganzer Scenen zwar verrät sich selten eine Ähnlichkeit zwischen der Messiade und dem 'Paradise lost'. Höchstens ist die Beratung der Satane im zweiten Gesang des 'Messias' im allgemeinen nach Miltons Pandämonium gebildet. Sogar die Darstellung im einzelnen weist hier manche übereinstimmende Züge auf. Bei dem einen Dichter wie bei dem andern maßen sich die Teufel den Rang und Titel von Göttern an. Das Schicksal spielt hier wie dort eine Rolle im Munde der Höllengeister; allerdings auch sonst in beiden Werken, bei Klopstock Anfangs sogar im Himmel[1]). Ja selbst die Aufzählung der gefallenen Engel wird von Klopstock (II, 295 ff.) mit einem ähnlichen Zuruf an die Muse eingeleitet wie von Milton (I, 376 ff.). Ebenso mögen dem deutschen Dichter bei dem Gespräch zwischen Gott und dem Messias im Beginn seines Epos Reminiscenzen an die mehrfachen Unterredungen zwischen Vater und Sohn im 'Paradise lost' vorgeschwebt haben. Endlich ist die Vision Adams vom Weltgericht im achtzehnten und neunzehnten Gesang der Messiade wohl nach dem elften und zwölften Buch des 'Verlornen Paradieses' gedichtet, wo Milton dem von Gott verstoßenen Menschen ebenfalls das Auge für die künftige Heilsgeschichte öffnet. Seit den antiken Meistern waren derartige Ausblicke in die Zukunft bei den Epikern häufig, ja gewöhnlich geworden. Mit Miltons Werk drang nun auch dieser Gebrauch in die deutsche Ependichtung ein, und Klopstock, weit sklavischer aber Bodmer folgten auch hier alsbald den Spuren des Eng-

---

[1]) I, 375 ff.; III, 241 „Tafeln des Schicksals“, später in „der Vorsicht Tafeln“ umgewandelt.

länders. In ähnlicher Weise wie das Weltgericht deutete der Dichter übrigens auch die Ausgießung des heiligen Geistes durch ein Gesicht an, welches dem Johannes wird (Messias XIX, 910 ff.).

Öfter hingegen geschah es, daß Klopstock nicht sowohl ganze Scenen als vielmehr nur einzelne Züge seiner englischen Vorlage nachahmte. Die meiste Gelegenheit dazu fand er auch hier bei Darstellung der Geisterwelt. Um unerkannt und ungestört seinen verhängnisvollen Flug durch die Gestirne zur Erde zu verfolgen, nimmt Miltons Satan die Gestalt eines Engels des Lichtes an (III, 634 ff.). Ohne rechten Grund thut Klopstocks Satan dasselbe, wenn er vor Christus zur Hölle flieht (II, 243 ff.). Mit mehr Recht versucht Abbadona, bevor er das Kreuz des Erlösers umschwebt, nach manchem Bedenken die alte List wieder (IX, 456 ff., 485 ff.). Die schimmernde Jünglingsgestalt mit den niederwallenden Locken und goldnen Flügeln, in die er sich kleidet, gleicht auch im einzelnen dem Aussehen, das Miltons Satan bei seiner Ankunft in unserem Weltkreis sich gibt. Gleichwohl täuscht dieser den Engel der Sonne nicht auf die Dauer. Denn beim Anblick der ihm ewig verlorenen Wonne des Paradieses verdüstert Zorn, Leid und Verzweiflung auf Augenblicke seinen Glanz; himmlische Geister aber sind von solchen Wirkungen der Leidenschaft immer frei (par. lost IV, 114 ff., 569 ff.). Das Motiv griff Klopstock auf; aber er wandte es in viel ausgedehnterem Maße an. Teufel, Seelen von Verstorbenen und Engel unterliegen nach ihm in gleicher Weise der Verdunklung. Diese ist aber bei ihm nie eine Folge der Wut oder des Neides, sondern der Furcht, der Bewunderung und des Schmerzes. Vor Staunen über den schreckenden Glanz Eloas, der sie vom Kreuz des Erlösers verscheucht, werden Satan und Abramelech dunkler als Nächte (VIII, 130, 152), ebenso wie zuvor Eloas eigner Schimmer Dämmerung wird vor Staunen, als er den Messias dem Todeshügel nahen sieht (VIII, 38 f.). Vor Schrecken, daß Abdiel ihn trotz seiner Verkleidung erkannt hat, zerfließt Abbadonas trügerisch erborgter Glanz in entstellendes Dunkel (IX, 646 ff.; ähnlich IX, 513 f.). Aber auch Ischariots Seele wird dunkler vor Schrecken, als der Todesengel ihr ewige Verdammnis verkündigt (VII, 245). Vor Wehmut verdüstern sich Adams und Evas Gestalten am Kreuz des Herrn (X, 773 f.), und selbst die Seraphim, als sie den Schmerz der Jünger Christi nach dem Tod ihres Meisters wahrnehmen, stehen „in trüberem Glanze mitleidsvoll" um sie (XII, 814 f.).

Ungesehen, wie von einer Wolke verdeckt, besteigt Miltons Satan,
nachdem er den Menschen verführt hat, seinen Thron im Pandämonium
inmitten der versammelten Höllengeister (X, 441 ff.). Ebenso Klopstocks
Satan, als er, den Tod des Messias zu beschließen, die Schaaren der
Teufel zur Beratung zusammenruft (II, 275 ff.). Seinen übermütigen
Worten folgt (wenigstens in den späteren Ausgaben der Messiade seit 1755)
die Strafe auf dem Fuße (II, 624 ff.): Schrecken Gottes kommen über
die Hölle; die Satane werden zu Felsengestalten. Nicht viel besser ergeht
es Abramelech, als er am Ölberg des leidenden Messias spotten will
(V, 440 ff.). Vollends aber bei der Höllenfahrt des auferstandenen Gottessohnes vollzieht sich das Gericht über die Geister des Abgrunds: sie
sehen sich zu scheuslichen Totengerippen umgeformt (XVI, 609 ff.). Ganz
in derselben Weise läßt Milton nach Satans triumphierender Rede über
seinen vermeintlichen Sieg auf Erden ihn und die Seinigen in ekelhafte
Schlangen verwandelt werden (X, 506 ff.). Weniger bildet Klopstock die
wirklich großartigen und kraftvollen Züge des gefallenen Erzengels aus
dem 'Verlornen Paradiese' nach. Während Miltons Satan allein sich
einer Schaar von Engeln zum Streit entgegenstellt (IV, 968 ff.), fliehen
in der Messiade die Teufel, selbst Abramelech, auf einen Wink des Todes-
engels. Höchstens rüsten sie sich einmal wider den Boten der Gottheit zu
verwegner Antwort (VIII, 143 ff.), aber nie zum Kampf. Dagegen scheut
der Vater der Lüge hier wie dort kein Mittel, um durch List und Trug
seinen Zielen näher zu kommen, und irreführende Träume scheinen ihm
in beiden Fällen dazu am dienlichsten. Wie der schlafenden Eva Miltons
Satan zuerst den Gedanken des Ungehorsams gegen Gottes Gebot vor-
spiegelt (IV, 799 ff.; V, 30 ff.), so treibt Klopstocks Satan durch ein
Traumbild Judas zum Verrat, Kaiphas zu heftigerer Verfolgung des
Messias (III, 535 ff., 680 ff.; IV, 60 ff.). Wie aber Eva schlummernd
vor ihrer Verstoßung aus dem Paradiese von Gott mit einem trostreichen
Gesichte begnadigt wird (par. lost XII, 610 ff.), so sendet auch in der
Messiade dem tiefbekümmerten Lebbäus sein Schutzengel Beruhigung im
Traum (III, 367 ff.), Portia lernt — auch der biblischen Überlieferung
gemäß — durch eine nächtliche Vision die Bedeutung des unschuldig leiden-
den Menschensohnes ahnen (VII, 386 ff.), und Johannes wird in seinem
Schmerz um den Tod des Messias durch einen Traum, den sein Schutzgeist ihm vor die Seele zaubert, getröstet (XII, 847 ff.). Ebenso geschehen
die Offenbarungen über die Zukunft des Christentums und über das letzte

Weltgericht den Auserwählten Gottes im Traum (XVIII, 7 ff.; XIX, 903 ff.). Noch emsiger machten Klopstocks Nachahmer dieses Motiv, das Milton gleichfalls schon bei älteren Dichtern vorgefunden hatte, sich zu Nutze.

Auch die äußere Form der Darstellung lernte Klopstock zum Teil dem englischen Epiker ab. Abbison hatte in seiner Kritik des 'Verlornen Paradieses' es als einen Fehler in der Sprache Miltons gerügt, „that he affects a kind of jingle in his words", indem er die nämlichen oder gleich lautende Silben rasch hinter einander wiederhole. In allen Fällen, wo der Dichter das thut, ist eine Art von Alliteration versucht. Auch sonst begegnet diese, sei es absichtlich oder zufällig, öfters in seinem Werke. Bodmer ward durch Abbison darauf aufmerksam, betrachtete aber diese Spuren des Stabreims als eine Eigentümlichkeit Miltons, die der Übersetzer nicht zerstören dürfe. Er wies überdies 1742 in einem Aufsatz von der Diction in dem 'Verlornen Paradiese'[1]) wiederholt auf sein Bestreben hin, „Miltons Schreibart zuweilen nach seiner eigenen Weise auszudrücken". Er glaubte dies um so eher wagen zu dürfen, als die deutsche Sprache bei einiger Kühnheit auch das, was Miltons Diction „Sonderbares und in das Gehöre Fallendes" an sich habe, in gewissen Schranken nachahmen könne. Für Klopstock war der Wink nicht verloren. Er machte sich eben so wenig wie Milton den Gebrauch der Alliteration zur Regel; aber mit Vorliebe stellte er, wo es nur immer angieng, gleich anlautende Wörter neben einander. Später bestärkte ihn noch das Studium der 'Edda' und des 'Heliand' und anderer Denkmale der ältesten germanischen Dichtkunst in dieser Neigung. Eine wissenschaftliche Einsicht gewann er freilich auch dann nicht in die inneren Gesetze des Stabreims, obwohl er ihn jetzt nicht mehr bloß als ein rhetorisches Spiel, sondern als ein metrisches Bindemittel erkennen und anwenden lernte[2]).

Schon in der ersten Ausgabe der Bodmerischen Übersetzung des 'Verlornen Paradieses' von 1732 fanden sich zahlreiche Beispiele von Alliteration. In der folgenden, ganz umgearbeiteten Auflage von 1742 wurden

---

[1]) 'Sammlung kritischer, poetischer und anderer geistvollen Schriften zur Verbesserung des Urteiles und des Witzes in den Werken der Wohlredenheit und der Poesie.' Stück III, Seite 122, 131. Zürich 1742.

[2]) Vgl. meine Anzeige des ersten Hefts der 'Klopstockstudien' von Hamel im Heidelberger Literaturblatt für germanische und romanische Philologie, 1890, Nr 11; dazu Hamel, Klopstockstudien, Heft III, Seite XII ff.

diese Stellen noch vermehrt. Bodmer selbst urteilte später, die erste Ausgabe seiner Übersetzung sei schweizerisch, die zweite deutsch und erst die vierte vom Jahr 1759[1]) poetisch. Welche von den beiden ersten Auflagen benützte Klopstock? Es ist schwer, dies sicher zu entscheiden, da der Dichter der Messiade sich so gut wie nirgends an den Wortlaut des 'Paradise lost' hielt. Einige, freilich schwache Merkmale machen es wahrscheinlich, daß die zweite Ausgabe ihm vorlag. Gewisse Stellen der Messiade nämlich, die zuverlässig unter dem unmittelbaren Eindruck verwandter Abschnitte im 'Verlornen Paradies' entstanden sind, erinnern auch in der Wortfolge mehr an den Text der Bodmerischen Übersetzung von 1742 als der von 1732.

Gleich im Eingang des Gedichts ist Klopstocks

„Sing', unsterbliche Seele, der sündigen Menschen Erlösung"

ziemlich genau gebildet nach Miltons „Singe, himmlische Muse, von dem ersten Ungehorsam des Menschen". Auch das folgende Gebet an den göttlichen Geist findet sich — in etwas anderer Form — im 'Paradise lost' schon vor. Die Fassung, die Klopstock später den Versen gab, deutet noch bestimmter auf die englische Vorlage. Seit 1755 fügte er die Worte ein: „Rein sei mein Herz!" Sie mahnten an die Charakteristik des heiligen Geistes bei Milton „der mehr von einem aufrichtigen und reinen Herzen hält als von allen Tempeln".

Unzweifelhaft hat Klopstock ferner den Anfang des dritten Gesangs dem Engländer (III, 1 ff.) nachgebildet. Nicht auf einzelnen Worten beruht hier die Ähnlichkeit: diese sind nach der subjectiven Individualität der beiden Dichter ganz verschieden. Aber den Gedanken, die Rückkehr aus den höllischen Bezirken zum Licht durch einen lyrischen Freudenerguß einzuleiten, hat Klopstock seinem Vorgänger abgeborgt. Bei ihm fand er auch die erste Anregung zu der folgenden Bitte an seine unsterbliche Muse, sie möge ihm die Seele, die noch, umgeben von den Gesichten der Unterwelt, innerlich bebt, mit himmlischem Lichte aufheitern. Nur scheint der blinde Sänger des 'Verlornen Paradieses' in der physischen Nacht, die

---

[1]) Die dritte Ausgabe, ebenfalls „neu überarbeitet und durchgehends mit Anmerkungen von dem Übersetzer und verschiedenen andern Verfassern" versehen, zugleich mit Einleitungen über die kritische Geschichte des Gedichts, über Laubers Fälschung und über Miltons Versart und Ausdruck ausgestattet, erschien 1754. Spätere Auflagen liegen mir noch von 1769 und 1780 vor.

ihn auf immer einschließt, fast eher zu dem Verlangen berechtigt, daß inwendig ihm himmlisches Licht strahle.

Auch die ersten Worte, mit welchen Satan den träumenden Judas anspricht (Messias III, 578 f.), mahnen durch ihren Inhalt wie durch den Satzbau an den Anfang der Rede, durch die Miltons Satan seinen nächsten Genossen zum Kampf gegen Gott aus dem Schlaf aufscheucht (V, 673 f.). Und so finden sich noch ein paar derartige Anklänge. Nach dem Beispiel antiker Dichter zweifelt der Sänger des 'Verlornen Paradieses' öfters in den lyrischen Abschnitten seines Werkes bei der Anrede an überirdische Wesen, ob er sie auch richtig nennt, und verdoppelt, ja verdreifacht darum bisweilen die Namen oder die Begriffsbezeichnungen (z. B. III, 1 ff.; VII, 1 f.; XI, 296 f.). Young ließ sich in seinen 'Nightthoughts' die Gelegenheit nicht entschlüpfen, diese Ausdrucksweise nachzuahmen (night III, 45 f.). Da war es denn nur natürlich, daß auch Klopstock sich ihrer — wenigstens in der ersten Hälfte seines Gedichts — mit Vorliebe bediente[1].

Youngs 'Nachtgedanken', seit 1741 in London erschienen, waren überhaupt von großem Einfluß auf die Dichtung des 'Messias'. In einer verhältnismäßig frühen Zeit (1752) begann Klopstock, Youngs Schriften aus dem Originaltexte zu studieren. Aber bereits in Leipzig waren die 'Nachtgedanken' dem Freund Eberts nicht ganz fremd geblieben. Denn schon in den ersten Gesängen der Messiade begegnen Gedanken und Bilder, die nicht nur eine unzweifelhafte Ähnlichkeit mit Youngs Denk- und Darstellungsweise verraten, sondern allem Anscheine nach unmittelbar aus seinen Werken herübergenommen waren[2]. Der Einfluß Youngs auf die spätern Gesänge war nicht geringer. War doch sogar Marias berühmtes Wort im Gespräche mit Portia (VII, 421)

„Einige [sc. Tugenden] werden belohnt; die meisten werden vergeben"

eine Reminiscenz aus Youngs neunter 'Nacht' (Vers 2213):

„His crimes forgive! Forgive his virtues too!"

---

[1] Vgl. V, 110 ff., auch im weiteren Verlauf — besonders in der ersten Fassung — nach Milton III, 1 ff. gebildet; IX, 302 ff.; ähnlich V, 149 f., 805 f.

[2] Vgl. z. B. Messias I, 221 und night IX, 91; Messias I, 455 und night IV, 455; Messias III, 38 und night IV, 256; besonders Messias IV, 1345 „Als er dem Uubing einst die kommenden Welten entwinkte" und night IV, 409 „The nameless He, whose nod is nature's birth". Über andere Anklänge an Milton, Young u. s. w. vgl. Hamels vortrefflichen Commentar zur Messiade in Joseph Kürschners 'Deutscher Nationalliteratur' (Berlin und Stuttgart 1884), Band 46.

Auch für die stilistische Form seiner Darstellung hatte Klopstock aus Youngs pathetischer Rhetorik manches gelernt. Von äußerlicher Nachahmung hielt er sich aber gerade hier vollständig frei. Die pointierte, epigrammatisch scharfe, zu Antithesen neigende Schreibart des Engländers, bei der jedes Wort vom Verstand ausgeklügelt war, taugte wenig zu Klopstocks schwärmerischem Empfinden. Dagegen bildete er dann und wann den Satzbau Youngs nach, der nach Art des Redners seine Perioden nicht sowohl kunstvoll organisch aufbaute als äußerlich zusammenschweißte, indem er kleine Sätzchen durch angeflickte Appositionen, Relativsätze, adverbiale oder präpositionale Zwischenglieder auf mehrere Verse ausdehnte und oft auch an ein einzelnes, mit Emphase wiederholtes Wort neue, zu andern Gedanken überleitende Sätze anknüpfte

Auch Richardson, der nach allen Seiten hin auf die deutsche Literatur einwirkte, verfehlte auf den Sänger des 'Messias' seinen Eindruck nicht. Die Kunst, das menschliche Empfinden in seinen tiefsten Tiefen zu ergründen und in seine kleinsten Momente zu zergliedern, verstand Klopstock so gut als der Meister des rührenden Sittenromans in England, wie verschieden auch die Gegenstände und Situationen waren, an denen beide diese Kunst übten. Auch Richardsons Werke lernte Klopstock erst nach 1752 im Original kennen. Die Tendenz jedoch, die sie verfolgten, war schon dem Leipziger Studenten nicht mehr fremd. Um so weniger, als diese Tendenz gar nicht bei Richardson zum allerersten Mal in der Literatur auftauchte. Englische und französische Schriftsteller hatten vor ihm, wenn auch nicht immer ganz dieselben, so doch ähnliche Bahnen eingeschlagen. Ihre Werke, aber auch Richardsons 'Pamela' waren in's Deutsche übersetzt worden, noch ehe Klopstock die Universität bezog. Und 1746 erschien Gellerts 'Schwedische Gräfin', unter dem deutlich wahrnehmbaren Einfluß des französisch-englischen Sittenromans geschrieben. Auf Klopstock wirkte Richardson zunächst nur in formaler Hinsicht. Aber eben darum wurde auch durch das Studium dieser Romane nur wieder das lyrische Element in seiner ohnedies unepischen Anlage verstärkt.

Übrigens war auch Klopstocks ästhetische Bildung dem Epiker nicht immer förderlich. Statt daß er sich versucht fühlte, den Mangel seiner Natur zu ersetzen, lernte er ihn gar als einen Vorzug schätzen, durch den er das letzte Ziel der Kunst leichter zu erreichen glaubte. Klopstock war auch in der Form seiner Darstellung der Schüler der Schweizer. Neben Breitingers 'Kritischer Dichtkunst' hatte er zu diesem Behufe namentlich

Bodmers 'Kritische Betrachtungen über die poetischen Gemälde der Dichter' tüchtig studiert. Manche treffliche Vorschrift war hier gegeben, die auch der Epiker nutzen konnte, besonders für die poetische Verwertung geschichtlicher Charaktere. Mit Recht war dem Dichter ein emsiges Studium des Menschen empfohlen, damit auch er getreu der Natur seine Gestalten bilden könne. Klopstock war dieser Pflicht stets eingedenk, im Taumel rauschender Lust wie im Ernst sinnreicher Gespräche und in der Stille der Trauer. Vor allem folgte er aber den scharfsinnigen Winken, die Bodmer (S. 295 ff.) über den Ausdruck gewisser Stimmungen und Leidenschaften durch Mienen und Gebärden gab. So schuf er in dem Charakter Philos geradezu ein praktisches Beispiel zu den theoretischen Anmerkungen Bodmers über den Ausdruck des Zorns, der Wut, des Entsetzens. Bei all diesen Vorschriften galt aber dem Züricher Kunstrichter als letzte Absicht der Poesie die Erregung des Gemüts. Zu diesem Zweck verlangte er im vollen Einklang mit Breitinger, daß der Dichter das Ungemeine darstelle und, wofern er dies in der Natur und in der Geschichte nicht finde, daß er, was Natur und Geschichte ihm bieten, künstlich auf die Höhe des Außerordentlichen hinaufschraube. Darum wollte er ihm auch die unsichtbare Welt der Geister erschlossen haben, in die sich die deutsche Phantasie nach seinem Wissen vorher nicht verstiegen hatte. Darum legte er ein so großes Gewicht auf „die Reden, die Gespräche und Sprüche der aufgeführten Personen" (S. 492). Breitinger gab noch besondere Anleitungen zu der Kunst, „gemeinen Dingen das Ansehen der Neuheit beizulegen", zu „etlichen absonderlichen Mitteln, die schlechte Materie aufzustützen"; er drang auf die „herzrührende Schreibart" und zeigte, wie im einzelnen Falle durch die Wahl bedeutender Worte oder ungewöhnlicher Constructionen die Rede pathetischer und „beweglicher" gemacht werden könne.

Alle diese Vorschläge taugten für den Lyriker weit besser als für den Epiker. Allein darin kamen sie Klopstocks künstlerischer Naturanlage entgegen: er nahm sie bereitwillig an. So bewegte sich bei ihm die Darstellung vorzugsweise auf den Gipfeln der Empfindung und der Phantasie. Er malte entweder mit den allerkräftigsten oder mit den allerzartesten Farben; aber nur selten wußte er die einfacheren Mitteltöne zu treffen. Da er stets an den äußersten Grenzen verweilte, war es natürlich, daß er dann und wann auch über sie hinaus zur unkünstlerischen Übertreibung abschweifte. Wie seine dichterische Erfindung uns oft in eine fremde Welt entführt, in der wir Menschen einer sinnlichen Schöpfung keinen festen Halt zu gewinnen vermögen, so hebt uns auch seine Darstellung oft in über- und unsinnliche Bereiche empor, wo wir uns seine Gedanken und Worte nicht mehr deutlich veranschaulichen können. Am häufigsten ist dies vielleicht bei den Gleichnissen Klopstocks der Fall.

Seit Homer haben alle Epiker einen besondern Schmuck ihrer Darstellung in den Gleichnissen gesucht. Ein bestimmter Vorgang oder Zustand soll durch sie unserer Anschauung näher gerückt werden. Der Dichter schildert ihn daher zweimal, zuerst in seinem wirklichen Verlauf innerhalb des gemeinsamen Zusammenhangs, dann losgelöst von diesem in einem Bilde, welches in gewissen Hauptpunkten jenem Vorgang oder Zustand ähnlich ist. Soll aber dieses Bild in der That verdeutlichend wirken, so muß es selbst klar sein. Es darf uns daher auch nicht allzu neu und fremd sein; das hieße sonst, ein Unbekanntes durch ein anderes erläutern. So sind in den Homerischen Gedichten alle Gleichnisse der Natur und dem einfachen Leben des Menschen in der Natur entnommen; alle knüpfen an Verhältnisse an, die den Hörern die vertrautesten waren. Mit der Entwicklung der Kunstpoesie wurde auch der Charakter der Gleichnisse etwas verändert. Die anmutige Einfalt Homers verschwand. Gerade in den Vergleichen wurde nun aller erdenkbarer Prunk aufgeboten. Nicht bloß die Natur, sondern das ganze Treiben der Welt mit seinen zahllosen künstlichen Beziehungen mußte die Stoffe für diese Bilder liefern. Nicht immer war, was man zum Vergleich herbeizog, allgemein bekannt. Auch die Momente, in denen Ur- und Abbild einander ähnlich waren, wurden spärlicher. Vor allem schien es für die späteren von diesen Epikern fast unmöglich, neue Gleichnisse zu erfinden. Der eine entlehnte vom andern; in letzter Linie war Virgil das Vorbild von allen. Immer aber blieben die Vergleiche der sinnlichen Welt entnommen; anschaulich stellten sie vor die Einbildungskraft ein Gemälde, das menschliche Augen zu sehen vermögen.

Klopstock ist auch hier völlig neu. Seine Gleichnisse sind gar nicht auf die Phantasie, sondern auf das Gefühl berechnet. Auch sie sind nicht episch, sondern lyrisch. Sie sind daher mit Vorliebe dem Geistes- oder Gemütsleben des Menschen entlehnt. So vergleicht der Dichter Maria, die ihrem Sohn entgegeneilt, mit einem großen Gedanken, welcher feurig gen Himmel zu dem emporfliegt, von dem er gedacht war (IV, 919 f.). Oder wenn Samma, der vom Teufel Besessene, voll sehnsüchtigem Entzücken seinem Erlöser entgegenblickt (II, 156 ff.), so erläutert Klopstock das Empfinden des Heilsbedürftigen, indem er auf die Seele eines trüben Weisen hindeutet, die mit innerem Beben an ihrer ewigen Dauer verzweifelt, aber, durch eine ihrer weiseren Freundinnen neu im Glauben gefestigt, mit freudigem Ungestüm vom Kummer sich loswindet. Bisweilen schwindet dabei jede Ähnlichkeit zwischen den beiden Vorgängen, die der Dichter mit einander vergleicht. Drei Seraphim stehen betrachtend voll süßer Zärtlichkeit um Johannes, den Lieblingsjünger des Herrn. So stehen drei Brüder zärtlich um eine geliebte Schwester, der sie den nahen Tod ihres Vaters ankündigen wollten, sehen sie aber sorglos schlummern und schweigen still (III, 517 ff.). Oft hinwieder sagt das Gleichnis nichts Ähnliches, sondern ganz dasselbe aus wie die Stelle, zu deren Verdeutlichung es dienen soll. So im Anfang des sechsten Gesangs: wie der sterbende Weise die letzten Augenblicke teurer schätzt als vordem Tage, so wurden die Stunden des Erlösungstages Gott selbst teurer, je näher der Messias seinem Tode kam. Meist ist bei Klopstock das, was in dem Gleichnis ausgesprochen wird, noch unfaßlicher als das, was durch das Gleichnis erläutert werden soll. Satan z. B. senkt sich über den schlafenden Ischariot herab, ihm den Gedanken des Verrates einzugeben, wie sich die Pest in mitternächtlicher Stunde schlummernden Städten naht (III, 537 ff.). Oder da Gott aufsteht, den Messias zu richten, erklingt sein ewiger Thron so, wie wenn ein festlicher Tag durch alle Himmel gefeiert wird und alle Seraphim auf den Wink Jehovahs von ihren goldnen Stühlen zugleich aufstehn (V, 64 ff.). Selbst wo Klopstock Vorgänge aus der äußern Sinnenwelt zur Vergleichung wählt, wird der Phantasie dadurch kein anschauliches Bild geboten. Ein Gleichnis wie das folgende[1] gehört geradezu zu den Ausnahmen. Petrus, schamvoll zerknirscht ob seiner Verleugnung des Heilands, begegnet Joseph von Arimathäa und Nicodemus, wagt aber nicht sein Auge zu ihnen zu erheben.

Wie ein Baum, ergriffen vom Sturme,
Nach der einen Seite durch bleibendes Brausen gebogen
Steht, so stand mit gewandtem Gesicht der bebende Petrus.

Meistens sind aber auch diese Gleichnisse aus der sinnlichen Welt für unsere Einbildungskraft wertlos. Satan, nachdem er Judas im Traum

[1] IX, 135 ff. Von sinnlichen Gleichnissen ähnlicher Art fielen mir nur noch X, 168 f. und XIX, 1000 f. auf, letzteres an biblische Vergleiche erinnernd.

zum Verrat gereizt hat, richtet ſich über ihm auf. So richte ſich ein
werdender Berg auf, bemerkt Klopſtock dazu (III, 653 ff.), während rings
um ihn Thäler im Erdbeben zur Tiefe niederſtürzten. Wozu die Worte?
Dem Verſtändnis helfen ſie nicht. Die Beiſpiele ließen ſich in's Endloſe
vermehren; der ſinnlichen Anſchauung wird aber durch alle dieſe Vergleiche
keiner der dargeſtellten Vorgänge und Zuſtände näher gerückt.

Aber wie kam Klopſtock dazu, das Weſen des Gleichniſſes ſo ſeltſam
zu verkennen? Miltons Schuld war es nicht; denn die wenigen Vergleiche
im 'Verlornen Paradies' waren in der herkömmlichen Weiſe ausgeführt,
anſchauliche Bilder für die ſinnliche Vorſtellung. Breitinger hatte 1740
ſeine 'Kritiſche Abhandlung von der Natur, den Abſichten und dem Gebrauche der Gleichniſſe' erſcheinen laſſen, die Klopſtock ohne Zweifel eifrig
ſtudierte. Hier (S. 304) war nun zwar dem Wunſche Raum gegeben, die
modernen Dichter möchten, ſtatt die alten, abgebrauchten Vergleiche immer
zu wiederholen, ihre Schriften mit neuen Bildern auszieren, von denen
Homer zu ſeiner Zeit nichts wußte. Gerade das Beiſpiel dieſes erfindungs-
reichen Urvaters der Poeſie ſollte ſie aufmuntern, ſich die großen Vorteile,
welche ihnen die Verſchiedenheit der Religion und des Staatslebens, die
Ausbreitung der Wiſſenſchaften und Künſte darbiete, „rechtſchaffen zu
Nutze zu machen und ihren Witz aus dieſen neu entdeckten Minen und
Gängen der Wohlredenheit mit unermüdetem Nachſpüren zu bereichern".
Aber Breitinger dachte nicht daran, daß der Dichter das innere Weſen der
Gleichniſſe ändern ſolle. Ausdrücklich und wiederholt legte er vielmehr
dar (S. 41, 58 x.), die erſte und vornehmſte Abſicht derſelben beſtehe
darin, daß ſie „einen undeutlichen und nicht genug beſtimmten Begriff
durch ein bekanntes, deutliches und wohl abgemeſſenes Bild in ſein volles
Licht ſetzen", daß ſie „die Begriffe von unkörperlichen und geiſtlichen
Dingen durch ſinnliche Vorſtellungen unter ſymboliſchen, von körperlichen
Weſen entlehnten Bildern abſchildern und gleichſam ſichtbar machen".
Von dieſer Art waren auch alle die zahlreichen Beiſpiele, die er von den
Dichtern der verſchiedenſten Völker und Zeiten entlehnte. Etwas unter-
ſchieden ſich davon nur die Gleichniſſe, welche Breitinger die lehrreichen
nannte. Er verſtand darunter ſolche Fälle, in denen das Gleichnisbild
„ein angenommener philoſophiſcher, moraliſcher oder politiſcher Satz" iſt,
der aber ſelbſt bekannter iſt als derjenige, mit welchem er verglichen wird.
Durch dieſe Gleichniſſe werden alſo jedes Mal zwei ähnliche Sätze, Urteile, Abſichten oder auch ſittliche Handlungen vorgeſtellt, nicht das eine

Glied der Vergleichung durch das andere erläutert. Seine Beispiele dafür nahm Breitinger meist aus Popes 'Essay on criticism', in welchem er auch sonst mehrere nicht sowohl erklärende als den Gedankenkreis erweiternde und ausschmückende Gleichnisse fand (S. 58 ff., 113 ff.). Diese „lehrreichen“ Vergleiche waren nicht, wie die Homerischen Bilder, auf die sinnliche Anschauungskraft, aber auch nicht, wie Klopstocks Gleichnisse, auf das Gefühl berechnet, sondern auf den Verstand. Sie waren weder eigentlich episch noch lyrisch, sondern didaktisch oder satirisch. So verglich Pope z. B. die thörichten Liebhaber des Tones mit den schlechten Kirchengängern: jene bewundern an der liebreizenden Muse allein die Stimme und besuchen den Parnaß nur, um die Ohren zu kitzeln, nicht um den Willen zu verbessern, wie diese nicht der Predigt, sondern des Gesanges halber in die Kirche laufen. Gewiß sind derartige Vergleiche von Klopstocks Gleichnissen noch wesentlich verschieden. Aber der Weg war wenigstens gezeigt, auf dem ein neuerer Dichter über die sinnlichen Bilder der früheren Poeten hinausgelangen konnte. Wenn Klopstock diesen Pfad einschlug, mußte er mit seiner überquellenden, auf das Geistigste gewendeten Empfindung folgerichtig bei der ihm eigentümlichen Gattung von Gleichnissen ankommen, deren letzte Absicht es ist, das Gefühl der Leser mächtig zu erregen[1]).

Darauf zweckt auch die Bildung der Klopstockischen Sprache im einzelnen ab. Auch hier, im Bau der Sätze, in der Wahl und Anordnung der Wörter, verrät sich überall der Lyriker. Hohle Rhetorik bleibt der Diction Klopstocks fern. In diese waren zum Teil die Epiker verfallen, die ihm unmittelbar vorausgiengen. Aber rhetorisch gefärbt ist die gesammte Schreibart der Messiade. Der lyrisch angelegte Dichter, der das Gemüt seiner Leser treffen will, erzählt nicht ruhig, sondern bedient sich der Kunstgriffe des Redners. Alle oratorischen Mittel stehen ihm zu Gebote. Bald bildet er kleine und kleinste Sätzchen in Youngs Manier; bald türmt er künstlich kühne Riesenperioden auf, wie sie unter den antiken Epikern öfter Virgil als Homer, unter den modernen, die Klopstock genauer kannte, namentlich Milton gewagt hat. Zu rhetorischen Zwecken wiederholte er gern unmittelbar hinter einander die gleichen Worte oder wandte die Figur

---

[1]) Nur in so weit möchte ich der Behauptung Hamels (Klopstockstudien, Heft III, S. XV) beistimmen, Klopstock sei durch Breitinger und Pope auf die Art seiner Gleichnisse geführt worden.

der Anaphora dreimal und öfter nach einander an[1]). Er schob häufige
Interjectionen selbst in die einfach erzählenden oder schildernden Abschnitte
ein und bildete überhaupt mit Vorliebe Ausrufesätze. Gern brauchte er,
um den Vortrag lebhafter und subjectiver zu gestalten, die Form der Apo-
strophe, und zwar nicht bloß bei Personen, sondern auch bei Ortsnamen
(V, 139; VIII, 421 ꝛc.). Vor einem Anakoluth scheute er keineswegs zurück und nahm auch, ohne daß ein solcher vorlag, bei längeren Perioden
die ersten Worte mehrmals wieder auf. Endlich gestattete er sich die ver-
wegensten Wortstellungen, zu denen ihn das Vorbild der antiken Dichter
anreizte.

Für öfters wiederkehrende Vorgänge nach dem Muster des Homerischen
Epos regelmäßig dieselbe typische Wendung zu gebrauchen, vermied Klopstock. Er wechselte vielmehr hier beständig im Ausdruck des Einzelnen, wie
er ja auch die Formen der Eigennamen in seinem Gedicht immerwährend
variierte. Dagegen wiederholte er in der zweiten Hälfte der Messiade
häufig größere Abschnitte dicht hinter einander oder nahm ganze Seiten
aus den früheren Gesängen mit geringfügigen Veränderungen in die späteren
herüber. Allein wenn er durch diesen Kunstgriff seinem Werk etwas von
dem epischen Tone der Homerischen Poesie mitzuteilen strebte, so mißglückte
der Versuch nur zu oft. Denn nicht selten fielen auch diese Wiederholungen
ganz lyrisch aus; sie nahmen geradezu den Charakter des Refrains an.

Den Zwecken des Epikers gemäßer waren die zahlreichen Adjectiva
und Participia, mit denen Klopstock seine Sätze ausschmückte. Auch hierin
waren Homer[2]) und Virgil und von den älteren deutschen Dichtern vielleicht am meisten Pyra und Brockes seine Muster. Daneben aber wirkte
namentlich die heilige Schrift auch auf seine sprachliche Darstellung
bedeutsam ein. Nicht bloß an biblischen Ausdrücken und Phrasen war die
Messiade reich; sondern auch die der semitischen Dichtung überhaupt eigentümliche Form des Parallelismus der Rede bildete Klopstock nach (z. B. I,
595 f.; IV, 748 ff.). Namentlich bei den Hymnen des zwanzigsten Gesangs,

---

[1]) Achtmal XIII, 657 ff.; ebenso IV, 370 ff. in den ersten Ausgaben, seit
1780 nur halb so oft. Fast schon zum Refrain wird die Anaphora XVII, 331 ff.

[2]) Homer war übrigens auch stofflich in einigen Kleinigkeiten Klopstocks Vorbild. So stammte z. B. die Geschichte von dem Hunde des Dulders Elisama, der
seinem toten Herrn die Hand leckt und stirbt (XVI, 270 f.), aus der Odyssee
(XVII, 291 ff.).

deren Charakter durchaus durch eine pathetische Rhetorik bestimmt wurde, war ihm jene Darstellungsweise sehr geläufig. Hie und da freilich (so XX, 187 ff. ꝛc.) artete der Parallelismus zur vollen Tautologie aus; mit dem Gedanken blieb auch das dichterische Bild dasselbe, und nur die Worte wechselten. Einflüsse der hebräischen Literatur zeigten sich ferner in der Bedeutung, die Klopstock gewissen Zahlen beilegte. So, wenn eine Sache besonders feierlich oder furchtbar erscheinen soll, geschieht sie dreimal (II, 700; VIII, 26, 506; X, 785; XX, 1062 ꝛc.) oder siebenmal (I, 395; II, 343; VIII, 509, 544 ꝛc.). In derselben Absicht wird öfters auch ein Wort, auf welches ein feierlicher Nachdruck gelegt werden soll, dreimal wiederholt (so z. B. VIII, 37, 466.).

Äußerst sorgfältig gieng Klopstock bei der Wahl der einzelnen Wörter zu Werke. Der Ausdruck[1]) sollte völlig bestimmt sagen, was die Empfindung will Jedes Wort sollte seinen eigentümlichen, von andern Begriffen streng abgegrenzten, doch möglichst weit reichenden Sinn in sich tragen. So bildeten für Klopstock wie für die Schweizer die „Machtwörter", die wirklich einen besonderen Begriff ausdrücken, den Kern der dichterischen Sprache. Sein Streben, in jedem Falle das einzig richtige Wort zu treffen, führte ihn bisweilen sogar zu weit. Hie und da opferte er der sachlichen Kürze und Bestimmtheit des Ausdrucks selber die Wärme des Empfindens auf. Andrerseits leitete ihn eben dieses Streben zum Gebrauch gewisser Formen, die an sich seiner Diction nur zum Gewinn gereichen und höchstens bei allzu häufiger Wiederkehr tadelnswert erscheinen konnten. In dieser Weise bediente er sich z. B. gern des Comparativs in einer absoluten Bedeutung, die im Lateinischen öfter begegnet, um einen erhöhten Grad des Adjectivbegriffs ohne Rücksicht auf irgend welche Vergleichung auszudrücken. Aus ähnlichen Gründen zog er nicht selten das nachdrücklichere einfache Wort dem gebräuchlicheren Compositum vor, vertauschte das transitive oder reflexive Verbum mit dem intransitiven, setzte statt des abstracten Ausdrucks einen concreten, statt des concreten einen abstracten. Zugleich verlangte Klopstock aber auch, daß der Dichter sich auf die edlen Wörter beschränke, die keine niedrigen oder lächerlichen Nebenbegriffe veranlassen. Um den Mangel, der dadurch in dem poetischen Wörterschatz entsteht, zu ersetzen, zog er alte Formen und alte Ausdrücke aus der Vergessenheit wieder hervor, der sie

---

[1]) Vgl. seine Aufsätze von der Sprache und von der Natur der Poesie im ‚Nordischen Aufseher'.

bald völlig anheim zu fallen drohten, scheute vor der Aufnahme von Fremdwörtern, die sich mehr oder minder schon eingebürgert hatten, nicht zurück
und wagte in ausgedehntem Maße neue Wörter im Einklang mit den
Grundgesetzen der Sprache zu bilden und zusammenzusetzen.

Die Theorie Breitingers, der in seiner 'Kritischen Dichtkunst' im Capitel von der Würde der Wörter ziemlich das alles gelehrt hatte, ermutigte
Klopstock zu diesen Neuerungen. Die Kühnheit, mit der er bei der Durchführung derselben die Absichten und Vorschläge Breitingers weit hinter sich
ließ, fand nur in der antiken Dichtersprache ein Vorbild. Dadurch ward
Klopstock ein Reformator und Regenerator unserer poetischen Sprache.
Luther und Goethe ausgenommen, hat niemand für sie so viel geleistet als
er. Von ihm erhielt sie Würde, Anmut, sinnliche Pracht und die Kraft, unmittelbar auf das Gemüt zu wirken. Der ganze Wohllaut der deutschen
Rede ward wieder von seinen Fesseln befreit, die Grundlage geschaffen, auf
der sich die lyrische Sprache Goethes bilden konnte. Dieser waren nicht
bloß alle Vorzüge im höchsten Grade verliehen, welche — zum Teil in
einem geringeren Maße — Klopstocks dichterische Rede ausgezeichnet hatten;
sondern sie besaß noch eine Eigenschaft, die zwar nicht immer, doch in den
meisten Fällen der Sprache Klopstocks mangelte, sinnige Verschwiegenheit.
Klopstocks Dichtung sagt uns nur, was sie mit Worten ausspricht. Wo
er sich in der Darstellung der Leidenschaft Sprünge und Lücken erlaubt,
bedürfen wir einer Thätigkeit des Verstandes, um das Fehlende herbeizu-
construieren. Bei Goethe hingegen gibt sich die seelische Empfindung auch
unausgesprochen kund. Er verschweigt oft geradezu das Letzte und Innerste;
aber wir fühlen es ohne jedes Zuthun des Verstandes aus dem Gesagten
heraus, indem wir zugleich erkennen, daß Worte es überhaupt nicht auszudrücken vermögen[1]).

Allein mag ihr auch diese geheimnisvolle Zartheit versagt sein, frei
und kraftvoll wenigstens stellt sich uns Klopstocks Sprache dar. Von Anfang an war es des Dichters Bestreben, sie so zu gestalten. Doch erst
langsam, durch ein mühvolles und unermüdetes Feilen und Bessern im
Verlauf eines halben Jahrhunderts gelangte er zum Ziele. Von Ausgabe
zu Ausgabe wurde der Text des Gedichtes umgearbeitet. Den veränderten
religiösen und künstlerischen Ansichten des Verfassers wurde Rechnung

[1]) Vgl. Hamel a. a. O. I, 53 ff.; II, 136 ff.

getragen; aber auch die Wünsche der Freunde und sogar manche Winke der Kritiker blieben nicht unbeachtet. Nicht selten verwarf Klopstock, immer auf's neue prüfend, beim dritten Abdruck wieder die zweite Fassung und griff auf die erste Form zurück. Am sichtbarsten ward unter dieser Feile der sprachliche Ausdruck des Gedichts umgemodelt. Wortformen, Stellungen und Satzbau änderten sich von einem Druck zum andern. Was ungelenk oder undeutlich schien, wurde einfacher und klarer, was nicht bedeutend und edel genug dünkte, nachdrücklicher und würdiger ausgeführt. Von Gesang zu Gesang wurden die Wortbildungen kühner. Namentlich beim Substantiv und Adjectiv gestattete sich Klopstock in der zweiten Hälfte der Messiade und in den spätern Auflagen der ersten Bücher Ableitungen und Zusammensetzungen, die vor und nach ihm unerhört oder doch ungewöhnlich blieben. Im Gebrauch und in der Bildung des Verbums hatte er sich gleich Anfangs eine größere Freiheit genommen. Doch auch hier stellten sich die kühnsten Formen erst später ein[1]. Der lyrisch-rhetorische Charakter seiner Redeweise wurde auch durch diese Änderungen des Einzelnen eher verschärft als gemildert.

Mit der Umwandlung der Sprache gieng die Vervollkommnung des Verses Hand in Hand. Trotz Gottscheds Vorgang mußte Klopstock sich den Hexameter erst neu bilden. Was bei jenem und bei allen, die bisher deutsche Hexameter geschmiedet hatten, ein künstlicher Versuch war, eine gelehrte Spielerei, die sich auf wenige Zeilen beschränkte, das wurde bei ihm zur künstlerischen That. Er erkühnte sich zuerst, ein ganzes, großes Heldengedicht in diesem Versmaß abzufassen. Homers Hexameter, den er dem Virgilischen vorzog, war sein Muster. Ihn suchte er nicht knechtisch nachzuahmen, sondern frei zum deutschen epischen Verse umzugestalten. Im Einklang mit dem Genius unserer Sprache folgte er selbständig den Gesetzen der antiken Verskunst. Scheinbare Positionslängen blieben selbstverständlich unbeachtet. Besonders forderten die unbetonten Silben eine

---

[1] Ich schließe das auf Grund des reichen Materials, welches Christoph Würff, 'über Klopstocks poetische Sprache mit besonderer Berücksichtigung ihres Wortreichtums' in Ludwig Herrigs Archiv für das Studium der neueren Sprachen und Literaturen, Band 64 und 65 (Braunschweig 1880 und 1881) und neuerdings in dem 'Beitrag zur Kenntnis des Sprachgebrauchs Klopstocks' (in den Jahresberichten des k. k. II. deutschen Obergymnasiums in Brünn 1883, 1884 und 1885) zusammengestellt hat.

freiere Behandlung. Die verhältnismäßige Armut der deutschen Sprache
an Spondeen nötigte den Dichter, öfters Trochäen an ihre Stelle treten
zu lassen. Für den Verskünstler war es ein Glück, daß Klopstock später
in diesem größeren Wechsel der Versfüße einen Vorzug des deutschen Hexameters vor dem griechischen zu finden wähnte. Es wurde so eine Freiheit
gewahrt, die auf die fernere Entwicklung des Hexameters in unserer Literatur weit gedeihlicher einwirkte als die pedantischen Versuche späterer
Dichter, vorgeblich antike Hexameter mit strengem Wechsel von Daktylen
und Spondeen im Deutschen zu schmieden. Weder Goethe noch selbst Voß
bildeten nach so kleinlich beschränkten Grundsätzen ihre Hexameter. Beide
giengen von Klopstocks Vers aus. Goethe, noch freier, verlieh ihm Leichtigkeit und Anmut; Voß, strenger, gab ihm mehr epische Fülle und
Stetigkeit.

Klopstocks Hexameter ist so wenig wie die Sprache und gesammte
Darstellung der Messiade von lyrischen Elementen frei. In den ersten
Ausgaben trat dies noch äußerlich augenfälliger hervor. Nur zwei Verse
sind auch jetzt noch absichtlich unvollendet von dem Dichter gelassen, um
die Wirkung des großen Inhalts auf das Denken und Fühlen des Lesers
mit formalen Mitteln zu unterstützen. Beide Hexameter entsprechen einander genau: der eine (X, 1052) berichtet das Sterben, der andere
(XIII, 695) die Auferstehung Christi. Früher kam dazu noch ein Vers
aus dem Gericht Jehovahs über den Messias (V, 325). Gott erwägt
vor seiner Heiligkeit die Sünde des Menschengeschlechtes.

> Da ergrimmt' er, und stand itzt
> Hoch auf Tabor, und hielt den tief erzitternden Erdkreis,
> Daß er nicht vor ihm vergieng.

Der Gedanke war auch hier unendlich tief und fruchtbar; doch reichte
er nicht an die Größe jener beiden Stellen, die gewissermaßen den Kern
der Erlösung in sich enthielten. Schon 1755 füllte Klopstock daher den
unvollendeten Hexameter aus, wie sehr auch Lessing den von Virgil entlehnten Kunstgriff pries, den übrigens Young ebenfalls dreimal (night-
thoughts II, 255; IV, 55, 258) und zwar zu demselben Behuf wie nachher Klopstock angewendet hatte, wie rasch auch die junge Dichterschule denselben nachahmte.

Anfangs war Klopstock des Metrums noch nicht völlig Herr. Unbedingt falsche, über- oder minderzählige Verse waren zwar immer bei ihm

etwas Seltenes[1]). Aber manche Unebenheiten und Unsicherheiten störten in
der ersten Zeit den ruhigen Fluß des Verses. Namentlich die Daktylen
klangen oft gar holperig. Die Silben schienen manchmal nur nach dem
Schema des Verses abgezählt, nicht aber nach ihrem Wert gehörig abgewo-
gen zu sein. Das Verhältnis der Stammsilben zu den Nebensilben, der
hochbetonten zu den tonlosen Silben war dem Dichter noch nicht ganz klar.
Aber er wußte den Mangel geschickt zu verdecken. Seine musikalische Begabung bekundete sich in einem feinen Sinn für die rhythmische Bewegung
der Rede. Seine Verse waren mit lebendiger Lippe gedichtet. Sie waren
nicht für das Auge, sondern für das Ohr bestimmt. Wie fehlerhaft sie
auch in metrischer Hinsicht sein mochten, für die Declamation waren sie
vollkommen. Der melodische Rhythmus, der ihnen innewohnte, rettete sie
beim lebendigen Vortrag, wie die musikalische Composition ein Lied rechtfertigen kann, das ohne sie steif und schwerfällig einherhinkt.

Von Ausgabe zu Ausgabe wurde das besser. Der Rhythmus blieb
und wurde sogar noch wirksamer ausgebildet. Erst allmählich wandte
Klopstock mit künstlerischem Bewußtsein das Enjambement an, das nach-
drucksvolle Verschleifen eines Satzes oder einer Phrase aus einem Vers
in den andern. Allein der Rhythmus wirkte jetzt nicht mehr allein. Die
Verse waren auch metrisch geglättet und gefeilt worden. Lange und kurze
Silben wurden nun streng unterschieden, der Hiatus oft in glücklichster
Weise verhütet und durch die denkbar mannigfaltigste Gruppierung der
Wörter innerhalb des Verses eine Fülle von Cäsuren geschaffen, die in
ihrem beständigen Wechsel dem Hexameter einen immer neuen und zwar
der Natur des Epos vollauf zukommenden Reiz verliehen. Bis in's Einzelnste arbeitete auch hier die Kunst des Dichters. Die metrische Form
wurde dem Gedankengehalte stets angemessener. So entstand Wohlklang
und konnte selbst eine gewisse Klangmalerei versucht werden. Die gleich-
mäßige epische Ruhe des Homerischen Verses besitzt Klopstocks Hexameter
allerdings auch in seiner letzten Gestalt nicht. Aber bei dem Streben des

---

[1]) Von siebenfüßigen Hexametern bemerke ich außer dem schon von Hamel
(Klopstockstudien II, 91) angeführten Vers X, 283 noch XII, 731, der ebenfalls
erst in der letzten Ausgabe verbessert wurde. Dagegen scheint XX, 588 nur durch
einen Druckfehler („feine" statt „fein"), der gleich 1780 corrigiert wurde, überzählig
geworden zu sein. Der scheinbar fünffüßige Vers XV, 489, der auch noch in der
letzten Ausgabe stehen blieb, ist wohl mit schwebender Betonung des Wortes
„größer" als sechsfüßig zu lesen.

Dichters nach Harmonie zwischen Form und Inhalt war dies von Anfang an unmöglich.

Aus religiösen Oden und Elegien zusammengesetzt, endigte die Messiade folgerichtig mit den Jubelhymnen anbetender Engelschaaren. Der rein lyrische Gehalt sprengte hier auch die äußere Form des ursprünglich epischen Verses. Nur die wenigen erzählenden Worte des zwanzigsten Gesangs konnten in Hexameter gefaßt werden; die Hallelujahchöre erforderten freie lyrische Maße. Klopstock erfand dazu neue Strophengebilde, indem er die in der antiken Dichtung vorkommenden Versfüße in einer bisher unversuchten Weise zusammenordnete, die gleiche Strophenform aber meist öfter wiederholte. Dabei liebte er es, um die Bewegung des Verses wirkungsvoll zu beschleunigen oder zu verzögern, mehrere kurze oder lange Silben unmittelbar auf einander folgen zu lassen. Besonders die letzteren häufte er in ungewöhnlicher Art, um der würdevoll-feierlichen Stimmung des Gesangs Ausdruck zu geben. Ein Vorbild dafür fand er namentlich in der chorischen Lyrik der griechischen Dramen. Die deutsche Sprache ist aber von der griechischen zu sehr verschieden, als daß Klopstocks Neuerungen nicht oft ihrem Wesen widerstrebt hätten. Wie künstlich und erzwungen diese oft waren, beweist am besten der Umstand, daß der Leser gar nicht immer gleich auf den ersten Blick sich über das metrische Gefüge klar wird. Denn nicht selten läßt es die sinngemäße, natürliche Betonung unentschieden, ob ein zweizeitiges Wort als Länge oder als Kürze zu behandeln sei. Nur das stets fremde, starre, tote Schema des Verses, nicht eine leicht und lebendig dem Gedächtnis sich einprägende Strophenform vermag den Zweifel zu lösen. Auch ist es dem Dichter nicht immer geglückt, den metrisch zerfallenden Vers rhythmisch zu binden. Er verwandte alle erdenkliche Sorgfalt darauf, daß Wort und Weise im beständigen, äußerlich vielleicht nie gestörten Einklang seien; doch in einigen wenigen Fällen versäumte er, die zahlreichen Cäsuren, die das Metrum trennten, auch im sprachlichen Ausdruck genügend zu beachten.

Allein wie mangelhaft Klopstocks Epos im ganzen und im einzelnen auch ausgefallen sein mochte, Eines war ihm gelungen: zum ersten Mal wieder seit der Reformation war durch ihn in unserer Poesie der Bund geschlossen zwischen der Bibel und dem klassischen Altertum. Der modernen Menschheit insgesammt und insbesondere dem deutschen Volk flossen seit den Tagen der Renaissance aus dem Orient und aus Hellas die Ströme der Bildung zu. Die gewaltige Literatur des Zeitalters der Reformation erwuchs aus der Vermählung beider Elemente. Das siebzehnte Jahrhundert war die Zeit der Trennung. Aber sobald wieder ein Dichter ein höchstes Werk in unserer Literatur erstrebte, schmolzen die gesonderten Elemente wieder zur Einheit zusammen. Bibel und Homer wurden die Lehrmeister und Vorbilder Klopstocks. Aus den heiligen Schriften entnahm er seinen Stoff, um ihm die antike Kunstform aufzudrücken.

V.

Wirkungen der Messiade.

Auf die Zeitgenossen mußte Klopstocks Dichtung zunächst den Eindruck des Neuen, Ungewöhnlichen machen. Die drei Gesänge des 'Messias' waren in jeder Hinsicht ganz anders als alles, was man sonst von gleichzeitiger Poesie in Deutschland kannte. Man sah sich einem Dichter gegenüber, dessen Werk keinen Zweifel daran ließ, daß er um den höchsten Preis, um den epischen Lorbeer, rang, und zwar mit weitaus bedeutenderen künstlerischen Kräften rang als alle seine Vorgänger. Ein wahrhaft großer, religiös geweihter Stoff war in würdige, edle Formen gefüllt. Unter den angesehensten Autoren der vaterländischen Literatur war keiner, der irgendwie als Lehrer oder Vorbild des neu auftauchenden Genies gelten konnte. Aber auch keiner der französischen Meister, deren Einfluß seit langen Jahrzehnten unsere Dichtung beherrscht hatte, schien den jugendlichen Sänger in die Schule genommen zu haben. Aus dem biblischen und hellenischen Altertum vielmehr und aus der englischen Literatur waren seine Muster entnommen. Er imponierte oder verblüffte durch neue, tiefe Gedanken wie durch die außerordentliche, absonderliche Art, mit der er sie vortrug. Phantasie und Empfindung, die so lang in unserer Poesie an Fesseln gelegt waren, zeigten sich hier wie mit Einem Schlage zu voller Ungebundenheit befreit. Der Dichter selbst war von echter, machtvoller Begeisterung für seine Aufgabe ergriffen. So vermochte denn auch seine Darstellung zu zünden und zu fesseln. Nicht nur viele einzelne Gestalten seines Werkes lenkten das bleibende Interesse der Leser auf sich; auch der bruchstückartige Charakter der gesammten Veröffentlichung, der Umstand, daß man gezwungen war, sich vorläufig mit dem bloßen Anfang eines noch unvollendeten, unabsehbaren Ganzen zu begnügen, trug nicht wenig dazu bei, die Spannung auf den weiteren Verlauf der epischen Geschichte zu vermehren.

Alles dies wäre Grund genug gewesen, daß das Publicum wie die Kritik in Deutschland sogleich die größte Aufmerksamkeit der Messiade zugewendet hätte. Dem scheint jedoch nicht so gewesen zu sein. Vereinzelt blieb vorerst der Ausruf eines Ewald Christian von Kleist, der sofort den großen Unterschied zwischen Klopstock und den übrigen Beiträgern bemerkte und — allerdings mit einem höflichen Schnörkel — schon am 10. Juni 1748 seinem Gleim bekannte, daß er in den Versen des neu erstandenen Dichters die sichere Gewähr für die zukünftige Größe der vaterländischen Literatur erblickte: „Nun glaube ich, daß die Deutschen noch was Rechts in den schönen Wissenschaften mit der Zeit liefern werden; solche Poesie und Hoheit des Geistes war ich mir von keinem Deutschen vermuten außer von Ihnen." Auch mehrere Kritiken erschienen noch im Laufe des ersten Jahres in verschiednen Zeitschriften[1]), nicht mehr und nicht weniger, als eben sonst auch, wenn ein neues Talent auf den Schauplatz trat. In allen waren die drei Gesänge wohlwollend behandelt, ja mit unzweifelhaftem Beifall begrüßt worden; als eine ungemeine Erscheinung aber auf dem Gebiet unserer Literatur hatte sie doch wohl keiner der Recensenten erkannt und besprochen. Erst Bodmers ausdauerndes Bemühen öffnete den Zeitgenossen das Verständnis dafür, daß hier etwas Außerordentliches vorliege.

---

[1]) Am 6. Juli 1748 in der 'Berlinischen privilegierten Zeitung'; am 29. August in den 'Göttingischen Zeitungen von gelehrten Sachen', Stück 95 (von Haller); am 25. September in den Züricher 'Freimütigen Nachrichten' (von Bodmer); am 17. Januar 1749 in den 'Berlinischen wöchentlichen Berichten der merkwürdigsten Begebenheiten des Reichs der Wissenschaften und Künste' (ein aus Bremen eingesandter Artikel); am 4. Februar in den 'Erlangischen gelehrten Anmerkungen und Nachrichten' und in den 'Erlangischen gelehrten Anzeigen' auf 1749, Nr. 4 (von Andreas Elias Roßmann); in der 'Vollständigen Einleitung in die Monatsschriften der Deutschen', Band I, St. 6 (Erlangen 1749); in den 'Nachrichten von einer hallischen Bibliothek', Stück 15 im März 1749 (von Alexander Gottlieb Baumgarten); gleichfalls im Frühling 1749 in französischer Sprache (wo gedruckt?) von Johann Heinrich Meister, auf dessen Veranlassung auch zur gleichen Zeit ein Graf Du Cuesne eine wohl nie ausgeführte französische Übersetzung plante; u. s. w. Vgl. meine Einleitung zum 'Messias', Gesang I—III in Bernhard Seufferts 'Deutschen Literaturdenkmalen des achtzehnten Jahrhunderts', Heft XI (Heilbronn 1883).

Schon am 25. September 1748 hatte er in den Züricher 'Freimütigen Nachrichten von neuen Büchern und andern zur Gelehrtheit gehörigen Sachen' einen 'Aufgefangenen Brief' zum Lobe seines Schützlings ver=öffentlicht. Auch die kurzen Anzeigen der Messiade in hallischen oder er=langischen Monatsschriften hatte er zum Teil mit veranlaßt. Nun aber bestimmte er Georg Friedrich Meier, denselben, der auch den Nach=druck der drei ersten Gesänge bei Hemmerde besorgte, eine besondere Schrift zum Ruhm des noch nicht über die Exposition hinausgediehenen Werkes zu verfassen. Meier ließ sich gern diese Aufgabe übertragen; denn er glaubte in seiner 'Ästhetik' doch nicht so häufig Gelegenheit zu finden, der Messiade zu gedenken. Und doch war er mit Bodmer überzeugt, man müsse die Deutschen „gleichsam mit der Nase d'rauf stoßen", wenn sie die Schön=heiten fühlen sollten. Rasch gieng er daher an die Arbeit. Bereits am 23. December 1748 konnte er dem Züricher Kunstrichter seine 'Beurteilung des Heldengedichts der Messias' (Halle 1749) übersenden. Er hatte nicht sowohl eine Kritik als vielmehr eine maßlose, oft sogar alberne Lobschrift verfertigt. Nur ein paar Male wagte er mit schüchterner Miene den Dichter „freundschaftlich" zu tadeln. Und da waren seine Einwände meist kleinlich. Die ganze 'Beurteilung' war weder gründlich noch reich an selbständigen Gedanken. Großenteils lieferte Meier nur eine Inhalts=angabe, die er bald mit Ausrufen der Bewunderung, bald mit wörtlichen Citaten aus den drei Gesängen unterbrach. Für Poesie, auch nur für poetische Sprache verriet er wenig Sinn. Er scheute sich nicht im mindesten, die Phantasie und das Empfinden des Dichters nach den gemeinen Regeln des Verstandes zu prüfen und so viel als möglich ihnen anzupassen. Allein er meinte es herzlich gut mit Klopstock und seinem Werke.

Seine Absicht, diesem zu nützen, erreichte er denn auch vollkommen. Die allgemeine Aufmerksamkeit des literarisch gebildeten Publicums in Deutschland ward auf die Messiade gelenkt. Bisher mochte Klopstock mit einem Schein des Rechtes sich bei Bodmer über die deutschen „breiten Köpfe" beklagen, die von dem Dasein seines Gedichtes gar nichts merken wollten. Gisele durfte noch zu Anfang des Jahres 1749 in seinem ge=reimten 'Schreiben an Herrn K†††l'[1]) den befreundeten Sänger ironisch auffordern, er möge sich als Gelegenheitspoet die Gunst eines Hofes und

---

[1]) 'Sammlung vermischter Schriften von den Verfassern der bremischen neuen Beiträge', Bd. I, St. 3, S. 214 f.

damit seinem Epos allgemeineren Beifall erringen. Wenige Monate darnach wäre dieser Spott nicht mehr berechtigt gewesen. Schon am
25. April 1749 konnte Meier sich gegen Bodmer rühmen, daß er durch
die wenigen Bogen seiner Schrift dem „göttlichen Gedichte" viele Verehrer
gewonnen habe. Seine ‘Beurteilung' wurde 1752 neu aufgelegt und mit
einem zweiten Stück (über den vierten und fünften Gesang) vermehrt.
Die drei ersten Gesänge wurden so schnell vergriffen, daß Meier schon am
12. October 1749 nach Zürich von einer dritten Ausgabe derselben berichten konnte — wahrscheinlich meinte er die mit der Jahreszahl 1750
versehene zweite Auflage des vierten Bandes der ‘Bremer Beiträge'. Mit
Meiers Schrift und teilweise durch sie aufgestört, begann die Sorge der
Leser um Abbadonas Schicksal. Jetzt erst erwachte die Begeisterung für
das neue Epos und für dessen Dichter.

Vor allem in den Kreisen Deutschlands, in denen die Lehre der
Schweizer Wurzel geschlagen hatte. In enthusiastischen Briefen beschäftigt
man sich viele Seiten lang nur mit dem ‘Messias', erwägt die einzelnen
Ansichten des Dichters, bespricht Vers für Vers. Das Werk lebt im
Munde der ganzen Partei. Immer mehren sich die Anspielungen und
Citate. Mit Klopstockischen Worten versucht jeder seine eignen Gedanken
und Empfindungen auszudrücken. Nun erregen auch die ersten Oden
allerseits Bewunderung. Der Freudentaumel der schwärmerischen Verehrer des jugendlichen Sängers ist keiner Steigerung mehr fähig. Klopstocks Vetter Schmidt vergleicht (am 29. September 1750) die Stimmung,
in welche ihn diese Poesie versetzt hat, zutreffend mit dem Zustand eines
Menschen, „bei dem das Entzücken der Liebe zu einer fortdauernden
Trunkenheit geworden ist". Selten, daß ein Mann wie Johann Joachim
Spalding, der Verfasser des Buches von der Bestimmung des Menschen,
sein volltönendes Lob durch eine leise kritische Bemerkung zu unterbrechen
wagte. Am ersten hütete sich noch Haller vor Übertreibungen. Trotz allem
Beifall, den er öffentlich und im brieflichen Verkehr der Messiade spendete,
gab er nicht zu, daß man Klopstock auf Kosten Miltons erhebe. An
Bodmer, der dies in seinem ‘Noah' (VIII, 205—214; siehe später S. 165)
gethan hatte, schrieb er am 24. Mai 1752 wörtlich: „Daß auch Klopstocks
‘Messias' eher als Miltons Gedichte unsterblich sein werde, scheint etwas
zu mild. Die Franzosen, die den Milton ehren, haben den ‘Messias' nicht
hören wollen, und unter den Deutschen ist noch eine große Anzahl der
Kunstrichter (ohne die Gottschedianer zu rechnen) wider ihn. Mir hat in

vielem die Anlage wider den Geschmack gebünkt. Die Liebe des Lazarus mag noch so platonisch sein, so schickt sie sich nicht zum Leiden Christi, und Cato, der lange kein Messias ist, hat in Unglückstagen des Juba Liebe für unanständig gehalten. Die Reden sind durchgehends zu lang, zu umständlich, und wer würde dem Nicodemus in dem rasenden Sanhedrim zugehört haben? Die Thränen des Vaters sind äußerst unanständig und der Hoheit des obersten Wesens zuwider. Und so viel mehr könnte man sagen, welches aber alles ich, um Talente und Gaben nicht abzuschrecken, immer bei mir behalten habe. Dann die Deutschen können sich noch in die Kritik nicht schicken. Sie meinen, ein Werk, daran man etwas tadelt, seie ganz getadelt, und man muß unbedingt rühmen, wann man nicht schaden will." In demselben Sinne sprach sich Haller noch zwanzig Jahre später in der Vergleichung zwischen seinen und Hagedorns Gedichten aus. Namentlich „der neue Schwung der Sprache" und der Hexameter Klopstocks befriedigte ihn nicht. Auch Ramler kam von seinem überschwänglichen Entzücken etwas zurück (wohl unter Lessings Einfluß), als er die Messiade wiederholt und mit kritischen Augen las. In einem ausführlichen Briefe an Gleim (vom 3. und 4. October 1754) machte er einsichtsvoll den Freund — aber auch nur ihn im Vertrauen — auf mehrere schwache Punkte des Gedichtes aufmerksam. Dagegen nahm Hagedorn schon von Anfang an den Mund voller. Am 7. April 1749 verstieg er sich gegen Bodmer gar zu dem schwärmerischen Bekenntnis, Klopstock sei selbst einer

> „Von den Unsterblichen, welche der Nachwelt ihre Geschäfte
> Heiligen und von Enkel zu Enkel unsterblicher werden.
> Oft bleibt ihr Ruhm nicht auf Erden allein. Unbegrenzter und ewig
> Geht er von einem Gestirne zum andern." [1]

Den höchsten Grad erreichte dieses Entzücken in den Briefen des jungen Wieland. Viel entschiedener als Meier ('Beurteilung' I, 8—10) stellte er Klopstock über Homer und Milton. Mit dem Erscheinen des 'Messias' war für ihn wie für Bodmer das goldene Zeitalter der deutschen Literatur angebrochen. „Wir sind bereits fähig", schrieb er im October 1751, „alle abendländischen Völker herauszufodern, uns in ihrem Schoß solche Nachahmer und Übertreffer der Alten zu zeigen, als wir besitzen." Und am 29. Februar 1752 gestand er vollends seinem Schweizer Freunde

---

[1] Messias III, 214—218.

Schinz: „Wir, die wir dieses unschätzbare Gedicht empfinden und einsehen, wir sind berechtiget, eine sehr gute Meinung von uns zu haben."

Dieselbe Verehrung übertrug Wieland von der Dichtung auf die Person des Dichters. In seinem Verlangen, dem Sänger der Erlösung bekannt oder gar seiner Teilnahme und Freundschaft gewürdigt zu werden, wetteiferte er mit Bodmer und dessen Freunde, dem Pfarrer Johann Kaspar Heß¹) in Altstetten bei Zürich. Aber der gleiche Wunsch beseelte Hunderte neben ihnen. Freundschaftlich nahmen sie Anteil an Klopstocks Geschick; ja selbstthätig suchten sie es nach eignem Ermessen zum materiellen und geistigen Heile des Dichters zu lenken. „Wenn ich", schrieb Spalding im März 1749 an Gleim, „eine Vollmacht zur Bedienung bekomme, so möcht' ich sie an Herrn Klopstock geben. Wer sollte nicht unruhig sein, so lange ein solcher Geist noch unversorgt ist?" Ein Jahr später, am 16. Juli 1750, rief er fast prophetisch aus: „Fürsten und Nationen müssen Klopstocken durch Pensionen in die bequemsten und vergnügtesten Umstände setzen, die sich für einen solchen Geist und für eine solche Arbeit schicken!" Ähnliche Absichten verfolgte, schon bestimmter, Samuel Gotthold Lange, der Pastor zu Laublingen. Er hatte bereits vor dem Druck der Messiade von dem Gedicht erfahren und mit dem Ausdruck seiner Bewunderung nicht zurückgehalten²). Auch hatte er für die moralische Wochenschrift, die er zusammen mit Meier in den Jahren 1748 bis 1750 unter dem Titel 'Der Gesellige' in Halle herausgab, einen von Lob überfließenden Brief über Klopstocks Werk verfaßt und darin die Messiade, den Stolz seines Jahrhunderts und seines Volkes, den größten Epen der Welt, d. h. der Ilias, Odyssee, Aeneide, dem 'Verlornen Paradiese' und der Henriade, als ebenbürtig zur Seite gestellt³). Aber wie wenig ahnte Lange in seinem fürsorglichen Eifer, was dem Genius Klopstocks in der That zuträglich sei! „Ich gehe auch damit um", meldete er am 20. April 1749 an Bodmer, „diesem vortrefflichen Mann einen bleibenden Ort zu verschaffen, zu welchem ich eine Dorfpfarre vorteilhafter erkenne, als Sie

---

¹) So überschreibt Bodmer regelmäßig die Adresse seiner Briefe. Auch Heß unterzeichnet sich mehrmals J. C. (nicht J. G., wie man gewöhnlich angibt) Heß.

²) In einem, gleich dem folgenden, noch ungedruckten Briefe an Bodmer vom 11. October 1747.

³) Der Brief, vom 15. Februar 1749 datiert, erschien am 14. April im 124. Stück vom zweiten Jahrgang des 'Geselligen'. Vgl. übrigens ebendort die Abhandlung vom Heldengedicht im 255. und 257. Stück des Jahrgangs 1750.

es zu thun scheinen; denn keine Bedienung ist einem Dichter gemäßer als diese glückliche Stelle, wo die aurea mediocritas sich vollkommen befindet. Was kann er sich mehr wünschen, da ihn in Deutschland um aller 'Messias' willen kein reich Mädchen heiraten wird? Ich werde ihm durch den wahren Mäcen, den Herrn General von Stille, der den guten Geschmack vollkommen besitzet und den ganzen Wert des 'Messias' kennt, einen guten Dienst zu verschaffen suchen. Denn in der That, seine Umstände sind sehr schlecht. Wenn ich dereinst noch einen Teil Oden edieren sollte, wozu ich der wunderlichen Köpfe einiger Freunde wegen eben keine große Lust habe, so würde ich seiner gewiß nicht vergessen." Klopstock in der bescheidenen Beschränkung einer von aller Welt abgeschiedenen Dorfpfarre! Andere, den Wünschen des Dichters eher entsprechende Pläne setzte Bodmer mit Hagedorn, Haller und andern Freunden in's Werk. Und als nun plötzlich all dieses Bemühen durch die glückliche Wendung in Klopstocks äußerem Geschick überflüssig wurde, wie gab sich da die Freude über den unerwarteten Erfolg neidlos auch öffentlich (z. B. in den 'Göttingischen gelehrten Zeitungen' vom 21. September 1750 und vom 19. August 1751) kund!

Damals, zwei kurze Jahre nach Meiers 'Beurteilung', war Klopstocks Name längst durch ganz Deutschland gedrungen, verehrt und gepriesen oder geschmäht und angefeindet. Sein Werk war zum Angelpunkt des kritischen Streites zwischen den Zürichern und Leipzigern und damit zum Mittelpunkt der gesammten Literatur geworden. Recension folgte nun auf Recension. Zunächst hatte Meiers versteckte Klage, daß die protestantischen Geistlichen in Deutschland nicht so eifrig wie die in der Schweiz für die Verbreitung der Messiade sorgten, im 75. Stück der 'Hallischen Zeitungen' (vom 13. Mai 1749) eine Antwort, angeblich von einem früheren sächsischen Amtmann in Thüringen Namens Schröter[1]) erfahren, zwar geistig beschränkt, doch nichts weniger als feindlich gegen Klopstock oder seinen hallischen Lobredner gerichtet. Gleichwohl erwiderte dieser sofort mit der bissigen und dünkelhaften 'Verteidigung seiner Beurteilung' (Halle 1749). Er that unglaublich gereizt und zielte mit seinen groben Hieben sehr oft nach der Person seines Gegners, griff übrigens weit mehr selbst an, als daß er fremde Angriffe abwehrte.

Mehr nach Meiers Sinn war die Broschüre, zu der Heß durch seine Arbeit angeregt wurde, 'Zufällige Gedanken über das Heldengedicht der

---

[1]) Vgl. Rabener an Bodmer vom 9. September 1749 (Literarische Pamphlete aus der Schweiz, Zürich 1781).

Messias' (Zürich 1749). Der Zweck des Verfassers war vornehmlich, Klopstock gegen den ohnedies schüchternen Tadel Meiers zu vertheidigen. Zwar war auch ihm das Verständnis der poetischen Schönheiten des 'Messias' kaum weiter aufgegangen als dem Hallenser. Auch er dachte weniger daran, die ganze Freiheit des Dichters für Klopstock anzusprechen als durch Gründe des Verstandes den Zweifler abzuwehren, oder er spielte, wie bei den endlosen Erwägungen über Abbadona, die Frage auf das religiös-sittliche Gebiet hinüber. Aber Heß stand mit seinem persönlichen Empfinden dem Dichter vielleicht näher als Meier. Seine Schrift, durchaus subjectiv gehalten, zeigt, einen wie mächtig rührenden Eindruck die Messiade auf sein Gemüt gemacht hatte. Ebenso das den 'Zufälligen Gedanken' angehängte 'Schreiben eines Unbekannten von den Empfindungen, welche das Gedicht der Messias bei ihm verursachet hat', wahrscheinlich von demselben Verfasser (vgl. S. 61 der Broschüre). Heß trieb die Bewunderung Klopstocks so sehr über alles Maß hinaus, daß nicht nur fremdere Leser[1], sondern auch die näheren Freunde des Dichters sich davon unangenehm berührt fanden. Wäre es doch, wie Sulzer, der schweizerische Sendbote nach dem nördlichen Deutschland, am 18. Januar 1749 nach einem Gespräch mit Ebert an Bodmer berichtete, den Bremer Beiträgern selbst nicht unlieb gewesen, wenn Klopstock nach dem Druck der drei ersten Gesänge auf halbem Wege stehen geblieben wäre[2]. Sulzer mag vielleicht etwas zu schwarz gesehen haben; wenigstens äußerte sich Rabener in seinen Briefen an Bodmer im entgegengesetzten Sinne. Unstreitig aber befremdete die Beiträger die gefährliche „Abgötterei", die Heß mit Klopstock und seinem Werke trieb. Bitter beklagte sich Johann Adolf Schlegel darüber bei Gisecke (am 24. October 1749). Sulzer aber erklärte (am 6. October) gegen Bodmer, er würde an Klopstocks Stelle alle Exemplare der 'Zufälligen Gedanken' aufkaufen und verbrennen. Das that nun zwar der Dichter nicht und konnte es nicht thun; aber bereits einige Wochen zuvor hatte er Heß brieflich gebeten, er möge nichts mehr zum Lob des 'Messias' schreiben.

Trotz alledem fand man sich in der Schweiz bemüßigt, die paar Bedenken, welche mitten im Lob Heß noch geäußert hatte, gründlich zu beseitigen. Der hochgebildete, auf socialem und literarischem Gebiet ausgezeichnete Berner Vincenz Bernhard von Tscharner versuchte dies, indem

---

[1] Wie ein ungedruckter Brief Meiers an Bodmer vom 12. October 1749 aus einander setzt. Vgl. auch Rabener an Bodmer a. a. O.

[2] Vgl. auch Sulzers Brief an Bodmer vom 27. September 1749.

er das Recht der dichterischen Freiheit betonte. Er hatte auf Bodmers
Antrieb die drei Gesänge bald nach ihrem Erscheinen in's Französische zu
übersetzen begonnen (die Arbeit erschien im Frühjahr 1750 im Druck).
Jetzt eröffnete er in den Züricher 'Freimütigen Nachrichten' gegen Heß
eine nicht sehr ernst gemeinte Fehde, die sich durch mehrere Monate fort-
spann[1]) und, obgleich an sich weder inhaltlich noch formal bedeutend, doch
wesentlich dazu beitrug, daß Klopstocks Werk von allen Seiten beleuchtet
und immer auf's neue gepriesen wurde.

Keiner unter den Zürichern that dafür so viel wie Bodmer selbst.
Nicht zufrieden, daß er in der Schweiz und in Deutschland den Anstoß
zum Ruhm der Messiade gegeben, wurde er nicht müde, dieses Lob selbst
weiter zu verkünden. Gleich im ersten der 'Neuen kritischen Briefe' (1749)
entwarf er, Dichtung und Wahrheit mischend, sein Idealbild des deutschen
Poeten, als der ihm Klopstock erschien. Einen noch enthusiastischeren
Ausdruck gab er im fünfundfünfzigsten Briefe seiner Freude, daß nunmehr
das silberne Zeitalter unserer Literatur, dessen Anbruch er selbst nach
Kräften vorbereitet, so ungeahnt schnell in das goldene überzugehen beginne.
Wiederum als er seit dem 1. Juli 1751 den Versuch machte, in dem 'Crito'
eine ausschließlich literarischen Zwecken dienende Monatsschrift in Zürich
zu gründen — ein Unternehmen, das er nur ein halbes Jahr lang zu
fristen vermochte —, wendete er den dritten Teil der drei ersten Stücke
auf eine unbedingt lobende Anzeige der fünf Anfangsgesänge des 'Messias'.
Und diesen Beifall dehnte er auch auf die meisten Oden Klopstocks aus.

Aber alle schweizerischen Kritiker der Messiade übertraf an Kunst der
Darstellung der Diaconus Heinrich Waser (1714—1777) aus Winterthur mit seinen 'Briefen zweier Landpfarrer, die Messiade betreffend'
(1749 geschrieben, erst im 'Neuen schweizerischen Museum' 1793, Heft 12
und 1794, Heft 1 gedruckt). Eine vortreffliche Satire, doppelt wirksam
durch den charakteristischen Wechsel der Ausdrucksweise. Derb, volkstüm-
lich-naiv redet der eine Landgeistliche. Seine drolligen Einfälle und seine
mitunter mundartlich gefärbte Sprache könnten uns manchmal an die

---

[1]) Auf Tscharners Aufsätze vom 2. Juli und 17. September 1749 antwortete
Heß am 29. October und 5. November, darauf wieder Tscharner am 31. December
1749. Auch sonst war die Zeitung für Klopstocks Sache thätig. Am 26. März
war Meiers 'Beurteilung', wahrscheinlich von Heß, angezeigt worden. Am 30. Juli
wurde in einem 'Aufgefangenen Briefe' die metrische Form des 'Messias' gegen
unverständige Einwände verteidigt.

Expectorationen des 'Wandsbecker Boten' erinnern. Die Antworten seines Amtsbruders sind in einem höheren Ton und Stil gehalten. Die Ironie schlägt hier dann und wann unmerklich in Ernst um. Alle denkbaren Einwürfe eines beschränkten Orthodoxen gegen Klopstocks Werk werden zusammengehäuft. Wie darf es der Verfasser wagen, aus der heiligen Wahrheit der Bibel und seinen „lugenhaften" Dichterpossen „einen unbesonnenen Mischmasch" zu brauen und „Licht und Finsternis, Christus und Belial unter einander zu wursten"?[1]). Welche Lehrer der Religion, welche Prediger werden sich an der Lectüre des von der einfältigen Bibelsprache so weit entfernten Gedichtes heranbilden! Nun vollends die Ketzereien in der Messiade! Beweist nicht Abbadonas Beispiel, daß Klopstock die Lehre von der Wiederbringung, selbst der Teufel, vertritt? Können die Lästerreden der Satane anders als aus einer augenblicklichen teuflischen Gesinnung des frevelnden Dichters hervorgegangen sein? Dazu all die kleineren und größeren Unwahrscheinlichkeiten der Darstellung! Die Ironie ist so glücklich durchgeführt, daß nicht nur spätere Leser, unter ihnen ein Gervinus, sich täuschen ließen, sondern schon Bodmer und Heß, als ihnen 1749 die Briefe in die Hand gespielt wurden, nicht recht wußten, was sie daraus machen sollten[2]). Doch urteilte Heß richtig, es werde wohl Schimpf und Ernst zusammen gelten. Der Verfasser sei zwar kein finsterer Kopf, habe aber über die Messiade wichtige Scrupel, die er zu seiner und allgemeiner Erbauung, „füraus dem zu besorgenden Ärgernis der Landprediger abzuhelfen", aufgelöst sehen möchte. Damit stimmt auch ein älterer Brief Wasers an Bodmer vom 22. December 1747 überein. Derselbe bekundet aufrichtige Bewunderung des Gedichtes und den ernstlichen Wunsch, daß es bald gedruckt werden möge. Zugleich aber bedauerte Waser, daß Klopstock viel mehr als Milton durch die heilige Schrift gebunden sei. „Der Teufel Abbadona ist eine recht glückliche und reizende Fiction: mich wundert nur, was zuletzt orthodoxe mit ihm werde werden können. Muß er in der Hölle bleiben, so deucht mich, er werde auch wieder zu einem wah-

---

[1]) Klopstock selbst rechtfertigte diese von seinen Gegnern vielfach angezweifelte Freiheit der Erdichtung bei einem religiösen Stoff in einem Brief an den Erlanger Professor J. G. Meister vom 26. Januar 1749 mit dem Ausspruch des Apostels Johannes, die Welt würde die Bücher nicht fassen, wenn alle Thaten des Messias aufgeschrieben werden sollten (ev. Joh. XXI, 25).

[2]) Klopstock selbst nahm die Briefe so gleichgültig auf, „wie wenn der Stoff de lana caprina gewesen wäre". Vgl. Bodmers 'Denkmal, dem Übersetzer Butlers Swifts und Lucians errichtet' im 'Teutschen Museum' vom Juni 1784, S. 518.

reu Teufel müssen gemacht werden 2c. . . . . Kommt er aber heraus, so können wir's theologi nicht gelten lassen; wir werden ihn wieder hinunter-
predigen 2c." So schrieb Wafer denn auch seine 'Briefe zweier Landpfarrer' gewiß nicht gegen Klopstock. Warum sollte er aber unter die
ironisch aufzufassenden Einwürfe nicht auch einmal einen ernst gemeinten
Zweifel eingestreut haben? Die Jronie gewann dadurch an Leben; seine
Absicht, der Messiade zu nützen, erreichte der Verfasser, wofern das
Schriftchen sogleich zum Druck gelangt wäre, nur desto besser. Denn
nun waren dem Tadel der Gegner auch die in der That bedenklichen
Stellen vorweg genommen, und am Ende wog doch ein ernster Einwurf
unter so vielen erdichteten nicht allzu schwer.

Gleichzeitig mit diesen Schweizer Kritiken erschienen auch im mittleren
und nördlichen Deutschland zahlreiche Besprechungen der Messiade. Auf
eine bisher kaum beachtete Seite des Werkes richtete Johann Nathanael Reichel sein Augenmerk mit seiner 'Kritik über den Wohlklang des
Silbenmaßes in dem Heldengedichte der Messias, in einem Sendschreiben
an Herrn J. F. M[erbit] in Leipzig' (Chemnitz 1749; fortgesetzt 1752). Mit
vollem Recht wies er auf die Tonmalerei in Klopstocks Hexametern. Aber
auch er gieng im Eifer für die gute Sache zu weit. Öfter als einmal
legte er dem Dichter Absichten unter, die dieser nie gehabt hatte, Absichten,
auf die nur ein alexandrinisch künstelnder Verseschmied kommen könnte.
Ebenso beschäftigte den zwischen Lob und Tadel schwankenden Recensenten
der Hamburger 'Gelehrten Neuigkeiten' (vom 15. und 18. Juni 1750)
vornehmlich das nach antiken Mustern gebildete Versmaß Klopstocks.
Ungemein beifällig besprach die Messiade zunächst auch Wilhelm Adolf
Paulli zu Hamburg mit steifgebrechselten Versen in seinen 'Poetischen
Gedanken von politischen und gelehrten Neuigkeiten' am 12. Juni 1751.
Am 9. Februar 1754 aber druckte er ein witzlos spottendes Epigramm
auf die neue Kopenhagner Ausgabe ab. Paulli, im Grunde ein Mann
der alten Zeit, war eben in seiner Kritik ganz systemlos und bloß durch
den augenblicklichen Eindruck bestimmt. Was er heute pries, tadelte oder
parodierte er gar morgen. Auch mit Klopstocks Oden machte er es so[1]).

[1]) Am 12. Februar 1752 rühmte er die Ode auf den Tod der Königin Luise
und rügte am 2. December die Gottschedische Parodie derselben als matt. Umgekehrt verfuhr er mit der Ode an Gott am 25. December 1751 und 4. August 1753,
und den 'Psalm' (später 'Für den König' betitelt) setzte er am 12. Mai 1753 selbst
in gereimte Alexandriner um.

Consequenter verfuhren die 'Hamburgischen Berichte von den
neuesten gelehrten Sachen'. Seit den ersten beifälligen Anzeigen
der Messiade (am 30. Juli und 3. September 1751) gehörten sie zu den
eifrigsten Verbreitern und Schützern Klopstockischen Ruhmes[1]). Darin
wetteiferten mit ihnen unter andern die in Rostock und Wismar verlegten
'Gelehrten Nachrichten' sowie die 'Nachrichten von dem Zustande der
Wissenschaften und Künste in den königlich dänischen Reichen und Ländern',
welche Anton Friedrich Büsching zu Kopenhagen und Leipzig
herausgab.

Aber auch die Gegner rührten sich allmählich und bald immer kräftiger. Als Klopstock hervortrat, war der Kampf zwischen den Parteien
der Leipziger und der Züricher bereits zu solch leidenschaftlicher Heftigkeit
ausgeartet, daß sie eben nur durch diese unerwartete Erscheinung noch
gesteigert werden konnte. Klopstock hatte sich unter den Einflüssen der
Schweizer gebildet und war von diesen mit Liebe und Bewunderung
empfangen worden: Grund genug für Gottsched und die Seinen, ihn mit
ihrem Haß zu verfolgen. Vorerst bewahrten sie freilich eine vornehme
Ruhe. Am liebsten hätten sie die Messiade tot geschwiegen. Dagegen
eröffneten sie sogleich den Angriff auf ein dem Klopstockischen Epos fast
gleichzeitiges und jedenfalls in der Form verwandtes Werk, Kleists
'Frühling' (1749).

Auch an diesem Gedicht war das Meiste neu und unerhört für den
Anhänger der alten Richtung. Allein das Neue kam hier nicht mit so
überwältigender Macht, war nicht so unversöhnlich dem Alten entgegengesetzt wie ein Jahr zuvor bei Klopstock. Es wirkte denn auch weder so
stark noch so weithin wie damals. Die Zeitgenossen zwar betrachteten
beide Dichtungen gern als gleichartig, und noch Lessing nannte mit ähnlicher Auffassung im vierzigsten Literaturbrief Klopstock und Kleist in Einem
Atemzug. Die Schweizer begrüßten mit Freuden den Bundesgenossen
der Messiade. In Zürich druckte man das Gedicht alsbald nach. Mehrere
der Zeitschriften, welche Klopstocks Ruhm verkündigt hatten, traten nun
auch für Kleist in die Schranken. Gegen ihn führte aus Gottscheds Lager
Johann Theodor Quistorp seine plumpen, aber manchmal nicht
schlecht gezielten Stöße. Im neunten Bande des 'Neuen Büchersaales

---

[1]) Vgl. die Verteidigung der Ode an Gott und des 'Messias' gegen Lessings
Kritik am 4. Februar 1752 und am 24. December 1754.

der schönen Wissenschaften und freien Künste' veröffentlichte er im April
1750 ein 'Gespräch im Traume mit dem Herrn von Caniz über die neumodische, hieroglyphische Schreibart', worin namentlich Kleist wegen seiner
bildlichen Redeweise und seines sprachlichen Ausdrucks überhaupt bespöttelt
wurde. Mittelbar galt der Tadel dem 'Messias' nicht weniger.

Bald wurde man kühner. G o t t s c h e d zuerst wagte sich an Klopstock
selbst. In die zweite Ausgabe seiner Gedichte (Leipzig 1751, von seinem
treuen Schüler Johann Joachim Schwabe besorgt) nahm er ein aus
dem October 1750 stammendes Sendschreiben an Scheyb, den Verfasser der 'Theresiade', nebst dessen Antwort auf. Grob, boshaft, perfid
waren gleich seine ersten Ausfälle auf die Messiade. Gottsched schilderte,
wie durch sein kritisches Bemühen die deutsche Literatur sich aus tiefster
Verderbnis erhoben. Da erstrahlt aber aus den Thälern der Alpen ein
ungleich helleres Licht: Milton wird in Schweizer Deutsch übersetzt und
der widerstrebende Geschmack der Leser allmählich an ihn gewöhnt. Doch
nun gelingt noch Größeres, ein deutsches Meisterstück, „die Frucht von
Bodmers Lehren".

> 'Messias' wird erzeugt, ein episches Gedicht,
> Das aller Britten Stolz durch deutsche Kräfte bricht,
> Voltairen schamrot macht, den Fénélon verdunkelt,
> Weit mehr als St. Amant und Ariosto funkelt,
> Den Tasso übertrifft, vor dem auch du, Marin,
> Wie Maro und Homer, noch mußt den Kürzern ziehn.

Freilich ein Erfolg auf Kosten der biblischen Wahrheit!

> Was kein Prophet gesehn und kein Evangelist,
> Was kein Apostel wußt', das lernst du hier, mein Christ.

Was Wunder, wenn S c h e y b diese Verdächtigung des religiösen Dichters vom orthodoxen Standpunkt aus, die sich der Führer der Partei
erlaubte, sofort, nur gröber, wiederholte?

> — — Weil Lügner und Prophet, weil Wahrheit und Gedichte,
> Ja Teufel, Gott und Mensch, Erdichtung und Geschichte
> Ein episches Gebäu, kurz den 'Messias' macht.

So plump wie hier trat G o t t s c h e d sonst im Anfang seiner Polemik
gegen Klopstock nicht auf. Vorläufig vermied er es wenigstens, Namen
zu nennen. Er stichelte lieber allgemein auf den „Zürcher Geschmack".
So 1751 im Augusthefte seiner neubegründeten Monatsschrift 'Das
Neueste aus der anmutigen Gelehrsamkeit' bei einer überaus lobenden

Anzeige der 'Oden und andern Gedichte' von Crenz[1]). Ebenso in seinem 'Versuch einer kritischen Dichtkunst', der Ende 1751 zu Leipzig in vierter und letzter Auflage herauskam. Viel leidenschaftlicher als 1742 bei der dritten Ausgabe nahm er jetzt mit seiner Poetik an dem Parteigezänke Anteil. Kaum Ein Capitel ist in dem Buch, das nicht direct oder indirect Klopstock und die Schweizer bekämpfte. Ja, daß Gottsched überhaupt 1751 seine 'Dichtkunst' noch einmal und gar mit einer solchen Vorrede auflegen ließ, war ein Act der Polemik gegen die neu erstandene Poesie. Gleichwohl waren auch hier die Namen Klopstock, Kleist, Bodmer nirgends anzutreffen (nur zweimal, S. 285 und 485, die Titel 'Der Messias' und 'Der Frühling'). Desto hitziger wurde der Kampf gegen die Nachahmer Miltons, gegen die Erneuerer des Lohensteinischen Schwulstes, gegen „gewisse heutige Verführer der angehenden Dichter", kurz gegen die Verderber des guten Geschmacks geführt. Der Vorwurf lügnerischer Entstellung der heiligen Geschichte ward auch hier dem Sänger der Erlösung nicht erspart. Größtenteils richtete sich der Tadel nicht gegen die wirklichen Mängel der Messiade, sondern eher gegen ihre künstlerischen und geschichtlichen Vorzüge, gegen die Stärke und Würde der Gedanken, die kühne Größe der Phantasie, die poetische Hoheit des Ausdrucks. Zudem war Gottsched dreist genug, in gewissem Sinne die neue Dichterschule als von ihm abhängig hinzustellen. Erst durch seine wiederholte Empfehlung der Hexameter seien Heldengedichte in diesen Versen hervorgerufen worden. Die Verfasser freilich hätten „invitis Musis und ohne Beistand der Grazien" gearbeitet und es somit weder zu einer guten Prosa noch Poesie gebracht.

Eben so hochmütig von oben herab verurteilte Gottscheds Gesinnungsgenosse, der wittenbergische Professor und Hofrat Dr. D a n i e l W i l h e l m T r i l l e r , diese „unzeitigen Geburten eines allzu hitzig wallenden Blutes und einer übertriebenen und ausschweifenden Einbildungskraft" in der vom 30. März 1751 datierten Vorrede vor dem fünften Teil seiner 'Poetischen Betrachtungen über verschiedene aus der Natur- und Sittenlehre hergenommene Materien'. Noch derber trat er im Herbst 1751 auf. Anonym, doch alsbald als Verfasser entdeckt und trotz Hagedorns, Reichels, Stockhausens und anderer Zweifel allgemein dafür gehalten,

---

[1]) Bestimmt als Verfasser der Recension ist zwar Gottsched nicht erwiesen, doch jedenfalls für ihre Aufnahme in seine Zeitschrift verantwortlich. Vgl. Nicolais beißende Bemerkungen in seiner Untersuchung über das 'Verlorne Paradies', S. 86 f.

veröffentlichte er ein geist- und witzloses, bisweilen recht rohes Machwerk, 'Der Wurmsamen, ein Heldengedicht, erster Gesang, welchem bald noch neunundzwanzig folgen sollen; nach der allerneuesten malerischen, schöpferischen, heroischen und männlichen Dichtkunst, ohne Regeln regelmäßig eingerichtet'. In holperigen, meist fünffüßigen Hexametern mit oder ohne Vorschlagssilbe und in Ausdrücken, welche ungeschickt die Sprache der jungen Dichterschule parodierten, wurde da die plumpe Fabel erzählt, wie ein an Körper und Geist verdrehter „Seraff" — Klopstock — mit entsetzlicher Sense allen Witz und Geschmack in Deutschland ausrottet. Dafür sät er den edlen Wurmsamen, der sofort zu epischen Gedichten aufgeht, wie man zuvor nie solche gelesen oder gehört.

Die eignen Parteigenossen, auch Gottsched in seinem 'Neuesten', versagten dem abgeschmackten Pasquill ihre Billigung. Gleichwohl hielt es Johann Christoph Stockhausen, der Verfasser des 'Kritischen Entwurfes einer auserlesenen Bibliothek für den Liebhaber der Philosophie und schönen Wissenschaften', noch 1752 einer ernsten Antwort wert. Doch schon 1751 war gegen Trillers Parodie eine neue Satire, 'Der Wurmdoctor oder glaubwürdige Lebensbeschreibung des Herrn Verfassers vom Wurmsamen', erschienen. Der ebenfalls ungenannte Verfasser, für den einige unbegreiflicher Weise Georg Friedrich Meier hielten, focht mit eben so wenig Witz und eben so viel Grobheit wie Triller, führte aber seine Streiche meist in die Luft. Dazu litt das Pamphlet an unerträglicher Breite. Der gleiche Fehler haftete auch an einer sonst ruhig und ernst gehaltenen Gegenschrift, der 'Unparteiischen Untersuchung, was von der Schrift der Wurmdoctor oder glaubwürdige Lebensbeschreibung des Herrn Verfassers vom Wurmsamen zu halten sei' (1752). Der unbekannte Verfasser derselben schien zu den mäßigsten Anhängern der Partei Gottscheds zu zählen.

Durchaus keine Fortsetzung der Triller'schen Sudelei waren zwei anonym herausgegebene Satiren von Börner[1]), die auf dem Titel als zweiter und dritter Gesang des 'Wurmsamens' bezeichnet waren. Die erstere mit dem Nebentitel 'Apollo auf dem Gletscher oder der grimselbergische Phöbus', in Alexandrinern abgefaßt, richtete sich nicht sowohl gegen Klopstock als vielmehr gegen Bodmer. Haller, den die Gottschedianer gewöhnlich mit nicht geringerem Hasse verfolgten, war mit großer

---

[1]) Vgl. Danzel, Gottsched und seine Zeit, S. 396.

Achtung behandelt. Das Ganze war mit gutem Humor erfunden und mit glücklicher Laune ausgeführt. Die Satire war nicht verletzend grob, enthielt aber manchen auf die Gegenpartei richtig gezielten Witz.

Unbedeutender war der dritte Gesang des 'Wurmsamens' oder 'Klopstock und die Klopstockische Secte besungen von B.' (1752), eine ironische Anprei-sung der Messiade und ihrer poetischen Nachfolgerinnen, in schwerfälligen, gereimten Hexametern und absichtlich schwülstiger Sprache abgefaßt. Haller war auch hier wieder von den übrigen Schweizer Dichtern gesondert.

Aber auch in Zürich erschien 1752 'Der Wurmsamen, ein Helden-gedicht, dritter Gesang', in Knüttelversen, bündig geschrieben. Der Ver-fasser (vielleicht Waser?) bediente sich manchmal dialektischer Formen, um die Sprache des sechzehnten Jahrhunderts nachzuahmen. Gottscheds Unfähigkeit zu dem angemaßten Amt eines deutschen Kunstrichters suchte er an seinem Widerwillen gegen die Engländer und gegen Klopstock im ganzen nicht ungeschickt nachzuweisen.

Hatte Trillers nichtiges Machwerk schon so viel Staub in der litera-rischen Welt aufgewirbelt, so begann der Sturm erst recht zu toben, als Gottscheb sich mit seiner ganzen, massigen Persönlichkeit breit in die Vor-derreihen der Kämpfenden drängte. Bisher griff er in dem Sänger des Messias' nur die feindliche Partei an, aus der dieser hervorgegangen war; von jetzt an kehrten sich seine Ausfälle ganz eigentlich gegen Klop-stocks Person und Werk. Ein doppelter Anlaß trieb ihn dazu, das Her-vortreten eines unter seiner Aufsicht herangebildeten Epikers, den er Klop-stock entgegenstellen zu können wähnte, äußerlich aber noch mehr die Pro-gramme des gothaischen Gymnasialdirectors Johann Heinrich Stuß.

Stuß verfaßte zur Jahresfeier seines Gymnasiums am 1. August 1751 die Einladungsschrift 'Prolusio de novo genere poeseos Teuto-nicae rhythmis destitutae', die erste Schrift zum Ruhme Klopstocks aus der Feder eines Schulmannes¹). So zog denn auch die Messiade nament-lich durch ihr der Antike entlehntes Silbenmaß sein Interesse an. Und zwar so kräftig, daß er sie in lateinische Hexameter zu übertragen begann. Eine Probe dieser Übersetzung, die nicht ohne Erfolg die feierliche Pracht

¹) Im Gegensatze zu Stuß sprach Christ, ehedem Klopstocks Lehrer in Leipzig, noch 1753 in der Rede 'De poetica recte intelligenda' öffentlich den Wunsch aus, man möge ihm doch nur Einen wahren Dichter zeigen, damit er ihn, wie fern er auch wohne, aufsuche „miraculi causa, ingenii excellentis contemplandi et cuius-dam vestigii rei tam rarae ac prope divinae speculandi".

der Sprache Virgils anstrebte, teilte er in seinem Programme mit. Bei seinem Bemühen, die Aufnahme des Hexameters in die deutsche Dichtung zu unterstützen, berief er sich unter anderm auf Gottsched und dessen öftere, eindringliche Empfehlung reimloser Verse.

Dagegen aber verwahrte sich dieser nachdrücklich in einer Anzeige der 'Prolusio' in seinem 'Neuesten' vom Januar 1752. Solche reimfreie Gedichte wie die Messiade habe er bei seinen Äußerungen nicht im Sinne gehabt. Zugleich eiferte er aber auch heftig wider den Gebrauch einer neu erdichteten christlichen Mythologie, durch die das untrügliche Licht des göttlichen Wortes, wo nicht gar erstickt, doch umnebelt und verdunkelt werde. Unmittelbar auf diese anonyme Besprechung folgte im 'Neuesten', jetzt mit seinem vollen Namen, sein 'Bescheidenes Gutachten, was von den bisherigen christlichen Epopöen der Deutschen zu halten sei' (fortgesetzt im März 1752). Die eben angedeuteten Grundgedanken waren hier nur in gehässigem Tone weiter ausgeführt. Die Erdichtungen Klopstocks dünkten Gottsched eben so lächerlich und verdammenswert wie die rabbinischen Fabeln des Talmuds oder wie die apokryphen Evangelien und Legenden „frommer Betrüger" in der alten Kirche. Auf den protestantischen Dichter konnte von einem Protestanten um die Mitte des vorigen Jahrhunderts kaum ein schwererer Vorwurf geschleudert werden. Ja Gottsched forderte die Theologen förmlich zur Verfolgung dieser „neuen geistlichen Lügenden" heraus. Die Nachbildung antiker Silbenmaße im Deutschen verwarf er, der von Kind auf den Wohlklang in den Versen Virgils bewundert haben wollte, auch jetzt noch nicht von vorn herein. Allein an den Hexametern der jüngsten deutschen Dichter vermißte er alles, was den antiken Vers angenehm mache, den Wechsel reiner Spondeen und Daktylen, ungezwungene und wohlklappende Versausgänge, bestimmte, regelmäßige Cäsuren. Hierin hatte er nicht so Unrecht. Nur hätte er auch an den Rhythmus denken und vor allem zwischen Klopstock und seinen Nachahmern unterscheiden sollen[1]. Aber um ein durchaus billiges Urteil über die neue Poesie war es ihm gar nicht zu thun. Er wollte sie vielmehr verurteilen und lächerlich machen. Und dazu suchte er mühsam die scheinbarsten Gründe zusammen.

---

[1] In einem auch sonst aufschlußreichen Brief an Lichtwer vom 18. Juni 1753, (Friedrich Wilhelm Eichholz, Lichtwers Leben und Verdienste. Halberstadt 1784, S. 123 ff.) stellte Gottsched gar den 'Messias' und den 'Nimrod' auf Eine Stufe.

Selbst früheren Anhängern Gottscheds, deren mancher von der Mesfiade einen günstigen Eindruck empfangen hatte[1]), erschien dieses Gutachten zu böswillig. Einer von ihnen, der mecklenburgische Dichter Genzmer, schrieb einen vorwurfsvollen Widerlegungsbrief an den Verfasser. Klopstock hielt es unter seiner Würde, sich zu verteidigen. Während seines ganzen Lebens setzte er einen Stolz darein, niemals auf die Kritik eines Gegners zu antworten. Aber seine Freunde hoben den hingeworfenen Fehdehandschuh auf. Die Verfasser der Bremer Beiträge veröffentlichten (1752) im dritten Bande der Sammlung ihrer vermischten Schriften einen gehaltreichen Aufsatz über die Frage, wie weit Erdichtungen in Epopöen, welche Begebenheiten der Religion zum Gegenstand haben, zulässig sind. Ein vollgültiges Urteil über Klopstocks Werk, bevor es vollendet sei, lehnten sie ab. Sie betonten auch weniger den wesentlichen Unterschied des religiösen Gedichtes und des Glaubensdogmas als vielmehr den praktischen Nutzen solcher Fictionen, die natürlich der geoffenbarten Wahrheit nicht widersprechen und für weiter nichts als für Fictionen ausgegeben werden dürfen: scheinbare Sprünge in der heiligen Geschichte, die dem menschlichen Verstand unerklärlich sind und daher leicht Zweifel erregen können, werden durch sie begreiflich gemacht.

Jetzt trat auch Stuß wieder hervor. In drei Gymnasialprogrammen ('Commentatio de epopoeia christiana' vom 1. Mai 1752 und deren beiden Fortsetzungen vom Ende Julis und vom 13. August 1752) suchte er aus der Theorie der ersten Kunstrichter aller Zeiten wie aus der Praxis bedeutender Philosophen, Theologen und christlicher Dichter das Recht der Fiction im religiösen Epos zu erhärten. Gottsched antwortete darauf in seinem 'Neuesten' (vom Juli 1752 und Januar 1753) eben so übermütig als grob mit plumpen oder sophistischen Angriffen. Dadurch wurde denn auch Stuß allmählich zu einem bitteren Tone gereizt. Zuletzt deckte er die persönlichen Triebfedern bei Gottscheds Verfahren gegen die Messiade rücksichtslos auf.

Noch einmal griff der Rector Johann Christoph Dommerich zu Wolfenbüttel die Streitfrage auf[1]). Dagegen erschien wieder 1753 im

---

[1]) Vgl. Danzel, Gottsched und seine Zeit, S. 362 ff.

[1]) 'Prolusio de Christeidos Klopstockianae praecipua Venere' 1752, in deutscher Übersetzung bereits 1753 im dritten Teil von Johann Gottlieb Biedermanns 'Altem und Neuem von Schulsachen' abgedruckt.

Aprilheft des 'Neuesten' ein mit S. E. G. unterzeichnetes 'Schreiben eines gelehrten Mannes aus Breslau', herzlich unbedeutend, mitunter gar einfältig. Überhaupt gaben die Leipziger jetzt bei jedem Anlaß ihre Feindschaft gegen die neue Richtung kund. Man ließ sich Briefe für das 'Neueste' schreiben und begleitete sie, wenn sie im Tadel nur einiges Maß hielten, mit desto maßloseren Anmerkungen (so im Maiheft 1752 den Auszug eines Schreibens von Johann Gottfried Reichel). Man nahm Gedichte von Nachahmern Klopstocks auf, die an Schwulst und Dunkelheit des Ausdrucks allerdings Unerhörtes leisteten, machte aber in den kritischen Noten, die man beifügte, Klopstock selbst für derartige Abgeschmacktheiten verantwortlich. Man zeigte aber auch kaum ein Gedicht oder eine Zeitschrift der alten Schule an, ohne nebenbei den Bewunderern des 'Messias' einen Stich zu geben. Man verspottete Klopstock mit wohl oder übel geratenen satirischen Versen und schloß besonders gern die Monatshefte mit einer Fabel, deren Spitze gegen die schweizerische Poesie gerichtet war. Man rückte sogar scheinbare Lobgedichte eines Klopstockianers ein, die sich als Parodien dieser Poesie von der schlimmsten Art entpuppten. Man travestierte aber auch geradezu Klopstockische Oden und übersetzte andere „in's Deutsche", d. h. in weitschweifige, platte, zopfig gereimte Alexandriner.

Doch auch selbst schaffend als Dichter traten die Leipziger hervor. Und dies gab ihrer Sache den letzten Stoß. Trotz aller Niederlagen, die er erlitten, blieb Gottsched als Theoretiker für Klopstock und die Seinen immer ein gefährlicher Gegner. Lächerlich und verächtlich wurde er hingegen, wenn er oder seine Schüler den Pegasus besteigen wollten. Schon einmal hatte er auf diese Weise unbestrittene Erfolge auf dem Gebiete der Kritik zweifelhaft gemacht, als er in den zwei ersten Ausgaben seiner Poetik (1730 und 1737) seine Kunstlehre durch eigne Gedichte illustrierte. Jetzt lagen die Dinge keineswegs mehr so günstig für ihn wie 1730. Damals war er noch in gewissem Grade der Verfechter des Neuen; jetzt bekämpfte er es mit angespannten Kräften. Aber auch der Dichter, durch den er jetzt dem Feind den Sieg abzugewinnen hoffte, besaß nicht mehr poetisches Talent als Gottsched selber.

Unter dem Beistand des Leipziger Meisters verfaßt, von ihm wiederholt durchgesehen und mit einer überschwänglichen Lobrede eingeleitet, erschien im Herbst 1751 in zwölf Gesängen das Heldengedicht 'Hermann oder das befreite Deutschland' von dem Reichsfreiherrn Christoph Otto von Schönaich. Ein nach Form und Inhalt gleichmäßig mißglücktes

Werk. Die langgedehnten (achtfüßigen) Trochäen mit ihrem eintönig durchgeführten zweifachen Wechsel von männlichem und weiblichem Aus- gang bezeichnen zwar einen Fortschritt gegen den Alexandriner, schläfern aber nichts desto weniger ein, wie Kästner in einem Epigramme klagt. Cäsur und Reim, dessen Reinheit zu wünschen übrig läßt, gelangen zu keiner Bedeutung. Das Versmaß ist ziemlich sorgfältig beachtet; für den Rhythmus aber hatte der Verfasser keinen Sinn. Die Sprache ist ohne dichterischen Schwung, trockene Prosa; statt der Phantasie herrscht über sie allein der Verstand. So erzählt Schönaich breit die Geschichte der Teutoburger Schlacht, indem er abenteuerliche Episoden lose in die Haupt- handlung einknüpft. Ein würdiger Stoff war hier dem Dichter gegeben; dieser wußte ihn aber nicht poetisch zu behandeln. Sein Hermann ist nicht einmal so groß als der geschichtliche Arminius. Der Gedanke, das Vater- land zu befreien, kommt nicht von ihm, sondern von seinem Vater Sieg- mar. Dieser ist überhaupt der eigentlich leitende Held; Hermann vollzieht nur seine Befehle. Eben so unkünstlerisch ist die epische Maschinerie. Gewöhnlich hilft ein Traumgesicht dem Dichter aus der Verlegenheit. Viermal an entscheidender Stelle begegnet dieses Motiv, das am Ende gar aus dem verachteten 'Messias' (III, 556 ff.) entlehnt ist. Aber mit Klop- stocks Gedicht läßt sich der 'Hermann' im Ernst kaum vergleichen. Der idyllische Reiz der Schilderung, die Tiefe der Empfindungen, das Pathos der Reden fehlt ihm ganz und gar. Alles ist hübsch nüchtern und ver- ständlich, ohne schwierig zu deutende Bilder einer kühnen Phantasie, aber auch ohne wahre Poesie. Dennoch war der 'Hermann' noch immer Schönaichs beste dichterische Leistung. Das Werk wies noch viel mehr Phantasie und poetische Sprache auf, als Gottsched dulden durfte, wenn er den Grundsätzen, die ihn bei der Kritik Klopstocks leiteten, treu bleiben wollte. Schönaich nahm ersichtlich alle Kraft zusammen, um etwas Voll- kommenes zu liefern. Darum feilte er auch wieder so fleißig mit Gottsched an dem Gedichte, bevor er es 1753 in zweiter Auflage verbessert und ver- mehrt (mit geschichtlichen Anmerkungen unter dem Text und mit einer komischen Epopöe in sechs Büchern 'Der Baron oder das Picknick') er- scheinen ließ. Freilich veränderte er dabei meistens bloß einzelne Wörter. Und durchaus nicht immer zum Vorteil seines Gedichtes. Er trieb die verstandesmäßige Manier nur noch weiter, modelte Bilder, die noch einen leisen poetischen Anstrich aufwiesen, ganz prosaisch um, verwischte hier eine nachdrückliche, aber ungewöhnliche Stellung, vertauschte dort einen seltneren Ausdruck mit einem alltäglichen. Nur wenige Verse strich er, fügte hingegen mehrere schildernde oder das Erzählte weiter ausführende Sätze ein. Die schlimmsten Stellen der ersten Auflage jedoch, an denen selbst einem mittelmäßigen Dichter alles einer Verbesserung bedürftig scheinen mußte, blieben unverändert stehen.

Und doch hatten es die Schweizer und ihre Gesinnungsgenossen an gerechtem und wohlbegründetem Tadel des 'Hermann' nicht fehlen lassen. Gottsched hingegen mit den Seinen versäumte keinen Anlaß, Schönaichs Lob zu singen (in der vierten Auflage seiner Poetik, im 'Neuesten' und sonst). Die königlichen deutschen Gesellschaften zu Königsberg und Göttingen ernannten den freiherrlichen Dichter zum Ehrenmitglied, und die philosophische Facultät der Leipziger Universität krönte ihn am 18. Juli 1752 in feierlicher Ceremonie von fast zweistündiger Dauer zum kaiserlichen Poeten. Gottsched, damals gerade Decan der philosophischen Facultät, der die ganze Angelegenheit anregte und leitete, übertrug hier auf seinen Verseschmied eine Auszeichnung, die einer längst abgestorbenen Vergangenheit angehörte und bereits allen Wert, ja alles Recht verloren hatte. Er wähnte, durch eine derartige Verkennung dessen, was seine Zeit verlangte, das eigne Ansehen und das seines Schützlings zu heben. Und Schönaich, kindlich froh über die Ehre, die ihm widerfuhr, und zärtlich dankbar dafür, noch überaus bescheiden, teilte jene Selbsttäuschung. Aus ihr vermochte ihn kaum der beißende Spott zu reißen, mit welchem alle, die nicht unmittelbar zu Gottscheds Anhängern zählten, den poeta laureatus überschütteten.

Den Schweizern freilich stand das Höhnen schlecht. Denn sie hatten sich nicht minder als Schönaich an der Kunst versündigt. Auch sie waren nicht mehr, wie früher, bei der Kritik stehen geblieben. Klopstocks glänzendes Vorbild verlockte auch sie zu dichterischen Versuchen.

Schon lange vor dem Erscheinen des 'Messias' hatte Bodmer 1742 in den 'Züricher Streitschriften' den Grundriß eines epischen Gedichts vom geretteten Noah in sieben Gesängen entworfen. 1746 im fünften der 'Kritischen Briefe' kam er von neuem auf diesen Plan zurück. Aber damals blieb es bei der Theorie. Es war noch keine gültige Form für das Epos gefunden. Da schuf Klopstock den deutschen Hexameter. Jetzt zögerte Bodmer nicht länger, seinen Entwurf auszuführen. Gleich im Frühling 1748 gieng er an's Werk. In weniger als einem Jahre war er fertig. 1750 veröffentlichte er nach und nach drei Gesänge. Vollständig erschien der 'Noah' zuerst 1752, erweitert und teilweise umgearbeitet, in zwölf Gesängen.

Bodmer hoffte, als epischer Dichter sich neben, vielleicht sogar über Klopstock zu stellen. War sein Werk doch völlig nach dem Muster des 'Messias' gebildet. Die äußere Form war die gleiche. Pathetische Reden, rührende Empfindungen und fromme Betrachtungen fanden sich im 'Noah' so gut wie in der Messiade. Hier wie dort lag ein biblischer Stoff, wunderbar im einzelnen und als Ganzes, zu Grunde. Hier wie dort waren Teufel und Engel in geschäftige Bewegung gesetzt. Ja, der 'Noah' zeichnete sich vielleicht noch darin vor dem 'Messias' aus, daß er ein anschauliches Gemälde entwarf von den einfältigen Sitten einer pa- triarchalischen Urzeit, die in den Tagen, da der Heiland auf Erden wandelte, längst verschwunden war. Nur Eines fehlte dem Züricher Ver- fasser, das Klopstock in hohem Grad empfangen hatte, die dichterische Begabung.

Homer und Milton nannte Klopstock in seinem ersten Brief an Bodmer als seine beiden Muster. Homer und Milton lagen auch Bodmer zur Rechten und zur Linken, während er an seinem Epos schrieb, zwischen beiden in der Mitte aber die bis dahin vollendeten Gesänge des 'Messias'. Mit allen drei Vorbildern glückte es dem Nachahmer wenig. Vergebens bemühte er sich, den einfachen epischen Geist der Homerischen Dichtungen über sein Werk auszugießen. Bei Homer wirkt alles Kleinste und Größte unabläßig auf einen einzigen, gemeinsamen Zweck hin. Dem 'Noah' hin- gegen fehlt es noch weit mehr an Handlung als dem 'Messias'. Das Gedicht besteht vielmehr aus einer Reihe von Episoden, die bloß durch die Person Noahs zu einem Ganzen zusammengehalten sind. Etwas besser gelang es Bodmer, die natürliche Einfalt der Homerischen Darstellung, die von dem rhetorischen Prunk Virgils und der späteren Kunstdichtung noch nichts weiß, im 'Noah' nachzubilden. Zu diesem Zwecke bediente er sich der altbekannten Mittel des Epikers, erwähnte gewisse stehende Bei- spiele (wie die Frömmigkeit Seths und Henochs) regelmäßig, wiederholte öfters größere Stücke, brachte nach Gutdünken Gleichnisse an, welche im Gegensatz zu denen Klopstocks dem Naturleben oder der Geschichte und Sage entnommen sind und der Phantasie wirklich ein deutliches Bild entgegenbringen. Bodmer verschwindet auch als Dichter hinter seinem Gedichte; seine eigne Person tritt namentlich in den späteren, mehrfach überarbeiteten Ausgaben nur selten hervor. Es mangelte ihm eben überhaupt die bedeutende Persönlichkeit eines Milton oder Klopstock. So stand er äußerlich in vielem dem Homerischen Volksepos näher als der Sänger der Meßiade; in das Wesen desselben ist er trotz aller Nachahmung nicht eingedrungen. Homers Dichtung ist einfach, mit Anmut ausführlich, kräftig, vor allem natürlich und wahr. Bodmers Darstellung ist einförmig, schwerfällig, geschwätzig, breit bis zur Trivialität. Sie bekundet eine schwächliche Weichlichkeit und fromme Rührseligkeit, welche mit dem Glaubensmut und der Inbrunst des Gefühls bei Klopstock nichts gemein hat. Von patriarchalischer Urzeit wird in verschiednen idyllischen Scenen des 'Noah' zwar viel geredet; die Sitten dieser Urzeit sind aber mitunter die eines stark nachsündflutlichen Zeitalters, das so ziemlich auf der Höhe der Cultur des achtzehnten Jahrhunderts steht.

Auch der Einfluß, den Milton auf den Verfasser des 'Noah' ausübte, blieb recht äußerlich. Der reich Belesene nahm übrigens auch sonst von fremden Autoren (z. B. von Shakespeare, von Young) vieles in sein Werk herüber. Aber hoch über alle andern Dichter stellte er Klopstock. Von ihm verkündigte er in einer lyrisch gearteten Stelle seiner Epopöe:[1])

> Leider! ein Tag wird kommen, der Miltons erhabne Gedichte
> Auch mit Vergessen bedeckt, die ewig zu leben verdienen.
> Dieser Tag wird kommen, eh' an des Weltgerichts Abend
> Himmel und Erde vergehn; sie werden die Priester des Unsinns
> Ihrem unsinn'gen Anarche nach langer Arbeit aufopfern.
> Aber der Nachwelt Lastern noch ihrem anarchischen Götzen
> Wird es gelingen, die hohen Gesänge vom Blute des Bundes
> Vor der Auflösung der Erd' in den Staub des Vergessens zu werfen;
> Denn Gott wird dem Beschützer der Erd', Eloa, befehlen,
> Daß er sie vor'm Verderben auf seinen Flügeln bewahre.

Klopstock verdrängte allmählich sogar Milton aus Bodmers Geiste. Im Grundriß des 'Noah' von 1742 war das 'Verlorne Paradies' als hauptsächliches Vorbild des Züricher Nacheiferers wahrzunehmen. In dem Epos von 1752 war außer der Erzählung des Sündenfalles (VI, 270—420) nur wenig im einzelnen nach Miltons Muster gebildet. Die Engel im 'Noah' stammten zum größeren Teil aus dem 'Paradise lost'. Aus der Meßiade fand nur ein Todesengel Aufnahme (X, 78 ff.). Da-

---

[1]) VIII, 205—214 der ersten Ausgabe; in den spätern Auflagen ist derselbe Gedanke, der auch in seiner Ode 'Verlangen nach Klopstocks Ankunft' wiederkehrt, kürzer und edler ausgedrückt.

gegen entlehnte Bodmer die höllischen Geister durchweg aus Klopstocks Gedicht, Satan, Abramelech, Moloch, Belial. Und nahezu mit den näm- lichen Worten charakterisierte er sie wie jener. Selbst der bußfertige Halb- teufel Abbiel Abbadona war nicht vergessen. Seine Sehnsucht nach Ver- nichtung nimmt allerdings bei Bodmer bisweilen einen sonderbaren Ausdruck an. So wünscht Abbadona unter anderem, in einen Elephanten oder in ein Schwein, „das schwach an Instinkt im Schlamme herumwühlt", oder gar in eine Raupe, in eine Brennessel verwandelt zu werden (VIII, 677 ff.; die ganze Stelle VIII, 632—762 später gestrichen). Freilich schwimmt er, als er dieses Verlangen äußert, in der „unreinen" Flut unter noch unverfaulten „Äsern des Viehs, der Fische, der Vögel und Menschen".

Fast noch mehr von dem übermächtigen Einfluße Klopstocks zeugt eine andere Episode, die Lavater noch 1769 in seinen 'Aussichten in die Ewig- keit' (II, 191 der zweiten Ausgabe) als eine „glückliche Erfindung" pries. Die Gemälde, die nach Bodmers Erzählung von Engelshand den Tapeten der Arche eingewoben sind, stellen den Verlauf der Heilsgeschichte dar. Weiteren Aufschluß über die Zukunft bringen dem Japhet und der Gattin Chams die Träume, welche ihnen Gott in den Nächten nach der Auslegung jener Bilder sendet. Beide Motive rührten von Milton her; im einzelnen aber war alles, die Versammlung der Satane, die Nacht nach dem Einzug Christi in Jerusalem, die Charakteristik der zwölf Apostel, der Messiade nachgebildet. Oft sogar wörtlich. Bei Klopstock z. B. sagt Gabriel (I, 69 f.) zu Jesus:

> Wie ist dein Leib, o Erlöser, ermüdet! Wie vieles erträgst du
> Hier auf Erden aus brünstiger Liebe zum Menschengeschlechte!

Fast dieselben Worte braucht er bei Bodmer (XI, 74 f.):

> O was für ein Werk ermüdender Arbeit
> Hast du zum Heil der Menschen auf dich, Erlöser, genommen!

Noch ähnlicher heißt es in den späteren Auflagen des 'Noah':

> Wie ist dein Leib, o Verheißner, ermüdet!
> Ach, wie vieles erträgst du aus Liebe zum Menschengeschlechte!

Wie Klopstock (III, 302 ff.) erzählt auch Bodmer (XI, 162), daß die Seele des Lebbäus vor der Geburt „im Trüben nächst einer rinnenden Quelle" schwebte. Besonders die Träume der Noachiden ergehen sich in diesem Klopstockischen Bezirk des Aufenthaltes für die Seelen künftiger Geschlechter. Zwar versuchte Bodmer, die unsinnige Vorstellung des

Messiasjängers anschaulicher für die Phantasie zu gestalten, indem er sich jenen überirdischen Bereich als einen großen Garten voll schöner Blumen dachte. Aber dabei geriet er, wie immer, wenn er Klopstock verbessern wollte, auf die seltsamsten Abwege. So ließ er hier die eine Seele auf einer Ranunkel sitzen, eine andere von Orangen zu Anemonen schweben und so fort (XI, 340, 412 f.).

Auch sonst spielte er oft auf die Messiade an[1]) und nahm mehrere Ausdrücke wortgetreu aus ihr in den 'Noah' herüber[2]). Auch einen metri- schen Kunstgriff Klopstocks ahmte er nach, indem er, erst in der zweiten Ausgabe seines Gedichtes, einige Male — freilich an ganz gleichgültigen Stellen — den Vers mitten abbrach (S. 182, 186, in der dritten Auflage auch S. 238). Aber ungeschickter Weise ließ er die also unvollendeten Hexameter weiblich abklingen. Im übrigen bildete er seine Verse zwar in Klopstockischer Weise, aber, besonders in der ersten Ausgabe, noch recht unbeholfen. Meistens bestanden sie fast nur aus holperigen Daktylen. Rhythmischer Schwung fehlte ihnen immer.

Die Sprache des Gedichts entbehrte eines gleichmäßig poetischen Gepräges. Oft zwar verstieg sich Bodmer zu bildlichen Ausdrücken von unglaublicher Kühnheit; öfter aber blieb er in der gemeinen Alltagsprosa befangen. Seine ganze Darstellung war ohne Wärme und Leben, so gern er auch Unscheinbares und Unbedeutendes mit prunkendem Wortschmuck aufputzte. Auch die frommen Reden und Empfindungen im 'Noah' waren viel zu trocken, um als poetische Stützen der Religion dienen zu können. So blieben denn als einzige Vorzüge des Gedichts, welche den, wenn schon bedingten, Beifall eines Lessing und Herder zu erklären vermögen, einzelne geschickt ausgemalte Bilder übrig, die Schilderung idyllischer Scenen voll Unschuld und Frieden, die Schilderung der alles verheerenden Flut. Als großer Dichter bewährte sich Bodmer aber auch hier nicht. Gerade die Stellen, wo es galt, tiefe Empfindungen auszusprechen, miß- glückten ihm regelmäßig (vgl. III, 537—699). Und Verse, wie die, mit denen Bodmer die Totenfeier am Grabe Siphas einleitete (VIII, 54—56), hätte Klopstock in seinen unglücklichsten Stunden nicht schreiben können:

---

[1]) So XII, 120 ff. ziemlich unbeholfen auf den Stern der Milchstraße, den sündenfreie Menschen bewohnen, VIII, 499 ff. auf Ischariots Traum, zu wieder- holten Malen auf die Tafeln des Schicksals.

[2]) Z. B. die „wenigen Edlen" oder „mütterlich Land" = Heimat; vgl. auch 'Noah' VIII, 184 f. 2c.

Alle gehn dann, den Leichnam zum letzten Male zu grüßen
Und den Geruch des Tods zu riechen, der liebliche Düfte
In den Nasen der Lebenden weht, die mit Gott einherwandeln.

Der 'Noah' beschäftigte bei seinem ersten Erscheinen die deutsche Kritik nicht viel weniger als die Messiade. Von Gottsched und Triller ward das Werk maßlos verspottet, von den Schweizern eben so maßlos gepriesen. Eine löbliche Ausnahme von den letzteren machte wieder Haller in seiner mit feiner Ironie gewürzten Anzeige des Gedichts (in den 'Göttingischen gelehrten Zeitungen' vom 26. Juni 1752). Doch hielt er in Briefen an Bodmer eben so wenig wie Hagedorn, Sulzer, Wieland und andere mit seinem Beifall zurück. Das überschwänglichste Lob spendete der junge Wieland in seiner mehr als vierhundert Octavseiten starken 'Abhandlung von den Schönheiten des epischen Gedichts der Noah' (1753). Nicht so weitschweifig, freilich auch nicht so geistreich im einzelnen, aber eben so kritiklos wie Wieland pries Sulzer den 'Noah' ob seiner sittlichen Treff= lichkeit in dem Schriftchen 'Gedanken von dem vorzüglichen Wert der epi= schen Gedichte des Herrn Bodmers' (1754). Aber auch der Verfasser selbst entblödete sich nicht, den Ruhm der eignen Arbeit zu verkündigen. Gleich in dem ersten Aufsatze seiner Monatsschrift 'Crito' (Juli 1751), der am Ende doch aus seiner Feder stammte, ließ er manches Wort zu Ehren des Werkes fallen, „welches nach dem Urteil aller Kenner die Miene der Unsterblichkeit trägt". Und der zweiten Ausgabe seiner gereimten Gedichte (1754) fügte er unter anderem in einem prosaischen Brief an Kolon eine ironisch gemeinte Kritik des 'Noah' bei, worin er sein Epos unmittelbar den Homerischen Gesängen zur Seite stellte.

Dennoch scheint Bodmer nach und nach viele, wenn auch nicht die empfindlichsten und innersten Mängel des Werkes erkannt zu haben. Denn für die zweite Auflage, die 1765 zu Berlin erschien, arbeitete er es voll= ständig um. Er wollte es mehr nach Homers Vorbild gestalten. Daher warf er hier Hunderte von Versen aus, fügte dort eben so viele ein, ver= tauschte den Inhalt verschiedener Gesänge, verwandelte, was früher Gegenstand einer Rede war, in epische Erzählung, was früher Erzählung war, in Rede, riß Begebenheiten, die zuerst zusammengestellt waren, aus einander, rückte ein ander Mal wieder Anfangs getrennte Vorgänge näher zusammen und schaarte sie um einen neuen Mittelpunkt. Sorgfältig prüfte und besserte er den sprachlichen Ausdruck des Gedichts; die schlimm= sten Härten im Versbau merzte er aus. Im allgemeinen gerieten diese

Änderungen sammt und sonders zum Heile des Werkes. Aber während Klopstock gerade an den letzten Ausgaben der Messiade rastlos feilte, erlahmte Bodmers kritischer Fleiß nach dieser durchgreifenden Umgestaltung seiner Epopöe. In der dritten Ausgabe (Zürich 1772) änderte er fast nur einzelne Worte des Textes von 1765; etwas mehr in der vierten Auflage (Basel 1781), in deren Vorrede er sich mit stolzer Miene über die Gleichgültigkeit der Zeitgenossen gegen die patriarchalische Dichtung tröstete. War doch schon die zweite Ausgabe, obwohl in ihr erst die rohe Unform des ursprünglichen Entwurfes künstlerische Bildung zu gewinnen begann, beinahe unbeachtet geblieben. Zwar hatte damals Herder eine umfangreiche Anzeige für Nicolais 'Allgemeine deutsche Bibliothek' entworfen, im einzelnen lobend, im ganzen entschieden ablehnend; aber der Aufsatz war nicht vollendet und somit auch nicht gedruckt worden.

Ein ähnliches Schicksal wie der 'Noah' hatten Bodmers kürzere epische Gedichte. Anfangs viel besprochen und oft über Verdienst gepriesen, fielen auch sie bald völliger Vergessenheit anheim. Dicht hinter einander folgten sie dem 'Noah'. Noch bevor die erste Gesammtausgabe desselben erschienen war, veröffentlichte Bodmer — immer ohne seinen Namen — 1751 zwei Gesänge der 'Sündflut' (vollendet in fünf Gesängen 1753). Der Inhalt war im ganzen derselbe wie beim 'Noah', nur anders angeordnet und manchfach gekürzt. Namentlich war auch eine neue Episode von einer Tochter Noahs eingeflochten. Vor dem größeren Werke zeichnete sich die 'Sündflut' durch die Darstellung einer lebhafteren Handlung auf engerem Raume aus. Sonst teilte das Gedicht so ziemlich die Mängel des 'Noah'.

Gleichfalls 1751 erschien in drei Gesängen (1754 neu herausgegeben in vier Gesängen) 'Jakob und Joseph', die Erzählung von dem Wiederfinden des Vaters und Sohnes und der Übersiedlung des ersteren nach Ägypten. Daran schloß sich 1752 'Jakob und Rachel' in zwei Gesängen, 1753 'Joseph und Zulika' (Potiphars Gemahlin), ebenfalls in zwei Gesängen, 'Jakobs Wiederkunft von Haran' in Einem Gesang und 'Dina und Sichem', hinsichtlich des künstlerischen Aufbaus die schwächste dieser Patriarchaden, welche die innerlich unzusammenhängenden Geschichten von Dinas Entehrung (Genesis XXXIV) und Benjamins Geburt zu einem Ganzen von zwei Gesängen äußerlich verband. Alle diese biblischen Epopöen zusammen bildeten gewissermaßen einen Cyclus von Rhapsodien, die sich nicht nur um denselben gemeinschaftlichen Mittelpunkt drehten, sondern auch unter sich mehrfach auf einander Bezug nahmen. Ihr poetischer Wert war um ein Geringes höher als der des 'Noah', da auch hier der beschränkte Umfang nicht selten einen rascheren Fortschritt der Handlung bedingte. Dazu war die Sprache von Anfang an einfacher und gleichmäßiger, der Hexameter fließender. In innigster Beziehung zu zweien dieser epischen Gedichte, mit denen sie im Inhalt, im Versmaß und oft sogar im Wortlaut übereinstimmten, standen zwei sogenannte tragische Stücke von Bodmer in fünf Aufzügen, 'Der erkannte Joseph' und 'Der keusche Joseph', 1754 zusammen mit Briefen Wielands über 'Joseph und Zulika' herausgegeben, als Dramen natürlich durchaus mißlungen.

Von Epopöen veröffentlichte Bodmer noch 1753 die im vorausgehenden Sommer gedichtete 'Colombona' in fünf und 1755 'Die gefallene Zilla' in drei Gesängen. In jener behandelte er einen Stoff der profanen Geschichte, den er schon vor zwanzig Jahren dem Heldenbichter empfohlen hatte, die Entdeckung Americas; aber in einem so frommen Tone, als ob Columbus und seine Gefährten lauter Erzväter und ihre Seefahrt recht eigentlich eine religiöse Glaubensthat gewesen wäre. Auch Engel und Teufel, heilige Psalmenbichter und Propheten spielen ihre Rolle: das Ganze könnte man passend als Patriarchade aus dem fünfzehnten Jahrhundert bezeichnen. 'Zilla' hingegen erinnerte stofflich vielfach an die Geschichte des Jünglings Toa im 'Messias'. Diese wurde zwar erst in den letzten Gesängen (XVI, 372 ff.; XX, 590 ff.) mitgeteilt. Aber es ist nicht unwahrscheinlich, daß Bodmer, für den der Begriff des literarischen Eigentums kaum existierte, bei Klopstocks Aufenthalt in Zürich dessen Plan erfuhr und ihn noch vor dem ursprünglichen Autor in seiner Art ausführte.

Seit dem Jahr 1755 gab Bodmer die Patriarchadenbichtung im allgemeinen auf und wandte sich mehr zur Nachbildung antiker und mittelalterlicher Epen. Aber auch hier stellte sich — bei Übersetzungen aus dem Griechischen so gut wie aus dem Mittelhochdeutschen — der Hexameter als bequemstes Versmaß ein. Auch schrieb er noch in spätern Jahren mehrere Erzählungen (meist geschichtlichen Inhalts) in Hexametern.

Bodmer, den seine Anhänger allzu bald mit dem Namen des zweiten deutschen Homer ehrten [1]), verlockte durch sein Beispiel manchen Jüngeren,

---

[1]) Klopstock äußerte sich übrigens gegen Meister, er halte Plan und Ausführung der 'Sündflut' und des 'Jakob und Joseph' für verfehlt.

sich ebenfalls in der epischen Dichtkunst zu versuchen. Die Werke, welche auf diese Weise in Deutschland und der Schweiz zu Tage gefördert wurden, standen meist noch unter Bodmers eignen Leistungen. Unglaubliche Stoffe, der Bibel, der Weltgeschichte oder auch dem religiös-sittlichen Leben der Gegenwart entnommen, behandelte man in ungelenken Hexametern, von denen die wenigsten richtig gemessen waren. Die sprachliche Darstellung wechselte zwischen sinnlosem Schwulst und trivialer Prosa. So traten z. B. 1752 zwei Gesänge eines Gedichts 'Das Siechbett' von Johann Heinrich Dest an's Licht. Sie schilderten, wie ein Freigeist auf dem Krankenbette durch schreckende Nachtgedanken und Träume, durch den frommen Eifer seiner Wärterin und die Zusprache eines vernünftigen Geistlichen zum Glauben bekehrt wird. Den hohlen Bombast und die Dunkelheit des Ausdrucks namentlich in den philosophisch gearteten Stellen des Gedichts rügten mit Recht schon zeitgenössische Recensenten. Doch war das Versmaß nach dem Urteil des Kritikers der 'Göttingischen gelehrten Zeitungen' (vom 28. August 1752) hier besser gewahrt als in andern Versuchen ähnlicher Gattung. Und doch führte dieser nämliche Kritiker daraus Hexameter an wie

„Schleichend im Dunkeln auf Anabaptisten und Quäkern"

oder

„Gegenwärtig ein Aufspringen verschiedner Figuren als wie sich"

und dergleichen. Nicht alle epischen Erzeugnisse jener Tage erschienen im Druck, und von denen, welchen dieses Loos zufiel, haben sich oft nur ganz wenige Exemplare bis auf unsere Zeit gerettet. Von vielen erfahren wir nur die Namen. Die Züricher 'Freimütigen Nachrichten' brachten z. B. am 12. September 1753 ein Verzeichnis derjenigen Heldengedichte, welche zufolge Leipziger Berichten damals vorbereitet und zum guten Teil auch geschrieben wurden. Neben Arbeiten von Bodmer und Wieland befanden sich darunter eine neue Basiliade in zehn Gesängen, 'Die Kindheit Jesu' in fünf, 'Der Auszug Israels aus Ägypten' in acht, ein 'Arminius' gar in sechzehn Gesängen, 'Der enthauptete Konradin' in vier, 'Das umgeworfene Jericho' in sechs Büchern, ferner ein Trauerspiel 'Moses im Wasser' und andere biblische Dichtungen, alles in Hexametern. Im Jahrgang vorher (am 10. Mai 1752) war von einem ähnlichen Meßverzeichnis die Rede, worin sogar ein Epos in fünfundzwanzig Büchern über die Herz von Endor angekündigt war[1]). Und das berüchtigtste Heldengedicht jener Jahre, mit dem verglichen Schönaichs 'Hermann' noch ein Meisterstück zu heißen verdiente, der 'Nimrod' von Christian Nicolaus Naumann (1752) zählte seine vollen vierundzwanzig Bücher mit nahezu achttausend Versen.

Und was für Verse! Natürlich durchaus schwerfällig und holperig, durchaus unrhythmisch; sehr oft aber auch fünf- oder sieben-, ja achtfüßig, manchmal mit richtigem (trochäisch-daktylischem) Anfang, gewöhnlich aber mit einfachem oder doppeltem Auftact. Der Inhalt ein Mischmasch von Unsinn; plumpe Abgeschmacktheiten von Anfang bis zu Ende. Dem Mangel an thatsächlichen Ereignissen, der durch die unsägliche Armut unsers Wissens über Nimrod bedingt war, suchte Naumann mit dem alten Mittel der Schweizer Epiker aufzuhelfen: er ließ seine Helden Reden von dreihundert Versen und darüber ohne Unterbrechung halten. Aber Reden über nichts, abgefaßt in niedriger Prosa voll hinkender Gleichnisse und schielender Bilder. Dabei vergessen sich die Sprechenden mehr als einmal so weit, daß sie die Wohlthaten des Christentums erheben. An Versuchen, Klopstock im besondern nachzuahmen, ließ es Naumann auch nicht fehlen. Die Verse, welche auf diese Weise entstanden, sahen aber eher wie eine Travestie der Messiade aus. Zu den erhabensten Stellen des Klopstockischen Gedichtes gehörten die berühmten Worte Gott Vaters zum Sohne (I, 142 f.):

> Ich breite mein Haupt durch die Himmel,
> Meinen Arm durch die Unendlichkeit aus, und sag': Ich bin ewig!

Nach diesem Beispiele legte Naumann seinem Gott den lächerlichen Satz in den Mund (S. 602):

> Ich strecke meinen Fuß aus, und sage: Ich bin allmächtig!

Und dieses stümperhafte Machwerk konnten einzelne Recensenten loben (z. B. in den Züricher 'Freimütigen Nachrichten' vom 12. April 1752)! Verfolgte Naumann oder seine Beurteiler ironische Absichten? Wäre das erstere der Fall, auch dann wäre die Satire elend mißraten. Aber außer einem keineswegs beweiskräftigen, weil selbst ironischen Aufsatze der 'Freimütigen Nachrichten' (vom 22. December 1751) berechtigt uns nichts zu

---

[1]) Übrigens erschien auch 1753, „gedruckt zu Calicut", eine — ziemlich witzlose — Parodie auf die ungefügen biblischen Epopöen, 'Das allerneueste Heldengedicht, benamset die Hexe zu Endor, in hundert Büchern' mit dem Horazischen Motto „Brevis esse laboro" (nur Ein Gesang in schlechten Hexametern).

jenem Schluß, und Naumanns eigne kurze Angaben über sein Heldengedicht[1]) verbieten geradezu eine solche Annahme.

Ein einziger unter allen Nachahmern Klopstocks, einer der jüngsten,
war ein wirklicher Dichter von Gottes Gnaden, Wieland. Und auch
dieser war nur durch eine Verkennung seiner wahren Natur auf Klopstocks
Bahnen geraten. Sein erster Versuch, das Lehrgedicht 'Die Natur der
Dinge', im Winter 1750 auf 1751 ausgearbeitet, hatte ihn auf einem ganz
andern Wege gezeigt. Blutjung hatte sich Wieland, vornehmlich im Anschluß
an Leibniz und Haller, ein halb philosophisches, halb dichterisches System
gebildet, das auf eine Theodicee und allgemeine Tugendlehre hinauslief,
aber keineswegs auf einer eigentlich christlichen Anschauung oder gar
gläubigen Überzeugung beruhte. Aus den sechs Gesängen, worin er dieses
System darstellte, sprach trotz mancher jugendlichen Unreife und Unklarheit
ein ruhig denkender, nüchterner Verstand, nirgends aber ein leidenschaftlich
erhitztes Gefühl, eine schwärmerische Einbildungskraft. Sprache und Vers
verriet den Schüler Hallers. Einzelne Anspielungen bewiesen, daß der
Verfasser bereits die Messiade kannte und schätzte, ohne daß sie jedoch auf
seine dichterische Anschauung und Empfindung bis jetzt eigenartig eingewirkt hatte.

Dieser Umschwung vollzog sich aber gleich darnach, während des
folgenden Frühlings, in dem für fremde Eindrücke nur zu empfänglichen
Geist und Gemüte des Jünglings. Nun verschwendete er in seinen Briefen
die Ausdrücke maßlosen Entzückens über Klopstock und sein Werk. Und
schon im Mai 1751 schrieb er einen 'Lobgesang auf die Liebe', dem
man die Nachahmung seines neuen dichterischen Vorbildes überall anmerkte.
Dem Klopstockschen Hexameter war der Alexandriner gewichen; Klopstocks
Einfluß beherrschte die Sprache des von lyrischer Begeisterung durch-
glühten Gedichtes. Klopstockisch waren die ausschmückenden Adjectiva,
Participia, Appositionen, klopstockisch verschiedne Satzwendungen, Klopstockisch eine ganze Reihe von Ausdrücken und Vorstellungen, die, leise oder

---

[1]) Im fünften Stück der von ihm zu Berlin herausgegebenen sittlichen
Wochenschrift 'Der Vernünftler' vom 15. Februar 1754. Naumann berichtet daselbst auch, er habe „begaukelt" von Bodmers „papierner Monarchie", den 'Nimrod'
schon um die Jahre 1739 und 1740 in reimfreien Versen ausgearbeitet. Seine
Zeitangaben im 'Vernünftler' sind aber alle so unzuverlässig, daß wir auch dieser
nicht trauen dürfen; um vor seinen Lesern älter zu erscheinen, setzt er nämlich alle
Ereignisse seines Lebens etwa um ein Jahrzehnt früher an.

gar nicht verändert, aus der Messiade herübergenommen waren. Im
Geiste Klopstocks endlich war die Liebe selbst aufgefaßt, die Wieland nunmehr feierte, und gern wandte auch er die Betrachtung von der Erde und
der Sinnlichkeit hinweg zum Überirdischen, Unsinnlichen.

Dicht nach diesem 'Lobgesang' entwarf er im Juni und Juli 1751
vier Gesänge eines Epos 'Hermann', die er am 4. August zur Prüfung
an Bodmer sandte und sich so für die nächsten Jahre den Verfasser des
'Noah' zum fürsorglichen Freund und literarischen Gewissensrate gewann.
Vers und Sprache des 'Hermann' bekundeten vielleicht noch deutlicher als
das vorausgehende Gedicht, wie eifrig Wieland gerade Kleinigkeiten und
Äußerlichkeiten seinem bewunderten Muster abzulernen strebte; der Geist
Klopstocks war höchstens in gewissen lehrhaften Betrachtungen und empfindsamen Reden wahrzunehmen, die in die epische Erzählung eingeflochten
wurden. Der Inhalt des Gedichtes aber, der vaterländischen Geschichte
entnommen, sowie der ganze Charakter der Darstellung, wesentlich episch
und auf sinnliche Anschaulichkeit abzielend, wies kaum irgend eine Ähnlichkeit mit dem 'Messias' auf. Von dem Gedanken, die flüchtige Arbeit, die
zum großen Teil aus ungefeilten, bisweilen sogar unrichtigen Versen
bestand, zu vollenden, stand Wieland trotz Bodmers Zureden sogleich
wieder ab[1]).

Frei vom Einflusse Klopstocks erhielt sich hingegen sogar die Sprache
in dem folgenden Werke des jungen Dichters, den seine reiche, beständig
wechselnde Lectüre zu eben so mannigfach wechselnden, stofflich und formal
verschiednen Versuchen anregte. Inhalt und Tendenz der 'Moralischen
Briefe', ebenso der ganze Charakter der Darstellung bis auf den Vers
ließ wieder den ursprünglichen Wieland, den Verfasser der 'Natur der
Dinge', erkennen. Auf den Bewunderer Klopstocks konnte man nur aus
vereinzelten Anspielungen schließen, die in den spätern Ausgaben sämmtlich
gestrichen wurden. Eben so wenig war im 'Antiovid' und in den 'Erzählungen' von 1752 ein unmittelbarer Einfluß Klopstocks, den besonders das letztere Werk entzückte, wahrzunehmen. Doch berührte sich, da
Wieland damals die Liebe ähnlich auffaßte wie Klopstock, auch die Schilderung derselben in dem ersteren Gedicht mit der in der Messiade: seelen-

---

[1]) Vgl. meine Einleitung zum ersten Druck des 'Hermann' in Seufferts
'Deutschen Literaturdenkmalen des achtzehnten Jahrhunderts', Band 6 (Heilbronn 1882).

volle Blicke, Seufzer und Thränen galten hier wie dort als ihre vorzüglichsten Merkmale. Die 'Erzählungen' aber behandelten großenteils Stoffe,
die dem Klopstockischen Vorstellungskreise nicht ferne lagen und eine sorg-
fältige Ausmalung schwärmerisch erregter Empfindungen erheischten; da
stellten sich denn auch gelegentlich im besonderen ein paar Anklänge an den
'Messias' und die ersten Oden ein.

Völlig abhängig von Klopstock zeigte sich Wieland jedoch wieder in
dem Gedichte 'Der Frühling', das er gleichzeitig mit den 'Erzählungen'
im Mai 1752 verfaßte. Der verwandte Stoff, den kurz vorher Kleist behandelt hatte, machte es zwar natürlich, daß auch dieser Sänger hier
bedeutsam auf Wieland einwirkte, und in der That verriet manches in
dessen Sprache, namentlich die schildernden Beiwörter, Kleists Einfluß.
Aber der Schüler Klopstocks bekundete sich darin, daß er weniger, wie
Kleist, den irdischen Frühling als vielmehr das ewige Urbild desselben,
den himmlischen Frühling in seiner göttlichen Schönheit besang und zwar
mit dem schwärmerischen Gefühl des begeisterten Lyrikers besang. Der
ganze Kreis Klopstockischer Anschauungen und Vorstellungen that sich da
vor ihm auf; seine Sprache und besonders sein Hexameter näherte sich
mehr als je zuvor seinem hochgepriesenen Vorbilde.

Noch weiter in's Lager der Klopstockianer trieb den Jüngling seine
Übersiedlung in Bodmers Haus im October 1752 und die Arbeit an der
Lobschrift über den 'Noah', die er in den Monaten unmittelbar vor und
nach seiner Ankunft in Zürich langsam vollendete. Bisher hatte sich
Wieland nur als Dichter dem Einflusse Klopstocks hingegeben; jetzt wurde
er erst eigentlich zum Mitglied und heftigen Vorkämpfer der literarischen
Partei, die für die Messiade und gegen ihre Gegner stritt. Hatte bisher
Klopstock zumeist nur auf die Form der Wielandischen Gedichte bedeutsam
eingewirkt, so verarbeitete der Gast Bodmers nicht minder eifrig die stoff-
lichen Eindrücke, die er von dem 'Messias' und den ersten Oden empfieng.
Mit demselben Entzücken wie diese las er jetzt aber auch Bodmers
Patriarchaden und gewann auch daraus allerlei dichterische Anregung.

Schon in dem 'Schreiben von der Würde und der Bestimmung eines schönen Geistes', das er noch in Biberach im Sommer
1752 dichtete, ahmte er neben Klopstock auch Bodmer nach und eröffnete
zugleich die leidenschaftlichsten Angriffe auf Gottsched und seine Anhänger.
Noch entschiedner in der neuen Richtung bewegten sich die 'Briefe von
Verstorbenen an hinterlassene Freunde' (1753). Mit Entzücken

schwärmte hier Wieland in den überirdischen Bezirken, in welche Klopstock erst die deutsche Dichtung emporgeleitet hatte. In lyrischer Begeisterung, mit jener Kühnheit der Phantasie und Glut des Empfindens, die er aus der Messiade kannte, schilderte auch er die Wunder des Himmels, des Sitzes der Gottheit und der seligen Geister. Genau betrachtet, war es freilich nicht der Klopstockische, sondern Wielands eigner dichterischer Himmel, reich an Unmöglichkeiten und Widersprüchen. Auch mit Klop-stocks christlichem Pietismus hatte Wielands religiöser Idealismus, der sich zum Teil auf nur halb verstandene Lehren der Platonischen Philo-sophie gründete, wenig oder nichts zu thun. Doch lieferte Klopstock (ebenso wie Milton) auch für die Einzelschilderung gewisse stoffliche Motive, und ganz aus seinem Geiste heraus hatte Wieland den Grundgedanken der 'Briefe' gefaßt, Wesen und Zustände zu schildern, die der Mensch mit seinen irdischen Sinnen nicht begreifen kann. Allerdings befleißigte er sich bei dieser Schilderung selbst im Gegensatze zu dem Dichter des 'Messias' möglichster anschaulicher Klarheit und Objectivität. Ganz unter Klopstocks Einfluß stand der Vers in den 'Briefen von Verstorbenen'; vorzugsweise nach seinem Vorbild, doch auch nach dem Muster Bodmers und Kleists war die Sprache darin gestaltet; in ihr kündigte sich aber auch schon öfters die spätere Meisterschaft des anmutig-gewandten Sängers an.

In demselben Sommer 1753 schrieb Wieland die Patriarchade 'Der geprüfte Abraham' in vier (später zu drei verkürzten) Gesängen. Bodmer hatte ihm den für einen modernen Dichter sittlich unbrauchbaren Stoff vorgeschlagen; Bodmer verfaßte selbst einige Verse im ersten Ge-sang, die Wieland bis zur letzten Ausgabe „als ein Denkmal der Freund-schaft" stehen ließ; Bodmer war denn auch hier mehr noch als Klopstock das Vorbild seines jungen Freundes, der seine eigne dichterische Natur vielleicht nirgends so sehr als in diesem Werke verleugnete. Zwar machte er durch geschickten Aufbau der Handlung, durch die Einflechtung wirksam contrastierender Episoden, durch wahrhaft epischen Vortrag und plastische Darstellung aus dem spröden Stoffe, so viel nur immer möglich war. Die sittlich-religiösen Bedenken desselben vermochte jedoch gerade er, dem ein lebendiger religiöser Glaube fehlte, nicht zu überwinden. Wo er Empfindungen schilderte, gelang es ihm, einen mächtig ergreifenden Aus-druck zu treffen; meistens gieng er aber solchen Schilderungen überhaupt aus dem Weg, und in der Darstellung himmlischer Vorgänge und Ge-stalten blieb er unbeholfen. Die Anspielungen auf Scenen aus den

Dichtungen Klopstocks und Bodmers häuften sich; Sprache und Vers trugen nicht nur den allgemeinen Stempel, den diese beiden Verfasser ihren Werken aufgeprägt hatten, sondern auch größere Abschnitte des 'Messias' und des 'Noah' waren im besonderen nachgeahmt, und unter den Gleichnissen fanden sich gar einige, die ganz in Klopstocks Weise ihren eigentlichen und ursprünglichen Zweck vollständig verfehlten.

Kleinere Versuche in der biblischen Ependichtung nach dem Beispiele Klopstocks und Bodmers, an die sich Wieland jetzt auch mit seinen Stoffen eng anschloß, stellten drei der 1755 herausgegebenen 'Fragmente in der erzählenden Dichtart' dar, die nach Bodmers eignem Geständnis (an Denis im November 1777) von Wieland herstammten, das 'Gesicht von dem Weltgerichte', 'Cibli und Lazarus' und 'Die sterbende Rahel', alle drei reich an lyrischem Gefühlsinhalte, künstlerisch nicht gleichwertig, wenn sie auch Bodmers Beiträge zu derselben Sammlung in jeder Hinsicht weit überragten.

Seit dem Jahre 1754 etwa machte sich Wieland von der äußerlichen Nachahmung Klopstocks freier; auf seine seelische Stimmung, auf sein gerade jetzt gewaltsam gesteigertes Empfinden, auf die mystisch-asketische Richtung seines Geistes wirkten die Eindrücke, die er einst von Klopstock empfangen hatte, noch mächtig fort. Zu ihnen gesellte sich nun aber der neue Einfluß anderer Lectüre, vorwiegend Platons, der später wieder von Xenophon und Shaftesbury, von Ariost, Cervantes und Lukian verdrängt wurde. Im Anschluß an Platon verfaßte Wieland eine Anzahl prosaischer Schriften, die zum Teil, wie das 'Gesicht von einer Welt unschuldiger Menschen', sogar äußerlich an Klopstockische Motive anknüpften, zum Teil, wie die 'Sympathien' und die 'Empfindungen eines Christen', im einzelnen schwächer an den 'Messias' und die Oden anklangen, aber gleich diesen Werken stets mit ungemein reger Phantasie über unser Erdenleben in die himmlische Zukunft und die Wonnen der Seligkeit hinauswiesen. Daß wir auch Menschen einer sinnlichen Schöpfung sind, schien Wieland, indem er seine sittlich-religiösen Ansichten und Forderungen bis zum völlig Unsinnlichen steigerte, geradezu vergessen zu haben. Und während er so unnatürlich weit über Klopstock hinaus und nach und nach auf ganz andere Bahnen übergieng, als dieser und seine Schweizer Freunde betraten, ließ er sich von Bodmer zum heftigsten Vorkämpfer gegen Gottsched, Schönaich und die ganze Partei der feindlichen Kritiker und Dichter gebrauchen. Eine schonungslosere Spott- und Streitschrift als die 'Ankündigung einer Dunciade für die Deutschen' (1755) hatte die gesammte Züricher Polemik vorher kaum gezeitigt.

Unmittelbar darnach vollzog sich langsam ein neuer, vollständiger Umschwung in Wielands Innerem: er kehrte von dem Übermaß der Schwärmerei zu seiner echten, angebornen Natur zurück. Der Einfluß Klopstocks, Bodmers und der ihnen verwandten Dichter schwand dabei allmählich ganz und gar. Die letzten deutlichen Spuren desselben waren in dem auf achtzehn Gesänge berechneten Heldengedichte 'Cyrus' zu finden, das 1759 als Bruchstück in fünf Gesängen abgeschlossen und veröffentlicht wurde. Indem Wieland seinen Helden aus der profanen Geschichte wählte und nach dem Muster Glovers das Wunderbare auf das geringste Maß beschränken wollte, desto mehr aber auf die Darstellung der schönen menschlichen Natur ausgieng, entfernte er sich entschieden von dem Wesen der Klopstockischen und Bodmerischen Dichtung; aber gelegentliche Anklänge daran in der Sprache und im Verse des 'Cyrus', selbst in einigen Gleichnissen und bedeutenderen poetischen Motiven konnte er noch nicht vermeiden, und so bildete er gleich den Anfang des Epos in seinen einzelnen Zügen dem Eingang der Messiade getreu nach. Erst die völlige Veränderung seiner Lebensschicksale, seiner Ansichten und seines gesammten menschlich-dichterischen Charakters entzog ihn ganz und gar und auf die Dauer dem Einflusse Klopstocks und seiner Anhänger. Seine persönliche Verehrung des älteren Dichters jedoch verringerte sich deßhalb kaum, und noch in späten Jahren urteilte er, daß den zehn ersten Gesängen des 'Messias' und den gleichzeitigen Oden das Gepräge der Unsterblichkeit aufgedrückt sei.

Als Wieland gegen den Schluß der fünfziger Jahre zu dieser Freiheit sich langsam durchrang, war auch schon seit einiger Zeit das allgemeine Urteil über die Messiade in Deutschland ein anderes geworden. Durch die Kritik Lessings. Als die ersten fünf Gesänge erschienen, gab es entweder Freunde Klopstocks, welche sein Werk und mit demselben in der Regel auch die Arbeiten seiner Nachahmer unbedingt lobten, oder Feinde, welche es von vorn herein verdammten. Die Messiade war das Panier einer Partei geworden, der man entweder anhieng oder gegenüberstand. Nur ganz wenige versuchten neutral im Kampfe zu bleiben; ein unbefangenes Urteil über Klopstocks Gedicht laut auszusprechen, wagte kaum Einer. Lessing zuerst stellte sich über die Parteien. Gottsched und die Seinen behandelte er meist nur mit derbem Spott. Demgemäß ward

er von ihnen auch ohne weiteres zu den Zürichern oder Klopstockianern
gerechnet und gemeinsam mit jenen angegriffen. Aber zugleich unterschied
Lessing grundsätzlich zwischen Klopstock und seinen unberufenen Nachahmern und Lobrednern. Diese erfuhren seinen Tadel oder Spott ebenso,
nur in geringerem Maße wie die Gottschedianer. Gegen Klopstock aber
hegte und äußerte er stets aufrichtige Verehrung und Bewunderung. Er
übersetzte sogar gemeinschaftlich mit seinem jüngeren Bruder Johann
Theophilus zu Anfang 1752 einen Teil des 'Messias' in lateinische
Hexameter. Allein unbedingten, zweifellosen Beifall spendete er auch
diesem Epos nicht. Lessing erkannte die tiefliegenden, unheilbaren Schäden
des Gedichts, das gleichwohl für ihn zeitlebens das Meisterstück deutscher
Poesie blieb, besser als alle Kritiker vor ihm. Er scheute sich aber auch
nicht, seine Bedenken öffentlich auszusprechen, ohne daß er darum fürchtete,
zu den Gegnern Klopstocks gezählt zu werden. So verfaßte er neben
kürzeren, lobenden Anzeigen der Messiade eine ausführliche, scharfe Kritik
ihrer Anfangsverse für seine Monatsschrift 'Das Neueste aus dem Reiche
des Witzes' vom September 1751 (1753 mit Zusätzen in den 'Briefen'
wieder abgedruckt). Jetzt erst fieng man an, mit dem Werke Klopstocks auch
die literarischen Parteien unbefangen zu beurteilen, zwischen die es als
Zankapfel geworfen war. Und Lessing blieb mit seinen Ansichten nicht
allein, sondern zog bald auch andere, wie Johann Samuel Patzke[1],
Moses Mendelssohn und Friedrich Nicolai, der mit seiner Erstlingsschrift sich noch durchaus auf dem Boden des Parteikampfes bewegt
hatte[2], zu sich herüber. Dadurch vernichtete er in kurzer Frist die Gegensätze der Parteien und ihre Bedeutung für die Fortentwicklung unserer
Literatur überhaupt. Nicolais 'Briefe über den itzigen Zustand der schönen
Wissenschaften in Deutschland' (1754 vollendet, 1755 gedruckt) setzten den
verständnisvollen Leser außer allem Zweifel, daß die Zeit der Leipziger
und der Züricher vorbei war. Mochten auch die Schüler und Freunde
Gottscheds gerade in diesen Jahren noch die wütendsten Angriffe auf die

---

[1] Im vierunddreißigsten seiner 'Freundschaftlichen Briefe' 1754; vgl. Waldemar Kawerau, Aus Magdeburgs Vergangenheit, Halle a. S. 1886, S. 20 f.

[2] 'Untersuchung, ob Milton sein Verlornes Paradies aus neueren lateinischen
Schriftstellern ausgeschrieben habe' (1753), voll heftiger Angriffe auf Gottsched, der
in triumphierendem Hohn über die deutschen Nacheiferer des englischen Epikers den
Vorwurf des Plagiats noch auf Milton geschleudert hatte, als sein Gewährsmann
William Lauder bereits selbst seine Fälschung eingestanden hatte.

Meſſiade und ihre Bewunderer verſuchen, weder Georg Volquarts (in den 'Schleswig-holſteiniſchen Anzeigen' von 1752 und 1754) und Ludwig Friedrich Hudemann ('Gedanken über den Meſſias in Abſicht auf die Religion' 1754), welche den chriſtlichen Glauben durch Klopſtock bedroht wähnten, noch Schönaich ('Die ganze Äſthetik in einer Nuß oder neologiſches Wörterbuch' 1754), der die deutſche Sprache vor dem Verderben der von Klopſtock geprägten neuen Wörter und Ausdrücke bewahren wollte, konnten mit ihren Klagen und Schmähungen mehr nachhaltig wirken. Die Anhänger der Meſſiade mit ihren Verteidigungen und Gegenſchriften eben ſo wenig. Der Streit tobte zwar noch einige Jahre fort, gehäſſiger als je zuvor; Schönaich und Johann Gottfried Reichel wurden die Vorkämpfer der Gottſchedianer: ſeit 1755 aber erloſch er raſch und geräuſchlos. Die Leipziger wie die Züricher als geſchloſſene Parteien verſchwanden vom Schauplatz unſerer Literatur.

Unter dieſen Umſtänden wurde auch dem zweiten Bande des 'Meſſias' eine andere Aufnahme in Deutſchland zu Teil wie wenige Jahre vorher dem erſten. Keine ſchlechtere. Die neuen Geſänge wurden noch ebenſo gekauft und geleſen wie die früheren. Die Kritiker, unter ihnen wieder Leſſing und bald auch Herder, behandelten den Dichter und ſein Gedicht mit nicht geringerer Achtung und Verehrung als ehedem. Es fehlten ſogar, abgeſehen von einigen verſpäteten, albernen Parodien[1]), die heftigen Angriffe, mit denen Klopſtock bei ſeinem erſten Hervortreten empfangen worden war. Aber es fehlte eben überhaupt dem Eindruck des zweiten Bandes die Leidenſchaft, welche der erſte überall erregt hatte. Jetzt wurde das Gedicht wie jedes andere hervorragende Werk unſerer Literatur geleſen und beſprochen; aber weder Feind noch Freund befehdeten ſich mehr darum: es bewegte nur noch einzelne mächtig, doch nicht mehr die geſammten Zeitgenoſſen.

Als der dritte und vierte Band erſchien, war das in noch höherem Grade der Fall. Das Intereſſe des deutſchen Publicums hatte ſich damals bereits mehr und mehr vom Epos zum Drama gewandt. Zugleich aber hatte die religiöſe Dichtung inzwiſchen in Deutſchland viel von dem Boden, der ihr einſt gehörte, verloren. Auch in rein künſtleriſcher Hinſicht war Klopſtocks 'Meſſias' durch andere Werke der letzten Jahre überholt worden.

---

[1]) Vgl. 'Die Trüffeln, ein Heldengedicht' 1760; doch wohl kaum Brockhauſens elften Geſang des 'Meſſias' 1762 u. dgl.

So brachte man ihm zwar auch jetzt noch Achtung und Anerkennung, aber
— einzelne bestimmte Kreise ausgenommen — kaum mehr eine lebhafte
Teilnahme entgegen. Man freute sich nur — und fast zumeist um des
Dichters willen —, daß er endlich nach langjähriger Arbeit sein Werk
vollendet hatte. Die späteren, vielfach verbesserten Gesammtausgaben der
Messiade aber wurden von der gleichzeitigen Kritik kaum nach Verdienst
beachtet. Der Einfluß des Gedichtes auf einzelne hervorragende und
untergeordnetere Schriftsteller unseres Volkes dauerte zwar noch eine geraume Zeit fort; seinen unmittelbar bestimmenden Einfluß auf unsere
Literatur selbst aber hatte der 'Messias' längst verloren.

Auch der nachahmenden Epiker wurden seit 1755 immer weniger.
Noch tauchten vereinzelte Versuche in der biblischen Poesie auf. Salomon
Geßner veröffentlichte 1758 einen 'Tod Abels' in fünf Gesängen. Angeregt durch einige, wenn auch flüchtige Begegnungen mit Klopstock, mehr
durch den innigen Verkehr mit Kleist, hatte er schon 1751 das 'Lied eines
Schweizers an sein bewaffnetes Mädchen' und seit 1753 eine Reihe von
Idyllen herausgegeben, die in ihrer allgemeinen Grundstimmung an den
idyllisch-elegischen Charakter der Messiade erinnerten. Auch sprachliche
Anklänge an einzelne Stellen dieses Gedichts sowie der ersten Klopstockischen Oden fanden sich hie und da bei Geßner. Sonst aber waren
der unmittelbaren Beziehungen zwischen den beiden Verfassern überaus
wenige. Geßner schrieb nicht in Hexametern, sondern in rhythmischer
Prosa; nur bei einigen kleinen Gedichten wählte er reimlose Jamben in
verschiednen Formen, deren eine Klopstock in unsere Literatur verpflanzt
hatte. Dichter und Maler in Einer Person, gieng er von der sinnlichen
Anschauung der Natur aus und setzte sich die plastische Schilderung der
Natur zum hauptsächlichen Ziele. Der Gegensatz, der so zwischen seiner
und Klopstocks Poesie entstand, wurde noch größer dadurch, daß Geßner
keiner streng christlichen Richtung folgte und daher in seine Idyllen die
schönen Götter des griechischen Altertums einführte. Dann und wann
aber mahnt doch der Ausdruck, den Geßner dem Empfinden einer seiner
Personen gab, oder die stilistische Darstellung im großen wie im kleinen
unmittelbar an Klopstock. Am zahlreichsten begegnen solche Stellen begreiflicher Weise in der Patriarchade 'Der Tod Abels'. Auch sie ist in Prosa
geschrieben; auch sie ist, namentlich in ihren ersten Teilen, aus lauter
kleinen Idyllen zusammengesetzt. Das Werk ist überhaupt ungemein arm
an Handlung. Die Schilderung herrscht, wie gewöhnlich bei Geßner, so

auch hier vor. Dazu kommt, wie bei Klopstock, die Überfülle der Empfindungen und Reden. Diese aber klingen nicht selten im allgemeinen ähnlich
denen in der Messiade. So sind in Kains Charakter manche Züge von
Abbadona übergegangen. Wie der reumütige Teufel in den ersten Ausgaben des 'Messias' sich darstellte, seiner Schuld sich bewußt, aber doch
noch nicht fähig, sich dem Willen der Gottheit zu unterwerfen, und darum
in seinen Gebeten selbst lästernd, nur völlige Vernichtung wünschend und
suchend, so zeichnete Geßner seinen Kain. Außer diesem war auch sein
Anamelech nur ein schwaches Abbild des Klopstockischen Abramelech. Auch
er beneidet Satan um den Ruhm, den Abfall von Gott in's Werk gesetzt
zu haben; auch er hofft Thaten zu vollbringen, welche die Hölle mit
Staunen erfüllen und Satan selbst zur Ehrfurcht gegen ihn zwingen
sollen. So schmiegt er sich denn gleich dem großen, ersten Verführer (im
'Verlornen Paradies' IV, 800) an die Seite des schlafenden Kain und
spiegelt ihm ein Traumbild vor, welches — besonders im Anfang — an
den Traum erinnert, den Satan in der Messiade vor Ischariots Seele
zaubert. Frohlockend nimmt er wahr, wie rasch seine böse Eingebung
wirkt; aber er triumphiert nicht lange: Gott befiehlt alsbald den Schrecken
der Hölle, über ihn zu kommen (wie im 'Messias' II, 623 ff.). In ähnlicher Weise waren die Schutzgeister, welche Geßner im 'Tod Abels' verwendete, den Engeln Klopstocks nachgebildet. Gleichfalls aus der Messiade
waren die Todesengel entlehnt. Freilich bestimmte sie Geßner zu einem
anderen, tröstlicheren Amt als Klopstock. Nicht mehr so stark, doch noch
immer merklich genug klang in den Monologen und Zwiegesprächen des
größeren Idylls von 1762 'Der erste Schiffer' manches an die Messiade
an. Die Episode von Lazarus und Cidli wurde stellenweise nachgebildet;
öfters jedoch erinnerte die Logik und sogar die Ausdrucksweise in den Betrachtungen sowohl des ersten Schiffers als der jungen Meliba an den
Monolog Ischariots nach dem verhängnisvollen Traumgesicht (Messias III,
656 ff.), der allerdings aus einer ganz andern Situation entsprungen war.

Im allgemeinen bewahrte Geßner trotz mancher Ähnlichkeit der Einzelzüge mehr als ein anderer unter den Schülern Klopstocks — auch Wieland
nicht immer ausgenommen — seine Originalität. Weniger läßt sich dies
von Friedrich Wilhelm Zachariä behaupten, der, nachdem er schon
in einigen komischen Heldengedichten und einem nach Thomsons Muster
schildernden Naturgedichte den Klopstockischen Hexameter verwendet hatte,
1760 durch seine Übersetzung des 'Verlornen Paradieses' in eben diesem

Versmaß zu dem Versuch biblischer Epen verleitet wurde. 1761 gab er zwei Bruchstücke eines großen religiösen Epos heraus, das jedoch über den ersten Plan nicht hinausgedieh, 'Die Schöpfung der Hölle' und 'Die Unterwerfung gefallner Engel und ihre Bestimmung zu Schutzgeistern der Menschen'. Die Erfindung beider Fragmente ist, wie Nicolais scharfe Kritik in den 'Literaturbriefen' nachwies, völlig mißraten. Milton und Klopstock gaben den ersten Anstoß und verschiedne Motive zu dem ersteren Gedicht; das zweite enthielt eigentlich nur eine neue, nicht eben glückliche Wendung des Abbadonamotivs. In der Darstellung des Einzelnen, in Sprache und Vers verdankte Zachariä dem 'Messias' sehr viel, einiges wohl auch den Bodmerischen Patriarchaden. An Bodmers 'Colombona' erinnert mehrfach der Entwurf eines auf vierundzwanzig Gesänge berechneten Epos 'Die Eroberung von Mexico', dessen Handlung zu nicht geringem Teil in über- oder unterirdischen Bezirken bei den Klopstockischen Engeln und Teufeln spielen sollte. Vier Gesänge davon, die Zachariä 1766 unter dem Titel 'Cortez' veröffentlichte, in reimlosen fünffüßigen Jamben (mit durchaus männlichem Ausgang) abgefaßt, erinnerten durch den ganzen Charakter der Darstellung und auch durch Einzelheiten der Sprache an Klopstock, manchmal auch an Bodmer. Die ersichtlichsten Mängel des Gedichts, die Schwäche der Charakteristik, den langsamen, durch Episoden und überflüssige Zieraten oft aufgehaltenen Fortgang der Entwicklung, suchte Zachariä durch eine spätere Umarbeitung des Ganzen zu verbessern, die jedoch in den Anfängen stecken blieb. Dabei bestrebte er sich auch, etwas freier von Klopstocks Einfluß zu werden.

Nur in unscheinbaren Kleinigkeiten zeigte sich als unmittelbaren Nachahmer Klopstocks oder Bodmers der Freiherr Karl Friedrich von Moser 1763 in seinem Heldengedicht 'Daniel in der Löwengrube', dessen sechs Gesänge, in einer mehr rhetorischen als poetischen Prosa abgefaßt, nicht sowohl mit einer richtigen epischen Handlung als vielmehr mit Gebeten und erbaulichen Betrachtungen angefüllt waren. Johann Jakob Heß (1741—1828) lehrte wenigstens wieder zum Hexameter zurück, als er 1767 seinen 'Tod Moses' verfaßte[1]). Auch ihm gelang es nur, seine einfache geschichtliche Vorlage durch Reden zu erweitern, aber nicht sie mit einer wirklichen Handlung zu erfüllen, und noch weniger, Gestalten wie

---

[1]) Ein Epos, dessen Held Mose sein sollte, hatte schon 1745 Samuel Gotthold Lange begonnen.

Mose und Josua lebenswahr in ihrer charakteristischen Größe zu zeichnen.
Aber Vers und Sprache waren, wenn auch unbedeutend behandelt, doch
im allgemeinen fehlerfrei, und eine sklavische Nachahmung Klopstocks oder
Bodmers war vermieden. Nur im allgemeinen erinnerte Heß an sie durch
den biblischen Stoff seines Gedichts und durch die herkömmliche Art, wie
er ihn (mit Aufgebot von Engeln und Teufeln) behandelte. Noch Lenz
begann seine poetische Laufbahn mit halb epischen, halb didaktischen Versuchen im Stile und unter dem Einflusse Klopstocks, und Goethe und
Schiller planten in ihrer frühesten Jugend umfangreiche Gedichte über
Joseph und Mose. Diese Entwürfe wurden aber nie ausgeführt. Und
wie gering an Zahl und Umfang nahmen sich jetzt die biblischen Dichtungen,
die wirklich das Licht der Öffentlichkeit erblickten, im Vergleich zu der
einstigen Überfülle aus! Nur noch einmal in jenen späteren Jahrzehnten
unternahm es ein poetisch begabter Kopf, nicht bloß Klopstock nachzueifern,
sondern geradezu mit ihm zu wetteifern, Johann Kaspar Lavater.

Nachdem er 1779 Bruchstücke eines 'Adam' entworfen und 1780 eine
dichterische Umschreibung der 'Apokalypse' unter dem Titel 'Jesus Messias
oder die Zukunft des Herrn' ausgearbeitet hatte, veröffentlichte er 1783
bis 1786 in vier Bänden sein längst geplantes episches Hauptwerk 'Jesus
Messias oder die Evangelien und Apostelgeschichte in Gesängen'. Lavater
machte kein Hehl aus seiner Verehrung Klopstocks und aus dem Einflusse,
den dessen Werk auf ihn ausgeübt hatte. Vers und Sprache des 'Jesus
Messias' und teilweise auch der lyrische Charakter der Darstellung legten
reichlich, aber nicht immer glücklich Zeugnis davon ab. Die Einsicht aber,
daß Klopstocks Messiade zu poetisch, zu neuchristlich, zu wenig geschichtlich
genau, auch für den einfältigen Leser oft zu hoch sei, hatte ihn zu seinem
eignen Versuch bestimmt. Er bemühte sich, alle jene wirklichen und vorgeblichen Fehler zu vermeiden, jedoch auf Kosten des künstlerischen Aufbaus und der dichterischen Darstellung. Er brachte wenig mehr zu Stande
als eine wortreiche, poesielose Umschreibung der ganzen neutestamentlichen
Geschichte von dem wunderbaren Opfer des Zacharias im Tempel zu
Jerusalem bis auf die Ankunft des Apostels Paulus in Rom. Die Kritiker
wie die Leser kümmerten sich äußerst wenig um das langatmige Werk.
Das hielt aber den Verfasser nicht ab, 1794 noch einmal mit einem
epischen Gedicht von sieben Gesängen, 'Joseph von Arimathäa' betitelt,
sich hervorzuwagen. An Stelle der Hexameter waren reimlose Jamben
getreten. Das Ganze näherte sich vielfach der Gattung der Idylle. Die

Freiheit der dichterischen Erfindung war besser als im 'Jesus Messias' gewahrt. Aber auch dieses Gedicht litt an weitschweifiger Breite, welche durch die Armut der Handlung bedingt war. Dem erbaulichen Moment war auch hier mindestens eben so viel Bedeutung wie dem künstlerischen zugestanden. Die Zeitgenossen schritten im allgemeinen auch an diesem Versuch Lavaters achtlos vorüber[1]).

Nicht besser ergieng es Johann Friedrich von Meyers 'Tobias' (in sieben Gesängen 1800), einem im genauen Anschluß an die Bibel mehr nach dem Muster Bodmers als Klopstocks gebildeten epischen Gedicht in poesieloser, wenn auch im ganzen einfacher und klarer Sprache mit viel Moral und Frömmigkeit, aber ohne Phantasie und Leidenschaft oder Tiefe des Empfindens. Äußerlich den größten Gegensatz dazu bildete die Epopöe 'Donatoa' in zwölf umfangreichen Gesängen, 1806—1807 in vier Bänden aus dem Nachlaß des wahnsinnigen Franz von Sonnenberg (1779 — 1805) veröffentlicht. Der Stoff, das Weltgericht, und die Form des Verses wie der (durchaus rhetorisch gefärbten) Sprache ließ hier überall den Nachahmer Klopstocks erkennen, als welchen sich Sonnenberg auch in seinen lyrischen Versuchen erwies. Aber ihm fehlte alles, was den Nachahmer zum Künstler machen konnte. Dichterisch gering begabt, hatte er sich eine verschrobene Handlung zusammengeklügelt, in der Philosophie und Religion, Wissenschaft und Poesie sich kraus durch einander mengten; dazu ließ es seine völlig wirre Phantasie und sein krankhaft überreiztes Empfinden nirgends zu einer klaren Darstellung kommen. Durch das ganze, weitschweifige, verkünstelte und verworrene Werk spukte schon das finstere Gespenst des Wahnsinns, der den Verfasser frühzeitig in den Tod trieb.

Der letzte Abkömmling dieser religiösen Epik war der ungarische Dichter Johann Ladislaus Pyrker, der noch im zweiten und dritten Jahrzehnt unsers Jahrhunderts mehrere biblische oder geschichtliche Epen nach dem Muster Klopstocks, aber auch Virgils und des von Voß übersetzten Homer verfaßte. In seinen Stoffen oft geradezu der (vielleicht unbewußte) Nebenbuhler Bodmers und der übrigen Patriarchadenbichter, in einzelnen Motiven, namentlich in dem Gebrauche der überirdischen Maschinerie und in der bedeutsamen Verwertung von Träumen, zum Teil

---

[1]) Ausführlicher sind beide Dichtungen in meiner Skizze von Lavaters Leben und Wirken (Stuttgart 1883) besprochen.

auch in der Sprache und im Verse von Klopstock abhängig, anschaulicher
und klarer als dieser in der Darstellung, aber auch äußerlicher, ohne dessen
leidenschaftliches Empfinden, in seinen kleineren Dichtungen ein bloßer
Umschreiber der biblischen Erzählung, in seinen größern, geschichtlichen
Epen weniger geschickt im Aufbau der episodenreichen Handlung als in der
Schilderung des Einzelnen, würde Pyrker in den geistig maßgebenden
Kreisen Deutschlands mit seinen Arbeiten auch dann keinen großen Erfolg
mehr erzielt haben, wenn er tadellose Kunstwerke geschaffen hätte. Denn
die Zeit war für solche Arbeiten längst vorbei. Wenn noch im Beginn
unsers Jahrhunderts bedeutende Männer zwar manches strenge und herbe,
aber noch immer achtungsvolle Urteil über Klopstocks Werk fällten, so gewöhnte man sich jetzt in literarischen Kreisen mehr und mehr daran, über
den 'Messias' zu witzeln oder gar zu spotten. Heine zwar fand gelegentlich einmal noch ein Wort des Beifalls für den Dichter, der „so rührend
wahr" die Leiden Jesu besungen (1831 in den 'Memoiren des Herrn
von Schnabelewopski'); gewöhnlich aber sah er in der Messiade, von der
er augenscheinlich nie viel gelesen hatte, nur das Meisterstück oder gar das
Emblem der Göttin Langeweile. Und Grabbe ließ in seinem 1822 geschriebenen Lustspiel 'Scherz, Satire, Ironie und tiefere Bedeutung' den
Teufel in festen Schlaf sinken, sobald er zwei Verse aus dem Epos gelesen,
das siebzig Jahre vorher das gesammte literarisch gebildete Deutschland
in Aufruhr gesetzt hatte. Der bayrische Ritter Karl Heinrich von Lang
aber behauptete 1833 in der elften seiner 'Hammelburger Reisen' geradezu,
daß auf der ganzen Erde kein Mensch lebe, der die Messiade vollständig
Blatt für Blatt gelesen habe.

VI.

Langensalza. Zürich.

1748—1751.

Als Lehrer der beiden Söhne des (1747 verwittweten) Kaufmanns und späteren Bürgermeisters Johann Christian Weiß[1]) war Klopstock im Mai 1748 von Leipzig nach Langensalza übergesiedelt. Wir können nicht bemessen, welchen dauernden Erfolg er mit seinem Unterricht erzielte, da seine beiden Zöglinge, Christian Karl (geb. 1734) und Johann Christian (geb. 1740), noch vor dem Eintritt in das Mannesalter starben. Der ältere wird als ein schmucker, geist- und talentvoller Jüngling gerühmt, auf den der Beiname seines Vetters Johann Christoph Schmidt, des „Mädchenbändigers", übertragen wurde. Er widmete sich später gleich seinem Vater dem Handelswesen. Ihm zunächst mag der Unterricht Klopstocks gegolten haben, der mit den Fortschritten seines Schülers von Anfang an zufrieden gewesen zu sein scheint. Wenigstens nannte er ihn gleich in seinem ersten Brief an Bodmer einen künftigen Dichter, der seinem Lehrer keine Schande machen werde, und ein paar Monate später rühmte er seinen kleinen Weiß, der ihn jetzt sehr liebe, als ein Genie. Sicher ließ er sich darum seine pädagogische Aufgabe ernstlich angelegen sein. Ob sich das Leben im Hause der reichen Verwandten für den Dichter freundlich gestaltete, ob man seinen Pflichteifer anerkannte und schätzte oder ihn vielmehr seine untergebene Stellung und seine Armut drückend empfinden ließ, muß dahin gestellt bleiben. Aus seinen Briefen

---

[1]) Vgl. zum Folgenden Hermann Gutbier, Klopstocks Beziehungen zu Langensalza (im Langensalzaer Kreisblatt 1885). Dazu lieferte mir Herr Gutbier in freundlichster Weise brieflich mehrere Nachträge.

läßt sich weder das eine noch das andere deutlich erkennen; nur ganz im allgemeinen bemerkte Klopstock einmal, er könne mit seinen jetzigen häus- lichen Umständen ziemlich zufrieden sein. Jedenfalls fehlte es ihm nicht an Mußestunden, die er der Erholung und der dichterischen Arbeit wid- men konnte.

Landschaftliche Reize bot ihm die in weiter, fruchtbarer Ebene zwi- schen dem Harz und Thüringer Wald gelegene Stadt nicht, wenn man auch in ihrer Nähe von einigen erhöhten Punkten aus beide Gebirge erblicken konnte. Hübsch angelegte Spaziergänge unter Laubbäumen führ- ten zwar um die Mauern und Gräben des verhältnismäßig stark befestig- ten Städtchens; aber der Natursinn des Jünglings, der so lange in Schulpforta viel Schöneres genossen hatte, konnte in Langensalza kaum neue Nahrung finden. Noch weniger vielleicht sein Sinn für bildende Kunst. Vieles in den Vorstädten, aber auch in der eigentlichen Stadt, welche nach mehreren Seiten von breiten, aus unterirdischen Quellen gespeisten Gräben durchzogen ist, macht noch heute einen stark dörflichen Eindruck. Die Bauart aber in dem alten, zu Klopstocks Zeiten kaum sechstausend Einwohner zählenden Orte ist durchweg einförmig, schmuck- und stillos: viele kleine, meistens zwei- bis dreistöckige Häuser, nach einem großen Brande damals meist neu aufgebaut, reihten sich zu vorwiegend engen und krummen Gassen an einander. Das Schloß in der Mitte der Stadt hatte äußerlich gar nichts Merkwürdiges; eher mochten die beiden Kirchen im gotischen Stil den Blick des Beschauers fesseln, namentlich die ältere Marktkirche, der gegenüber Klopstocks Tante und Cousine wohnten (in dem jetzigen Gasthaus zum Prinzen von Preußen). Unstreitig das schönste Haus des ganzen, gewerbsamen Ortes bewohnte Klopstock selbst, das des Kaufmanns Weiß in der Salzstraße, in geschmackvollem Roccoco- stil erbaut. Sein Lieblingsaufenthalt aber war der Garten seiner Tante vor dem äußern Erfurter Thor (bei dem jetzigen Café français), 1733 im französischen Geschmack angelegt mit Springbrunnen und Statuetten grie- chischer Götter. Denn was dem Dichter den Aufenthalt in dem unbedeu- tenden sächsischen Landstädtchen vor allem begehrenswert und wonnereich erscheinen ließ, war das Erblühen einer ihn ganz beherrschenden Jugend- liebe zu der Schwester seines liebsten Freundes, seiner Cousine M a r i e S o p h i e S c h m i d t.

Sie war fast sieben Jahre jünger als ihr Vetter, am 15. Februar 1731 geboren. Als dieser nach Langensalza kam, hatte sie sich eben zu voller jungfräulicher Schönheit entfaltet. Wären wir ausschließlich auf das angewiesen, was Klopstock über sie in seinen Briefen und Oden sagt, so könnten wir uns nur ein unzureichendes Bild von ihrer äußern Erscheinung machen. Denn aus seinem Munde redet stets in Einer Person der überschwänglich lobende Liebhaber und der Dichter, dessen unplastischer Natur nichts ferner lag als die sinnliche Schilderung körperlicher Reize. Am 21. September 1748 schrieb er an Bodmer über seine Cousine: „Sie hat eine gewisse Schönheit, die sie von allen andern unterscheidet. Ich kann Ihnen das jetzo nicht anders sagen, als wenn ich sage, daß sich diese Schönheit völlig zu meinen Liedern auf sie schickt. Vielleicht war ihr Laura ähnlich, die so sehr nach der Unsterblichkeit dürstete." Wie er sich aber Laura dachte, schilderte er zur gleichen Zeit in der Ode 'Petrarca und Laura'. Marie Sophie schwebte dabei ohne Zweifel seinem Geiste vor. Unbedenklich führte er daher auch diese Verse an, als er dem Schweizer Freund ein Bild von der Geliebten entwerfen wollte.

> Sie ist jugendlich schön; nicht, wie das leichte Volk
>   Rosenwangichter Mädchen ist,
> Die gedankenlos blühn, nur im Vorübergehn
>   Von der Natur und im Scherz gemacht,
> Leer an Empfindung und Geist, leer des allmächtigen,
>   Triumphierenden Götterblicks.
> Sie ist jugendlich schön, ihre Bewegungen
>   Sprechen alle die Göttlichkeit
> Ihres Herzens, und wert, wert der Unsterblichkeit,
>   Tritt sie hoch im Triumph daher,
> Schön wie ein festlicher Tag, frei wie die heitre Luft,
>   Voller Einfalt wie du, Natur.

Also eine Schönheit, die Anmut mit Würde, natürliche Heiterkeit mit denkendem Ernst vereinigte. Aber ob blond oder brünett, blau- oder schwarzäugig, niedlich gebaut oder hoch gewachsen, davon erfahren wir, wie das bei Klopstock nicht anders zu erwarten, keine Silbe. Nur des „triumphierenden Götterblicks" gedenkt er, wie er auch sonst in Prosa und in Versen ihr seelenvolles, still-heiter lächelndes, mit Zärtlichkeit erfülltes Auge preist: die Bildung der ganzen Seele, ihren „hellen Ernst", ihren „Flug zu denken" erkennt er in dem süßen, schmachtenden Blick. Am begeistertsten feiert er in der Ode 'Barbale' das Auge der Geliebten, und da verrät er uns sogar beinahe die Farbe desselben:

Auge, wem gleich' ich dich?
Bist du Bläue der Luft, wenn sie der Abendstern
Sanft mit Golde beschimmert?[1])
Oder gleichest du jenem Bach,
Der dem Quell kaum entfloß?

Auch die edle Gestalt wird hier gepriesen. Sonst fehlt aber jede näher bezeichnende Angabe aus Klopstocks Feder. Auch was Böttiger berichtet, der die inzwischen zur Greisin Gealterte im letzten Jahrzehnt ihres Lebens kennen lernte[2]), ist dürftig und unbestimmt. Er rühmt gleichfalls nur das imposante Äußere, den stolzen Wuchs der Dame, die in ihrer Jugend eine treffliche Minerva vorgestellt haben würde. Diesen Eindruck macht auch in der That ein Portrait Marie Sophies, welches sich im Besitze des um die Klopstockforschung hochverdienten Dr. J. A. Cropp in Hamburg befindet[3]). Es ist Bruststück. Marie Sophie mag etwa dreißig Jahre alt gewesen sein, als das Bild gemalt wurde. Sie erscheint darin als eine stolze Schönheit, den Kopf hoch auf dem weit entblößten Nacken tragend. Die Züge des Gesichts sind edel, regelmäßig geformt; die Conturen fließen weich in einander. Die Stirne hoch und frei; das Haar sorgfältig zurückgestrichen und hoch aufgepudert; die Nase, wie es scheint, stark und breit, Entschiedenheit ausdrückend; das Kinn schön oval gerundet. Das Auge, groß und offenbar blau, verrät durchbringende Klarheit, das ganze Gesicht Klugheit und Besonnenheit. Um den etwas sinnlichen Mund spielt ein halb verdecktes, fast spöttisches Lächeln. Überhaupt scheint wenig Vertrauen Erweckendes, wenig Anheimelndes in den Zügen des Antlitzes zu liegen, eher etwas wie spröde Zurückhaltung. Jedenfalls ist es kein Gesicht, das sogleich das innerste Wesen der Seele offen entdeckt.

Über dieses sind wir denn auch so wenig, wie seiner Zeit Klopstock, vollständig aufgeklärt. Er spricht in der Regel nur von der ungemeinen Zärtlichkeit aller Empfindungen seiner Cousine. Auch ein paar Verse

---

[1]) In der ersten Fassung 1749 lauten die Verse noch etwas deutlicher:

Bist du ein blauer Clump, an dem der Abendstern
Silberfarbig heraufsteigt?

[2]) Minerva. Taschenbuch für das Jahr 1814. Sechster Jahrgang (Leipzig), S. 348, 351.

[3]) Mir lag eine photographische Nachbildung des Gemäldes (im Besitze des Herrn Professors Dr. Michael Bernays) vor.

ihres Bruders bestätigen dieses Lob. Vor den übrigen Schönen in Langen=
salza, die selbst dieser leicht entzündliche Mädchenfreund als wenig
anziehende, leblose Puppen schildert, muß sie sich vorteilhaft unterschieben
haben. Ihre geistigen Anlagen können nicht gering gewesen sein. Und
sicher hat sie eine gute allgemeine Bildung genossen. Das beweist Form
und Inhalt der wenigen Briefe, die von ihr und an sie erhalten sind.
Gleim urteilte geradezu von ihr, sie sei für ihn allzu ernsthaft und klug.
Doch wußte sie auch mit reger Phantasie und natürlichem Witz auf den
humoristisch=neckischen Ton in einigen Briefen Klopstocks einzugehn und
ihn glücklich fortzusetzen. Zugleich aber belehren uns die hauptsächlichen
Themata sowie allerlei einzelne Anspielungen in diesem ihrem Briefwechsel
mit dem Dichter, daß sie namentlich die Entwicklung der gleichzeitigen
deutschen und ausländischen Literatur mit außergewöhnlichem Anteil ver=
folgte. Bei den poetischen Bestrebungen ihres Bruders fällt dies am Ende
nicht auf. Ihren praktischen Verstand bewährte sie glänzend in ihrem
späteren Leben als Hausfrau. Aber selbst wo vorwiegend oder ausschließ=
lich ihr Verstand waltete, scheint herzliche Anmut ihre Reden und Hand=
lungen begleitet zu haben. Wenigstens wurde Klopstock, auch wenn sie
seine Gedichte tadelte, kritisierte, wenn sie „richtete", durch ihre Liebens=
würdigkeit bestrickt.

Als einzige Tochter wuchs sie neben zwei Brüdern unter den Augen
der Mutter heran. Den Vater, einen strebsamen Handelsmann, hatte sie,
noch nicht ein Jahr alt, im Februar 1732 verloren. Nach seinem Tod
übergab seine Wittwe Anna Sophie, eine Schwester des Kaufmanns
Weiß, dessen Söhne Klopstock nachmals unterrichtete, das Geschäft einem
Verwandten und widmete sich vornehmlich der Erziehung ihrer Kinder.
In Klopstocks Versen erscheint das Heim der Geliebten idyllisch verklärt:
von den Armen der zärtlichsten Mutter ungestüm umschlungen, auf ihrem
Schoße festgehalten, lernt die Jungfrau „Tugend und Liebe zugleich em=
pfinden". Herber urteilte des Dichters Vater, freilich ein paar Jahre
später, als ihm daran lag, seinen „lieben Friedrich von langensalzischen
Absichten vorerst gänzlich abzuziehen". In seiner klaren, biedern Weise
schrieb er am 17. August 1751 an Gleim: „Seit meine vernünftige
Schwiegermutter nicht mehr da ist, hat sich an dem Orte [in Langensalza]
eine andere Welt ausgebreitet (ich sehe auf die Sippschaft¹). Dieser junge

---

¹) = ich meine unsere Verwandtschaft.

Zuwachs ist von dem Kreuzsalze noch zur Zeit wenig durchläutert, er hält mit andern seines Gleichen den Ankauf eines Viertel Landes für Tugend und die Belegung eines neuen Capitals für Wissenschaft, gute Sitten und Religion; man schwätzet und wird beschwatzt; man hechelt und wird durchgehechelt. Keiner schonet des andern und im Rückschlage sich selbst nicht."

In diesem Lichte betrachtet, lassen sich vielleicht auch einige Äußerungen in Klopstocks Briefen und Oden bestimmter deuten. Sollte es nicht auf Marie Sophies Verwandte gemünzt sein, wenn der Dichter ('Salem' 53—56) die Schattenweisheit der kleinen Seelen tadelt, die nur nach materiellem Glück trachten, wenn er sich dem Glauben hingibt, die Geliebte werde groß genug denken, um dieses Glück zu verachten? Und wenn sein Hoffen auf Gegenliebe von Anfang an getrübt erscheint durch die Erkenntnis, daß sein und seiner Cousine Stand so sehr verschieden sei, was heißt das weiter, als daß Marie Sophie zu reich, wohl auch zu verwöhnt erzogen, zu anspruchsvoll gesinnt war, um dem unbemittelten Vetter in seine einfacheren und bescheidneren Verhältnisse zu folgen?

Klopstock kannte seine Cousine bereits persönlich, als er nach Langensalza kam. Ob er vielleicht schon früher, da sie noch ein Kind war, bei seinen dortigen Verwandten ein und das andre Mal auf kurze Zeit vorgesprochen hatte, ob sie zum Besuch ihres Bruders einmal in Schulpforta gewesen war, wissen wir nicht. Aber sie hatte wenigstens einmal (wohl im Frühling 1747[1]), wahrscheinlich sogar schon früher und öfter ihren Bruder in Leipzig aufgesucht. Bei dieser Gelegenheit lernte Klopstock sie kennen oder trat ihr doch näher, als dies vorher der Fall gewesen war. Ein Briefwechsel entspann sich zwischen ihnen; der Dichter versäumte nicht, ihr die neuen Erzeugnisse seiner Muse zu senden, gewöhnlich mit Anmerkungen, die ihr „das Heidentum" in den Oden erklären sollten. Marie Sophie hatte den tiefsten Eindruck auf sein Herz gemacht. Im Hinblick auf sie, die schon jetzt sein ganzes Denken und Empfinden erfüllte, verfaßte er mehrere Strophen der großen Ode auf die Freunde und die Elegie an die künftige Geliebte[2]. Der Gedanke, sie wiederzusehen, ihr dauernd nahe zu sein, war es vornehmlich, was Klopstock bestimmte, die Stelle im Weißischen Hause anzunehmen[3].

[1] Vgl. Klopstocks Brief an sie vom 30. Juli 1747.
[2] Vgl. Klopstocks Brief an Bodmer vom 5. November 1748.
[3] Vgl. Klopstocks Brief an Hagedorn vom 19. April 1749.

Die Leidenschaft seiner Liebe schlug nun zur vollen Flamme empor. Um so heftiger, als ihn beständig der Zweifel peinigte, ob seine Neigung erwidert werde. Seine Cousine zwar gab ihm nicht den mindesten Anlaß, an ihre Gegenliebe zu glauben: Klopstock hatte alle Ursache, über ihre Härte gegen ihn zu klagen. Aber jeder noch so trügerische Schein verlockte ihn zu neuem Hoffen. Gewiß nahm Marie Sophie Anteil an dem Loos ihres Vetters, der zugleich der vertrauteste Freund ihres Bruders war. Sie war ihm freundlich zugethan; sie kümmerte sich um seine Arbeiten; sie freute sich seines Dichterruhmes, an den die Spießbürger in Langensalza lange Zeit so wenig glauben wollten, daß sie Meiers Lobschrift für eine Satire auf die Messiade ansahen. Diese Teilnahme, verbunden mit jugendlicher Neugier, führte sie noch weiter. Sie erbrach die Briefe Klopstocks, welche dieser ihr zum Einschluß an ihren Bruder geschickt hatte. Über die Gefühle, die ihr durch die Verse des Vetters verraten wurden, konnte sie nicht lange in Zweifel sein. Mädchenhafte Scheu zwang sie, jetzt nur desto zurückhaltender sich gegen den Dichter zu benehmen. Und dagegen war Klopstock am wenigsten gewappnet. Was er in seinen Oden rückhaltlos der Geliebten vertraute und bittend an's Herz legte, wagte er schon in seinen Briefen ihr nur zaghaft anzudeuten. Im Gespräch vollends von Mund zu Mund brachte er es nicht über die Lippen. Sonst war er im Umgang mit Mädchen nichts weniger als schüchtern. Sonst verstand er es, Herzen im Flug zu erobern, und auch die Sprödesten gab er nicht frei, ohne daß sie ihm nach der freieren Sitte jener Zeit den Sieg mit einem Kusse belohnt hatten. Schmidt machte sich nicht ohne Grund über die „halb weltlichen, halb geistlichen Galanterien" seines Vetters lustig. Aber derselbe Freund warf ihm vor, daß er gegen seine Schwester zu furchtsam sei. Und Klopstock bestätigte dieses Urteil. Hier, wo für sein Herz mit Einem Schlage alles zu gewinnen oder zu verlieren war, bebte er jedes Mal scheu vor dem entscheidenden Geständnis und vor der bangen Frage zurück.

Ob Marie Sophie, wenn er kühner gewesen wäre, ihm am Ende nicht doch ihr Jawort gegeben hätte und ob er dadurch glücklicher oder unglücklicher geworden wäre, ob er sich als Dichter anders entwickelt hätte, wer mag das entscheiden? Gewiß erwiderte sie seine Leidenschaft nicht mit einer Zuneigung, die auch nur entfernt den Namen einer Gegenliebe verdiente. Allein sie ließ sich die Huldigungen des verwandten Dichters gern gefallen. Und verstand es, den Eifer dieser Huldigungen durch ein von Coquetterie

nicht immer freies Spiel beständig rege zu erhalten, indem sie etwa schel-
misch am Abend von freien Stücken dem Überraschten die Blumen zuwarf,
die sie am Tage seiner inständigen Bitte trotzig verweigert hatte. So
blieb Klopstock in stetem Schwanken zwischen Hoffnung und Furcht, zwischen Wonne und Qual.

Anfangs verschloß er sein Gefühl so ängstlich in der eignen Brust,
daß er sogar als Dichter die Liebe, die er wirklich und gegenwärtig empfand, als bloße Phantasie aus der Zukunft darstellte. Aber nicht lange
vermochte er sein Geheimnis so streng zu hüten. Unter dem Siegel des
tiefsten Stillschweigens erfuhren zuerst einige auserwählte Freunde davon,
unter ihnen der Bruder der Geliebten. Bald aber wurde — vornehmlich
durch den wider Klopstocks Willen erfolgten Druck einzelner Oden — die
Geschichte seines Herzens bekannter. Und nun machte er auch bei Frembe-
ren kein Hehl mehr daraus. Überall, wo man sich nur um ihn und seine
Poesie kümmerte, wußte man auch von seiner Liebe und beschäftigte sich
damit kaum weniger als etwa mit dem Schicksal Abbadonas. Auch hierin
unterschied sich Klopstock wieder durchaus von den Dichtern vor ihm. Seine
Leidenschaft sprach sich selbst noch gewaltiger aus als Hallers Liebe zu
Mariane, und sie gab sich öffentlich ohne Maske und Schleier kund.

Klopstock verhüllte Namen und Wesen der Geliebten nicht mehr unter
dem verschwommenen Schattenbild einer Doris oder Chloe oder wie immer
frühere Dichter die jeweilige Königin ihres Herzens heißen mochten; in
ganz Deutschland wußte man, wem seine Empfindungen und seine Verse
galten. Gewiß gieng auch dies über das rechte Maß hinaus: aber alles
in allem drang damit doch in unsere Poesie ein gesunder Hauch der
Wirklichkeit, dessen Wehen wir wieder, nur stärker, in der Lyrik der Stürmer und Dränger wahrnehmen und bis auf den heutigen Tag spüren.
Freilich verstand sich Klopstock noch nicht zu der Kühnheit, den wirklichen
Taufnamen der Geliebten in seine Dichtung oder auch in seine Briefe
herüberzunehmen, wie es vor ihm manchmal Günther gewagt hatte und
die Späteren ohne Scheu thaten. Allein auch nur vorübergehend griff er
in der Weise der früheren Lyriker zu einem der herkömmlichen Renaissance-
namen: in zwei Oden und einigen Briefen aus der ersten Zeit seiner Liebe
feierte er seine Cousine als Daphne. Daneben brauchte er — auch in
seinen Versen — den für unser Gefühl prosaisch klingenden Familiennamen „Meine Schmidtin". Bald aber wählte er, der allgemeinen literarischen Zeitströmung folgend, englische oder wenigstens englisch klingende

Namen. Im 'Messias' besang er die Geliebte als Cibli; in seiner Lyrik hieß er sie Fanny. Diesen Namen führte sie nun auch (seit 1749) in seinen Briefen; ihn behielt Klopstock regelmäßig bei, wenn er mündlich über sie mit einem Dritten sprach.

Der Lectüre von Henry Fieldings erstem Roman, der schon 1745 zu Danzig in deutscher Übersetzung erschienen war[1]), verdankte Klopstock den letzteren Namen. Auf den ersten Blick mag das auffallen. Allein auch über den 'Tom Jones' schrieb der Messiasdichter 1751 begeistert von Zürich aus an Gleim. Der Jüngling, der mit Vorliebe die übermütigen Verse seines Freundes Schmidt vortrug und sang, nahm an den harmlos-lustigen und auch an den zweideutigen Abenteuern, welche Fanny in Fieldings Roman zu bestehen hat, eben so wenig Anstoß als an der humoristischen Art, wie der Engländer ihre körperliche Schönheit schildert (Buch II, Capitel 12). Überdies hatte der deutsche Übersetzer, der nicht nach dem englischen Original, sondern nach einer stellenweise verkürzenden französischen Übertragung aus der Feder einer vornehmen Dame arbeitete, gerade in diesen Abschnitten das Bedenkliche oder Anzügliche der Darstellung sehr gemildert. Die Scheu, womit Fieldings Fanny, leiblich und geistig die echte Schwester Pamelas, das Geständnis ihrer Liebe zurückhält, bis der Augenblick es ihr entreißt (Buch II, Capitel 10 und 12), entsprach ganz der Vorstellung, durch die Klopstock so gerne das unentschiedene Betragen seiner Cousine sich erklärte und vor sich rechtfertigte. Woher er hingegen den Namen Cibli entlehnte, der zuerst im Juli 1750 in seinen Briefen auftauchte, konnte bisher nicht ermittelt werden.

Einer der ersten, denen Klopstock das Geheimnis seiner Liebe anvertraute, war Bodmer. Verhältnismäßig spät, am 10. August 1748, richtete er seinen ersten (lateinischen) Brief an den Mann, der seine Messiade weitaus am wärmsten aufgenommen, ja durch sein begeistertes Lob geradezu ihre Veröffentlichung veranlaßt hatte. Aber nun führte er den Gönner auch gleich in das „innere Heiligtum" seines Herzens. Beim Schatten Miltons, bei Bodmers verstorbenem Knaben beschwor er ihn: „Fac me, si potes, Bodmere, felicem!" Rasch folgte nun Brief auf

---

[1]) 'Begebenheiten des Joseph Andrews und seines Freundes Abraham Adams. In dem Geschmacke der Abenteuer des Don Quixote geschrieben. Englisch durch Herrn Fielding herausgegeben. In's Deutsche durch ein Mitglied der deutschen Gesellschaft übersetzt.'

Brief. Als auch ein zweites Schreiben Klopstocks keine tröstlicheren Nachrichten über Fanny enthielt, beschloß Bodmer, dem widerspenstigen Mädchen die Pflichten aus einander zu setzen, welche sie als „irdische Muse" des christlichen Dichters zu erfüllen habe. In einem langen, einbringlichen Briefe pries er ihr zunächst den künstlerischen und den religiösen Wert der Messiade und hielt ihr darnach vor, was ihr obliege, damit sie an dem Werk der Erlösung Anteil bekomme. „Sie sollen den Poet mit den zärtlichsten Empfindungen von himmlischer Unschuld, Sanftmut und Liebe beseelen; Sie sollen ihm einen Geschmack der Freundschaft mitteilen, die macht, daß die ewigen Seelen von himmlischer Entzückung erzittern; Sie sollen seine Seele mit großen Gedanken anfüllen .... Was für eine Verantwortung liegt auf denen, die ihn durch unwitzige Geschäfte, durch widrige Sorgen, durch eine stumme Wehmut in seinem Umgange mit der himmlischen Muse stören, die das göttliche Gedicht dadurch an seinem Wachstum verzögern!" Dagegen wurde ihr der Dank der Nachwelt versprochen, wenn sie dem Rufe der Vorsehung folge, d. h. wenn sie Klopstocks Werbung annehme. Nationen würden sie für die Seligkeit segnen, welche sie durch die Messiade gefunden hätten. Klopstock versäumte, die Kraft dieser Verheißung zu erproben. Er lieferte den gut gemeinten, aber stark pedantischen Brief nicht an die Adressatin ab. Nur ihrem Bruder teilte er ihn mit. Der versprach, das Schreiben seiner Schwester zu schicken; doch verlautet nichts darüber, daß er es wirklich that.

Wie in seine Herzensangelegenheiten, so weihte Klopstock den Züricher Freund alsbald auch in seine poetischen Pläne ein. Bruchstücke aus spätern Gesängen des 'Messias', an denen er eben arbeitete, teilte er ihm sofort mit; Abschriften der neu vollendeten Oden wanderten regelmäßig in die Schweiz. Es waren fast durchweg Gedichte, die der Liebe zu Fanny ihr Entstehen verdankten. Gleich mit seinem ersten Briefe scheint Klopstock eine Anzahl von Oden an Bodmer gesandt zu haben. Jedenfalls befand sich darunter das Gedicht, das später die Überschrift 'Die Stunden der Weihe' erhielt. Bodmer ließ es ohne Wissen und Wollen des Verfassers sogleich in den Züricher 'Freimütigen Nachrichten' vom 25. September 1748 drucken und bestimmte Tscharner, es 1749 in's Französische zu übersetzen. Die Ode war eine der ersten, welche der Liebe zu Fanny entsprangen. Nach Klopstocks Bericht an Hagedorn (vom 19. April 1749) war sie schon zu einer Zeit entstanden, da er seine Cousine erst einmal gesehen hatte, also wohl noch in Leipzig; darauf deuten auch die

Schlußstrophen, die wahrscheinlich das dortige Zusammenleben des Dichters mit Fannys Bruder voraussetzen. Wenig jünger, dem Inhalt nach im Mai oder Juni 1748 verfaßt, waren die Oden 'Petrarca und Laura' und 'Aebon' (später 'Barbale' überschrieben), aus denen Klopstock in einem Brief an Cramer vom 4. Juli 1748 mehrere Verse anführte. Auch die Elegie 'Daphnis und Daphne' (später in 'Selmar und Selma' umgetauft), welche am 25. Juli 1748 an Johann Adolf Schlegel geschickt und, wie die meisten Fannyoden, in der 'Sammlung vermischter Schriften von den Verfassern der bremischen neuen Beiträge' gedruckt wurde, fällt in jene Frühzeit des Aufenthalts in Langensalza. Überhaupt war Klopstock damals als lyrischer Dichter viel thätiger, als man auf Grund der paar Oden, die uns aus jenen Tagen erhalten sind, vielleicht annehmen sollte[1]). An Schlegel schrieb er am 25. Juli 1748: „Das muß ich Ihnen noch sagen, librum primum odarum hab' ich fertig. Wenn mich mein Mädchen noch lieben sollte, mache ich gewiß noch libros odarum tres et unum epodôn. Sed elegiarum tantum unum libellulum. Fragmenta hendecasyllaborum. Duo epigrammatum unamque sonnetum." An den letzten Punkt dieses Versprechens wurde in spätern Zeiten allerdings nicht mehr gedacht; den größeren Teil seiner Zusage hat aber Klopstock reichlich erfüllt. Zu jenem „ersten Buch" seiner Oden dürfen wir 'Salem' kaum mitrechnen. Vielmehr scheint dieses Gedicht erst im August oder wohl gar im September 1748 entstanden und am 21. September an Bodmer gesandt worden zu sein, ohne daß es Fanny, wie aus einem der folgenden Briefe (vom 2. December) hervorgeht, je zu Gesicht bekam. Noch etwas später wurden die beiden Oden an Fanny in Alkaischen Strophen verfaßt (jetzt 'An Fanny' und 'Der Abschied' betitelt). Beide sind aus ähnlichen Stimmungen entsprungen und wohl ziemlich zur gleichen Zeit verfertigt. Eine von ihnen (wahrscheinlich die erste, welche 1749 unter dem Titel 'Ode an Daphnen' gedruckt und bald darnach von Bodmer in's Französische und teilweise von Klopstock in's Griechische übertragen wurde) sandte der Dichter am 5. November 1748 an den Züricher Freund. Wenige Tage darauf überreichte er sie auch der Geliebten, ohne jedoch damit einen sichtbaren Eindruck auf ihr Herz zu erzielen. Sorgsam verbarg er hingegen vor Fanny und ihrem Bruder

---

[1]) Auch Böttiger im Taschenbuch 'Minerva' auf 1814, S. 350, bestätigt dies.

die Ode 'An Gott', die in den letzten Tagen des Jahres 1748 niedergeschrieben wurde. Lange behielt sie Klopstock als die „Gespielin seiner
Einsamkeit" bei sich. Endlich, in einem Augenblick, da er auf Erfüllung
seines Herzenswunsches hoffen zu dürfen glaubte, vertraute er (am 7. Juni
1749) das Gedicht Bodmern an. Acht Tage später sandte dieser es an
Heß. Andre Freunde, denen Klopstock Abschriften mitteilte, mögen eben
so wenig verschwiegen gewesen sein, und so erschien diese Ode, die der
Dichter eigentlich „nur für sein eignes Herz" geschrieben hatte, zu seinem
größten Verdruß 1751 und 1752 in zwei noch dazu fehlerhaften Drucken,
bis er endlich selbst im März 1752 eine „zweite und richtige Ausgabe"
derselben mit merklich überarbeitetem Texte veröffentlichte. Eher (im Sommer 1749) gelangte die Ode zum Druck, welcher andere später den Titel
'Die Verwandlung' oder 'Der Adler' gaben; sie stammte wohl aus
dem vorausgehenden Frühling. Sonst zeitigte das Jahr 1749 noch zwei
Gelegenheitsgedichte, eine Elegie, zur Vermählung des ältesten Bruders
Fannys, Christian Ludwig Schmidt, mit einem Fräulein de Ahna aus
Frankfurt am Main verfaßt, erst 1751 veröffentlicht, und eine sofort
gedruckte, später 'Die Braut' betitelte Ode zur Hochzeitsfeier einer
gemeinschaftlichen Cousine Klopstocks und Fannys, Johanne Christiane
Hagenbruch, mit dem Anwalt Johann Ludwig Gutbier in Langensalza
(am 17. Juni 1749).

Mit den Fannyoden betrat der Lyriker Klopstock keine durchaus
neuen Bahnen. In vielen Beziehungen bezeichneten vielmehr diese Gedichte
nur einen Schritt weiter auf dem Wege, den er schon in der Liebesepisode
der Ode auf seine Freunde und in der Elegie auf die künftige Geliebte
gewandelt war. Aus derselben unerwiderten Herzensneigung waren alle
diese Oden entsprungen. Die Gegenwart, in der er lebte, brachte dem
Liebenden nicht das ersehnte Glück. So versenkte er sich denn mit seinem
Sinnen und Dichten ganz in die Gedanken an eine bessere Zukunft.
Anfangs, so lange seine Liebe noch im ersten Aufkeimen, noch allen unbemerkt in seiner Brust verschlossen, so lang er selbst von der Geliebten noch
räumlich getrennt war, hoffte er, daß diese bessere Zukunft nur durch
äußere, zufällige Hindernisse verzögert werde und nach deren Wegräumung
sofort, noch im Umkreis dieses Erdenlebens, eintrete. In den Leipziger
Liebesoden gab er dieser Stimmung dichterisch Ausdruck. Jene Hoffnung
begann ihm aber allmählich zu schwinden, als er in Langensalza fast täglich mit Fanny verkehrte. In der gleichen Weise, wie seine Leidenschaft

wuchs und stets offenkundiger zu Tage trat, wurde seine Stimmung düsterer und trüber. Das ersehnte Glück der Liebe glaubte er jetzt erst nach dem Abschluß dieses Erdenlebens, drüben im Jenseits erwarten zu dürfen. Die Folge davon war nicht gerade, daß er nun in seiner Dichtung ein Verlangen nach dem Tode kund gab. Religiöse Scheu trieb ihn, diesen Gedanken, wenn er ihn überhaupt einmal laut werden ließ, sogleich wieder zu unterdrücken ('An Gott' 93 f.). Trotz allem hoffnungslosen Lieben wünschte Klopstock auch niemals im Ernste, das Leben zu lassen. Aber eine gewisse Gleichgültigkeit gegen das Erdendasein sprach sich hin und wieder in seinen Oden aus (z. B. 'An Fanny' 41 ff.). Es schien ihm genug, wenn er es nur nicht bereute, daß er lebte ('Der Abschied' 38). Mit Behagen malte er sich seine Sterbestunde und die der Geliebten aus, gab sich auch sonst, wo immer eine Gelegenheit war, den Vorstellungen vom Tode hin. Alles Düstere, Grausen Erregende blieb bei ihm diesen Gedanken fern; nach der heitern Auffassung des Christentums sah er im Tod nur den Durchgang zu einem höheren Leben. In dieses künftige Leben träumte er sich nun immer mehr hinein. Er besang, wie unter himmlischen Freudenthränen Liebende, die der Tod oder feindliches Schicksal auf Erden trennte, in der Ewigkeit sich auf immer wiederfinden, feierte die Stunde, die dort einst ihn selbst mit Fanny vereinigen werde, oder schilderte, wie der Dichter der Liebe, Petrarca, mit Laura ewig vereint, aus jener Seligkeit hernieder auf das irdische Dasein blicke.

Durch das Schicksal seiner eignen Liebe zwar wurde Klopstock zunächst zu diesen Vorstellungen vom Leben nach dem Tode hingezogen. Aber auch Einflüsse aus der englischen Literatur kamen dazu. Schon Young hatte in der Betrachtung des Todes geschwelgt. Auch für ihn hatte der Gedanke an Tod und Jenseits nichts Schreckliches oder Schmerzliches. Das Ende des irdischen Daseins erschien ihm als der Beginn des wahren Lebens, und sehnsüchtig harrte er auf diesen freudigen Augenblick der Erlösung von allem Leid und Zweifel. Nur die Trennung von den Freunden beklagte auch er, und so ward schon für ihn, wie nachher für Klopstock, nicht der Sterbende, den die Wonnen des Himmels entschädigen, sondern der Überlebende, der nunmehr allein die Not der Erde zu ertragen hat, unglücklich und bedauernswert. Alles das suchte jedoch Young logisch für den Verstand zu begründen, zu beweisen und durch Beispiele zu erläutern, während Klopstock es in mächtig bewegter Empfindung lyrisch aussprach. Aus diesem Unterschied erwuchs der Gegensatz in der Darstellung der beiden

Dichter. Klopstock konnte wohl gelegentlich ein Wort oder ein Bild von dem Engländer entlehnen; er spielte noch in spätern Oden auf Verse aus den 'Nachtgedanken' an[1]); aber zum eigentlichen Nachahmer Youngs, der in seinem Geist und in seinen Formen schrieb, wurde er nicht.

Ähnlich verhielt er sich zu einer andern, mit Young verwandten Erscheinung in der englischen Literatur. Seine Lieblingslectüre bildeten in jenen Jahren die Schriften der in seinen Oden vielgepriesenen Elisabeth Rowe, geb. Singer (1674—1737). Milton ausgenommen, war ihm kein englischer Dichter damals so vertraut und so wert wie die „unsterbliche, tiefer denkende Singer". Von ihr wahrscheinlich entlehnte der Sänger des 'Messias' das Motiv von einem Gestirn, auf dem nie gefallene Menschen wohnen[2]). Von eigentlicher Poesie zwar hatten ihre Werke nur wenig. Der Darstellung mit ihrer rhetorischen Prosa fehlte ziemlich jeder dichterische Reiz. Nur dann und wann war eine romanhafte äußere Einkleidung des Inhalts versucht. Die sittliche, meist geradezu christlich-erbauliche Tendenz war für die Verfasserin die Hauptsache. Sie wollte ihre Leser zum Glauben bekehren, im Glauben stärken, sittlich bessern, vor Fehltritten bewahren, im Unglück trösten. Als Lehrerin und Predigerin trat sie auf, und auch der Ton ihres Vortrags wurde durch diese Absicht bestimmt: er wurde oft nüchtern lehrhaft, oft sogar salbungsvoll. In diesem Sinn und Stil verfaßte sie 1728 ihr Hauptwerk, 'Friendship in death', dem sich 1729 — 1733 drei Teile 'Letters moral and entertaining' anschlossen. Beide Schriften zusammen wurden schon 1745 in's Deutsche übersetzt, und besonders die 'Freundschaft nach dem Tode' machte in gewissen Kreisen der deutschen Leserwelt großes Aufsehen. Es waren Briefe von frommen, wenn auch keineswegs fehlerfreien Verstorbenen an ihre auf Erden zurückgelassenen Eltern, Kinder, Geschwister, Gatten, Freunde oder Freier, Schilderungen der himmlischen Seligkeit, Mahnungen zur Tugend und Frömmigkeit. Das Buch wirkte mächtig und nachhaltend auf die deutsche Literatur. Der junge Wieland, einige Jahrzehnte später noch Lavater, eiferten unter andern dem Vorbild der englischen Schriftstellerin nach. Ihnen allen voran, aber freier als sie folgte Klopstock den Spuren der „göttlichen Rowe". Diese stellte immer

---

[1]) Vgl. 'Die Königin Luise' 1 mit nicht VI, 1; 'An Young' 1 ff. und 'Die beiden Musen' 6 ff. in der ursprünglichen Form mit nicht VI, 75 u. s. w.

[2]) Messias V, 153 ff.; vgl. 'Friendship in death', Brief 5.

episch dar, sei es, daß sie den Vorgang des Todes schilderte, daß sie Ereignisse aus dem ehemaligen Leben der Verstorbenen erzählte oder die Wonnen des ewigen Lebens beschrieb.   Alles war bei ihr auf die sinnliche Anschauung berechnet.   Viel schlechter verstand sie es, das lyrische Empfinden
des Lesers mächtig zu erregen.   Bei Klopstock war gerade das Gegenteil
der Fall.   Noch weniger dachte er daran, den moralisierenden Ton der
Engländerin in seine Odendichtung einzuführen.   Aber gleich ihr ließ er
seine Phantasie gern sich zu den Geheimnissen eines zukünftigen, überirdischen Daseins verirren.   Der Himmel, in welchen Elisabeth Rowe uns
einführt, ist durchaus der christliche; strenge, oft einseitige Askese predigen
ihre Briefsteller aus dem Jenseits ziemlich alle den überlebenden Freunden.   Klopstock meinte wohl immer auch nur den christlichen Himmel, in
welchem die Gottheit inmitten der Engel und Schutzgeister thront.   Das
hinderte ihn aber nicht, dann und wann, wie in den ersten Büchern der
Messiade, durch einen antik-heidnischen Begriff seine christliche Gesammt-
anschauung zu stören (z. B. 'Salem' 3).   Auch er ließ es an lehrhaften
Worten nicht fehlen.   Zu Freundschaft, Liebe und Tugend munterte er
Enkel und Enkelinnen auf.   Tugend und Liebe galten ihm als untrennbar;
die Liebe selbst schien ihm nur die schönste der Tugenden, ihre Wonne allein
nur durch Tugend zu verdienen zu sein ('Salem' 69 f. u. dgl.).   Aber an
Stelle der predigtartigen Mahnreden und Warnrufe in den Briefen der
Engländerin trat bei Klopstock die begeisterte Ahnung und Empfindung
der einstigen Himmelswonnen.   Wo Elisabeth Rowe puritanisch-nüchtern
lehrte, verlor sich seine Phantasie in fromme Schwärmerei.

Religiöse Schwärmerei ist überhaupt ein Grundzug der meisten
Fannyoden.   Für den Sänger der Erlösung nimmt auch sein persönliches
Liebesempfinden einen entschieden religiösen Charakter an.   Der Gedanke
an die Geliebte verbindet sich auf das innigste mit dem Gedanken an die
Messiade ('An Fanny' 8; 'Der Abschied' 45).   In den Stunden der
Weihe, da Klopstock an seinem heiligen Werk arbeitet, muß jeder profane
Laut vor seinen Ohren verstummen; nur mit Reden von seiner „erhabnen
Schwester" darf Schmidt den Dichtenden unterbrechen ('Stunden der
Weihe' 32 f.).   Noch mehr: ihre Gegenliebe soll seiner religiösen Poesie
unmittelbar zu statten kommen.   Klopstock verspricht geradezu, daß er,
trunken von reiner Wollust in ihrem Arm, das „Lied des Sohnes" er-
habner den Enkeln singen werde ('An Gott' 125 ff.).   Von diesem Vorsatz
erfüllt, darf er es denn auch wagen, in der Ode 'An Gott' betend um

„die körperliche Liebe seiner Fanny" zu flehen (Heß an Bodmer vom 18. Juni 1749). Gerade weil seine Neigung hoffnungslos ist, weil er keine Möglichkeit sieht, allein mit seinen menschlichen Kräften das heiß ersehnte Ziel zu erreichen, treibt ihn sein Herz, daß er im Glauben an eine göttliche Lenkung der Welt Beistand oder wenigstens Trost von oben sucht. Sein Liebesempfinden vermischt sich auf diese Weise durch und durch mit religiöser Betrachtung, der sich wie von selbst biblische Anschauungen und sogar biblische Ausdrücke darbieten (z. B. 'An Gott' 17 ff., 39 u. s. w.).

Für den Augenblick zwar gelingt es meistens dem religiösen Aufschwung des Dichters, die trübe Stimmung seines Gemüts zu mildern. Völlig sie zu verscheuchen, vermag er kaum jemals. Und wenn auch, mit jedem neuen Liede kehrt sie auf's neue wieder. Einsam und wehmutsvoll irrt er dahin; thränend wendet er von dem silbernen Monde, dessen Anblick andere Sterbliche entzückt, sein melancholisches, müdes Auge dem Dunkel zu; trostlos durchweint er die Mitternächte. Seufzer und Thränen, Beklommenheit des Herzens und Bekümmernis der Seele, ein wehmütigbanges Erbeben der Brust, ein erschütterndes Ach des Gefühls — das ist es immer wieder, wodurch der Dichter sein Empfinden unmittelbar kund gibt. Diese Ausdrücke des Schmerzes werden eben so typisch wie der Satz, daß Gott die Seelen der Liebenden für einander erschaffen hat. Nur selten und schüchtern zeigen sich Merkmale einer freudigern Stimmung, und ganz ungetrübte Heiterkeit herrscht fast nur in den Gelegenheitsgedichten, die Klopstock zur Hochzeit seiner Verwandten verfaßte. Er stellt sich auch hier ausdrücklich in einen Gegensatz zu den übrigen Poeten Deutschlands. Festen Sinnes widersteht er der Versuchung, Lieder zu singen, welche die Natur ihn nicht gelehrt hat, und gleich seinem Vetter Schmidt oder Hageborn die Hand nach „Anakreons Spiel" gleiten zu lassen. Vollends an die früheren Hochzeitsgedichte unserer Literatur mit ihrer lecken Sinnlichkeit, ja oft geradezu unflätigen Schlüpfrigkeit, die auch noch um die Mitte des vorigen Jahrhunderts im deutschen Bürgerstande durchaus üblich waren, gemahnen Klopstocks Hochzeitsoden nie und nirgends. Einflüsse der Poesie Hageborns, Schmidts und andrer Anakreontiker treten jedoch gerade in den Zeilen ersichtlich zu Tage, in denen der Sänger seinen Entschluß ausspricht, sich von dieser seinem Genius fremden Dichtgattung nicht verlocken zu lassen. Und hier, speciell in der 'Tibullischen Elegie' von 1749, wagt Klopstock auch seiner frohen Empfindung, wenn schon „sanft, mit gelinderer Stimme", im Liede Ausdruck zu verleihen. In den eigentlichen Fannyoden hingegen ist ein süßer, begeisternder Schauer, ein stilles Stammeln, ein lispelnder Hauch, ein zusegnender Laut das Höchste, wodurch sich das Gefühl der Hoffnung oder des Trostes verkündigt. Meist aber verstummt die Seele nur, wenn sie weint, nicht ganz ('An Gott' 100). Schmerz und Freude sind ihr gleichermaßen unaussprechlich ('Selmar und Selma' 37; 'An Fanny' 39 f.). Ja mehr als das: die fühlende Seele selber vermag kaum ganz die volle Gewalt der Liebesempfindungen des Dichters zu fassen, viel weniger sie zu besingen ('Die künftige Geliebte' 37, 97 f.). Die sinnliche Deutlichkeit mangelt eben auch hier der poetischen Vorstellung.

Sonst ist mindestens die äußere Einkleidung der meisten Fannyoden von diesem Tadel frei. Nicht überall in gleicher Weise, am wenigsten in der Ode 'An Gott', die auch in dieser Hinsicht die verschwommenste von allen ist. In den andern aber werden wir meist in eine bestimmt bezeichnete Situation versetzt; ja selbst das äußere Local ist deutlich genug geschildert. Mit Vorliebe wählt Klopstock, auch hierin der Schüler Youngs, die Abenddämmerung oder die Mondnacht zum Hintergrund für diese Lyrik. In solch feierlich-ernster, der Dichtung geweihter Stunde erscheint ihm sein Schutzgeist, oder träumend schaut er in ihr Petrarca und Laura, oder den Augenblick seines Todes vorausdenkend nimmt er an dem letzten Abend Abschied von Fannys Bruder.

An Young, eben so sehr aber an Pyra und Lange mahnt diese nächtliche Stimmung, in der sich dem Dichter die übersinnliche Welt wie die Rätsel der Zukunft erschließen. Auch die hallischen Freunde, besonders Pyra, beschwören gern beim Silberlichte des Mondes die himmlischen Erscheinungen; auch sie schauen prophetisch die Zukunft voraus. Wie die Freundschaft, so wird auch die Liebe bereits bei ihnen unter dem Einfluß des Pietismus von gesunder Sinnlichkeit allzu sehr entblößt, marklos, empfindsam. Schon die Hallenser tragen das Gefühl einer künstlerischen Aristokratie in sich, wie nachher Klopstock. Sie stellen sich wie er dem unverständigen, unheiligen und undichterischen Pöbel gegenüber; sie betrachten sich für einander geschaffen; sie vergleichen sich und ihre Freunde gegenseitig. Aber schon sie lenken auch mehr und mehr von der heitern Dichtung der Anakreontiker ab und nähern sich dem Ernste der Hallerischen Muse. Klopstock schließt sich an sie an und bildet, wie im 'Messias' und in den Leipziger Oden, so auch hier sogar einzelne Ausdrücke Pyras nach.

Haller selbst hingegen hat ihn nie zur Nachahmung gereizt, so sehr Klopstock auch den älteren Dichter bewunderte, so laut er ihn auch in Prosa und Versen pries. Hallers Darstellung war immer sinnlich klar, auch wo er das Unfaßlichste besang, seine Sprache bei aller Kühnheit viel einfacher als Klopstocks Redeweise. Sein rhetorisches Pathos war niemals empfindsam verschwommen. Seine knappe Kürze bildete den äußersten Gegensatz zu Klopstocks redseliger Breite. Ebenso lagen die Stoffe seiner Poesie und seine Art, dieselben aufzufassen, dem jüngeren Dichter ferne. Nur den Ernst, der aber bei Haller niemals in Schwermut ausartet, hat Klopstock mit ihm gemein, und in der Kühnheit des sprachlichen Ausdruckes folgt er ihm, jedoch vollkommen frei und selbständig, nach.

Übrigens führen uns einige Fannyoden auch in die blütenreiche Welt eines sonnigen Frühlingstages, zu den Rosenbeeten des Gartens, in die Schattengänge des Waldes ('Wingolf' IV, 13 f.; 'Die künftige Geliebte' 47, 57 f.; 'Barbale'; 'Die Verwandlung'), und mahnen dann leise an gewisse empfindsame Scenen in Gellerts Lustspielen, an deren eine der Dichter gerührt und entzückt in der Ode auf seine Freunde selbst erinnert [1].

Nicht selten gibt Klopstock den Gedichten, die der Liebe zu Fanny ihren Ursprung verdanken, eine Art von epischem Rahmen. Die Empfindungen, die in diesen Oden lyrisch-subjectiv ausgesprochen werden, sind verknüpft mit äußern Vorgängen, welche in episch-objectiver Weise erzählt werden, ja wohl gar durch sie veranlaßt. Auch in seiner späteren Lyrik bediente sich Klopstock noch mehrfach dieser Einkleidungsform, doch verhältnismäßig nicht so oft wie früher. Mit einer wirklichen Handlung freilich wußte der Jüngling eben so wenig wie der gereifte Mann trotz dieses epischen Gewandes seine Dichtung zu erfüllen. Am ersten gelang ihm dies noch in der Ode 'Die Verwandlung'. Keine eigentliche Hand-

---

[1] 'Wingolf' III, 15 ff. Wie auch schon Anton Englert im 'Archiv für Literaturgeschichte' VIII, 554 f. angemerkt hat, spielen die oft citierten Verse auf 'Das Loos in der Lotterie', Aufzug V, Auftritt 7 an, nicht, wie die meisten annehmen, auf 'Die zärtlichen Schwestern' II, 19 oder III, 17. In einem Garten spielt zwar auch jene Scene nicht, eben so wenig wie die beiden letztgenannten. Dem Inhalte nach kann jedoch nur sie gemeint sein. Auch der Wortlaut in ihr stimmt genau zu den Versen der Ode. Daß Klopstock die ursprüngliche Lesart „die zwo edlen Schönen" 1771 in „die beiden edleren Mädchen" änderte, obwohl die eine Schöne eine verheiratete Frau ist, beweist nichts gegen die Richtigkeit meiner Erklärung. Denn Klopstock brauchte das Wort „Mädchen" auch sonst in dieser Bedeutung.

lung, aber eine innere Entwicklung, die einer solchen gleicht, ein bewegter
Vorgang, in seine wechselnden Momente zerlegt, bildet den Inhalt der
Gedichte, die jetzt 'Barbale' und 'Die Braut' betitelt sind. In den übrigen
Oden hingegen werden meist nur gewisse Empfindungen geschildert, gewisse
Stimmungen ausgemalt. So fern auch von den früheren beschreibenden
Dichtern Klopstock dem äußerlichen Betrachter zu stehen scheint, im Wesen
ist doch auch er noch tief in der descriptiven Poesie stecken geblieben. Nur
durch den schwärmerischen Überschwang seines Gefühls ist dieser Mangel
verdeckt. Je weniger Handlung, je mehr Schilderung eine Ode Klopstocks
enthält, desto ungebundener und maßloser läßt er sein Empfinden in ihr
ausströmen. Mehrere der Fannyoden beweisen das.

In einigen von ihnen aber zeigen sich auch schon Spuren des
Charakters, den dann die Lyrik des alternden Dichters immer entschiedener
annahm. Sein Gefühl teilt sich in jenen Oden nicht natürlich und unmittelbar mit, sondern wird künstlich durch den ausklügelnden Verstand
umgemodelt und gedeutet. An die Stelle der einfachen Empfindung tritt
die logische Construction, die Reflexion über das Empfinden. So in der
Ode 'An Gott'; so namentlich in 'Daphnis und Daphne', wo die
Liebenden in dem künstlichen Wettstreit über ihre gegenseitige Zuneigung
langsam durch eine beständige Steigerung sich einander zu überbieten
suchen und so schließlich mühsam auf dem Verstandeswege dieselbe Höhe
erklimmen, auf die sich die einfache, natürliche Empfindung leicht von Anbeginn geschwungen hätte; ähnlich auch in dem Gedichte 'Der Abschied',
dessen Gedankengang ganz durch den tüftelnden Verstand bestimmt ist und
darum auch nur mit seiner Hilfe von dem Leser oder Hörer klar erkannt
werden kann.

Auch im einzelnen merkt man öfters das Walten des Verstandes, der
sich in das freie Empfinden herrisch eingedrängt hat. Sein Werk sind z. B.
die häufigen Anspielungen auf die „tiefer benkenbe" Singer und andre
gleichzeitige oder frühere Dichter der englischen und deutschen Literatur,
auf Petrarcas Laura und Hallers Doris, manchmal auch auf die früh
verstorbene Rabikin.

Dagegen übt Klopstocks überschwängliches, unklares Gefühl sogar
auf die allgemeine Form seiner Rede einen übermächtigen Einfluß aus.
Die Darstellung in den Fannyoden geht, wie auch sonst in seiner Lyrik,
nach einer längern oder kürzern geschichtlichen Einleitung manchmal in den
vollständigen Dialog über. Bisweilen fehlt auch diese Einleitung; das

Gedicht beginnt gleich mit dem Zwiegespräch. Oder den Inhalt bildet
Ein großer Monolog, zu dem höchstens am Schlusse der Dichter einige
ergänzende Worte hinzufügt. Innerhalb dieser Monologe wechselt wieder
Erzählung und directe Rede; aber wir haben nicht selten Mühe, beides
auf den ersten Blick klar von einander zu scheiden. Noch verworrener ist
die Darstellung in den Fällen, wo sich mehrere Personen in der Rede ab-
lösen oder wo diese abwechselnd an verschiedne Personen gerichtet ist.

Daß Klopstock bisweilen, gehorsam der Lehre Breitingers, alltägliche
Gedanken nur prächtig einkleidet, auch leere Gedankenspiele, Tautologien
und sonstige Wiederholungen nicht sorgfältig genug vermeidet, hat Lessing
bereits in seiner Kritik der Ode 'An Gott' richtig bemerkt. Bisweilen
freilich war die Wiederholung bei Klopstock Absicht, sei es, daß er den
Parallelismus der hebräischen Dichtung nachbilden oder einen dem Refrain
ähnlichen Schmuck seinen Oden geben wollte. Trotzdem trifft Lessings
Tadel mehrfach auch die übrige Lyrik des Messiasdichters.

Und doch, wie viel wir auch mit Recht an Klopstocks Oden und vorzüglich an denen, welche aus der langensalzischen Zeit stammen, aus-
setzen mögen, damals, als sie entstanden, waren sie ebenso wie die ersten
Gesänge des 'Messias' eine neue poetische Offenbarung, hoch erhaben über
die gesammte Lyrik, die in Deutschland vorhanden war. Trotz allem Anteil, den die Reflexion an ihnen hatte, ertönte hier wieder zum ersten Mal
seit langer Zeit die aus der deutschen Lyrik nahezu verbannte Sprache
leidenschaftlichen Empfindens, und wie viel auch in diesen Oden überstiegen, gekünstelt und gemacht erscheinen mag, Mensch und Dichter war in
ihnen wieder eins geworden in einem viel höheren Sinne, als dies stellenweise bei Günther, bei Haller und Hagedorn der Fall gewesen war. Und
diese Leidenschaft des Gefühls war es denn auch, die Klopstock vor eigentlicher Nachahmung irgend eines Vorgängers sicherte. Was wollte es
bedeuten, wenn er etwa, wie vorher Brockes, Naturbetrachtung und
Gottesverehrung in seiner Lyrik verband? Sprach er doch sein religiöses
Empfinden in einer Weise aus, die von den trocknen Moralpredigten des
Hamburger Ratsherrn grundverschieden und hoch über sie erhaben war.
Seltsam berühren uns darum die Zweifel, die der Jüngling in seinen
Briefen über den Rang seiner Gedichte neben den Leistungen einzelner
Vorgänger und Nebenbuhler verlauten läßt. Er, der so stolz seinen sitt-
lichen Wert fühlte, daß er an Adel der Seele keinem beglückteren Bewerber
um Fannys Liebe nachzustehen sich vermaß, der für den religiösen Gehalt

und moralischen Erfolg seines Epos hier unsterblichen Ruhm und droben
am Throne Gottes seinen großen Lohn erwartete, bedauerte Bodmer gegenüber beinahe, sich der Gefahr ausgesetzt zu haben, daß man ihn mit Samuel Gotthold Lange vergleiche. Cramers Ode 'Die Auferstehung' schätzte
er, nach seinen ersten, entzückten Äußerungen darüber¹) zu schließen, weit
höher als die eignen lyrischen Versuche.

Allein, mochte er die Werke dieser Dichter auch laut rühmen, seine
künstlerische Unabhängigkeit wahrte er ihnen gegenüber vollständig. Sogar
von den Versmaßen Langes bildete er auch in Langensalza so wenig wie
in den Oden der Leipziger Periode eines nach. Überhaupt beschränkte er
sich noch großenteils auf die Versarten, die er damals gebraucht hatte.
Nur wandte er jetzt auch vierzeilige Asklepiadeische Strophen²) an und einmal (in 'Salem') eine Abart des früher oft gewählten verkürzten Distichons,
das sogenannte Alkmanische Metrum. Ferner gestattete er sich in der
'Tibullischen Elegie' bei dem gewöhnlichen Distichon wiederholt eine Freiheit, die er sich in der Ode auf die künftige Geliebte nur selten (Vers 8,
10, 52, 78 der ersten Ausgabe) und da vielleicht nicht mit bewußter Absicht erlaubte. Er setzte nämlich statt der regelmäßig gebauten ersten Hälfte
des Pentameters eine trochaische Tripodie.

Die Frage liegt nahe, ob Klopstock vielleicht damals noch neben den
Oden in antikem Gewand auch gereimte Gedichte verfaßt haben dürfte.
Mit dem Gedanken, sie zu veröffentlichen, gewiß nicht. Von dem Druck
seiner lyrischen Arbeiten wollte er aber überhaupt damals nichts wissen.
Er machte Bodmer wie Gifeke Vorwürfe, daß sie Gedichte von ihm in
Zeitschriften mitteilten, und schlug nicht nur Cramer, sondern selbst seinem
Vetter Schmidt die Bitte ab, daß er seine Oden ihnen zur Aufnahme in
die 'Bremer Beiträge' überlasse. An sich aber, wenn die Rücksicht auf
eine etwaige Veröffentlichung wegfiel, scheint Klopstock damals dem Reime
noch gar nicht so abhold gewesen zu sein. Er schrieb noch ein paar Jahre
darauf seine besten Epigramme in Reimen und reimte zweifellos auch jetzt
bei Gelegenheit manchen heitern und witzigen Vers, obwohl ihn Schmidt,

---

¹) An J. A. Schlegel vom 24. September 1749; besonders aber an Bodmer
vom 28. November 1749.

²) Zunächst und zumeist die sogenannte vierte Asklepiadeische Strophe (nach
Horat. od. I, 5); in der Ode 'Friedrich V.' aus dem Jahr 1750 auch die dritte
Strophe (nach Hor. od. I, 6), die er sonst nirgends gebrauchte.

darin geübter und gewandter, verspottete, er küsse langsam, „wie er reimet, unter lauter Ach und Weh". Aber auch ernstere, mit künstlerischem Fleiß aus- geführte Gedichte mag Klopstock damals noch in Reimen versucht haben. Wenigstens deutet darauf der Vorsatz, den er im Juli 1748 gegen Adolf Schlegel aussprach, ein Buch Sonette dereinst fertig zu bringen. Erhalten ist uns von alle dem nichts. Dagegen überließ er den Freunden 1749 eine Ode zum Druck, die er, wie im Ton, so im Versmaß einem engli- schen Volkslied nachbildete, wobei er dieses aber von den Reimen ent- kleidete.

In der 'Sammlung vermischter Schriften von den Verfassern der bremischen neuen Beiträge' (Band I, Stück 5) erschien im Sommer 1749 das 'Kriegslied zur Nachahmung des alten Liedes von der Chevy-Chase-Jagd'. Klopstock verstand noch kein Englisch, als er sein 'Kriegslied' dichtete. Er kannte das altberühmte Volkslied von Percy und Douglas nicht im Original. Ihm lag nur die deutsche Übersetzung des 'Spectator' von Frau Gottsched (1739 ff.) vor, wo (im siebzigsten und vierundsiebzigsten Stück des ersten Teils) ein größerer Aufsatz Abbi- sons über die poetischen Schönheiten der alten Ballade stand. Darin waren mehrere Strophen des in seiner schlichten Kraft so großartigen Ge- dichtes mitgeteilt. Klopstock ahmte nicht den Inhalt, wohl aber die ein- fache, wuchtige Sprache und das Versmaß des englischen Liedes nach. Es waren kunstlose iambische Strophen von je vier Zeilen, von denen die zweite und vierte im Englischen auf einander reimten. In der deutschen Übersetzung fehlten die Reime. Ebenso bei Klopstock. Aber er gab allen seinen Jamben wieder einen stumpfen Ausgang wie im englischen Gedichte, während die Übersetzerin je nach Bedarf auch weibliche Verse eingemengt hatte. Die Chevy-Chase-Strophe wurde nach Klopstocks Vorgang als- bald auch von andern deutschen Dichtern häufig angewendet[1]); aber erst Gleim gab ihr 1756 in seinen 'Preußischen Kriegsliedern von einem Gre- nadier' die ursprünglich ihr zukommenden Reime wieder. Gleichzeitig mit ihm, sogar schon einige Wochen vor ihm dichtete Giseke in demselben Vers- maß, ebenfalls mit Reimen, seine Ode an Daphne zum 28. September

---

[1]) In der 'Sammlung vermischter Schriften' von den Bremer Beiträgern II, 407 ff. (von Schmidt? vgl. S. 212 f.), III, 488 (von Zachariä); ferner von Zachariä (poetische Schriften 1772, II, 311, 313), Geßner (Schriften 1789, III, 116, 237 ff.), Cramer (sämmtliche Gedichte 1782, I, 105), Denis (Nachlese zu Sineds Liedern 1784, S. 72, 132) u. s. w.

1756 (poetische Werke 1767, S. 229). Und auch diese neue Gestalt der Strophe machten sich gleich wieder zahlreiche Nachahmer, Lavater, Weiße, Denis und andere, zu Nutze.

Aus dem lebendigen Sange des Volkes entlehnte Klopstock hier die Form des Verses; aus der gesunden, einfachen Sprache des Volkes schöpfte er den kraftvollen Ausdruck. Vermieden war jene übermäßig gesteigerte Subjectivität, welche schuld war, daß gerade die gefühlvollsten Stellen seiner übrigen Oden die meisten Leser kalt ließen: in die Gedanken und Empfindungen des 'Kriegsliedes' konnte das gesammte Volk einstimmen. Und so hatte Klopstock denn auch hier in höherem Grade als je zuvor oder nachher einen echt volkstümlichen Stoff gewählt, den ihm die allgemeine vaterländische Stimmung in jenen Jahren nach dem zweiten schlesischen Kriege darbot. Zum ersten und einzigen Mal in seinem Leben verherrlichte er durch seine Dichtung Friedrich den Großen.

Als preußischer Unterthan geboren und — wenigstens als Kind — im preußischen Geiste von seinem Vater erzogen, wünschte er damals lebhaft, das Auge seines Königs auf sich zu ziehen. Als Tscharner die ersten Gesänge des 'Messias' übersetzt hatte, hoffte Klopstock, daß sein Gedicht nun in französischer Sprache durch Maupertuis' Vermittlung den Weg zu Friedrich II. finden werde. An Bodmer schrieb er deßhalb am 28. Februar 1750, Tscharner könnte vielleicht seinem Werke die Widmungsworte vorsetzen „Aux deux grands amis, Frédéric, roi de Prusse, et Arouet de Voltaire, auteur de la Henriade". Klopstocks Wunsch gieng nicht in Erfüllung. Maupertuis, dem Sulzer das Gedicht durch Kleist übergeben ließ, sah in dem Werke nur eine Nachahmung Miltons, die vollends in französischer Übersetzung wenig Eindruck machen werde. Und Voltaire, der doch kurz darnach sogar für Schönaichs 'Hermann' unbegreiflicher Weise ein freundliches Wort fand, ließ sich durch den religiösen Stoff abhalten, die Übersetzung Tscharners zu lesen. Höhnisch riß er gegen Sulzer über Klopstocks Gedicht den frivolen Witz: „Je connais bien le Messie, c'est le fils du Père éternel et le frère du Saint-Esprit, et je suis son très-humble serviteur; mais profane que je suis, je n'ose pas mettre la main à l'encensoir." Spöttisch verweigerte er die Annahme des Werkes, bis er etwas vom gleichen Schlage dafür bieten könne, etwa ein Gedicht über den Engel Gabriel und die heilige Jungfrau, das er aus Dänemark erwarte. Friedrich II. scheint unter diesen Umständen die Messiade gar nicht zu Gesicht bekommen zu haben, jedenfalls zu keiner unbefangenen Lectüre derselben gelangt zu sein. Die Hoffnungen, die Klopstock für seine Person auf ihn gesetzt hatte, erwiesen sich als durchaus trügerisch. Der Spott, den er von dem Freunde des Königs erfahren hatte, mußte ihn dazu schmerzlich verletzen. Und was ihm begegnet war, hatte noch mancher deutsche Dichter neben ihm zu erleben. Von Jahr zu Jahr ward es deutlicher, daß Friedrich für die emporblühende vaterländische Poesie keinen Sinn hatte. Nun wurden eben damals auch noch freigeisterische, ja geradezu antichristliche Aussprüche des großen Königs durch das Gerücht verbreitet. Klopstock fühlte sich dadurch nach und nach frember und kühler gegen Friedrich gestimmt, und jetzt begann er auch von dem Schlachtenheldentum des preußischen Königs, dessen Feldherrngröße er nach wie vor auf's höchste bewunderte, anders zu denken. Was ihm bis dahin als ein Kampf für das Vaterland Rufe freudiger Begeisterung entlockt hatte, das betrachtete er von nun an grollend und vorwurfsvoll nur als Eroberungskrieg. Sicherlich hatte schon sein Aufenthalt in Zürich an diesem Umschwung in seinem preußischen Patriotismus Anteil. Noch ein volles Jahrzehnt, nachdem Klopstock die Schweiz wieder verlassen hatte, sah man daselbst mit beschränktem republicanischem Dünkel herabauf die schwärmerischen Äußerungen der Liebe zu König und Vaterland, die in Preußen während des siebenjährigen Krieges laut wurden. Thomas Abbt mußte das bitter erfahren, als er seine Schrift 'Vom Tod für's Vaterland' veröffentlichte. Klopstock neigte sich von Haus aus einer republicanischen Gesinnung zu; als Dichter der Religion, der Freundschaft und Liebe sehnte er sich nach idyllisch-friedlichen Zuständen: auf ihn machte, was er in der Schweiz von politischen Dingen hörte, ohne Zweifel Eindruck. Von Zürich zurückgekehrt, gieng er nach Kopenhagen, vom Ausland in's Ausland, und hier, in Dänemark, fern von Preußen, brachte er fast die ganze Zeit des siebenjährigen Krieges zu, als ein auswärtiger Zuschauer und nicht als ein unmittelbar beteiligter Angehöriger des deutschen Volkes. Die persönliche Gleichgültigkeit, mit der er mit allem Anschein nach die wechselvollen Ereignisse des Krieges an sich vorübergehen ließ, wäre nicht wohl möglich gewesen, wenn er sie in Deutschland oder gar im Staate Friedrichs erlebt hätte. Dazu kam noch eines. Klopstock trat zu Kopenhagen in nahen persönlichen Verkehr mit einem Monarchen, der in allem dem, was den deutschen Dichter von Friedrich dem Großen abstieß, das Gegenteil des preußischen Königs war. Friedrich V. von Dänemark war gläubiger Christ, regierte als ein Fürst des Friedens und hatte an seinem Hofe der deutschen Dichtkunst eine traute Stätte, dem Sänger des 'Messias' insonderheit ein sorgenfreies Heim bereitet. Bei ihm fand Klopstock, was er im Vaterland vergeblich gesucht hatte. Der Dichter aber liebte sein Vaterland mit heißer Herzensglut, und desto bitterer wurmte es ihn, daß ihm das Ideal seiner Wünsche die Fremde gewährt hatte und nicht der Fürst, den auch er, obschon widerwillig, als den größten Sohn Deutschlands anerkennen mußte. Auf ihn entlud er darum die ganze Fülle seines Grolles.

Die meisten Oden, durch die er den dänischen König verherrlichte, enthielten zugleich einen versteckten Vorwurf für Friedrich II. Aber auch offene Angriffe sparte der Dichter nicht. Trauernd, daß der, welcher würdig war, uns mehr als Octavian den Römern, als Ludwig XIV. den Franzosen zu sein, daß der die Erwartung der vaterländischen Dichtkunst getäuscht habe, verfaßte Klopstock im März 1752 die Ode 'An Gleim'. Dieselbe Klage wiederholte er zwölf Jahre später in dem Gedichte 'Kaiser Heinrich'. Bald darauf, als er eine Sammlung seiner Oden veranstaltete, schloß er das einstige 'Kriegslied' zum Preise Friedrichs II. zwar nicht von derselben aus, arbeitete es aber vollständig um und tilgte alle Spuren daraus, welche eine Deutung auf den preußischen König zuließen. Statt Friedrich wurde nun Heinrich der Vogler der Held dieser Ode; seinen Sieg über die Ungarn bei Merseburg feierten nun die feurigen Verse, die sich freilich einfacher und natürlicher auf eine Schlacht der Gegenwart beziehen ließen. Aus Eigensinn und falscher Scham leugnete Klopstock es jetzt sogar, daß er bei diesem 'Kriegslied' ursprünglich an Friedrich gedacht habe, und, was noch unerhörter, einzelne seiner blinden Nachbeter glaubten ihm die Lüge. Mit der Zeit wuchs noch sein Groll. In den letzten Oden, die er gegen den großen König richtete, spielte er unedelmütig wiederholt auf den kränkenden Vorwurf französischer Kritiker an, selbst nachdem Voltaire seine bessernde Feile daran gelegt habe, bleibe Friedrichs Dichtung tübesk. In diesem bittreren Ton erhob er 1779 die alte Klage wieder in der Ode 'Die Verkennung'. In Wirklichkeit verkannte Klopstock hier nicht nur gänzlich Friedrichs Verdienste auf dem Gebiete der Geschichtschreibung, sondern fast auch die Größe seiner politischen Thaten. Ein Jahr darauf, als er der großen Feindin des Preußenkönigs, Maria Theresia, in die frische Gruft den Dichtergruß nachsandte, den er längst ihr darbringen wollen, aber, jeder Schmeichelei fern, der Lebenden immer vorenthalten hatte, da warf er sogar zweifelnd die unbillige Frage auf,

ob einst die Geschichte von Friedrich urteilen werde, daß er Maria Theresia
erreicht habe.   Am höchsten stieg sein Ingrimm, als Friedrich im November 1780 ihm durch sein vielbekämpftes Büchlein 'De la littérature alle-
mande' neue Nahrung gab.   In drei von Ironie und Bitterkeit strotzenden Oden aus dem Jahre 1782 ('Der Traum', 'Die Rache', 'Delphi')
verspottete Klopstock diese Schrift als die zerstörendste Rache, die Friedrich
selbst auf sich herabbeschworen, eine Rache, die nicht einmal durch einen
vollständigen Widerruf vertilgt, sondern höchstens verschleiert werden
könne.   Auch der ganze Widerwille des Dichters gegen den Ruhm des
Eroberers offenbarte sich jetzt laut.   Wieder rief er die Nachwelt als Rich-
terin auf, aber drohend, sie möchte vielleicht Erobrergröße anders ächten
als die Gegenwart.

Fast möchte man fragen, ob ein Mann, der in seinen späteren Jahren so herb und gleichsam wie ein persönlicher Feind über Friedrich
urteilte, jemals im Ernst ein Preislied auf diesen Fürsten anstimmen
konnte.   Dieser Zweifel wird sogar noch unterstützt durch den eigentümlichen Zusammenhang, in welchem jene „Fritzische" Ode — um einen
Goethischen Ausdruck zu gebrauchen — zuerst veröffentlicht wurde.   Da
folgte nämlich auf das 'Kriegslied zur Nachahmung des alten Liedes von
der Chevy-Chase-Jagd' ein 'Liebeslied' und ein 'Trinklied', beide 'zur
Nachahmung des Kriegsliedes' gedichtet, d. h. beide in Wort und Weise
Parodien desselben, das 'Trinklied' genauer an den Wortlaut des 'Kriegsliedes' angepaßt und darum auch witziger, das 'Liebeslied' nicht ganz frei
von keck begehrlicher Sinnlichkeit.   Beide Parodien waren im Geist und
Ton der sogenannten Anakreontischen Poesie gehalten.   Rührten sie von
Klopstock selbst her, oder war es einer seiner Freunde, der sich den Scherz
erlaubte?   In die Sammlung seiner Oden hat der Dichter die beiden Paro-
bien niemals aufgenommen.   Sein Biograph aber, der jüngere Cramer,
teilte sie, ohne daß jemand widersprach, als echte Stücke Klopstockischer
Lyrik mit.   Die uns erhaltenen Briefe aus jenen Jahren geben keinen
Aufschluß.   An Bodmer richtete Klopstock am 28. November 1749 nur
die Frage: „Wie gefällt Ihnen im vorigen Stücke [der 'Sammlung vermischter Schriften'] die Chevy-Chase-Jagd und ihre Nachahmungen?"
Sicher entscheiden läßt sich vorläufig, bevor neue Quellen entdeckt werden,
wohl nichts.   Doch ist die Annahme, daß Klopstock selbst sein eignes Werk
in doppelter Weise parodiert habe, an sich unwahrscheinlich.   Wenigstens
würde ein solches Verfahren allem widersprechen, was wir sonst von Klop-

stocks menschlichem und besonders von seinem künstlerischen Charakter
wissen. Auch will der mitunter etwas lüsterne Ton des 'Liebesliedes'
wenig zu der keuschen Strenge stimmen, deren sich unser Dichter sonst ausnahmslos befliß. Alles dies würde hingegen nicht auffallen, wenn Klopstocks zur Neckerei geneigter Vetter Schmidt, wie neuerdings feinsinnig
vermutet worden ist[1]), als der Verfasser der beiden Parodien zu betrachten wäre.

Erreichte Klopstock mit seinen Langensalzaer Oben auch nicht bei
denen seinen Zweck, die er, als er sie dichtete, zunächst im Auge hatte, bei
Friedrich II. so wenig wie zuvor bei Fanny, so entschädigte ihn doch zu
einem guten Teile dafür der allgemeine Beifall der Freunde, welchen
Abschriften dieser Gedichte zukamen, und der deutschen Leser überhaupt,
die freilich vorerst kaum mit der Hälfte seiner Oben durch den Druck bekannt wurden. Die Aufnahme derselben war nicht minder leidenschaftlich
bei Freund und Feind als die des 'Messias'.

Am vollsten nahm auch hier Bodmer den Mund. Von den ersten
Fannyoden rühmte er, sie seien würdig, daß sie ein Seraph auf den andern
gedichtet hätte; ja der Messias selbst hätte sie schreiben können, wenn er,
wie Klopstock, verliebt gewesen wäre. Heß, Wieland, Schmidt, Hagedorn, Spalding drückten sich nur nicht so überschwänglich aus; doch war
ihr Entzücken deßhalb nicht geringer. Überhaupt ernteten Klopstocks
erste lyrische Versuche, die ja fast ausnahmslos nur den literarischen
Freunden bekannt wurden, vielleicht noch ungeteilteres Lob als sein episches
Gedicht.

Bloß zu der Obe 'An Gott' schüttelten alle den Kopf, auch seine
begeistertsten Bewunderer. Heß fand den Inhalt für ein so hohes, gött-
liches Lied zu gering. Eben wegen der Vortrefflichkeit des Gedichtes that
es ihm weh, daß der Poet nichts Wichtigeres von Gott zu erbitten hatte
als „die körperliche Liebe" seiner Fanny. Im nächsten Augenblick suchte
er zwar Klopstock ob dieser unschuldigen und dazu unüberwindlichen
„menschlichen Schwachheit" spitzfindig zu rechtfertigen; aber dann gefiel
es ihm wieder nicht, daß der Dichter sich ihrer vor Gott zu schämen scheine
und seine Liebe beinahe als einen Streit zwischen Fleisch und Geist dar-

---

[1]) Von Erich Schmidt in seinen 'Beiträgen zur Kenntnis der Klopstock'schen
Jugendlyrik', S. 18 f. Vgl. auch Hamels biographische Einleitung zu Klopstocks
Werken in Kürschners 'Deutscher Nationalliteratur', S. LVIII f.

stelle. Dem stimmte Bodmer vollkommen bei. Er konnte sich gleich gar nicht darein finden, daß „ein so großer Geist so stark in den Körper verliebt" sei. Herber klang Hallers Urteil; aber sein Tadel traf auch schärfer den wunden Fleck. „Votre ami Klopstock donne dans des travers", schrieb er am 26. Januar 1752 an Tscharner; „que le public sera obligé de sentir à la fin. Son ode 'An Gott' est un mélange de dévotion et d'amour écrit dans un allemand-latin, qui n'eut jamais son égal." Und ein paar Monate später: „Monsieur Klopstock parle latin au lieu d'allemand; et il pense, comme on ne pense dans aucune langue. Son ode amoureuse est un chef-d'oeuvre dans le goût de l'excès et des caricatures. Elle pousse jusqu'à l'extravagance. Reprocher à Dieu de ne pas avoir obtenu encore la personne que Dieu doit avoir créée pour lui! Ajoutez-y que cette personne est une fille de marchand, fort riche, qui ne convient pas d'avoir été créée pour monsieur Klopstock." Nicht so entschieden, aber immerhin ablehnend äußerte sich der Dichter der 'Doris' in den 'Göttinger gelehrten Zeitungen' über die Ode 'An Gott'. Schon Haller konnte den Spott über Klopstocks überschwängliches Pathos nicht ganz unterdrücken; wie viel weniger Lessing, der dieser ganzen schwärmerisch verzückten Lyrik kühler gegenüberstand! Es ist bekannt, wie boshaft-witzig er in zwei Recensionen der Ode die Verwegenheit des Dichters, so ernstlich um eine Frau zu bitten, verhöhnte, wie fein er die allzu erhabene Zärtlichkeit in diesem „hohen Liebe" Klopstocks überhaupt und noch manchen Gedanken oder Ausdruck insbesondere bespöttelte. Ein schwaches Echo des Lessingischen Tadels erscholl aus Paullis gereimter Anzeige der Ode. Aber auch der Recensent in den Züricher 'Freimütigen Nachrichten', die redlich und aufrichtig die Sache Klopstocks und der Schweizer verfochten, fand die Ode 'An Gott' von einem ganz besondern Geschmack. Nur in sehr wenigen Zeitschriften und nur von einigen völlig kritiklosen Verehrern Klopstocks wurde dieses Gedicht mit unbedingtem Beifall aufgenommen[1].)

Gerade gegen diese Ode nun richteten die Parteigenossen Gottscheds ihre heftigsten Angriffe. Im 'Neuesten aus der anmutigen Gelehrsamkeit' erschien im Mai 1753 eine dem Wortlaute des Originals genau nachgebildete Parodie, 'Ode an den Meuschen, von Mich. Rei-

---

[1]) Vgl. oben S. 154 Anm.

neten. Kratbusch 1753', stellenweise nicht ohne Witz, aber immer von einem niebrig-frivolen Sinne zeugend und im ganzen doch recht lang- weilig. Gleichwohl wurde dies Verfahren von mancher Seite freudig begrüßt und alsbald mehrfach nachgeahmt. In unglaublich schwülstigen Oden, deren holperige Verse jedes metrischen Systems, wie ihr Inhalt jeder Logik, spotteten, parodierte man Klopstocks lyrische Dichtung im allge- meinen. Besonders mißhandelte man in dieser Weise die 'Ode an den König' (später 'Die Königin Luise' betitelt'). Sie bekam nicht weniger als drei Parodien zum Gefolge, eine in dänischer Sprache ('Til bispen') von Träskow, ziemlich aufgeweckt geschrieben, und zwei, wie es scheint, in deutscher Sprache ('Ode an den Bräutigam' und 'An den Odenmeister' von C. M. Priebst), die nach dem Urteil eines Zeitgenossen noch weniger wert waren als der 'Wurmsamen'.

Schon vorher hatte dieselbe Ode auf den Tod der Königin Luise den Anhängern Gottscheds Anlaß zu einer noch viel schlimmeren Verhöhnung der Klopstockischen Poesie geboten. Das 'Neueste aus der anmutigen Gelehrsamkeit' vom October 1752 brachte nämlich eine gereimte Umschrei- bung dieser Ode von der Hand „eines geschickten Frauenzimmers in der Mark Brandenburg", welches sich der höchst überflüssigen Aufgabe unter- zogen hatte, das schlichte, keineswegs dunkle oder schwer verständliche Ge- dicht Klopstocks „in's Deutsche zu übersetzen", angeblich in die Sprache, die „alle vernünftige Dichter unsers Vaterlandes seit Opitzens Zeiten" geredet haben, in Wirklichkeit aber in die breite, prosaische, mit der Kürze der Strophe zugleich die Prägnanz des Ausdrucks preisgebende Sprache Gottscheds. Ohne es zu wollen oder auch nur zu bemerken, lieferte die „Übersetzerin" eine lächerliche Travestie des Klopstockischen Gedichtes. Das scheinen aber selbst manche Leser des 'Neuesten', die nicht zu den geschworenen Anhängern der Leipziger Partei gehörten, kaum empfunden zu haben. Wie hätte sonst z. B. Paulli, der sich doch entschieden gegen diese gereimte Umschreibung aussprach, bald darnach selbst eine fast eben so matte Übersetzung der Ode 'Für den König' (zuerst 'Psalm' betitelt) in Alexandriner versuchen können?

Weniger im Kreise der Feinde als vielmehr der literarischen Anhänger Klopstocks erregte die Hochzeitselegie Anstoß. Bodmer und einzelne seiner

---

') Vgl. später S. 268 f.

engherzig strengen Gesinnungsgenossen, denen auch das Lob des Weins in
der Ode auf den Züricher See bedenklich schien, fanden sich zum Widerspruch herausgefordert gegen die Verse der Elegie, welche die Wonne der
Liebe, die Süßigkeit eines beseelenden Kusses besangen. „Ist zu einem
Tibullischen Liede nötig", fragte Bodmer entrüstet in seiner Monatsschrift
'Crito' (Juli 1751), „daß man nicht nur das Silbenmaß, sondern auch
die unmoralische Sittenlehre des Tibulls annehme?" Und von der übertriebenen Strenge dieser Kritik vermochte ihn auch nicht des jungen Wieland kräftige Verteidigung der angegriffenen Verse zu überzeugen. Als
Gegengift gegen solche Verherrlichung der Sünde veröffentlichte er vielmehr im 'Crito' lange, pedantische Oden im Predigerton, 'Die Frucht der
Lüste' und 'Die Sänger des Weins'. Klopstocks Liebesempfinden war ihm
nur so lange verständlich, als der Dichter gleich einem körperlosen Seraph
jede, auch die sittlich reinste Berührung mit der Sinnenwelt vermied.
Bodmers nächsten Vertrauten gieng es zum Teil nicht besser. Heß zweifelte
einmal, roh und abgeschmackt genug, geradezu an dem geistigen Vergnügen,
das der Tibullische Jüngling genieße, wenn er den Mund seiner Phyllis
küsse: beide empfänden doch dabei weiter nichts, als daß zwei zarte Häute
einander unmittelbar berührten. Mit Recht tadeln wir heute den Mangel
an frischer Sinnlichkeit in Klopstocks Oden; derartige Äußerungen aber
aus dem Munde befreundeter Zeitgenossen sind wohl geeignet, den Dichter
zu entschuldigen, der bei dem Kampfe gegen die lüsterne Gemeinheit der
früheren Lyriker fast mit Gewalt in das entgegengesetzte Extrem getrieben
wurde.

Allerdings blieben solche tadelnde Aussprüche aus dem Kreise der
literarischen Parteigenossen vereinzelt und wurden, wenn nicht besondere
Beweggründe dabei im Spiel waren, kaum laut. Die Begeisterung für
die neue Odenpoesie war zu groß, die Sucht sie nachzuahmen zu
allgemein.

Zunächst wurden Klopstocks Leipziger Genossen davon ergriffen.
Dasselbe Heft der 'Bremer Beiträge', in welchem zuerst eine Klopstockische
Ode ('Die künftige Geliebte') gedruckt erschien, brachte auch schon den
Versuch eines Freundes, die neumodische Lyrik nachzuahmen, Johann
Adolf Schlegels 'Choriambische Ode an Herrn K.', welche, obwohl
an den Dichter der Messiade gerichtet, doch von verschiednen Seiten lange
diesem selbst zugeschrieben wurde. Zahlreicher wurden die Proben des
Eifers, mit dem die Freunde nun auch die Bahnen des Lyrikers Klopstock

aufjuchten, in den drei Bänden der 'Sammlung vermischter Schriften von
den Verfassern der bremischen neuen Beiträge' (Leipzig 1748—1757).
Giseke, der überhaupt die meisten Beiträge zu dieser Sammlung spendete,
zeigte sich auch am regsten als Nachahmer Klopstocks. Er hatte ebenso wie
Adolf Schlegel schon vor dem Freunde sich als Schüler Uzens in halb
antik gemessenen, reimlosen Versen versucht, deren er sich auch jetzt noch
häufig bediente. Ebenso eignete er sich nun aber auch die Silbenmaße an,
welche Klopstock zuerst gebraucht hatte; ja er bildete nach ihrem Beispiel
oder im unmittelbaren Anschluß an Horaz neue Strophengefüge, die sich
bei Klopstock — wenigstens in den uns erhaltenen Oden aus jener Zeit —
nicht finden. Adolf Schlegel und die übrigen Freunde wagten Ähnliches.
Man verband bisweilen sogar wieder nach Art älterer Dichter aus nunmehr überholter Zeit den Reim mit den antiken Versmaßen. Im allgemeinen aber blieb man auf den Pfaden, die Klopstock zuvor betreten
hatte. Doch nicht allein die Form des Verses ward ihm nachgebildet. Die
Gedanken und die Ausdrucksweise, überhaupt der gesammte Inhalt dieser
Lyrik zeugte nicht minder von dem Einfluß seiner Odendichtung. Die
neuen poetischen Motive, die Klopstock verwertet hatte, kehrten nun auch in
den Oden der Bremer Beiträger regelmäßig wieder; seine empfindsam-
elegische Auffassung der Freundschaft, der Liebe machten sie zu der ihrigen;
nach seiner Sprache regelten und formten sie die ihrige. Nicht immer
freilich gelang dies vollständig. Bei verhältnismäßig geringer Tiefe und
Eigenart hatten die meisten der Beiträger zwar viel Talent, sich leicht den
verschiedenartigsten Mustern anzupassen. Allein Klopstock gegenüber reichte
diese Fähigkeit doch oft nur so weit, daß sie sich der äußeren Form seiner
Darstellung, seiner Sprache, seines Verses bemächtigten; die Hoheit seiner
menschlich-dichterischen Anschauung, die Leidenschaft seines Empfindens,
die Kühnheit seiner Phantasie ließ sich nicht so leicht übertragen. So kam
es, daß die Beiträger oft, so fleißig sie Klopstocks Worte und Weisen im
einzelnen nachahmten, doch ihren lyrischen Gebilden nicht die rechte künstlerische Stimmung zu geben vermochten. Und dann klangen ihre Verse
trotz aller äußerlichen Ähnlichkeit doch nur wie Parodien des Klopstockischen
Textes. So war z. B. ein Distichon aus der Hochzeitselegie damals und
noch lange darnach in aller Munde, dasselbe, welches vor allem Bodmers
Unwillen erregte:

> „Ein beseelender Kuß ist mehr als hundert Gesänge
> Mit ihrer ganzen, langen Unsterblichkeit wert."

Darauf spielten in der 'Sammlung vermischter Schriften' (Band II,
Stück 4), doch wohl ohne daß der Verfasser irgendwie eine Parodie liefern
wollte [1]), folgende Verse an einen Musikvirtuosen an:

> „Ein schmachtender Triller von dir ist mehr als hundert Concerte,
>   Von vierzig mutigen Stümpern gelärmt."

Auch auf die sonstigen und späteren Gedichte der meisten Bremer
Beiträger erstreckte sich dieser Einfluß der Klopstockischen Lyrik. Ganz frei
davon blieb nur Elias Schlegel, der zu fern vom unmittelbaren Verkehr
mit den Freunden weilte und zu bald von einem frühen Tode weggerafft
wurde [2]), sowie Rabener, der sich als Lyriker in jener Zeit überhaupt nicht
mehr versuchte. Eberts Verse zeigten zwar nicht die leiseste Spur von
antikisierender Metrik; desto mächtiger wirkten auf den Inhalt und die
Sprache seiner Dichtung Klopstocks Oden ein. Ähnlich war es bei
Cramer. Äußerlich erschien er mit seinen fast ausnahmslos gereimten
Versen keineswegs als Nachahmer Klopstocks, und doch war von bessen
Denk-, Empfindungs- und Ausdrucksweise so viel in seine lyrischen Gesänge übergegangen, daß nicht nur frühzeitig schweizerische Freunde,
sondern noch 1759 ein so scharfer Kritiker wie Lessing auf Gedichten von
Cramer geradezu das „Klopstockische Siegel" erkennen wollte. Sogar
Gellert, dessen ganzes Wesen von dem Klopstocks grundverschieden war
und dessen Poesie bereits ihr charakteristisches, dauerndes Gepräge besaß,
als der Sänger der Messiade zuerst hervortrat, sogar Gellert bildete in
einigen Oden den Stil und die Formen der neu erwachsenden Lyrik getreulich nach. Am bedeutendsten jedoch machte sich der Einfluß Klopstocks
bei den Gedichten Adolf Schlegels, Gisekes und Zachariäs geltend.
Schlegel lehrte in späteren Jahren wenigstens zu den äußerlichen Formen
der älteren, gereimten Poesie zurück; Giseke und Zachariä hingegen gebrauchten, so lange sie lyrisch thätig waren, antike oder auch nur antikisie-
rende Versmaße mit Vorliebe neben den modernen. Die Sprache und der
Inhalt ihrer Gedichte wurde nach mehr als Einer Hinsicht und —

---

[1]) Daß wenigstens die Zeitgenossen keine Satire hinter diesen Zeilen
suchten, beweist die Art, wie Cramer sie im 31. Stück des 'Nordischen Aufsehers'
citierte.

[2]) Er wollte schon von den deutschen Hexametern nichts wissen, geschweige
denn von der Nachahmung der antiken lyrischen Formen.

mindestens bei Zachariä — nicht immer zum Heil derselben durch Klopstocks Vorbild bestimmt. In gleicher Weise gesellte sich Schmidt bald zu
den Nachahmern seines Vetters. Er gieng von der leichten Anakreontischen
Poesie aus, und am besten gelangen ihm auch jederzeit die Gedichte, bei
welchen er sich der (gereimten oder reimlosen) einfachen Versformen bediente, die in dieser Art von Lyrik gebräuchlich waren. Aber schon seine
Lust, alles zu parodieren, mußte ihn anregen, es auch einmal — zunächst
in scherzhafter oder satirischer Absicht — mit den Klopstockischen Silbenmaßen zu versuchen. Und was im Scherz gelungen war, das wagte er
dann ebenso im Ernst. Er bildete emsig und gar nicht immer unglücklich
Worte und Weisen seines Vetters nach. Wie viel und wie lange er in
diesem Tone dichtete, läßt sich nicht bestimmen, da seine Schriften nie gesammelt worden sind. Vermutlich wandte er sich von diesem seinem eigentümlichen Wesen doch fremden Formen wieder ab, sobald sein Verhältnis
zu Klopstock sich zu lockern begann (seit 1751).

Ziemlich eben so eifrig wie die Beiträger ahmten die Züricher
Freunde Klopstocks Oden nach. Und in ihrem Kreis erhielt sich dieser
Einfluß im allgemeinen länger lebendig als unter den norddeutschen
Jugendgefährten des Dichters. Bodmer hatte schon in früher Jugend
reimlose Verse geschmiedet und unter anderm wieder 1749 in den 'Neuen
kritischen Briefen' antike Silbenmaße in der Weise Uzens nachgebildet.
Sprache und Darstellung erinnerte hier schon an Klopstock. Noch mehr
als dessen Schüler zeigte den Züricher Kritiker seine langatmige, schwär-
merische Ode 'Verlangen nach Klopstocks Ankunft' aus dem Frühjahr 1750.
Bodmer freute sich, daß man die Schwierigkeit des Reimes nicht mehr zu
überwinden brauche, um als Dichter zu glänzen. Er bediente sich daher
von nun an regelmäßig auch in seinen lyrischen Versuchen der antiken
Metren, aber meistens nur der weniger künstlichen, die sich einfach
aus dem Hexameter entwickelten. Selbst als ihm persönlich der
Mensch Klopstock fremder geworden war, wollte er sich dem Einfluß des
Dichters nicht entziehen. Er hätte es auch nicht vermocht. Denn nicht
bloß die äußere Form, sondern der ganze Charakter seiner Poesie war
unselbständig nach Klopstocks Vorbilde gemodelt. Der rührige Nachahmer
der Messiade konnte auch den Oden Klopstocks gegenüber seine künstlerische
Unabhängigkeit nicht bewahren.

Bodmers Beispiel wirkte verführerisch auf seine jungen Freunde.
Hans Kaspar Hirzel, Bernhard Vincenz von Tscharner, Jo-

hannes Tobler[1]) und wer sonst noch aus jenem Kreise sich an der Muse
der lyrischen Dichtung versündigte, schrieb mehr oder minder im Klopstockischen Tone. Keiner gab sich diesen Einwirkungen so schrankenlos hin
wie der junge Wieland. Schon bevor er nach Zürich in Bodmers unmittelbare Nähe kam, hatte er als Anhang zu seinem 'Antiovid' 1752 acht
reimlose Oden in einfacheren Versmaßen veröffentlicht, welche, wenn gleich
aus einer nichts weniger als Klopstockischen Stimmung entsprungen, doch
vielfach in Form und Inhalt von dem tiefen Eindruck zeugten, den die
Fannyoden auf Wielands empfängliche Natur gemacht hatten. Ähnlich
stand es mit einzelnen Oden, die er als Vorwort seinen damaligen halbepischen Gedichten beigab. Aber erst in Zürich, in Bodmers Hause, wurde
der Verfasser der 'Natur der Dinge' und der 'Moralischen Briefe' zum
sklavischen Nachahmer Klopstocks und zwar noch mehr des Lyrikers als
des Epikers. Dreizehn Oden Wielands, die erst in den jüngsten Jahren
aus dem handschriftlichen Nachlasse Bodmers veröffentlicht worden sind,
waren nicht nur äußerlich im Versmaß oder in der Sprache Klopstocks
lyrischen Arbeiten nachgebildet; sondern der jüngere Dichter hatte sich
ganz und gar in die Denk- und Vorstellungsweise des älteren hineingelebt,
seine Oden erwuchsen nahezu aus den gleichen Empfindungen, aus denen
Klopstocks Jugendlyrik hervorgieng. So finden wir hier wie dort nicht
allein dieselben Formen der Darstellung, die pathetischen Fragen und Aus-
rufungen, dieselben dichterischen Motive, dieselben Gedanken von räum-
licher und zeitlicher Trennung, Tod und Jenseits; Wieland hat vielmehr
umfangreiche Stücke von vielen Klopstockischen Oden aus jener frühen Zeit
geradezu abgeschrieben (so Teile von den Gedichten 'Der Lehrling der
Griechen', 'Die künftige Geliebte', 'Stunden der Weihe', 'Salem', 'An
Gott', 'Der Zürcher See', einzelne Lieder des 'Wingolf' u. s. w.). Wieland war unstreitig auch unter den Lyrikern, die damals den Spuren
Klopstocks folgten, einer der bedeutendsten. Er übertraf sein Vorbild selbst
durch lebhaftere Sinnlichkeit; er konnte auch mit größerem Recht als
Klopstock von der Liebe seiner Serena-Doris sprechen, die nur ein feindliches Schicksal von ihm trenne. Aber ihm fehlte alle Originalität; ihm
fehlte oft auch die überzeugende Kraft der Wahrheit. Klopstocks überschwängliches Empfinden, seine übersinnliche, religiös-mystische Schwär-

---

[1]) Proben seiner Oden teilte zuerst Christian Heinrich Schmid 1772 im
dritten Teile seiner 'Anthologie der Deutschen' mit.

merei erschien ebenso wie das mächtige Pathos seiner Sprache bei Wieland als unnatürlich, als durch und durch gekünstelt, gemacht. Auch mit dem äußeren Bau des Verses und der Darstellung haperte es noch bei Wieland. Seine Verse waren zum Teil sehr holperig geraten; namentlich die Alkaischen Strophen wollten ihm gar nicht recht gelingen. Er verstand es keineswegs, seine Perioden reich zu gliedern oder gar seinen Stoff kunstvoll zu ordnen, wie Klopstock. Dagegen spann er den Faden seiner Rede noch viel weitschweifiger als dieser, und demzufolge waren Wiederholungen bei ihm noch viel häufiger als in der Klopstockischen Lyrik.

In einem späteren Geschlechte von Schülern Bodmers traten vornehmlich Heinrich Füßli, der rühmlich bekannte Maler, und Johann Kaspar Lavater als Nachahmer der Oden Klopstocks auf. Füßli urteilte nachmals mit kraftgenialischer Derbheit abschätzig genug über vieles in der Lyrik des Messiasdichters. In seinen jüngeren Jahren aber hatte er selbst einige Oden verfertigt, die so sklavisch-unselbständig den Werken Klopstocks nachgebildet waren, daß dieser sogar von nahe stehenden Freunden lange für den Verfasser gehalten wurde. Lavater hingegen, als Dichter überhaupt ohne Eigenart, blieb zeitlebens in dem Banne der Klopstockischen Poesie, wenn er auch sein individuelles Empfinden nicht immer so ängstlich wie in einzelnen Versuchen aus seinen Jugendjahren nach dem fremden Muster modelte. In seinen gereimten Gedichten, auch in seinen geistlichen Liedern, war weniger von einem unmittelbaren Einfluß Klopstocks wahrzunehmen. Dagegen waren seine reimfreien 'Poesien', die, fast ausnahmslos religiösen Charakters, 1781 gesammelt erschienen, in Form und Inhalt durchaus von Klopstock abhängig. Ja als kritikloser Nachahmer suchte er gerade das Ungesunde, Maßlose, Unsinnige, Verschwommene, allzu Subjective dieser Lyrik noch zu überbieten, während er andrerseits die Sprache und den Vers nicht genügend bemeisterte, um auch Leser, die nicht eben als seine Freunde persönlichen Anteil an seinen Gedichten nahmen, durch die Vorzüge der Form für die Mängel des Inhalts zu entschädigen.

Mit den Schweizern stand auch Klopstocks liebster Freund, Gleim, in Verbindung. Er bewunderte die Fannyoden nicht minder als den 'Messias' und pries ihren Schöpfer in Prosa wie in Versen. Er hatte sich als Anakreontiker schon lange vor dem jüngeren Dichter in reimlosen Metren versucht. Aber alles dies vermochte ihn nicht zu bewegen, daß er nunmehr zum unmittelbaren Nachahmer Klopstocks wurde. Er behielt nach wie vor seine einfachen iambischen oder trochaischen Silbenmaße bei, bediente sich jetzt auch mitunter des Herameters und des Distichons, aber nie der künstlicheren, nach Horazischem Muster gebildeten Strophenformen Klopstocks. Nur in wenigen Ausnahmsfällen belebte er seine Jamben, indem er an bestimmten Stellen die kurzen Silben verdoppelte[1]). Die Diction in seinen spätern Gedichten wies zwar ebenso wie die gesammte deutsche Dichtersprache seit der Mitte des vorigen Jahrhunderts im allgemeinen den Einfluß Klopstocks auf; im besonderen aber fanden sich bestimmte Anklänge an Klopstocks Ausdrucksweise bei Gleim außerordentlich selten. In Bezug auf den Inhalt zeigte die Lyrik des Halberstädter Sängers noch weniger Spuren einer Verwandtschaft mit der Poesie des Quedlinburger Freundes.

In einem ähnlichen Verhältnisse wie Gleims Dichtung stand Kleists und Ewalds Lyrik zu der Klopstocks, und auch durch seinen persönlichen Verkehr mit den Züricher Nachahmern des letzteren büßte Kleist nichts von seiner künstlerischen Selbständigkeit ein. Auch Ramler erfuhr nur den allgemeinen, sprachschöpferischen Einfluß Klopstocks. Das dichterische Naturell der beiden Männer war jedoch zu verschieden, als daß der eine die Gedanken oder die Ausdrucksweise des andern irgendwie, bewußt oder unbewußt, hätte nachahmen können. Auch bei seinem Gebrauch antiker Versmaße war Ramler, der sich dabei zunächst an Lange und Uz anschloß, ganz unabhängig von Klopstock. Diejenigen antiken Strophengebilde, deren sich beide Dichter gemeinsam bedienten, entlehnte Ramler sammt und sonders unmittelbar von Horaz. Äußerlich streng in der Behandlung des Versmaßes, ahnte er doch zeitlebens nie das Geheimnis des Rhythmus, auch hierin der künstlerische Antipode Klopstocks. Nur die sogenannten freien Rhythmen, deren sich dieser in späteren Oden bediente, bildete Ramler ihm einige Male, doch ziemlich schüchtern, nach. In kühnerer Weise, zugleich im innigeren Anschluß an Pindar, that dies Johann Gottlieb Willamow. Seine 'Dithyramben' (1763) wären zwar ohne die Befreiung der deutschen Dichtersprache durch Klopstock kaum möglich gewesen; auch sonst klang seine reimlose Lyrik hie und da leise an die Oden Klopstocks an: im ganzen aber scheint Willamow sich mehr an Ramler oder unmittelbar an den antiken Mustern gebildet zu haben.

---

[1]) Vgl. in Körtes Ausgabe seiner sämmtlichen Werke I, 157 ff., wo auf diese Weise sogar eine Art von antiker Strophe gebaut ist; I, 203.

Seine dichterische Anschauung, seine Art zu denken und zu empfinden war von der Klopstocks grundverschieden.

Klopstockische Versmaße gebrauchte auch Johann Nicolaus Göz öfters neben den einfachern Anakreontischen Metren und den gereimten Strophen. Aber außer diesen äußerlichen Formen bildete er kaum etwas seinem größeren Zeitgenossen 'nach: die künstlerische Anlage und die Lebensanschauung der beiden war zu verschiedenartig. Mehr in den Bahnen Klopstocks bewegten sich einzelne reimlose Oden von Johann Friedrich von Cronegk und Johann Jakob Dusch; beide Dichter aber erwiesen sich zugleich in ihrer gereimten Lyrik als treue Anhänger der älteren Schule.

Überhaupt, wie viele auch an Klopstocks Oden das eigne poetische Talent entzündeten, zum ausschließlichen Muster, neben dem alle früheren Vorbilder ihren Wert und ihre Macht verloren, wurden diese Oden von keinem der gleichzeitigen Verseschmiede gewählt. Beim 'Messias' war dies anders gewesen. Freilich war diesem auch kein Epos vorausgegangen, dessen sich unser Volk nicht eher zu schämen gehabt hätte. Um die deutsche Lyrik stand es doch schon vor Klopstock etwas besser. So kam es denn, daß gewisse, bereits vorher eingebürgerte Formen, so unvollkommen sie waren, auch durch Klopstocks vollendetere Kunst nicht verdrängt werden konnten. Noch während mehrerer Jahrzehnte ward der Uzische Pseudo-hexameter zusammen mit einem nachklingenden iambischen oder iambisch-anapästischen Verse (gereimt oder reimlos) viel häufiger von den deutschen Lyrikern angewandt als die mit dem wirklichen antiken Hexameter gebil-deten Distichen, deren Klopstock sich mehrfach bediente. Auch die einfachen Trochäen und Jamben der Anakreontiker sowie die kunstlosen Versmaße Langes waren noch lange Zeit fast beliebter als die schwierigeren Horazischen Strophen. Bei Johann Henrich Oest z. B., dem Ver-fasser von 'Bremischen Gedichten' (Hamburg 1751), und bei F. A. Cons-bruch, der 1751 'Versuche in westfälischen Gedichten' herausgab, fanden sich jene älteren antikisierenden Formen auffallend oft, obwohl sich Klop-stocks Einfluß in den künstlerisch wertlosen Versen dieser unselbständigen Geister keineswegs verleugnete.

Auch die Vertreter und Anhänger der Bardendichtung in spätern Jahrzehnten, Karl Friedrich Kretschmann, Michael Denis, Karl Mastalier und andere, die gewöhnlich für unfreie Nachahmer Klopstocks gelten, bildeten durchaus nicht immer die Formen seiner Lyrik nach, so sehr sie ihn auch verehrten und laut in ihren Oden priesen. Unmittelbare Anklänge an bestimmte Verse Klopstocks waren auch hier selten; am ersten mochte man sie noch bei Denis vernehmen, der das eine und andre Mal sogar ganze Oden in völliger Nachahmung Klopstockischer Gedichte verfaßte (z. B. 'Das Donnerwetter' nach der 'Frühlingsfeier'). Sonst nützten die „Barden" meistens nur gewisse Motive seiner Lyrik aus, und ihre Sprache im allgemeinen, die Satzbildung, der poetische Periodenbau, die kühne Bildlichkeit des Ausdrucks nebst den antiken oder halbantiken Silbenmaßen — soweit sie nicht modern gereimte Verse vorzogen — verriet den Einfluß des bewunderten Sängers. Eben in jenen spätern Jahren aber, als man die ersten Ausgaben gesammelter Oden Klopstocks vorbereitete, erwuchs im nördlichen Deutschland ein jüngeres Geschlecht, auf welches diese Lyrik neuerdings und nun in verstärktem Maß einwirkte. Jetzt dichtete ein Jüngling wie Karl August Küttner seine 'Vierzehn Oden' (Mietau 1773), die sich in Gedanken, Wort und Weise ganz und gar als Klopstockisch darstellten, ja dann und wann nur aus einzelnen Ausdrücken und Wendungen Klopstockischer Oden zusammengesetzt zu sein schienen. Jetzt traten die Göttinger Freunde hervor, die, ohne Zweifel dichterisch begabter als alle früheren Schüler und Nachahmer Klopstocks (außer Wieland), vielfach durch Wort und That bekundeten, wie mächtig sie alle durch seine Oden angeregt und gefördert worden waren. So intensiv hatte — wenigstens in Norddeutschland — Klopstocks Lyrik nicht gleich vom ersten Anfang an gewirkt; allein schon damals vermochte sich kaum einer der gleichzeitigen Dichter dem Einflusse seiner Oden völlig zu entziehen, nicht einmal immer seine Gegner.

Die Stelle, welche sich Klopstock durch die drei ersten Gesänge des 'Messias' in der deutschen Literatur errungen hatte, war durch die Aufnahme, welche seine Oden bei Freund und Feind fanden, befestigt worden. Er stand als der unzweifelhaft erste unter den lebenden Dichtern Deutschlands da. Aber seine äußeren Verhältnisse wurden durch alle diese poetischen Erfolge nicht günstiger gestaltet. Und darum war es ihm doch vornehmlich zu thun. Er wollte „sein Glück machen". Eine sichere Anstellung mit genügendem Einkommen sollte ihn in den Stand setzen, mit besserer Aussicht auf Erfolg als bisher um Fannys Herz und Hand zu werben. Statt dessen drohte jetzt ihm die Gefahr, auch noch die letzte Stätte, die ihm Unterkunft und Nahrung geboten hatte, zu verlieren. Schon zu Anfang des Winters 1748 gab man ihm im Weißischen Hause von fern zu verstehn, daß man es nicht ungern sehen würde, wenn er nach Oftern seine Hofmeisterstelle aufgäbe. Indessen schob sich dieser Zeitpunkt — wie es scheint, ohne Zuthun Klopstocks — über ein Jahr, bis kurz nach Pfingsten 1750, hinaus.

Inzwischen waren seine Freunde mehr als er selbst thätig, um ihm auf eine andere, seinen Wünschen mehr entsprechende oder zuverläßigere Weise seinen Lebensunterhalt zu verschaffen. Pastor Lange in Laublingen schwärmte von einer Dorfpfarre, fand damit aber wenig Anklang; denn Klopstock, dem die Natur die Stimme des Redners versagt hatte, wollte lieber einer Schule als einer Gemeinde vorstehen. Die Schweizer Freunde trachteten darnach, die Messiasdichtung selbst zu einer Erwerbsquelle für den Verfasser zu machen. So schlug Bodmer ihm vor, den 'Messias' von nun an auf Subscription herauszugeben. Klopstock jedoch fürchtete das Rifico, das damit verbunden war; auch seine Leipziger Genossen, die in literarischen Dingen erfahrener waren, scheinen abgeraten zu haben. Dazu kam, daß sich gleichzeitig mehrere angesehene Buchhändler um den Verlag des Gedichtes bewarben. Nach mancherlei Verhandlungen schloß Klopstock mit Meiers Verleger Hemmerde in Halle ab. Er hatte sich dabei keineswegs übereilt, vielmehr seinen Vorteil wohl gewahrt und möglichst günstige Bedingungen erzielt, wie er denn zeitlebens in dieser Hinsicht einen ungemein praktisch-verständigen Sinn bewährte. Da die Arbeit an seinem Epos jedoch gar langsam fortschritt, so war ihm mit Hemmerdes Honorar vorläufig wenig geholfen. Leben konnte er überhaupt von dem Ertrag seines Gedichtes auf keinen Fall. Man wünschte daher ihm durch die Messiade zu einem Jahresgehalte von einem kunstsinnigen Fürsten zu verhelfen. Klopstock selbst ersuchte Bodmer, er möge (vielleicht durch den holländischen Dichter Wilhelm van Haren, der kurz zuvor die Schweiz bereist hatte) auf Prinz Wilhelm IV. von Oranien in dieser Absicht einwirken. Bodmer bestimmte darauf hin Haller, der mehr Verbindungen im Ausland, namentlich am englischen Hofe, hatte, an Wilhelms Gemahlin, eine Tochter Georgs II. von England, und desgleichen an ihren Bruder Friedrich Ludwig, den damaligen Prinzen von Wales, Exemplare des 'Messias' zu schicken. Auch Hagedorn wurde deßwegen bemüht. Die Prinzessin von Oranien scheint das Werk des deutschen Dichters von Anfang an unbeachtet gelassen zu haben. Friedrich Ludwig hingegen nahm es freundlich auf, aus Rücksicht auf Haller. Allein, was bei dem Prinzen vielleicht nur ein Beweis von Höflichkeit gegen den berühmten

Gelehrten war, erregte in Klopstock allerlei Hoffnungen. Lang erwog er den Gedanken, noch an den englischen Epiker Glover zu schreiben, der, wie es hieß, bei dem Prinzen von Wales viel galt; zuletzt unterließ er es doch, vielleicht auf Hagedorns Rat. Hingegen vermochte er es über sich, selbst ein Exemplar des 'Messias' mit einer Widmung an den Prinzen zu senden. Damit hatte die Sache ein Ende. Der Versuch, vom englisch-hannoveranischen Hof eine Pension für Klopstock zu erlangen, schlug eben so fehl wie ein Jahr darauf das Bestreben, das Augenmerk Friedrichs des Großen auf den Dichter der Messiade zu lenken.

Gleich geringen Erfolg hatten Klopstocks Bemühungen, durch Vermittlung der Freunde an einer höheren Schule eine Stelle zu erhalten. Schon am 11. Juli 1748 bat er Haller, sich dafür zu verwenden, daß er eine (besoldete) außerordentliche Professur „humanioris cuiusdam disciplinae" an der Universität Göttingen erhalte. Einige Monate später bestimmte er Bodmer, das nämliche Ansuchen an den Prediger Johann Heinrich Meister in Erlangen zu richten. Er wünschte an der neu gegründeten Hochschule daselbst in der gleichen Weise wie zuvor in Göttingen als außerordentlicher Professor irgend einer der schönen Wissenschaften, am liebsten der Beredsamkeit oder der Poesie, unterzukommen. Meister mahnte jedoch ab, da zu wenig Aussicht auf Erfolg vorhanden war. Er erbot sich dagegen, dem Dichter eine Lehrerstelle bei einem reichen Studenten zu verschaffen, ein Amt, das viel einträglicher sei als eine Professur an der Erlanger Universität. Darauf aber scheint wieder Klopstock nicht eingegangen zu sein, eben so wenig wie auf einen ähnlichen Wunsch Hallers, der sich unter der Hand erkundigte, ob nicht der Dichter den Unterricht seines Sohnes in den schönen Wissenschaften übernehmen wolle[1].

In diesen Tagen des Suchens und Harrens befreite Bodmer seinen jungen Schützling durch einen wahren und großen Freundesdienst aus der Verlegenheit. Bereits um Neujahr 1749 machte er ihm den Antrag, er möge, bis sich weitere Aussichten eröffneten, sein Gast in Zürich sein[2].

---

[1] Vgl. Hallers Gedichte, herausgegeben von Ludwig Hirzel (Frauenfeld 1882), S. CCXCIV ff.

[2] Einzelne Bekannte Klopstocks fabelten gar von einer Fortsetzung der Schweizer Reise nach Rom. Vgl. den Brief des Dr. J. G. Heinze in Langensalza an Haller, in der eben erwähnten Ausgabe S. CCXCV.

Als Klopstock bei aller ungeheuchelten Freude über diese Großmut doch nicht gleich fest zusagte, wiederholte Bodmer mehrmals sein hochherziges Anerbieten. Verschiedene Versuche des Dichters, in Deutschland eine Stelle zu finden, waren unterdessen gescheitert. Eine längere Krankheit während des Sommers 1749 hatte, obwohl sie nicht besonders gefährlich war, doch seinen Geist von der Welt überhaupt abgelenkt und mit Ge- danken an das Jenseits erfüllt. Vom Schmerzenslager erstanden, fühlte er mit neuer, verdoppelter Macht die Innigkeit des Bandes, das ihn mit den Schweizer Freunden verknüpfte, und nahm daher jetzt im Septem- ber 1749, Bodmers Einladung bestimmt an. Dagegen glaubte er ein anderes, ansehnliches Geschenk desselben ablehnen zu müssen. Bodmer wollte ihm nämlich zahlreiche Exemplare von neu erschienenen Büchern, zur Hälfte von ihm oder von Breitinger verfaßt, im ganzen gegen tausend Bände, überlassen, daß Klopstock sie zu seinem eignen Vorteil an seinen Verleger in Norddeutschland verkaufe. Auch auf Bodmers Anerbieten, er wolle wegen der Reisekosten schon Rat schaffen, ließ sich der Dichter nicht ein. Vielmehr bat er den Züricher Freund, ihm zu diesem Zweck und zur Bestreitung einiger anderer Ausgaben, die damit verbunden waren, ganz in geschäftsmäßiger Form dreihundert Thaler zu leihen. Bodmer, auch dazu bereit, sandte zur Ostermesse 1750 die gewünschte Summe. Wegen der Rückzahlung sollte Klopstock nicht in Sorgen sein. Es sei genug, schrieb Bodmer, wenn er das Geld mit der Restitution aller Dinge wieder- bekomme. Klopstocks Meinung war das nicht. Er wollte die Freundschaft seines Züricher Gönners nur so weit in Anspruch nehmen, als dies ohne Schwierigkeit oder gar Nachteil für denselben geschehen konnte. An diesem Grundsatz hielt er auch fest, als er Bodmers Einladung annahm. „Meine körperliche Gegenwart", schrieb er, „muß in Ihrem Hause beinah' un- merklich sein; sie muß da auch nicht die mindste Veränderung hervor- bringen." Daran knüpfte sich allerdings gleich eine Frage, die dem ziemlich einsam lebenden Bodmer bedenklich genug vorkommen mochte. Nicht bloß, wo und wie weit entfernt von dem Hause seines gastlichen Wirtes die Freunde, Breitinger, Hirzel, Waser, Tscharner, wohnten, wollte Klopstock wissen, sondern auch: „Wie weit wohnen Mädchens Ihrer Bekanntschaft von Ihnen, von denen Sie glauben, daß ich einigen Umgang mit ihnen haben könnte? Das Herz der Mädchens", fügte er erklärend hinzu, „ist eine große, weite Aussicht der Natur, in deren Labyrinthen ein Dichter oft gegangen sein muß, wenn er ein tiefsinniger Wisser sein will. Nur dürsten die Mädchens ja nichts von meiner Geschichte wissen; denn sie möchten sonst, vielleicht sehr ohne Ursache, zu zurückhaltend werden." Indessen fuhr man fort, sich das künftige Zusammenleben in Zürich mit den heitersten Farben auszumalen. Klopstocks Altersgenosse, der junge Geistliche Johann Georg Schuldheiß (1724—1804), der gewissermaßen als literarischer Sendbote der Schweizer seit mehreren Monaten in Berlin weilte, sollte als Reisegefährte des Dichters den Heimweg nach Zürich antreten. Schuldheiß war aber bis Ende Junis in Berlin festgehalten. Auch Klopstock wurde vorübergehend in seinem Eifer gelähmt, da sich im Frühling die vorjährige Krankheit, jedoch in gelinderem Grade, wieder einstellte. Endlich verließ er in der zweiten Hälfte des Mai 1750 zugleich mit seinem Vetter Schmidt Langensalza und kehrte auf dem geradesten Wege nach langjähriger Abwesenheit in das Vaterhaus zurück.

„Überhaupt aber bin ich mit mir nicht wenig unzufrieden", schrieb Klopstock an Bodmer kurz, bevor er aus Langensalza schied, „daß ich diese zwei Jahre, die ich hier gewesen bin, noch nicht zween Gesänge vollendet habe. Ich habe mehr mir gelebt als dem 'Messias' oder vielmehr bin ich, ich weiß selbst nicht, durch was für eine Allmacht, gezwungen gewesen, den Schmerzen der Liebe zu leben .... Unterbeß hat mein Herz diese Jahre vieles gelernt, welches auf die künftige Gesänge einen großen Einfluß haben wird." Auch während der kurzen Wochen, die Klopstock nun in Quedlinburg zubrachte, rückte die Arbeit an der Messiade nicht weiter. Sie waren ganz dem lang entbehrten Verkehr mit Eltern und Geschwistern und mit den Freunden gewidmet, denen er hier wieder näher gerückt war. Ausflüge in die Nachbarschaft wurden unternommen, nach Braunschweig, wo von den Beiträgern Gärtner, Ebert und Zachariä als Lehrer am Carolinum wirkten, nach Magdeburg, wo Klopstock bei dem literarisch hochgebildeten Kaufmanne Bachmann (1706—1753) mit dem Schweizer Johann Georg Sulzer (seit 1747 Professor am Joachimsthalischen Gymnasium in Berlin), der ebenfalls die Reise nach Zürich mitmachen wollte, mit dem Berliner Hofprediger August Friedrich Wilhelm Sack und andern Anhängern der schweizerischen Kunstlehre zusammentraf und zum ersten Mal in einem größeren Kreise das berauschende Gefühl genoß, seine Dichtung von teilnehmenden Freunden und empfindsamen Freundinnen bewundert, mit Thränen belohnt zu sehen. Namentlich aber ward ein reger Verkehr mit dem nahen Halberstadt unterhalten. Dort weilte seit 1747 als Secretär des Domcapitels Gleim, dessen 'Scherzhafte

Lieber', im Stil der Anakreontischen Poesie gedichtet, bereits vor einigen
Jahren Klopstocks Teilnahme erregt hatten, Gleim, der Herzensfreund
Kleists, dessen 'Frühling' Klopstock längst uneingeschränkt bewunderte, zu
dem er sich persönlich mit ganzer Seele hingezogen fühlte.

Schon von Langensalza aus hatte er Worte der Verehrung und Liebe
an Gleim geschrieben. Kaum im Elternhaus angekommen, suchte er ihn
gemeinsam mit Schmidt, der Gleim bereits länger kannte und vornehmlich
seinetwegen den Vetter nach Quedlinburg begleitet hatte, zu Halberstadt
auf. Sie blieben eine volle Woche bei ihm. Bei mäßig gefüllten, rosen-
bekränzten Bechern durchschwelgten sie zusammen munter die eine und
andere Sommernacht und begrüßten mit übermütigen Scherzen den er-
wachenden Tag: froh erinnerte sich noch der greise Dichter 1796 dieser
Genüsse. Dann erwiderte Gleim den Besuch in Quedlinburg, Klopstock
gieng bald wieder auf einige Tage nach Halberstadt, Schmidt reiste kurz
darauf nach Langensalza heim, aber die zurückbleibenden Freunde sahen
sich deßhalb von nun an nicht seltener. Bei dem Ausflug nach Braunschweig übernachtete Klopstock in Halberstadt; zu der Fahrt nach Magdeburg holte ihn Gleim ab. Mit offenem Herzen war der ältere Dichter dem
jüngeren entgegengekommen, dessen 'Messias' ihn bereits zu einer Zeit entzückt hatte, als die große Menge der Leser noch in stumpfer Gleichgültigkeit
gegen das Werk verharrte. Die ganze weiblich-zärtliche Sentimentalität
seines freundschaftlichen Empfindens offenbarte sich in seinem Verhältnis
zu Klopstock, das über ein halbes Jahrhundert ungestört bis zu seinem
Tode dauerte, ja mit den Jahren an Innigkeit zunahm. Klopstock war
binnen kurzer Zeit in der That Gleims innigster Freund nach Kleist geworden, wie er es halb scherzend in seinen ersten Briefen angedeutet hatte;
Gleim aber nahm bald in Klopstocks Herzen wohl unter allen Freunden
den ersten Platz ein. Schwärmerische Zärtlichkeit, die sich oft überschwänglich ausdrückte und bisweilen in Spielerei ausartete, war der
Charakter auch dieses Verhältnisses; so weit aber wie sonst meist im Umgang mit seinen Freunden trieb Gleim das süßliche Getändel hier doch
nicht. Klopstocks männlichere Natur verwehrte dies. Auch sein Vater
nahm an dem Seelenbunde der beiden Teil. Bis zu seinem Tod unterhielt er einen lebhaften brieflichen und persönlichen Verkehr mit dem
Halberstädter Domsecretär, und selbst nachher war Gleim noch manches Mal der treue Berater und stets bereite Helfer der Klopstockischen
Familie.

So vergiengen dem Dichter die anderthalb Monate seines Aufenthaltes zu Quedlinburg in ungetrübter Freude. Und jetzt eröffneten sich
ihm nach den Enttäuschungen, die er in Langensalza erfahren, auch neue,
bessere Aussichten für sein materielles Wohl. Zunächst bot ihm (noch im
Mai 1750) Abt Johann Friedrich Wilhelm Jerusalem eine
Hofmeisterstelle an dem von ihm begründeten Carolinum in Braunschweig
an. Die Stelle war recht nach Klopstocks Geschmack, ein Lehramt an
einer höheren Schule, an der in gleicher Eigenschaft mehrere Jugendfreunde wirkten, in der Nähe seiner Vaterstadt. Dazu hatte Jerusalem
versprochen, ihm mehr Muße zu geben als den übrigen Hofmeistern; dem
Dichter blieben also genug freie Stunden für seine Kunst. Endlich war
die Möglichkeit vorhanden, daß Klopstock mit der Zeit auch, wie damals
Ebert, als Lehrer des Erbprinzen unmittelbar am Hof einen Platz finden
werde. Nur war Anfangs die Bedingung gestellt, daß er das Amt sogleich
antrete, die Reise nach Zürich also aufgebe. Um die Strenge dieser Forderung zu mildern, begab sich Klopstock persönlich nach Braunschweig.
Aber obgleich er den gewünschten Aufschub erlangte, verlor doch allmählich für ihn Jerusalems Antrag seinen Reiz, teils weil die Freunde ihm
davon abrieten, namentlich Sack, der neuerdings einen Plan entworfen
hatte, ihn für die nächsten Jahre an Berlin zu fesseln, vornehmlich jedoch,
weil ein anderes Anerbieten ihn noch mehr lockte, das, wenn es zur That
wurde, seine kühnsten Wünsche erfüllte.

Der dänische Gesandte am französischen Hofe, Johann Hartwig
Ernst Freiherr von Bernstorff (1712—1772), hatte in Paris durch
Emanuel Christoph Klüpfel (1712—1776), den Cabinetsprediger des nach-
maligen Herzogs Ernst II. Ludwig von Gotha (1772—1804)[1], die ersten
Gesänge des 'Messias' kennen gelernt und zugleich von der mittellosen
Lage des Dichters gehört. Er faßte den bestimmten Vorsatz, sich Klop-
stocks anzunehmen. Bequeme Gelegenheit bot sich ihm erst, als er 1750
als Staatssecretär und geheimer Rat nach Dänemark zurückberufen wurde.
Aber noch bevor er selbst nach Kopenhagen heimgekehrt war, verwandte
er sich brieflich bei dem dänischen Minister Schulin, um dem Dichter ein

---

[1] In Paris verkehrte Klüpfel 1749 intim mit Jean Jacques Rousseau, der
fein nichts weniger als geistliches Leben im achten Buche der 'Confessions'
geschildert hat. Später stieg Klüpfel bis zu den höchsten kirchlichen Ämtern in
Gotha auf.

Jahresgehalt vom König auszuwirken. Auf der Durchreise durch Hannover trug er dem Secretär seines Bruders zu Gartow, einem Vetter
Klopstocks, Namens Leisching, auf, an seinen Cousin zu schreiben, er möge
sich in Braunschweig nicht auf lange Zeit binden, sich auch sonst nicht zu
weit von daheim entfernen, da seine Gegenwart bald in Kopenhagen nötig
sein dürfte. Ein Jahresgehalt war ihm zunächst in Aussicht gestellt;
später, nachdem er die Messiade vollendet, würde sich wohl Rat zu einer
Hofpredigerstelle oder zu einer Professur finden.

Der Empfang dieser Nachricht zu Beginn des Juni 1750 erweckte in
Klopstock die freudigste Hoffnung. Sogar die Reise zu Bodmer
wollte er anfänglich verschieben, bis er der ersten Pflicht eines Aufenthaltes
in Kopenhagen genügt habe. Aber das entscheidende Schreiben Bernstorffs
lief nicht so schnell ein; wahrscheinlich drängten auch Bodmer und die
beiden Schweizer, die Klopstock auf der Fahrt nach Zürich begleiten wollten, daß er nicht länger zögere, und so machte er sich denn, ohne die Ankunft Cramers abzuwarten, der eben als Oberhofprediger nach Quedlinburg berufen worden war, mit Sulzer und Schuldheiß in der Frühe des
13. Juli 1750 auf den Weg.

Sie reisten — nicht selten auch während der Nacht — über Sanger-
hausen, Erfurt, Arnstadt, Ilmenau, Coburg, Bamberg, Erlangen, Nürn-
berg, Gunzenhausen, Nördlingen, Ulm, Ehingen, Möskirch, Schaffhausen, Bülach. Am 21. Juli Abends kamen sie in Zürich an. In einem
gemeinschaftlichen Rundschreiben an die norddeutschen Freunde und Freundinnen berichteten sie abwechselnd von Station zu Station über ihre Erlebnisse. Der lustige Einfall, der diesen Gesammtbrief veranlaßte, gehörte
Klopstock. Und er wetteiferte auch mit seinen Begleitern unterwegs in
ausgelassener Heiterkeit. Anwandlungen von empfindsamem Ernste waren
selten und wurden alsbald gewaltsam verjagt, wo möglich aber von vorn
herein vermieden. So umgieng man Langensalza ganz, nicht nur weil
Klopstock sich dort zu lang aufhalten wollte, sondern vermutlich auch, weil
man die fröhliche Reisestimmung nicht durch die Wehmut eines neuen Ab-
schieds gefährden wollte. Und schließlich fand sich Klopstock selbst unschwer
darein. Zwar zeichnete er Fanny und ihren Bruder vor den übrigen
Freunden durch besondere, elegische Briefe aus; im ganzen aber lebte er
während der achttägigen Fahrt noch munterer als seine Begleiter der Lust
des gegenwärtigen Augenblicks. Er schalt nicht, wie sie, in seinen Reise-
berichten über schlechte Wege und schlechtes Essen. Freilich entlockte ihm

auch die Schönheit der thüringischen Gebirgsgegenden nicht solche begeisterte
Worte wie seinen Gefährten; vielmehr verschlief er behaglich einen großen
Teil des Tages im Wagen. Aber für die allgemein menschlichen Verhältnisse, die sich ihrer Betrachtung darboten, hatte er ein offneres Auge und
einen schärfern Blick als sie, und wenn Sulzer und Schuldheiß mit Gast-
wirten, Postillons und Schmieden sich abgaben oder für die notwendigen
Ausbesserungen des Wagens sorgten, benützte er seine freien Augenblicke,
um Gesichter und Trachten der Mädchen zu mustern. Künstlerisch schöne
oder merkwürdige Bauten gewannen ihm unterwegs so wenig Interesse ab
wie seinen Begleitern; gleichgültig wandelten sie sogar an Nürnbergs
Baudenkmälern vorüber. Mit Goethes Reisebriefen, in denen alles Bedeutende der durchwanderten Gegenden in Natur und Kunst, Leben und
Geschichte zur Sprache kommt, lassen sich die Berichte des jungen Klopstock
und seiner Freunde in keiner Weise vergleichen. Aber beim Anblick der
Schweizer Berge und des Rheinfalls gieng auch unserm Dichter das Herz
auf. Noch vierzehn Jahre darnach bezeugten die Anfangsstrophen der
Ode 'Aganippe und Phiala', wie tief sich der Eindruck jenes großartigen
Landschaftsbildes seinem Gedächtnis eingeprägt hatte. Voll der innigsten
Zuneigung und frohesten Erwartung langte er bei Bodmer an. Dankbar
gegen den göttlichen Lenker seines Geschickes, der ihm erfüllt hatte, was
das erzitternde Herz sich kaum zu wünschen wagte, pries er in der Ode
'An Bodmer' das Glück, welches er, „wie von Träumen erwacht", in
der ersten Umarmung des Züricher Freundes genoß.

Zu dem gleichen Freudentaumel rauschten die nächsten Tage vorbei.
Klopstock sah alles nur von der schönsten Seite, im rosigsten Licht, ohne
Schatten. Den Freunden in Norddeutschland rühmte er Bodmer als den
ehrlichsten Mann, und begeistert rief er aus: „Freude, wahre Freude ist
mir im vollsten Maße zu Teil geworden. So viele wahre Menschen,
die ich überdies habe kennen gelernt, und die mich lieben!" Nicht anders
ergieng es den Zürichern Anfangs mit ihm. „Ich bin die ganze Nacht in
Ekstase gelegen, mich alle Augenblicke von neuem in der Wahrheit zu
befestigen, daß Klopstock, Sulzer nun wirklich bei mir wären", berichtete
Bodmer den Tag nach der Ankunft des heiß Ersehnten an Heß. Und
seinem alten Freunde Dr. Lorenz Zellweger in Trogen schrieb er kurz
darauf, er werde von jenem Tag an eine neue Epoche seines Lebens rechnen. Klopstocks Altersgenosse Dr. Hans Kaspar Hirzel (geboren 1725,
gestorben 1803 als Ratsherr und Oberstadtarzt in Zürich), der einige

Jahre zuvor das nördliche Deutschland bereist hatte, fand in einem Briefe an Gleim vom 25. August 1750 nicht Worte genug, um das „unendliche Vergnügen" würdig zu schildern, das „der unvergleichliche Klopstock" ihm und seinen Freunden bereite. „Wer hätte jemals in dem ernsthaften Messiasdichter einen so liebenswürdigen, scherzenden Jüngling zu finden verhofft, dessen artige Seele sich auf dem heitern Gesicht und in der muntern Stellung so lebhaft zeiget, daß es ihm alle Mädchenherzen sogleich gewinnt?" In seiner Entzückung verfertigte Hirzel, an Klopstocks Ode 'An Bodmer' anknüpfend, eine Anzahl ungelenker Herameter auf die erste Begegnung des Dichters der Messiade mit dem des 'Noah'. Ganz Zürich war in Bewegung. Jedermann wollte den gefeierten Gast sehen, jedermann seine Zuneigung gewinnen. Gemeinsam mit Hirzel umdrängten ihn mehrere jüngere Freunde; aufrichtig erfreuten sich seiner Bodmers und Breitingers ältere Gesinnungsgenossen. Klopstock teilte sich geradezu, wie Hirzel schrieb, „unter scherzhafte jugendliche Freunde und ernsthafte alte". Sulzer und Schuldheiß reisten bald, nachdem sie in Zürich angekommen, nach Winterthur ab. Acht Tage darauf folgte Klopstock mit Bodmer, Breitinger und Heß ihnen nach. Mit dem Diaconus Waser und Rector Künzli brachten sie fast anderthalb Wochen in Winterthur zu. An kleinen Ausflügen auf dem Züricher See, nach Luzern, Zug, Altstetten, Baden und andern Orten der Umgegend fehlte es auch sonst nicht. Berühmt vor allen übrigen wurde die erste Fahrt, die Klopstock, einer Einladung seiner neuen Freunde folgend, am 30. Juli auf dem Züricher See unternahm.

Umgeben von gleichaltrigen Freunden und Freundinnen, die ihm in herzlicher Verehrung und Liebe zugethan waren, sah er sich hier zum ersten Mal inmitten der großartigen Alpennatur, welche die Sonne des schönsten Sommertages heiter bestrahlte. Der Reiz des Außerordentlichen verklärte alle Begebnisse dieses fröhlichen Tages. Schon die Zusammensetzung der Gesellschaft aus gleichvielen jungen Männern und zum Teil unverheirateten Damen galt bei der strengen Sitte Zürichs, die den freieren Verkehr der beiden Geschlechter ängstlich beschränkte, für ein Wunder, das nur durch die Gegenwart eines so außerordentlichen Gastes bewirkt und gerechtfertigt werden konnte. In diesem Bewußtsein freuten sich alle Teilnehmer doppelt der durch die Seltenheit des Genusses erhöhten Lust, und Klopstock ward auch hier ein rechter Führer zur Freude. Wohl las er auf Verlangen schwermütige Bruchstücke aus der Messiade seinen andächtigen Zuhörern vor; aber wenn etwa im Gefolge davon der Ernst oder gar die

Rührung bei ihnen überhand nehmen wollte, sorgte er rasch durch einen Scherz, eine Neckerei, durch den Vortrag Anakreontischer Oden von Schmidt und muntrer Lieder von Hagedorn dafür, daß der ursprüngliche Frohsinn zurückkehrte. Von Freude belebt, half er seiner Dame, Dr. Hirzels Gattin, Hallers allbekanntes Liebeslied 'An Doris' singen, oder sprang mit dem jüngsten Mädchen der Gesellschaft, der „fühlenden Schinzin", tändelnd durch den Wald am Seeufer, oder eroberte gar auf einer kleinen Insel von dem spröbesten der Mädchen einen Kuß. Und schrieb zwei Tage darauf selbst ziemlich das alles nicht ohne Absicht an den Vetter und die Cousine in Langensalza, gerade so, wie er es drei Wochen zuvor nach der Rückkehr von Magdeburg gethan hatte.

Die poetische Frucht des schönen Ausfluges war die Ode 'Der Zürcher See', welche Klopstock in den nächstfolgenden Tagen dichtete und mit der gleichfalls in Winterthur entstandenen Ode 'An Bodmer' zu Zürich drucken ließ. Er wollte darin weder bloß nach der herkömmlichen Manier der Gelegenheitsdichter die landschaftlichen Reize des Alpensees noch seine Fahrt auf demselben schildern. Beides deutete er an; beides diente ihm aber nur als Ausgangspunkt für weitere, höhere Betrachtungen. Denn von der Betrachtung vermochte sich seine Poesie noch nicht loszureißen, wenn sie auch die träge Beschreibung zu vermeiden wußte. Die heitere Naturanschauung zusammen mit der Erinnerung an die vergnügten Stunden, welche der erste Anlaß des Gedichts waren, wirkte zwar erfrischend auf die Darstellung; aber das Empfinden des Sängers kam noch nicht zum unmittelbaren, freien, naturgemäßen Ausdruck: auch diese Ode sprach nur die Reflexion des Dichters über sein Empfinden aus. Im übrigen war sie — gleich Klopstocks ersten lyrischen Versuchen, nur gehaltvoller, reifer, edler — ein stolzes Preislied auf die Freundschaft, deren Glück süßer ist als die schöpferische Pracht der Natur, als der begeisternde Hauch der Freude, als die Lust des Weines, ja selbst als des Dichters unsterblicher Nachruhm.

Wie harmlos das Vergnügen aber auch war, das die Fahrt auf dem See den jugendlichen Freunden gewährte, die Damen schreckte Klopstocks Übermut zum Teil zurück. Vollends zu dem griesgrämigen Ernst des älteren Bodmer paßte es schlecht, und dem Klatsch im steifehrsamen Zürich bot es gleichfalls Stoff. Hier fand man bald noch mehr Anlaß, sich über Klopstock zu ärgern. Einen „eingefleischten Seraph", wie er in einem Brief an Bodmer einmal genannt wird, hatte man erwartet. Ihm wollte man Muße und Ruhe zu seiner künstlerischen Arbeit verschaffen, ihm gern alle sanften Ergötzungen bereiten, vor Trinkgelagen, Mahlzeiten und dergleichen „brausenden" Vergnügungen ihn aber sorgsam bewahren. Nun war ein jugendlich munterer, mitunter auch jugendlich ausgelassener Mensch gekommen; der zwar keinen unehrenhaften oder unsittlichen, aber manchen burschikos tollen Streich begieng, gern mit fröhlichen Genossen beisammen war, scherzte und trank und lieber mit jungen Mädchen tändelte als mit alten Gelehrten disputierte. Namentlich das letztere, daß es dem Dichter nicht ausschließlich oder doch vorzüglich im Umgang mit reiferen Männern wohl behagte, verdachte Bodmer ihm schwer. Auch daß die Dichtung des 'Messias' nicht rascher fortschreiten wollte, daß Klopstock nicht fleißig und regelmäßig wie ein Handwerker arbeitete, war eine bittere Enttäuschung für den schreibefertigen Züricher Professor. Noch mehr verstimmte es ihn, daß sein Gast in allen diesen Sachen auf seine Andeutungen, Wünsche und Mahnreden wenig Rücksicht nahm. Solch ein Betragen konnte er nur als Hochmut und Undank auslegen.

Gewiß war auch Klopstock nicht frei von Schuld. Was er früher brieflich versprochen hatte, daß seine körperliche Gegenwart in Bodmers Hause fast unmerklich sein solle, das hielt er nicht. Zu Bodmers Verdruß rauchte er, gieng spät zu Bett (oft, wenn er den Abend nicht zu Hause verbrachte, sogar erst nach Mitternacht) und stand noch später auf. Allein das alles rechtfertigt Bodmers Vorgehen nicht. Engsinnig tadelte er nicht nur im Gespräch die Verse zum Lob des Weines in der Ode auf die Seefahrt, sondern parodierte das Gedicht sogar, so daß Wieland sich noch nach anderthalb Jahren deßhalb zum Verteidiger Klopstocks aufwerfen mußte. Er verfaßte für seine nächsten Freunde eine Ode auf das weltliche Treiben seines Gastes und erlaubte sich auch sonst bissige Spöttereien über ihn, die selbst von seinen Vertrauten als unedel getadelt wurden. Er verlangte mißtrauisch in einer Klopstock beleidigenden Weise auf einmal eine neue, förmliche Quittung über die vor Monaten bereits entlehnte Summe und forderte kurz darauf im September mit plötzlichem Ungestüm das Geld selbst zurück. Klopstock hatte bisher alles mit Ruhe, das Meiste mit Stillschweigen hingenommen. Auch die Heimzahlung seiner Schuld begleitete er (am 19. September) mit einem geschäftsmäßig kurzen und kühlen, aber höflichen Briefe. Als Bodmer jedoch ihm die auf den Tag ausgerechneten Zinsen zurückschickte, sandte sie Klopstock erbittert auf's neue, nun zugleich mit einem Briefe, der nach seinem eignen Geständnis „in zu starken, aber nicht in unwürdigen Ausdrücken" abgefaßt war[1]). Für Bodmer bildete dieses „unsinnige" Schreiben ebenso wie „die Kunst zu saufen", deren er ihn bei aller Zechlust mäßigen Dichter beschuldigte, von nun an eine der vornehmsten Anklagen, die er gegen Klopstock schleuderte. Nicht minder empört ward er durch das Verhältnis, in welches sein Gast zu Hart-mann Rahn, einem jungen Züricher Kaufmanne, trat.

Er war nur wenige Jahre älter als Klopstock. In seinem Wesen vereinigten sich verschiedene Eigenschaften, die einander auszuschließen schienen. Sein stutzerhaftes Äußere reizte die Lachlust des Pöbels, und selbst vernünftigen Leuten kam er im ersten Augenblick oft wie ein Halb-verrückter vor, wenn er seine absonderlichen Einfälle unverfroren überall auskramte; die Freunde aber fanden Tiefsinn darin und schätzten seinen redlichen Charakter, sein schwärmerisch-empfindendes Herz, seinen kritisch gebildeten Sinn, der bei aller Vorliebe für die Franzosen und ihre Litera-tur doch auch den Wert der neu erblühenden deutschen Dichtung vollauf zu würdigen verstand. Er war einer der ersten gewesen, die den nord-deutschen Ankömmling begeistert begrüßt hatten. An der Fahrt auf dem Züricher See hatte er sich nicht nur beteiligt, sondern auch im Auftrag seiner Genossen den Dichter dazu brieflich eingeladen. Bald gieng er in seiner Freundschaft gegen Klopstock noch weiter. Er hatte etwa vor Jah-resfrist eine neue Art, auf weiße Seide farbige Muster zu drucken, erfunden und versprach sich davon, besonders im Handel nach Spanien, viel Gewinn. Diesen war er bereit mit Klopstock zu teilen, ohne daß der Dichter zu einer materiellen Gegenleistung verpflichtet sein sollte. Nur seinen Rat wollte Rahn bei neuen Zeichnungsentwürfen oder bei allgemeinen geschäftlichen Fragen nutzen. Klopstock, in der Hoffnung, daß sein Werben um Fanny dadurch erfolgreicher werde, nahm das uneigennützige Anerbieten an — ein Schritt, den Bodmer als niederträchtig verdammte — und verlegte vorläufig am 3. September seine Wohnung zu Rahn, in die „hohe Farb", sobald er sich entschloß, nicht bloß bis zur Michaelismesse, wie er früher gedacht hatte, sondern den Winter hindurch in Zürich zu bleiben. Rahn streckte ihm ohne Zweifel auch die Summe vor, die er Bodmern schuldete.

---

[1]) Dieses Urteil entspricht der Wahrheit. Der Brief, ebenfalls vom 19. Sep-tember datiert, ist abschriftlich in Bodmers Nachlaß erhalten. Der Anfang davon findet sich bei Lappenberg S. 54 gedruckt.

Mit diesem traf Klopstock jetzt immer seltner zusammen. Die Zwischenträger hatten viel freieres Spiel als zuvor. Und Bodmer bediente sich ohne Scheu der klatschenden Zungen. Er selbst verkläfterte seinen ehemaligen Gaft bei einheimischen und auswärtigen Freunden. Urteile über gemeinsame Züricher Bekannte, die Klopstock ihm früher arglos anvertraut hatte, teilte er böswillig denen mit, die dadurch getroffen wurden. Es gelang ihm auch auf diese Weise, einige von Klopstocks jüngeren Freunden in Zürich, wie z. B. Dr. Hirzel und Werdmüller, die schon auf Rahn eifersüchtig waren, ganz auf seine Seite zu ziehen, ja sogar zu Aufpassern und Spionen zu gewinnen. Aber nicht zufrieden, daß die Geschichte durch ihn und seinen Anhang in Zürich zum Stadtgespräch wurde, trug er auch Sorge, sie durch Briefe den auswärtigen Freunden bekannt zu machen und in ein für Klopstock möglichst nachteiliges Licht zu stellen. So wußte er Waser und Künzli in Winterthur, Zellweger in Trogen dem Dichter zu entfremden. Auch Sulzer, der bereits wieder nach Norddeutschland zurückgekehrt war, erfuhr von dem Zwift und trat, während Schuldheiß sich im Glauben an Klopstock nicht irre machen ließ, entschiedner als einer der übrigen auf Bodmers Seite. Er war nunmehr geneigt, in dem Dichter des 'Messias' nur einen Phantasten zu sehen, und sorgte gelegentlich nach Kräften dafür, daß die Kunde von dem Züricher Skandal noch weiter verbreitet wurde. Als der Zwift schon wieder beigelegt war, berichtete er noch an Hagedorn darüber. Vorher hatte er den ganzen Verlauf der Sache, wie er ihn kannte, Ramlern entdeckt, den Magdeburger Bekannten mitgeteilt, auch an Gleim mehrmals in gehässigem Tone geschrieben. Der Versuch freilich, diesen Freund von Klopstock abzuziehen, schlug gründlich fehl.

Während so Bodmer und sein Schildgenosse alle Welt wider seinen Gegner voreinzunehmen trachtete, verschmähte Klopstock diese kleinen Mittel und stand allein für sich. Er bewährte sich durchaus als edelmütigen Feind, während er Bodmern die Fähigkeit, ein solcher zu sein, in diesem Falle mit Fug absprechen durfte. Die Züricher Freunde, die sich nicht von ihm losgesagt hatten, gieng er um ihren Rat und Beistand an; auch an Heß in dem nahen Altstetten, der vermittelnd zwischen den Parteien stand, wandte er sich deßhalb. Aber in seinen Briefen nach Norddeutschland verschwieg er vorläufig die ganze Sache. Noch zu Ende Octobers wußten weder seine Eltern noch Gleim ein Wort von dem Zwift. Nur aus der veränderten Adresse schloß der Vater, daß etwas geschehen sein

müsse, was seinen Sohn bestimmte, Bodmers Haus zu verlassen. Er
kannte die Welt hinlänglich, um sich zu sagen, daß die Freundschaft in
Briefen etwas anderes sei als im täglichen Umgang; jedoch von den Vorgängen in Zürich ahnte er nicht das Mindeste. Ja noch um die Mitte
Decembers konnte Gleim der Wahrheit gemäß an Sulzer schreiben, Klopstock habe sich weder gegen ihn noch gegen seine Eltern über sein Zerwür-
nis mit Bodmer ausgelassen, eben so wenig gegen Cramer oder Schmidt.
Auch Schlegel, Ebert, Gärtner erfuhren unmittelbar von ihm nichts
darüber. Es war dies den alten Freunden gegenüber auch gar nicht
nötig; auch ohne daß Klopstock ein Wort schrieb, um sich zu verteidigen,
waren sie von seiner Unschuld felsenfest überzeugt. Namentlich Schmidt
war empört, daß sein Vetter, „der seinem Herzen nach mir ein Engel
war“, vor der „verleumberischen Anklage einer Niedrigkeit“ nicht sicher
stand. An Gleim schrieb er im Januar 1751, als er erfuhr, wie leidenschaftlich sich Sulzer für Bodmer gegen Klopstock erklärte: „Zehen Jahre,
die ich mit diesem letztern in dem allerengesten und vertrautesten Umgange
zugebracht, und tausend Proben seines durchaus edlen Herzens, die ich
sogar zu meinem eigenen Nachteile anführen könnte, und meine Überzeugung, auch nicht den allerentferntesten Schatten einer Niedrigkeit, ja
sogar nicht einmal den Schein davon bei ihm angetroffen zu haben, haben
meine Hochachtung vor ihn so festgesetzt, daß ich allen den guten Begriff,
den Sie, mein Gleim, von mir haben, und die Achtung aller rechtschaffenen Leute verloren haben will, wenn bei der Entwickelung dieser uns jetzt
noch dunkeln Geschichte ein einziger Flecken in seinem Herzen angetroffen
wird.“ Der Annahme Gleims, daß ein bloßes Mißverständnis die Ursache des Zwistes sei, widersprach Schmidt auf das lebhafteste. Klopstock
würde es, schon aus Dankbarkeit für Bodmers früheres Wohlwollen, nicht
zum Ausbruch haben kommen lassen, wenn er nicht töblich beleidigt worden
wäre. „Klopstock ist überdem auch gar nicht fähig, einen Groll länger
als einen Tag zu hegen, und er bricht mit niemanden, als wen er verach-
tet; er ist aber viel zu menschlich, jemanden zu verachten, als bis ihn bloß
allein die Niedertracht des andern dazu zwingt.“ Die verschiedenartigsten
Vermutungen über die Ursache des Zerwürfnisses kamen den norddeutschen
Freunden in den Sinn. Die Braunschweiger Studiengenossen, welche
von Anfang an gegen die Reise nach Zürich gewesen waren, meinten, Bodmer habe wohl gar „eine dienstliche Beihilfe an seinen kritischen Schriften“
von Klopstock verlangt. Gleim mutmaßte, Klopstocks „Ungeneigtheit,

seine enthusiasmos von Bodmern demonstrieren zu lassen", sei einer von den Zankäpfeln gewesen. Damit war Schmidt einverstanden. Er erklärte sich sonach Klopstocks Widerwillen gegen Bodmers Gesellschaft hauptsächlich aus dem Umstande, daß Bodmers Lust zu kritisieren oft zu weit gehe, während es Klopstocks Art niemals gewesen sei, etwas mehr als seine Meinung schlechtweg zu sagen. Scharfsinnig erkannte er aber auch darin eine Haupturfache der Entzweiung, daß Klopstock von Bodmer viel zu edel und groß gedacht habe, um seine Dankbarkeit gegen ihn äußerlich recht an den Tag zu legen, während Bodmer „nicht delicat genug" gewesen sei, um dieses Benehmen zu verstehen und zu würdigen.

Allein nicht bloß die näheren Freunde der beiden erfuhren von dem Zwist. Züricher Kaufleute brachten (wie Sulzer, sich selbst vom Verdachte zu entlasten, schrieb) die Kunde davon nach Leipzig, und nun eilte das Gerücht durch ganz Deutschland. Wie an den dichterischen Werken der beiden Männer, so nahm man in den literarischen Kreisen auch an ihrem persönlichen Verhältnis allgemein Anteil. „Ich habe Nachricht aus Leipzig", schrieb Sulzer am 19. Februar 1751 an Breitinger, „daß Gottsched sich darüber sehr lustig soll gemacht haben."

Inzwischen lebte Klopstock im Umgang mit Rahn und den übrigen treu gebliebnen Freunden ganz ruhig wie früher fort. Seit dem 19. September, da er seine Schuld heimzahlte, verkehrte er gar nicht mehr, weder mündlich noch schriftlich, mit Bodmer. Als dieser in seinem feindseligen Gebahren nicht einhielt, entschloß sich Klopstock, alles auf Eine Karte zu setzen, und schrieb im December 1750 mit edlem Stolz und männlichem Freimut einen ausführlichen Brief an ihn. In aller Ruhe, aber auch mit aller Entschiedenheit hielt er ihm sein Verfahren Schritt für Schritt vor. Nirgends entschuldigte er sich, nirgends gab er nach. Objectiv und nüchtern erzählte er vielmehr nur den ganzen Verlauf der Sache. Allerdings rechtfertigte er so, ohne ein Wort für sich oder gegen Bodmer hinzuzufügen, sein eignes Benehmen am besten, klagte so am herbsten die Machinationen an, die sein Gegner versucht hatte. Aber nachdem er siegreich seine Unschuld erwiesen und rücksichtslos Bodmers Ränke aufgedeckt hatte, bot er eben so ruhig und bestimmt mit würdigen, doch keineswegs überschwänglichen Worten die Hand zur Versöhnung. Alles dies aber that er, wie er mehrmals nachdrücklich hervorhob, nicht um seiner Person willen, sondern damit nicht der sittliche Nutzen des 'Messias' unter den Folgen ihres Zwistes leide.

Ehe Klopstock diesen Brief absandte, mögen ihm doch Zweifel aufgestiegen sein, ob er seinen Zweck, sich mit Bodmer zu versöhnen, dadurch
erreichen werde. Er erbat sich daher erst Breitingers Rat. Nach genaue-
ster Einsicht in das Schreiben erklärte dieser, er fürchte, daß dasselbe die
Versöhnung ganz unmöglich machen werde. Da Klopstock glaubte, er
dürfe dieses Urteil gewissermaßen für Bodmers eignes halten, so schickte
er den Brief nicht an den letzteren ab. Gleichwohl erhielt Bodmer auf
irgend eine Weise Kenntnis davon; denn er beklagte sich gegen Weihnachten ausdrücklich bei Heß über die unverantwortlichen Vorstellungen in
Klopstocks Brief an ihn.

Jetzt hielt sich aber auch Klopstock für berechtigt, sich gegen seine
nächsten Vertrauten in Deutschland offen auszusprechen. Er sandte darum
den für Bodmer bestimmten Brief am 13. Januar 1751 an seine Eltern
mit der Bitte, ihn unter dem Siegel des Geheimnisses den Freunden Cramer, Gleim und Schlegel zu zeigen. Diese drei sollten entscheiden, ob
das Schreiben auch an Gärtner, Ebert, Giseke und Jerusalem zu schicken
sei; Gisekes und Eberts Ansicht hinwiederum sollte maßgebend dafür sein,
ob man auch Hagedorn sogleich in's Vertrauen ziehen dürfe. Der Vater
Klopstocks war leidenschaftlich empört über den „Schurken" Bodmer, als
er den genauen Hergang des Streites erfuhr. Gemeinsam mit den Freunden in Queblinburg und Halberstadt bestand er nunmehr auf schleuniger
Rückkehr seines Sohnes. Im ersten Zorne wollte er sogar aus den vorhandenen Briefen einen Auszug machen und diesen „mit einem derb-juristi-
schen Sendschreiben" begleiten, so daß es allenfalls „den unsinnigen Trieb
und Kitzel des Drucks von dem Theon in der Schweiz ausstehen" könne.
Von diesem Gedanken brachten ihn offenbar die ruhiger urteilenden Freunde
bald ab; doch überdauerte sein Groll auf den hämischen Züricher noch mehrere Jahre.

Aber Klopstock sollte nicht als Feind Bodmers von der Schweiz scheiden. Von verschiedenen Seiten ward er gedrängt, sich mit dem Gegner
zu versöhnen. In diesem Sinn antwortete Sack nach längerer Pause auf
einen Brief des Dichters aus dem December; in dieser Weise war schon
im November ein gewisser Ott, besonders aber Heß und Breitinger thätig.
Letzterer, der (nach Ramlers und Kleists Briefen an Gleim zu schließen)
zuerst beigetragen hatte, den Zwist zu verschärfen, brachte es endlich dahin,
daß Klopstock am Abend des 7. Februar Bodmer wieder besuchte. Beide
waren ziemlich verlegen und berührten den Streit gar nicht, so gern auch

Bodmer seinem Gast eine Strafpredigt gehalten hätte. Vielmehr gaben sie sich Mühe, freundlich, ja herzlich gegen einander zu sein. Klopstock sprach von seiner nahen Abreise, seinen Aussichten in Dänemark. Seinen „grausamen" Brief aber verlangte er nicht zurück, wie Bodmer und selbst Heß bestimmt vorausgesetzt hatte. Mit den jungen Freunden, die von ihm zu Bodmer abgefallen waren, sich zu versöhnen, machte er keine Anstalt. Auch von Heß wollte er jetzt nichts mehr wissen. Er sprach noch einige Male bei Bodmer vor und nahm endlich zärtlich und liebreich von ihm Abschied. Er meinte die Versöhnung wirklich ernst. Vollends als er aus Zürich schied, war in seiner Seele aller Groll auf Bodmer erloschen. Den Briefwechsel mit ihm nahm er alsbald wieder auf und setzte ihn noch lange fort, später freilich mit großen, mehrjährigen Pausen. Über den Zwist, der ihm manche Stunde in Zürich verbittert hatte, wünschte er sich zwar brieflich mit Bodmer noch einmal gründlich auszusprechen, um die Aussöhnung vollständig zu machen; mit andern jedoch redete er in der Folge nicht mehr davon, sondern gedachte seines Aufenthaltes und seiner Freunde daselbst, wie überhaupt des Schweizer Volkes stets nur mit Worten der Liebe und Freude. Zwar glaubten einzelne Züricher noch nach Jahren gegen ihre Bekannten in Deutschland die Unschuld Bodmers versichern zu müssen, wie denn z. B. Hirzel 1759 in einem Brief an Gleim den ganzen Zwist als die weder von Klopstock noch von Bodmer verschuldete Folge einer verworrenen Kette von kleinen Ränken hinstellen wollte. Sie fürchteten wohl, die norddeutschen Freunde möchten den widrigen Eindruck der Geschichte noch nicht verwunden haben. Klopstock selbst aber ließ das Vergangene vergessen sein.

Bodmer brauchte längere Zeit, bis auch er diese kluge Großmut üben lernte. Doch mäßigte er jetzt selbst den nächsten Vertrauten gegenüber seine Klagen über die Enttäuschung, die ihm Klopstocks Besuch gebracht hatte. Auch damals, als ihm der leidenschaftliche Unwille über den unheiligen, allzu weltlichen Wandel des Messiassängers seine Briefe dictierte, als er den Menschen Klopstock klein und gemein fand und sich nicht scheute, ihn einen „dissipierten Don Quixote" zu schelten, auch damals hatte er für den Dichter nur Worte der Bewunderung gehabt. Er hatte über Klopstocks „ungewöhnlichen Hochmut" geklagt, wie er alle Ehre, allen Ruhm, alles Glück als eine Sache, die man ihm schuldig sei, hinnehme, wie er bei dem höchsten Lob nicht erröte, aber alsbald dazu bemerkt, daß ihm dieser Hochmut nicht übel stehe, so lang er nur dichterisch in den Oden ausgedrückt sei. Kaum hatte er sich über die geringe Belesenheit seines Gastes beschwert, der weder Englisch noch Italienisch kenne und sich schier vor der Gelehrsamkeit wie vor der Pedanterei selbst fürchte, so hatte er dagegen rühmend versichert: „Mosen und die Propheten versteht er vollkommen. Zu denselben hat er seine Poesie formiert. Seine Imagination ist in der höchsten Stärke. Er hat sein Sujet völlig in seiner Gewalt. Er hat den Plan bis auf die kleinsten Teile ausgedacht .... Er weiß von der kleinsten Dichtung, von der geringsten Ausbildung die richtigste Antwort zu geben. Alles ist in der besten Proportion angeordnet; das Bessere ist allemal dem Guten vorgezogen. Seine Erfindungen sind einnehmend, wunderbar ...... Fünfzig oder sechzig Verse sind alles, was er bis dahin [sc. in Zürich] am ‘Messias’ gearbeitet hat. Aber dieses Wenige ist vortrefflich, heilig und himmlisch ...... Im übrigen ist er von dem Schöpfer wie ausgeschaffen, die Messiade zu schreiben. Das ist seine Bestimmung, und er ist dem Werk gänzlich gewachsen. Er ist ganz in der andern Welt, die in der Messiade liegt, zu Hause." So bewahrte Bodmer seine lebhafte Teilnahme denn auch künftig und in der Ferne dem „lieben Freund, der die teure Messiade singt", und obgleich er die späteren Gesänge nicht mehr mit demselben Enthusiasmus wie den Anfang begrüßte, freute er sich doch von ganzem Herzen, als ihm 1773 auf Klopstocks Wunsch durch den Verleger der Schluß des Werkes, den er nicht mehr zu erleben geglaubt hatte, zugesendet wurde. In dem kurz vor seinem Tode verfaßten Gedicht ‘Bodmer nicht verkannt’ gedachte er nicht mit begeisterten, aber mit durchaus freundlichen Worten seines Verhältnisses zu Klopstock:

> „Klopstock riß sich von Fanny, in Bodmers Arme zu fallen,
> Riß von Bodmer sich weg, in Bernstorffs Arme zu fallen.
> Bernstorff schafft' ihm die Ruhe, die sanfte, sorglose Muße,
> Daß er Gottes Geheimnisse sänge, das Blut der Versöhnung."

Um die Mitte des August 1750 traf in Zürich Bernstorffs Schreiben ein, daß König Friedrich V. von Dänemark dem jugendlichen Dichter zur Vollendung der Messiade ein Jahresgehalt von vierhundert Reichsthalern bewilligt habe, auch die Kosten der Reise nach Kopenhagen vergüten werde. Dort erwarte man ihn noch vor dem Anfang des Winters. In den ersten Augenblicken entzückt von diesem Zeichen königlicher Gnade, empfand Klopstock, je länger er die Sache erwog, desto schmerzlicher den Gedanken der Trennung von den Freunden im Vaterlande. Er betrachtete zwar nicht wie damals noch viele in Deutschland Dänemark als ein kaltes Land

ganz nahe am Nordpol, in welchem lauter Dummköpfe wohnten[1]); allein
die weite Entfernung erregte ihm jetzt doch einiges Bedenken. So ließ er
faſt drei Wochen vergehn, bis er auf Bernſtorffs Brief antwortete. Noch
hoffte er, daß er nur ſelten ſich in Kopenhagen ſelbſt werde aufhalten
müſſen. Zur Michaelismeſſe wollte er in Leipzig ſein, um von da mit
den hamburgiſchen Handelsleuten nach Hamburg und weiter nach Kopenhagen zu reiſen. Bald aber beſtimmte ihn ſeine kaufmänniſche Verbindung
mit Rahn, ſeinen Plan zu ändern und die Reiſe nach Dänemark erſt auf
das nächſte Frühjahr zu verſchieben. Von dieſem Entſchluß brachten ihn
weder Bodmers und Breitingers eindringliche Mahnreden ab, noch neue
Briefe aus Dänemark, die er über Quedlinburg, jedoch ſchon zu ſpät im
October erhielt, als daß er die Reiſe noch zur See hätte zurücklegen können. Die Verhandlungen mit Bernſtorff ſcheinen ſich durch einen großen
Teil des Winters hingezogen zu haben, bis endlich Klopſtock officiell und
definitiv den Ruf nach Kopenhagen annahm[2]). Mit ſich ſelbſt war
er aber ohne Zweifel ſchon viel eher darüber einig, daß ihm in ſolch hol-
der Weiſe das Glück kaum noch ein zweites Mal lächeln werde. An all
die andern Zukunftspläne wurde nicht mehr gedacht, ſobald Bernſtorffs
Schreiben eingelaufen war. Sack gab ſeinen berliniſchen Entwurf ſofort
auf; die Verſuche der Züricher Freunde, den Dichter etwa durch eine
reiche Heirat und durch die Ausſicht auf Erlangung des Schweizer Bür-
gerrechts in ihrer Mitte feſtzuhalten, ſchienen jetzt noch erfolgloſer
als zuvor.

Auch bei ſeinen poetiſchen Arbeiten richtete Klopſtock ſein Augenmerk
jetzt feſt auf Kopenhagen. Die fünf erſten Geſänge des 'Meſſias', die er
in Zürich zur Herausgabe auf Oſtern 1751 fertig ſtellte, ſollten dem
däniſchen Könige gewidmet werden. Gegen Ende des Jahres 1750 dichtete
er „auf gnädiges Anerinnern eines der Anſehnlichſten" (wohl Bernſtorffs),
wie ſein Vater damals an Gleim ſchrieb, die Ode 'Friedrich V.', welche
die neue Ausgabe der Meſſiade eröffnen ſollte. Von den herkömmlichen

---

[1]) Selbſt Kleiſt war in dieſem Vorurteile befangen, vgl. ſeinen Brief an
Gleim vom 16. Auguſt 1750.

[2]) Nach Sacks Brief vom 5. Januar 1751 war dies zu Anfang des December 1750 noch nicht geſchehen. Die Briefe des Vaters Klopſtock an Gleim machen
es wahrſcheinlich, daß der Dichter erſt im Januar ſich endgültig über das Anerbieten Bernſtorffs entſchied.

Dedicationen im Curialstil war diese Zueignung ganz und gar verschieden. Fünfundzwanzig Jahre später äußerte Klopstock in einer charakteristischen Ode laut seine Freude darüber, daß er nie durch höfisches Lob die heilige Dichtkunst entweiht habe. Nur mit zitternder Hand habe er die Saite gerührt von Daniens Friedrich. Er war vollkommen berechtigt, dies von sich zu rühmen. Gleich die erste Ode an Friedrich V. war bezeichnend dafür. Klopstock entwarf in ihr sein Idealbild eines Fürsten: den Ruhm des Eroberers verschmäht der Edle, aber Menschenfreund, Vater des Vaterlandes ist er, gläubiger Christ und Beschützer der Dichtkunst; mit andern Worten, in vielen Stücken steht er im vollständigen Gegensatz zu dem preußischen Friedrich. Erst in den letzten Versen des Gedichtes wandte sich Klopstock von dieser allgemeinen Darstellung zu dem dänischen Monarchen insbesondere, aber auch hier ohne höfische Schmeichelei mit kurzen Worten, welche zunächst zwar die frohe Gewißheit ausdrückten, daß Friedrich V. einer jener wahrhaft edlen Könige sei, eben so gut aber auch als eine Ermahnung gelten konnten, daß er stets demselben hohen Ideale nachstreben möge[1]. Gleichwohl fürchtete der Vater des Dichters, sein Sohn habe sich vielleicht in den Strophen, in welchen er auf sein persönliches Verhältnis zu Friedrich V. anspielte, „gegen die Hämischen nicht vorsichtig genug verwahret".

Noch in der Schweiz schrieb Klopstock auch den knappen Vorbericht zu dieser Ode, dessen wenige, aber wuchtige Worte allerdings den Leser in den Stand setzten, „noch vieles zu diesem kurzen Vorberichte hinzuzudenken", in ihrer stolzen Ruhe die schneidendste Satire auf die Gleichgültigkeit der deutschen Fürsten gegen deutsche Kunst. Nur Lessing wagte es (in seiner ungemein beifälligen Besprechung der Ode im ,Neuesten aus dem Reiche des Witzes'), demselben bittren Gefühle eben so stolz Ausdruck zu verleihen.

Am Morgen des 14. Februar 1751 reiste Klopstock mit Rahn und Keller, einem jungen Geistlichen, von Zürich ab. Hier war er, wie er selbst bekannte, zum ersten Mal in die Welt gekommen, nachdem er zuvor nur auf Schulen gewesen. Die Fahrt in der rauhen Jahreszeit erforderte

---

[1] Der Anfang der Ode klingt leise an dieselbe Ode des Horaz (IV, 3) an, welcher schon ,Der Lehrling der Griechen' nachgebildet worden war. Aber auch nur der Anfang (vgl. Herder in den ,Fragmenten über die neuere deutsche Literatur', Suphans Ausgabe I, 467).

allerlei Vorsichtsmaßregeln, deren es vor sieben Monaten nicht bedurft hatte. Mit warmen Pelzen für die kalten Winternächte und guten Pistolen war man ausreichend versehen. Ein wohlbewaffneter Bedienter, der früher Soldat gewesen war, begleitete die drei Freunde. Sie reisten auch wieder die Nächte hindurch; dann gieng ein „Kerl" mit einer Fackel dem Wagen voraus. Unter diesen Umständen konnte sich natürlich der heitere Humor vom vorigen Sommer auf der Rückfahrt nicht einstellen. Ernst und trüb, wie teilweise die Erinnerung an Zürich war, scheint die Heim- reise sich Klopstocks Sinnen dargestellt zu haben. Ermutigend und erfreu- lich wirkte vor allem die Hoffnung, seine Eltern und Freunde in der Heimat bald wiederzusehen, und der Gedanke an die Zukunft, die sich in Kopenhagen für ihn aufthat.

Gleich in den ersten Tagen der Reise drängte es ihn, diesem Gedanken lyrisch Ausdruck zu geben. Zwischen Schaffhausen und der schwäbischen Grenze schrieb er die zweite, an Bernstoff und Moltke gerichtete Ode mit dem Titel 'Friedrich V.', auch sie dem Preis des Dänenkönigs gewidmet. Jetzt, da es sich um ein Gedicht handelte, das nicht dem Monarchen selbst vor Augen kommen sollte, jetzt durfte Klopstock ohne Furcht, daß man ihn der Schmeichelei bezichtige, lauter und offner „des vollen Herzens Empfin- dung" aussprechen. Wieder lobte er Friedrich V., indem er ihn ver- gleichend neben seinen größten Zeitgenossen stellte, den christlich gläubigen König von Dänemark, „Scandinaviens Stolz", „der Menschlichkeit Ehre", neben den Freigeist Friedrich II. von Preußen, dem — nach einer damals vielfach erzählten, von Klopstock mit Schmerz und Schauder vernommenen Anekdote — sogar die Bitte seines sterbenden Freundes Jordan, sich zum Glauben zu bekehren, nur eine spöttische Bemerkung entlockt hatte.

Ein sechstägiger Aufenthalt zu Hildburghausen unterbrach die winter- liche Fahrt in angenehmer Weise. Der dortige Herzog Ernst Friedrich III. Karl (1745—1780) war seit dem October 1749 mit Prinzessin Luise von Dänemark, König Friedrichs V. einziger Schwester (gestorben 1756), ver- mählt. Klopstock wurde von ihr auf das freundlichste aufgenommen. An seine Cousine schrieb er bald darnach, das „königliche Mädchen" habe ihm so wohl gefallen, daß er an ihr beinahe ein Bißchen Fanny gefunden hätte.

Die Liebe zu Fanny selbst, die in der Schweiz nach Klopstocks eignem Bekenntnis in die versteckten Winkel seines Herzens entflohen war, brach, sobald er sich der Heimat näherte, wieder mit voller Gewalt hervor. Und mit ihr zugleich alle Schmerzen der Liebe. Seit einem halben Jahre hatte

er auf keinen seiner Briefe weder von Fanny noch von ihrem Bruder eine
Antwort bekommen. Die Ungewißheit über den Grund dieser Vernach-
lässigung drückte so schwer auf sein Gemüt, daß es ihm nicht möglich war,
Langensalza oder auch nur Erfurt, das er einst von Langensalza aus zu-
sammen mit Fanny mehrere Male besucht hatte, wiederzusehen. Auf der
letzten Station vor Erfurt bestach er den Postmeister, daß er in dunkler
Mitternacht wider seine Vorschrift sechs Meilen auf Weimar zufuhr. In
Leipzig und Halle verweilte er zu kurzem Besuche bei den alten Freunden.
Am 6. März Morgens befand er sich wieder im elterlichen Hause zu
Queblinburg.

Cramer, jetzt Oberhofprediger daselbst, und Gleim waren ziemlich
die einzigen von den alten Freunden, mit denen er während des kurzen
Aufenthaltes daheim eifrigen Verkehr pflog. Leider war Gleim gerade
durch Sitzungen des Generalcapitels zu Halberstadt im freien Gebrauche
seiner Zeit mannigfach beschränkt. Gleichwohl verabredete Klopstock mit
ihm, als endlich ein Brief von Schmidt einlief, einen Ausflug nach Langensalza. Allein da erhielt er ein neues Schreiben von Bernstorff, das bereits
nach Hannover adressiert war, und nun galt es ungesäumten Aufbruch
nach Kopenhagen. Die Fahrt nach Langensalza mußte er aufgeben, so
schwer ihm auch dieser Entschluß wurde; eben so wenig durfte er den
Bitten Gleims um Aufschub der Abreise Gehör schenken. Am 23. März
in der Frühe verließ er Queblinburg, tief ergriffen durch den Abschied von
den Seinen, namentlich von der greisen Großmutter. Einen ganzen Tag
verweilte er unterwegs in Halberstadt. Desgleichen machte er bei den
Braunschweiger Freunden, zu denen nunmehr auch Giseke gehörte, einige
Zeit Rast. In gespannter Erwartung sah er vor allem den Tagen entgegen, die er sich in Hamburg aufzuhalten gedachte. Hagedorn, den er
und seine jungen Freunde längst wie einen Vater verehrten, hoffte er dort
zum ersten Mal von Angesicht zu sehen. Aber er ahnte nicht, daß mit
seinem Eintritt in die alte Hansastadt ein neues, an reinem und wahrem
Glück reiches Leben für ihn beginnen sollte.

Zweites Buch.

In Dänemark.

I.

Neue Liebe, neues Leben.

1751—1754.

Klopstock durfte hoffen, in Hamburg nicht bloß bei Hagedorn freundlich aufgenommen zu werden. Sein Gedicht hatte in der geistig und gerade literarisch regsamen Handelsstadt von Anfang an warme Teilnahme erweckt, war wiederholt und meist beifällig in den kritischen Zeitschriften besprochen worden und hatte in den verschiednen Ständen begeisterte Leser und Leserinnen gefunden. Auf eine der letzteren war Klopstock in Braunschweig durch den gemeinschaftlichen Freund Giseke aufmerksam gemacht worden.

Meta Moller, eigentlich Margareta Möller geheißen, die jüngste Tochter des geachteten Hamburger Kaufmanns Peter Möller (1682—1735), war durch einen sonderbaren Zufall zur Lectüre des 'Messias' geführt worden. Sie fand bei einer Freundin Blätter aus den ersten Gesängen zu Haarwickeln verwendet. Während diese Freundin die fremdartigen Verse leichthin für unverständliches, dummes Zeug erklärte, war Meta sogleich davon tief gerührt und innig begeistert. Giseke nannte ihr Klopstocks Namen und erzählte ihr von seinem Wesen und Leben. Mit ihm wechselte sie kritische Briefe über die Messiade. Ihn bat sie, ihre Bekanntschaft mit dem bewunderten Dichter zu vermitteln. Giseke konnte diesen Wunsch leicht erfüllen. Er wußte, wie empfänglich sein „kleiner Klopstock" für die Liebenswürdigkeit jugendlicher Verehrerinnen sei. Er reizte daher die Neugier des Freundes, indem er ihm einige jener brieflichen Kritiken zeigte, und gab ihm ein Empfehlungsschreiben an Meta mit. Und Klopstock verfehlte nicht, bald nach seiner Ankunft in Hamburg dasselbe abzugeben (am 4. April 1751). Hagedorn hatte er nicht gleich sprechen können; so

ließ er sich indessen bei „der Mollern" melden. Es war noch ziemlich früh
am Tage; Meta und ihre Schwester Elisabeth Schmidt, bei welcher sie
nach der zweiten Heirat ihrer Mutter wohnte, waren deßhalb noch nicht
darnach gekleidet oder frisiert, um den Besuch eines Fremden zu
empfangen[1]). Die Schwester ließ sich daher auch nicht blicken; Meta
jedoch wollte in ihrer Freude von keinem-Verzuge wissen. Auch hoffte sie,
der seraphische Sänger werde diese kleinlich-irdischen Dinge übersehen.
Rasch ordnete sie notdürftig ihren Anzug, um Klopstock sofort anzunehmen.

Gleich das erste Beisammensein verband die Herzen auf immer.
Meta liebte den Dichter schon, seitdem sie sein Werk kannte. In ihren
Gedanken hatte sie bereits allerlei Tugenden und Vorzüge ihm beigelegt.
Zugleich aber hatten sie Gisekes Mitteilungen davor bewahrt, daß sie sich
eine idealistisch überspannte, der Wirklichkeit geradezu widersprechende
Vorstellung von dem jungen Dichter machte. Durch die persönliche Begegnung wurde somit in ihr kein schönes Traumbild zerstört, vielmehr ihr
Ahnen erfüllt, ja übertroffen. „Ich muß bekennen", schrieb sie nach Jahren
an Richardson, „daß, so große Vorstellungen ich mir auch von seinen Vorzügen machte, so hatte ich mir nimmer einen so liebenswürdigen Jüngling
gedacht, als ich fand." Ähnlich schrieb Klopstock über den Eindruck, den
Meta auf ihn machte, wenige Wochen später an Gleim: „Dieses Mädchen
ist im eigentlichsten Verstande so liebenswürdig und so voller Reize, daß
ich mich bisweilen kaum enthalten konnte, ihr insgeheim denjenigen Namen
zu geben, der mir der teuerste auf der Welt ist."

Es waren weniger äußere Vorzüge, durch welche Meta das Herz
des Dichters so bald gewann. Am 16. März 1728 geboren, war sie
nahezu drei volle Jahre älter als Fanny. Auch war sie nicht schön, jedenfalls nicht entfernt so schön wie Fanny. Das einzige Portrait Metas,
das sich im Besitz der Familie von Winthem erhalten hat, ein Brustbild
von Balthasar Denners Schüler Dominicus van der Smissen in Öl gemalt, von Fleischmann in Kupfer gestochen[2]), ist zwar ohne Zweifel ver-

---

[1]) K. Frd. Cramers ('Klopstock; er und über ihn' III, 8) ausschmückende
Erzählung, sie seien eben beschäftigt gewesen, Wäsche zu bügeln, erregt kritische
Bedenken. Meta selbst berichtet in ihren gleichzeitigen, ausführlichen Briefen nichts
davon; überdies war der 4. April 1751 ein Sonntag.

[2]) Jetzt leicht zugänglich in Hamels biographischer Einleitung zu den Werken
Klopstocks, S. LXXVII (in Kürschners 'Deutscher Nationalliteratur', Band 46).

zeichnet, so daß alle verticalen Dimensionen zu groß erscheinen. Aber auch, wenn man dies zugibt, so macht gleichwohl die immerhin sehr hohe Stirne Metas, die wegen des senkrecht empor gekämmten vollen Haares noch höher aussieht und dazu fast gar nicht gewölbt ist, wie überhaupt die gerablinige Regelmäßigkeit vieler Teile ihres Gesichts einen unschönen, beinahe steifen Eindruck. Andrerseits gewinnen ihre Züge, wenn man sie länger betrachtet. Unverkennbar drückt sich dann eine gutmütige Heiterkeit in ihnen aus, und in den großen, klaren Augen möchte man sogar fast etwas von Metas geistiger Begabung lesen, von der ihr Bild sonst nicht das Mindeste verrät. Und doch war dieselbe nicht gering. Ein hervorragendes selbständiges Talent zwar besaß sie nicht; aber sie hatte einen hellen Verstand, einen aufgeweckten, natürlich-frischen Sinn für alle geistig bedeutsamen Fragen und viele Kenntnisse und Geschmack in wissenschaftlichen und künstlerisch-literarischen Sachen. Sie war einfach und häuslich erzogen; mit Recht rühmte sie Klopstock noch in einem Briefe von 1767 als vortreffliche Hausfrau. Sie war nichts weniger als ein gelehrtes Frauenzimmer; aber die höhere Bildung in fremden Sprachen, in der einheimischen und den ausländischen Literaturen, über welche die sorgfältiger erzogenen Damen einer großen Stadt und zumal einer für den Weltverkehr so bedeutenden Handelsstadt wie Hamburg verfügten, war ihr im vollsten Maße eigen. Sie verstand Französisch, Italienisch und Englisch sehr gut; ja sie wußte sogar so viel Latein, daß sie Klopstock folgen konnte, wenn er ihr Verse des Horaz oder Virgil erklärte. Sie konnte mühelos in englischer Sprache mit Richardson einen Briefwechsel unterhalten, der diesem Schriftsteller aufrichtige Freude machte. Auch mit der Philosophie war sie nicht unbekannt. Sehr unterrichtet war sie in den schönen Wissenschaften; an den literarischen Ereignissen in Deutschland nahm sie lebhaften Anteil. Dieses Interesse an Poesie wurde durch die Freundschaft Gisekes und den persönlichen Verkehr Hagedorns im Haus ihrer Schwester stets von neuem genährt und gesteigert.

Noch mehr aber als ihre geistigen Anlagen und Kenntnisse nahmen die Vorzüge ihres Gemüts Klopstock ein. Gegen Bodmer[1]) wußte er nicht

---

[1]) Von Klopstocks (noch ungedruckten) Briefen aus Dänemark an Bodmer, deren Kenntnis ich Michael Bernays verdanke, schildert der dritte (vom 12. December 1752) ungemein charakteristisch Metas Wesen sowie die seelische Entwicklung des Dichters, der sich von Fanny allmählich abkehrte und der neuen Liebe zuwandte.

genug ihre „süßen Weiblichkeiten" zu rühmen, die er auch Grazien nennen könnte, wenn nicht der Grazien bloß drei wären.   Wie lebhaft und bis zu einem Anfluge von Neckerei munter auch Meta war, welche Empfindsamkeit, die oft an Schwärmerei streifte, war doch ein Grundzug ihres Wesens. Innige, unverstellte Herzensgüte, die bescheiden auch nicht den leisesten Schein von Coquetterie kannte, zeichnete sie vor den meisten Mädchen, die unserm Dichter bisher begegnet waren, auch vor Fanny aus.   Wie sie überhaupt keineswegs am Irdischen oder gar am Materiellen hieng, so war sie vornehmlich von selbstischen Beweggründen oder Zwecken völlig frei.   Dagegen war ihre liebevolle Rücksicht auf ihre Mitmenschen, ihre thätige Teilnahme an fremdem Unglück oder Schmerz unbegrenzt.   Auch Klopstock wurde besonders von der herzlichen Wärme gerührt, mit welcher sie sich um die Geschicke seines Lebens bekümmerte. Von seiner hoffnungslosen Liebe zu Fanny hatte Meta durch Giseke und Hagedorn schon allerlei erfahren; anderes mochte das Gerücht ihr darüber zugetragen haben. Jetzt erzählte der Dichter auch selbst ihr viel von seiner melancholischen Geschichte.   Schmerzlich bewegt hörte sie ihm zu; mit Thränen unterbrach sie ihn.   „Dieses Mädchen", schrieb er bald darnach an Gleim, „litt so viel, so unaussprechlich viel, und sie war doch diejenige nicht, um derentwillen ich so viel gelitten habe.   Was muß sie für ein Herz haben!"

Der Eindruck, den Klopstock von Meta empfieng, war zu tief, als daß er noch an anderes hätte denken können. Ihr Bild erfüllte seine ganze Seele.   Nur drei Tage verweilte er in Hamburg; die widmete er aber ihr ganz und gar.   Er kam früh am Morgen und gieng erst spät des Abends; er las ihr Briefe von Giseke, Stücke aus dem 'Messias' und mehrere seiner Oden vor und raubte ihr zum Lohn dafür einen Kuß um den andern, und dabei wurden sie schnell „ganz ernsthaft Freunde". Hagedorn, den er nach Metas eignem Zeugnis damals „erstaunlich lieb" hatte, wurde darüber ziemlich vernachlässigt. Zwar sah er ihn mehrmals, auch bei einem größeren Gastmahle, welches Metas Schwester dem berühmten Fremden zu Ehren veranstaltete.   Allein auch hier suchte er vor allem Metas Nähe und Gespräch.   Immer fester schloß sich, ohne daß es mit Worten ausgesprochen oder nur angedeutet wurde, der Bund der Herzen. Noch mochte Klopstock neckend sagen, eine Frühlingsliebe, d. h. eine Liebe, die höchstens einen ganzen Frühling daure, sei recht nach seinem Geschmack.   Aber das flatterhafte Getändel mit Mädchen, das er sich noch vor kurzem in Zürich, unbeschadet seiner Liebe zu Fanny, erlaubt hatte, unterließ er jetzt voll-

ftändig, fobald er Meta kennen gelernt hatte. Er gewann dadurch unge-
mein an Stetigkeit und männlicher Reife. Und nicht weniger trug zur
Feftigung feines Charakters der innere Kampf bei, den er in den nächften
Wochen auszufechten hatte.

Als Klopftock am 7. April 1751 nach ernftem Abfchied von Meta
Hamburg verlaffen hatte, fühlte er fich unglücklicher als je zuvor. Er
hatte in Gedanken die neue Freundin mit feiner Coufine verglichen, und
da hatte fich „eine dunkle Nacht" vor feine Augen gezogen. Er felbft
deutete fich die Urfache feiner Unzufriedenheit kaum richtig. Er meinte
nur, Meta habe ihn durch ihr fanftes Mitleid auf eine fo ftarke Art an
feine alte Traurigkeit erinnert, daß er nun fein Unglück auf's neue in feinem ganzen Umfange fühle. Daß feiner Liebe zu Fanny von feiner
Freundfchaft mit Meta irgend eine Gefahr drohe, wollte er fich nicht ein-
geftehen. Und doch war in der That der Zweifel in Klopftocks Seele
bereits zu voller Kraft erftarkt. Er fühlte, daß er Meta liebte; er fah,
wie fehr fie ihn wieder liebte: all fein Denken und Wollen vereinigte fich
in dem Wunfche, fie die Seinige nennen zu dürfen. Aber fein fittliches
Empfinden fträubte fich dagegen. Er glaubte fich Fanny gegenüber gebunden; er war auch in feinem Innern fich noch nicht klar geworden, ob er
fie oder Meta mehr liebe. Und fo lange noch in ihm ein Fünkchen Hoffnung glühte, daß Fanny ihn erhören werde, vermochte er fich von dem
Gedanken an ihren Befitz nicht loszureißen. Darum wollte er jetzt vor
allem diefe Frage endgültig entfchieden wiffen. An Gleim fchrieb er:
„Geben Sie mir Nachrichten, fie feien von welcher Art fie wollen! Ich
hoffe auf keine guten." Gleim entfchloß fich, gegen die Mitte des Juni
felbft nach Langenfalza zu fahren, um der Sache auf den Grund zu kommen. Mit banger Ungeduld fah Klopftock dem Erfolg der Reife entgegen.
Bei dem Gedanken, daß nun der Freund an feiner Stelle bei der Geliebten weilen werde, ftiegen ihm alle alten Erinnerungen an die Zeit, die er
in Fannys Nähe verbracht hatte, wieder auf, und von ihnen verklärt,
erfchien ihm ihr Bild, das feit den Hamburger Tagen fich bereits zu ver-
dunkeln begonnen hatte, wieder im alten, beftrickend hellen Glanze.

In diefem Zuftande beftätigte ihn auch die Befchäftigung, der er fich
jetzt hingab. Von Schmidt hatte er einen großen Teil der Briefe, die er
einft an ihn gefchrieben, zurückerhalten. Diefe fchrieb er nun nebft
Schmidts Antworten, weil fie faft unleferlich geworden waren, ab, damit
er die traurige Gefchichte feines Herzens bisweilen mit Einem Blick über-

sehen könne. So viele Schmerzen und Thränen ihm aber auch diese Arbeit
erpreßte: daß Klopstock sie unternahm, war doch schon ein Beweis dafür,
daß er seine Liebe zu Fanny jetzt mit ganz anderen Augen betrachtete. Er
sammelte gleichsam als Historiker die Documente über eine nunmehr abgeschlossene Periode seines Lebens. Er gieng so immer mehr zu einer objec-
tiven Auffassung seiner Vergangenheit über. An die Stelle der Leidenschaft
trat, von ihm selbst unbemerkt, für den unparteiischen Beobachter aber
immer deutlicher, die Reflexion über die frühere Liebe.

Auch in den Briefen, die er jetzt noch an seine Cousine schrieb, ließ
sich dies wahrnehmen. Nach langer Pause und auf wiederholtes Drängen
hatte Fanny, die es ihm schwer zu verargen schien, daß er Langensalza
auf der Schweizer Reise nicht besucht hatte, endlich im April sich zu einem
anmutig tändelnden, dem Liebhaber jedoch nichts sagenden Briefe herbeigelassen. Klopstock bemühte sich, auf diesen Ton einzugehn, der doch dem
leidenschaftlichen Ernste seines Empfindens gar nicht entsprach. Allein er
hatte eben Gleims Anerbieten erhalten, hoffte von seiner Vermittlung das
Beste und wollte selbst durch keinen Mißgriff ihren Erfolg von vorn herein
zweifelhafter machen. Nun reiste Gleim nach Langensalza. Aber Woche
auf Woche vergieng, ohne daß Klopstock trotz aller Bitten und Mahnungen
von ihm eine Nachricht erhielt. Er verstand das Schweigen des treuen
Freundes, der ihn durch die böse Kunde nicht betrüben wollte, recht gut.
„Ich weiß, daß Fanny mich nicht liebt", schrieb er schon am 13. Juli an
Gleim. Wenn er diesen dennoch um Auskunft anflehte, so geschah dies
kaum weniger, um seinen männlichen Stolz als um seine Herzensleiden-
schaft zu befriedigen. Er wollte wissen, ob er seine große Liebe ganz un-
nütz verschwendet habe, oder ob Fanny wenigstens seine Freundin in dem
Grabe sein wolle, wie er es für so viele Liebe verlangen könne. Alles
lag ihm daran, sicher zu erfahren, ob sie ein Herz wie er habe, mit andern
Worten, ob sie überhaupt warmer Empfindung fähig, ob sie seiner Zuneigung würdig gewesen sei. Indem er so über seine Liebe und über die
einstige Geliebte mancherlei Reflexionen anstellte, wurde er von der Leidenschaft immer freier. Als Fanny selbst noch vor Gleim an ihn schrieb und
im halben Bewußtsein ihres Unrechts bat, sie nicht ungehört zu verdam-
men, wenn Gleim, wie er gedroht habe, sie bei dem Vetter verklagen
würde, da konnte ihr dieser (am 14. September) unter anderm bereits
erwidern, ihr Brief habe ihn zu merkwürdig großen Gedanken angeregt.
Er habe seiner Bestimmung auf dieser Welt nachgesonnen: „Sie war,

vielen die Menschlichkeit desjenigen, der eurer ganzen Nachahmung und
Anbetung würdig ist, zu zeigen. Dein Herz", habe er zu sich selbst gesagt,
„mußte hierzu völlig entwickelt werden. Wehmut und Thränen mußten
dieses thun und dich völlig ausbilden. Und wenn du zugleich hierbei zeig-
test, daß dir tiefe Unterwerfung und Anbetung teurer sei als eine Glückseligkeit, deren Dauer dir so unbekannt war, so ist Lohn für dich da.
Steh' hier und frage nicht weiter! Es ist jenseit dem Grabe viel Seligkeit,
und in den ewigen Hütten wohnet die Liebe viel himmlischer, als du sie
empfunden hast. Geh' nun und bete an, des Lohns wert zu sein!" Als
Christ sah er also jetzt schon in seiner unglücklichen Liebe eine göttliche
Prüfung seiner Frömmigkeit; als Dichter betrachtete er sie wie eine notwendige seelische Erfahrung, deren bildender Einfluß für den Künstler von
hohem Werte sei. Aber die eine wie die andere Auffassungsweise setzte
voraus, daß die Zeit der lebendigen Leidenschaft bei ihm vorüber war.
So nahm er denn auch Gleims Brief, der ihm ein paar Tage darauf die
lang erwartete bittre Nachricht brachte, ruhig und nur mit stiller Traurigkeit auf.

Aber gleichwohl schien er der alten Fesseln noch nicht ganz ledig zu
sein. Bald flüsterte ihm Eitelkeit oder Selbsttäuschung den Gedanken zu,
daß Fannys Nein weniger in einem Mangel an Liebe begründet als durch
äußerlich zwingende Umstände veranlaßt sein möchte[1]). Bald wünschte er,
daß er sie niemals gesehen, nie ihren Namen gehört hätte; so könnte doch
sein Herz noch durch Liebe glücklich werden, so könnte er vielleicht eine
andere lieben. „Aber das kann ich nun nicht." Das heißt, die vielen
schönen Mädchen Kopenhagens machten, wie er klagte, gar keinen Eindruck
auf ihn; der Grund davon war aber nicht der Schmerz über den Verlust
Fannys, wie er sich und den Freunden in der Heimat gern eingeredet
hätte, sondern das Gefühl, daß er bereits die andere, daß er Meta liebe.
Es dauerte nicht lange, so war aus dem unbestimmten Gefühl beseligende
Gewißheit geworden. Und nun im frohen Bewußtsein der neuen, durchaus nicht mehr hoffnungslosen Liebe warf Klopstock endlich die letzten
Bande ab, die ihn an Fanny knüpften. Sie hatte sogar auf einige Briefe,

---

[1]) In der That soll Schmidt später einem Freunde anvertraut haben, daß
er die Heirat seiner Schwester mit Klopstock wegen der unsichern Einnahme des
letzteren hintertrieben habe (Böttigers Angabe im 'Archiv für Literaturgeschichte'
III, 262).

in denen nur von Freundschaft die Rede war, nicht geantwortet; desglei=
chen bewahrte ihr Bruder seit Monaten trotz allen Bitten ein für Klopstock
befremdliches, ja ihn verletzendes Stillschweigen: so brach denn auch dieser
endlich den Verkehr mit den Verwandten in Langensalza ab. Er brauchte
lange, bis er sich dazu entschloß, und er brachte sich nicht ohne schweren
Kampf dazu; nun aber, nachdem es geschehen (Frühling 1752), hatte er
auch ganz und gar aufgehört, traurig zu sein: er grübelte der ganzen
Sache nicht weiter nach. Niemand war mit diesem Ausgang des Ver=
hältnisses zu Fanny zufriedner als Klopstocks Vater. Er hatte schon im
August 1751, als sein Sohn noch zu schwanken schien, den Halberstädter
Vertrauten inständig gebeten, daß er als wahrer Freund seinen „lieben
Friedrich", der den Gegenstand „wider das unbewegliche Naturrecht"
und allzu sehr „nach des alten Academici Ideen" betrachte, „herum=
lenken" helfe.

Fanny wurde für die verlornen Huldigungen ihres Dichters bald
und mehr nach ihrem Geschmack entschädigt. Am 26. Februar 1754 ver=
heiratete sie sich mit einem reichen Kaufmann und Fabrikbesitzer Johann
Justinus Streiber zu Eisenach. Hier war ihr vollauf Gelegenheit gebo=
ten, ihren männlich kräftigen, auf das praktische Leben gerichteten Sinn
zu bethätigen. Sie war bald die leitende Seele des Geschäftes, das ihr
Mann betrieb. In langjähriger, glücklicher Ehe gebar sie ihm mehrere
Kinder, die den Wohlstand und das Ansehen der Eltern erbten und mehr=
ten. Noch im hohen Alter wußte sie durch ihre körperliche Erscheinung
wie durch ihre geistige Energie allen, die sie kannten, zu imponieren.
Klopstock freute sich stets, wenn Freunde, die sie besucht hatten, ihm von
ihrem gewinnenden und zugleich Achtung gebietenden Wesen erzählten.
Die Liebe zu ihr war in seinem Herzen für immer gleichgültigeren, wenn
auch freundschaftlichen Gefühlen gewichen; allein so wenig er Fanny
jemals vergaß, so wenig konnte er den Mißerfolg seines Werbens um sie
jemals völlig verschmerzen. Noch im Alter, als er sich endlich entschloß,
die Oden, welche der Liebe zu Fanny entsprungen waren, in die Samm=
lung seiner Werke aufzunehmen, wünschte und hoffte er, jenen Mißerfolg
so deuten zu können, daß es ihm nur an Glück, doch nicht an Gegenliebe
gefehlt hätte. Er bat deßwegen brieflich seine Consine, ihm aufrichtig zu
sagen, was sie bereinst bei seinen Huldigungen empfunden habe. Allein
Fanny zog sich mit echt weiblicher Gewandtheit aus der Verlegenheit und
antwortete höflich=unbestimmt, fast ausweichend, keineswegs schwärmerisch

nach Klopstocks Sinn, wie es überschwängliche Verehrerinnen des greisen Dichters, eine Elise von der Recke und andere, erwartet haben mochten. Sie starb wenige Jahre vor ihrem Vetter, am 25. März 1799. —

In demselben Maße, wie während des ersten in Dänemark zuge= brachten Jahres Klopstocks Leidenschaft für Fanny nach und nach erkaltete, wuchs seine Liebe zu Meta. Mit schwerem Herzen hatten sich die beiden im April 1751 zu Hamburg getrennt. Aber wie Klopstock, so hielt auch Meta ihre Zuneigung zuerst aufrichtig für Freundschaft. Allerdings war diese Freundschaft von Anfang an mit einer Verehrung des Künstlers ge= paart, welche nahe an die Schwärmerei abgöttischer Liebe streifte. Einen Teller mit Zuckergebäck z. B., das Klopstock im Eifer des Gesprächs zer= bröckelt hatte, bewahrte Meta sorgfältig wie ein Heiligtum und teilte noch lange darnach nur den auserlesensten Freunden von den kostbaren Reli= quien mit. Aber sie gab es durchaus nicht zu, daß man deßhalb ihr Em= pfinden für Klopstock, auch nur im Scherze, Liebe nannte. Als gute Freundin hatte sie seine Briefe, die außerordentlich rasch und dicht auf einander folgten — er schrieb, ganz gegen seine sonstige Gewohnheit, ziemlich jede Woche zweimal —, eben so eifrig erwidert. Meta besaß eine eigne Gabe, Briefe zu schreiben. Der einfache, natürliche, ganz und gar ungekünstelte, dafür aber überaus frische, zutrauliche und innige Ton ihres Geplauders vermag auch noch den modernen Leser stets von neuem zu entzücken. Selbst das mächtige religiöse Pathos, welches mit der Zeit in ihre wie in Klopstocks Liebesbriefe einbrang, mutet uns, in dieser Weise mit naiver Zärtlichkeit gemischt, nicht fremd oder gar un= wahr an. Wie viel mehr mußten ihre herzlichen Zeilen den Liebhaber bezaubern! Er machte denn auch seine übrigen Correspondenzen oft kurz ab, nur um ihr ausführlich zu antworten.

Man hält mit seinen Gefühlen in Briefen gewöhnlich weniger zurück als im Gespräch. Auch Klopstock verschwieg der Freundin nicht, was er für sie zu empfinden begann, und indem er davon schrieb, steigerte sich, wie natürlich, seine Zärtlichkeit immer mehr. Zuerst bemerkte er dies kaum selbst; später jedoch wurde er sich über seine Neigung zu Meta ebenso wie über das allmähliche Erlöschen der Liebe zu Fanny klarer. Gegen das Ende des Jahres 1751 wußte er ganz gewiß, daß er Meta liebe; seit dem December glaubte er auch hoffen zu dürfen, daß seine Leidenschaft erwidert und seine Wünsche erhört werden würden, obwohl Meta noch immer ihr gegenseitiges Verhältnis nur als ein freundschaftliches betrachtet

wissen wollte. Zu Anfang des April 1752 gestand er wenigstens seinem
Gleim, wenn gleich noch in rätselhaft unbestimmten Worten, daß er ganz
und gar nicht mehr unglücklich und nicht mehr traurig sei. Aber noch
durfte er seinem Glücke nicht trauen, bis er (in den ersten Tagen des Juni
1752) zu Hamburg sich persönlich das Jawort der Geliebten geholt hatte.
Im Gefolge König Friedrichs V. hatte Klopstock den Boden des Festlandes
wieder betreten, sich sogleich aber von dem Hofstaate getrennt, um nach
Hamburg zu eilen und von da aus seine Heimat zu besuchen. Bei dem
freien und zugleich herzlichen Charakter seines Verhältnisses zu dem däni=
schen Königshause konnte er schon so bald und noch oft in der Folgezeit
einen in andern Fällen selten gewährten längeren Urlaub erhalten.

Ohne Titel und bestimmte Stellung am Hofe war Klopstock nach
Kopenhagen berufen worden. In den amtlichen Actenstücken aus den
ersten Jahren seines Aufenthaltes in Dänemark wurde er regelmäßig noch
als studiosus theologiae (zuerst 1751 gar als studiosus juris) bezeichnet.
Erst zu Anfang des Jahres 1763 wurde ihm der Titel eines dänischen
Legationsrates verliehen. Ausschließlich zu dem Zwecke, daß er den
'Messias' vollende, hatte ihm der König vom 1. Juli 1750 an das Jah=
resgehalt von vierhundert Thalern bewilligt, und obwohl Klopstock erst
mehrere Monate später den Antrag angenommen und mit der verlangten
Übersiedelung nach Kopenhagen trotz dem Drängen des dänischen Ministers
noch länger gezögert hatte, wurde ihm seine Pension doch vollständig von
dem angegebenen Tage an aus der königlichen Particulièrekasse ausgezahlt
(nicht in regelmäßig gleichen Fristen, oft mehrere Quartale zusammen,
immer postnumerando). Aus besonderer Gnade verlieh ihm Friedrich V.
an seinem Geburtstage (31. März) 1754 „til haus yderligere opmuntring
og bedre udkomme" eine jährliche Zulage von zweihundert Reichsthalern,
die aus der königlichen Chatoullekasse ausbezahlt wurden, bis 1771 unter
Struensees Ministerium beide Kassen vereinigt wurden. Nach einer Angabe
in den Acten des dänischen Reichsarchivs (Vorstellung des Finanzcollegiums
an den König vom 7. Juni 1803, abschriftlich aufbewahrt) bezog Klopstock
bei seinem Tod im ganzen sogar achthundert Thaler jährliches Gehalt[1].

---

[1] Auch die 'Gothaischen gelehrten Zeitungen' vom 5. October 1774 (Stück 79)
bestätigen diese Nachricht. Schon am 25. November 1757 hatte Klopstock dem
Professor Meier in Halle gemeldet, daß er seit kurzem eine neue Zulage von hun=
dert Ducaten erhalten habe. Aus spätern Briefen des Dichters scheint aber her=
vorzugehn, daß dies nur ein einmaliger, kein jährlicher Zuschuß war.

Obgleich er ohne Titel und Amt in die Hofkreise zu Kopenhagen eintrat (Mitte Aprils 1751), ward er überall in wohlwollendster und ehrenvollster Weise aufgenommen. Sein Dichterruhm ebnete ihm vielfach die Bahnen. Man fühlte sich damals in Dänemark mehr denn je darnach in socialer und vor allem in literarischer Hinsicht als zusammengehörig mit Deutschland. Der höhere Adel wie die bürgerliche Gesellschaft der Hauptstadt war stark mit deutschen Elementen vermischt. Deutsche Beamte, deutsche Prediger, deutsche Gelehrte fanden in Dänemark Anstellung und Unterhalt. Die deutsche Sprache galt im Privatverkehr wie im amtlichen Leben neben der dänischen. In Kopenhagen erschienen deutsche Wochenschriften, und obwohl es sich eben auf allen Gebieten der dänischen Literatur neu zu regen begann, obwohl Holberg, Falster, Tullin in rüstiger Kraft lebten und schufen, war ein deutscher Dichter, Johann Elias Schlegel, mehr als sie alle für die Errichtung eines nationalen Theaters in Kopenhagen thätig, und mit einem Vorspiel aus seiner Feder wurde am 18. December 1747 die neue Bühne eröffnet. Der deutschen Dichtkunst war in Kopenhagen eine freundliche Stätte bereitet. Schlegels persönliche Liebenswürdigkeit, sein verständiges Eingehen auf dänische Sprache, Sitten und Bedürfnisse, der fruchtbare Eifer, mit dem er sich dem Studium der dänischen Geschichte und Literatur hingab, endlich das gute Verhältnis, in dem er als Mensch wie als Schriftsteller zu Holberg stand, hatte bei den Dänen ein günstiges Vorurteil für deutsche Dichter erweckt. Dieses bestand noch in voller Kraft, als Klopstock anderthalb Jahre nach Schlegels frühem Tod in Kopenhagen eintraf. Auch der Verfasser der Messiade hat erfolgreich für die Pflege deutscher Dichtkunst und deutscher Dichter in Dänemark gewirkt; aber in Schlegels Fußstapfen trat er nicht. Er mehrte das Ansehen und den Einfluß der deutschen Literatur am Hof und bei dem höheren Adel; ihre Einbürgerung bei dem dänischen Volke beförderte er nicht.

An Land und Leuten fand Klopstock rasch Gefallen. Kopenhagen in seiner reizvollen Lage an dem von hundert Schiffen belebten Sund, noch mehr aber die zahlreichen Lustschlösser in der Umgegend mit ihren Gartenanlagen, Seen und Laubwäldern machten auf den Dichter den angenehmsten Eindruck. „Anmutig" beschrieb er seine neue Heimat den Eltern in Briefen, die uns großenteils nicht mehr erhalten sind. Auch das ruhige, maßvolle, nüchterne, züchtige Wesen der Dänen wird ihn, so weit er es kennen lernte, wohlthuend angesprochen haben. Mit dem eigentlichen Volke bürfte er jedoch gar nicht in nahe Berührung gekommen sein. Es scheint nicht, daß er der dänischen Sprache je vollkommen mächtig wurde, ja nicht einmal, daß er auf ihre Erlernung Fleiß verwandte[1]. Eben so wenig scheint er sich um Kenntnis der dänischen Geschichte und Literatur bemüht zu haben. Zu Holberg, der erst 1754 starb, trat er jedenfalls in kein näheres Verhältnis, suchte ihn vielleicht nicht einmal persönlich auf. Allerdings lebte Holberg von aller Gesellschaft abgeschlossen, und es war ungemein schwer, Zugang zu ihm zu erhalten. Selbst Schlegel war nur durch eine kleine List dazu gelangt. Überdies enthielt sich der dänische Dichter jeglichen Urteils über die Messiade. Fragte man ihn darnach, so erklärte er immer wieder, er verstehe das Gedicht nicht. Und Hagedorn meinte, das, was Holberg von der deutschen Dichtersprache gefaßt habe, reiche wirklich nicht hin, um alle Schönheiten des Klopstockischen Ausdrucks zu empfinden, während der Inhalt der Messiade den Dichter, der viele Jahre in England geweilt, kaum befremden dürfte. Allein Klopstock selbst legte auf Holbergs Beifall oder Mißfallen kein allzu großes Gewicht: schon ein flüchtiger Blick in sein eben damals vollendetes Lustspiel 'Plutus' überzeugte ihn zur Genüge, daß der berühmte Dramatiker merklich altere. Auch in der höheren dänischen Gesellschaft wurde Holberg keineswegs nach Gebühr geschätzt, sondern vornehmlich nur als Dichter für das niedere Volk betrachtet; der Hof wollte auch jetzt noch von seinen Stücken wenig wissen. Und die Kreise des Hofes waren es wenigstens in der ersten Zeit nahezu ausschließlich, wo Klopstock sich bewegte. Hier kam er mit der Kenntnis der deutschen und der französischen Sprache leicht durch. Unter dem Abel in der unmittelbaren Umgebung des Königs befanden sich mehrere ursprünglich deutsche Familien. Bernstorff selbst, Klopstocks großer Gönner, stammte aus einem deutschen, seit dem zwölften Jahrhundert in Mecklenburg ansässigen Geschlechte.

Johann Hartwig Ernst Freiherr von Bernstorff wurde am 13. Mai 1712 zu Hannover geboren, wo sein Vater Kammerherr, sein Großvater erster Staatsminister des Kurfürsten und nachmaligen englischen Königs Georg I. war. Hoch begabt und sorgfältig erzogen, trat er

---

[1] Auch der Anfang des Aufsatzes 'Von der Sprache der Poesie' im 'Nordischen Aufseher' 1758 beweist nichts gegen meine Behauptung, selbst wenn er mehr bedeuten sollte als ein Compliment für die dänischen Leser der Wochenschrift, das wir nicht streng wörtlich nehmen dürfen.

als jüngerer Sohn des Hauses 1732 in dänische Dienste und erwarb sich als Gesandter am sächsisch-polnischen Hofe, beim deutschen Reichstag und in Frankreich das volle Vertrauen und die höchste Zufriedenheit seines Monarchen. Als im April 1750 der dänische Minister des Äußeren, Graf Schulin, starb, berief ihn König Friedrich V. zu dessen Nachfolger. Allein erst nach Jahresfrist übernahm Bernstorff das Portefeuille Schulins, als ihn der Tod seines Jugendfreundes, des Prinzen von Wales, von dem Versprechen, dereinst ihm seine Dienste zu widmen, entbunden hatte. Er erwarb sich gleich große Verdienste um die äußere wie um die innere Politik seines neuen Vaterlands. Friedrich der Große pflegte ihn das Orakel von Dänemark zu nennen. Wie es ihm gelang, das Ansehen, die Macht und den Besitz dieses Reiches nach außen zu wahren und zu mehren, ohne daß es in das allgemeine Kriegsgetümmel, welches das übrige Europa erfüllte, mit fortgerissen wurde, so wirkte er nicht minder erfolgreich für das Wohl des Landes im Innern. Nach Kräften verbesserte er die öffentliche Gesundheitspflege und das öffentliche Armenwesen; die einheimische Industrie beförderte er, allerdings auf Kosten des auswärtigen Handels und mit ungeheurem Geldaufwand; den Wohlstand des Volkes hob er, indem er die Frohnlasten von dem Bauernstand ablöste; zugleich mehrte er die Bildung des Volkes durch die Sorgfalt, die er dem öffentlichen Schulwesen zuwandte. Um den ausgedehnten Bereich seiner Geschäfte zu umspannen, bedurfte es unermüdlichen Arbeitsfleißes und großer geistigen Schärfe und Schlagfertigkeit. Aber, was Bernstorff vielleicht noch mehr auszeichnete, war, daß er alles, wie Sturz[1]) sich ausdrückte, „aus der Fülle seines Geistes und Herzens" that. Strenge Sittlichkeit und echte Frömmigkeit bildeten den Grund seines gesammten Seins und Handelns. Aber sein sittlicher Ernst artete nie zum Trübsinn, seine Frömmigkeit nie zur Unduldsamkeit aus. Er war gütig und leutselig gegen jedermann, mildthätig ohne Grenzen, gegen Untergebene nachsichtig, vertrauensvoll, freundschaftlich-liebenswürdig, so daß man es als eine Wollust empfand, unter ihm zu dienen. Im Verkehr mit ihm fühlte man sich nicht durch seine Autorität und seine Talente, selbst nicht durch seine glänzende Beredsamkeit gedrückt oder eingeschüchtert, sondern zu freier, zagloser

---

[1]) Erinnerungen aus dem Leben des Grafen J. E. H. v. Bernstorff (Leipzig 1777), S. 94. Sturz braucht diesen Ausdruck allerdings in einem beschränkteren Sinne nur von den schriftlichen Ausarbeitungen Bernstorffs.

Entwicklung der eignen Individualität geradezu angeregt. Wissenschaft und Künste pflegte er persönlich eben so sehr, als er sie öffentlich unterstützte. Sein Geschmack war gründlich gebildet, sein Urteil reif und zuverlässig. Er liebte zwar die französische Sprache vornehmlich und war in der deutschen minder geübt, schrieb auch viel fließender und besser in der erstern als in der letztern; gleichwohl vermochte er auch die Vorzüge der besseren deutschen Literaturwerke vollkommen zu empfinden und zu würdigen.

Klopstock wurde, als er in Kopenhagen eintraf, von ihm mit achtungsvoller Zuvorkommenheit, ja mit freundschaftlichem Wohlwollen empfangen. Auf das innigste schloß er sich alsbald an Bernstorff an. Er speiste gewöhnlich einmal in der Woche bei ihm, besuchte fleißig seine Bibliothek, die ihm wegen ihrer schönen Ausgaben englischer Dichter wert war — hier begann er, „aus dem Young Englisch zu lernen" — und hielt sich auch in dem Cabinet des Ministers, welches an das Bibliothekszimmer anstieß, oftmals auf. Mit unbegrenzter Liebe und Verehrung sprach er von Bernstorff. Er nannte ihn seinen Freund — „Sie wissen", bemerkte dazu der Vater gegen Gleim, „was er diesem Charakter für einen Begriff gibt". An Giseke berichtete er gleich in seinem ersten Brief aus Kopenhagen, Bernstorff sei „recht im eigentlichen Verstande ein Kenner"; an Hagedorn ein paar Monate darauf, er verdiene noch viel mehr als nur Hochachtung, denn er sei in allem, was wissenswert ist, bis zum Tiefsinn und zur Ausübung gekommen. „Lieben Sie diesen großen Mann", schrieb er 1752 an Gleim; „er verdient es recht sehr. Welche Rechtschaffenheit in allen seinen Handlungen! Welch ein Verstand! Und welche angeborne Bescheidenheit bei diesem allen!" Seinem Vater gegenüber hatte er schon einige Monate vorher Bernstorff einen der größten Minister genannt, die je gelebt haben, und zugleich einen Mann von so viel Redlichkeit und wahrhaft gutem Geschmack, daß ein Colbert, ja selbst ein Lamoignon die Ausbildung der feinen Franzosen nötig hätten, um das zu scheinen, was Bernstorff wirklich sei, oder um durch jene Ausbildung das zu sein, was dieser durch sich selbst sei. Und als er ihm Bernstorffs ausgebreitete amtliche Thätigkeit schilderte, versicherte er rühmend: „Schulins Stelle ist durch ihn vielleicht noch mehr als ersetzt. Wiewohl das hier das größte Lob ist, das man einem Minister geben kann, wenn man ihn mit Schulin vergleicht. Und er war auch wirklich ein großer Mann." Klopstocks Verehrung für seinen ihm stets gleich herzlich zugethanen Gönner wurde im Laufe zweier Jahrzehnte, die er an seiner Seite verlebte, um nichts verringert. Noch wenige Jahre vor Bernstorffs Tode legte ihm der Dich-ter sein erstes vaterländisches Drama zur Prüfung vor, ehe er es in die Druckerei schickte[1]). Er feierte Bernstorffs Verdienst durch keine einzelne Ode, weil dies ein Böswilliger oder Unwissender als Schmeichelei ver-dächtigen konnte. Auch beim Tode des Grafen verstummte die Leier des tief trauernden Dichters. Doch ehrte er seinen großen Gönner auch öffent-lich, so hoch er es vermochte, indem er ihm die erste Sammlung seiner Oden 1771 widmete. Klopstock übertrug seine Zuneigung mit derselben Wärme auf die Gemahlin, mit der sich Bernstorff im December 1751 ver-heiratete, Charitas Emilie von Buchwald, Herrin von Borstel in Holstein (1733—1820). Das Lob, welches er ihr in einem Brief an Gleim erteilte, daß sie die Sévigné lese und verstehe, wird durch ihre in gewand-tem Stil geschriebenen, zugleich von Herzensgüte und echter Frömmigkeit zeugenden Briefe an Klopstock gerechtfertigt.

Das gleiche Gefühl dankbarer Liebe und Verehrung knüpfte ihn an Bernstorffs älteren Amtsgenossen, den Grafen Adam Gottlob von Moltke (1710—1792). Auch er stammte aus einem alten mecklenburgi-schen Adelsgeschlechte. Doch standen schon sein Vater und sein Großvater in dänischen Diensten. Er selbst war in Mecklenburg geboren, aber eben-falls frühzeitig nach Dänemark gekommen. Dort trat er als Kammerpage, später als Kammerjunker, endlich als Hofmarschall und Oberkämmerer in den Dienst des damaligen Kronprinzen Friedrich, der ihm seine persönliche Gunst mehr als irgend einem andern am Hofe zuwandte. Als Fried-rich V. den Thron bestiegen hatte, vermochte Moltke alles in Dänemark. Er wurde zum Oberhofmarschall und geheimen Rat, zum Vorsitzenden der westindischen und asiatischen Compagnie, zum Präses der Maleraka-demie, später auch der Ackerakademie und des Naturaliencabinets, zum Bankdirector und Mitglied des Oberschatzdirectoriums ernannt und hatte an allem, was sein König erstrebte und durchführte, großen Anteil, obgleich er erst 1763 in den geheimen Staatsrat eintrat. Von seinem Einfluß machte er den weisesten und wohlthätigsten Gebrauch. Er war sich bewußt, daß seine Talente und seine Bildung nicht ausreichten, um selbst als verantwortlicher Minister an der Leitung des Staates thätig zu sein; er begnügte sich deßhalb, dahin zu wirken, daß die rechten Männer

---

[1]) Sturz a. a. O. S. 65.

an diesen entscheidenden Posten gestellt wurden, und ihre Vorschläge beim
König kräftig zu unterstützen. Mit Bernstorff verband ihn die innigste
Freundschaft. Gleich ihm hatte er sich für Klopstocks Berufung ange-
legentlich bemüht und empfieng nun den jungen Dichter eben so freundlich,
ja freundschaftlich wie jener. Seinen poetischen Arbeiten widmete er die
aufmerksamste Teilnahme, ließ sich die neu vollendeten Gesänge des 'Messias' in der ersten Frühe des Morgens vom Verfasser ganz in Einem Zuge
vorlesen und gab durch die Art des Beifalls, womit er den erfreuten Dichter öfters unterbrach, zu erkennen, daß er das Werk „ganz verstand“.
Auch ihn pries Klopstock als seinen Freund; doch scheint sein Verhältnis
zu Moltke, so innig es auch gewesen sein mag, nie, wie das zu Bernstorff,
den Charakter familiärer Vertraulichkeit angenommen zu haben.

Öfters besuchte Klopstock einen Grafen Rantzau, den er wegen
seines außerordentlichen Geistreichtums und seiner Vorliebe für die Engländer rühmte [1]). Auch seine deutsche Abkunft mag ihn dem Dichter näher
gebracht haben — die Rantzaus gehörten dem ältesten holsteinischen, allerdings in Dänemark längst eingebürgerten Adel an. Sonst lernte Klopstock die übrigen Conseilsminister, Holstein, Berkentin und Dehn,
kennen und verkehrte hin und wieder bei den auswärtigen Diplomaten,
die beim dänischen Hofe bevollmächtigt waren. Er selbst nannte in Briefen an Gleim den kaiserlichen Gesandten, den jungen Grafen Franz
Xaver Wolf von Rosenberg (1723—1796), der den bestimmtesten
Geschmack an den Alten und an den Engländern habe, und den sächsischen
Gesandten, den schon um Elias Schlegel verdienten geheimen Kriegsrat
Ulrich von Spener, der ein braver und sehr geselliger Mann sei.
Auch von den Vertretern der übrigen europäischen Staaten kannte er den
einen und andern. Aber er war zu männlich stolz, um sich unterwürfig
in ihre Gesellschaft zu drängen. Zudem fühlte er sich in Folge seines
künstlerischen Wertes und Ruhmes als ebenbürtig den Männern des Ge-
burtsadels und wollte demnach als ein Gleichstehender von ihnen behan-

---

[1]) Nach der sonst nicht verbürgten, aber wahrscheinlich richtigen Angabe
Eduard Maria Öttingers (Geschichte des dänischen Hofes von Christian II. bis
Friedrich VII., Bd. V, S. 83 f.) war es ein Graf Otto, also wohl der dänische
Kammerherr und Stiftsamtmann auf Island und Faröer Otto Manderup von
Rantzau (1720—1768). In einem Brief an Bodmer nannte Klopstock sogar zwei
Grafen Rantzau als seine Gönner; nur beklagte er ihre geringen Kenntnisse im
Teutschen.

belt werden. Um dies zu erreichen, auch um die zur Arbeit an seinem
Gedicht nötige Zeit zu behalten, machte er es sich zum Grundsatz, Bekannt-
schaften unter der höheren Aristokratie vielmehr zu erwarten als zu suchen.
Er konnte das um so getroster, da er bei der Huld, durch welche der König
ihn auszeichnete, einer ehrenvollen Behandlung von allen Personen am
Hofe gewärtig sein durfte.

Friedrich V., geboren am 31. März 1723 zu Kopenhagen, wohl
begabt und trefflich erzogen, namentlich auch in Wissenschaften und Künsten gründlich gebildet, hatte schon als Kronprinz sich die allgemeine Zuneigung seines Volkes erworben. Denn während am Hofe seines Vaters
Christian VI. vorwiegend ausländischer (deutscher) Einfluß herrschte —
Friedrichs Mutter, eine brandenburgische Prinzessin, sprach weder dänisch
noch verstand sie es lange Zeit genügend —, bewies Friedrich, obwohl
auch er hauptsächlich deutsche Lehrer und Erzieher hatte, doch von früher
Jugend auf bei jeder Gelegenheit seine Vorliebe für die dänische Sprache
und für einheimische Sitte und Anschauung. Als er nach dem Tode seines
Vaters am 6. August 1746 den Thron bestieg, zog ein neuer Geist in das
dänische Hof- und Staatsleben ein. Die engherzige Bigotterie, welche
unter Christian VI. überall gewaltet hatte, verschwand. Wahre Religiosität wurde geehrt und gepflegt, aber auch unschuldigen Vergnügungen
ihr Recht zugestanden. Freiheit, Offenheit, Munterkeit, die lange ver-
bannten, kehrten zurück. Theater wurden wieder eröffnet, Künste und
Wissenschaften freigebig unterstützt, Aufklärung jeder Art befördert. Im
Gesetz- und Rechtswesen wurden mannigfache Verbesserungen erzielt.
Handel und Gewerbe im Lande suchte man zu heben, indem man fremden
Kaufleuten und Handwerkern, die sich in Dänemark niederließen, große
Vorteile gewährte. Ausländischer, französischer wie deutscher Geschmack
und ausländische Cultur wurde zwar noch immer am Hofe und bei dem
höheren Adel begünstigt; aber daneben geschah doch auch allerlei, um das
einheimische Volksleben zu kräftigen und zu veredeln. Vor allem aber
wurde der maßlose Abstand zwischen dem Königshaus und den Unterthanen möglichst verringert; der Hof, bisher außer einigen Adelsfamilien
fast jedem durchaus unzugänglich, schloß sich nicht nur nicht mehr ängstlich
vor dem Volke ab und gewährte auch Bürgerlichen den Zutritt, sondern
der König stieg aus freien Stücken selbst in die niedrigeren Kreise seiner
Unterthanen herab. Mit bezaubernder Leutseligkeit verkehrte er mit Bür-
gern und Bauern; seine milde Hand teilte reiche Wohlthaten an Arme

und Bedürftige aller Art aus. Dankbar schätzte aber auch sein Volk diese Herzensgüte. Wie ein Vater wurde Friedrich in Dänemark und Norwegen geliebt; den „Fiegode", den durchaus Guten, nannten ihn seine Unterthanen; ja sogar außer den Grenzen seines Reiches begrüßte ihn, wo er sich öffentlich zeigte, die schwärmerische Verehrung von Tausenden.

Auch Klopstock hieng mit unbegrenzter Verehrung und Liebe an Friedrich V. Noch bevor er ihn von Angesicht gesehen, hatte er ihn im Liede als Scandinaviens Stolz, als der Menschlichkeit Ehre, als einen jener Könige gerühmt, „die Nachahmer der Gottheit sind". Jetzt, nachdem er den unmittelbaren Zauber seiner Persönlichkeit kennen gelernt hatte, konnte er zwar keine voller tönenden Ausdrücke zu seinem Preise mehr aufwenden; aber man glaubt jetzt selbst einfacheren Worten die Kraft der Überzeugung deutlicher anzumerken. Den besten und menschlichsten Mann in Dänemark nannte er Friedrich in einem Brief an Fanny, und dasselbe Lob wiederholte er, nur emphatischer, in seinen Briefen an die übrigen Freunde und in mehreren Oden, auch noch nach dem Tode des innig verehrten Fürsten.

Von der persönlichen Liebenswürdigkeit Friedrichs V. empfieng allerdings Klopstock selber mannigfache Proben. Der König bewies ihm und seinem Werke, das er aufrichtig bewunderte, nicht bloß jederzeit vor Dritten seine Hochachtung, sondern unterhielt sich auch sonst gern und oft mit ihm, besprach sich Stunden lang mit ihm über seine (mitunter recht unpraktischen) Vorschläge, berief auf seinen Rat deutsche Kräfte an wichtige Stellen im Kirchen- und Schulwesen, nahm auch wohl ein freimütiges Wort, das grob gegen die Etiquette verstieß, mit lächelnder Milde auf. Seiner Freigebigkeit verdankte der Dichter bald den unentgeltlichen Druck einer Prachtausgabe der Messiade, bald größere oder kleinere Geschenke zum Bedarf des täglichen Lebens. So erhielt er z. B. noch, bevor er zur ersten Audienz zugelassen wurde, die ansehnliche Summe von hundert Ducaten zur Entschädigung der Reisekosten. Wenige Wochen nach Klopstocks Ankunft in Kopenhagen begab sich der Hof auf's Land nach dem nahen Schlosse Friedensburg (Fredensborg). Auf den Wunsch des Königs, bei dem sich Moltke ausdrücklich in diesem Sinne für den neuen Ankömmling verwandt hatte, brachte auch Klopstock den ganzen Sommer vom Mai an dort in ländlicher Ruhe zu, wenn ihn nicht Geschäfte auf ein paar Tage nach der Hauptstadt zurückriefen. In Friedensburg hatte er freien Aufenthalt, dazu die besondere Vergünstigung, seinen Weinbedarf aus dem königlichen Keller zu decken. Er machte von da aus der Königin Mutter Sophie Magdalene, geb. Markgräfin von Brandenburg-Kulmbach, welche unter der vorigen Regierung einen allgewaltigen Einfluß ausgeübt hatte, auf ihrem Landschlosse Hirschholm seine Aufwartung und wurde auch von ihr huldvoll aufgenommen. Im Genuß aller „Süßigkeit des Landlebens" giengen ihm zu Friedensburg unter poetischen Arbeiten die Sommertage hin. Größere Abschnitte des 'Messias' (aus dem Weltgerichte) wurden vollendet; eine Anzahl von Oden entstand. Unter ihnen das anmutige Gedicht 'Friedensburg', der Ausfluß einer heiter besänftigten Stimmung. Die reine, unmittelbare Naturempfindung vermißt man zwar auch hier ebenso wie die sinnliche, durch Handlung belebte Darstellung; aber mit der innigen Betrachtung der landschaftlichen Reize des Ortes verbindet der Dichter wenigstens eine äußerlich bewegte, liebevolle Schilderung des edlen Waltens seines Königs. Erst im October kehrte Klopstock nach Kopenhagen zurück, wo er nunmehr eine Wohnung auf Christianshavn in der Nähe des Schlosses bezog — zuerst hatte er in der Gothersgabe gewohnt. Nach Hamburg, wie er und seine dortigen Freunde zuerst gehofft hatten, kam er in diesem Jahre nicht mehr.

Bald darnach wurde die königliche Familie von einem schweren Schicksal heimgesucht. Am 19. December 1751 starb die junge Königin Luise (geboren am 18. December 1724), eine Tochter Georgs II. von England, im Wochenbette. Friedrich, seit dem November 1743 mit ihr vermählt, hatte sie auf das zärtlichste geliebt. Sein Schmerz über ihren Tod war so heftig, daß man auch für sein Leben fürchtete. Politische Beweggründe nötigten ihn zwar, sich bald, schon am 8. Juli 1752, wieder zu vermählen (mit der Prinzessin Juliane Marie, der Tochter des 1735 verstorbenen Herzogs Ferdinand Albrecht zu Braunschweig-Lüneburg-Bevern, die, 1729 geboren, ihn lange, bis 1796, überlebte); aber sein Herz blieb der ersten Liebe treu. Die neue Heirat machte ihn den Verlust Luisens nicht vergessen. Und im ganzen Lande begriff und teilte man seine Trauer. Das Volk hatte die schöne, leutselige, uneingeschränkt wohlthätige Fürstin, die sich vollkommen in das dänische Wesen und die dänischen Verhältnisse eingelebt hatte, nahezu vergöttert; der Arzt, unter dessen Händen sie verschieden war, entgieng in den ersten Tagen des wütenden Jammers kaum der Steinigung. Am 26. Januar 1752 wurde sie in der Gruft der dänischen Königsfamilie zu Roeskilde beigesetzt. Man erwartete allgemein von Klopstock, daß er als Dichter die Entschlafene

feire. Zwar hatte seine Stellung am dänischen Hofe mit dem Amt eines herkömmlichen Hofpoeten nichts gemein, und er sowohl wie seine Gönner in Kopenhagen vermieden alles, was eine derartig falsche Auffassung seines Verhältnisses zu Friedrich veranlassen konnte. Erklärte Bernstorff doch gleich dem
Ankömmling, es bleibe ihm völlig überlassen, ob er in seinen Gedichten bisweilen etwas vom Könige, Gutes oder Böses, sagen wolle oder nicht.
Diesmal aber erforderten mancherlei Rücksichten des Dankes und der Verehrung, daß Klopstock sein Schweigen brach. Auch die Stimme des eignen
Herzens trieb ihn dazu; denn auch er war innig an seiner Königin ge-
hangen, ihr Tod hatte auch ihn schmerzlich erschüttert. Gleichwohl zau-
derte er eine Zeit lang, ob er dem vereinten Rufe der Pflicht und Neigung
folgen solle; er fürchtete den Vorwurf der Schmeichelei. Bernstorff, den
er um Rat angieng, benahm ihm seinen Zweifel. So entstand die Ode
'An den König' (später 'Die Königin Luise' betitelt), welche sogleich
zu Kopenhagen mit dem Datum des Begräbnistages im Einzeldruck
erschien.

Das Gedicht erfüllte alle Ansprüche, die man im gegebenen Falle
machen konnte. Es deutete die Geistes- und Herzensvorzüge der Verstorbenen an, gab der Trauer ihrer Unterthanen einen lebhaften Ausdruck
und endigte mit Worten des Trostes für den König. Und bei all dem war
es von den gewöhnlichen Trauergedichten auf fürstliche Personen himmelweit verschieden. Gleich als ob er auch äußerlich den Gegensatz zu diesen
meist pomphaft-hohlen Reimereien hervorheben wollte, vermied Klopstock
hier jedes rednerische Pathos. Dem einfachen iambischen Versmaß entsprachen einfache Gedanken und einfache Worte. Vergeblich hätte man
nach einer prunkenden Aufzählung der Tugenden und edlen Thaten Luisens
gesucht; der Dichter sprach fast nur von ihrem frommen Todesmut ausführlicher. Ihren sonstigen Charakter ließ er nur ahnen, anstatt ihn zu
beschreiben; von dem Gang ihres Lebens sagte er kein Wort. Freilich
war auch Klopstocks Ode, wie regelmäßig die älteren Trauergedichte, im
epischen Stil gehalten trotz einzelner lyrischer Zieraten, und Klopstock
bemühte sich gar nicht einmal, wie die gewandteren unter den frühern
Hofpoeten, die epische Natur seines Gedichts äußerlich zu verbergen. Der
Inhalt desselben war augenscheinlich Geschichte, aber nicht Geschichte des
Lebens, sondern des Todes der Königin und Geschichte der Vorgänge nach
ihrem Tode, der Trauer um sie auf Erden und ihres Eintritts in die
Seligkeit des Himmels. Es waren lauter Klopstock längst vertraute

Motive, welche sich ihm hier wie von selbst zur Benützung darboten. Er wußte sie hier auch natürlich-zwanglos zu verwerten, und durch die schlichten Worte klingt trotz einigen störenden Reflexionen zwar kein leidenschaftliches, jedoch ein warmes, herzlich rührendes Empfinden hindurch; dem Hauptmangel des Gedichts vermag dies aber nicht abzuhelfen. Es fehlt die Einheit der Composition. Die Ode zerfällt in drei Teile, deren jeder sich zu einem besonderen Gedichte schön abrunden ließe. Diese Teile sind_uun aber äußerlich und zwar auffallend äußerlich durch Bindeglieder des logischen Verstandes, nicht des künstlerischen Empfindens zu einem Ganzen zusammengeschweißt.

Klopstock war mit der Ode nicht recht zufrieden. Noch nie war ihm ein Gedicht so schwer vorgekommen; noch nie hatte er aber auch, wie diesmal, zugleich für Kenner und für halbe Kenner schreiben wollen. In den maßgebenden Kreisen jedoch fand die Ode vielen Anklang. Die Gegner des Dichters in Deutschland und in Dänemark stießen sich zwar zum Teil schon an der ungewohnten, unhöfischen Form der Anrede 'An den König' und lieferten Parodie über Parodie. Klopstocks Vater aber konnte bald darauf von seinem redlichen Ältesten an Gleim berichten, daß die Gnade des Königs und die Zuneigung einiger großen Männer einen Zuwachs erhalten habe.

Als Friedrich im Frühling 1752 eine schon lange zuvor geplante Reise nach Holstein unternahm, befand sich Klopstock wieder in seinem Gefolge. Auf dem Festland angelangt, eilte er jedoch gleich nach Hamburg zur Verlobung mit Meta. Bei ihr verlebte er den Sommer im Genuß eines reinen Glückes. Nur ein paar Wochen des Juli und August, die Meta auf dem Lande bei Hamburg zubrachte, um ihre nicht eben feste Gesundheit zu stärken, verwandte er auf eine Reise zu seinen Eltern. Gärtner, Ebert und Giseke hielten den Liebestrunkenen in Braunschweig einige frohe Tage lang fest; mit Cramer schwelgte er zu Quedlinburg in der Erinnerung an die Vergangenheit und im Glück der Gegenwart; dazu wurden Gleim und dessen Freund, der Domprediger Johann Georg Sucro, bei denen eben Ramler als Gast weilte, in Halberstadt aufgesucht oder von dort herüber entboten. Bald trieb aber die Liebe den Dichter wieder nach Hamburg zurück. In dem Ungestüm seiner Leidenschaft, das sich auch in den Briefen an seine Braut offenbarte, hätte Klopstock am liebsten noch vor der Rückkehr nach Kopenhagen Hochzeit gemacht. Dem widersetzten sich jedoch Metas Verwandte. Ihre Mutter wollte als gute Hamburgerin bie Tochter nicht einem „Fremben" geben; der Stiefvater, ein braver, aber, wie es scheint, bürgerlich-behutsamer Kaufmann, Martin Hulle (gestorben 1757), mochte auch wegen Klopstocks unbestimmter Stellung und geringer Einnahme Bedenken tragen. Unter diesen Umständen schien es den Liebenden geraten, vorläufig auch noch die Thatsache der Verlobung geheim zu halten. Ohne die Erfüllung seines Wunsches nahe zu sehen, doch das Herz voll zuversichtlicher Liebe und Hoffnung, mußte der Dichter im Herbste die Rückreise nach Dänemark antreten.

Auch das folgende Jahr führte ihn noch nicht zum Ziele. Meta, die sehnsüchtig der Nachricht harrte, daß der Geliebte alle Hindernisse ihrer Vermählung beseitigt habe, mußte sich einstweilen mit dem (von Füßli in Zürich nicht sehr ähnlich gemalten und von Kleist angekauften) Portrait ihres Bräutigams begnügen, welches Gleim der Dankbaren übersandte. Nicht einmal zu einer neuen Reise nach Deutschland kam Klopstock, wie er im Frühling wenigstens vorübergehend hoffte. Den Sommer brachte er wieder teilweise auf dem Lande hin, zu Lyngby, wo er schon die ersten Wochen des vorjährigen Frühlings verlebt hatte, wenige Stunden von Kopenhagen in der Nähe des königlichen Schlosses Sorgenfri. Die Annehmlichkeit des Aufenthaltes in dem reizend gelegenen Flecken wurde noch erhöht, weil Klopstock hier bei Bruder und Schwester, die ihm aus Quedlinburg gefolgt waren, das Behagen des Familienlebens mitgenießen konnte.

Mit Klopstock war 1751 Rahn aus der Schweiz nach Kopenhagen gegangen. Die Gründung einer Seidenbruckfabrik, deren Ertrag den beiden Freunden gemeinsam zu Gute kommen sollte, wurde hier ernstlich in Angriff genommen. Anfangs ließ sich die Sache gut an; dann machte das dänische Commerciencollegium manche Schwierigkeit. Doch überwand man dieselben glücklich mit Bernstorffs Hilfe, das zugesagte Privilegium wurde endlich ausgefertigt, und im April 1752 konnte Klopstock nach Hause melden, daß die Fabrik nun arbeiten werde. Von dem Gewinn derselben scheint er nicht viel für sich angenommen zu haben, obwohl er jetzt sich viel weniger zu scheuen brauchte, auf Rahns großmütiges Anerbieten einzugehen; denn der Schweizer Freund hatte sich (spätestens 1753) mit seiner Schwester Johanna Victoria verheiratet. Aber mit ihr siedelte Klopstocks ältester Bruder August Philipp nach Lyngby über, und ihm überließ der Dichter seinen Anteil an der Fabrik wohl ganz und gar. Später (seit dem Ende des Jahres 1755) übernahm August die Seidenfabrik und

Rahn die Walfabrik allein für sich. Das Unternehmen hatte übrigens nicht den erwarteten Erfolg. Während noch zum Beginne des Jahres 1756 die Aussichten dafür sehr günstig schienen, schlugen bald darauf, als zwischen Frankreich und England der langjährige Seekrieg ausbrach, dem Schwager Klopstocks, dem vielleicht auch die nötige Ruhe und Erfahrung mangelte, mehrere Geschäfte fehl. Er büßte einen bedeutenden Teil seines Vermögens dabei ein; der Betrieb der Fabrik mußte, wie bei so vielen andern, welche damals in Dänemark rasch entstanden waren, schon Ende 1756 eingestellt werden. Klopstock und seine Freunde machten verschiedne Versuche, Rahn in anderer Weise unterzubringen, doch ohne viel Erfolg. Die einträgliche Stelle eines dänischen Unterstatthalters in Westindien nahm er nicht an, weil er seine Frau dahin nicht hätte mitnehmen dürfen. Eine Zeit lang erteilte er an der Handelsakademie des Professors Johann Georg Büsch in Hamburg, später in Zürich französischen Unterricht. Daneben verwaltete er hier, allgemein geachtet und beliebt, das Amt eines Wagmeisters. Klopstock hatte damals, nachdem auch seine Schwester, Rahns Gattin, gestorben war, den Verkehr mit ihm abgebrochen; desgleichen war Rahns ehemalige Begeisterung für die Dichtung seines Schwagers verflogen. Im hohen Alter folgte er seiner Tochter Johanna, die 1793 den Philosophen Fichte heiratete, nach Jena; hier starb er am 29. September 1795.

Auch sonst vergrößerte sich 1753 der Kreis der persönlichen Freunde Klopstocks in und um Kopenhagen. Mit dem Leibmedicus des Königs, Dr. Johann Heinrich von Berger, einem der bedeutendsten Ärzte seines Jahrhunderts, trat er jetzt in näheren Verkehr. Im gleichen Jahre bewirkte er die Berufung Johann Bernhard Basedows als Professor an die Ritterakademie zu Sorö. Gisefe, den er zuerst vorgeschlagen, hatte abgelehnt. Dann wollte Klopstock einen andern Universitätsfreund, Rothe, empfehlen. Dieser scheint aber gleichfalls keine Lust gezeigt zu haben, Elias Schlegels Nachfolger in Sorö zu werden. Ebenso noch 1753 wurde, wieder auf Klopstocks Empfehlung, Cramer als Hofprediger nach Kopenhagen, dem glänzendsten Schauplatze seines Rednertalentes, berufen; er trat sein Amt bereits im folgenden Frühling an.

Die Beziehungen Klopstocks zum Hofe blieben dieselben. Sein Verhältnis zum König scheint sogar fast noch inniger als zuvor geworden zu sein. Denn wie hätte er es sonst wagen können, durch eine ausdrücklich zu diesem Zwecke verfaßte religiös-asketische Schrift den Fürsten, der sich

— wohl noch in Folge der Trauer um seinen Verlust — auf Abwege des
Zweifels zu verirren drohte, auf dem rechten Pfad des Glaubens erhalten
zu wollen?

Zu Anfang des Jahres 1753 erschienen anonym bei Bohn in Hamburg 'Drei Gebete eines Freigeistes, eines Christen und eines
guten Königs', Klopstocks erster größerer Versuch in Prosa. Von
Friedrich V. war darin zwar ausdrücklich nie die Rede; aber schon die
Zusammenstellung des guten Königs mit dem Freigeist und Christen, die
jedes inneren Zusammenhangs ermangelte, wies auf ihn und auf den
Zweck hin, den man mit den 'Drei Gebeten' verfolgte. Der Titel war
schlecht gewählt: es sind vielmehr religiöse Betrachtungen im weitesten
Sinn als eigentliche Gebete. Der Freigeist erörtert schwermütig zweifelnd
religiöse Fragen; der Christ (derselbe, nunmehr bekehrte Freigeist nach
einigen Jahren) declamiert Bruchstücke eines Hymnus auf Gott und den
Erlöser; und auch dem guten König, dessen Worte stellenweise noch einem
Gebet ähnlich lauten, ist es bei seinen Wünschen und Bekenntnissen doch
vornehmlich darum zu thun, das Klopstockische Fürstenideal, wie wir es
aus den Oden auf Friedrich V. schon zur Genüge kennen, recht nachdrücklich zu schildern. Wie ein König denkt und spricht der gute Mann zwar
nur selten; aber er spricht wenigstens einfach und natürlich, ohne leeres
rednerisches Pathos, freilich auch ohne viel Wärme. Die beiden andern
'Gebete' jedoch sind von natürlicher Einfalt himmelweit entfernt. Da
ist überall rhetorischer Schwulst und ein prunkhafter Schwall von Worten
und Phrasen. Der Freigeist sucht überdies geradezu nach schwerverständ-
lichen und sonderbaren Ausdrücken, während der Christ naiv eingesteht,
daß er die Gedanken der Wonne, die zu Tausenden in seinem Herzen
emporströmen, nicht aussprechen kann. Es fehlt die Klarheit des Denkens,
die Deutlichkeit der Anschauung. Aber trotz allem ausschweifenden Überschwang des Empfindens fehlt auch die ursprüngliche Kraft, die unmittelbar
überzeugende Wahrheit der Leidenschaft. Es ist alles nur hohler, nichts-
sagender Wortschall. Die Verzweiflung des Freigeists wie die Begeisterung
des Christen ist oder scheint doch gemacht; man glaubt nicht an die Echtheit
dieser Gefühle. Anklänge an eine bestimmte oder auch nur ganz allgemeine
Wirklichkeit sind fast ängstlich vermieden; alles ist zerflossen und verschwommen. Selbst unbedingte Bewunderer Klopstocks konnten, wie sie
das Dunkel der Sprache rügten, so auch das Bedenken nicht unterdrücken,
daß der Zweifler kaum allemal so denken dürfte, wie der Verfasser der

'Drei Gebete' ihn denken läßt. In der That merkt man den Betrachtungen des Freigeists den gläubigen Dichter allzu sehr an. Das ist allerdings ein Mißstand, den Klopstock schon bei Young vorfand. Und Youngs Einfluß ist gerade in dem 'Gebete' des Freigeists ersichtlicher als in irgend einem sonstigen Werke Klopstocks. Nicht bloß die ganze Stimmung, sondern auch der Ausdruck mit seinen kurz abgebrochenen Sätzchen, seinen zahllosen Aus- rufen, seiner rhetorischen Häufung coordinierter Satzglieder ist Youngisch. Nur waltet auch hier, wie immer bei Klopstock, die Empfindung vor, nicht wie bei Young, der Verstand. In den beiden folgenden 'Gebeten' ist der Stil der 'Night-thoughts' nicht mehr so auffällig nachgeahmt; allein der Vortrag ist darum nicht besser. Die rechte Originalität der Darstellung fehlt doch, wenn auch die nämlichen Gedanken in gleichzeitigen oder späteren Oden Klopstocks mehrfach wieder auftauchen. Und die 'Drei Gebete' würden auch, wenn sie nicht so überreich an matten Wiederholungen und leeren Redensarten wären, einen unbedeutenden, ja langweiligen Eindruck machen; denn sie sind gar zu arm an neuen und großen Gedanken. Es mangelt ihnen überhaupt in Hinsicht auf ihren Inhalt wie auf ihre Form jedes thatsächliche, positive Verdienst.

Demgemäß war auch ihre Aufnahme beim Publicum, zumal außer- halb Dänemarks[1]), lau oder gar mißgünstig. Freilich vermuteten die Wenigsten Klopstocks Autorschaft. Überzeugt, daß der Dichter des 'Messias' nichts mit den 'Drei Gebeten' zu thun habe, schrieb Lessing seine ver- nichtende Kritik derselben. Besser scheint Johann Matthias Dreyer (1716—1769), der witzige und boshafte, aber poesie- und oft auch scham- lose Reimeschmied, der unter anderem die zwei letzten Bände der 'Bremer Beiträge' herausgab, über den Verfasser unterrichtet gewesen zu sein: er veröffentlichte, gleichfalls anonym, wenige Wochen nach Klopstock eine bissige, jedoch plumpe Parodie, 'Drei Gebete eines Antiklopstockianers, eines Klopstockianers und eines guten Criticus'. Wieland aber ahmte die beiden ersten Gebete Klopstocks sofort nach in dem (mit einer polemisieren- den Anmerkung ausgestatteten) 'Gebet eines Deisten, veranlaßt durch das Gebet eines Freigeistes', welches zu Berlin im Juli 1753 erschien, und in dem 'Gebet eines Christen', das im September darauf folgte.

---

[1]) In Büschings 'Nachrichten von dem Zustande der Wissenschaften und Künste in den königlich dänischen Reichen und Ländern', Band II, Stück 9 (Kopen- hagen und Leipzig 1754) wurden allerdings die 'Drei Gebete' sehr gelobt.

Ob die 'Drei Gebete' bei Friedrich V. unmittelbar den gewünschten Erfolg erzielten, wissen wir nicht. Jedenfalls aber kehrte der König bald darnach wieder zum wankellosen Glauben zurück. Klopstock widmete ihm im Laufe des Jahres 1753 noch eine Ode, 'Psalm' (später 'Für den König' überschrieben), das dichterische Seitenstück zu dem dritten 'Gebete'. Wenn hier der gute König sich vom Himmel die höchsten Tugenden eines Herrschers erfleht, so ist der 'Psalm' ein Dankgebet des beglückten Volkes zu Gott, der Friedrich eben mit jenen Tugenden geschmückt hat. Die Ode, voll jubelnder Begeisterung, gehört zu den vollendetsten Erzeugnissen der Klopstockischen Lyrik. Das Gedicht ist im kühnsten Odenstil entworfen, voll stürmischer Leidenschaft, die den Verstand nicht einen Augenblick zu Worte kommen läßt. Der logische Zusammenhang der wechselnden Empfindungen ist künstlich verdeckt, bisweilen sogar scheinbar zerstört, aber nichts desto weniger immer vorhanden, die Empfindung durchaus einfach und natürlich, die Anschauung überall klar, die Sprache sinnlich und kraftvoll. Die Schilderung ist wenigstens zum Teil in Handlung und Erzählung umgesetzt, die Darstellung aus dem Allgemeinen in's Besondere, Individuelle herübergeleitet. Auch ein innerer Fortschritt, eine lebendige Entwicklung der Gedanken und Gefühle ist hier wahrnehmbarer als gewöhnlich in Klopstocks Poesie.

Auch sonst war die lyrische wie die epische Muse unseres Dichters in jenen ersten Kopenhagner Jahren ziemlich regsam. Ganz von dem Gedanken an die Messiade erfüllt, schrieb er wohl noch 1751 bald nach seiner Ankunft in Dänemark die Ode 'Die Hoffnungen des Christen' (jetzt 'Dem Erlöser' betitelt), ein schönes, aber nicht sehr bedeutendes Gedicht. Wir begegnen darin vielfach älteren Motiven der Klopstockischen Poesie. Das im 'Messias' wiederholt ausgesprochene Gefühl der menschlichen Schwäche gegenüber der großen Aufgabe des christlichen Sängers bildet den Grundzug der Ode. Dieses Gefühl seiner jetzigen irdischen Ohnmacht kann sogar dem Dichter den Wunsch entlocken, daß er schon in dem vollkommeneren Zustande jenseit des Grabes wandeln möge, ebenso wie in den Fannyoden der Gedanke an Tod und künftiges Leben regelmäßig war. Aber wie Klopstock damals trotzdem sich nicht nach baldigem Tode sehnte, vielmehr diesen Wunsch, wo er ihm einmal entschlüpfte, sogleich widerrief, so auch hier. Wie in einer ähnlichen Stelle der Messiade (III, 4 ff.), hofft er erst am erreichten Ziele, nach vollendetem Werke zu sterben.

Unbedingter spricht Klopstock das Lob und den Wunsch des Todes aus in der Ode 'An Young', die wohl erst in das Jahr 1752 gehört (1753 in den vermischten Schriften der Bremer Beiträger gedruckt). Der Ton des kleinen Gedichtes muß zunächst befremden; es war jedenfalls eine eigentümliche, wenn auch für Young, den Sänger des Todes, charakteristische Art, einen bereits hoch bejahrten Mann zu feiern, indem man ihm mit pathetischem Nachdruck nur immer wieder zurief: „Stirb, prophetischer Greis!" mochte immerhin Klopstock erläuternd beifügen, der Name Tod klinge ihm, dem Schüler Youngs, wie das Jubellied eines Gerechten, mochte er seinem Rufe auch die Bitte beifügen: „Bleibe mein Lehrer, stirb und werde mein Genius!" Und doch war die mit wenigen Worten viel sagende Ode von der höchsten Verehrung für Young eingegeben. Aber der sonderbare Ausdruck dieser Verehrung war eben wieder ein Ding des Verstandes, nicht der unmittelbaren Empfindung.

Young war damals Klopstocks Lieblingsschriftsteller. In ihm las oder vielmehr „dachte" er; aus ihm lernte er nach seinen eignen Worten Englisch. Sogar in Briefwechsel traten die beiden Dichter seit 1757 mit einander (Klopstock in lateinischer Sprache, wie der jüngere Cramer mitteilt, Young in englischer); Meta begann zur gleichen Zeit englisch mit Richardson zu correspondieren. Das ohnedies schon große Interesse Klopstocks an der englischen Literatur wurde jetzt, da er sie aus den Originalen kennen lernte, noch erhöht. Mit der Kenntnis stieg zunächst seine Bewunderung; zugleich aber wuchs in ihm das patriotische Verlangen, als deutscher Dichter es den Engländern gleich zu thun, und das stolze Gefühl, daß er dies vermöge. Sein Streben wurde durch die Erinnerung an die großen Thaten deutscher Vergangenheit noch mächtiger angespornt. Besonders mußte Arminius, schon damals ein Lieblingsheld unserer Dichter, Klopstocks Teilnahme an sich fesseln. So bekam seine vaterländische Poesie gerade in jenen Jahren, da sie sich für immer von Preußens Friedrich und von der politischen Gegenwart zürnend abwandte — die Ode 'An Gleim' vom März 1752 ist das erste Zeugnis dieser Abkehr —, einen neuen, kräftigen Antrieb.

Nach zwei Seiten hin entwickelte sich Klopstocks gesammte patriotische Dichtung. Sie verherrlichte deutsche oder richtiger germanische Volks- und Heldengröße in längst vergangener Urzeit, und sie suchte das deutsche Geistesleben der Gegenwart anzuregen. Gleich in seinen ersten vaterländischen Oden aus dem Jahre 1752 folgte er dieser doppelten Richtung.

Ein künstlerisch vollendetes Bild aus der germanischen Urgeschichte stellte 'Hermann und Thusnelda' dar, in den vermischten Schriften der Bremer Beiträger 1753 gedruckt, wohl schon das Jahr zuvor entstanden. Hageborns Mitteilungen über Wielands 'Hermann', wovon Bodmer in den Züricher 'Freimütigen Nachrichten' vom 15. December 1751 einige Bruchstücke veröffentlicht hatte, scheinen neben Schlegels Tragödie Klopstock auf das Thema seiner Ode geführt zu haben[1]).   Eine charakteristisch-bedeutsame Scene aus deutscher Vorzeit, des Arminius Heimkehr von der Teutoburger Schlacht, ist darin auf Grund der Berichte römischer Historiker mit dichterischer Freiheit ausgemalt. Und wie ausgemalt! Keine Spur von Beschreibung oder von Reflexion; überall unmittelbar sinnliche Anschauung, lebhaft fortschreitende Handlung, leidenschaftliche Glut der Empfindung, bewegter Dialog statt ruhiger Erzählung. Und dabei, wie immer, wenn Klopstock das Höchste leistet, eine ganz einfache, klare Sprache; schlichte Worte, kunstlose Sätze.

Dunkler ist der Ausdruck, nicht ganz so frei von Reflexion der Inhalt der Ode 'Die Deutschen' (später 'Fragen' genannt). Aber eine gewaltige Leidenschaft rast auch hier, in keine Fesseln des nüchternen Verstandes gezwängt; nach anschaulicher Individualisierung strebt der Dichter auch hier.   In patriotischem Grimm, wie einst vor sieben Jahren in der Rede zu Schulpforta, verwirft er die vorhandene deutsche Poesie als unfreie Nachahmung der Franzosen. Im ehrgeizigen Wetteifer mit Griechen und Engländern soll der Deutsche auch auf dem Gebiete der Kunst seiner Ahnen, eines Arminius, eines Leibniz, würdig werden, soll die Gallier, wie einst zu Höchstedt mit den Waffen des Krieges, so nun mit den Waffen des Geistes schlagen.

Den Wettkampf, zu dem diese Ode mahnt, stellt das gleichzeitige Gedicht 'Die beiden Musen' (1752) unmittelbar dar. Ein doppeltes Ziel gilt es zu erreichen, das der profanen[2]) und das der religiösen

<hr/>
[1]) Vgl. Hamel, Klopstocks Werke IV, 4 f. (in Kürschners 'Deutscher Nationalliteratur').

[2]) Klopstock setzte später dafür nicht glücklich die vaterländische Dichtkunst, indem er die „geweihten Lorbeern" der ursprünglichen Fassung mit den specifisch deutschen „Eichen des Hains" vertauschte. Abgesehen von der unmotivierten Beschränkung des Begriffs, wodurch die Einteilung der Poesie nunmehr unvollständig wurde, fiel jetzt auch ein unentbehrliches tertium comparationis weg; denn die Engländer haben sich so wenig wie die Deutschen vor dem siebenjährigen Krieg in der vaterländischen Dichtung besonders ausgezeichnet. Oder sollte Klopstock Glovers 'Leonidas' dabei im Sinne gehabt haben?

Poefie; mit der englifchen Mufe, die fchon erfolgreich mit der griechifchen und mit der römifchen geftritten, tritt die junge, des Kampfes noch unge- wohnte deutfche Mufe zum Wettlauf in die Schranken; aber den Aus- gang des Streites wagt der Dichter nicht zu entfcheiden: er verliert die Laufenden aus den Augen. Wollte Klopftock nicht eben fo unklug wie unbefcheiden handeln, fo war kein anderer Schluß der Ode möglich; genau betrachtet, war es doch die Mufe feiner eignen Dichtung, deren Wettlauf mit der Mufe Miltons und Youngs er darftellte. Weitaus glaubwürdiger zeugt der Anfang der Ode für Klopftocks Befcheidenheit, der Zweifel des Dichters, ob der Vorgang, den er fchildert, der Gegen- wart oder erft der Zukunft angehöre. Durch diefen Zweifel wird zugleich der Inhalt der Ode in die ideale Sphäre eines prophetifchen Traumbildes erhoben. Das Gedicht ift zum größeren Teil epifch fortfchreitende Erzäh- lung; dem Verfaffer aber kommt es vielleicht noch mehr auf das Gefpräch der beiden Mufen vor dem Beginn des Wettkampfes an, namentlich auf die Worte der deutfchen Mufe, welche bewundernde Liebe zu der englifchen Poefie ausdrücken, zugleich aber die ehrgeizig-kühne Hoffnung, fie zu übertreffen. Die Ode zeichnet fich vor vielen Gedichten Klopftocks durch eine plaftifch beftimmte Anfchaulichkeit im ganzen wie in allen Einzelheiten aus, und doch zeigt gerade in ihr, wie fchon Goethe im Gefpräch mit Ecker- mann hervorhob, die finnlich unfchöne Vorftellung von zwei heiß im Staube der Rennbahn laufenden Mädchen, wie fern Klopftocks dichteri- fches Talent allem plaftifch fchönen Bilden ftand.

Dem Geifte nach mit diefen vaterländifchen Oben verwandt waren einige Epigramme, die Klopftock um diefelbe Zeit verfertigte. Zwei Proben davon, poetifch nicht eben bedeutend, voll ironifchen Selbft- lobes der deutfchen Epiker aus Gottfcheds Schule, denen er auch Nau- mann beizählte, fandte er am 5. Februar 1752 an Bodmer und am 19. Februar an Gleim mit dem Bemerken, der Verfaffer habe noch viele Pfeile in feinem Köcher. Was uns jedoch fonft von Sinngedichten Klopftocks erhalten ift, ftammt aus fpäterer Zeit. Doch mag auch fchon in jenen früheren Jahren mancher Einfall von ihm zu einem Epigramm verarbeitet worden fein, ohne daß eine Kunde davon auf uns gekommen ift. Sind uns doch felbft von den Oben aus jener Zeit ohne Zweifel manche verloren gegangen. Andere, fo das kurze, innige, von mildem Ernft durchzogene Gedicht 'Weihtrunk an die toten Freunde' (aus dem Herbft 1751), kennen wir nur aus einem Briefe des Verfaffers an Gleim. Wenn

in diesen Versen zufolge der Allgemeinheit des Themas auch die Empfindung und Darstellung ziemlich unbestimmt blieb, so zeigte dagegen die
halb der freundschaftlichen, halb der vaterländischen Lyrik angehörige Ode
'An Gleim' mit ihrer liebevollen Charakteristik des Anakreontikers, des
Freundes und des preußischen Patrioten Gleim das allerindividuellste
Gepräge.   Die verschiedenen Richtungen der Klopstockischen Lyrik jener
Jahre vereinigten sich in der Ode 'Der Rheinwein' (vermutlich aus
dem Sommer 1753).   Das Lob der Freundschaft und des Weines mit
einander verbunden hatten bereits frühere Oden (seit 'Wingolf') verkündigt;
jetzt kam dazu aus der patriotischen Lyrik das Bestreben, die Ruhmbegier
der deutschen Dichter zu entfachen.   Aber auch das alte Motiv der Fannyoden, die Vorstellung vom Tod des Freundes und der Geliebten, fehlt
nicht, und eben so wenig die bei Klopstock von je beliebte Mahnung zur
Tugend.   Diese mannigfachen Motive sind jedoch zwanglos und natürlich
durch eine Art von Handlung in-der zweiten Hälfte der Ode — die erste
ist ganz Betrachtung — mit einander verknüpft.   Die Empfindungen
und Gedanken des Dichters sind durchaus klar und einfach; nur der
sprachliche Ausdruck ist manchmal dunkel, manchmal verkünstelt.   Der
lyrische Charakter der Ode ist hier strenger und reiner, ohne jegliche epische
Zuthat, bewahrt als sonst gewöhnlich bei Klopstock.   Das ganze Gedicht
ist Rede und zwar nicht eigentlich Monolog, sondern Zwiegespräch, bei
dem aber die eine Person beständig das Wort führt.   Die Ode gewinnt
dadurch einen weiteren, von der dramatischen Kunst geborgten Reiz.

Mehr aber als die Hoheit der Religion und der Edelsinn Friedrichs V., mehr als Vaterland und Freundschaft drängte die Liebe den
Dichter zum lyrischen Gesang.   Und zwar die alte Liebe nicht minder als
die neue.   Oden auf Fanny sind uns zwar aus der Kopenhagner
Zeit nicht mehr erhalten; daß jedoch Klopstock dergleichen noch damals
gedichtet hat, steht außer allem Zweifel.   Den einzigen, geringen Überrest davon besitzen wir in zwei schwermutvollen Strophen, die er am
18. September 1751 dem Halberstädter Freunde mitteilte.   Die Ode,
aus der sie genommen waren, hatte Gleim damals noch nicht gesehen: sie
war also erst 1751 nach der Abreise von Quedlinburg verfaßt; denn
außerdem wäre sie dem Herzensfreunde daselbst doch kaum vorenthalten
worden.   Übrigens war Klopstocks ganzer seelischer Zustand im Jahre
1751, sein banges Schwanken zwischen Fanny und Meta der Art, daß er
sein aufgeregtes Empfinden im Liede zu entlasten suchen mußte.   Auch

die Erinnerungen, die beim Abschreiben der alten Briefe in ihm aufstiegen, regten den Drang zur lyrischen Poesie an. In das Jahr 1752 dürfte dieser Nachhall der Dichtung, die durch die Liebe zu Fanny hervorgerufen war, kaum hinübergeklungen haben. Äußerlich schloß Klopstock damals die ältere Periode seiner Lyrik ab, indem er (laut dem Briefe vom 19. Februar) seine bisherigen Oden sammelte und kritisch durchsah. Er hatte allem Anschein nach schon jetzt die Absicht, eine Anzahl derselben zusammen herauszugeben, nachdem er sie von den Schlacken des ersten Entwurfs gereinigt, die in den Einzeldrucken nicht immer weggeräumt worden waren. Seinem Verleger Hemmerde deutete er diesen nämlichen Gedanken zwei Jahre später im Sommer 1754 an. Was ihn bestimmte, mit der Ausführung des Planes vorläufig noch so lange zu warten, wissen wir nicht. Hemmerde scheint zunächst geneigt gewesen zu sein, den Verlag zu übernehmen; doch wollte Klopstock von Anfang an wegen der Zeit dieser Veröffentlichung nichts Gewisses bestimmen. Vielleicht hielt dieselbe Scheu, aus welcher er später in die erste Sammlung seiner Oden kein Gedicht auf Fanny aufnahm, in jenen früheren Jahren ihn ab, eine Ausgabe seiner lyrischen Versuche zu veranstalten, die zum größten Teil aus solchen Oden hätte bestehen müssen.

Gleichzeitig, während die Fannydichtung sich zu Ende neigte, lockte die neue Liebe auch schon neue Lieder aus Klopstocks Seele hervor. Die erste der uns erhaltenen Oden an Meta scheint 'Die tote Clarissa' zu sein, wahrscheinlich noch dem Jahre 1751 angehörig: von Liebe ist hier noch nicht eigentlich die Rede; der ganze Charakter der Ode setzt nur ein freundschaftliches Verhältnis zu Meta voraus. Nicht so die folgenden Gedichte. Sie führten ursprünglich alle nur den Namen Cidli, den Klopstock aus der Messiade der Geliebten in seiner Poesie beilegte, als Titel; erst in der letzten Ausgabe seiner Werke unterschied er sie durch bezeichnendere Überschriften. Aus den letzten Wochen von 1751 oder aus den ersten Monaten des folgenden Jahres stammt die Ode 'Der Verwandelte', vielleicht aus dem December 1751; jedenfalls schrieb Klopstock sie noch, bevor er Metas Jawort hatte. Hingegen erst nach diesem Ereignis, im Frühsommer 1752 während des Aufenthaltes zu Hamburg dürfte die Ode 'An Cidli' („Unerforschter, als sonst" x.) entstanden sein. Dem Inhalte nach ist zwar dieses und das vorige Gedicht innig verwandt; die unerwiderte Neigung zu Fanny und die beglückte Liebe zu Meta werden einander gegenübergestellt, in der ersten Ode individueller, in der zweiten allgemeiner. Aber der Dichter bittet hier nicht mehr, wie dort, um Gegenliebe, sondern spricht schon von der seligen Stunde des Geständnisses derselben; kosend streut er der im Thal des Lenzes schlummernden Freundin Rosen in die Locken. In die unmittelbar darauf folgenden Wochen des Sommers fallen die Oden 'An sie' und 'Ihr Schlummer'. Das erstere Gedicht entstand gemäß Klopstocks eigener Angabe zu einer Zeit, als er noch auf die Möglichkeit einer baldigen Heirat hoffte, also vermutlich ehe er von Queblinburg nach Hamburg zurückkehrte. Die zweite Ode wurde vielleicht noch früher verfaßt, noch bevor Meta sich auf das Land und Klopstock auf die Reise nach Queblinburg begab; denn sie wurde durch eine Krankheit der Geliebten veranlaßt, von welcher sie sich eben nachher auf dem Land erholen sollte. Im Herbst 1752 bei oder unmittelbar nach dem Abschied von Meta entstand 'Furcht der Geliebten'. Nachdem Klopstock bereits länger von seiner Braut getrennt war, dichtete er 1753 'Gegenwart der Abwesenden' und zur gleichen Zeit oder auch noch etwas später (gegen Ende des Jahres 1753) 'Das Rosenband', die anmutigste von sämmtlichen Eiblioden, mit welcher er Meta am letzten Weihnachten vor ihrer Hochzeit beschenkte[1]).

In vielen Beziehungen bildeten diese Oden den entschiedensten Gegensatz zu den Gedichten, welche durch die Liebe zu Fanny veranlaßt worden waren. Damals hatte dem Sänger die Gegenwart nur trübe und schwermütige Gefühle erweckt, so daß er mit seinen Gedanken gern in die Zukunft, ja in das Leben nach dem Tode flüchtete. In den Oden an Meta hingegen wie auch sonst in der Lyrik der ersten Kopenhaguer Jahre spricht sich heiteres Genügen an der Gegenwart, innige Befriedigung im Genuß eines hohen Erdenglückes aus. Die Träume von Tod und Jenseits sind verschwunden; selbst durch eine zeitweilige Trennung von der Geliebten wird dem Dichter die sichere Heiterkeit der Gegenwart nicht verdüstert. Er braucht gar nicht erst auf Wiedervereinigung in der Zukunft zu hoffen; im Geiste sieht er die Abwesende schon jetzt mit sich verbunden. Sogar die Wehmut, die durch irgend eine zufällige Empfindung oder Betrachtung

---

[1]) Die Ode 'An Meta', welche die Tarmstädter Sammlung in einer ohne Zweifel schlimm entstellten Form mitteilte (etwas besser die 'Freimütigen Nachrichten' vom 2. Juli 1760), rührt, wie schon K. Frb. Cramer auf Grund von Boies Zeugnis bemerkt, nicht von Klopstock, sondern von Füßli her. Sie ist zum großen Teil aus Gedanken und Phrasen der Fannyoden unselbständig zusammengesetzt.

in die eine oder andere Ode an Meta (z. B. 'Die tote Clarissa', 'Furcht der Geliebten') Eingang findet, ist von milder, fast heiterer Natur. Trost-lose Trauer oder überhaupt, wie in den Fannyoden, heftige Leidenschaft und gar überschwängliches Empfinden, für welches der Dichter vergeblich nach einem Ausdruck mit deutlichen Worten sucht, ist aus der Lyrik, deren Ziel und Gegenstand Meta war, verbannt. Sanfte Ruhe bezeichnet nun-mehr die Stimmung des Beglückten; „der Tugend und der Liebe Ruhe" ersehnt er jetzt einzig für die Geliebte wie für sich. Der Preis der Tugend erklingt eben so kräftig, aber vielleicht nicht mehr so aufdringlich laut wie früher; dagegen ist mit der religiösen Schwärmerei auch der äußere christ-lich-religiöse Anstrich der Klopstockischen Liebeslyrik getilgt worden.

Auf dem gesunden Boden naturgemäßer Wirklichkeit war diese Poesie erwachsen; sie kleidete sich denn auch in einfachere, natürlichere Formen. Schon der sprachliche Ausdruck wurde, wenn auch nicht immer, doch meistens schlichter, freier von rednerischem Pathos. Inniger als zuvor verband sich das Liebesempfinden mit der Freude an den Schönheiten der Natur. Der Frühling mit seinen Rosenbüschen, der Sommer mit seinen schattigen Bäumen und Lauben bildete den freundlichen Hintergrund der Oden, die jetzt entstanden, nicht allein der Gedichte, welche die Liebe zu Meta be-sangen. Und zwar die sonnige Helle des Frühlings- oder Sommertages, nicht die Abenddämmerung oder das Dunkel der Nacht, wie zumeist in den Oden an Fanny.

So schwand denn auch der Einfluß jener englischen Autoren, deren Dichtung von den Schauern der Nacht und des Todes umweht war. Weder Elisabeth Rowe noch selbst Young, in dessen Studium doch gerade damals Klopstock vertieft war, wirkten auf Form oder Inhalt der Cibli-oden irgendwie ein. Richardsons zweiter Roman, von dessen Heldin Klopstock den Rosennamen Clärchen für seine Braut entlehnte, regte ihn zu dem Gedichte 'Die tote Clarissa' an. Außerdem liehen ihm vorzugsweise die idyllischen Partien des 'Verlornen Paradieses' Motive zur Darstellung glücklicher Liebe, wie er denn auch ganz allgemein auf die ungetrübte Wonne Edens häufig anspielte. Nur ausnahmsweise ('Das Rosenband' 12) nannte er das hellenische Elysium statt des von Milton gefeierten Sitzes des ursprünglichen, reinen Glückes.

Wie vorteilhaft sich aber auch die Gedichte an Meta durch die Stim-mung, der sie entsprangen, und demzufolge auch vielfach durch Inhalt und Form von den Oden auf Fanny unterschieden, der künstlerische Charakter

der Klopstockischen Poesie war auch hier in mehr als Einer Hinsicht derselbe geblieben. Handlung fehlt auch den Ciblioden beinahe sammt und
sonders. Nur 'Das Rosenband' macht eine Ausnahme: eine innere, seelische Handlung drückt sich hier sinnbildlich in einem äußerlichen Vorgang
aus. Die übrigen Gedichte auf Meta malen nur eine Stimmung oder
Situation aus. Sogar ein bloßer Fortschritt in der Empfindung oder
Betrachtung, der mit wirklicher Handlung noch gar nichts gemein hätte,
ist bei ihnen überaus selten, jedenfalls viel seltner als in den übrigen lyrischen Erzeugnissen jener Jahre. Auch das epische Element tritt in diesen Gedichten weit bedeutender hervor als in den Ciblioden, denen es nahezu
ganz fehlt, nur daß Klopstock hin und wieder einen erzählenden Ton an-
schlägt. Dagegen vermißt man auch in der Liebeslyrik jener Kopenhagner
Jahre öfters die Unmittelbarkeit des Empfindens. Wie von der Schilderung, so kann sie sich gleichfalls von der Reflexion nicht immer frei machen,
und bisweilen (so in der Ode 'An Cibli') ist sogar der Zusammenhang der
Gedanken durchaus nur logisch; man spürt den Zwang, den der Verstand
dabei auf Phantasie und Gefühl des Verfassers ausgeübt hat.

In der äußeren Form der Darstellung gleichen die Oden an Meta
denen an Fanny nur zum geringen Teile. Sehr wenig in sprachlich-
stilistischer Hinsicht. Schwulst und nichtssagende Breite des Vortrags
kann der Kopenhagner Liebesdichtung vielleicht nirgends vorgeworfen werden. Deutlichkeit des Ausdrucks ist wenigstens meistens erstrebt, freilich
auch noch manches unnötige Dunkel geblieben. Vor leeren Gedankenspie-
len und vor Tautologien hat sich der Dichter möglichst gehütet; absichtlich
hat er in diesen Oden den Parallelismus oder den Refrain niemals nachgebildet. Desgleichen ist die ihm sonst geläufige Form des Dialogs hier
nirgends zu finden. Die Darstellung ist durchweg monologisch, aber
auch als solche nicht eigenartig, wie dies bei einzelnen Oden auf Fanny
('Barbale', 'Die Verwandlung') der Fall war; sondern überall spricht,
wie gewöhnlich in der Lyrik, nur der Dichter selbst. Seine Worte richten
sich, bisweilen in ein und derselben Ode, abwechselnd an verschiedene
Wesen, jedoch ohne daß das klare Verständnis des Sinnes, wie früher
oft, darunter merklich leidet.

Während sich so in dem ganzen Charakter dieser Lyrik eine Rückkehr
zur einfachen Natur zeigte, fieng Klopstock doch schon damals an, die
metrischen Formen seiner Oden mehr und mehr zu verkünsteln. Zwar
gebrauchte er noch gern dieselben Horazischen Versmaße wie zuvor, na-

.mentlich die vierzeilige Asklepiadeische und Alkäische Strophe. Daneben bildete er jetzt aber auch die vierzeilige Sapphische Strophe (Hor. od. I, 2) nach. Allein indem er den Daktylus der dreimal nach einander wiederkehrenden Sapphischen Verszeile dreimal an eine andere Stelle setzte, gab er dem Vers und dadurch der ganzen Strophe, deren antiker Charakter das ruhigste Gleichmaß ist, eine launische Beweglichkeit, die für beide schlecht paßte. Aber auch schon ganz neue vierzeilige, Horazisch klingende Strophen bildete er, wobei er nur die einzelnen Verse, aber nicht die Art ihrer Zusammensetzung aus der antiken Lyrik entlehnte. So schweißte er Pherekratische Verse und katalektische daktylische Trimeter oder Tetrameter bald an Hendekasyllaben an (in 'Hermann und Thusnelda' und 'Für den König'), bald an einen vollständigen und einen in der Mitte um zwei Silben verkürzten Alkäischen Vers (in 'Gegenwart der Abwesenden'). Einfacher waren die iambischen Strophen, die er wohl ohne ein antikes Vorbild nach dem Muster der gereimten modernen Dichtung in den Oden 'Die Königin Luise' und 'Das Rosenband' (dort vier-, hier dreizeilig) anwandte. Ihnen fehlte oft nur der Reim, um äußerlich ganz an die Weise des Volksliedes anzuklingen.

Die Oden an Meta wurden nicht gleich den Fannyoden in Abschriften an die Freunde verbreitet; auch in Zeitschriften wurde keine von ihnen mitgeteilt. Von ihnen hatte meistens wohl außer den Liebenden niemand Kenntnis, wenn Meta nicht in der ersten Freude über die Dichtergabe einen vertrauten Freund oder eine Freundin einen verstohlenen Blick auf die heimlichen Schätze werfen ließ. Wir können es daher durchaus nicht nachprüfen, ob uns Klopstock in seinen späteren Odenausgaben einzelne Gedichte an Meta vorenthalten hat. Noch weniger läßt sich über die etwaige Anzahl dieser ungedruckten Oden auch nur eine Vermutung aussprechen. Eine andere Folge der Sorgfalt, womit die Eidlieben vor unzeitiger Veröffentlichung bewahrt wurden, war, daß den Kritikern und Nachahmern, welche bewundernd oder höhnend, absichtlich oder unfreiwillig parodierend über die Fannyoden hergefallen waren, vorläufig diese Beute entzogen blieb. —

Die heitere Liebeshoffnung, welche Klopstocks Verse an Meta verklärte, bedurfte er in der That und fast noch mehr seine Braut, um die Bedenken zu überwinden, welche ihre Verwandten der Heirat entgegensetzten. Endlich, im Frühjahr 1754, als auch Friedrich V. das Gehalt des Dichters zu erhöhen versprach, bezwang Meta den Widerstand ihrer

Familie. Wieder im Gefolge seines Königs reiste Klopstock am 27. Mai
1754 von Kopenhagen nach Holstein ab; am 2. Juni traf er in Hamburg
ein, und am 10. Juni führte er seine Braut in der Kirche St. Petri zum
Altar. Der Hamburger Senat erließ auf Metas Ansuchen ihr die bei
einer Heirat mit einem Ausländer fälligen Abzugsgebühren aus Rücksicht
auf das hohe Ansehen, welches ihr Bräutigam bei Bernstorff und Moltke
genoß. Dankbar trug Klopstock der freien Reichsstadt seine etwaigen
Dienste bei Verhandlungen mit Bernstorff an. Wir wissen nicht, ob man
je in die Lage kam, von diesem Anbieten thatsächlichen Gebrauch zu
machen. Jedenfalls aber beeilte man sich, den guten Willen des Dichters
durch das gewiß erwünschte Geschenk einer beträchtlichen Anzahl von Fla-
schen ungarischen Weines rege zu erhalten.

II.

Häusliches Glück.

Dritthalb Wochen nach der Hochzeit reisten die Neuvermählten über Braunschweig, wo sie zwei Tage Rast machten, nach Queblinburg. Am 3. Juli Abends trafen sie in Halberstadt ein, von Gleim und den Eltern herzlich begrüßt. Das Herz ihres Schwiegervaters gewann Meta beim ersten Anblick. Aber auch sie war dem gerabsinnigen, thatkräftigen, erfahrenen und unterrichteten Manne sogleich und für immer in kindlicher Liebe zugethan. Sie, die den eignen Vater früh verloren und die letzten Jahre auch nicht im Hause der Mutter zugebracht hatte, genoß jetzt mit verdoppelter Innigkeit das Glück, mit treu sorgenden Eltern unter Einem Dache zu wohnen.

Allein nur gar zu bald wurde die Freude dieses ersten Besuches in Queblinburg getrübt. Am britten Tage nach seiner Ankunft wurde Klopstock von einem hitzigen Fieber befallen. Nach elf Tagen verwandelte sich dasselbe in ein kaltes Wechselfieber. Ende Julis wich die Krankheit endlich, die den Angehörigen der Klopstockischen Familie viel Angst und Kummer bereitet hatte; doch stellte sich noch einige Wochen barnach, hauptsächlich veranlaßt durch eine Ausfahrt nach Blankenburg, ein — nicht mehr so gefährlicher — Rückfall ein. In frommer Dankbarkeit feierte Klopstock durch eine schwungvolle Obe seine Genesung, die ihn jetzt noch von den höheren, himmlischen Bahnen ausschloß, dafür aber die Erfüllung seines Berufes, die Vollendung des 'Messias' ihm ermöglichte. Auswärts, wohin die Nachricht von seiner Krankheit drang, schmückte das Gerücht den wirklichen Sachverhalt abenteuerlich und in einer für den

Dichter nicht eben erfreulicher Weise aus[1]). In der Schweiz glaubten Bodmer, Heß und andere Freunde noch im Januar des folgenden Jahres, daß Klopstock nur wenige Wochen mehr zu leben habe, und aus Dresden berichtete Rabener dasselbe Gerücht noch im Mai 1755 an Cramer.

Indessen hatten die jungen Gatten, sobald der Zustand des Kranken erträglicher geworden war, heitere Tage mit den Freunden zugebracht. Giseke, seit dem vorigen Sommer ebenfalls verheiratet, hielt am 7. Juli seine Probepredigt in Queblinburg, wohin er an Cramers Stelle berufen worden war. Bald darauf, noch während Klopstock dort weilte, siedelte er gänzlich an die neue Stätte seines Wirkens über. Im August kam aus Braunschweig Gärtner mit seiner Frau auf drei Wochen. Auch Johann Adolf Schlegel, seit kurzem zum Prediger und Professor in Zerbst ernannt, stellte sich mit seiner Gattin zum Besuche ein. Gleim blieb in ununterbrochenem Verkehr mit den Queblinburger Freunden. Konnte er auch nicht so oft, als sie es wünschten, persönlich herüberkommen, so sandte er doch Wein, Obst, Wildpret, Fische zur Erquickung des Genesenden und seiner Gattin, deren Gesundheit ebenfalls zarter war, als sie merken ließ. So wurden denn nur in die allernächste Nähe Queblinburgs kleine Ausflüge unternommen, von den Freunden nur Gleim in Halberstadt aufgesucht. Der Einladung Gisekes, vor seiner Übersiedelung noch zu ihm nach Trautenstein (an der Rapbode im Fürstentum Blankenburg) zu kommen, konnte man nicht Folge leisten; noch weniger durfte man an eine Reise nach Berlin und Potsdam zu Ramler und Kleist denken, obwohl letzterer durch Gleim herzlich dazu aufgemuntert hatte. Gegen eine solche sprach auch von vorn herein allerlei, vornehmlich, daß Klopstock in trauter Ungestörtheit sein junges eheliches Glück genießen und deßhalb so viel als möglich incognito in den heimatlichen Gegenden weilen wollte. Dem Vater war dies ganz recht, und er hatte dazu noch seinen besondern Grund.

Von Seiten der preußischen Militärverwaltung war der Dichter bereits dreimal, 1750, 1751 und 1752, so oft er eben in Queblinburg weilte, vorgeladen worden. Der Vater, der dieses „angemaßte und fortgeführte Enrollement" für unstatthaft und ungesetzlich, für eine bloße Chicane hielt, verleugnete den Sohn zu keiner Zeit; zu sehen bekamen ihn aber die Herrn vom Militär niemals. Ähnlich verfuhr er in Betreff seiner

---

[1]) Vgl. Kleists Briefe an Gleim vom 1. October und 5. November 1754.

jüngeren Söhne. Dabei blieb es vorläufig. Von einer Haussuchung stand die Militärbehörde ab in Folge eines Rescripts der Äbtissin von Queblin-burg, Herzogin Marie Elisabeth zu Schleswig-Holstein, Erbin zu Nor-wegen (1678—1755). Dagegen ergieng an die zuständige Civilbehörde in Queblinburg wiederholt das Ansuchen, die künftige Erbschaft der beiden ältesten Söhne des Commissionsrates Klopstock mit Beschlag zu belegen. Den Vater bekümmerte dies schwer, und nicht ohne ernste Besorgnis hatte er darum der Ankunft des jungen Paares entgegengesehen, obgleich 1754 bis Ende Junis die „kränkende Nachfrage" unterblieben war. Seinem Friedrich mochte er zunächst gar nichts davon mitteilen; denn er war überzeugt, daß ihn dann der Ärger fern von der Heimat halten würde. Erst in Queblinburg selbst scheint er ihm alles erschöpfend dargelegt zu haben. Wie die Sache geschlichtet wurde, wissen wir nicht. Vermutlich legte sich einer der deutschen Fürsten, die dem Dichter persönlich geneigt waren, in's Mittel — der Vater hatte schon früher an diesen Ausweg gedacht, als Prinz Ferdinand von Braunschweig, Friedrichs des Großen Feldmarschall, 1753 zum Besuch seiner Schwester, der Königin, in Däne-mark weilte; aber er hatte die Nachricht von der Anwesenheit des Prinzen zu spät empfangen, als daß er noch rechtzeitig seinem Sohne deßwegen schreiben konnte. Möglich auch, daß diesen erst später der Charakter eines dänischen Legationsrates vor derartigen Bedrohungen völlig sicher stellte.

Sobald Klopstocks Gesundheit zur Genüge hergestellt schien, mußte er und Meta an die Rückkehr nach Kopenhagen denken. Noch wurde der Termin der Abreise von Tag zu Tag hinausgeschoben. Endlich nahmen sie am 16. September Abschied, mit betrübtem Herzen, wie der Vater dem Halberstädter Freund erzählte. Er sollte die Scheidenden nicht wieder-sehen, Meta den Boden Queblinburgs nicht mehr betreten. Klopstock fuhr mit ihr über Helmstedt und Lüneburg. In Hamburg blieben sie noch einmal drei Wochen. Die Trennung von ihren Verwandten fiel Meta überaus schwer. Die Seereise überstand sie „als eine Heldin" nach dem Ausdruck ihrer Schwester, obwohl sie, wie auch regelmäßig bei späteren Überfahrten, heftig erkrankte, sobald die See nur etwas bewegt war. Am 25. October langten sie glücklich in Kopenhagen an. Der erste Anblick der neuen Heimat erregte Meta heftig, nahezu krampfhaft. Unaufhaltsam flossen ihre Thränen. Überhaupt dauerte es geraume Zeit, bis sie in der fremden Stadt eingewöhnt war. Dann aber fühlte sie sich

auch fern von ihrer Vaterstadt an der Seite ihres Gatten namenlos glücklich. Keine ihrer Freundinnen sei es so sehr wie sie, schrieb sie 1758 an
Richardson; „aber keine hatte auch den Mut, sich so zu verheiraten wie
ich. Sie haben geheiratet, wie die Leute sich verheiraten, und sind auch
so glücklich, wie die Leute glücklich sind."

Meta war es in einem höheren Grade. Sie fand ihr Glück vornehmlich in ihrer Häuslichkeit, in ihrem Verhältnis zu Klopstock. Was sie
so ungemein beseligte, war das durch die tägliche Erfahrung stets neu befestigte Bewußtsein, daß er der Mann war, den sie sich von ihm vorgestellt
hatte. In diesem Glauben betrachtete sie alles, was er erstrebte und that,
mit Entzücken und Bewunderung. Alle seine Eigenschaften waren in ihren
Augen so groß, so schön und so gut wie sein Genie. „Ich küsse dich für
alles", hatte sie schon 1752 als Braut an ihn geschrieben; „für deine
Oden küsse ich dir die Hand, für den 'Messias' die Füße. Ich küsse dich
auch für alles, was du an Fanny geschrieben hast." Und 1758, ein halbes
Jahr vor ihrem Tode, versicherte sie Richardson, während sie sonst auch
bei ihren liebsten Freunden vieles zu entschuldigen habe, komme sie einzig
und allein bei Klopstock niemals in diese Lage. „Er ist gut, ganz gut, bis
auf den Grund, in allen seinen Handlungen, in jeder Falte seines
Herzens." Aber wie sie sich durch ihre Liebe weit über ihr Hoffen und
Ahnen beglückt fühlte, so suchte sie auch ihm in ihrer Ehe alles Glück
dieser Erde zu bereiten. Sie nahm dem Dichter, der für regelmäßige
Ordnung und pünktliche Erledigung äußerer Geschäfte wenig Sinn und
Geschick hatte, nicht nur alle derartigen Sorgen ab und machte ihm so das
physische Leben innerhalb seiner vier Wände bequem und behaglich,
sondern sie nahm auch an seinem geistigen Sein und Schaffen den
innigsten, thätigsten Anteil. Sie bemühte sich, die poetische Stimmung
ihm zu erhalten, zu erhöhen. Mit ihrer kleinen Handarbeit saß sie still
neben seinem Schreibtische, wenn er am 'Messias' dichtete; ihr las er die
neu entstandenen Verse vor oder dictierte sie ihr auch unmittelbar in die
Feder; der Eindruck, den sie davon empfieng, war für ihn vom allerhöchsten Wert. Ein Wort, ja ein Blick, eine Miene, wodurch sie unwillkürlich beim ersten Hören Beifall oder Mißfallen verriet, galt ihm mehr
als lange Kritiken von Fremden. Dann wieder schrieb sie die fertigen
Gesänge aus Klopstocks oft undeutlich gekritzelten, mannigfach durchcorri-
gierten Concepten für den Druck in's Reine, und obwohl sie selbst wenig
Anlage zur Kalligraphie hatte und darum sich hier zwingen mußte, lang-

sam zu schreiben, so war ihr diese Arbeit doch „eine erstaunliche Freude".
Alles, was Klopstock angieng, war ihr so wichtig, daß sie sich endlich nicht
mehr halten konnte und (etwa seit 1756) tagebuchartig allerlei Bemerkungen
über ihn aufzeichnete, zunächst Beiträge zur Kenntnis seines Charakters
und zur Geschichte der Messiade, dann aber auch kleine Züge aus seinem
Leben, seiner Liebe, seiner Ehe. So lebte sie, deren Denk- und Empfindungsweise schon von Beginn der Klopstockischen ähnlich war[1]), sich immer
inniger in die geistige Welt ihres Mannes ein, und als sie nach einigen
Jahren anfieng, sich selbst schriftstellerisch zu versuchen, stand sie ganz
unter dem Banne des Klopstockischen Genius. Andrerseits bestärkte sie
aber auch durch die gleiche Neigung ihres Wesens ihren Gatten in seinem
Trachten, die Poesie über die Welt der Sinnlichkeit hinaus in die Gebiete
des rein Geistigen zu erheben. Durch ihren christlich-religiös verklärten
und gesteigerten Idealismus wurde der abstracte Charakter der Klopstockischen Dichtung nicht sowohl intensiver oder merkbarer als vielmehr
dauerhafter, unzerstörbarer[2]).

Auch Klopstock empfand das ganze Glück ihres Besitzes mit dankbarem
Herzen. Sein voriges Leben dünkte ihm nunmehr nur ein Traum; jetzt
erst „umfaßte" er den Wert des irdischen Daseins, dessen Glorie und Sie-
gespalme ihm geworden war.

In ungeminderter und ungetrübter Zärtlichkeit verfloß den Liebenden
so Monat um Monat. Den Winter brachten sie in Kopenhagen zu, wo
sie jetzt in der Königsstraße wohnten. Aber sobald die Tage nur etwas wär-

---

[1]) Schon im December 1752 schrieb Klopstock von Meta an Bodmer: „Cramer nennt sie den weiblichen Klopstock. Wenn ich ein Mädchen wäre, würde ich
sie sein, und sie würde ich sein. Das ist so gewiß, als nur irgend die älteste
Wahrheit sein kann."

[2]) Ich möchte Hamels Behauptung, daß Metas enterbetes, schwärmerisch los-
gelöftes Wesen entscheidend auf Klopstocks Dichtung eingewirkt habe (Einleitung
zu Klopstocks Werken in Kürschners 'Deutscher Nationalliteratur', Bd. I, S. XCI ff.),
in dieser Weise einschränken. Klopstock hat sich nicht nach Meta gebildet, nicht
eigentlich in sie hineingelebt, ist nicht unter dem Bann ihrer Persönlichkeit gestanden — das Verhältnis war vielmehr ein umgelehrtes —; das Streben, den Gegenständen seiner Poesie den Körper auszuziehen, lag schon in ihm und zeigte sich in
der Dichtung aus seinen früheren Jahren eben so augenfällig, z. B. in den Oden
an Fanny fast mehr als in denen an Meta. Durch Meta wurde dieser Charakter
seiner Poesie nur bestätigt und für alle Zeiten unabänderlich besiegelt.

mer und länger wurden, zogen sie hinaus nach Lyngby zu Klopstocks Geschwistern; ja sogar tief in den Winter hinein dehnten sie diesen Landaufenthalt
mitunter aus.

An Klopstocks Beziehungen zum Hof änderte sich nichts. Von seinen
Verwandten und Freunden in Dänemark wurde Meta mit herzlichem
Wohlwollen aufgenommen, und sie selbst wußte durch ihr liebenswürdiges
Wesen sich die Zuneigung aller, die sie kennen lernten, zu erwerben. Be-
sonders innig gestaltete sich das Verhältnis zu Cramer und seiner Gattin
Charlotte, einer jüngeren Schwester seiner ersten, auch von Klopstock
besungenen Braut Hannchen Rabile. Als z. B. 1755 seine Kinder die
Pocken hatten, wohnte Cramer mehrere Wochen „im Exilio" bei Klopstock.
Auch Gottfried Benedict Funk (1734—1814), der 1756 als Erzieher in das Cramer'sche Haus kam und von bewundernder Verehrung
für den Sänger des 'Messias' glühte, wurde bald den näheren Freunden
beigezählt. Unter dem höheren Adel war es wieder Bernstorffs Familie, bei welcher, wie einst Klopstock, so jetzt seine Gattin eine geradezu
freundschaftliche Aufnahme fand. Bernstorffs Gemahlin, in gewisser Hinsicht an Geist und Charakter mit Meta verwandt, nahm an ihr und ihren
Schicksalen innigen Anteil. Ebenso scheint man — nach späteren Briefen zu schließen — im Hause des Oberkammerherrn Karl Adolf von
Plessen, des ehemaligen Günstlings Friedrichs IV., dem 1758 nach
seinem Tode Cramer im 'Nordischen Aufseher' einen verehrungsvollen
Nachruf widmete, Klopstock und seine Gattin mit freundschaftlich herzlichem Wohlwollen behandelt zu haben. Später kam zu den adeligen Familien, mit denen die beiden innig verkehrten, die des Grafen Christian
Günther zu Stolberg hinzu, der 1756 als geheimer Rat und Ober-
hofmeister der Königin Mutter Sophie Magdalene nach Kopenhagen berufen wurde.

So knüpften sich von Jahr zu Jahr die gesellschaftlichen Bande fester,
die Klopstock an Kopenhagen fesselten. Er hatte Ursache, mit seiner Lage
vollauf zufrieden zu sein. Und doch rührte sich schon bald in ihm die Lust
zur Veränderung, und sie war berechtigter, als es auf den ersten Blick
scheinen möchte.

Klopstocks Leben war bis dahin in jeder Weise reich bewegt gewesen.
Es hatte ihm weder an bedeutenden inneren Erregungen noch an großen
äußeren Eindrücken gefehlt. Seitdem er die Schule zu Pforta verlassen,
hatte er ziemlich Jahr für Jahr neue Menschen kennen gelernt, sich in

neue Verhältnisse schicken müssen. Die Zeit von Jena bis Kopenhagen konnte er als seine Wanderjahre betrachten. Er hatte ihre segensreiche Bedeutung für die Entwicklung seines Charakters wie seines Talentes erfahren und gelegentlich auch dankbar anerkannt. Nun saß er seit 1751 ruhig in Kopenhagen. Mit seinen äußeren Wanderungen waren auch die Irrfahrten seines Herzens vorläufig abgeschlossen. Er genoß in unangetastetem Frieden das höchste Seelenglück. Aber wie wohlthätig auch der Mensch sowohl als der Dichter die Besänftigung der innern Leidenschaft empfand, für die äußere Ruhe war der eine wie der andere noch nicht alt genug. Sie ermüdete, langweilte den Menschen und lähmte bis zu einem gewissen Grade den Dichter. Gerade die glücklich errungene friedliche Stille des inneren Lebens bedurfte ein bewegteres, an Eindrücken und Erfahrungen reicheres Außenleben gleichsam als Gegengewicht. Dazu schien sich nun in den ersten Monaten des Jahres 1755 Gelegenheit zu bieten.

Durch den Empfang seines dänischen Jahresgehaltes war Klopstock keineswegs gebunden, seine Zeit ausschließlich der Dichtung am 'Messias' zu widmen. Als daher der Posten eines Secretärs bei der dänischen Gesandtschaft in London neu zu besetzen war, war er beinahe entschlossen, sich um diese Stelle zu bewerben. England reizte ihn aus mehr als Einem Grunde. Schon als Jüngling hatte er für diese „Königin der europäischen Nationen“ geschwärmt, welche durch den Ocean von den übrigen Ländern nur darum gesondert zu sein scheine, weil sie über jene durch ihre außerordentliche geistige Größe so herrlich hervorrage. Die Sprache und Literatur dieses Landes war ihm jetzt durch das Studium der Originalschriften neuerdings lieb und vertraut geworden. Mit einigen der bedeutendsten lebenden Dichtern Englands stand er in brieflichem Verkehr. Von ihrer Seite durfte er eines freundlichen Empfanges, ja wohl eines dauernden, gewinnreichen Umgangs gewärtig sein. Vielleicht konnte er auch auf die Gunst des englischen Fürstenhauses hoffen, welches der dänischen Königsfamilie nahe verwandt und innig befreundet war. Alte Erinnerungen an die wohlwollenden Worte, mit welchen vor Jahren der Prinz von Wales die Messiade aufgenommen hatte, stiegen dabei wohl wieder schmeichlerisch in ihm auf. Seinem Vater, den er um Rat bat, behagte das Vorhaben durchaus. Höchstens mochte er zweifeln, ob die Kohlenluft zu London der Gesundheit seines Sohnes so gut bekommen werde wie die frische See- und Waldluft zu Kopenhagen und

Lyngby, woher des öfteren von dem Wohlbefinden und der „guten Cou-
leur" seines Friedrich berichtet wurde.   Aber auch diese Sorge drückte ihn
nicht schwer; sein Ältester war ja, wie er an Gleim, seinen einzigen
Vertrauten in dieser Angelegenheit, schrieb, „weder schwindsüchtig noch
hektisch".

Klopstocks Vorhaben reifte gleichwohl nicht zur That.   Wir erfahren
nicht, ob der Dichter selbst nachträglich doch von seinem Plane wieder abstand, oder ob Umstände anderer Art, die nicht in seiner Hand lagen, den
Erfolg vereitelten.   In seinen und seines Vaters Briefen ist nicht mehr
die Rede von der Sache.   Für seine Dichtung wäre Klopstocks Anstellung
im Gesandtschaftsbureau zu London weitaus wünschenswerter gewesen,
auch wenn dadurch seine künstlerische Muße beschränkt, ja wenn ihm durch
seinen Beruf vorerst die Zeit zur poetischen Arbeit ganz entzogen worden
wäre.   Denn er hätte große neue Eindrücke empfangen.   So aber beharrte
seine Dichtung von nun an in den einmal gezogenen Kreisen.   Er nahm
noch wiederholt und in mannigfacher Weise bedeutende Ansätze; aber er
brachte nichts Hervorragendes auf einem neuen Gebiete mehr hervor.
Was er von jetzt an noch Außerordentliches leistete, war durch seine früheren künstlerischen Schöpfungen bereits vorbereitet, in ihnen angedeutet
und vorgebildet.   Sonst blieb es künftig eben bei bloßen Ansätzen und den
Zeitgenossen gegenüber demzufolge bei bloßen, wenn auch bedeutsamen
Anregungen.

Leichter als der Dichter konnte sich der Mensch Klopstock über das
Scheitern seines englischen Planes hinwegsetzen.   Ihn entzogen die stets
wiederholten Reisen nach Deutschland wenigstens zeitweise der Ruhe seines
dänischen Aufenthaltes.

Zunächst unternahm er mit Meta im Mai 1756 eine Reise nach
Hamburg.   Um dieselbe bis nach Quedlinburg fortzusetzen, wie es besonders sein kränkelnder Vater wünschen mochte, fehlte es ihm an Geld.   Den
Überschuß seiner Einnahme im jüngstverwichenen Jahre, wozu das Er-
trägnis der neuen Ausgabe des 'Messias' kam, hatte er zur Tilgung von
Schulden aufwenden und dabei sogar das Vermögen seiner Frau wiederholt angreifen müssen.   Auch zur Bestreitung der Studienkosten zweier
jüngerer Brüder und zur Ausstattung einer Schwester, die sich verheiratete,
konnte er nicht so viel beisteuern, wie er gern wollte.   Für sein Fernblei-
ben suchte Klopstock die Eltern einigermaßen zu entschädigen durch ausführliche, detaillierte Berichte über seine Reise nach und von Hamburg,

namentlich über die beide Male stürmische Seefahrt, unter der Meta empfindlich litt, während die furchtbare Großartigkeit des wild erregten Meeres ihren Gatten nur zu angstloser Bewunderung und Andacht stimmte. Jedoch von Hamburg selbst, wo Verwandte und Freunde den Dichter nebst seiner Frau mannigfaltig in Beschlag nahmen, flossen die Briefe nach Quedlinburg wieder spärlicher. Übrigens waren die Zerstreuungen des Hamburger Aufenthaltes, mochten sie auch mitunter etwas dicht hinter einander kommen, vorwiegend angenehmer Art, und besonders Meta fühlte sich sehr gesund und glücklich in ihrer Vaterstadt. Von den alten Freunden daselbst traf Klopstock denjenigen, welchen er am längsten und am zärtlichsten verehrte, nicht mehr an, Friedrich von Hagedorn, der im October 1754 seinem mehrjährigen Leiden erlegen war. Dafür gewann er jetzt unter andern den Hamburger Prediger Julius Gustav Alberti (1723—1772) zum Freunde, denselben, der späterhin durch seine Fehde mit dem orthodoxen Hauptpastor Goeze im ganzen literarischen Deutschland bekannt wurde. Alberti zeichnete sich durch natürlichen Geist und theologische wie allgemein philosophische Kenntnisse aus. Sein Rednertalent war berühmt. Man liebte ihn ebenso wegen seines aufgeklärten, religiös duldsamen Sinnes, wie man seine Rechtschaffenheit und Pflichttreue achtete. Vornehmlich aber schätzte man seine Unterhaltungsgabe, seinen unerschöpflichen Witz, seine unverwüstliche Laune. Als Erzähler suchte Alberti in ganz Deutschland seines Gleichen; er konnte „einem das ganze Herz nebst allen übrigen großen und kleinen Muskeln zu lachen machen". Klopstock, der den gesellschaftlichen Scherz sehr liebte, hielt den neuen Freund gerade wegen dieser Gabe besonders hoch und suchte seinen Umgang. Flüchtiger lernte er jetzt Albertis späteren Freund Lessing kennen, der im Juni auf der Durchreise nach Amsterdam mit Winkler ein paar Wochen in Hamburg verweilte; es scheint, daß Dichter und Kritiker keinen ungünstigen persönlichen Eindruck von einander empfiengen. Vor allem aber war der Besuch des dänischen Königs in Hamburg für Klopstock als dänischen Unterthanen ein hoch erfreuliches Ereignis. Denn die Einwohner der freien Hansastadt feierten den fremden Herrscher wie einen geliebten einheimischen Landesvater mit begeisterter Freude.

Zu Anfang Septembers langte Klopstock mit Meta wieder in Kopenhagen an; den Rest der schönen Jahreszeit verbrachten sie in Lyngby. Neu gekräftigt gab sich Klopstock seinen künstlerischen Arbeiten hin, die gerade in jenen Jahren des schönsten Glücks ihm reichlich gediehen.

Die Muse seiner Liebesdichtung war freilich verstummt, seitdem er sich in Metas Besitze selig fühlte. Während uns aus der Zeit seines Brautstandes mehrere Oden auf Meta überliefert sind, ist uns keine einzige aus den fünfthalb Jahren seiner Ehe erhalten. Andre zeitgenössische Dichter, z. B. Klopstocks Freund Giseke, erfreuten so ziemlich Jahr für Jahr am Geburtstag und bei sonstigen festlichen Anlässen ihre Daphne mit mehr oder minder schwunghaften Versen. Das konnte Klopstock nicht. Aber sollte er wirklich im Gefühle des höchsten irdischen Glücks, ja vielleicht gerade wegen der ungetrübten Reinheit dieser Empfindung nie zu einem dichterischen Wort oder Gruß, zu einer Ode, einem Lied an Meta gestimmt gewesen sein? Oder ist nur uns von den Liebesgedichten aus jenen glücklichen Jahren nichts kund geworden? Erachtete sie Klopstock für zu intim, um sie dem profanen Auge der Welt bloß zu stellen? Hat er sie vielleicht gar im ersten Schmerze nach dem Tode Metas mit vielen ihrer Briefe verbrannt? Für uns ist die Frage kaum zu entscheiden. Allerdings trat während seiner Ehe überhaupt in Klopstocks Lyrik eine Art von Stillstand ein, wenn gleich einzelne (freilich unbestimmte) Andeutungen in den Briefen des Vaters an Gleim vermuten lassen, daß auch damals Oden entstanden, die uns vorenthalten blieben. Nach dieser Seite hin erfüllte sich einigermaßen, was der Dichter 1752 im ersten Liebesglück an Gleim scherzend schrieb: „Je n'écrirai plus. Le Messie, toutes mes odes sont finies."

In Bezug auf den 'Messias' aber wurde geradezu das Gegenteil dieser Voraussage wahr. Zwar hatte auch Klopstocks Vater, als sein Sohn mit der jungen Gattin 1754 nach Kopenhagen in die eigne Häuslichkeit zurückkehrte, aus andern Gründen geglaubt, daß nun die Arbeit an der Messiade stocken werde. Eben während der Dichter in Quedlinburg weilte, waren nämlich Schönaichs 'Ästhetik in einer Nuß' und andere Schmähschriften der Gottschedianer erschienen, nach der Ansicht des maßlos empörten Vaters nichts als „giftige, grobe Lügen und Anfeindungen von Gottlosen und Heuchlern", die seinen Sohn billiger Weise kränken mußten und nicht gerade aufmuntern konnten, sein Werk getrost fortzusetzen. Schon plante er mit Gleim eine umfangreiche, inhaltlich erschöpfende Streitschrift gegen diese „deistischen Freidenker und Tartüffes", um dadurch seinem Sohn auf's neue Mut und Lust zur Arbeit zu machen. Die

Schrift kam nicht zu Stande¹); es bedurfte dieses Reizmittels aber gar nicht. Gerade in jenen Jahren schritt die Dichtung am 'Messias' rascher als je vorwärts. Und nicht dieses Werk allein; sondern es war damals überhaupt Klopstocks dichterischer Schaffensdrang und schriftstellerischer Eifer ungewöhnlich lebhaft angeregt.

Die Ausgabe der Messiade von 1755 brachte zugleich die ersten Proben von Klopstocks wissenschaftlicher Prosa. Jedem der beiden Bände war eine kurze, vermutlich nicht lange zuvor geschriebene²) Abhandlung vorausgestellt, dem ersten Band ein Aufsatz 'Von der heiligen Poesie', dem zweiten Gedanken 'Von der Nachahmung des griechischen Silbenmaßes im Deutschen'.

Wie sonst, so vermied auch hier Klopstock den äußern Anschein, als kümmere er sich im geringsten um das, was Freunde oder Feinde über seine Messiade sagten. Gleichwohl regte ihn zu diesen beiden Aufsätzen höchst wahrscheinlich der Parteikampf an, der sich über den Programmen des Rectors Stutz und über Gottscheds 'Bescheidenem Gutachten' entsponnen hatte. Inhalt und Form des 'Messias' hatte Gottsched angegriffen, das Recht, durch freie Erdichtungen einen biblischen Stoff auszuschmücken, geleugnet und den Gebrauch, den Klopstock und seine Anhänger vom antiken

---

¹) Vielleicht ist diese Streitschrift gemeint mit dem Anfang einer an Ebert gerichteten Satire, von der Klopstock im October 1757 an Gisefe schrieb. Er konnte sich damals des „in der ersten Hitze entworfenen" Fragmentes nur noch dunkel entsinnen; obgleich aber die beurteilten Personen darin „nur auf Seiten ihrer Schriften" angegriffen waren, hatte er die Arbeit jetzt dem Kamine bestimmt und bat Gisefe, daß er das Manuscript von Gleim zu bekommen suche, bevor dieser eine Abschrift davon nehme. Oder war das hier erwähnte Bruchstück von Klopstock selbst verfaßt, so daß er doch einmal „in der ersten Hitze" seinem Grundsatz untreu geworden wäre? Nach den kurzen Andeutungen über den noch ungedruckten Brief, die ich der Güte des Herrn Professors E. Einert in Arnstadt verdanke, scheint fast das letztere der Fall zu sein.

²) Im Brief an Hemmerde vom 24. August 1754 deutete Klopstock zuerst die Absicht an, eine kleine Sammlung prosaischer Stücke seinem Verleger zum Druck zu überlassen. Wir können aber nicht mehr feststellen, ob er schon damals außer den 'Drei Gebeten' noch andere prosaische Aufsätze vollendet hatte; denn den 'Tod Adams' hatte er bei jenen Worten an Hemmerde doch kaum im Sinne. Noch weniger können wir entscheiden, ob die beiden Aufsätze vor der Messiade von 1755 unter den erwähnten prosaischen Stücken waren. Übrigens erklärte der Dichter damals, daß er die Zeit, wann diese Arbeiten gedruckt werden sollten, noch nicht bestimmen könne.

Hexameter machten, bekämpft. Nach beiden Seiten hin suchte Klopstock
jetzt sein Verfahren zu rechtfertigen. In dem Aufsatz über die heilige
Poesie knüpfte er sogar ein paar Male geradezu an die Antwort an,
welche Gottsched bereits 1752 aus dem Kreise der Bremer Beiträger
erhalten hatte, an die 'Gedanken' über die Erdichtungen in christlichen Epopöen, welche seine Leipziger Freunde im dritten Bande der
Sammlung ihrer vermischten Schriften veröffentlicht hatten. Knapper,
maßvoller und dabei geistig freier als der Verfasser dieser 'Gedanken', griff
Klopstock von den vielen Beweisgründen, womit jener das Recht der Erdichtungen auch im religiösen Epos erhärtete, nur ganz wenige heraus,
stellte dieselben aber viel schärfer und bestimmter hin. Die sittliche Schönheit ist ihm auch hier der letzte Endzweck der höheren Poesie und zugleich
das wahre Kennzeichen ihres Wertes. Nicht sowohl der künstlerische als
vielmehr der sittliche und in letzter Linie der religiöse Mensch, der voll
empfindende Christ ist der rechte Zuhörer und ebenso der rechte Dichter für
diese höhere Poesie. So hängt denn auch der Entwurf und die Ausführung
eines heiligen Gedichtes nur zum kleinern Teile von dem Genie und dem
Geschmacke des Dichters ab; der größere Teil gehört vor den Richterstuhl
der Religion. Daß es einen mächtigen Eindruck auf das Gemüt des Lesers
hervorbringe, verlangt Klopstock im Einklang mit der schweizerischen Kunstlehre zuvörderst von dem Werke des Genies. Aus dieser Absicht ergeben
sich dann die einzelnen Regeln und Vorschriften für die Arbeit des Künstlers. Diese Regeln selbst sind trefflich, nur etwas gar allgemein und darum
praktisch schwer zu gebrauchen. Mit vollem Rechte hob Klopstock besonders
die künstlerische Anlage des Planes eines Gedichts hervor und gab be-
lehrende Winke über die zweckmäßige Gliederung, wirkungsvolle Steigerung
und Contrastierung der einzelnen Momente. Von der Darstellung in
der heiligen Poesie forderte er vornehmlich Würde und zwar sowohl
Würde der handelnden Personen wie ihrer Handlung. Damit waren
zugleich die engeren Schranken gezogen, in denen die Erfindungen des
Dichters sich zu halten haben: er soll die Religion ebenso nachahmen wie
die Natur.

Lieferte Klopstock in diesem Aufsatze vor dem ersten Band seines Epos
indirect eine Schutzschrift für den Inhalt seiner Messiade, so verteidigte er
in der Abhandlung vor dem zweiten Bande die aus dem Altertum entlehnte
Versform seiner Dichtung überhaupt. Es lag ihm zwar auch hier zunächst
daran, seine deutsche Nachbildung des Homerischen Hexameters in Schutz

zu nehmen, während er Uzens und Kleists hexametrische Versuche verwarf, und die Vorzüge dieses Silbenmaßes vor den Versformen, die man sonst im Epos anwenden könnte, zu erweisen. Daneben aber trat er fast eben so kräftig für den Gebrauch antiker Strophen und Verse in unserer Lyrik ein. An Horaz, den „Meister in der lyrischen Harmonie", schloß er sich dabei vornehmlich an, wenn er auch das eine oder andre Mal über ihn zurück auf Sappho oder Alkaios gieng. Seine eignen Veränderungen horazischer Metren deutete er gelegentlich an, aber schüchtern in möglichst allgemeiner und objectiver Weise. Im Keim enthielt der Aufsatz bereits so ziemlich alles, was Klopstock später über die Nachahmung griechischer Vers- maße im Deutschen schrieb. Schon betonte er den vermeintlichen Vorzug, den der deutsche Hexameter vor dem antiken durch die Beimischung von Trochäen erlange; schon erhob er gegen den Gebrauch des Jambus im Epos, den er nachmals so heftig bekämpfte, verschiedne leise Bedenken; schon gab er bedeutsame Aufschlüsse über die wechselnde Harmonie der ein- zelnen Verse, über Wohlklang und Tonmalerei, über das Geheimnis der dichterischen Periode. Kleine Mißgriffe im einzelnen waren unvermeid- lich; im ganzen jedoch beruhten Klopstocks Behauptungen und Vorschläge auf richtigen und gesunden Grundsätzen.

Mit vollem Rechte bezeichnete er den Aufsatz nur als „Fragmente einer Abhandlung". Fragmentarisch, sprunghaft, scheinbar ungeordnet war denn auch der Vortrag in beiden Aufsätzen. Vortrefflich erklärte Les- sing, der namentlich die zweite Abhandlung als ein Muster pries, wie man von grammatikalischen Kleinigkeiten ohne Pedanterie schreiben solle, diese Eigenart des Stils aus Klopstocks genial einbringender Kenntnis seines Gegenstandes. Klopstock setzt in der That, indem er seine Anmer- kungen „mehr im Vorbeigehen als mit Vorsatze" zu machen scheint, bei dem Leser nahezu dieselben Studien voraus, durch die er zu seinen Ergeb- nissen gelangt ist; manches in jenen frühesten Aufsätzen wird uns noch heute, da wir doch in der Ästhetik und in der Metrik und Rhythmik ein gut Stück weiter gekommen sind als seine Zeitgenossen, erst völlig klar, wenn wir es im Zusammenhang mit seinen übrigen Aussprüchen dieser Art betrachten.

Höchstes Lob verdient aber Klopstocks wissenschaftliche Prosa, wie sie sich hier zuerst, zu voller Ruhe und Kraft ausgereift, den Lesern darstellte. Klopstock selbst behauptete in einem nur wenige Jahre jüngeren Aufsatz, noch nie habe ein Volk weder in der Prosa noch in der Poesie Ausgezeich-

netes geleistet, welches nicht seine dichterische Sprache sehr merklich von
der prosaischen unterschieden habe. Nach dieser Norm regelte denn auch
er seine Schreibweise. Möglichster Gegensatz gegen das Pathos seines
dichterischen Ausdrucks galt ihm als erstes Gesetz für seine Prosa. Knapp,
einfach, klar, nüchtern, schmucklos sollte sein wissenschaftlicher Stil sein.
Er führte diesen Grundsatz vielleicht nur etwas zu streng durch, und so
erschien seine Prosa, der alle dichterischen und rednerischen Elemente mangelten, bisweilen steif und kahl, noch öfter herb und kalt. Gegen die wässe-
rige Breite, in welche die gelehrte Prosa der früheren und noch der meisten
gleichzeitigen Schriftsteller zerfloß, wenn nicht gar hohler Schwulst sie
unnatürlich aufblies, bezeichnete Klopstocks gehaltreiche Kürze einen überaus erfreulichen Fortschritt. An der kunstvollen, phantasiegetränkten
Sprache Wielands, Lessings oder Winckelmanns hingegen darf seine kunstlose Schreibart, die absichtlich auf den Schmuck des bildlichen Ausdrucks
verzichtete und sich nur durch die Gesetze des logischen Verstandes bestimmen ließ, nicht gemessen werden. Die weltmännische Eleganz eines Sturz
fehlt ihr ebenso wie das zierliche Gleichmaß in der Diction Mendelssohns.
Selbst die schwerfälligere Redeweise Abbts oder Mösers zeichnet sich mitunter vorteilhaft vor ihr aus, wenn bei ihnen — zwar nur auf Augenblicke — die Wärme des Empfindens den eintönigen Vortrag feuriger
oder den Ausdruck kühner und bildlicher gestaltet. Gemessener Ernst,
von dem wir in Klopstocks Briefen aus derselben Zeit nicht das Mindeste
spüren, ist ein Grundzug im Charakter seiner wissenschaftlichen Aufsätze
aus der Kopenhagner Periode. Dagegen sind sie noch frei von all den
verschrobenen Einfällen, künstlichen Schnörkeln und auch sprachlichen
Schrullen seiner spätern prosaischen Schriften.

Wieder auf einem neuen Gebiete zeigte den Dichter ein im Frühling
1757 veröffentlichtes Werk, 'Der Tod Adams', ein Trauerspiel in
drei Handlungen. Mit dem Drama hatte Klopstock sich vorher nicht viel
abgegeben. Sein ganzes Streben war auf das Epos gerichtet gewesen.
Auch wiesen die Kunstschriften der Schweizer, aus denen der Jüngling
sich belehrte, weniger direct auf das Drama als auf die übrigen Dichtungsarten hin. So kam es, daß er trotz dem gefeierten Andenken Elias
Schlegels zu Pforta nicht den Gedanken faßte, in die Fußstapfen dieses
Vorgängers zu treten, der überdies nicht mehr unmittelbar persönlich auf
ihn einwirken konnte. Ebenso scheint er in Leipzig dem Theater, an welchem Gottscheds Einfluß herrschte, nur wenig Aufmerksamkeit geschenkt zu

haben. Außer einigen begeisterten Worten des entzückten Dichters über Gellerts Lustspiele ist uns nichts erhalten, was auf irgend welche Beziehungen des Leipziger Studenten zu der dortigen Bühne und den Stücken, die zur gleichen Zeit den jungen Lessing an sie fesselten, schließen ließe. Darnach, in Langensalza und in Zürich, fern vom Mittelpunkt des dramatischen Lebens in Deutschland, fühlte sich Klopstock wohl noch weniger zur dramatischen Literatur hingezogen. Dazu kam es erst in Kopenhagen, wo in einem nationalen Theater die einheimische Schauspielkunst gedeihliche Pflege fand, wo der Hof und das Volk sich an theatralischen Vorstellungen in dänischer und französischer Sprache ergötzten, wo vielleicht wieder das Andenken an Schlegels Dramen und nunmehr bestimmender in Klopstocks Seele aufstieg. Schon im Jahr 1753 schrieb er hier den ersten Entwurf der Tragödie 'Der Tod Adams' nieder. Dann blieb das Manuscript liegen, von Klopstock fast vergessen, bis Meta es zufällig in einem Koffer entdeckte. Darauf hin lenkte er im Sommer 1755, wie auch aus den Briefen des Vaters hervorgeht, neuerdings sein Augenmerk auf dieses Drama; er gedachte es demnächst herauszugeben. Aber noch immer reifte die Arbeit nicht ihrem Ziele zu. Erst im Herbst 1756 unterzog der Dichter sein Stück einer letzten Durchsicht und gab es in den Druck.

Französischer Geschmack herrschte noch unbestritten im deutschen Drama, als Klopstock den 'Tod Adams' entwarf. Gottscheds Schule galt hier noch unangetastet, wenn schon das persönliche Ansehen des Leipziger Literaturdictators auch auf diesem Gebiete bereits gründlich erschüttert war. Lessings 'Miß Sara Sampson' war noch nicht geschrieben, das bürgerliche Trauerspiel bei uns noch nicht begründet, der Einfluß des englischen Dramas noch nicht nach Deutschland herübergeleitet. Aber wie unterwürfig man auch noch auf der Bühne den alten Autoritäten huldigte, so fieng man doch schon allerorten an, die Unzulänglichkeit derselben zu ahnen, und die bedeutendsten dramatischen Talente der Zeit, ein Elias Schlegel, ein Lessing, wagten in der Theorie wie in der dichterischen Praxis bereits allerlei schüchterne Versuche, das Neue wenigstens vorzubereiten. Ein Streben nach größerer Einfachheit und Natürlichkeit, nach geschichtlicher Treue und Wahrheit machte sich mehr und mehr geltend, obgleich nur leise und mitunter nur in Nebensachen bemerkbar. Auch Klopstock begab sich mit der Dichtung seines 'Todes Adams' auf die Bahnen, welche jene Männer vor ihm betreten hatten; aber er wollte nicht gleich ihnen langsam und allmählich, sondern, wie vordem auf dem Gebiete des Epos, so auch hier mit Einem Schritte zum Ziele kommen. Er suchte das deutsche Drama, das vielfach in hohle Künstlichkeit und Unnatur aus= geartet war, auf die einfachsten Formen zurückzuführen und bemerkte nicht, daß er das Wesen des Dramas selbst dabei zerstörte. Der Verfasser des 'Philotas' stellte sich ein paar Jahre darnach die nämliche Aufgabe und löste sie. Klopstock aber, an dramatischer Begabung nichts weniger als Lessingen ebenbürtig, scheiterte an dem Radicalismus, mit welchem er das Neue, von dem Vorhandenen völlig Verschiedene auch in diesem Bezirke der Kunst durchführen wollte.

Schon auf die Wahl des Stoffes hatte gemäß des Dichters eigner Angabe das Streben nach einfacher Natur Einfluß. Um nicht durch die Beobachtung des geschichtlichen Costümes einer in der Cultur fortgeschrit= tenen Zeit stellenweise in einen unvermeidlichen Gegensatz zur schönen Natur zu geraten, wählte Klopstock sich überhaupt keine Person der ent= wickelten Geschichte zum Helden seines Dramas, sondern verlegte dasselbe in die ersten Anfangszeiten des Menschengeschlechtes vor den Beginn jeg= licher Cultur. Es ergab sich dabei auch eine Art von innerer Verwandt= schaft zwischen dem Stoffe seines Trauerspiels und dem seines epischen Gedichtes. Wie er in diesem den Tod des Erlösers, des zweiten, schuld= losen, die Sünde aller Menschen sühnenden Adam besang, so stellte er in jenem das Sterben des ersten, schuldbefleckten Adam, des Stammvaters der gesammten Menschheit, dar. Ferner entstanden aber auch in denselben Jahren wie das Trauerspiel diejenigen Abschnitte der Messiade (im achten und im zehnten Gesang), in welchen Adam am bedeutendsten im Verlaufe des ganzen Gedichtes hervortritt.

Dieser zeitliche Zusammenhang macht es denn erklärlich, daß der Charakter des ersten Menschen beide Male wenigstens in Einer Hinsicht ähnlich gezeichnet ist. Wie in der Messiade, so sucht Klopstock auch in dem Trauerspiel den Charakter Adams symbolisch zu vertiefen. Als Stamm= vater ist Adam nicht bloß Typus, sondern auch Inbegriff aller Menschen; die einzelnen Eigenschaften und Empfindungen der künftigen Menschen sind in ihm gewissermaßen verdichtet, concentriert vorhanden. Er und Eva fühlen die Last ihrer Sünde und die Schrecken des Todes, den der Heiland dafür erleidet, unendlich tiefer als alle ihre Kinder; so empfindet Adam auch den eignen Tod in einem ungewöhnlich, ja fast unnatürlich und un= begreiflich hohen Grade. Während von seinen Nachkommen die einen entschlummern, die andern sterben, soll er des Todes sterben[1]). So steigern sich in ihm alle Empfindungen der Angst, des Schreckens, des Elends zu einer über das Wissen und Verstehen der nachgebornen Menschen weit hinausragenden Höhe. Darin liegt aber zugleich für den Dichter, der doch selbst nur einer jener Menschen ist, die Unmöglichkeit begründet, derartige Gefühle durch die Sprache, die wieder nur für menschliche Begriffe ausreicht, genügend auszudrücken oder gar in dramatischer Anschaulichkeit uns vorzuführen.

In dieselbe Verlegenheit gerät Klopstock übrigens auch mit andern Personen seines Trauerspiels, namentlich mit Kain; denn auch hier sucht er ein später unter den Menschen nie wieder erreichtes und nie wieder zu erreichendes Maß von Verbrechen und Unglück darzustellen: Kain ist der boshafteste und der unglückseligste unter allen Kindern Adams, die ihm geboren sind und noch geboren werden sollen. Bei anderen Personen des Dramas hinwiederum, z. B. bei Seth, fehlt zwar jene Steigerung einzelner Charakterzüge und Empfindungen in's Unfaßliche; dagegen ist der ganze Charakter typisch-allgemein gezeichnet; es mangelt die gerade im Drama unentbehrliche individuelle Färbung.

Klopstock hat im 'Tod Adams' überhaupt nur den allgemeinen Unterschied zwischen männlichen und weiblichen Charakteren und allenfalls noch zwischen Eltern und Kindern einigermaßen gewahrt; im übrigen sehen sich seine Personen so ziemlich gleich. Selbst der einzige Bösewicht unter ihnen, Kain, ist seinen frommen Verwandten ausnehmend ähnlich, sobald man nur das Ohr gegen einige entsetzliche Flüche des Brudermörders verschließt.

Klopstock weiß vor allem nicht durch die Sprache zu charakterisieren. Kain und noch mehr der Todesengel sollten Donnerkeile, wenige, aber niederschmetternde Worte zu dem Sterbenden reden, statt gemütlich lange, kraftlose Tiraden zu declamieren. Ebenso sollte sich der Schmerz der durch die Todesnachricht überraschten Eva in einem leidenschaftlichen Aufschrei verraten; wir sollten die Pein, die Adam erleidet, schon aus dem qualvoll gepreßten Ton seiner Worte vernehmen; die Sprache sollte das Gepräge unmittelbarer Naturwahrheit tragen. Das ist durchaus nicht der Fall.

---

[1]) Das sprachliche Mißverständnis, auf dem dieser schon von Mendelssohn getadelte, übrigens im 'Messias' (X, 53 f.) wiederholte Ausdruck beruht, ist bereits früher auf Seite 18 erwähnt.

Die Prosa des Trauerspiels hat viele Vorzüge, sie ist einfach, klar, für jeden verständlich, im einzelnen nicht weitschweifig oder phrasenreich, ohne Schwulst und Künstelei, natürlich-schön, anmutig und wohllautend. Aber es fehlt ihr sehr oft die innere Überzeugungskraft, die lebendig fortreißende, unsere Sinne zwingende Gewalt. Die Worte stellen das, was sie ausdrücken, nicht selber unmittelbar vor uns hin, so daß wir es mit eignen Augen sehen, sondern sie sagen es uns nur, und wir müssen es auf Treu' und Glauben hinnehmen.

Dazu kommt eine gewisse gehaltene Würde der Darstellung, die ihren letzten Ursprung doch in der sonst von Klopstock so wenig nachgebildeten französischen Tragödie hat. Diese gehaltene Würde aber, die manchmal fast in eine den Sitten der Urzeit geradezu widerstreitende steife Förmlichkeit ausartet, ist bei dem deutschen Dichter um so bedenklicher, weil sie nicht, wie in der französischen Poesie, durch ein mächtiges rednerisches Pathos unterstützt wird, sondern vielmehr im Gegensatz zu der natürlichen Einfalt des Vortrags steht.

Allein der schlimmste Fehler des Werkes steckt viel tiefer. Klopstock veröffentlichte den 'Tod Adams' unter der Form und unter dem Namen eines Trauerspiels; er wollte ihn also als ein Drama betrachtet wissen. Das Stück ist aber nichts weniger als ein Drama. Zwar gestand der Dichter selbst, sein Werk werde niemals aufgeführt werden können. Aber er glaubte, daran seien nur „gewisse Nebenumstände" schuld, der religiöse Stoff und die notwendige äußere Einfalt bei der Vorstellung. In der That jedoch mangelte dem Stücke geradezu dasjenige, was das Wesen des Dramas ausmacht. Wir vermissen jede Spur von Handlung; wir vermissen demzufolge auch die regelrechte Gliederung nach den verschiedenen Stufen der dramatischen Entwicklung. Das Stück hat keine fortschreitende Entwicklung, keinen Knoten, der geschürzt und gelöst werden soll, keine Peripetie und — streng genommen — auch keine Katastrophe. Alles ist Schilderung ruhiger Zustände. Den Inhalt des Werkes hat Moses Mendelssohn in einer strengen, aber völlig gerechten Kritik mit bitteren, aber zutreffenden Worten kurz dahin bezeichnet: „Adam stirbt, und alle seine Angehörigen sind äußerst darüber betrübt." Die Hauptperson des Dramas handelt also nicht, sondern leidet — wie in der Messiade, aber nicht aus freiem Entschluß, wie dort der Erlöser. Dieses Leiden an und für sich bedingt zwar eine beängstigende, traurige, stellenweise sogar tragische Situation, die bei uns auch Gefühle des Mitleids und der Furcht erweckt;

allein, um von äußerer Handlung ganz zu schweigen, innerlich dramatisch
bewegt ist diese Situation keineswegs. Sie ist durch drei Acte dieselbe.
Höchstens ist durch unwesentliche Schattierungen dann und wann eine
geringfügige Abwechselung erzielt. Aber diese Schattierungen sind, soweit
sie sich auf Adams Empfinden beziehen, durch nichts Thatsächliches
motiviert: wir suchen vergeblich nach einem erkennbaren Grunde, warum
Adams Todesangst zu wiederholten Malen (Act II, Auftritt 7 und 8;
III, 4) plötzlich nachläßt, um dann eben so plötzlich wieder hervorzubrechen.
Andrerseits dienen zur Schattierung öfters Episoden, die mit der eigentlichen Geschichte von Adams Tod in einem allzu losen, nur äußerlichen
und künstlichen Zusammenhange stehen. Allerdings sind diese Episoden
nicht ungeschickt erfunden. Der Gedanke, durch die Gegenwart Kains die
Todesqualen Adams zu verstärken, war ohne Zweifel glücklich; nur miß-
lang — hier, wie so oft in der Messiade — die Ausführung. Ebenso war
es ein hübscher, nur nicht genügend motivierter Gedanke, dem ältesten
Sohn Adams seinen jüngsten, den Knaben Sunim, entgegenzustellen: auch
er weilt fern von den Eltern, in der Einöde verirrt, und seine unerwartete
Rückkehr ist der letzte Lichtblick für den Sterbenden. Zugleich wird durch
dieses wie durch einige andere episodische Motive (die Hochzeit eines
jüngeren Sohnes und einer Enkelin Adams, die drei Mütter, welche ihre
Kinder zum ersten Male dem Stammvater darbringen, daß er sie segne)
ein künstlerisch wirksamer Gegensatz vorübergehender Freude im einzelnen
zur allgemeinen und bleibenden Traurigkeit hervorgebracht.

Sonst aber hat sich Klopstock alles, was etwa die Handlung noch beleben konnte, auch das Nächstliegende, entgehen lassen. Recht ungeschickt
ist seine Annahme, daß außer Abel bereits auch andere Söhne Adams gestorben sind (II, 1); er raubt sich dadurch die Gelegenheit, die er doch im
'Messias' (V, 216 ff.) meisterlich auszubeuten verstand, den Menschen, die
den Tod noch nicht kennen, erklären zu lassen, was sterben heißt. Die
Situation hätte hier zu einer bedeutenden tragischen Höhe gesteigert
werden können, da der Sterbende selbst diesen Aufschluß geben müßte.
Der Dichter scheint zwar für einen Augenblick etwas Derartiges vorgehabt
zu haben, da er (II, 3) Adams Enkelin Selima, die noch kein Grab gesehen hat, zuerst vor die offene Ruhestätte ihres Stammvaters treten läßt.
Aber schon nach ihren ersten Worten wird das Gespräch anders gewendet,
und wir vermögen nicht einmal klar zu erkennen, ob Selima weiß, was
sterben ist, oder nicht.

Es bleibt also vom Drama im 'Tod Adams' nichts übrig als die
äußere Form des Dialogs: eine künstlerisch unzulässige Halbheit im besten
Falle, wenn nämlich Klopstock — was er aber nicht that — eingestandener-
maßen kein Trauerspiel, sondern nur eine Idylle in Gesprächsform hätte
schreiben wollen. Als Idylle hat das Werk manche Vorzüge, die natürliche Einfalt der Sitten und Anschauungen, stellenweise auch der Empfindungen und Reden, die sanfte Liebenswürdigkeit der meisten Charaktere,
die Innigkeit und Frömmigkeit der meisten Gefühle. Diesen Vorzügen
verdankte das Stück auch zum großen Teile die freundliche Aufnahme, die
es — im Auslande noch mehr als in Deutschland — erfuhr. Daneben
bestach die Zeitgenossen die unleugbare Kraft und Anmut der Klopstockischen
Prosa, die augenscheinlich beabsichtigte Einfachheit des scenischen Aufbaus,
auch die äußere Einheit von Ort und Zeit, die den strengsten Anforderungen
der französischen Kunstlehre zwanglos Genüge leistete, und nicht zum mindesten die Wahl des Stoffes selbst. Trotz einigen mißglückten Versuchen
Bodmers, die jedoch kaum in weitere Kreise gedrungen waren, war 1757,
als 'Der Tod Adams' erschien, die Gattung des religiösen Dramas in
Deutschland noch völlig ungepflegt. Klopstocks Trauerspiel bezeichnete
also eine Neuerung, die als solche schon auf einen gewissen Erfolg Aussicht
hatte, zumal da die literarische Teilnahme des deutschen Volkes an der
biblischen Geschichte, durch unsere epische Dichtung entzündet und genährt,
noch keineswegs erloschen war. Dazu kam die schwermütig-düstere Stimmung, die über dem Werke lag. Noch war die Wirkung der 'Nachtgedanken' nicht verraucht. Nun erschien in Deutschland ein Drama, dessen
Verfasser, obgleich im einzelnen grundverschieden von Young, sich doch
ebenso wie er in den Gedanken und die Empfindung des Todes versetzte,
ja vielleicht durch den Engländer geradezu zu seinem Vorwurf, der Schilderung des Todes in seiner qualvollsten Gestalt, geführt worden war.

So erlebte denn Klopstocks Trauerspiel ziemlich rasch hinter einander
mehrere Auflagen (die zweite schon 1758), sammt und sonders unveränderte Abdrücke des Textes von 1757. Die große Menge der Anhänger
des Dichters bewunderte es gleich unbedingt wie seinen 'Messias' und seine
Oden. Die deutschen Zeitschriften brachten zwar meistens aus Lob und
Tadel gemischte Besprechungen; dagegen posaunten die auswärtigen Journale den Ruhm des neuen Trauerspiels laut und stolz in die Welt hinaus.
Gleim setzte Klopstocks Prosa in breite, an Füllwörtern und Wiederholungen reiche, trotz des fast ausnahmslos männlichen Versausgangs

kraftlose Jamben um (Berlin 1766) — zum bittern Verdruß des Dichters — und veranstaltete sogar eine Aufführung des Stücks in Halberstadt. Kleist sah in dem Drama ein Meisterwerk und ließ sich durch dasselbe zu seiner Skizze eines Trauerspiels 'Seneca' begeistern. Noch fast zwei Jahrzehnte später wurde Lavater durch den 'Tod Adams' zu seinem „religiösen" Drama 'Abraham und Isaak' angeregt, dem Bodmer 1778 sein einfältiges Machwerk 'Der Vater der Gläubigen' entgegensetzte. Zwei Jahre zuvor hatte sich der grollende Alte gegen Klopstock selbst gewendet; indem er, dessen biblische Trauerspiele parodierend, zwei Stücke 'Der Tod des ersten Menschen' und 'Die Thorheiten des weisen Königs' (gegen 'Salomo') veröffentlichte. Inzwischen hatte Klopstocks Drama ungehindert seinen Lauf durch ganz Europa gemacht. Zuerst hatte Kleist den Refugié Casqué bestimmt, den 'Tod Adams' in das Französische zu übertragen. Casqué fand bald zahlreiche Nachfolger. Verschiedne Übersetzungen und Bearbeitungen des Stückes tauchten in Frankreich auf. Eine der letzteren (von Frau von Genlis, die den Text des Originals sehr frei behandelte und oft rhetorisch erweiterte) ließ Napoleon 1799 vor St. Jean d'Acre in Syrien sich vorlesen; die Episode Kains entlockte ihm wiederholte Ausrufe voller Bewunderung. Und noch kurz vorher, 1792, benützte ein französischer Dichter Klopstocks Drama zu einem Stücke, welches auf dem Pariser Theater sich lebhaften Beifall errang. In's Dänische wurde 'Der Tod Adams' schon 1757, in's Italienische 1760 (durch den Grafen Gasparo Gozzi), in's Englische 1763 und in's Holländische 1774 übersetzt. In Italien brachte man das Trauerspiel auch auf die Bühne.

Wenn hier der blendende Beifall der Zeitgenossen den Dichter noch über den künstlerischen Mißerfolg hinwegtäuschen konnte, so hätte doch bei einem andern poetischen Unternehmen aus jenen Jahren der Selbstbetrug nicht so lange vorhalten sollen. Am 8. November 1756 schrieb Klopstock nach Quedlinburg: „Ich habe eine Sache, die ich für meinen zweiten Beruf halte, angefangen. Ich habe Lieder für den öffentlichen Gottesdienst gemacht. Ich halte dies für eine der schwersten Sachen, die man unternehmen kann. Man soll, wo nicht dem gemeinen Haufen, doch den meisten verständlich sein und doch der Religion würdig bleiben. Unterdeß scheint es mir, daß mir Gott die Gnade gegeben und mir diese Arbeit hat gelingen lassen." Er hatte damals bereits Lieder auf alle hohen Feste außer Weihnachten in der Melodie „Herr Gott, dich loben wir" verfertigt. Dazu hatte er mehrere von unsern besten und am öftesten ge-

fungenen Liedern „nur verändert, nicht umgearbeitet". Er fuhr in dieser
Thätigkeit auch während des nächsten Jahres eifrig fort, und so konnte im
Herbst 1757 (mit der Jahreszahl 1758 auf dem Titelblatte) der erste
Band seiner 'Geistlichen Lieder' erscheinen.

Es fehlte im Kreise der blinden Verehrer Klopstocks auch diesmal
nicht an mündlichen und schriftlichen Lobsprüchen; namentlich die Freunde
in Dänemark scheinen sich sehr zufrieden geäußert zu haben. Und unter
ihnen war Cramer, der in diesem Falle vor andern ein Recht hatte mitzu-
sprechen. Auch die Kritiken in den öffentlichen Blättern lauteten zum Teil
günstig, aber nur mehr selten begeistert, stellten sich auch im Vergleich mit
der Schaar früherer Besprechungen nur spärlich ein. Dagegen ließ sich
bald auch ein abfälliges Urteil um das andre vernehmen, und die sich so
äußerten, waren nichts weniger als abgesagte Feinde der Klopstockischen
Dichtung, zum Teil vielmehr sonst begeisterte Bewundrer derselben.
Bekannt ist Lessings Wort im 51. Literaturbriefe, Klopstocks Lieder seien
so voller Empfindungen, daß man oft gar nichts dabei empfinde. Mendelssohn und Nicolai waren mit diesem Tadel vollkommen einverstanden; aber
auch Herder, der viele Lieder Klopstocks als Muster einer stillen andächtigen
Empfindung hoch schätzte und sie noch 1773 in der Schrift 'Von deutscher
Art und Kunst' gegen den Tadel zu großer Kühnheit in Schutz nahm, fand
in den meisten derselben zu viel orientalischen Schaum, zu viel biblische
Sprache, als daß sie immer nach unsern Ideen bestimmt genug wäre, und
gewisse morgenländische Wiederholungen, die statt zu seufzen gähnen
machen. Und Uz, ja Kleist und selbst Gleim wollte von diesen Kindern der
christlichen Muse Klopstocks nichts wissen.

Gleichwohl ließ sich der Dichter dadurch nicht abhalten, auf dem
Irrpfade, den er betreten, fortzuwandern und 1769 einen zweiten Teil
geistlicher Lieder dem ersten folgen zu lassen. Noch immer trug er sich mit
dem Gedanken, ein neues protestantisches Gesangbuch herauszugeben, das
außer diesen eignen Versuchen die christlichen Psalmen und Lieder Cramers,
desgleichen Lieder von Funk, Gellert, Adolf Schlegel, Basedow und etliche
Nummern aus den neueren Gesangbüchern enthalten sollte. Uz und die
Karschin wollte er um Beiträge bitten, forderte auch schon öffentlich
sonstige ihm noch unbekannte Verehrer des Christentums halb und halb
zu thätiger Teilnahme auf. Ja er träumte bereits davon, daß auch die
deutschen Katholiken seine Sammlung nutzen würden. Allein das Vorhaben, das er so nahe dem Ziele wähnte, gedieh überhaupt nicht zur Reise,

vielleicht in Folge der trotz einzelner Recensionen doch gleichgültigen Aufnahme, die der zweite Teil seiner geiftlichen Lieder fand.

Klopftock fah fehr gut ein, worin für ihn, den Odenfänger, die haupt-
fächliche Schwierigkeit lag, wenn er fich anfchickte, Kirchenlieder zu verfertigen. Ohne der Würde der Religion etwas zu vergeben und ohne zur
unkünftlerifchen Profa herabzufinken, mußte er verfuchen, allverftändlich
für eine ganze Gemeinde, auch für die weniger begabten und weniger gebildeten Mitglieder derfelben, zu dichten. Den bisherigen Verfaffern von
geiftlichen Liedern war das letztere fo ziemlich immer, das erftere oft nicht
gelungen. Klopftock brauchte nach feiner ganzen dichterifchen Anlage nicht
zu befürchten, daß er in denfelben Fehler verfallen werde. Gleichwohl
war er beftändig fo emfig beftrebt, diefe Gefahr zu vermeiden, daß er oft
nach der entgegengefetzten Seite hin ftrauchelte. Freilich gegen feine Ab-
ficht: denn er that auch gar manches, um fich zum Verftändnis der großen
Menge herabzulaffen.

Zunächft bequemte er fich zu gereimten Versmaßen. Er dichtete feine
Lieder nach alten Melodien des proteftantifchen Kirchengefangs, wählte
aber mit Vorliebe folche altkirchliche Melodien, welche durch einen freieren
Wechfel von kurzen und langen, bald iambifch, bald trochaifch beginnenden
Verszeilen[1]) noch am erften an die kühnere Form der Ode erinnerten.
Mit feinem feinen mufikalifchen Sinne wußte er feine Dichtung diefen
alten Weifen innig und zwanglos anzufchmiegen, fo daß Text und Melodie
harmonifch zufammenftimmten; nur die logifche Gliederung der Sätze fiel
mit dem rhythmifchen Bau der Strophe nicht immer genau genug zufam-
men. Hin und wieder wich er auch in Kleinigkeiten von den alten
Strophenformen ab, um einen oder ein paar Reime zu erfparen. Denn,
wenn er fich jetzt auch in das Herkommen fügte und reimte, fo empfand er
doch auch hier den Reim als eine überflüffige Laft, mit der er als Künftler
nichts anzufangen wußte, die er folglich, wo und wie es nur angieng, zu
vermindern fuchte. Zu diefem Zwecke bediente er fich befonders gern des
fogenannten reichen Reimes, der jederzeit in der franzöfifchen Dichtung
mehr als in der deutfchen gebraucht wurde. Aber Klopftock vernachläffigte

---

[1]) Manchmal war diefer Wechfel freilich in den alten Liedern nur fcheinbar
vorhanden. Klopftock aber, im einzelnen wenig unterrichtet über die deutfche
Metrik des fechzehnten Jahrhunderts, hielt fich durchweg an die äußere Form
jener Melodien.

dabei durchgängig die erste Regel der rime riche, die zwar durch gleich lautende, aber Verschiedenes bedeutende Wörter gebildet wird. Für ihn war vielmehr der reiche Reim sehr oft nur ein Mittel, sich das Reimen überhaupt so bequem als möglich zu machen; war einmal das zweite Reimwort schwerer zu finden, so wiederholte er, statt lange zu suchen, mühelos das erste. Auch sonst verrieten die geistlichen Lieder mehrfach seine Unbeholfenheit im Reimen. Er stellte sehr oft unbedeutende, ja nichts-sagende Wörter in den Reim; auch lag es ihm nicht sonderlich auf, wenn dieser unvollständig oder unrein war. Desto sorgfältiger achtete er auf alles, was mit dem Metrum oder Rhythmus zusammenhieng. Die Melo-bien, die er zu Grunde legte, sollten in jedem Falle genau zu dem Inhalt und der Stimmung des Liedes passen, und um dies im besonderen immer zu ermöglichen, wechselte er sogar nicht selten bei den einzelnen Strophen des nämlichen Liedes mit der Melodie. Auch in der Wahl dieser äußeren Formen verfuhr Klopstock nirgends blindlings oder willkürlich; hier, wie überhaupt in seiner Liederdichtung, war zuvor alles bis auf das Kleinste reiflich überdacht und vielfältig hin und her erwogen worden.

Klopstocks theoretische Grundsätze über das Wesen und die Aufgabe der kirchlichen Poesie waren durchaus richtig und verständig. Er verlangte vom geistlichen Liederdichter Nachahmung, selbstverständlich originelle Nachahmung der Psalmen im christlichen Sinne. Der Ausdruck der Empfindungen des neuen Testamentes, in welchem unsere ehrfurchtsvolle und bewundernde Anbetung der Gottheit oft zur Entzückung wird, sollte der Hauptton, die Liebe Gottes und unserer Mitmenschen der hauptsäch-liche Inhalt seines Gesanges sein. Das bloße poetische Genie ohne den wahren christlichen Glauben schien ihm mit Recht für diese Dichtungs-gattung nicht auszureichen.

Klopstock befolgte auch praktisch, was er theoretisch erkannt hatte. Er bemühte sich, den Schwung seiner Gedanken und Empfindungen in den geistlichen Liedern zu mäßigen, er hütete sich ängstlich vor fern liegenden Anspielungen, vor fremden oder schwer verständlichen Worten, vor allzu verwickelten Constructionen, vor langen, künstlich gebauten Perioden. Aber man merkt ihm diese Mühe zu sehr an.

Der Grundcharakter des echten Kirchenliedes ist Naivetät. Der Dichter spricht sein religiöses Empfinden unmittelbar als das Empfinden der gesammten Gemeinde aus. Aber er thut dies als wahrer Volksdichter, der an die eigne Subjectivität gar nicht denkt und es nicht anders weiß,

als daß ſeine Perſönlichkeit in der Geſammtheit zu verſchwinden hat. Er
braucht ſich nicht erſt künſtlich durch Reflexion in das Gemüt des Volkes
zu verſetzen, er läßt ſich überhaupt nicht zu dem Volke herunter: was er
empfindet, das empfindet ebenſo die ganze Gemeinde; ebenſo wie er kann
ſie es mit ſeinen ſchlichten Worten erfaſſen und ausſprechen. Klopſtock
hingegen vergißt ſeine Individualität auch als Lieberdichter keinen Augenblick; er ſucht ſie aber zu verleugnen. Er bemüht ſich, künſtlich ſeine Natur
ſo weit abzuſtreifen, als ſie ihn von der großen Menge abſondert und vor
ihr auszeichnet; er ſteigt zum Volke herunter. Den Weg, auf welchem,
und den Punkt, bis zu welchem er dies thun darf, findet er aber nur mit
Hilfe des Verſtandes; er reflectiert über ſeine Aufgabe, bevor und während
er ſie zu löſen verſucht. Naive Unbefangenheit fehlt ihm gänzlich. Was
allein das Werk des empfindenden Herzens ſein ſoll, in das miſcht ſich bei
ihm beſtändig prüfend und meiſternd der nüchterne Verſtand.

Klopſtocks geiſtlicher Dichtung war demzufolge die einfache, kindliche
Vorſtellungs- und Ausdrucksweiſe der alten Kirchenlieder ganz fremd.
Anſtatt der ſchlichten, aber ſinnlich-beſtimmten Anſchauungen und Worte
zog er abſtracte Begriffe und abſtracte Ausdrücke vor, zwar meiſtens Begriffe und Ausdrücke, welche die große Menge zur Not noch faſſen konnte,
zu welchen ſie aber nimmermehr von ſelbſt ohne ſein Zuthun ſich verſtiegen
hätte. Und wo hörte hier das Verſtändnis des Volkes auf, wo fieng es
an? Wie ſchwer, ja beinahe unmöglich war es, die ſcharfe Grenzlinie zu
ziehen! Jedenfalls überſchritt ſie Klopſtock, indem er öfters ganze Lieder
ſtatt, wie man erwarten durfte, über eine concret-geſchichtliche That, vielmehr über eine abſtracte Idee dichtete (z. B. 'Gott dem Sohne am
Oſterfeſte').

Dazu kommt, was Herder, indem er zugleich den Einfluß der bibliſchen Sprache andeutet, orientaliſchen Schaum nennt. Faſt ununter-
brochen waltet in Klopſtocks Liedern geradeſo wie in ſeinen Oden ein
redneriſches Pathos. Wie dort, ſo ſind auch hier die Ausſageſätze ſelten
gegenüber den zahlloſen Ausrufeſätzen; ja ſelbſt wo die äußere Form der
Behauptung gewahrt iſt, wird regelmäßig durch den gehobenen Ton der
Rede die Ausſage in einen Ausruf verwandelt. Überall, auch bei den
Appoſitionen, den ausſchmückenden Zwiſchenſätzen, herrſcht die Figur des
Ausrufs. Emphatiſch wiederholt dabei Klopſtock im Feuer der Rede bald
einzelne Worte, bald ganze Sätze. Mitunter reißt ihn auch ſein Pathos
fort, die natürliche Reihenfolge der Satzglieder zum Zwecke des größeren

Nachdruckes zu verändern, und so entstehen künstliche Stellungen, die der
ruhige Leser nicht gleich auf den ersten Blick enträtselt, und die zu dem
sonstigen Streben des Dichters nach Einfalt und Deutlichkeit einen
schroffen Gegensatz bilden.

Für den Inhalt ist die rhetorische Form, wie sonst bei Klopstock, so
auch hier nur nachteilig. Durch sie wird ein leerer Wortschall allzu sehr
begünstigt. Der Gedanke steht still, während die Worte wiederholt werden.
Überdies ermüdet der gar zu häufige Gebrauch dieses rednerischen Kunst-
griffes auf die Dauer den Leser wie den Hörer. Klopstocks Rhetorik erzielt
somit gerade das Gegenteil des Eindruckes, den sie hervorbringen soll:
trotz allem äußeren Pathos erscheinen die Lieder selber kalt und matt.
Man vermißt die Innigkeit, die fortreißende Kraft der früheren Kirchen-
gesänge.

Klopstock selbst fehlte es an der Innigkeit und Leidenschaftlichkeit
seines christlichen Empfindens gewiß nicht. Auch nicht an der unverstell-
ten Wahrheit desselben; aber an der Unmittelbarkeit. Sein Empfinden,
oft auch nur der dichterische Ausdruck, den er ihm gab, war künstlich mit
Hilfe verstandesmäßiger Reflexion auf eine überschwängliche Höhe hinaufgeschraubt. Dahin kann ihm aber die Menge der Gläubigen, für die er
seine Lieder dichtete, nicht folgen. Denn sie kennt jene Reflexion nicht
oder hat keinen Sinn dafür. Sie begreift das individuelle Übermaß
seines Gefühls nicht, weil sie es nicht deutlich genug entstehen sieht. Der
Gedankengang in Klopstocks geistlichen Liedern ist nicht einfach genug, daß
ihn jeder sofort, ohne erst zu suchen, herausfinden könnte. Es fehlen zu
viele logische Zwischenglieder, die wir nicht leicht entbehren; der Dichter
verfährt auch hierin allzu individuell. Es bedeutet nichts, daß einzelne
Strophen, ja wohl gar das eine oder andere Lied eine löbliche Ausnahme
von dieser Regel ausmachen. Der unerfreuliche Eindruck der ganzen
Sammlung wird durch die zwitterhafte Mischung von lied- und von oben-
artigen Bestandteilen, von volksmäßig einfachen, allgemein verständlichen
und von subjectiver gehaltenen, künstlicheren und schwierigeren Versen eher
noch verstärkt.

Aber nicht bloß in allen diesen Beziehungen waren Klopstocks geistliche Lieder seinen Oden nur zu ähnlich. Auch sonst blieb der Charakter
seiner Lyrik hier der gleiche. Handlung war in Klopstocks Liedern fast
noch seltner als in der übrigen kirchlichen Lyrik; dagegen überwog in
ihnen durchaus die Betrachtung. Das schildernde Element war auch hier

ſtark vertreten. Der außerordentlichen Schwierigkeit des Verſuches, Ab-
ſchnitte aus der bibliſchen Geſchichte in halbepiſcher Weiſe den Liedern
einzuflechten, war ſich Klopſtock ſelbſt wohl bewußt. Es gelang ihm denn
auch nur ſelten, weil er auch hier wieder meiſtens bloß ſeiner eignen
Individualität und nicht dem allgemeinen Bedürfniſſe ſeiner Leſer Rechnung trug.

Neben Klopſtocks eignen Verſuchen enthielt der erſte Band ſeiner
geiſtlichen Lieder noch etwa dreißig alte Kirchenlieder in veränderter Ge-
ſtalt. Klopſtock fand, daß in mehreren Liedern des ſechzehnten und ſiebzehnten Jahrhunderts, die er beſonders liebte, oft ein der Religion unwürdiger Gedanke oder Ausdruck, oft auch ein veraltetes Wort oder ein
holperiger Vers ihn mitten in der Andacht ſtörte. Er glaubte daher als
Chriſt und als Dichter ein verdienſtliches Werk zu thun, wenn er ſolche
anſtößige Stellen umarbeitete. Nun waren ja in der That viele Lieder
aus der Reformationszeit wegen der Gleichgültigkeit, womit man damals
den regelmäßigen Wechſel betonter und unbetonter Silben im Verſe behandelte, viele auch wegen ihres unleugbar proſaiſchen Inhalts und Ausdrucks ſchon für das künſtleriſche Empfinden des vorigen Jahrhunderts
unerträglich geworden. Wollte man jene Lieder künftig nicht ganz und
gar bei dem Gottesdienſt entbehren, ſo war es geboten, ſie vollſtändig oder
teilweiſe umzugeſtalten. In dieſem Sinne war Klopſtocks Verfahren wohl
berechtigt, und in dieſem Sinn iſt ihm auch ſeine Arbeit einige Male
gelungen, wenn gleich ſeine Veränderungen ebenſo wie die der übrigen
Zeitgenoſſen, die ſich an dieſelbe Aufgabe wagten, in den wenigſten Fällen
und dann nur vorübergehend Eingang in die proteſtantiſchen Geſangbücher
fanden. Andrerſeits aber waren gewiſſe alte Lieder ihrem inneren Weſen
nach zu proſaiſch, als daß ſie ohne eine vollkommene Umdichtung für den
Gebrauch einer ſpäteren Zeit zu retten geweſen wären. Klopſtock aber
blieb da, ſo viel er auch im einzelnen veränderte, doch auf halbem Wege
ſtehen, und ſeine Mühe war in Folge deſſen verloren.

Meiſtens aber begieng er den entgegengeſetzten Fehler, daß er zu frei,
zu gewaltſam mit der Sprache und dem Inhalt der alten Lieder verfuhr.
Und zwar gieng er nicht etwa bloß mit den formal veralteten Erzeugniſſen
des Reformationszeitalters ſo rückſichtslos um, ſondern auch mit Gedichten von Paul Gerhard und andern Sängern des ſiebzehnten Jahrhunderts, die ſelbſt unſerem künſtleriſchen Empfinden heutzutage nicht ſehr
ferne ſtehen. Der urſprüngliche Geiſt und Ton der alten Lieder wurde

durch Klopstocks Änderungen meistens zerstört. Unter seiner nur allzu gründlich arbeitenden Feile blieb manchmal nichts als der allgemeine Gedanke einer ganzen Strophe bestehen, und selbst dieser ist so eigenartig unglücklich modernisiert, daß man ihn kaum wieder erkennt. Bald ist eine Strophe des ursprünglichen Liedes weggelassen, bald zwei in eine einzige zusammengezogen. Nur die alten Reime ließ der in diesem Punkte ungewandte Dichter öfters stehen, änderte aber sonst an den Worten vor denselben so viel, daß der ganze Vers einen andern Sinn bekam. Die kindliche Redeweise und die einfach-naiven Anschauungen und Empfindungen der alten Lieder, die uns mitunter so innig anmuten, mußten dabei ziemlich überall einer zwar kunstvolleren, aber sentimentalisch reflectierten Dichtung weichen. Die meisten volkstümlichen Elemente, auch den durch alle Strophen gleich lautenden Refrain, tilgte Klopstock gewöhnlich; statt der sinnlich-concreten Begriffe der Originale setzte er seiner dichterischen Individualität gemäß unsinnlichere Abstracta. Alles ward unbestimmter, allgemeiner, hätte es sich auch nur darum gehandelt, den zutraulichen Singular „ich" des Originals mit dem farblosen Plural „wir" zu vertauschen (in Johann Heermanns Liebe 'Herzliebster Jesu, was hast du verbrochen'). Mit besonderer Vorliebe versuchte Klopstock seine Kunst an Luthers Gesängen; aber auch sie büßten dabei von ihrer ursprünglichen Kraft und Innigkeit viel ein. In dem bekannten Weihnachtsliede 'Gelobet seist du, Jesu Christ' hatte z. B. die vierte Strophe bei Luther kindlich einfach, aber herzlich gelautet:

> Das ewig Licht geht da herein,
> Gibt der Welt ein neuen Schein.
> Es leucht wohl mitten in der Nacht
> Und uns des Lichtes Kinder macht.
> Kyrieleis!

Klopstock schrieb dafür, lange nicht so warm und traulich und gar nicht volksmäßig:

> Vom Himmel nimmt er seinen Lauf;
> Geht, ein Licht des Heils, uns auf!
> Es überstrahlt mit Gnad' und Recht
> Der Sohn das menschliche Geschlecht!
> Hallelujah!

Oder in der Verdeutschung des 'Te Deum' (Vers 3—4) veränderte Klopstock Luthers Worte

„Dich, Vater in Ewigkeit,
Ehrt die Welt weit und breit"

offenbar dem Versmaß zu Liebe gar in die folgenden:

„Jehovah ist von Ewigkeit!
Er schuf die Welt, das Werk der Zeit!"

Aber auch den übrigen alten Liedern gieng es nicht besser. Noch ein Beispiel. In Martin Schallings 'Herzlich lieb hab' ich dich' begann die dritte Strophe des Originals:

Ach, Herr, laß dein lieb Engelein
Am letzten End' die Seele mein
In Abrahams Schoß tragen,
Den Leib in sein Schlafkämmerlein
Gar sanft ohn' ein'ge Qual und Pein
Ruhn bis am jüngsten Tage [1]).

Klopstock verwischte, ohne an Worten und Gedanken viel zu ändern, doch den naiven Charakter dieser Zeilen völlig. Er schrieb:

Daß dann, der meinen Geist bewacht,
Dein Engel durch des Todes Nacht
In Abrams Schoß ihn trage!
Mein still verwesendes Gebein
Wird Erde, doch nicht immer, sein,
Nur bis zum letzten Tage!

Sehr oft war aber die Umgestaltung eine viel wesentlichere, durchgreifendere.

Der 1769 erschienene zweite Band der geistlichen Lieder Klopstocks trug im allgemeinen dasselbe Gepräge wie der erste. Jedoch waren die Stimmen der Kritik nicht ganz spurlos an dem Ohre des Dichters verhallt. Wie sehr sich auch seine Freunde gegen Lessings Urteil aufbäumten, Klopstock selbst fühlte die Berechtigung des Tadels und suchte seinen Fehler wenigstens bei den neuen Versuchen zu verbessern; bei den alten ließ er sich selbst in spätern Ausgaben nicht auf bemerkenswerte Änderungen ein. Es gelang ihm jetzt auch in mehreren Liedern, den allzu individuellen Ausdruck seines Denkens und Fühlens zu vermeiden. Sein Empfinden selbst war weniger überschwänglich, weniger künstlich gesteigert,

---

[1]) Nach dem Dresdener Gesangbuch von 1590; der älteste Text von 1571 liest in der zweiten Zeile „An meinem End' mein Seelelein", Zeile 4 „Der Leib", Zeile 6 „Ruh'".

der Gedankengang deutlicher, so daß nunmehr auch der Leser ihm leichter
mit dem Kopf und mit dem Herzen folgen konnte; die Begriffe sinnlicher,
die Sprache schlichter, der Bau des logischen Satzes mehr der rhythmischen Gliederung der Strophe angepaßt, die Melodien einfacher, lied-
mäßiger, nicht mehr so häufig zwischen Jamben und Trochäen, zwischen
kurzen und langen Versen wechselnd. Die kindlich-naiven Vorstellungen
und Ausdrücke, welche Klopstock früher aus den alten Kirchenliedern, die
er umarbeitete, schonungslos ausgetilgt hatte, nahm er nun zuweilen in
seine eignen Versuche auf. Freilich that oder vielmehr versuchte er dies
alles nur hin und wieder. Daneben aber veröffentlichte er in demselben
zweiten Teile seiner geistlichen Lieder auch mehrere reimlose Gesänge, die
durch ihre äußere Form oder gar, wie das Weihnachtslied, durch Form
und Inhalt sich zu sehr der Gattung der Ode näherten. Und selbst wo
Klopstocks spätere Kirchenlieder ihrem Zwecke besser entsprachen als die
früheren, war das Verdienst des Dichters nur negativer Art. Er hütete
sich vor einem Mißgriff, den er früher gethan hatte. Positive Vorzüge
vor jenen ersten Liedern hatten die spätern Nachzügler nicht aufzuweisen,
weder allgemein künstlerische Vorzüge noch Vorzüge, die ihnen als geistlichen Liedern besonders zu Gute gekommen wären. Von der gewaltig
packenden und fortreißenden Glaubenskraft Luthers, von dem frommen
Gottvertrauen Paul Gerhards, von der hingebenden Innigkeit des Ange-
lus Silesius wußte Klopstock auch den Liedern des zweiten Bandes nur
wenig mitzuteilen. Und eben so wenig konnte er mit ihnen, obgleich einige
davon (mit mannigfachen Veränderungen im einzelnen) eine Stelle in den
protestantischen Gesangbüchern fanden, den bedeutendern geistlichen Dichtern seiner eignen Zeit ernstliche Concurrenz machen.

       Gellerts Lieder waren in einem unvergleichlich höheren Grad als
die Klopstockischen ein Werk verständiger Reflexion; gemütvolle Moralbetrachtung war fast ausschließlich ihr Inhalt. Durch Fülle des Geistes,
Kraft und Tiefe der Leidenschaft, Glanz der Dichtung zeichneten sie sich
keineswegs aus; jedenfalls standen sie den Liedern Klopstocks darin nach.
Aber sie waren formal richtig und gemeinverständlich und übten dadurch
auf die kirchliche Lyrik in Deutschland während der zweiten Hälfte des
vorigen Jahrhunderts einen bestimmenden Einfluß aus, zu welchem Klopstocks Lieder nie gelangten, wenn schon der eine oder andre Verfasser
christlicher Gesänge, z. B. Lavater, in Einzelheiten auch an seinen Versuchen auf diesem Gebiete lernte.

Weitaus zogen die Zeitgenoſſen ebenfalls Cramers geiſtliche Lieder denen Klopſtocks vor. Und doch waren die letzteren mit den kirchlichen Geſängen Cramers in vielfacher Hinſicht verwandt. Ja wenn überhaupt jemand, ſo übte Cramer einen gewiſſen — nicht allzu mächtigen — Einfluß auf die Liederdichtung Klopſtocks aus. Wie dieſer, ſo verſtieg ſich auch Cramer ſchon mit ſeinem erhabenen Pathos und Triumphton meiſt höher, als daß ihm ſeine Leſer folgen konnten; auch bei ihm war — noch mehr als bei Klopſtock — vieles nur hohler Prunk eindruckslos verklingender Worte; und obwohl er 1755 ſeinem Freunde Gellert richtig vorhielt, daß Lieder mehr aus Empfindungen als aus Betrachtungen beſtehen und keine Lehroden ſein ſollten, verfiel doch auch oft, wie jener in die moraliſche, ſo er in die dogmatiſche Didaxis, während Klopſtock im ganzen beiden Gefahren auswich.

Ja ſogar Adolf Schlegel, der minder begabte Nacheiferer der Dichtung Cramers, erzielte durch ſeine ſprachlich und metriſch correcten und leicht faßlichen, doch weitſchweifigen, lehrhaften, oft proſaiſch nüchternen und froſtigen, ja mitunter ſeichten und platten Kirchenlieder zu ſeiner Zeit mehr Eindruck und gewann damit höheres Anſehen in dieſem Bereiche der Dichtung als Klopſtock, deſſen Leiſtungen ohne Zweifel über die ſeinigen auch hier hinausragten. Auch Schlegel arbeitete mit Vorliebe ältere Kirchengeſänge um. Er wahrte zwar nicht die kindlich-herzliche Redeweiſe, doch den naiv-einfachen Ton der urſprünglichen Texte beſſer; im übrigen aber modelte er Inhalt und Form der alten Geſänge faſt noch willkürlicher und rückſichtsloſer um als Klopſtock, deſſen 'Veränderte Lieder' er mehrmals geradezu zur Grundlage ſeiner „Verbeſſerungen" machte. Zudem, während Klopſtock weislich meiſtens nur diejenigen Lieder auswählte, welche von je und auf je zum feſten Beſtande des proteſtantiſchen Geſangbuchs gehören, verſuchte ſich Schlegel an allerlei geiſtlichen Gedichten, auch an vielen, die nur auf eine kurze Zeit in ganz wenige Geſangbücher eingedrungen waren. Er wagte ſich an alles; ſogar Luthers 'Ein feſte Burg' moderniſierte er. Der Vergleich mit Schlegels „verbeſſerten" Liedern lehrt uns über Klopſtocks Veränderungen milder urteilen und vieles, was er verſah oder worin er zu weit gieng, mehr ſeiner Zeit als ihm perſönlich zur Laſt legen. —

In kummervollen Tagen hatte Klopſtock die Dichtung der 'Geiſtlichen Lieder' begonnen; kummervollere folgten auf die Veröffentlichung des erſten Teils dieſer Geſänge. Trüb begann der Winter 1756. Die Angſt, womit die Nachricht von einer ausgebreiteten Überschwemmung Hamburgs Meta erfüllte, erwies sich glücklicherweise als grundlos: ihre Verwandten waren verschont geblieben. Traurige Nachrichten aber kamen in den ersten Novembertagen von Quedlinburg. Klopstocks Vater, der sich im Sommer nur notdürftig erholt hatte, war durch einen Blutsturz neuerdings in die äußerste Gefahr gebracht worden. Klopstock, durch die Kunde davon auf das heftigste bestürzt, suchte in einem zärtlichen, innig frommen Briefe den Kranken zu trösten, indem er ihm zugleich von seinen jüngsten dichterischen Arbeiten erzählte. Meta und Cramer schlossen sich ihm mit treu gemeinten, von liebevoller Sorge zeugenden Zeilen an. Sie kamen schon zu spät: bereits am 28. October war der Kranke, fromm ergeben in den göttlichen Willen, verschieden. Die Todesnachricht überraschte Klopstock trotz des vorausgehenden Briefes; er hatte immer geglaubt, sein Vater werde ein hohes Alter erreichen. Nicht mit ausschweifender Leidenschaft, aber aufrichtig und tief betrauerte er den Entschlafenen. Die Mutter und desgleichen jedes der Geschwister besonders mußten ihm die einzelnen Umstände seines Todes ausführlich beschreiben, und die Lectüre dieser Berichte versenkte ihn immer wieder in „eine sanfte Traurigkeit". Meta aber bekannte ohne viele Worte einfach und wahr, daß sie den Verlust eines leiblichen Vaters noch einmal fühle.

Jetzt trat auch die Sorge für seine jüngeren Geschwister, die dem Dichter schon bisher nicht ganz erspart geblieben war, bringender an ihn heran. Im Augenblick konnte er für ihre Erziehung nichts thun. Seine eignen Verhältnisse waren zu eingeschränkt. Dazu mußte er eben jetzt an Rahn, der seine Druckfabrik eingestellt hatte und Geld brauchte, den Rest seiner Züricher Schuld heimzahlen, auch sonst für die künftige Versorgung seines Schwagers allerhand Schritte thun. Gleichwohl gieng er der Mutter mit Rat und That, so weit dies aus der Ferne möglich war, zur Hand. Aus dem Nachlaß des Vaters erbat er sich bloß die geistlichen Bücher, die der Verstorbene gebraucht, besonders die, worein er etwas geschrieben hatte, „sollten's auch nur einige Worte sein". Wegen der Unterbringung seiner Brüder konnte er noch zur Stunde nur Pläne entwerfen oder Vorschläge machen. Bald aber that er mehr. Verschiedene seiner jüngeren Brüder bekamen durch sein Bemühen Titel und Anstellung, zum Teil im dänischen Staatsdienst; seine jüngste Schwester lebte vier Jahre lang, doch wohl auf seine Kosten, in Lyngby; an die Mutter aber giengen alljährlich bis an ihren Tod bedeutende Geldsendungen ab, bald direct, bald durch Hemmerde, der einen großen Teil des Honorars für die Messiade an sie auszahlte.

„Ich habe dich noch!" war das erste Wort Klopstocks nach der bangen Stille, mit der er die Nachricht von dem Tode seines Vaters empfieng, und mit wehmütiger Inbrunst umarmte er sein Weib. Aber auch dieser Besitz war ihm nicht lange mehr beschieden. Im Frühling 1758 fühlte sich Meta, deren Hoffnung bereits ein paar Mal getäuscht worden war, wieder Mutter. Klopstock hatte mit ihr schon den letzten Winter (spätestens seit Mitte Octobers 1757) bei ihren Verwandten in Hamburg zugebracht. Hier wollte sie nun auch ihre Niederkunft abwarten. Er selbst reiste, durch den Arzt beruhigt und wegen der Zukunft unbesorgt, im Beginn des August 1758 nach Dänemark. Bis in die zweite Hälfte Septembers wurde er dort zurückgehalten, bald in Kopenhagen und Lyngby, bald in Bernstorff auf dem Landgute seines hohen Gönners in der Nähe der Hauptstadt. Es waren die einzigen Wochen seiner Ehe, die er fern von Meta zubrachte. Nicht ohne freudige Hoffnung, zugleich aber auch auf das Schlimmste gefaßt, sah diese ihrer Stunde entgegen. Aber heiß ersehnte sie Klopstocks Rückkunft. Vor dem Tode bebte sie in ihrem unerschütterlichen Gottesglauben nicht; aber untröstlich war ihr der Gedanke, fern von ihrem Manne zu sterben. Zwei Monate waren ihr noch in seiner Gemeinschaft vergönnt; doch litt sie während dieser Zeit viel unter ihrem Zustand, namentlich in der ganzen letzten Woche.

Endlich, am 27. November, stellten sich die ersten Wehen ein. Da dieselben aber von Stunde zu Stunde schwächer wurden, rief man am nächsten Morgen den Beistand eines geschickten Geburtshelfers an. Während der Operation starb sie, bis zum letzten Augenblick eine Geduld im Leiden, einen Todesmut und eine Glaubensfreudigkeit ohne Gleichen bewährend. Ihre Schwester Elisabeth, die acht Tage vorher selbst ihr jüngstes Töchterchen verloren hatte, drückte ihr die Augen zu. Klopstock hatte vor der Operation von ihr Abschied genommen. Auch ihn erhielt sein lebendiger, wankelloser Glaube fest in der schweren Stunde, so daß er „mit mehr als Ruhe, mit Freude" die Sterbende segnen konnte. „Sei mein Schutzengel, wenn es unser Gott zuläßt!" war seine letzte Bitte an sie; „Du bist der meinige gewesen", erwiderte Meta.

Am 4. December wurde sie in's Grab gesenkt, ihr totes Kind, ein Sohn, in ihrem Arme. Die Section der Leiche hatte ergeben, daß sie bei dem Bau ihres Körpers niemals hätte gebären können. Klopstock suchte ihr das Jahr darauf eine andere, schönere Ruhestätte in dem Kirchhof zu Ottensen. Ihre Schwestern pflanzten Bäume auf das Grab, in welchem auch er einst zu schlafen wünschte; der Dichter aber setzte einen von Meta selbst dazu ausgewählten Vers seiner Messiade (XI, 845) auf das Grabmal.

Eine Fülle von aufrichtig teilnehmenden Briefen näherer und entfernter Freunde suchte Klopstock in seinem Schmerze zu trösten. Sein christlich gläubiger Sinn half ihm kräftig, ohne Murren den Verlust des Liebsten zu ertragen. Auch litt seine Gesundheit nicht eigentlich unter der Heftigkeit seiner Trauer, obwohl er in den nächsten Wochen die Nächte größtenteils schlaflos hinbrachte. Die Trauer selbst war aber nicht etwa deßhalb weniger tief und wahr, weil sie sich nicht mit so leidenschaftlichen Accenten aussprach. Metas Andenken und die Liebe zu Meta war in Klopstock unverlöschlich. Wie oft den Dichter auch späterhin noch Frauen und Mädchen anzogen, wie oft auch noch der Gedanke an Wiedervermählung in ihm aufstieg, bevor er ihn wirklich zur That machte, wie oft er auch versicherte, wieder mit ganzer Seele und so innig als in seiner ersten Ehe zu lieben, es war doch nur Phrase oder Selbstbetrug, Meta war und blieb doch die Einzig-Geliebte seines Herzens.

Wenige Stunden nach ihrem Tode verbrannte Klopstock die meisten Briefe, die sie einst als Braut an ihn geschrieben hatte. Seinen Briefwechsel mit ihr aus dem letzten Sommer sowie zahlreiche Beileidsschreiben, die er von gemeinsamen Freunden nach ihrem Tod erhalten hatte, veröffentlichte er im Frühling 1759 als Einleitung zu den 'Hinterlassenen Schriften von Margareta Klopstock'. Er widmete das Buch mit einem lakonisch-einfachen Vorwort der Gemahlin Bernstorffs, die bereits den Druck der einzelnen Bogen mit aufmunternder Teilnahme begleitet hatte. Fast eben so knapp wie die Zueignung war, was der Dichter über den Charakter der Entschlafenen sagte. In der Hauptsache schilberte er sie mit dem Einen Zuge: „Sie war gemacht, mit der Arria zu sagen: Pätus, es schmerzt nicht." Er gönnte seiner Trauer hier wie sonst wenig Worte. Am wenigsten brachte er sich dazu, das Leben und Wirken der Verstorbenen, wie es damals bei solchen Gelegenheiten üblich war, wie z. B. Gottsched es vier Jahre darnach noch that, ausführlich mit prunkhaften Worten zu beschreiben. Ihre Briefe und Schriften sollten durch sich selber sprechen.

Die letzteren waren fast sämmtlich in Prosa abgefaßt. Nur zwei 'Geistliche Gesänge' nach Art der religiösen Hymnen, die Klopstock seit 1758 dichtete, aber ohne ihre Kühnheiten in Gedankengang und Sprache, waren in reimlosen, freien Rhythmen geschrieben. Gleich den meisten Oden Klopstocks ermangelten auch sie jeglicher Handlung; alles war Betrachtung oder gar Schilderung. Die Gegenstände dieser Betrachtung waren fast noch abstracter als der Inhalt der Klopstockischen Lyrik. Sonst war Meta durchaus von diesem Vorbild abhängig. Selbständige künstlerische Bedeutung und dichterische Kraft überhaupt fehlte ihren beiden Hymnen ganz und gar; doch war ihre Ausdrucksweise einfach und correct.

Auch die prosaischen Arbeiten Metas lassen sammt und sonders Selbständigkeit des Geistes und der Kunst vermissen, verraten aber großes stilistisches Geschick, stellenweise sogar eine entschiedene schriftstellerische Begabung. Metas Prosa ist eben so sauber und klar und zugleich einfacher und leichter als die ihres Gatten. Besonders durch Anmut und Witz der Darstellung zeichnet sich ein Aufsatz über die Moden aus, in welchem sie — kaum drei Monate vor ihrem Tode — das gesammte Thun und Treiben der Frauen, soweit es aus äußerlichen Beweggründen und nicht aus innerer Regung des Herzens entspringt, prüfend überschaut, derjenige ihrer schriftstellerischen Versuche, welcher in Folge des behandelten Gegenstandes am ersten unter allen ein frauenzimmerliches Gepräge trägt. Unbedeutender ist das Bruchstück eines Gespräches über den Wert des Nachruhms, welches sie auf die Anregung ihres Gatten hin gemeinsam mit diesem verfaßte: der Nutzen galt ihr darin noch als der letzte und höchste Zweck aller großen Thaten im Leben und in der Kunst. Die bedeutendste Stelle unter ihren Schriften nahmen das Trauerspiel 'Der Tod Abels' und die 'Briefe von Verstorbenen an Lebendige' ein.

Ersteres entstand unter dem unmittelbaren Eindruck von Klopstocks Drama 'Der Tod Adams'. Als getreue Nachahmung desselben teilte Metas Arbeit nicht nur ziemlich alle Schwächen ihres Vorbilds, sondern übertraf sie noch. Handlung und Charakteristik der Personen fehlt auch dem 'Tod Abels'; das dramatische Gestaltungsvermögen Metas zeigt sich überhaupt noch geringer als das ihres Mannes. Selbst mit dem Kunstgriff, durch contrastierende Stimmungen der Freude und des Schmerzes zu wirken, weiß sie nicht so viel wie er anzufangen. Nach möglichster Einfachheit der dargestellten Sitten und Vorgänge sowie des scenischen Aufbaus strebt auch sie; streng wahrt sie demgemäß die Einheit des Ortes

und der Zeit. Aber sie gesellt dazu durchgängig die natürliche Einfalt der
Rede, welche ihr Gatte nicht immer getroffen hatte. Ihrer Sprache fehlt
jeder poetische Schmuck, aber auch jeder hohle Wortprunk. Mit Geßners
gleichnamiger Dichtung verglichen, erscheint Metas Darstellung rationa-
listischer: die unmittelbare Einmischung über- und unterirdischer Wesen
wird möglichst erspart; dafür ist freilich Kains That auch um so schlechter
motiviert. Selbst nur als dialogisierte Idylle betrachtet, ist Metas 'Tod
Abels' künstlerisch wertlos.

Auch ihre 'Briefe von Verstorbenen', zehn an der Zahl, verdienen
als dichterische Leistung wenig Lob. Sie sind vermutlich 1756 verfaßt,
als die Erinnerung an das (im siebenten 'Brief' erwähnte) Erdbeben von
Lissabon noch frisch war, und weisen am ersichtlichsten den Einfluß der
englischen Literatur auf. Nicht nur die Form dieser 'Briefe' im allgemeinen, sondern dann und wann auch ihr Inhalt im einzelnen ist dem bekannten Werke der Rowe nachgebildet, und ebenso macht sich die asketisch-lehr-
hafte Tendenz der Engländerin in den meisten von ihnen bemerkbar. Daneben zeugen sie jedoch ebenso von der erfolgreichen Lectüre Richardsons
und Youngs, gleich dem Aufsatz über die Moden, dessen charakteristische
Form hinwiederum den Artikeln Addisons im 'Spectator' nachgeahmt ist.
Aber auch Wielands 'Briefe von Verstorbenen' und sonstige christlich-
mystische Schriften hat Meta nicht umsonst gelesen. Vor allem jedoch ist
sie die gelehrige Schülerin ihres Mannes. Namen und Gestalten, auch
gewisse poetische Motive und Erdichtungen aus der Messiade nimmt sie in
ihre 'Briefe' herüber; Klopstocks schwärmerische Empfindung wogt auch in
ihnen und verdrängt sogar mitunter die Moralbetrachtung. Neu ist bei
Meta der Gedanke, auch einen Verdammten aus der Hölle an seinen noch
lebenden Freund schreiben zu lassen — zwar eine Abwechselung in dem
beständigen Einerlei, sonst aber nicht eben ein glücklicher Einfall, den
darum auch Lavater, der noch gegen Ende des Jahrhunderts ähnliche
Briefe Verstorbener schrieb, nicht nachahmte. Trotz der guten Absicht der
Verfasserin und trotz mancher Vorzüge der sprachlichen Darstellung vermögen Metas Schilderungen des Todes und des Jenseits unsre Aufmerksamkeit nur in geringem Grade zu fesseln. Am ersten noch die beiden letzten 'Briefe' wegen ihres ganz persönlichen Charakters: Meta stellt sich
vor, Klopstock sei vor ihr gestorben und schreibe aus dem Himmel an sie,
die traurig Überlebende, und sie antworte dem Seligen. Als Klopstock
diese 'Briefe' herausgab, that er dasselbe, was Meta nur erdichtet hatte:

er fügte ein längeres Schreiben 'An die Verfasserin dieser Briefe' bei. Er hoffte, daß derjenige seiner Freunde, der zuerst zu Gott gehe, den Inhalt dieses Schriftstückes der Entschlafenen überbringen werde. Wie Meta sich vorgestellt hatte, daß sie den Tod des Gatten ergeben in den Willen Gottes ertragen werde, so ertrug nun Klopstock ihren Tod nicht nur ohne Murren und mit christlicher Geduld als eine göttliche Prüfung; sondern er empfand den Segen desselben in vollem Maße: der Gedanke, daß sie nunmehr ewig und überschwänglich selig sei, und die gewisse Hoffnung, daß er selbst bald mit ihr zu gleich ewiger Wonne vereinigt sein werde, erfüllte ihn mit Dank gegen Gott und mit Heiterkeit. Nirgends übte Metas vom Irdischen abgelöstes, allein auf das Geistige gerichtetes Wesen einen so sichtbaren Einfluß auf Klopstock als Schriftsteller aus wie in diesem bald nach ihrem Tode verfaßten Schreiben.

Als Dichter setzte er der Entschlafenen erst nach Jahren ein Denkmal im fünfzehnten Gesange des 'Messias' (Vers 419—475). Zunächst aber war sein Schmerz auch in dieser Hinsicht stumm. Eine Ode, wie es viele seiner Verehrer erwarteten, konnte und wollte er auf den Tod seines Weibes nicht verfertigen. Die Verstorbene rückhaltlos zu loben, verbot ihm die Bescheidenheit; sie zaghaft und schüchtern zu preisen, erlaubte ihm die Poesie und seine Liebe nicht. Noch einen Grund, warum er auch künftig kein Trauergedicht auf Meta verfassen wollte, deutete Klopstock an, der hier das etwaige augenblickliche Verlangen seiner Empfindung ganz den Überlegungen des Verstandes unterordnete: der vorhandenen Trauergedichte waren schon zu viele; das Publicum nahm keinen Anteil mehr an dieser Gattung der Poesie. Und Klopstock hielt seinen Schmerz zu heilig, als daß er ihn andern in einem Gedichte, das sie etwa gleichgültig aufnehmen konnten, preisgeben wollte.

III.

Trauerjahre. Neues Schaffen und Werben. Der Freundes-
kreis am Hofe Friedrichs V.

1758—1766.

In der Vorrede zum ersten Band seiner 'Geistlichen Lieder' unterschied Klopstock bei Davids Psalmen als den vollkommensten Mustern der
religiösen Lyrik zwischen erhabnen Gesängen, die sich nur an geistig höher
stehende Leser richten, und sanfteren Liedern, die auch der großen Menge verständlich sind. Während der Liederdichter der sittlichen Absicht, allgemein
zu nützen, viele poetische Schönheiten aufopfert, muß der Verfasser eines
Gesanges diese Absicht von vorn herein aus dem Spiele lassen, um seinen
vornehmsten Zweck nicht zu verfehlen, „die Religion in ihrer ganzen
Schönheit und Hoheit vorzustellen". Der Gesang ist Sprache der äußersten Entzückung oder der tiefsten Unterwerfung. Er ist kurz, feurig, stark,
voll himmlischer Leidenschaften, oft kühn, heftig, bilderreich in Gedanken
und im Ausdruck; er eilt von einem Gipfel der Empfindung zum andern
und läßt die Thäler, wie blumenvoll sie auch sein mögen, unberührt liegen; kurz er gleicht im Stil und Ton, auch in der äußeren Form der Ode.
Mochte Klopstock immerhin die Dichtung von geistlichen Liedern für seinen
zweiten Beruf halten, instinctiv fühlte er doch, daß es ihm leichter und
seiner künstlerischen Natur gemäßer sei, Gesänge zu verfertigen. Er
begann daher bald, nachdem der erste Band seiner Lieder erschienen war,
seine poetische Kraft hauptsächlich der Abfassung von r e l i g i ö s e n O d e n
u n d H y m n e n zu widmen.

Meta erlebte nur den ersten Anfang dieser Hymnendichtung, die Ode auf die Allgegenwart Gottes, die im Spätsommer 1758 entstand. Reicher war das Jahr 1759 an derartigen religiösen Gesängen, dann wieder 1764 und die nächstfolgenden Jahre, dieselbe Zeit, als Klopstock die Hymnen für den zwanzigsten Gesang der Messiade verfaßte.

Ein unmittelbares Vorbild hatten diese religiösen Oden Klopstocks in der früheren Literatur nicht. Von dem, was man in Deutschland bisher unter geistlichen Oden verstanden hatte, entfernten sich seine Versuche himmelweit. Am ersten konnten noch die Psalmen als Klopstocks Muster gelten. Leider waren sie es nicht in höherem Grade. Die orientalisch sinnliche Phantasie, von der sie überströmten, war und blieb dem eigentümlichen künstlerischen Wesen Klopstocks fremd. Da der allgemeine Inhalt seiner Hymnen dem der Psalmen verwandt war, ergaben sich natürlich auch Anklänge im einzelnen. Dazu bildete er ein paar Male den hebräischen Parallelismus nach. Die äußere sprachlich-metrische Form der Klopstockischen Hymnen war aber mehr eine Frucht des Studiums der griechischen Poesie. Auch an kühnem Enthusiasmus gab die antike Lyrik der alttestamentlichen Dichtung kaum etwas nach. So nährte Klopstock die Glut seiner Begeisterung wie sein Formentalent an den Chören der attischen Tragiker und an den Gesängen Pindars; aber auch Vater Homer lieh ihm dann und wann, freilich recht selten, ein schilderndes Beiwort oder gab ihm die erste Anregung zu einem breit ausgeführten Gleichnis. Doch auch an englischen Einfluß könnte man denken. Wenigstens erklingt aus Klopstocks Hymnen eine ähnliche fromme Stimmung wie aus Youngs 'Nachtgedanken'; beide zeugen von derselben Todesfreudigkeit und Himmelssehnsucht.

Eine abstracte Religiosität herrscht in den Hymnen Klopstocks durchaus, ein Streben über die sinnliche Schöpfung hinaus in die Welt des reinen Geistes, ein Trachten von der Erde hinweg nach dem Himmel, nach der Seligkeit, die das Anschauen Gottes gewährt. Überall, auch wo man es zunächst nicht erwarten sollte, drängt sich daher der Gedanke an den Tod ein, aber in jener christlich-heiteren Weise, wie er seit Metas Ende dem Dichter regelmäßig erschien: der Tod ist ihm nur der frohe Eingang zu einem höheren, besseren Leben, in welchem die Schranken ganz oder zum großen Teil fallen, die ihn jetzt von der Gottheit trennen. Denn der Gegensatz zwischen Gott, dem Unendlichen, dem Reinen, und dem endlichen, sünbigen Menschen ist ebenfalls ein Grundzug, ber ziemlich durch alle Hymnen Klopstocks geht.

Sinnliche Anschauung ist bei dem abstract-geistigen Gesammtcharakter bieser Gebichte selten, besonbers in ben Hymnen aus ben Jahren 1758 unb 1759. Klopstock geht hier immer von ben abstracten Eigenschaften Gottes selber aus; sie sind ber eigentliche Gegenstand seiner Dichtung. Gewissermaßen erläuternd, durch ein Beispiel beleuchtenb, flicht er in biese Darstellung bes Abstracten bann unb wann bie Betrachtung ber concreten Natur ein ober beutet auf Gestalten unb Vorgänge ber biblischen Ge= schichte alten unb neuen Testamentes. Bei biesen Beispielen, namentlich ben aus ber Natur entnommenen, weniger bei benen aus ber Geschichte, ist bie sinnliche Anschauung wirksam; sonst ist sie aus jenen ersten Hymnen fast burchaus verbannt. Mächtiger waltet sie in ben Hymnen ber zweiten Periode (1764—1766) mit Ausnahme ber eigenartigen, aber bichterisch nicht bebeutenden Obe 'Das große Hallelujah' von 1766. In ihnen schlug Klopstock ben umgekehrten Weg ein. Er gieng von ber Anschauung ber sinnlichen Schöpfung aus, von ber Fülle ber Weltkörper, vom Anblick bes nächtlichen Himmels mit seinen zahllosen Gestirnen, unter benen er von seinen auf bem Lanbe verlebten Kinberjahren her tüchtig Bescheid wußte, unb schwang sich von ba erst zur Betrachtung ber übersinnlichen Eigenschaften Gottes auf. Biblische Anspielungen vermied er hier ganz. In ber beschreibenben Dichtung blieb er auch jetzt befangen — fortschrei= tenbe Hanblung wies überhaupt unter jenen religiösen Oben nur 'Die Frühlingsfeier' auf (aus bem Frühjahr 1759), bie weitaus vollenbetste von allen, welche ganz unb gar an Vorgänge in ber Natur anknüpfte unb immer von ber sinnlichen Anschauung ausgieng[1]). Aber bie Schilberung in ben spätern Hymnen war boch burchaus bewegt; bie einzelnen Teile ber Natur, bie Gestirne, bie Weltkörper bachte sich Klopstock beseelt, mit rührigem Leben erfüllt.

Betrachtung, wenn auch mitunter Betrachtung voll hoher poetischer Schönheit, macht ben hauptsächlichen Inhalt aller bieser Hymnen aus. Auch bie Empfinbung bes Dichters, bie hier noch überschwänglicher unb kühner emporsteigt, noch inbivibueller geartet ist als in ben geistlichen

---

[1]) Die Einwirkung bieser Obe auf bie spätere beutsche Dichtung überbauert ein Jahrhunbert. Noch Martin Greifs 'Gewitterhymnus' zeigt beutliche Spuren ihres Einflusses.

Liedern, ist hier wie dort nicht immer unmittelbar, nicht frei von Reflexion. Diese zeigt sich im einzelnen besonders darin, daß Klopstock seine Verse gewissermaßen selbst commentiert. Wiederholt fordert er sich ausdrücklich auf, bei einem Gedanken stille zu stehen, ihm weiter nachzudenken ('Dem Allgegenwärtigen' 23 f.; 'Das Anschaun Gottes' 17 ff. u. s. w.), statt dies ohne viele Worte zu thun. Ebenso, statt seine freudige Hoffnung auf das Jenseits, seine Reue über die Sünde und dergleichen selbst auszusprechen, versichert er uns des öfteren, daß er sich auf die Wonnen des Himmels freue, daß er wisse, was für ein Sünder er sei. Der Verstand ist bei der Entstehung dieser sämmtlichen Hymnen in ungehöriger Weise thätig gewesen. Statt durch ihn seine Empfindungen und Vorstellungen zu zügeln und zu ordnen, hat ihn der Dichter gebraucht, bald um sein Empfindungsvermögen selbst hinaufzuschrauben, bald um seine Empfindungen zu glossieren, und wenn sie nicht natürlich mit einander zusammenhängen, sie künstlich zu verknüpfen. Diese Verbindung ist nicht immer mühelos ersichtlich; der Leser muß, um die springende Entwicklung der Gedanken zu verstehen, wieder den Verstand kräftig anstrengen, und der unmittelbare Eindruck des Gedichtes geht darüber öfters verloren. Auch diese Hymnen lassen uns, gerade wo der Verfasser am begeistertsten schwärmt, häufig kalt. Künstlerisch jedoch stehen sie viel höher als die geistlichen Lieder Klopstocks; denn die Empfindung und Darstellung hält sich in ihnen immer auf der gleichen Höhe, läßt sich überhaupt nirgends zum Verständnis eines größeren Publicums herab: es fehlt somit den Hymnen jener zwitterhafte, zwischen volksmäßiger Einfalt und exclusiver Künstlichkeit schwankende Charakter der geistlichen Lieder. Überall herrscht ein mächtiges, meist blendendes, wenn auch mitunter leeres Pathos, überall kühne Rhetorik, die sich geschickt der verschiednen Satzformen und Redefiguren bedient. Zwar ist auch die Ausdrucksweise dieser Dichtungen bisweilen gesucht schwierig. Klopstock wollte mit jedem Worte möglichst viel sagen und wählte daher hie und da Begriffe, die zu der augenblicklichen Stimmung schlecht paßten. Er hütete sich auch nicht durchgängig vor unnatürlichen Stellungen. Gleichwohl aber entfaltete er den künstlerischen Prunk seiner Sprache vielleicht nie zuvor und hernach so vollständig wie hier. Lessing durfte wohl (im 51. Literaturbriefe) von den „prächtigen Tiraden" dieser Hymnen reden.

Aber auch der Tadel, der in diesem Ausdrucke lag, war berechtigt. Es fehlte den Klopstockischen Hymnen an sachlichem Inhalt, an einem

positiven Kern; das Thema war oft nur von Einer Seite, nicht in seinem
Mittelpunkt erfaßt, nur obenhin gestreift. In andern Fällen ließen Klopstocks allgemeine Betrachtungen auch ein positives Ziel vermissen, welches
er dabei im Auge gehabt hätte: sie ermangelten nicht sowohl einer epi-
grammatisch-logischen Spitze, welche der reinen Lyrik fremd ist wie die
Didaxis, von der sich Klopstock jedoch auch hier nicht ganz fern hielt;
sondern sie schienen überhaupt ohne Halt und feste Richtung in's Unbestimmte zu zerfließen, sie schienen plan- und zwecklos zu sein. Darauf
zielte Lessings Klage, daß er — was, wörtlich genommen, allerdings nicht
Sache des Lyrikers ist — aus Klopstocks Hymnen nichts Neues über Gott
gelernt habe, daß keiner seiner religiösen Begriffe dadurch mehr aufgeklärt,
keine seiner Überzeugungen kräftiger bestärkt worden sei.

Lessings höchstes Interesse wurde aber durch die Versart erregt,
welche Klopstock in den ersten Hymnen gewählt hatte. Es war dieselbe,
in der er schon 1754 die Ode 'Die Genesung' gedichtet hatte. Lessing wollte
sie nicht eigentlich eine Versart nennen; er bezeichnete sie vielmehr als „eine
künstliche Prosa, in alle kleinen Teile ihrer Perioden aufgelöset, deren
jeden man als einen einzeln Vers eines besondern Silbenmaßes betrachten
kann". Herder, der dieselbe „glückliche Versart" in den Dichtungen der
Hebräer und der Barden anzutreffen glaubte, betrachtete sie im scheinbar
schroffsten Gegensatze zu Lessing als „die natürlichste und ursprünglichste
Poesie, in alle kleinen Teile ihrer Perioden aufgelöset"[1]. Genauer dem
Wesen jener Versform entsprach Klopstocks Definition, wenn er in der
Vorrede zum ersten Bande der 'Geistlichen Lieder' erklärte, es würde
vielleicht dem Inhalte gewisser Gesänge sehr angemessen sein, „wenn sie
Strophen von ungleicher Länge hätten und die Verse der Alten mit den
unsrigen so verbänden, daß die Art der Harmonie mit der Art der Gedanken beständig übereinstimmte": also ein beständiger freier Wechsel des Silbenmaßes von Zeile zu Zeile, ja von Versfuß zu Versfuß wie in der
chorischen Lyrik der Griechen, doch ohne strophische Wiederkehr desselben
metrischen Systems. Auf diese verzichtete Klopstock mit Recht, um von
jeglichem Zwange frei zu sein und die Form des Verses durchaus dem
Inhalt anpassen zu können. Das Wagnis war auch so noch groß genug.
Nur ein Dichter konnte es unternehmen, der mit einem so ausgebildeten
Sinne für den musikalischen Rhythmus begabt war, wie Klopstock. Und

---

[1] Fragmente über die neuere deutsche Literatur I, 126 (Suphans Ausgabe
I, 208).

selbst ihm lachte nicht stets in gleicher Weise der Erfolg. Seine Harmonie war gewöhnlich da vollkommen, wo er sein Empfinden unmittelbar und unverkünstelt ausströmen oder wo er die sinnlich veranschaulichende Phantasie walten ließ. Hingegen wo er sich tüftelnd oder schwärmend in die Bereiche geistiger Abstraction verlor, vernachlässigte er oft das einheitliche Princip, nach welchem er die äußerlich wechselnden Versarten zu messen hatte, den musikalischen Tact, und dann vermag alle Kunst des lauten Vortrags, worauf diese freien Rhythmen durchaus berechnet sind, aus ihnen nichts Besseres hervortreten zu lassen als eine lebhafter, aber nicht musikalisch und künstlerisch bewegte Prosa.

Im einzelnen sparte Klopstock nicht an rhythmischen Kunstmitteln mannigfacher Art. Von jetzt an wandte er auch in den Oden die Alliteration öfters mit bewußt-künstlerischer Absicht an, und zwar vorzugsweise zusammen mit jenen freieren Rhythmen. Doch verfuhr er dabei vorläufig nicht nur ganz gesetzlos, so daß er sich gar keine Regel für den Gebrauch des Stabreims, auch nicht eine willkürliche Norm, aufstellte; sondern er benützte den Gleichklang der Anfangsbuchstaben bloß nebenher als ein eigentlich überflüssiges Bindemittel des Verses. Erst nach mehr als einem Jahrzehnte lieh er ihm eine Art von selbständiger Bedeutung für das Versgefüge.

Als Klopstock 1771 die religiösen Hymnen in die Sammlung seiner Oden aufnahm, teilte er sie in Strophen zu je vier Zeilen von ungleicher Länge ab. Nun sahen die Hymnen zwar äußerlich den übrigen Oden etwas ähnlicher; die äußere Gestalt der Strophen entsprach aber nicht mehr ihrem inneren metrischen Bau. Und überdies ließ sich Klopstock der neuen Einteilung zu Liebe wiederholt zu Änderungen im einzelnen verleiten, die meistens dem Rhythmus nichts weniger als zuträglich waren.

Klopstocks metrische Neuerung wurde sehr bald in Deutschland nachgeahmt. Zuerst versuchten sich Ramler und Willamow nach seinem Beispiel an freien Rhythmen; zahlreiche Dichter bis auf den heutigen Tag folgten. Für die späteren Generationen war nicht mehr unmittelbar Klopstocks Vorbild bestimmend, sondern vielmehr das Beispiel, welches Goethe als Schüler Klopstocks in seiner Oden- und Hymnendichtung aus den siebziger und der ersten Hälfte der achtziger Jahre des vorigen Jahrhunderts gab. Auf die äußerliche Einteilung in vierzeilige Strophen verzichtete Goethe; er vermied aber auch sonst alles, wodurch dem deutschen Ohr, unserm Sprach- oder Versgefühl Zwang angethan würde. Antispastische Rhythmen,

mehrfache Häufung von Kürzen oder Längen, gewaltsamen Wechsel im
Tacte vermied er so sorgfältig wie widernatürliche Stellungen oder
undeutsche Constructionen. So vermochte er allen seinen freien Rhythmen
jenes natürlich schöne Maß und jenen vollendeten Wohllaut zu verleihen,
den Klopstock nur in einzelnen, besonders gelungenen Teilen seiner Hymnen
und da oft erst mit Aufgebot aller declamatorischen Kunstmittel erreichte.
Goethe bediente sich aber dieser Versart nicht nur in der Lyrik, sondern
stellenweise auch im Drama ('Prometheus', 'Proserpina', Teile des 'Faust'
u. s. w.). Schon Lessing und Herder hatten dazu angeregt, indem sie zugleich
die freien Rhythmen für Gedichte empfahlen, welche zur musikalischen Composition bestimmt sind. Wie glücklich diese Rhythmen sich namentlich für
das musikalische Drama eignen, haben die recitativischen Gesänge zahlreicher
Opern, vorzüglich aber Richard Wagners letzte, große Schöpfungen bewiesen: ihre metrische Form bezeichnet die jüngste Phase in der Entwicklung
der freieren Versart, die Klopstock hundert Jahre zuvor in unsere Dichtung
eingeführt hatte.

Ausschließlich wandte Klopstock diese freien Rhythmen bei den Hymnen
der ersten Periode an. Er bediente sich ihrer auch noch 1764 und später;
nunmehr aber zog er ihnen fast andere Versformen vor, auf die er ebenfalls
in der Vorrede zu den 'Geistlichen Liedern' 1757 zuerst hingewiesen hatte.
Er setzte sich aus den antiken Versfüßen, indem er sie auf eine bisher un-
versuchte Weise mit einander verband, neue, vierzeilige Strophen zusammen,
wiederholte aber dieselbe Strophenform gleichmäßig durch das ganze Gedicht. Vor allem auch im zwanzigsten Gesang der Messiade brachte er solche
neu erfundene Strophen an. Wie lebhaft er sich damals mit der Frage
nach dem Wesen und der Bedeutung der verschiednen Versfüße beschäftigte,
zeigt die 1764 entstandene Ode 'Sponda'. Ihr künstlerischer Wert ist
gering: es ist eine frostige Allegorie, zusammengesetzt aus lauter abstracten
Begriffen, denen die dichterische Personification nur ein Scheinleben ver-
leiht; aber sie kann eben durch diese ihre verfehlte Form bereits als eine
Vorläuferin der viel späteren 'Grammatischen Gespräche' gelten.

Auch jene neuen Strophenformen gelangen dem Dichter nicht alle.
Je mehr er künstelte, je mehr betonte oder unbetonte Silben er neben einander häufte, je unvermittelter er Versfüße von entgegengesetztem rhythmischen Charakter auf einander folgen ließ, desto unvollkommener in
musikalischer Hinsicht erwiesen sich seine Versuche. Doch erfand er, indem
er vornehmlich den Choriambus und den Kretikus häufiger gebrauchte,

einige einfachere, aber charakteristische Strophengebilde, deren auch er sich
am liebsten bediente, und die als eine schöne Bereicherung unsrer Lyrik zu
verzeichnen sind. Leider haben unsre späteren Dichter diesen Gewinn nicht
gehörig ausgebeutet, auch Platen nicht, der die eine und andere der neuen
Strophenformen Klopstocks hin und wieder anwandte.

Der größere Teil der Klopstockischen Hymnen wurde dem weiteren
Publicum erst 1771 durch die Sammlung der Oden bekannt; seine ersten
Versuche in dieser lyrischen Gattung (sämmtliche Hymnen der ersten Periode)
veröffentlichte der Dichter in der moralischen Wochenschrift, die sein Freund
Cramer unter dem Titel 'Der nordische Aufseher' in drei Bänden
zwischen den Jahren 1758 und 1761 herausgab.

Cramer hatte sich von je her als Redacteur und eifriger Mitarbeiter
an verschiednen Zeitschriften hervorgethan. Schon 1743 gab er mit Mylius
zu Halle die 'Bemühungen zur Beförderung der Kritik und des guten
Geschmacks' heraus; 1746 leitete er das moralische Wochenblatt 'Der
Schutzgeist', das Jahr darnach zusammen mit Ebert und Giseke den 'Jüng
ling'. An den Gottschedischen Zeitschriften hatte er erheblichen Anteil,
ebenso an den 'Bremer Beiträgen' und an der 'Sammlung vermischter
Schriften' der Beiträger; nach Gärtners Abreise von Leipzig besorgte er
zusammen mit Giseke sogar auch für die 'Beiträge' die Redactionsgeschäfte.
Alle diese Unternehmungen waren aber nun wieder eingegangen. Die
Züricher und die Leipziger hatten noch ihre kritischen Journale; nun hatten
sich auch die Berliner in der 'Bibliothek der schönen Wissenschaften und der
freien Künste' ein solches geschaffen: nur Klopstock und seine näheren Freunde,
die sich an keine der drei Parteien, seit der Schweizer Reise des Messiassängers auch nicht mehr unbedingt an die Züricher anschließen konnten,
hatten seit 1757 keine Zeitschrift mehr, in der sie sich unumwunden und
ungehindert aussprechen durften. Die Freunde in Deutschland scheinen dies
nicht besonders schmerzlich empfunden zu haben. Cramer aber, der mehr
als sie an journalistische Arbeit gewöhnt war und stärker als sie den Drang
nach solcher Thätigkeit in sich fühlte, sann auf Abhilfe. Auch die äußern
Umstände begünstigten ihn mehr als einen andern der ehemaligen Beiträger.
Er hatte Klopstock an der Seite; unter den deutschen Gelehrten, die in
Dänemark ein neues Vaterland gefunden hatten, kannte er mehrere tüchtige
Kräfte, deren er sich im Notfalle bedienen konnte; er durfte auf die Unter=
stützung seines Unternehmens durch den Hof und die höhere Gesellschaft in
Dänemark so gut wie auf das freundliche Entgegenkommen der Gebildeten

in Deutschland rechnen. Aber der Gedanke, eine kritische Zeitschrift zu begründen, konnte für ihn nicht viel Verlockendes haben. Hatte es doch einst
zum Programm der Bremer Beiträger gehört, sich der Kritik zu enthalten
und ganz auf die Production zu verlegen. Auch Klopstock hätte sich schwerlich herbeigelassen, an einer kritischen Zeitschrift mitzuarbeiten. Aber die
Form der moralischen Wochenschriften war Cramern geläufig von früher
her; in diese Form ließ sich bequem alles hineinfüllen, Moral und Askese
so gut wie Poesie und Ästhetik. Auch hatte bereits vor dreizehn Jahren
Elias Schlegel mit einem ähnlichen Versuch in Dänemark Erfolg erzielt.
So wollte denn Cramer 1758 einer literarischen Gattung wieder aufhelfen,
welche seit dem Auftreten selbständiger Geister, also seit vollen zehn Jahren
im deutschen Geistesleben keine Bedeutung, in unsrer Literatur also kein
Existenzrecht mehr hatte[1]). Sein Unternehmen war grundsätzlich verfehlt
und mußte zu einem Mißerfolge führen, obgleich es im Anfang von verschiednen Seiten mit Beifall begrüßt wurde, obgleich sogar ein Teil der
dafür bestimmten Beiträge nach Form und Inhalt vorzüglich genannt zu
werden verdiente. Der Zusammenhang, in welchem diese Arbeiten erschienen,
der unselige Gesammtcharakter der Zeitschrift vernichtete die Wirkung des
trefflichen Einzelnen, was in ihr enthalten war.

Auf Sittenbesserung und Erbauung war es im 'Nordischen Aufseher'
überall abgesehen. Sogar die Gedichte, welche Cramer und Klopstock
hier veröffentlichten, waren meistens durch eine prosaische Vorrede im
moralischen oder religiösen Sinne eingeleitet. Dabei kam es jedoch dem
Herausgeber viel weniger darauf an, seine sittliche Auffassung der Welt
und des Lebens philosophisch zu begründen oder zu behandeln, als gewisse
alltägliche Sitten- und Sittlichkeitslehren einzeln für sich, von jedem
höheren, speculativen Zusammenhange losgelöst, zu betrachten, einzelne
Tugenden zu empfehlen, vor einzelnen Lastern zu warnen. Moral und
Religion wurden als unzertrennlich angesehen, der Kampf gegen die Freigeisterei somit zu einer der wichtigsten Aufgaben des 'Aufsehers' gemacht.
Die Moral wie überhaupt die ganze Philosophie, welche Cramers Wochenschrift predigte, erfüllte erst als Dienerin und Gehilfin der Religion ihren
letzten Zweck. Um ihre Ansichten zu äußern, gebrauchten die Verfasser des
'Nordischen Aufsehers' die verschiednen längst abgenützten Mittel und

---

[1]) Vgl. Max Koch, Helferich Peter Sturz nebst einer Abhandlung über die
schleswigischen Literaturbriefe (München 1879), S. 66 f.

Kunstgriffe der moralischen Zeitschriften. Sie sprachen sich in populär
geschriebenen Abhandlungen einfach und kunstlos über ihr Thema aus;
sie lieferten Auszüge aus neuen und alten Büchern und begaben sich bei
dieser Gelegenheit mitunter auch auf das Gebiet der Geschichte, Literaturgeschichte, ja der Naturwissenschaften; sie zeichneten ideale, häufig auch
recht allgemein gehaltene Bilder von sittlich guten oder schlimmen Charakteren ohne individuelles Leben und Naturwahrheit; sie gaben vor, Briefe
und Anfragen von ihren Lesern bekommen zu haben, die sie gewissenhaft
abdruckten und oft umständlich erwiderten. Alles nach dem Muster Steeles
und Addisons und ihrer zahlreichen Nachfolger in England und Deutschland. Und wie Cramer den Namen seiner Wochenschrift aus dem Englischen
borgte, so suchte er sie auch durch eine ziemlich schwerfällige Allegorie, die
er ebenfalls seinen englischen Mustern entlehnte, als ein Mitglied der
Familie jener moralischen Zeitschriften hinzustellen. Aber zum Unterschiede
von den meisten früheren Werken ähnlichen Charakters und zum zweifellosen Schaden des 'Nordischen Aufsehers' verzichtete er auf alle kleinen
Neuigkeiten und vornehmlich auf alle witzig-humoristischen Darstellungen,
auf alles Lächerliche. Cramer glaubte wohl, daß es sich mit seiner geistlichen Würde und kirchlichen Stellung nicht vertrage, auch einmal zur
Belustigung und Erheiterung des Publicums zu dienen; sein Blatt aber
bekam durch diesen falschen Ernst nicht selten ein eintönig grämliches Aussehen. Löblicher waren andere Eigenschaften des 'Nordischen Aufsehers'.
Die Verfasser fühlten sich als gute dänische Unterthanen. Nicht nur
freudige Ereignisse am Hofe, politische Feste des Landes feierte der 'Aufseher' teilnahmsvoll mit; auch wo es sich um scheinbar ganz fern Liegendes
handelte, vergaß er die Rücksicht auf Dänemark keinen Augenblick und
wußte oft unvermutet wenigstens eine äußerliche Verbindung herzustellen.
Im Sinne Bernstorffs wirkte er für Hebung des Feldbaus, des Fabrik-
wesens und der Manufactur in Dänemark. Überhaupt verschloß er sich
den neuen Ideen der Aufklärung nicht. Kräftig, wenn auch mit Gründen
der Moral, nicht der Wissenschaft, empfahl er die Schutzpockenimpfung.
Durch mehrfache ausführliche Aufsätze über Kindererziehung, die neben
manchem, was grundsätzlich verfehlt und verwerflich erscheint, doch auch
viel Brauchbares und Bleibendes enthielten, gewann sich Cramer einen
bescheidnen Platz in der Geschichte der bald darnach durch Rousseau,
Basedow und Pestalozzi neu begründeten Pädagogik. Nicht eben viel war
im allgemeinen von Wissenschaften und Künsten die Rede; doch wurde

neben der Poesie auch die Musik und die Malerei wenigstens nicht ganz vernachlässigt. Die Gedichte, welche Cramer und Klopstock im 'Aufseher' zuerst veröffentlichten, waren durchweg erbaulicher Art. Cramer teilte freie Übersetzungen aus den Psalmen, geistliche Lieder, christliche Cantaten mit, Klopstock seine religiösen Hymnen.

Weit umfangreicher aber als Klopstocks dichterische Beiträge zum 'Aufseher' waren die prosaischen Aufsätze, die er darin zum Abdruck brachte. Sie waren nach ihrem Inhalt, Zweck und Wert außerordentlich verschieden. Allerlei Fragen aus dem Gebiete der Moral und der Ästhetik wurden darin behandelt.

Äußerlich zeichneten sich die moralischen Aufsätze Klopstocks vor den Beiträgen der übrigen Mitarbeiter wenig aus. Er wählte ziemlich gleichartige, manchmal sogar genau dieselben Stoffe, verfolgte die nämlichen Absichten wie sie. Religion, Tugend, Liebe zu König und Vaterland war auch ihm Grund und Ziel alles Strebens. Aber er faßte seinen Gegenstand viel tiefer auf als Cramer und die andern; er blieb bei seiner Untersuchung seltner an der Oberfläche haften; ihm war es weniger um äußere praktische Vorschriften im einzelnen, mehr um Erkenntnis des gesammten innern Wesens zu thun; geistreiche Apperçüs und Sentenzen von dauerndem Werte, die hin und wieder an Stellen im 'Spectator' anklangen, fanden sich bei ihm öfters; er wußte endlich seinen Vortrag durch verschiedne Mittel zu beleben, seinen Stil künstlerisch auszugestalten. Bald suchte er sein Thema wissenschaftlich schmucklos mit methodischer Strenge zu erörtern; bald vertauschte er die philosophische Darstellung mit der historischen, indem er z. B., statt allgemeine logische Beweisgründe gegen die Freigeister systematisch auf einander zu türmen, die Geschichte ihres ersten hervorragenden Vertreters, Julians des Abtrünnigen, erzählte, im ganzen objectiv und ohne christlich-parteiische Gehässigkeit, doch auch ohne die rechte, auf den wahren Kern und Grund der Dinge bringende geschichtliche Auffassung. Bald wieder bediente er sich der Form des Dialogs, weniger in der seit Platon gebräuchlichen Weise, daß von zwei sich unterredenden Freunden der eine, ältere, geistig reifere durch kurze Fragen oder Antworten des jüngeren zu umständlichen belehrenden Erörterungen veranlaßt wird, vielmehr so, daß die verschiednen Personen gleichmäßig selbständig und ausführlich ihre widerstreitenden Ansichten gegen einander verteidigen. Der Disput wird nicht einmal immer zuletzt vom Verfasser nach der einen oder andern Seite auf wissenschaftlichem Weg endgültig entschieden (so bei den Gesprächen von der Glückseligkeit). Aber auch, wo Klopstock diese Form des Dialogs nicht durchführt, unterbricht er die Darstellung öfters durch die Einwände eines erdichteten Gegners, um die ermüdende Eintönigkeit des Lehrvortrags zu vermeiden, die uns z. B. aus Cramers Aufsätzen langweilig entgegengähnt.

Vor allem liebt er es, nach dem Muster La Bruyères, Steeles und Abbisons bestimmte Sitten- und Charakterbilder zu entwerfen. Anstatt, wie Cramer meistens thut, abstract über die mannigfachen Arten und Formen einer sittlichen Eigenschaft zu reden, führt uns Klopstock einen concreten Menschen, der diese Eigenschaft besitzt, in den wechselnden Lagen des Lebens vor. So zeichnet er das Portrait des Bescheidnen; so schildert er anschaulich neben einem edel und groß denkenden Mann einen klein- lichen und uneblen Charakter, der jenen nach sich beurteilt, seine eignen erbärmlichen Motive den Handlungen desselben unterlegt und dabei die letzte Fähigkeit verliert, sich gleichfalls zu einem gewissen Grade von Tugend zu erheben; so illustriert er seine Definition von der wahren Hoheit der Seele durch das mit wenigen Strichen sicher umrissene Bild eines Mannes, der diese oberste Stufe der Sittlichkeit rühmlich erstiegen hat. Neben solchen idealen, von der Phantasie frei geschaffenen Charakter- figuren stellt Klopstock wohl auch eine Person des wirklichen Lebens, indem er von einem Besuche bei einem Bauern (Hans Jensen in Bernstorff) er- zählt, der, ein zweiter Kleinjogg[1]), mit tugendhaften Grundsätzen Fleiß, praktischen Scharfsinn und den Trieb nach geistiger Bildung verbindet. Dabei hält der jeden persönlichen Druck verabscheuende Dichter den leb- haften Wunsch, den guten Bauern frei zu wissen, keineswegs zurück.

Sonst ist er mit derartigen Anspielungen auf öffentliche politische Zustände oder Ereignisse sehr sparsam. Seinem König bringt er an dessen Geburtstag 1760 eine feinsinnig-schmeichelhafte Huldigung dar. Er ver- öffentlicht an diesem Tage sein drittes, abschließendes Gespräch von der Glückseligkeit, in welchem der schwermütige Zweifler Mesus zwar nicht durch philosophische Gründe, aber durch das augenscheinliche Glück des Volkes, das jenen Freudentag feiert, von seiner trüben Weltanschauung bekehrt wird, so daß er sogar selbst mit seinen feurigern und heiterern Freunden an diesem allgemeinen Glücke dankbaren Anteil nimmt.

---

[1]) Doch erschien Hirzels 'Wirtschaft eines philosophischen Bauers' erst im fol- genden Jahr, 1761.

Nicht minder selten findet man Andeutungen über Klopstocks persönliche Verhältnisse: der Verfasser, der seine Anonymität wahren will, muß
vor jedem verräterischen Wort auf der Hut sein. Doch klingt der große,
noch nicht verwundene Schmerz über den Verlust seines irdischen Glückes
hie und da durch sein philosophisch-moralisches Raisonnement hindurch.
So wirft er ein Jahr nach Metas Tod in dem erdichteten Brief eines
Wittwers die Frage auf, ob er seinen Verlust durch eine neue Heirat zu
ersetzen suchen solle, mit der wichtigen Vorfrage, ob man zwei Personen
„fast völlig gleich lieben" könne, aber nur um mit einem ziemlich ent-
schiednen Nein, dessen Starrheit künftige Jahre allerdings erweichen
werden, darauf zu antworten. Tröstend ruft er sich dabei das trostlose
Wort zu: „Es kann kein Mensch lange sehr glückselig sein. Sehr viele
Menschen werden es sogar niemals. Wer es einmal gewesen ist, muß
entschlossen sein, die Hoffnung aufzugeben, daß er es wieder werden
könne." (Stück 123). Dieselbe Klage über einen unersetzlichen Verlust er-
tönt einige Monate später aus all den Sätzen, mit welchen Mesus die
Lehre von menschlichem Glück angreift und erschüttert. Von Youngs
christlich-pessimistischen Anschauungen geht der ganze Dialog über die
Glückseligkeit aus; Gedanken und Ausdrucksweise zeigen immer wieder im
Verlaufe des Gesprächs den Einfluß des englischen Skeptikers: aber wie
gar manches seiner Worte lockt doch schon jetzt den deutschen Dichter zum
Widerspruch!

Wie bei Cramer, so verrät sich auch in Klopstocks Arbeiten für den
'Nordischen Aufseher' öfters der ehemalige Bremer Beiträger. In seiner
Moral und Religion verquickenden und darum plump-gehässigen Auf-
fassung der Freigeister (Stück 123) ist er noch um keinen Schritt über
Gellerts Verdammungsurteil (vgl. besonders 'Das Loos in der Lotterie'
III, 5) hinausgekommen. Aber nicht einmal gegen sie läßt er sich zur
förmlichen Polemik herbei. „Ich schreibe keine Streitschriften", versichert
er, auch hier treu seinem von den Beiträgern ererbten Grundsatz, im Beginn seines Essays über Julian. Auch das alte Thema der Beiträger, die
Freundschaft, die er selbst zu wiederholten Malen lyrisch besungen, behandelt er nunmehr theoretisch. Aber kein Wort erinnert dabei an das
zärtliche Freundschaftsgetändel, wie es einst zwischen den Leipziger Jünglingen und noch jetzt im Gleim'schen Kreise gepflegt wurde. Scharf unterscheidet Klopstock den Freund von dem Bekannten, dem guten Bekannten
und dem „guten Freund"; er faßt überhaupt den Begriff der Freundschaft

streng und hoch, wenn auch nicht, wie neuerdings Paul Heyse, als leidenschaftliches Gefühl, das mit elementarer Gewalt ohne unser Wollen und
Wählen unsre Seele ergreift. Auch Klopstock betrachtet Freundschaft und
Liebe als zwei Pflanzen aus Einer Wurzel; aber er glaubt auch, daß ein
niedrigeres Verhältnis sich in gewissen Fällen zur Freundschaft ausbilden
lasse, daß aus einem guten Bekannten, schwerlich jedoch aus einem „guten
Freund", ein Freund werden könne. Gebildeter Verstand und gebessertes
Herz sind ihm (wie dem Verfasser des 385. Stücks im 'Spectator') die
beiden Grundsäulen der Freundschaft, Tugend und Religion ihr schönster,
aber zugleich unentbehrlicher Schmuck. Der alte Satz „Inter malos
nullum consortium" gilt auch für ihn in ungeschwächter Kraft.

Das größte Aufsehen und den größten Anstoß von allen diesen Aufsätzen Klopstocks erregte der 'Von der besten Art über Gott zu denken' (im
25. Stück, am 13. Mai 1758 gedruckt), weder der Form noch dem Inhalte
nach der bedeutendste unter ihnen. Der ganze Essay trägt nirgends den
Stempel logischer Ruhe und Klarheit. Schon die Einleitung zeugt von
religiöser Schwärmerei. Der Umstand, daß wir fähig sind, Gott zu
denken und Gott zu lieben — und bedienten wir uns auch dieser Fähigkeit
nur einen Augenblick lang — soll der leuchtendste Beweis für die Unsterblichkeit unserer Seele sein. Der Aufsatz enthält im einzelnen manches
Wahre und Gute; nur hätte Klopstock nicht das Wort „denken" brauchen
sollen. Er nimmt es im Sinne der Umgangssprache (= sich geistig mit
Gott beschäftigen) und bemerkt berichtigend und ergänzend selbst gelegentlich, daß das richtige Denken über Gott von der Empfindung nicht getrennt
werden könne. Drei Arten sondert er, eine kalte metaphysische, die Gott
beinahe nur als ein Object einer Wissenschaft ansieht und zudem in den
Ketten irgend einer Methode einhergeht, dann schlichte fromme Betrachtungen, endlich pietistische Entzückung. Die erste, philosophische Art dünkt
ihn nur für den Zweifler von Wert; den Gläubigen jedoch warnt Klopstock,
der hierin seinen vollen Gegensatz zu jedem philosophischen System, insbesondere zur Wolffischen Theologie bekundet, geradezu davor, sich an jene
erste Art zu gewöhnen, weil wir dadurch beinahe unfähig würden, uns zur
dritten zu erheben. Auch die bloßen Betrachtungen bringen uns mitunter
in Gefahr, klein oder doch nicht würdig genug von Gott zu denken. Dagegen entspricht Klopstocks dichterischem Wesen vollauf die dritte Stufe, auf
der wir uns nach seinem eignen Bekenntnis in diesem Leben unmöglich
lang erhalten können, das begeisterte Empfinden. Er wähnt sogar, wenn

wir aus den schnell fortgesetzten, genau bestimmten Gedanken (richtiger:
Empfindungen), die bei diesem Zustande sich in uns drängen, einige mit
kaltem Sinn herausnehmen und in Sätze fassen könnten, so würden wir
manche neue Wahrheiten von Gott entdecken.

Entschieden wies Lessing diesen Irrtum zurück in seiner großen Kritik
des 'Nordischen Aufsehers' in den 'Literaturbriefen', und weder Basedows
und Cramers unbeholfene noch Herders geistreiche Replik vermochte seinen
Tadel zu entkräften. Klopstocks übrigen Beiträgen zum 'Aufseher' zollte
Lessing meistens aufrichtigen Beifall; aber herb mußte sein Urteil über
Form und Inhalt der philosophisch-moralischen Aufsätze Cramers ausfal-
len. Lessings Polemik gegen dieselben, vielleicht seine bedeutendste Leistung
in den 'Literaturbriefen', welche bereits die größten Thaten seiner letzten
Lebensepoche voraus ahnen ließ, bezeichnete zugleich den endgültigen Sieg
der kritisch-ästhetischen Journale über die ganze Gattung der moralischen
Wochenschriften in Deutschland: nach dem 'Nordischen Aufseher' hat keine
moralische Zeitschrift vom alten Schlage mehr es zu selbständiger Bedeu-
tung in unsrer Literatur gebracht. Auch den 'Nordischen Aufseher', den
Cramer übrigens gleichfalls bald nach Lessings Kritik mit dem dritten
Bande schloß, erhielten nur Klopstocks Beiträge und zwar neben seinen
Oden vornehmlich seine ästhetischen Arbeiten in der Beachtung und
Gunst der Leserwelt.

Über das ganze Gebiet der schönen Wissenschaften und Künste breite-
ten sich die letzteren aus. Als Schüler der Schweizer zog Klopstock besonders die Wirkung der Künste auf das Gemüt des Beschauers, Hörers
oder Lesers in Betracht; nach seiner principiellen Überzeugung erschien
ihm die Kunst im höheren Sinne stets nur als Gehilfin der Moral und
Religion. So sprach er hauptsächlich darum, weil sie fähiger sind, zur
Tugend anzureizen, also mehr zur wahren Glückseligkeit der Menschen
beitragen, den schönen Wissenschaften den Vorrang vor den schönen Künsten zu und zog Young wegen seines größern sittlichen Nutzens selbst einem
Raffael vor. Die eigentlichen ästhetischen Unterschiede zwischen den einzelnen Künsten deutete er nur nebenbei an. Sie suchte Lessing wenige
Jahre darnach im 'Laokoon' auf wissenschaftlich-kritischem Wege neu zu
ergründen; Klopstock hingegen maß, in alter Weise vag ästhetisierend und
moralisierend, ihren Rang gegen einander ab und kleidete seine Untersuchung
überdies, wie hernach bei seinen 'Grammatischen Gesprächen' und ähnlichen
Arbeiten, in ein allegorisches Gewand von ziemlich barockem Schnitte.

Noch ein späterer Beitrag Klopstocks zum 'Nordischen Aufseher', seine Beurteilung der Winckelmann'schen 'Gedanken über die Nachahmung der griechischen Werke in Malerei und Bildhauerkunst', fordert zum Vergleich mit Lessings 'Laokoon' heraus, der an dasselbe Werkchen anknüpfte. Wider seine sonstige Gewohnheit trat Klopstock hier als Kritiker gegen mehrere Stellen in Winckelmanns Erstlingsschrift auf, aber nur um dem Verfasser dadurch seinen Beifall zu bezeigen. Winckelmanns Satz, nur durch die Nachahmung der Alten könnten wir selbst unnachahmlich werden, verletzte, so allgemein ausgesprochen, den christlichen Dichter, welcher auch in unsern religiösen Vorstellungen, obwohl die antike Kunst sich nicht an ihnen versuchen konnte, brauchbare Motive für moderne Künstler erblickte. Besonders empfahl er ihrem Studium die Darstellung der Engel, welche bei Zeichnungen zur Messiade bisher immer so gründlich mißglückt war. Zugleich aber wandte er sich als Anwalt der historischen Malerei, die ihre Stoffe aus der heiligen und aus der vaterländischen Geschichte nimmt, gegen Winckelmanns Vorliebe für die Allegorie, namentlich gegen die Vermischung allegorischer und geschichtlicher Personen. Wie nahe sich aber Klopstock auch bei diesen Forderungen mit Lessing berührte, niemals hätte er sie, wie Lessing, logisch aus dem klar erkannten Wesen der bildenden Kunst und ihrem Gegensatze zur Poesie begründen können; er fühlte nur instinctiv das Ungehörige in Winckelmanns Vorschlag und bekämpfte ihn daher viel entschiedner, als er folgerichtig nach der Kunstlehre der Schweizer thun sollte. Von wirklicher Einsicht in das Wesen und in die Geschichte der Malerei zeugte jedoch dieser Aufsatz so wenig als zwei andre Stücke des 'Aufsehers', in welchen Klopstock sein Urteil über verschiedne Gemälde aus der heiligen Geschichte abgab. Er kannte ja eine gewisse Anzahl von Bildern namentlich aus der italienischen und aus der französischen Schule, auch mehrere Arbeiten der großen Holländer; aber gering waren seine technischen Kenntnisse in der Malerei, und auf die zum Teil gar naiven Anschauungen und Anforderungen der Zeit, welcher die älteren Werke entstammten, auf die traditionellen Motive, welche die damaligen Meister immer wieder brachten, nahm er keine Rücksicht. Seine Kritik, dilettantenhaft und nicht einmal durch die geschichtliche Betrachtung vertieft, fiel daher oft flach und kleinlich aus. Nur der dichterische Sinn des Kritikers war nirgends zu verkennen.

Klopstock schätzte die bildende Kunst ebenso wie die Musik vornehmlich als Deuterin dichterischer Gedanken. Die poetische Composition des Gemäldes galt ihm unvergleichlich mehr als die Meisterschaft der Technik, der charakteristische Ausdruck der Zeichnung mehr als die Schönheit der Farben. So meinte er folgerichtig (Stück 150 des 'Aufsehers'), daß ein „junger Künstler, der sich fühlt," eigentlich in der Absicht, so auf weitere Kreise zu wirken, frohen Entschlusses die Malerei aufgeben und sich zur Kupferstecherkunst wenden sollte. War ja doch auch der Künstler, mit dem er am innigsten verkehrte, Johann Martin Preisler (1715—1794) in Kopenhagen, vorzüglich durch seine Zeichnungen und Kupferstiche berühmt! Von ihm würdige Kupfer zur Messiade oder Vignetten für eine Sammlung seiner Oden zu bekommen, war lange Klopstocks heißer Wunsch, dessen Erfüllung äußere Umstände immer wieder verhinderten. Statt dessen mußte er sich mit den elenden Bildern begnügen, welche, nach seinen eignen, nur auf ausdrucksvolle Charakteristik abzielenden Angaben talentlos entworfen, die zehn ersten Gesänge des 'Messias' in der hallischen Ausgabe verunzierten. Dann, seit 1769, glaubte er in Angelica Kaufmann, die von seinen religiösen und vaterländischen Dichtungen gleichermaßen begeistert war und bereits Scenen aus beiden zum glücklichen Vorwurf ihres ausgezeichneten Talents gewählt hatte, die berufene Künstlerin zur malerischen Ausschmückung seiner Messiade gefunden zu haben. In langen, herzlichen Briefen erörterte er mit seiner liebenswürdigen Freundin weit aussehende Pläne zu einer illustrierten Ausgabe des Gedichtes: Angelica sollte nach seinen Entwürfen gegen fünfzig Zeichnungen ausführen, Preisler und Johann Georg Wille sie in Kupfer stechen. Aber Angelica, mit Arbeiten überhäuft und durch die Sorge für ihren kranken Vater beunruhigt, fand die für eine solche Aufgabe nötige Muße nicht. Dazu führte sie ihre zweite Heirat (mit dem venetianischen Maler Zucchi) 1781 nach Italien, wo sie jenes Vorhaben bald völlig vergaß, aber nach wenigen Jahren ihr Verhältnis zur deutschen Literatur durch ihren freundschaftlichen Verkehr mit Goethe auf's neue schön begründen konnte. Viel später erst sah Klopstock — am Schlusse des Jahrhunderts — sein Sehnen gestillt. Heinrich Friedrich Füger aus Heilbronn (1751—1818), Director der Wiener Akademie, zeichnete und malte eine Situation aus jedem Gesang des 'Messias', und das gesammte deutsche Publicum, ja der überaus schwer zu befriedigende Dichter selbst spendete ungeheuchelten und uneingeschränkten Beifall. Fast ärgerlich, weil er seine geliebte Angelica durch ihn übertroffen sah, erkannte Klopstock 1798 ihm das Lob zu, unser größter Maler zu sein. Was er an den

früheren Illustrationen so sehr vermißt hatte, eine ausdrucks- und würde-
volle Veranschaulichung seiner dichterischen Ideen durch die Malerei, das
fand er bei diesem Künstler, der mit großem technischen Geschick eine treffliche ästhetische Bildung verband: das Studium des 'Laokoon' befähigte
ihn, gegen manche Einwände und Bedenken des Dichters, der den Haupt-
sätzen jenes Lessingischen Werkes zwar unbedingt beistimmte, doch aber für
die Rechte der sinnlichen Darstellung in der bildenden Kunst nicht das volle
Verständnis besaß, die Freiheit des Malers siegreich zu verteidigen. Einige
Bilder Jügers, von seinem Schüler Friedrich John (1769—1843) in
Kupfer gestochen, zierten die Göschen'sche Prachtausgabe der Messiade.

Viel reicher an originellen, fruchtbaren und praktisch tüchtigen Gedanken waren die Aufsätze Klopstocks im 'Nordischen Aufseher', welche sich
speciell auf die Dichtkunst oder auf die literarischen Verhältnisse Deutschlands und Dänemarks bezogen. Von Cramer unterschied
sich Klopstock zunächst vollständig durch seine Ansichten vom Publicum und
von der Kritik. Unter dem Publicum verstand er nicht, wie jener, den
großen Haufen aller seiner Leser, dessen Vorurteile man klug bestreiten
müsse, sondern nur die Elite derselben, die wahren Kunstrichter und die
echten Kenner, deren gültiges Urteil zwar Anfangs meistens von der
Menge vernachlässigt oder gar verhöhnt, aber nach und nach von der ganzen Nation angenommen und bestätigt wird. Aus diesem Grunde wollte
er auch von keiner Antwort des Schriftstellers auf ungegründete, wenn
gleich scheinbare Kritiken wissen. Nur in wenigen Ausnahmsfällen
gestattete er eine Erwiderung; aber auch da verlangte er möglichste Kürze,
damit „des Geschwätzes" nicht zu viel werde. Die ganze Abhandlung,
durch Lessings Kritik des 'Aufsehers' veranlaßt und in der seltsamen Form
eines Dialoges vorgetragen, der — allzu realistisch — halb von Klopstock
und halb von Cramer verfaßt war, zeugte von bitterer Verachtung der
Kritik, welche mit dem Tage vergeht, während das Werk des Künstlers
bleibt. Dagegen vereinigte sich Klopstock, allerwege auf Hebung der
dichterischen Production bedacht, mit Cramer zu Vorschlägen, wie die
schönen Wissenschaften in Dänemark durch das gesellige Zusammenwirken
literarisch begabter und gebildeter Kräfte und durch die Herausgabe einer
Zeitschrift nach dem allgemeinen Muster der — allerdings nicht ausdrücklich genannten — 'Bremer Beiträge' rühmlich gefördert werden könnten.
Einen ähnlichen Zweck verfolgten die beiden weitaus wertvollsten seiner
prosaischen Beiträge zum 'Aufseher', Gedanken über die Natur der Poesie

(Stück 105 vom 21. September 1759) und über die Sprache der Poesie
(Stück 26 vom 18. Mai 1758).

Unzufrieden mit den weitschweifigen und doch das Notwendige nicht
erschöpfenden Poetiken, mit denen mehr als ein Jahrhundert lang Deutschland überschwemmt worden war, zugleich besorgt, daß sein Vortrag nicht
trocken werde und ermüde, verzichtete Klopstock darauf, seine Ansichten
über Wesen und Formen der Dichtkunst irgend systematisch darzustellen,
und gab daher statt genau begründeter, organisch zusammenhängender
Gesetze und Regeln meist nur aphoristische oder doch aphoristisch scheinende
Andeutungen und Winke. Batteur' Ableitung der Dichtkunst aus dem
Princip der Nachahmung verwarf er; für seine eigne Erklärung war wieder das psychologische Moment von größtem Gewicht: „Das Wesen der
Poesie besteht darin, daß sie durch die Hilfe der Sprache eine gewisse Anzahl von Gegenständen, die wir kennen oder deren Dasein wir vermuten,
von einer Seite zeigt, welche die vornehmsten Kräfte unsrer Seele in
einem so hohen Grade beschäftigt, daß eine auf die andre wirkt, und dadurch die ganze Seele in Bewegung setzt." So sollte die psychologische
Wirkung, deren ein Gegenstand fähig ist, seine Brauchbarkeit für den
Dichter bedingen; dem Gegenstand sollte dann der Gedanke und diesem
wieder der sprachlich-metrische Ausdruck streng angemessen sein. Überall
forderte Klopstock völlige Bestimmtheit; die verschwimmenden Formen der
Poesie, die mehr ahnen lassen als sie deutlich bezeichnen, gelangen ihm
wohl praktisch in einigen seltnen Fällen; seine Theorie aber kannte sie und
ihre von Goethe und den Romantikern wundersam erprobten magischen
Wirkungen noch nicht. Ziemlich allgemein und nicht einmal recht klar
sprach er über den Unterschied des Tones bei den verschiednen Dichtungsarten, besonders bei der Ode. Dagegen verriet alles, was er über Metrum und Rhythmus äußerte, den feinen musikalischen Sinn und das reife
Urteil des erfahrnen Dichters. Noch gieng Klopstock dabei von dem
Axiom aus, daß niemand drei kurze Silben hinter einander aussprechen
könne, ohne auf eine gezwungene Art zu eilen, ohne also den Wohlklang
des Verses zu schädigen. Einige Jahre darnach, etwa seit 1764, häufte
er gleichwohl oft in seinen Oden und Hymnen mehrere kurze Silben dicht
hinter einander; aber wie sehr auch dabei die charakterisierende Kraft des
rhythmischen Ausdrucks gewinnen mochte, der Wohlklang litt, wie Klopstock früher ganz richtig erkannt hatte, allemal darunter. Hingegen blieb
er sich in seinen Ansichten über die Sprache der Poesie stets gleich. Theorie

und Praxis deckten sich hier bei ihm auf das genauste. Er forderte vor
allem strenge Scheidung zwischen der prosaischen und der poetischen
Sprache[1]) und stellte für die letztere eine Reihe von Gesetzen auf, die er
sammt und sonders aus seinen eignen Dichtungen ableiten konnte. Viel
mehr auf erhabene Würde als auf realistische Lebenswahrheit bedacht[2]),
verlangte er für sie nicht nur die Wahl prägnanter, sondern auch edler
Ausdrücke und wünschte die verhältnismäßig geringe Anzahl derselben durch
neue Wortbildungen, geschmackvolle Zusammensetzungen oder auch Wie-
deraufnahme veralteter Formen vermehrt, empfahl desgleichen eine pathe-
tisch veränderte Wortfolge.. Dazu kamen verschiedne, dem Virgil abge-
lauschte Vorschriften im einzelnen, denen fast durchweg das gleiche Streben nach kraftvoller Kürze zu Grunde lag. Sorgsame Ausfeilung des
ersten Entwurfes gebot er mit vollauf berechtigtem Nachdruck. Von dem
deutschen Dichter der Gegenwart im besonderen forderte er, daß er fest und
stetig auf dem von Luther, Opitz und Haller gebahnten Wege fortschreite,
zugleich aber — natürlich ohne seine Freiheit und Ursprünglichkeit darüber
einzubüßen — von den Sprachen der Alten (auch der Hebräer) und unserer Nachbarn lerne. Selbst die dichterische Ausdrucksweise der Franzosen,
gegen die der Aufsatz im allgemeinen ankämpfte, wurde in einzelnen Punkten als nachahmenswürdig anerkannt.

Am thätigsten war Klopstock begreiflicher Weise für den 'Nordischen
Aufseher', so lang er mit dem Herausgeber an einem und demselben Orte
weilte. Aber auch fern von Kopenhagen blieb er dem Freunde ein treuer
Mitarbeiter.

Nach Metas Tode vermochte ihn Dänemark vorerst nicht mehr wie
früher zu fesseln. Seine Besuche in der Heimat wurden häufiger und

---

[1]) Als Historiker berichtigt und ergänzt Herder in den 'Fragmenten über
die neuere deutsche Literatur' Klopstocks Lehre. Zu ihr und zu den literargeschicht-
lichen Beispielen, die Klopstock dafür gibt, steht teilweise in schroffem Gegensatze,
was Schopenhauer, 'Die Welt als Wille und Vorstellung' II, 430 f. (Leipzig
1844), sagt.

[2]) Für das Drama waren daher, wie Lessing in seiner überaus beifälligen
Kritik des Aufsatzes (im 51. Literaturbrief) richtig bemerkte, Klopstocks Vorschriften
nur mit mancher Einschränkung zu gebrauchen. Gleichwohl war Shakespeare damals unserm Dichter kein Fremdling mehr, wie Lessing ebendort andeutete. Zweimal im 'Aufseher' (Stück 95 und 139) spielte Klopstock auf Verse des englischen
Dramatikers (Othello III, 3, 159 ff. und Hamlet III, 1, 56) an, die er damals
noch aus keiner deutschen Übersetzung kennen konnte.

behnten sich auf eine ungleich längere Zeit aus als je zuvor. In Hamburg
verbrachte er, ganz der Erinnerung an Meta hingegeben, mit der Herausgabe ihrer hinterlassenen Schriften beschäftigt, den ersten Winter bis in den
April 1759. Dann gab er den Bitten seiner Mutter nach und reiste über
Braunschweig und Halberstadt nach Queblinburg. Im Kreise der Seinen,
die er seit beinahe fünf Jahren nicht mehr gesehen hatte, und im täglichen
Umgang mit Gifete, der als Metas vertrautester Freund ihm jetzt näher
stand als jeder andere, verlor sich die Heftigkeit seiner Trauer allmählich.
Auch der rege Verkehr mit Gleim, der Jahre lang gestockt hatte, begann
auf's neue mit der alten Herzlichkeit. Besuche in Halberstadt und Zusammenkünfte in Queblinburg wurden veranstaltet, gemeinsame Ausflüge
in den Harz unternommen. Aber zu bald für das Verlangen seiner Mutter
und Geschwister mußte Klopstock sich wieder zur Abreise bereiten. König
Friedrich V. trat schon am 23. Juli den Heimweg von einem Ausflug in
seine deutschen Länder an. Nun durfte auch Klopstock nicht länger zögern;
nicht einmal den Umweg über Hannover, wie er früher geplant hatte (wohl
um den Jugendfreund Abolf Schlegel zu besuchen, der seit dem Mai als
Pastor daselbst wirkte), konnte er jetzt mehr nehmen. Noch im Juli
oder spätestens im August kehrte er auf dem geraden Wege nach Dänemark
zurück.

Hier bedrohte ihn bald fast wieder ein neuer Verlust, der ihn zwar
nicht ausschließlich und vornehmlich, darum aber nicht minder schwer be-
troffen hätte. Friedrich V. erkrankte an den Blattern, welche in Kopenhagen herrschten und zahlreiche Opfer forderten. Doch ergriff ihn die
Epidemie nicht besonders heftig; sein Zustand wurde nicht ernstlich gefährlich, und schon vor dem Weihnachtsfeste war seine Gesundheit wieder völlig
hergestellt. Ebenso als ein vorübergehender Schrecken erwies sich ein
leichtes Erdbeben, welches während der Krankheit des Königs im December
1759 Kopenhagen heimsuchte. Klopstock besang beide Ereignisse in einer
noch im December verfaßten Dankobe an Gott, die sich eben so fern von
schmeichlerischem Lobe des Monarchen hielt, als sie von inniger Liebe zu
ihm zeugte. Die religiöse Auffassung des Dichters, welcher unmittelbar den
Ton und die Ausbrucksweise der Psalmen nachbildete, wies auf den
engen Zusammenhang der Ode mit den großen Hymnen des vergangenen
Jahres; weniger die metrische Gestalt des Gedichtes mit der regelmäßigen
Wiederkehr derselben einfach gefügten Strophe von acht (seit 1771 fünf)
Zeilen, nach einer kirchlichen Melodie gebildet.

Noch deutlicher stellte sich dieser Zusammenhang bei einer anderen Ode heraus, zu der Klopstock gleichfalls durch ein von der Nation mitgefeiertes Fest des dänischen Königshauses veranlaßt wurde. Am 16. October 1760 wurde das hundertjährige Jubiläum des Königsgesetzes begangen, durch welches an die Stelle des früheren Wahlkönigtums die erbliche und absolute Monarchie des schleswig-holsteinischen Hauses in Dänemark getreten war. Die Ode, der Klopstock später, mehr in die Zukunft als in die Vergangenheit deutend, den Titel 'Das neue Jahrhundert' gab, war unter allen Äußerungen des von Haus aus zum Republicanismus neigenden Dichters diejenige, welche am offensten eine monarchistische Gesinnung bekundete; aber sie galt eben auch einem Könige, der Klopstocks Ideal des Regenten verwirklichte: unter einer solchen glücklichen Herrschaft schien ihm die Freiheit des Unterthanen vollständig geschützt. So lief denn die Ode, ihrem Werte nach keine der geringsten unter den in freien Rhythmen abgefaßten, in den Preis Friedrichs V. aus, des Friedensfürsten, welcher „mit Weisheit, die männlicher, mit Vaterliebe, die edler als Mut zu kriegen ist," schweigend, während Europa donnert, sein Schwert zurückhält.

Als dieses Jubiläum gefeiert wurde, war Klopstock von einem Sommerausfluge nach Pyrmont, zu dem ihn Freund Gleim eingeladen hatte, längst wieder nach Kopenhagen zurückgekehrt. Mit den Curgästen des besuchten Badeorts scheint er regen, mitunter fast zärtlichen Umgang gepflogen zu haben. Noch viele Jahre darnach erinnerte er sich lebhaft eines Mädchens aus Braunschweig, Namens Hantelmann, das sich untrennbar-innig an ihn anschloß und ihm beim Abschied „allerhand tragische Thränen" kostete, so daß er im Scherz behaupten konnte, er sei allen Ernstes in das elfjährige Kind verliebt gewesen. Erst bei seinem nächsten Aufenthalt in Deutschland sollte ein Mädchen wieder einen tieferen Eindruck auf den leicht entzündlichen Dichter machen.

Das Jahr 1761 verbrachte Klopstock ganz in Dänemark, teils in Kopenhagen, wo er nunmehr im Hause Bernstorffs wohnte, teils auf dem Lande, auf dem Gute seines Gönners zu Bernstorff oder bei seinem Bruder in Lyngby. Im Sommer 1762 aber begab er sich wieder in die Heimat. Mancherlei Familienrücksichten, die Kränklichkeit seiner Mutter, besonders aber auch die langsame Entwicklung einer persönlichen Herzensangelegenheit, die ihm sehr wichtig war, veranlaßten ihn, seinen Aufenthalt in Deutschland diesmal länger als sonst, auf zwei volle Jahre, auszudehnen. Er wohnte meistens in Quedlinburg bei den Seinigen; allein auch in den übrigen Orten der Umgegend brachte er mehrmals Wochen hinter einander zu. Halberstadt besuchte er zu wiederholten Malen und nicht bloß auf ein paar Stunden, wie dies früher meist der Fall gewesen war. Seinen ursprünglichen Plan freilich, den halben Winter von 1762 auf 1763 bei Gleim zu verleben, führte er nicht aus. Im Januar und dann wieder im August 1763 weilte er dafür als Gast des Freiherrn Achaz Ferdinand von der Asseburg (1721—1797), der seit 1753 als Kammerherr in dänische Dienste unter Bernstorff getreten und bereits an verschiedenen Höfen als dänischer Gesandter erfolgreich thätig gewesen war, mehrere Tage zu Meisdorf im Selkethal, wo die Vergnügungen des Landlebens, namentlich die Jagd ihm allerhand kräftige Bewegung und behagliche Zerstreuung verschafften.

Im Juni 1763 verbrachte er drei angenehme Wochen zu Magdeburg bei Heinrich Wilhelm Bachmann (gestorben 1776), dem literaturkundigen, von Sulzer erzogenen Sohne des Gastfreundes, in dessen Hause der junge Dichter vor dreizehn Jahren seinen ersten Triumph unter bewundernden Anhängern und Anhängerinnen gefeiert hatte. Er verkehrte dort innig mit Bachmanns Freunde Friedrich Köpken, der den persönlichen Mittelpunkt des damaligen literarischen Lebens in Magdeburg bildete. Noch in später Zukunft rühmte Köpken mit stolzer Freude in Prosa und in Versen jene schönen Tage von 1763; er erwies sich überhaupt durch seine poetischen wie durch seine kritischen Versuche als begeisterten Verehrer Klopstocks und seiner Dichtung. Auch den als Componisten angesehenen Musikdirector Johann Heinrich Rolle (1716—1785), einen geborenen Quedlinburger, der mehreres aus dem 'Messias' und andern Klopstockischen Werken in Musik setzte, desgleichen den Prediger Johann Samuel Patzke, den eifrigen Bewunderer und Lobredner der Messiade, und die übrigen Mitglieder des dortigen Literatenkreises lernte Klopstock kennen und schätzen. In denselben Tagen kam Friedrich II. durch Magdeburg, und unter der neugierigen Volksmenge, welche den König begrüßte, stand der Dichter in vorderster Reihe, den Blick unverwandt auf Friedrich gerichtet, so lang er ihn mit den Augen erreichen konnte.

Vor allem aber zog es Klopstock diesmal oft nach Blankenburg. Dort wurde er bald nach seiner Ankunft in der Heimat, schon im August 1762, mit Luise Sidonie Wilhelmine Elisabeth Diedrich bekannt, dem reichsten und, wenn wir den überschwänglichen Worten des Dichters glauben dürften, liebenswürdigsten Mädchen der ganzen Gegend. Sie war damals

zwanzig Jahre alt, am 22. März 1742 geboren. Ihre Jugend hatte sie
zum größten Teil in Haymburg bei Blankenburg verlebt. Ihr Vater,
Amtsrat Diedrich, hatte dort eine große Domäne gepachtet gehabt. 1760
hatte er dieselbe ihrem Bruder abgetreten und war mit der Familie nach
Blankenburg übergesiedelt, wie es scheint, um jetzt hier einen ähnlichen
Pacht zu übernehmen. Doch führten ihn seine Geschäfte noch immer des
öfteren nach Haymburg, ebenso nach Jerxheim (zwischen Braunschweig und
Halberstadt). Klopstock hatte Sidonie — er kürzte den Namen regelmäßig
in Done ab — kaum gesehen, so empfand er leidenschaftliche Zuneigung zu
ihr. Rasch befestigte und verstärkte sich dieser Eindruck bei öfterem Beisammensein. Alsbald drängte er die Sache der Entscheidung zu. Langsam,
wie einst als Jüngling, werben wollte und konnte er nicht mehr. So entdeckte er sich — am 19. August; er kannte damals „das süße Mädchen"
noch nicht seit vierzehn Tagen — ihrer Tante. Er erfuhr, was er nicht
vermutet hatte: Done war bereits versprochen; die Heirat sollte aber erst
nach dem Friedensschluß vollzogen werden. Obwohl nun dieser immer
näher heranrückte, gab Klopstock doch die Hoffnung nicht auf. Bei Done
scheint sein Werben auch nicht ganz erfolglos gewesen zu sein. Sie war
dem Dichter wenigstens freundschaftlich zugeneigt; selbst ihre anfängliche
Zurückhaltung verlor sich, als Klopstock im December 1762 eine Zeit lang
täglich mit ihr in Blankenburg verkehrte. Dieser fühlte sich auf's neue
überaus glücklich, obwohl Dones Vater fest entschlossen war, seine Tochter
nicht so weit in die Fremde zu verheiraten. Klopstock hatte das gleiche
Hindernis schon einmal, bei Metas Eltern, besiegt; er hoffte auch jetzt den
Widerstand zu bewältigen. Und an ihm lag es nicht, daß es nicht wieder
gelang. Er ließ alle Minen springen. Auf sein Ansuchen wurde ihm vom
dänischen Hofe der Titel eines Legationsrates verliehen, ohne daß damit
irgend welche amtliche Pflichten verbunden gewesen wären. Gleims Amts-
vorstand und Freund, der Halberstädter Dombechant Freiherr Ernst Ludwig von Spiegel (gestorben 1785), wegen seiner Güte und seines Edelmutes
weithin in der Umgegend allgemein verehrt und geliebt, begab sich zweimal,
im Januar und wieder im Mai, persönlich nach Haymburg, um den
Amtsrat günstiger für den Dichter zu stimmen. Klopstock unterrichtete ihn
genau über seine Vermögensverhältnisse und Aussichten in Dänemark.
Vor der Vollendung des ‚Messias' getraute er sich nicht auf eine Zulage zu
seinem Gehalte zu rechnen. Darnach aber wollte er sich um eine Stelle im
Holsteinischen und nicht in Dänemark selbst bemühen, um so der Heimat

näher zu sein. Ja, wofern der Amtsrat verlangen sollte, daß er ganz in Deutschland bleibe, war er bereit, sich dann überhaupt um kein Amt, sondern lieber um eine Zulage zu seiner Pension zu bewerben. Für den Fall seines Todes wollte er seiner Gattin einen Wittwengehalt von vier-hundert Thalern jährlich sichern. Hingegen überließ er es dem Amtsrat völlig, die Größe der Mitgift zu bestimmen; er selber machte weder auf das Heiratsgut noch auf das künftige Erbe seiner Frau irgend welchen Anspruch. Aber all diese entgegenkommenden Vorschläge vermochten eben so wenig etwas wie die Versicherung, die Klopstock ausdrücklich beifügte, daß der König und Moltke für ihn wohlwollend gesinnt, Bernstorff und sein Neffe, der spätere Minister, seine Freunde seien. Auch die Fürsprache des Domdechanten war nutzlos. Im August hatte Done sich bereits öffent-lich mit dem braunschweigischen Hauptmann Georg Philipp Christian von König verlobt; am 22. November 1763 wurde sie ihm zu Blankenburg angetraut. Über ihre ferneren Schicksale ist nichts bekannt; sie starb bald (vor dem September 1767) im Wochenbett[1]).

Klopstock hüllte das ganze Verhältnis zu Done in tiefes Geheimnis. Doch waren immerhin zu viele Personen in dasselbe eingeweiht, als daß nach außen nichts davon hätte verlauten sollen. Und Unbeteiligten konnte die verunglückte Werbung des Dichters, den man seit Metas Tod als den Verlobten eines Engels betrachtete, mit Fug lächerlich vorkommen. So spöttelte z. B. Uz, der doch keineswegs zu Klopstocks persönlichen Wider-sachern gehörte, in seinen Briefen über die plötzliche Untreue des „ganz göttlichen Mädchens", als sich einer vom Abel erbot, sie zur gnädigen Frau zu machen.

Einen nachhaltend tiefen Eindruck scheint auf den Dichter der Miß-erfolg seiner Werbung um Done nicht gemacht zu haben. Wenigstens lautet die einzige Stelle seines späteren Briefwechsels, in der er (1767) auf die Blankenburger Geschichte anspielte, ziemlich kühl. Auch zeigt sein

---

[1]) Über ihre Person und die nähere Geschichte ihres Verhältnisses zu Klopstock verbreitete erst Heinrich Pröhle Licht ('Friedrich der Große und die deutsche Lite-ratur', Berlin 1872, S. 141 ff.). Die Halberstädter Papiere stimmen genau zu seinen Angaben. Die Inschrift aber in Gleims Hüttchen vom 23. Juni 1795 kann nach Klopstocks Briefen an Cäcilie Ambrosius unmöglich von Done herrühren, wie schon Hamel richtig erkannte. Vielleicht hieß der Name daselbst Dohna. Gleim war mit einem Grafen Dohna befreundet; vgl. seinen Brief an Kleist vom 30. November 1758.

späteres Leben kein Merkmal davon, daß er mit besonderer Innigkeit oder
gar mit Wehmut an Done zurückgedacht hätte. Die Heimat zwar suchte er
in den vier Jahrzehnten, die ihm noch zu leben vergönnt waren, nicht mehr
auf. Allein dies hatte seinen Grund doch mehr in andern Dingen als etwa
in dem Wunsche, die Gegend zu meiden, deren Anblick den Schmerz über
den Verlust der einst Geliebten neu wecken möchte. Zunächst hielten äußere
Umstände Klopstock in Dänemark mehrere Jahre lang ganz zurück. Später,
seitdem seine alte Mutter aus dem Leben geschieden war (am 27. Mai
1773), hatte Quedlinburg den besten Teil seiner Anziehungskraft auf ihn
verloren. Endlich ließ der innige Verkehr mit den Freunden und Freundinnen in Hamburg, den seine Geschwister mit scheelen Augen betrachteten,
und die Bequemlichkeit des Alters den Gedanken einer Reise in die Heimat
gar nicht mehr in ihm aufkommen.

Auch unmittelbare dichterische Anregung empfieng Klopstock durch das
Verhältnis zu Done durchaus nicht in gleicher Weise wie früher durch die
Liebe zu Fanny und zu Meta. Eine einzige Ode an Done, die er überdies
selbst niemals veröffentlichte, ist uns erhalten, von Gleim mit dem Datum
des 2. December 1762 versehen. Es ist ein einfaches Gedicht, mehr Lied
als Ode, mit weichem, innigem Ausdruck des Empfindens; und doch
berührt es uns nicht nur höchst sonderbar, daß in einem Gedicht an das
Blankenburger Mädchen beständig von Meta die Rede ist, sondern die
wiederholte Versicherung, er liebe Done ebenso wie Meta, scheint geradezu
zu bestätigen, daß dem nicht so ist: wozu sonst all die Mühe, womit er sich
und dem Mädchen dies einredet?

Wenn Klopstock aber auch seinem Empfinden für Done in seiner Lyrik
nur einen kümmerlichen Ausdruck ließ, in anderer Weise war er in jenen
Jahren, die er ganz auf deutschem Boden verlebte, als Dichter ungemein
thätig. Die Arbeit an der Messiade schritt gerade damals rüstig vorwärts.
Zahlreiche Hymnen entstanden. Namentlich aber wandte sich Klopstock dem
religiösen Drama wieder mit neuem Eifer zu. Er dichtete 1763 das fünf-
actige Trauerspiel 'Salomo'. Überall auf seinen Ausflügen begleitete ihn
diese Arbeit. Am 4. October sandte er das Stück, das eben fertig geworden
war, an Gleim. Alsbald begann er ein neues biblisches Trauerspiel in
fünf Aufzügen, 'David'. Und wie er es bei der Messiade zu machen pflegte,
so arbeitete er auch hier zuerst Fragmente aus der Mitte des Dramas aus,
bevor er vom Anfang an Scene für Scene der Reihe nach ausführte. Bis
zum 3. November waren die drei ersten Aufzüge oder, wie Klopstock im

Einklang mit den älteren deutschen Dramatikern sagte, Handlungen nahezu vollendet. Doch scheint Klopstock, dessen Eifer durch den raschen Fortgang seines Werkes immer lebhafter angeregt wurde, dasselbe auch im
Verlauf der nächsten Monate noch fortgesetzt zu haben. In seinen Briefen
wird erst im September 1767 die Tragödie wieder genannt. Damals
wollte sie der Dichter „in wenigen Tagen zum Drucke wegschicken". Am
5. Mai 1769 aber schrieb er an Ebert, dem Trauerspiel fehle noch der
letzte Act; doch sei er in seinem Geiste schon beinahe „bis zum Abfallen
reif". Die übrigen Aufzüge hatte er damals bereits wiederholt durchgesehen und überarbeitet. Gedruckt erschien der 'Salomo' im Frühling 1764 zu Magdeburg, der 'David' erst 1772 zu Hamburg.

Klopstock hatte eine ziemlich hohe Meinung von seinen beiden Trauerspielen. Den 'David' wollte er seinem Gleim gegenüber nur darum nicht
rühmen, weil Eigenlob doch immer und in jeder Form ein wenig stinkt.
Vom 'Salomo' aber schrieb er in dem kurzen Vorwort zu diesem Drama:
„Wann ich Leser oder Zuschauer habe, die beim Empfinden auch denken
mögen, so behaupte ich, eine Materie gewählt zu haben, die am Tragischen
alle, die bisher berühmt geworden sind, übertrifft." Worin mag der
Dichter diesen stofflichen Vorzug seines Trauerspiels erblickt haben?

Die Quelle Klopstocks war das elfte Capitel im ersten Buch der
Könige [1]. Hier wird von der Abgötterei erzählt, zu welcher den alternden
Salomo seine zahlreichen ausländischen Frauen verleiteten. Astoreth,
Milkom, Chamos und Moloch nennt der alttestamentliche Chronist als die
Götzen, denen Davids Sohn huldigte. Und zwar verzeichnet die Bibel
die Namen der drei ersten Abgötter dreimal mit besonderem Nachdruck
(Buch der Könige I, 11, 5—7; I, 11, 33; II, 23, 13), während sie Moloch
nur einmal fast nebenher erwähnt. Klopstock hat dieses Verhältnis — nicht
mit Unrecht — umgekehrt. Bei ihm ist Salomo vornehmlich zum Verehrer Molochs, dessen Opferdienst der grauenvollste von allen ist, herab-
gesunken. Daneben spielt Chamos noch eine kleine Rolle in dem Drama;
Astaroth wird nur kurz, Milkom gar nicht erwähnt. Daß sich Salomo
von seinem Götzendienste wieder zu Jehovah zurückwandte, berichten die

---

[1] Daneben enthält das Drama freilich im einzelnen noch Anklänge an
andere Capitel der Bibel, auf die Klopstock in den Anmerkungen meistens selbst
verwies. So sind z. B. die Namen von Salomos Freunden aus dem ersten Buch
der Könige, Capitel IV, 5 und IV, 31 genommen.

hebräischen Geschichtschreiber nirgends. Klopstock glaubte jedoch, diese Thatsache aus mehreren — allerdings für den Historiker nicht recht stich- haltigen — Andeutungen der Bibel schließen zu dürfen. Und diese Be- kehrung Salomos bildet den eigentlichen Inhalt seines Trauerspiels.

Also, während sonst im Drama irdische Verhältnisse und der Streit zwischen irdischen Pflichten und Neigungen der Handlung zu Grunde liegen, ist hier das Verhältnis des Menschen zu Gott der Angelpunkt, um den sich alles dreht[1]). Es handelt sich nicht nur um das Glück dieses Lebens, sondern um die ewige Seligkeit des Helden, ja, da das böse oder gute Beispiel eines Königs bestimmend für viele seiner Unterthanen ist, um die ewige Seligkeit vieler Tausende.

Dieser vermeintliche Vorzug des Stoffes ist aber in Wirklichkeit ein schwerer Nachteil für den dramatischen Dichter.

Was ist der erste Zweck des Dramatikers anders, als durch unmittel- bar anschauliche Darstellung einer lebhaft bewegten Handlung unsere menschliche Teilnahme zu erregen? Darum ist es Klopstock jedoch nur wenig zu thun. Statt dessen überwiegt in seinem Stücke weitaus das religiöse Interesse. Nicht, ob die armen Kinder, die dem Moloch zum Opfer bestimmt sind, von dem gräßlichen Tod errettet, sondern ob Salomo von seinem Irrglauben bekehrt werden wird, ist für den Dichter die entscheidende Frage. Wenn man nun freilich die sämmtlichen Folgen dieser Bekehrung in's Auge faßt, so erscheint sie, auch rein menschlich betrachtet, wichtiger als die vereinzelte Rettung zweier Knaben. Der Dramatiker soll aber nicht auf die Zukunft oder auf die Vergangenheit sich berufen, sondern in der Gegenwart darstellen. Er soll uns im engen Rahmen seines Stückes ein in sich geschlossenes Abbild des Kosmos geben. Dasjenige Ereignis also, welches in diesem symbolischen Ausschnitt aus dem Weltganzen an und für sich das menschlich bedeutendste ist, muß auch den künstlerischen Mittelpunkt des Dramas bilden. Und dieses Ereignis ist im 'Salomo' die Opferung der Knaben, nicht die Bekehrung des Königs, deren Folgen, wenigstens so weit sie unser menschliches Mitgefühl erwecken, erst in der Zukunft nach dem Schluß des Trauerspiels eintreten.

[1]) Schon in Pyras biblischem Trauerspiel 'Saul' bildete eine Sünde gegen Gottes Gebot, nicht ein menschlich-sittliches Vergehen die Schuld des tragischen Helden. Dieselbe ist aber viel dramatischer begründet als im 'Salomo' oder 'David'. Klopstock konnte übrigens den 'Saul' kennen, da sich Pyras Nachlaß ver- mutlich schon damals in Gleims Besitz befand.

Klopstocks Fehler ist, daß er die rein menschlichen Motive in seinem Stoffe nicht genügend, die religiösen hingegen über Gebühr ausgenützt hat. Er höhnt unser menschliches Empfinden geradezu, wenn er einmal (III, 5, 7 ff.) Salomo den Wunsch aussprechen läßt, der Todesopfer möchten mehr als zwei sein, damit ihr Blut ihn schrecken, ihn endlich in Verzweiflung und Tod stürzen möchte, oder wenn der bereuende, zu dem Gott Israels zurück‧ kehrende Sünder (V, 6, 26 ff.) versichert, er habe zwar oft das Blut der Unschuld seinen Götzen vergossen, aber weit mehr als dieses Verbrechen schreckten ihn die Seelen derer, die er durch sein Beispiel verführt habe. Solche Reden erklären, ja rechtfertigen bis zu einem hohen Grade das boshaft‧witzige Urteil, das ein Mann wie Thomas Abbt über den 'Salomo' fällte. Verächtlich meinte er, das Hauptinteresse des Stücks bestehe darin, ob der reformierte Hofprediger oder der katholische Caplan des Sonntags bei Hofe zu Mittag essen solle. Allerdings Abbt sprach als Rationalist, und Klopstock hatte ausschließlich für solche Leser geschrieben, welche an die geoffenbarte Religion glaubten, in deren Augen demnach zwischen dem Cultus Jehovahs und dem Götzendienste Molochs denn doch ein anderer Unterschied bestand als zwischen zwei christlichen Confessionen.

Jener religiöse Offenbarungsglaube wird auch sonst von dem Dichter bei seinen Lesern oder Zuschauern, wenn er je auf solche hoffte, voraus‧ gesetzt. So muß man z. B. an die Verheißung Gottes, daß er Salomo nicht wie Saul verwerfen wolle, eine Verheißung überdies, welche lange vor den Beginn des Trauerspiels fällt, einfach glauben, um den Schluß des Stückes einigermaßen erträglich zu finden. Als eine dramatische Lösung freilich kann derselbe nie und nimmer gelten.

Allein der dramatische Aufbau des Werkes ist ja durch und durch mangelhaft, wenn es auch an einzelnen gelungenen Scenen (z. B. II, 3; III, 10 2c.) nicht ganz fehlt. Zunächst vermißt man jede Spur von Tra‧ gik in Klopstocks sogenannter Tragödie. Der Inhalt derselben ist zwar manchmal recht traurig, aber niemals tragisch. Weder die beiden Opfer‧ knaben, die von jeglicher Schuld rein sind und überhaupt nicht handeln, können als tragische Personen gelten noch Salomo; denn er ist ebenfalls mehr eine passive als eine active Figur, und demgemäß kommt es auch bei ihm nicht zu einem folgerichtig durchgeführten Kampf zwischen Pflicht und Neigung. Von beiden und besonders von der letztern ist eigentlich gar nicht die Rede. Salomos Irrtum stammt aus dem Verstande, nicht aus dem Herzen. Das hat Klopstock im Vorwort seines Stückes und in diesem selber nachdrücklich betont; die Schwierigkeit jedoch, die darin für den Dramatiker lag, konnte er nicht überwinden. Viel richtiger wäre es gewesen, wie schon zeitgenössische Kritiker bemerkten, wenn er nach der biblischen Überlieferung Salomos Liebe zu einer der abgöttischen Königinnen bedeutsamer als Motiv seines Abfalls von Jehovah hätte hervortreten lassen. Doch scheint es, daß er, der nach französischem Muster aufgebauten Liebesscenen eben so überdrüssig wie Lessing, die Frauenrollen auf das äußerste Maß beschränken wollte. Die Schuld seines Salomo mußte daher viel künstlicher begründet werden. Weit entfernt, an den wahren Gott nicht zu glauben, betet er ihn vielmehr nur zu tief an (II, 4, 115 ff.). Gott ist ihm viel zu erhaben, um selber ohne die Vermittlung von Untergöttern die Menschen zu beherrschen. Salomos Schuld ist eine Folge seiner ungewöhnlichen Weisheit. Sein philosophisches Denken und Grübeln hat ihn zum Zweifler, zum Deisten und endlich zum Götzendiener gemacht. So mischen sich in seinem Wesen Züge des Freigeists aus den 'Drei Gebeten' von 1753 mit den Zügen eines alttestamentlichen Faust, und das Ergebnis ist die Stimmung des Lebensüberdrusses, die uns wieder an Faust im Anfang der Goethischen Tragödie, vielleicht auch an Hamlet mahnen könnte. Freilich nur äußerlich; denn in ihrem Wesen haben jene Gestalten der Dichtung mit Klopstocks Salomo nichts gemein. Abbt hat ganz Recht: Salomo erscheint durchgehends als ein einfältiger Mensch, nur daß die andern Personen noch einfältiger sind. In der Charakterzeichnung ist Klopstock außerordentlich schwach. Er unterscheidet seine Personen besser als im 'Tod Adams' durch schärfere oder schwächere Schattierungen: das ist aber auch alles. Einen richtigen Mann, überhaupt einen lebensvollen und lebenswahren Menschen vermag er uns nicht vor Augen zu stellen. Durchaus fehlt es an Realistik. Die religiöse Sentimentalität des Dichters läßt es dazu nicht kommen. Hier zeigt sich, wie im 'Messias', überall der Schriftsteller des achtzehnten Jahrhunderts, der seinen Vorwurf geradezu zu einer sinnbildlichen Darstellung der Empfindsamkeit sowohl als der Freigeisterei seiner eignen Zeit benützte. Klopstock war völlig unfähig, sich in die Sitten, Denk- und Handlungsweise des biblischen Altertums zu versetzen. Es läßt sich kein größerer Gegensatz denken als zwischen seinem Trauerspiel aus der jüdischen Geschichte und etwa Alfred Meißners 'Weib des Urias' (1851). Eine in der That hochdramatische Begebenheit aus dem Leben Davids ist hier mit äußerster Realistik behandelt. Meißner scheut sich nicht, zum Zwecke der

künstlerischen Lösung des Conflictes von der geschichtlichen Überlieferung
abzuweichen; aber mit dem durch wissenschaftliche Kritik geschärften Auge
des Dichters entdeckt er unter der verschönernden und verhüllenden Darstellung des alten Testaments den wirklichen Charakter des israelitischen
Königs, seiner Freunde und Gegner, sowie die echten Beweggründe ihres
Handelns.   Und er wagt es, diese alte Welt so unheilig, gottlos, heuchlerisch und selbstsüchtig, wie sie ihm erscheint, in seinem dichterischen Gemälde zu erneuern und mit kühner Freiheit dem Bilde, das in der Bibel
von ihr entworfen ist, entgegenzusetzen.   Mancher schöne und ergreifende
Zug der alttestamentlichen Erzählung muß diesem unerbittlichen Realis-
mus zum Opfer fallen.   Aber reichlich entschädigt dafür die ersichtliche
Wahrheit der Zeichnung, welche durch ihre strenge innere Folgerichtigkeit,
gerade indem sie alle der modernen Anschauungs- und Empfindungsweise
abgeborgten Effecte verschmäht, einen mächtigen Eindruck hervorbringt.
So wie Meißner bei dem klaren Lichte nüchterner historischer Kritik hat
kein anderer unsrer neueren Dramatiker die altjüdische Geschichte betrachtet.   Etwas von dem weihevollen Dämmerschein, der über den Berichten
der biblischen Quellen sich ausbreitet, ist dem Volke Gottes auch in ihrer
dichterischen Darstellung immer geblieben.   Aber wenn uns gleich Friedrich Hebbel sowohl als Otto Ludwig in ihren Tragödien ideale Kraft-
gestalten vorführen, welche titanenhaft über die gewöhnliche Wirklichkeit
hinausragen, so versäumen sie doch keineswegs, die altorientalische Örtlichkeit und Cultur mit realistischer Treue zu schildern, und an die empfindsame Schwäche und Weichlichkeit unserer Zeiten mahnen ihre von urwüch-
siger Kraft strotzenden Heldennaturen niemals.   Selbst Grillparzer, dessen
Bruchstück eines Dramas 'Esther' gerade in seinen schönsten, idyllisch anmutigsten Scenen von moderner Empfindsamkeit nicht frei ist, und Paul
Heyse in seinem ganz modern gedachten Schauspiel 'Das Urteil Salomos'
setzen bei allen Verstößen gegen das geschichtliche Costüm doch die Rücksicht
auf den asiatischen Charakter der Höfe, die den Schauplatz ihrer Stücke
bilden, wenigstens nicht ganz außer Acht.

Bei Klopstock hingegen fehlt jede Spur von morgenländischem Costüm
und Colorit, überhaupt von culturgeschichtlicher Treue.   In dieser Hinsicht steht sein Trauerspiel noch unter van den Vondels (von Gryphius
übersetztem) biblischem Tendenzdrama 'De Gebroeders' (1639).   Desgleichen ist von der unbedingten Autokratie eines altorientalischen Despo-
ten, die ja doch durch den gesammten Inhalt des 'Salomo' vorausgesetzt

wird, und von den äußern Erscheinungsformen derselben in Klopstocks Werke nahezu nichts wahrzunehmen.

Der Faden der Handlung ist außerordentlich dünn gesponnen. Bedeutende oder anziehende Episoden sind nicht damit verknüpft; überraschende oder spannende Situationen sind fast absichtlich vermieden. Äußerlich geschieht überhaupt so wenig als möglich. Was man etwa noch als Handlung bezeichnen könnte, ist in das Innere Salomos verlegt, nicht nur die Lösung am Schlusse, welche sogar ohne eine vorausgehende äußerlich sichtbare Katastrophe erfolgt, sondern auch die Peripetie im dritten Aufzuge, die allerdings diesen Namen nur halb verdient. Die Entwicklung des Stücks schreitet keineswegs beständig fort; sie steht vielmehr am Schluß des zweiten Acts genau auf demselben Flecke wie am Schluß des ersten und ist selbst beim Anfang des fünften Aufzugs kaum merklich weiter gerückt. Besonders die zwei ersten Acte, die eben im Grunde nur Einen Act bilden, sind schleppend und stumpfen das Interesse des Lesers ab, bevor nur die eigentliche Handlung beginnt. Denn auch der Dialog, obwohl im einzelnen oft gut geführt, bewegt sich im ganzen ermüdend langsam vorwärts. Ihn belasten nicht sowohl die vielen schönen Sentenzen und frommen Sprüche, die in ihn eingestreut sind, als vielmehr die theologischen Erörterungen, die durchaus ein Werk des Verstandes, nicht des Herzens sind. Überhaupt strömen von den vielen Worten des Dramas nur sehr wenige mit Naturmacht und packender Allgewalt aus unmittelbarer Empfindung hervor. Die Sprache ist, so weit dies überhaupt von einem dichterischen Werke Klopstocks gesagt werden kann, einfach und frei von Schwulst; aber es herrscht in ihr durchweg ein gemessenes rednerisches Pathos, welches einerseits jeden Ansatz zu realistischer Darstellung, jeden leisen Versuch, Personen durch den Wechsel des Tones und Ausdrucks zu charakterisieren, unmöglich macht, andrerseits an den Stil der griechischen und der französischen Tragödie erinnert.

Sophokles und die Meister der französischen Bühne waren Klopstocks Vorbilder im Drama. Seine Zeit bot ihm keine anderen dar. Lessing hatte das erlösende Wort noch nicht gesprochen. Es war schon viel, daß Klopstock nicht bei den Franzosen allein seine Muster suchte, sondern zu den hellenischen Tragikern selbst hinaufstieg. Der Anschluß an die einen wie an die andern war freilich bei dem völlig undramatischen Verfasser des 'Salomo' nur äußerlich. Bestimmte Motive entlehnte Klopstock weder von Corneille noch von Crébillon, in deren Werken er gerade, während

er sein Trauerspiel vollendete, las. Am ersten erinnert noch einiges im
'Salomo' an Racines 'Athalie'. In beiden Dramen ist die Hauptfigur
ein der Abgötterei huldigender jüdischer Monarch; das Leben schulbloser
Kinder ist beide Male durch ihn bedroht; mit dem Siege Jehovahs endigt
hier wie dort die Tragödie. Man könnte vielleicht noch gewisse Charaktere,
z. B. Racines Nathan mit Klopstocks Korah, vergleichen. Die ganze
Ähnlichkeit der beiden Stücke ist aber doch wohl nur höchst äußerlich und
zufällig. Von der dramatischen Kraft des Dichters der 'Athalie' und von
dem kunstvollen Bau dieser Tragödie weist Klopstocks Arbeit leider gar
nichts auf. Am meisten ist die Exposition des 'Salomo' den antiken und
den französischen Trauerspielen nachgebildet. Mit einem übrigens geschickt
gemachten Gespräch zweier vertrauten Freunde Salomos wird das Stück
eröffnet. Wir erfahren so, bevor die Hauptperson selber auftritt, auf
bequeme, aber kunstlose Weise die Lage der Verhältnisse, von der der
Dichter ausgeht. Der epische Charakter dieser Scene jedoch ist mehr oder
weniger auch den übrigen Teilen des Werkes aufgedrückt. Wie in der
griechischen und französischen Tragödie finden die äußeren Vorgänge hinter
den Coulissen statt. Auf der Bühne hören wir von ihnen nur durch epische
Berichte, die jedoch nicht im Prunkstil Corneilles oder Racines abgefaßt
sind; hier sehen wir nur den Reflex jener Thatsachen, ihre Folgen für
Salomo und seine Freunde. An dieser Verbannung aller äußeren Ge-
schehnisse von der Bühne war zum großen Teil auch die Einheit von Ort
und Zeit schuld, welche Klopstock hier wie im 'Tod Adams' sorgfältig und
zwar ohne mühsamen Zwang wahrte.

Einflüsse der englischen Literatur auf den 'Salomo' sind dem gegenüber verschwindend klein. Von den gleichzeitigen oder älteren englischen
Dramen hat keines auch nur in einzelnen oder in nebensächlichen Dingen
dem Verfasser des 'Salomo' als Muster gedient. In der achten Scene
des vierten Actes finden sich ein paar Anklänge an das 'Verlorne Paradies'. Klopstock läßt nämlich, wie unter andern zuvor schon 1754 Bodmer in seinem ungeheuerlichen Schauspiel 'Der keusche Joseph', auch über-
natürliche Wesen, Dämonen der Unterwelt, auftreten; er gesteht ja überhaupt dem wunderbaren Einwirken des Himmels und der Hölle einen für die
dramatische Gestaltung seines Werkes äußerst nachteiligen Spielraum
zu. In das Gespräch dieser Teufel schleichen sich nun unwillkürlich einige
spärliche Reminiscenzen an Miltons Pandämonium, allenfalls auch an
die Messiade ein.

Einigermaßen, wenn auch nicht unmittelbar und ausschließlich[1]), auf englischen Einfluß ist der Vers zurückzuführen, den Klopstock im 'Salomo' anwendet. Es ist der fünffüßige reimlose Jambus, aber sehr frei gebildet. Häufig, ja zu häufig tritt dafür der sechsfüßige Vers ein, bald in der Form des antiken Trimeters, bald in der des Alexandriners. Oft unter- brechen auch Anapäste den eintönig iambischen Gang. Für den Drama- tiker war diese wechselvolle Beweglichkeit des Metrums von vorn herein eher ein Gewinn als ein Nachteil. Alle großen Dramatiker unseres Vol- kes haben in kühnerer oder zaghafterer Weise späterhin Ähnliches versucht, und vielleicht wird das deutsche Drama der Zukunft einen noch freieren Wechsel in der Bewegung des Verses verlangen, als man bisher zugelassen hat, also jene Bestrebungen Klopstocks von neuem aufgreifen. Überhaupt ist Klopstocks dramatischer Vers viel besser, als man gewöhnlich zugibt. Vortrefflich ist vor allem die Kunst des Enjambements geübt; vortrefflich wird der Vers belebt durch den geschmackvollen Gebrauch der mannig- fachsten Cäsuren und durch den steten Widerstreit des logischen Satzes und des metrischen Gefüges. Nur der Rhythmus dürfte einheitlicher durch- geführt, nicht so oft im einzelnen unterbrochen sein. Am störendsten wir- ken in dieser Hinsicht die mehrfach eingestreuten Hendekasyllaben, deren trochaisch-baktylischer Gang dem rhythmischen Charakter des Jambus dia- metral entgegengesetzt ist. Nur wegen dieser — vom Dichter jedoch beab- sichtigten — Störungen des musikalischen Rhythmus kann Lessing ebenso wie Herder Gleims einförmigen und undramatischen Jambus in seiner Bearbeitung des 'Todes Adams' dem Verse des 'Salomo' vorgezogen haben.

Neben dem Jambus bediente sich Klopstock aber auch antiker lyrischer Silbenmaße (der vierzeiligen Asklepiadeischen Strophe und des elegischen Distichons) für zwei lyrische Gesänge, welche er in den zweiten und dritten Aufzug seines Trauerspiels einflocht. Nach seinem Inhalt und Wortaus- druck erinnert das zweite jener Lieder vielfach an die althebräische Lyrik, wie denn überhaupt die Sprache der ganzen Tragödie naturgemäß oft, aber noch immer nicht oft genug, an die Redeweise des alten Testamentes anklingt.

---

[1]) Denn der reimlose fünffüßige Jambus war schon wiederholt in Deutsch- land gebraucht worden, auch öfters im Drama; vgl. August Sauer in den Sitzungsberichten der Wiener Akademie der Wissenschaften, philosophisch-historische Klasse, Bd. 90, S. 625—717 (Wien 1878).

Klopstocks 'David' teilt alle Mängel seines 'Salomo' und steht an künstlerischem Werte vielleicht noch tiefer als dieses Werk. Nur der Rhythmus der Verse, die im allgemeinen ebenso behandelt sind, ist ein wenig besser geworden: die Hendekasyllaben sind etwas spärlicher einge-streut. Dafür ist die dramatische Form im 'David' noch verfehlter. Wenn den Stoff des 'Salomo' ein großer Dramatiker, wie Calderon, allenfalls noch durch allerlei wundervolle Zuthaten für seine künstlerischen Zwecke hätte fähig machen können, so war an dem Sujet des 'David' von vorn herein jede Mühe auch des größten Tragikers verloren. Der Gegen-stand eignete sich absolut nicht zur dramatischen Behandlung.

Klopstocks Quelle war das letzte Capitel im zweiten Buche Samuelis, dessen Inhalt im ersten Buche der Chronica Capitel XXII wiederholt ist. Daneben suchte und fand er auch sonst in der Bibel, namentlich in den Abschnitten derselben, welche die Geschichte Davids erzählen, einzelne Motive, Charakterzüge und Redewendungen, die er sich aneignete. Nach dem Bericht der alttestamentlichen Chronisten versündigte sich David zuletzt gegen Gott, indem er durch Joab sein Volk zählen ließ. Mit breitägiger, furchtbarer Pest, von der aber Jerusalem verschont blieb, strafte Jehovah diese Schuld. Worin dieselbe eigentlich lag, sagt uns die Bibel nicht. Nach menschlich-sittlichen Begriffen können wir auch die Größe dieser Schuld und den inneren Grund, warum sie so schrecklich gestraft wurde, nicht verstehen. David begeht eben kein menschliches Verbrechen, dessen Unrecht wir unmittelbar empfinden, wie etwa bei seinem Verfahren gegen Urias und Bathseba, sondern er lädt, was schon Herder tadelte, eine Sünde auf sich, die wir erst mittelst theologischer Grübelei begreifen ler-nen, wenn wir sie für den Verstand ausreichender begründet haben. Allein was hilft dem Dramatiker solch künstliche Begründung? An ihr hat es Klopstock nicht fehlen lassen. Ausdrücklich bekennt sein David (I, 10, 4 ff.), Stolz und Mißtrauen gegen Gott habe ihn zur Zählung gereizt. Durch dieses nachträgliche Geständnis wird aber sein und seiner Unter-thanen trauriges Schicksal keineswegs tragisch, die Geschichte seiner Strafe und Buße keineswegs dramatisch brauchbar. Es verschlimmert die Sache noch, daß Klopstock im Einklang mit den hebräischen Berichten die über-natürliche Maschinerie von Engeln und Teufeln uneingeschränkt walten läßt. Satan flößt dem jüdischen König im Traum den Gedanken der Zählung ein; der Todesengel des Herrn verbreitet die würgende Pest durch ganz Israel und hemmt sie in ihrem Lauf, ohne daß David durch sein Handeln in den Gang der Ereignisse unmittelbar bestimmend eingreift. Alles ist Wunder. Ein Schein von Handlung ist nur im ersten Acte noch gewahrt; er ist dramatisch bewegter als der erste Aufzug des 'Salomo'. In den vier spätern Acten des 'David' ist aber keine Spur einer inneren Handlung zu entdecken, und auch der äußeren Vorgänge sind allzu wenige. Diese vier Acte stellen nur die äußeren Folgen des ersten dar und zwar in vollkommen epischer Weise. Der zweite Aufzug ist ganz überflüssig; die drei folgenden leiden an unerträglicher, jeglichen Eindruck abschwächender Breite. Leerer, kalter Wortschwall tönt uns nur zu oft entgegen. In der biblischen Erzählung z. B. antwortet David, als der Prophet Gad ihm die verhängnisvolle Wahl vorlegt, einfach, aber sehr eindringlich: „Es ist mir fast angst, aber laß uns in die Hand des Herrn fallen; denn seine Barmherzigkeit ist groß: ich will nicht in der Menschen Hand fallen." Bei Klopstock schachert er förmlich mit seinen Freunden, um dasjenige zu wählen, was vorteilhafter für sein Volk sei und was ihm persönlich leichter den Tod bringen könne. Und darüber geht alle Teilnahme des Lesers oder Zuschauers verloren. Der scenische Bau des Stückes ist noch weitaus unbeholfner als der des 'Salomo'. Von Schürzung und Lösung eines dramatischen Knotens, von einer Peripetie und innerlich notwendigen Katastrophe ist keine Rede. Alle Mittel und Kunstgriffe der dramatischen Darstellung sind vernachlässigt: wir erhalten nichts als die dialogisierte Erzählung. In dem ganzen Trauerspiele tritt kein Weib auf; aber wie ein rechter Mann spricht und handelt von all den empfindsam winselnden Personen keine einzige. Lebenswahrheit, Realistik fehlt auch hier durchaus. Die Charaktere sind wieder nur durch leise Schattierungen von einander unterschieden, das geschichtliche Costüm, wie im 'Salomo', auf Schritt und Tritt verletzt.

Wie dort, so ist auch hier der französische Einfluß auf Klopstock mächtig geblieben. Die Exposition ist wieder durch ein Gespräch der Vertrauten der Hauptperson eingeleitet. Alle thatsächlichen Vorgänge sind wieder von der sichtbaren Bühne verbannt. Namentlich während der zwei letzten Aufzüge geschieht auf dieser rein gar nichts. Dafür löst ein Botenbericht den andern ab. Die Einheit des Ortes wird auf diese Weise mühelos gewahrt. Desgleichen die der Zeit: das Trauerspiel beginnt um Mitternacht und endet mit dem folgenden Abend. Klopstock läßt der Einheit der Zeit zu Liebe die Pest nur Einen Tag lang wüten, was man aus den Worten der Bibel doch nur mittelst einer falschen Deutung des hebräischen

Textes herauslesen kann. Sorgfältig befolgt er auch die Gesetze der französischen Theoretiker über das Auf- und Abtreten der einzelnen Personen,
so daß die Bühne nie leer bleibt, die Kommenden und Gehenden sich nicht
zwecklos begegnen, überhaupt kein unmotivierter Zufall bei diesen Äußerlichkeiten waltet. Dagegen würde auch ohne Klopstocks ausdrückliche Versicherung niemand etwas vom 'König Ödipus' des Sophokles im 'David'
finden.

Klopstocks Trauerspiel ist uns auch in der älteren Form erhalten, die
es vor der letzten, nicht tief eingreifenden Umarbeitung für den Druck hatte[1]).
Abgesehen von zahlreichen kleinen Änderungen im einzelnen und einigen
größeren, doch gleichfalls unwesentlichen Strichen im zweiten und dritten
Acte fiel 1772 namentlich am Schluß ein Lobgesang der Priester weg,
den Klopstock, ohne seine eigne Dichterkraft sonderlich anzustrengen, aus
verschiednen schönen Versen des hundertundsechsundbreißigsten und anderer
Psalmen in freien Rhythmen zusammengestellt hatte. Nach der Veröffentlichung des Dramas änderte er an demselben nur mehr wenig; doch
erschien die dritte Scene des zweiten Actes 1806 in den 'Sämmtlichen
Werken' um einige dreißig Verse gekürzt. Noch geringfügiger waren die
Correcturen, welche Klopstock an dem Texte seines 'Salomo' anbrachte.
Dann und wann wurde ein Wort verändert, in ein paar vereinzelten Fällen auch einige wenige Verse gestrichen oder hinzugefügt. Im allgemeinen
aber waren die späteren Ausgaben des 'Salomo' unveränderte Abbrucke
der ersten.

Auf die Zeitgenossen machten beide Tragödien keinen bedeutenden
Eindruck. Einige Freunde und Verehrer Klopstocks ließen sich zwar auch
von diesen mißglückten Versuchen einnehmen und lobten sie sogar in öffentlichen Blättern; so fand namentlich 'Salomo' in der Schweiz und in
Magdeburg bewundernde Leser. Aber die hervorragenderen kritischen
Geister unseres Volkes spendeten höchstens gewissen dichterischen Einzelheiten der beiden Trauerspiele einen mäßigen Beifall, urteilten hingegen
herb über den dramatischen Wert des Ganzen. Selbst ein so eifriger Verehrer Klopstocks wie Biester fand den 'David' im ganzen „doch nicht recht
herzerschütternd"[2]). Ähnlich lauteten die Kritiken der besseren Zeitschriften.

---

[1]) In einer Handschrift der königlichen Bibliothek zu Berlin, welche stellenweise Correcturen von Klopstocks Hand aufweist.
[2]) Briefe von und an Bürger, herausgegeben von Strodtmann, I, 54.

Um Bodmers Gegenstück zum 'Salomo' freilich kümmerte sich kaum jemand. Doch zollte ihm Sulzer, wenn er dem Verfasser nicht niederträchtig schmeichelte, einen gewissen Beifall; angeblich zog er es sogar dem Klopstockischen Trauerspiele vor.

Vornehmlich die religiöse Dichtung zog Klopstock während der zwei in der Heimat verlebten Jahre an. Aber seine Lyrik betrat daneben doch auch noch andere Bahnen. In ihr wurden von nun an Töne, die vorher nur vereinzelt erklungen waren, immer lauter und dichter, bis endlich nicht nur der lyrische, sondern auch der dramatische Poet sie mächtig aushallen ließ.

Die unmittelbare, dauernde Berührung mit dem Vaterlande bewirkte, daß Klopstock sich auch in seiner Dichtung seit 1764 mehr zu patriotischen Stoffen wandte. Der Aufschwung, den die deutsche Literatur in den letzten Jahrzehnten genommen hatte, wurde der Ausgangspunkt dieser vaterländischen Richtung. Frohen Ausdruck lieh Klopstock dem stolzen Gefühle, daß auch uns die beiden rasch zum Strom anschwellenden Quellen der weltlichen Poesie, wie sie die Griechen vor allen herrlich pflegten, und des biblischen Gesanges zugeflossen seien — ein Bild, dessen er sich in diesen Oden fast regelmäßig bediente —; aber in seine Freude mischten sich zuerst noch immer Schelt- und Klagerufe, daß Thuiskons Enkel trotzdem sich nicht dem eisernen Schlafe, der ihn so lang und so fest umfange, zu entraffen vermöge, daß gleichgültig auch Deutschlands Fürsten, ungleich den großen Herrschern des Mittelalters, unerwecklich schlummerten, daß sogar Deutschlands Dichter als undeutsche Nachahmer sich selbst und die Kraft verkennten, zu welcher unsere Poesie bereits erstarkt sei. Wenn er vor zwölf Jahren noch nicht den Wettkampf der deutschen mit der englischen Muse zu entscheiden wagte und unsere Dichter aufforderte, den Flug des Albion nachzufliegen, schien ihm nun dieses Ziel schon erreicht. Nur Griechengesang durfte jetzt den deutschen Dichter noch schrecken, und auch da sollte dieser der höheren Weihe wohl eingedenk bleiben, welche die christliche Religion seinem Liede vor allen Schöpfungen der antiken Kunst verleihe. Wieder, wie schon beim 'Messias' und bei den Dramen, legte Klopstock alles Gewicht auf den religiösen Gehalt seiner Dichtung statt auf die künstlerische Gestaltung derselben.

Der formale Charakter dieser patriotisch-literarischen Oden ist im allgemeinen der gleiche wie der der christlichen Hymnen, die demselben Jahre 1764 entstammten. Wir treffen die nämlichen neugebildeten

Strophenmaße — nur 'Kaiser Heinrich' ist in Alkäischen Strophen abgefaßt —, die nämliche schwer verständliche, oft schwülstige und verkünstelte
Ausdrucksweise. Im einzelnen strebt Klopstock wieder nach sinnlicher Anschauung; im ganzen kommt er über eine bewegte Schilderung selten
hinaus. Die verstandesmäßige Betrachtung waltet vor der unmittelbaren
Empfindung vor; eine Ode wie 'Thuiskon', die ganz frei von Reflexion ist,
bildet eine seltene Ausnahme. Gerne kleidet der Dichter seine Gedanken in
ein halbepisches Gewand.

Literargeschichtlich weniger merkwürdig, poetisch aber vollkommener
sind einige Oden, welche unmittelbar dem empfindenden Herzen des
Lyrikers entsprangen. In Deutschland hatte Klopstock viele von den alten
Freunden wiedergesehen, mehrere neue dazu kennen gelernt. Aber von
denen, die er einst als Jüngling geschätzt und geliebt hatte, deckte schon
manchen die Gruft. Hagedorn war seit einem Jahrzehnt nicht mehr unter
den Lebenden; bald nach ihm war der Vater unseres Dichters abberufen
worden; Olde, der treu geliebte Jugendgenosse, und ein anderer Hamburger Freund, der berühmte Wundarzt Peter Carpser, waren in demselben Jahre hingegangen wie Gleims Herzensfreund Kleist, den ja auch
Klopstock, ohne ihn je gesehen zu haben, verehrte und liebte; der ältere
Bachmann, bei dem der Jüngling einst in Magdeburg unvergeßliche
Stunden genossen hatte, und mit ihm manch anderer Gefährte der
früheren Jahre war tot. Ihr Bild stieg, zu inniger Wehmut stimmend,
in der Erinnerung des Dichters auf, wenn die Kühle der mondbeglänzten
Sommernacht ihn umfieng. So entstand 1764 die Ode 'Die frühen
Gräber', eines der schönsten Gedichte Klopstocks, an Tiefe und Wahrheit
des Empfindens hoch über dem 'Weihtrunk an die toten Freunde' stehend,
in welchem einst vor dreizehn Jahren der jugendliche Sänger einem ähnlichen Gefühl Ausdruck geliehen hatte. Der zauberische Duft der Sommernacht schwebt über der Ode von 1764; unmittelbar aus der Betrachtung der Natur erwächst, künstlerisch schön und innig ergreifend, die
menschliche Empfindung und gibt sich, wie nur selten bei Klopstock, im
bewegten Tone des Liedes kund, auch wo sie nicht deutlich mit Worten
ausgesprochen wird. Nicht weniger zart und herzlich, aber weniger unmittelbar gab der Dichter zwei Jahre darnach dieselbe Stimmung in der
Ode 'Die Sommernacht' wieder. Nun war auch Gisele, sein liebster
Universitätsfreund, 1765 gestorben, und jetzt, im Juli 1766, erfuhr er,
daß Metas Mutter bald nach einer von ihm wie dereinst von Meta be-

sonders geliebten Enkelin entschlummert sei. Unter dem frischen Eindruck dieser Nachricht scheint er das zuletzt genannte Gedicht verfaßt zu haben. —

Über Magdeburg und Gartow, wo er Bernstorffs Bruder und Neffen besuchte, reiste Klopstock im Frühling 1764 nach Hamburg zurück. Seine jüngste Schwester Charlotte Victoria begleitete ihn, um von einem Besorgnis erregenden Brustleiden in dem gesünderen Klima Dänemarks Genesung zu suchen[1]). Durch einen Fieberanfall, der sie in Hamburg traf, sowie durch sonstige äußere Umstände wurde Klopstock auch hier länger, als er Anfangs vorhatte, aufgehalten. Erst am 5. Juli begab er sich ernstlich auf die Heimreise nach Dänemark. Den Rest des Sommers verbrachte er wieder, wie gewöhnlich, auf dem Lande zu Bernstorff bei Kopenhagen.

In den nächsten Jahren kam er nicht aus Seeland fort. Desto fester schloß sich der Kreis der in Dänemark angesiedelten Deutschen um ihn. Zu den älteren Freunden gesellten sich nach und nach verschiedene jüngere, den gemeinschaftlichen Verkehr neu belebend und anregend.

Seit 1763 wohnte Heinrich Wilhelm von Gerstenberg (1737 — 1823) in Kopenhagen, während des Sommers in Lyngby. Er hatte sich schon als Kritiker wie als Dichter nach Gleims Vorbild mit Glück versucht und bereitete sich jetzt unter Klopstocks Augen und deutlich wahrnehmbarem Einflusse zu denjenigen schriftstellerischen Arbeiten, durch die er hauptsächlich seinen Ruhm begründete, den 'Schleswigischen Literaturbriefen', dem 'Gedicht eines Skalden' und dem 'Ugolino'. Besonders schätzbar wurde sein Umgang durch die Pflege, welche er und seine 1765 ihm angetraute Gattin Sophia geb. Teichmann der Musik widmeten. An seinem Clavier fanden die Freunde sich oft zusammen, dem Wechselgesange des Ehepaares lauschend. Auch Klopstocks schlummerndes Interesse an Musik wurde dadurch geweckt.

Klopstock besaß von Natur ein feines musikalisches Gefühl; er hatte dieses Talent aber völlig unausgebildet gelassen. Der tabellose Rhythmus seiner Verse war der große Gewinn, den der Dichter davon erntete; allein um sein geselliges Leben künstlerisch zu erheitern, dazu konnte er seine musikalische Anlage nicht verwerten. Er spielte kein Instrument und sang erst in spätern Jahren mit guter Stimme das eine oder andre Lied im Chore mit. Auch seine Kenntnis der musikalischen Literatur scheint lange Zeit nicht eben reich gewesen zu sein. Durch den Verkehr mit

---

[1]) Sie kehrte, vollständig geheilt, erst 1768 nach Queblinburg zurück.

Gerstenberg wuchs dieselbe zugleich mit seiner Einsicht in die musikalische Technik bedeutend. Jetzt stellte sich Klopstock sogar einen Flügel in seiner Stube auf und versuchte bei leichteren Stücken wohl auch etwas mitzusingen. Mit Gerstenberg las er Melodien aus, die ihnen besonders gefielen, und verfertigte dazu neue Texte oder modelte die alten nach seinem Geschmack um. So bildete er 1767 das 'Stabat mater' frei in deutscher Sprache nach. Sogar griechisch mußte Frau Sophia ihm zum Scherze mitunter singen. Aber mit der Reproduction fremder Musikwerke begnügte man sich keineswegs. Gerstenberg lieferte nicht nur den Text zu einer mehrfach componierten Cantate und arbeitete noch in spätern Jahren an einer Oper, über deren Anfang er sich das Urteil des Freundes erbat, oder äußerte sich theoretisch über die Mängel der italienischen Compositionsweise, über die Möglichkeit einer Programmmusik ohne Worte, sondern Klopstock veranlaßte ihn auch, daß er die eine und andere Strophe aus seinen Oden oder aus dem Triumphgesange des 'Messias' in Noten setzte.

Auch sonst suchte Klopstock damals musikalische Talente zur Composition seiner Dichtungen anzuregen. Hamburger und Kopenhagner Anhänger, unter den letztern der sächsische Gesandte am dänischen Hofe, beschäftigten sich zu diesem Zwecke mit seiner Poesie. Durch Gleim wünschte er Christian Gottfried Krause in Berlin, dessen Musik zu Ramlers 'Ptolemäus und Berenice' ihn entzückte, als Componisten zu gewinnen; Ebert sollte einen Braunschweiger Musiker, Friedrich Gottlieb Fleischer, auf's Gewissen fragen, ob er sich der Aufgabe, die Klopstock ihm zugedacht, gewachsen fühle. Vor allem aber hätte er es gern gesehen, wenn Johann Adolf Hasse, der als gefeierter Capellmeister damals in Wien lebte, seine neuen Silbenmaße in Musik gesetzt hätte. Allein vergebens gieng er selbst und in seinem Auftrage Denis den völlig italianisierten Componisten darum an. Da fand er endlich 1759 in Gluck den ebenbürtigen Genius, der mit liebevollem Eifer seine herrliche Kunst in den Dienst des innig bewunderten Dichters stellte. Eine große Anzahl Klopstockischer Oden componierte Gluck und sang sie seinen Freunden mit rauher, aber ausdrucksvoller Stimme; verhältnismäßig selten brachte er diese Arbeiten zu Papier, und zum Druck gelangten gar nur sieben solche 'Lieder'. Auf den empfindungsvollen Vortrag, der auch den leisesten Wechsel der Stimmungen im Gedicht genau wiedergeben sollte, kam es dem Componisten vornehmlich an, und gerade hierin traf er den Geschmack Klopstocks, der von der Musik verlangte, daß sie der Poesie nur diene, nie den Text

verhülle, sondern leicht umschwebe „wie der Schleier eine griechische
Tänzerin"[1]). Wie Gluck, wollte auch Klopstock, daß der Musiker nicht
nur die Setzkunst in Betracht ziehe, sondern vor allem die Phantasie
walten lasse, daß er nicht bloß Maurer, sondern Architekt sei. Auch
menschlich traten sich die beiden Künstler näher, und im mehrjährigen
brieflichen Verkehr bildete sich ein schönes freundschaftliches Verhältnis
zwischen ihnen aus, welches durch eine persönliche Begegnung im Jahre 1775
noch fester begründet wurde.

So wie Gluck zog keiner der gleichzeitigen Tonsetzer den Dichter an.
Auch er stimmte in den Ausspruch eines befreundeten Kenners ein, der den
Schöpfer der 'Alceste' und des 'Orpheus' den einzigen Poeten unter den
lebenden Componisten genannt hatte. Händel, der große Vorgänger des
Dichters der Messiade, ihm innerlich verwandt durch die gleiche lyrische
Auffassung seines Stoffes, war schon 1751 gestorben. Klopstock lernte
wohl erst durch Gerstenberg seine Werke kennen; seinem Entzücken über
die kühnen „Zaubereien" des Tonkünstlers verlieh eine vaterländische Ode
des Jahres 1766 Worte. Ob unter den „deliciösen" Musikstücken, die er
mit Gerstenberg sammelte, auch Compositionen des alten Johann Sebastian
Bach waren oder ob die letzteren unserm Dichter überhaupt fremd blieben,
wissen wir nicht. Mit dem Sohn des Meisters, Karl Philipp Emannel
Bach (1714—1788), der nach dem Tod Georg Philipp Telemanns 1767
Musikdirector in Hamburg wurde, war Klopstock in spätern Jahren befreundet. Überhaupt erhielt sein Verhältnis zu der gesangeskundigen
Frau von Winthem nicht nur sein musikalisches Interesse auch fern von
Gerstenberg beständig wach, sondern brachte ihn überdies in mannigfache
persönliche Beziehungen zu den berufenen Vertretern und Liebhabern der
Tonkunst in Hamburg.

Bald nach Gerstenberg war Helferich Peter Sturz (1736—1779)
nach Kopenhagen gekommen. Als Bernstorffs Secretär, der gleich ihm
selbst im Hause des Ministers wohnte, lernte ihn Klopstock im Sommer
1764 kennen und seine außerordentlichen gesellschaftlichen und literarischen
Talente schätzen, und so bildete sich schnell zwischen beiden Männern trotz
mancher Gegensätze der Charaktere ein inniger Geistes- und Herzensbund.
Während mehr als sechs Jahre, so lange beide an demselben Orte lebten,
sahen sie sich fast täglich, und nie umdämmerte ein Wölkchen Laune ihre

---

[1]) Sturz, Schriften I, 184.

Freundschaft, wie Sturz 1777 in seiner formal unübertrefflichen Charakteristik Klopstocks versicherte. Unter Klopstocks Augen und zum Teil unter
seinem Einfluß entwickelte sich denn auch die schriftstellerische Anlage des
jüngeren Genossen.

Seit 1767 wurde der Kreis der Freunde durch Friedrich Gabriel
Resewitz (1725—1806) vermehrt, einen literarisch hochgebildeten und
mannigfach thätigen Theologen, den der Dichter schon von Quedlinburg
her kannte und liebte. Seit 1757 wirkte Resewitz dort als Oberprediger
an der St. Benedictikirche; auch bei seinem Ruf an die St. Petrikirche in
Kopenhagen mag Klopstock ein empfehlendes Wort mitgesprochen haben[1].
Ein Jahr darauf zog Gottlob Friedrich Ernst Schönborn (1737
— 1817) als Privatsecretär in Bernstorffs Haus. Selbst nur wenig
schriftstellerisch thätig, doch ausgezeichnet durch eine bedeutende Anlage,
philosophischen Ernst und reiches Wissen, nahm er an allen literarischen
Bestrebungen lebhaften Anteil und trug späterhin durch seine Verbindungen
mit den Dichtern des jüngeren Geschlechtes hauptsächlich zur Ausbreitung
des Klopstockischen Ansehens und Einflusses bei. Allmählich wuchs auch
Cramers Sohn Karl Friedrich und die beiden jungen Grafen Stolberg heran und durften sich den ältern Mitgliedern des deutschen
Literaturkreises zu Kopenhagen beigesellen.

Im Umgang mit diesen Freunden verlebte Klopstock die glücklichsten
Stunden seiner Muße. Hier entfaltete er die ganze Liebenswürdigkeit
und bewegliche Munterkeit seines Wesens. Eine durch gesellschaftliche
Formen gezügelte Heiterkeit war ein Grundzug in seinem Charakter. Den
beengenden Zwang kleinlicher Convenienz hielt er von sich fern; die Etiquette gegen den Monarchen und den Adel am Hofe vernachlässigte er,
wenigstens jetzt, da er hier längst festen Fuß gefaßt hatte, bisweilen geradezu; indem er sich in seinem künstlerischen Selbstbewußtsein den Männern aus den höchsten Ständen ebenbürtig achtete, versäumte er mitunter
sogar jene berechtigten und gebührenden Rücksichten, welche ihm sein Tact-
gefühl unabhängig von dem gesellschaftlichen Herkommen vorschrieb. Anders, wenn er sich unter bürgerlich ihm gleichstehenden Genossen bewegte.
Gegen Sitte und Anstand verstieß er da selbst in der Ausgelassenheit des
Scherzes nicht. Seine frohe Laune und sein Witz rasteten selten. Mit

---

[1] Vgl. übrigens Waldemar Kawerau, Aus Magdeburgs Vergangenheit
(Halle a. S. 1886), S. 92.

reger Phantasie und lebhaftem Verstande spann er auch über geringfügige,
ja nichtige Gedanken die Rede eifrig fort oder beteiligte sich munter an
harmlosen Gesellschaftsspielen, welche für drollige Einfälle des Humors
einen freien Tummelplatz darboten. Freundschaftlich neckenden oder
wissenschaftlich ergründenden Streit liebte er, ohne jedoch bitter oder ein-
rissig zu werden. Selbst mit erklärten Gegnern seiner Dichtungen verschmähte er unter Umständen nicht freundlich zu verkehren; so hatte er
1752 zu Hamburg täglichen Umgang mit Johann Matthias Dreyer gepflogen. Auch verlangte er nicht unbescheiden, daß man seine geistige
Überlegenheit von vorn herein bereitwillig anerkenne; wenn es aber, wie
natürlich, doch geschah, ließ er sich's gerne gefallen.

An Stoff zur Unterhaltung mangelte es bei dem wachen Interesse
Klopstocks und seiner Freunde an allen geistigen Gütern und Bestrebungen
der Menschheit niemals. Literatur und Poesie bildeten jedoch den naturgemäßen Mittelpunkt ihrer Zusammenkünfte. Auch wenn Klopstock sich dem
Genusse der Musik oder der bildenden Kunst hingab, war mehr sein dichterischer Sinn thätig, als daß Ohr und Auge sich an den Schönheiten der
jeweiligen Technik erfreuten. Ein unausmeßbares Gebiet der Erörterung
eröffnete sich den Freunden namentlich durch das Studium altgermanischer
Cultur und Literatur, dem Klopstock, Gerstenberg, Sturz und mit ihnen
die andern Genossen sich damals voll edler Begierde widmeten.

In ungezwungener Heiterkeit bei geistreich anregenden Gesprächen
fand man sich ziemlich regelmäßig zusammen, bald bei diesem, bald bei
jenem Bekannten, in den letzten Stunden des Tages gewöhnlich bei Bernstorff, der hier im gemütlich-herzlichen Vereine mit seiner Familie und
seinen vertrautesten Anhängern, ledig der Rücksicht auf amtliche Würde
und höfischen Rang, Erholung von den Geschäften des Staates suchte.
Höher aber stieg die gemeinsame Fröhlichkeit, wenn die Pflege der Freundschaft sich mit dem Genusse der weiten Gottesnatur verbinden ließ. Da
war Klopstock recht in seinem Elemente. Von seinen ersten Knabenjahren
her, da er auf dem Lande in ungebundener Freiheit aufgewachsen war,
hatte er sich immer die Freude an kräftiger Übung des Körpers erhalten.
Manches gesunde Vergnügen, wodurch nachher die Jugend des Sturms
und Drangs bei ehrsamen Spießbürgern Aufsehen und Anstoß erregte,
hatte lange zuvor schon Klopstock, nur etwas weniger keck und burschikos,
versucht, ja gewohnheitsmäßig betrieben. Er badete gern und oft. Er war
ein gewandter und kühner Reiter. Er liebte, Tanzen und Fechten ausge-

nommen, turnartige Bewegung jeder Art. Mit ganzen Familien seiner
Freunde zog er auf's Land, fernab von der betretenen Straße in's einsame
Waldgebüsch, nach Fernsicht verheißenden Höhen. Da mischte er sich in die
Spiele der Kinder, eilte den Knaben als Pfadfinder voraus, watete, klet-
terte oder sprang mit ihnen geraden Wegs durch Strauchwerk und Ge-
strüpp, über Hügel und Hecken dem Ziele zu. So schwanden Sommer
und Herbst dahin; der Winter überzog mit Reif Dächer und Felder, mit
Eis Seen und Flüsse. Nun schwelgte Klopstock erst vollends „bei dem
Mahle der Natur“. Die „Schrittschuhe“[1]) an die Füße geschnallt, weilte
er halbe Tage und Nächte lang auf der Eisbahn. Die Künste des
Schlittschuhlaufes kannte er vortrefflich, und hundert Schönheiten
der Stellung und Bewegung entdeckte sein Scharfsinn bei jeder neuen Eis-
fahrt. Von zwecklos spielenden Künsteleien aber wollte er nichts wissen,
und wie sicher er sich auch auf dem glatten Stahle fühlte, doch vergaß er
behutsam niemals der Gefahren, die unter der täuschenden Eisdecke auf
den tollkühnen Läufer lauerten. Trotz aller Vorsicht brach er jedoch zu
Anfang des Jahres 1762 auf dem Lyngbyer See ein; nur der treue Beistand seines Begleiters, des nachmaligen oldenburgischen Predigers Bein-
dorf, und die eigne Geistesgegenwart, womit er im Angesicht des Todes
ruhig das zu seiner Rettung Nötige anordnete, befreite ihn aus der ernsten
Gefahr. Dankbar gedachte Klopstock noch im höchsten Alter 1797 in einer
seiner letzten Oden des einstigen Retters, der nunmehr selber schon lang
im Grabe schlummerte. Traurig sagte erst damals der Greis dem „Kry-
stall der Ströme“ und dem „Wasserkothurn“ Lebewohl; so lange die körperliche Kraft ausreichte, war er jener besten Winterfreuden nie müde oder
überdrüssig geworden. Und Freunde und Freundinnen zu Teilnehmern
seines Eissportes zu gewinnen, mühte er sich erfolgreich Jahr für Jahr
auf's neue. Nicht nur in Dänemark, wo der alte Gebrauch des Schlitt-
schuhs bei den nordischen Völkern sein Vorhaben unterstützte, sondern auch
in Deutschland wirkte er mit unermüdlichem Eifer und unfreiwillig komi-
schem Ernste für allgemeinere Verbreitung des Eislaufes bei Männern
und Frauen. Mochte auch ein Lessing und mancher gereifte Mann neben
ihm über eine solche Grille des großen Dichters lächeln, die Jugend folgte
lustig dem Beispiele Klopstocks, und in diesem Fall einer seiner feurigsten

---

[1]) Übrigens hatte schon Breitinger in seiner 'Kritischen Dichtkunst' (II, 275)
diese Form des Wortes gebraucht.

Jünger und Sendboten, warb Goethe in Frankfurt und Weimar zahlreiche gelehrige Schüler und Schülerinnen der neuen Kunst.

Aber nicht nur durch sein Beispiel und einfache, prosaische Lockrufe suchte Klopstock Groß und Klein zum Eislauf zu bekehren; auch in hoch tönenden Gesängen pries er die „Beflüglungen des Stahles, so den Sturm ereilt". Fünf Oden, vier aus den Jahren 1764 bis 1770, die letzte an die dreißig Jahre später verfaßt, widmete er dem Vergnügen des Schlitt= schuhlaufes. Mit realistischer Treue — eine Folge seiner tüchtigen prak= tischen Kenntnis der „Bahn des Krystalls" — stellte er die Reize und Gefah= ren dieser winterlichen Lustbarkeit dar, indem er anmutige Bilder von ge= meinschaftlich sich tummelnden Eisläufern zeichnete: den jüngeren Begleiter, der das Ufer des Sees entlang, halbkreisförmige Bögen schneidend, zu= sammen mit ihm selbst den „schlängelnden Gang" geht; den Bräutigam, der, auf den Stahlschuhen fortgleitend, dem in Pelze gehüllten, im Eis= schlitten ruhenden Mädchen Liebe zuflüstert; neben dem glücklichen Paare den Zug der fröhlichen Genossen, die, im Fluge schwebend, aus voller Schale edlen Rheinwein kosten. Doch damit nicht zufrieden, sieht der Dichter auch die Götter und Göttinnen des nordischen Himmels, welche altgerma= nischer Glaube als Erfinder oder Schützer des Schlittschuhlaufes verehrte, über das Eis im ungleichartig bewegten Bardenliedertanze leise schweben und mit Wort und That den stolzen Ruhm ihrer Kunst verkündigen: haben die Beherrscher des griechischen Olymps etwas ihr zu vergleichen? So dient dem Dichter, der eben damals die antike Mythologie in seinen Oden mit der angeblich altdeutschen vertauschte, auch dieser halb scherzhafte Grund, um die nordische Götterwelt über die hellenische zu erheben. Nor= dische Scenerie und nordisches Costüm — bis auf „des Normanns Sky" — wählt Klopstock überhaupt gerne für diese Oden, und hier mit größerem Recht als sonst irgendwo. Und „Wittekinds Barden" legt er zwei seiner Eislaufgesänge in den Mund. In munterem Zwiegespräch läßt er sie auf der spiegelglatten Bahn zusammentreffen und mit einander die Freuden des winterlichen Spiels erleben oder sich gegenseitig davon berichten. Immer werden die bewegten Vorgänge auf dem Eise unmittelbar uns vorgeführt. Innere Handlung fehlt zwar durchaus, nicht aber sinnliche Anschauung und eine lebhafte, der Form nach fast dramatische Darstellung. Auch wo nur Eine Person redet, denkt sich der Dichter eine zweite, ange= redete dazu, welche zwar nicht durch laute Worte, doch durch Gebärden und ihr ganzes thatsächliches Betragen an der Unterhaltung Teil nimmt:

so wird auch hier die Vorstellung eines Dialogs erzielt. Schade, daß
Klopstock in diesen Oden, deren Verständnis durch die nordische Mythologie ohnedies erschwert wird, noch außerdem sich einer ungebührlich dunkeln Sprache beflissen hat, so daß der Sinn und Zusammenhang ganzer
Strophen, bisweilen aber auch die Construction des einzelnen Satzes nur
mühsam zu enträtseln ist. Auch das künstliche Versmaß, in der ersten
Ode ('Der Eislauf') meisterlich charakterisierend und rhythmisch vollendet,
in den beiden folgenden jedoch verkünstelt und unrhythmisch, in neugebildeten Strophen oder in ganz freien Metren sich bewegend, trägt viel bei
zu dem fremdartig-schwerfälligen Gesammteindruck, den diese Gedichte bei
mancher Schönheit im besonderen doch zweifellos machen. Einfacher und
leichter gefügt und darum einer unmittelbareren, reineren Wirkung fähig
sind die beiden letzten Eisoden Klopstocks, 'Der Kamin' (wohl aus dem
December 1770), mit leisem, aber gutem Humor glücklich der zweiten
Epode des Horaz nachgebildet, und 'Winterfreuden' (1797), der weh-
mütige, aus innigem Empfinden hervorquellende Abschiedsgruß des
Greises an die Körper und Geist erquickenden Belustigungen kraftvollerer
Jahre.

Ein schmerzliches Ereignis, das über ganz Dänemark seinen düstern
Schatten warf, unterbrach zu Anfang des Jahres 1766 das frohe Zusammenleben der deutschen Freunde in Kopenhagen. König Friedrich V.,
dem sie fast alle die neue Heimat auf seeländischem Boden verdankten, dem
sie so ziemlich alle persönlich nahe gekommen waren, starb am 14. Januar
nach längerer Krankheit an der Wassersucht. Er hatte sein dreiundvier-
zigstes Jahr noch nicht vollendet. Seine Unterthanen, die ihn gleich
einem Vater liebten, betrauerten ihn, wie sie vierzehn Jahre zuvor Luise
betrauert hatten, allgemein und aus aufrichtigem Herzen. Am 19. März
1766 wurde die Leiche in der Königsgruft zu Roeskilde beigesetzt. Erst
ein volles Vierteljahr nach Friedrichs Tode verfaßte Klopstock die Elegie
'Rothschilds Gräber', welche im Mai 1766 zu Kopenhagen im
Einzeldruck erschien. Auch diesmal schrieb er nichts weniger als ein
Trauergedicht, wie man es von einem richtigen Hofpoeten verlangen
konnte. Seine Ode, eines seiner besten lyrischen Erzeugnisse, einfach,
unverkünstelt, unmittelbarer, durch verstandesmäßige Reflexion nur wenig
getrübter Ausdruck der Empfindung, ist weit mehr als einst das
Gedicht auf Luisens Tod subjectiv gehalten. Der klagende Sänger
will nur seinem persönlichen Schmerzgefühle Worte verleihen; er will

zunächst nur sagen, was ihm der entschlafene König war, was er, dem
der Tod schon so viel entrissen, nun wieder mit dem fürstlichen Schutzherrn
seiner Kunst verloren hat.   Aber indem er dies thut, gibt er unwillkürlich
der Trauer des gesammten Volkes Sprache; er preist dankbar Friedrichs
Verdienste um sein ganzes Land und Reich.   Zurück in die Vergangenheit und vorwärts in die Zukunft läßt er den Blick schweifen.   Die Geister
der Ahnen Friedrichs ziehen vor seinem Auge vorbei, den Enkel segnend,
der nun zu ihnen versammelt ist; von dem frischen Grab her aber ruft
Klopstock dem Sohn und Nachfolger des Geschiedenen, dem „erhabnen,
teuren" Jüngling, „den alle Grazien schmücken", die ernste, strenge Mahnung zu, daß er das Erwarten seiner Unterthanen erfülle und ihnen werde,
was sein Vater ihnen war.

IV.

Am Hofe Christians VII. Vaterländisches Dichten.

1766—1770.

Für den Anfang änderte sich unter dem neuen König in der Regierung und somit auch in der Lage der durch Bernstorff nach Dänemark
berufenen Deutschen nichts Wesentliches. Christian VII. behielt von
den erprobten Ministern und Räten seines Vaters die meisten bei, und
diese walteten in der alten Weise fort; die Günstlinge des jungen Monarchen lösten zu rasch einander ab, als daß sie einen bedeutsam umgestalten-
den Einfluß auf die Staatsgeschäfte gewinnen konnten. Christian VII.
selbst, am 29. Januar 1749 geboren, war von der Natur mit mancherlei
glänzenden Eigenschaften, körperlicher Schönheit und hervorragenden
Geistesanlagen ausgestattet, welche jedoch eine zum größten Teil verfehlte
Erziehung und das verführerische Beispiel unwürdiger Gesellschafter nicht
zur Reife gedeihen ließ, vielmehr nach und nach vollkommen zu untergra-
ben drohte. Ausschweifungen aller Art, denen auch seine Vermählung
mit seiner jungen, schönen Cousine, Prinzessin Caroline Mathilde von
England (1751—1775), der Schwester des nachmaligen Königs Georg III.,
(im October 1766) keinen Einhalt that, zerrütteten bald seine Gesundheit
und machten ihn zum willenlosen Sklaven eines jeden, der sich seine Gunst
zu erschmeicheln oder ihm durch seine willensstarke Persönlichkeit zu imponieren wußte. Unter diesen Umständen nahm Bernstorffs politischer Einfluß, obgleich der König seinem Premierminister niemals innerlich zugethan war, doch in den ersten Jahren seiner Regierung eher zu als ab.
Seine Freunde und Schützlinge erfreuten sich im allgemeinen ebenso wie
unter Friedrich V. der königlichen Gnade. Speciell Klopstock erhielt von

Chriſtian VII. manches Zeichen ſeiner beſondern Gunſt, wenn gleich ſein perſönliches Verhältnis zu dem Sohne nie ſo innig wie einſt zu dem Vater wurde. Allein der junge Fürſt ſchmälerte ihm nicht nur den Bezug ſeines Jahresgehalts keineswegs und ließ 1768 auf eigne Koſten von jener Prachtausgabe der Meſſiade, womit Friedrich V. den Dichter 1755 beſchenkt hatte, auch den britten Band drucken, ſondern zeigte gelegentlich ſogar im engeren Kreis am Hofe, daß er Klopſtocks Geiſt und Urteilskraft ſchätze und den Künſtler um ſeines ausgezeichneten Talentes willen den erſten Beamten ſeiner Krone und den Abkömmlingen der älteſten Adels- familien in ſeiner Umgebung gleich ſtelle. So ſollte Klopſtock denn auch, wie früher Friedrich V., ſo jetzt ſeinen Sohn auf dem geplanten Ausfluge nach Norwegen im Frühling 1768 begleiten. Auch als dieſes Project von dem einer großen Reiſe nach Deutſchland, England und Frankreich verdrängt wurde, war Klopſtock, obwohl er während der letzten anderthalb Jahre ſich öfters nicht ganz wohl gefühlt hatte, zuerſt unter den Auserleſenen, die das Geſolge des Königs bilden ſollten. Anfangs, wie es ſcheint, hatte Bernſtorff ihn auch zum Begleiter ſeiner Gemahlin beſtimmt, die einige Tage vor dem König ſich nach ihrem holſteiniſchen Beſitztum begeben wollte. Dann aber, als aus dieſem Plane nichts wurde, blieb Klopſtock leider auch von der weiteren Reiſe zurück, die ihm ohne Zweifel allerlei perſönlich anregende Bekanntſchaften und neue, künſtleriſch fördernde An- ſchauungen und Eindrücke gebracht hätte.

Dagegen hatte er einen Teil des Sommers 1767 in Deutſchland verlebt. Er war zu Anfang Junis zunächſt nach Borſtel, dem Gute der Gräfin Bernſtorff in Holſtein, gereiſt, dort einige Tage geblieben und hatte ſich dann eine Woche lang in Hamburg verweilt. Hier war er wie- der mit Leſſing zuſammengetroffen. Die flüchtige Bekanntſchaft aus dem Jahre 1756 war aufgefriſcht und ein engeres Verhältnis für die Zu- kunft begründet worden. Klopſtock und Leſſing wurden nie Freunde im höchſten Sinne, wie es etwa Schiller und Goethe dreißig Jahre ſpäter waren. Leſſing trat dem Dichter der Meſſiade nie ſo nahe wie Gleim und die meiſten der ehemaligen Bremer Beiträger. Desgleichen fühlte auch er nie zu Klopſtock jene innige Zuneigung wie einſt zu Kleiſt und noch immer zu Moſes Mendelsſohn. Aber ſowohl Leſſing als Klopſtock erkann- ten, daß ſie über verſchiedne Punkte mehr mit einander übereinſtimmten und von einander beſſer verſtanden wurden als von ihren näheren Freun- den. Sie verkehrten daher gern und häufig mit einander, brieflich und

mündlich, so oft eben eine Reise nach Hamburg die räumlich Entfernten
zusammen führte. Dann vereinigte sie gesellige Unterhaltung im Hause
gemeinschaftlicher Freunde; sie setzten sich Abends zum Schachspiel zusammen, sie badeten mit einander, sie sprachen sich erschöpfend über literarische Fragen aus, teilten sich fertige Arbeiten mit und erörterten, beide
gleich warm begeistert, große Pläne zum Wohl der deutschen Wissenschaften. Namentlich durch Lessings Aufenthalt in Hamburg während des
August 1776 wurden die freundschaftlichen Beziehungen zwischen ihnen
fester geknüpft. Auch auf ihre künstlerische und wissenschaftliche Thätigkeit
war, so verschiedenartig auch die beiden Naturen waren, ihr persönlich
freundliches Verhältnis nicht ohne Einfluß.

Am 23. Juni 1767 reiste Klopstock von Hamburg nach Haarburg.
Dann hielt er sich noch in dem Bernstorffischen Schlosse Stintenburg
auf einer Insel des Schaalsees im Lauenburgischen einige schöne Tage
lang auf. Die Erinnerung daran entlockte ihm (wohl bald nach der Heimkehr) die Ode 'Stintenburg', aus innerlich nicht zusammenhängenden Teilen zusammengesetzt, im einzelnen aber reich an Poesie, reizend durch die
anmutige und anschauliche Darstellung der landschaftlichen Natur wie
durch die maßvolle, glückliche Verwertung altgermanischer Mythologie.
Die letzten, künstlerisch wenig gelungenen, doch für den Dichter äußerst
bezeichnenden Strophen stempeln aber dieses liebenswürdige Denkmal
vaterländischer Lyrik auch noch zu einem entschiedenen Protest gegen jeg-
liches, wenn auch vollauf berechtigte Lob eines hochstehenden Gönners,
das den Verdacht der Schmeichelei erwecken könnte.

Im Juli kehrte Klopstock nach Dänemark zurück. Wenige Tage darnach, wie es scheint, erhielt er von einer jungen Dame in Flensburg,
Anna Cäcilie Ambrosius (1749—1820), der Tochter eines wohl-
habenden Kaufmanns, einen Brief, der seine ganze Teilnahme erregte.
Cäcilie war ihm persönlich vollkommen fremd, hatte aber Freunde, mit
welchen er näher verkehrte. Einer von diesen, ein achtungswerter Mann,
den sie jedoch nicht liebte, bewarb sich um ihre Hand. In dem Zweifel
ihres Herzens scheint sie sich den Rat des Dichters erbeten zu haben, den
sie zwar nicht von Angesicht, aber vortrefflich aus seinen Schriften kannte
und innig verehrte. Ähnliche Anfragen erhielten ja auch Gellert, Weiße,
Lavater des öfteren. Klopstock konnte bei seiner Unkenntnis der genaueren
Sachlage keine bestimmte Antwort, sondern nur allgemeinen unmaßgeb-
lichen Rat erteilen; knüpfte aber sogleich einen regelmäßigen Briefwechsel

mit Cäcilie an, ber von beiden auffallenb emsig unterhalten wurde. Balb
liebte er in ber jugendlich-empfinbsamen, literarisch unb musikalisch gebil-
beten Flensburgerin[1]), bie mädchenhaft schüchtern unb gegen ihre eignen
Fähigkeiten mißtrauisch vor bem berühmten Dichter immer eine gewisse
Zurückhaltung sich auferlegte, eine teure Freunbin, ber er bas Geheimste
anvertraute, was ihn unb seine künstlerischen Absichten betraf; ja seine
Briefe verrieten balb, baß sein leicht erglühenbes Herz hier ben lange gesuchten Ersatz für Meta unb Done gefunben zu haben glaubte. Zwar
tönt uns aus ben (verhältnismäßig wenigen) Briefen, bie uns von bieser
Correspondenz erhalten sinb, nur gar selten bie natürlich einfache Sprache
wahrer Leibenschaft entgegen, bie ehebem bie Briefe an Meta rebeten; es
ist mehr ein kosenbes Liebesgetänbel, ein Necken unb Scherzen, worin sich
Klopstock ber ungesehenen Geliebten gegenüber gefiel. Reiner als in seinen
Briefen brückte er sein inniges Empfinben unb sehnsüchtiges Verlangen in
ber zarten, liebartigen Obe 'An Lyba' aus (später 'Ebone' betitelt, wahrscheinlich aus bem October 1767). Aber auch in ber älteren Obe 'Auf
meine Freunbe', welche Cäcilie besonbers liebte, wurde bei ber Umarbeitung, bie Klopstock eben jetzt bamit vornahm, eine ber Freunbin schmei-
chelnbe Änberung angebracht: statt bes Namens Fanny, ber früher mehrfach in bem Gebichte vorkam, nun aber überall ausgemerzt wurde, prangte
jetzt wenigstens an Einer Stelle „die kleine Cilie".

Zu verschiebnen Malen schien sich bem Dichter bie Gelegenheit zu
einer Reise zu bieten, auf ber er bie ferne Geliebte von Angesicht kennen
zu lernen bachte. Immer täuschte ihn seine Hoffnung. Enblich im October 1770, als er Dänemark für immer verließ, scheint er Cäcilie persönlich gesehen unb gesprochen zu haben. Balb barnach muß ihr freunb-
schaftlich-zärtliches Verhältnis zwar nicht vollstänbig gelöst, boch merklich
gelockert worben sein. Zeigte sich beim unmittelbaren Beisammensein, baß
sich ihre gegenseitige Zuneigung auf falsche Voraussetzungen gründete, unb
erlosch ihre Liebe vor bem Anblick ber Wirklichkeit alsbalb als bas
erkünstelte Gebilde einer träumerischen Phantasie? Ober war nur bie
Unsicherheit ber nunmehrigen äußern Lage Klopstocks bie Ursache, warum

---

[1]) Sie war später sogar als Schriftstellerin thätig, übersetzte 1797 bie
'Reflexions sur le culte, sur les cérémonies civiles et sur les fêtes nationales'
von L. M. Revellière-Lépeaux in's Teutsche unb verfaßte 1802 ein Trauerspiel
'Heinrich ber Vielgeliebte ober bie Würde ber Protestanten'.

es zu keinem Verlöbnis kam? Wir wissen es nicht. Spätere Briefe des Dichters an die Flensburger Freundin sind uns nicht mehr erhalten. Als Cäcilie 1771 den bekannten Entomologen Professor Johann Christian Fabricius zu Kopenhagen, später zu Kiel (1743—1808) heiratete, empfahl sie Klopstock, welcher Dänemark damals bereits verlassen hatte, warm der Freundschaft Gerstenbergs und Resewitz'. Im Sommer 1776 traf er sie bei seinem Ausfluge nach Kiel wieder. Die reine Freude, welche sie da über seinen Besuch empfand, bewies, daß ihre gegenseitige Freundschaft, wenn auch nicht mehr wie früher beständig gepflegt und genährt, doch keineswegs erloschen war. An Schönborn schrieb Cäcilie damals, Klopstock „mit dem Himmel im Auge" und die Freunde, die ihn begleiteten, hätten ihre Hütte zu einem Eden umgeschaffen.

Wie von dem Verhältnis zu Done, so ist uns auch von dem zu Cäcilie nur jenes einzige lyrische Zeugnis erhalten. Ob Klopstock in den drei Jahren, während welcher er fleißig Briefe an die Flensburger Freundin schrieb, außer 'Edone' noch mehr Oden an sie richtete, oder ob ihn sein erregtes Empfinden nur dies Eine Mal zum poetischen Ausbruch drängte, läßt sich aus den dürftigen Nachrichten, die wir über diese ganze Herzensangelegenheit des Dichters haben, nicht entscheiden. Jedenfalls aber trat die erotische Lyrik damals nicht bedeutsam in seinem künstlerischen Schaffen hervor. Nur noch Eine kurze Liebesode Klopstocks besitzen wir aus dem Jahre 1766, das einfache, aber liebenswürdig-innige, ganz liedartige Gedicht 'Selma und Selmar'. Auf wen sich die reizenden Verse beziehen und bei welchem Anlasse sie entstanden, ist noch nicht aufgehellt. Auch eigentlich religiöse Oden verfaßte Klopstock in jener Zeit nur wenige, namentlich den erhabenen, stellenweise jedoch geradezu in sprachlichen Rätseln abgefaßten Gesang 'Die Chöre', die dithyrambische Darstellung der begeisternden Weihe, die durch eine bessere Pflege des Kirchengesangs über den protestantischen Gottesdienst verbreitet würde.

Dagegen behandelte er wieder, wie schon 1764, in mehreren Oden ästhetisch-literarische, ja selbst metrische Fragen. Um derlei undichterische Gegenstände künstlerisch zu gestalten, bot er wieder alle erdenklichen Mittel auf, personificierte unsinnliche Begriffe oder umschrieb sie durch sinnlich anschauliche Bilder und suchte, so viel als möglich, lebhaft bewegte Vorgänge darzustellen, wenn es ihm auch nicht gelang, den spröden Stoff, der gewissermaßen zu trockner Schilderung drängte, durch Handlung zu beleben. Aber alle Mühe vermochte nicht diese künstlichen Versuche in

Poesie zu verwandeln. Sie blieben zum größten Teil Verstandesarbeit, wobei das lyrische Empfinden des Dichters nur höchst selten zum unmittelbaren Ausdrucke gelangte. Die bildliche Darstellungsweise erschwerte aber das Verständnis noch mehr als die zahlreichen syntaktischen Absonderlichkeiten der Sprache.

Wie in sämmtlichen Bestrebungen Klopstocks aus jenen Jahren, so herrschte auch in seiner damaligen Lyrik der patriotische Geist. Deutsches Vaterland, deutsche Sprache, deutsche Kunst, deutsches Altertum verherrlichten seine Oden. Auch wo der allgemeine literarische Inhalt des Gedichts eine geradezu vaterländische Tendenz ausschloß, suchte Klopstock seine Darstellung wenigstens deutsch zu färben, indem er vermeintliche altdeutsche Namen und Bezeichnungen häufte und fleißig auf Gestalten der alten „teutonischen Mythologie" anspielte.

Es war ein böser Irrtum, zu welchem den Dichter sein übertriebener Patriotismus verleitete, ein entschiedner Mißgriff des Künstlers und ein wirres Mißverständnis des gelehrten Forschers. Statt der bekannten, genau umschriebenen, durch die Poesie, Malerei und Sculptur vieler Jahrhunderte unsern Sinnen lebhaft eingebildeten Gestalten der griechischen Götterwelt setzte Klopstock nebelhaft unbestimmte, künstlerisch und philosophisch weniger ausgebildete Figuren einer damals noch völlig unbekannten Mythologie. Oder vielmehr, wie schon Goethe in 'Wahrheit und Dichtung' hervorhob, er vertauschte nur die griechischen Namen mit den nordischen, ohne jedoch an den Wesenseigenschaften der hellenischen Götter und Göttinnen Bemerkenswertes zu ändern. Besonders bei einigen ältern Oden, die er damals gänzlich umarbeitete, verfuhr er so äußerlich. Auf diese Weise taufte er 1767 die größte Ode aus seinen Universitätsjahren in 'Wingolf' um und führte „die Mythologie unsrer Vorfahren" in sie ein. Berechtigter war dieser Versuch bei jenen Gedichten, die er damals geradezu zur Verherrlichung altgermanischer Thaten und Zustände entwarf. Hier stimmt das germanische Sagensystem wenigstens gut zu dem Inhalt und culturgeschichtlichen Costüm des Gedichts; fremd und formlos erscheinen uns die nordischen Göttergestalten auch hier. Klopstocks Versuch kann, im historischen Sinne betrachtet, als erster Vorläufer ähnlicher Bestrebungen in unserm Jahrhundert gelten; vom künstlerischen Standpunkt aus läßt er sich nimmermehr mit dem vergleichen, was neuere Autoren, unter ihnen am genialsten und erfolgreichsten Richard Wagner, gethan haben, um unser Altertum durch die Poesie wiederzubeleben. Die

Gestalten und Sagen der germanischen Mythologie, welche sie neuerdings dichterisch verklärten, waren unserm Volke keineswegs mehr fremd: die Be- strebungen der Romantik und der germanistischen Wissenschaft hatten wenigstens eine ungefähre Kenntnis davon allen Gebildeten vermittelt, dem tiefer Forschenden aber gründlichen Unterricht auch über das Beson- dere und Abgelegene ermöglicht. Die Bewohner des nordischen Himmels waren uns jetzt eben so genau bestimmte, sinnlich wahrnehmbare Gestalten wie die des griechischen Olymp, und der charakteristischen Unterschiede zwischen den einzelnen Göttern der Germanen und der Hellenen waren wir uns bereits viel zu deutlich bewußt, als daß jene neueren Dichter sich damit hätten begnügen dürfen, bloß die Namen zu verwechseln und Eigen- schaften der letztern ohne weiteres auf die erstern zu übertragen. Auf festem, wissenschaftlichem Grunde bauend, hielten sie sich auch im engen Kreise der Mythologie eines einzigen germanischen Volkes und mischten nicht, wie Klopstock, Namen und Gestalten aus den Sagen der verschieb- nen germanischen Stämme wirr durch einander.

Klopstock wollte die älteste deutsche Mythologie in seiner Dichtung wiedererwecken, d. h. die Mythologie der Bewohner des jetzigen Deutsch- land in jener Zeit, als Arminius gegen die Römer kämpfte. Von der Religion dieser Urgermanen haben wir aber nur dürftige, allgemeine Kunde, und die Nachrichten davon, welche dem Forscher des vorigen Jahr- hunderts zu Gebote standen, waren noch spärlicher. Um nun seine dichte- rische Anschauung unsers Altertums zu erweitern und zu beleben, ver- pflanzte Klopstock auch die Götter und Göttinnen der nordischen Sage in jene Urzeit, unbekümmert darum, daß er so die religiösen Vorstellungen zweier Zeitalter, die fast ein Jahrtausend trennte, willkürlich vermischte und daß er den Glauben eines in Wirklichkeit gar nicht deutschen Volkes den ältesten Insassen deutscher Erde zuschob. Weitaus der größte Teil seiner fabelhaften „teutonischen" Mythologie war nordischen Ursprungs; nur vereinzelt fand sich dazwischen der Name eines germanischen Gottes oder Heiligtums, den uns die geschichtlichen Berichte über die Zeit- und Stammesgenossen des Arminius überliefern. Klopstock verband auch diese ungleichartigen Bestandteile nicht etwa kunstvoll zu einem Ganzen, sondern würfelte sie beliebig durch einander. In seinen ethnologischen Vorstellun- gen herrschte überhaupt die größte Verwirrung. Bei all seinem Wissens- drang und ernstem Eifer war Klopstock doch niemals mehr als ein wohl unterrichteter Dilettant, niemals ein Mann der strengen Wissenschaft;

dazu fehlten ihm die nötigen Elementarkenntnisse — es waren ihm z. B. die ältern germanischen Sprachen durchaus nicht genug vertraut —, und dazu fehlte ihm vor allem die rechte kritische Methode. So gelang es ihm denn auch hier bei seinen germanistischen Bestrebungen nicht, sich von gewissen Irrtümern seiner Zeit frei zu machen. Kelten und Germanen, wie andrerseits auch Kelten, Thrakier und Skythen, flossen ihm zu Einem Begriff zusammen; er nannte unsere Vorfahren geradezu Kelten und trug Worte und Einrichtungen dieser letztern, ohne lange zu prüfen, in die Sprache und in das Culturleben der ältesten Germanen hinüber. So glaubte er, daß es im alten Deutschland eine abgesonderte Prie- ster- und Sänger- oder Dichterkaste gegeben habe, und sprach beß- halb von den Druiden und Barden der Cherusker und der verwandten Stämme an der Weser und am Rhein, ja benannte nach ihnen die Formen und Gattungen seiner dem Preise des Vaterlandes gewidmeten Dichtungen.

Die Verwechslung keltischer und germanischer Verhältnisse war da- mals und noch eine geraume Zeit hernach allgemein. Ihrer machten sich auch ausnahmslos die Gewährsmänner schuldig, denen Klopstock seine Vorstellungen vom deutschen Altertum verdankte. Ohne Zweifel kannte er die von Adolf Schlegel übersetzte 'Erläuterung der Götterlehre und Fabeln aus der Geschichte' von Anton Banier, deren zweiter Band (deutsch 1756 erschienen) die Religion der alten Gallier und Germanen auf Grund antiker Berichte eingehend behandelte. Das Buch mochte ihm gute Dienste leisten, um seine allgemeinen Ansichten von dem Glauben und den Ge- bräuchen unserer Vorfahren auszubilden; im einzelnen entlehnte er nichts unmittelbar daraus, mißachtete sogar Baniers richtige Angabe, daß die alten Deutschen keine Druiden hatten (Band II, 786, 793 der Über- setzung). Von den zahlreichen ältern Schriften, die sich mit der Urge- schichte der keltischen oder der germanischen Völker beschäftigten, wie Simon Pelloutiers 'Histoire des Celtes', Olaf Dalins 'Svea rikes historia' (Stockholm 1747 ff., von J. Benzelstierna und J. C. Dähnert 1756 f. in's Deutsche übersetzt), den im vorigen Jahrhundert vielfach angeführten Werken des Torfäus zur dänischen und norwegischen Geschichte und andern, scheint Klopstock keines besonders studiert zu haben. Sie wurden für ihn zur vollen Genüge durch die Bücher ersetzt, welche in seiner unmit- telbaren Nähe der Genfer Paul Henri Mallet (1730—1807) seit der Mitte des Jahrhunderts veröffentlichte.

Mallet war 1753 von Bernstorff als Professor der französischen Literatur nach Kopenhagen berufen worden, wo er bis 1761, zuletzt auch als
Lehrer des Kronprinzen, wirkte.   Klopstock wurde bei ihren gemeinsamen
Beziehungen zu Bernstorff und zu dem Hofe wahrscheinlich auch persönlich
näher mit ihm bekannt; mit seinen Schriften dürfte er sich jedoch erst nach
1765 vertraut gemacht haben, als sie (mit einer Vorrede des germanistischen Altertumsforschers Gottfried Schütze zu Hamburg) in's Deutsche
übersetzt waren.   Schon 1755 nämlich hatte Mallet zu Kopenhagen seine
'Introduction à l'histoire de Dannemarc' herausgegeben, der er 1756
als selbständigen Anhang 'Monuments de la mythologie et de la
poësie des Celtes et particulièrement des anciens Scandinaves' folgen
ließ.   Die letztern bestanden zum größten Teil aus einer französischen
Übersetzung der 'Gylfaginning' aus der jüngern 'Edda'.   Bruchstücke der
ältern 'Edda' und einige sonstige Überreste der altnordischen Literatur
waren beigefügt, gleichfalls in französische Prosa übertragen.   Nach diesen
dichterischen Denkmalen hatte Mallet im zweiten Buche der 'Introduction'
die Religion der altnordischen Völker zu schildern versucht.

Klopstock schöpfte Anfangs ausschließlich aus diesen beiden Quellen,
aus den 'Monuments' sowohl als aus dem zweiten Buche der 'Introduction'.   Hier fand er alle die mythologischen Namen, die er nun in seinen
Oden häufte, und zwar fand er sie meist auch schon in der Form, wie er
sie in seine dichterische Sprache aufnahm.   Nur die Wortendungen modelte
er hie und da etwas um, meist des Wohlklangs halber, manchmal aus
Mißverstand der altnordischen Flexionsformen.   Nicht selten griff er auch
mit bewußter Absicht statt auf Mallets Umbildungen auf die echten Namen
der jüngern 'Edda' zurück, die er nebst einigen Stücken der ältern 'Edda'
aus der Ausgabe von Peter Johann Resenius (Kopenhagen 1665) spätestens 1767 kennen lernte.   So nannte er z. B. die Göttin der Freundschaft unmittelbar nach dem norönischen Original Slyn; bei Mallet hieß
sie Lyna.   Auch den Namen des Haines Glasir, dessen Bäume gold-
nes Laub tragen — Klopstock schrieb ihn Glasor, Resenius (mytho-
logia 59) Glafer — fand er in den 'Monuments' nicht.   Eben so
wenig die Bezeichnung der in Walhall versammelten Helden als En-
herion, wie er die altnordische Form einherjar entstellte, und sonstige
Ausdrücke der Art. Anderes, wie die von Mallet ('Introduction', S. 128)
nur kurz erwähnte Sage von Harald und der russischen Fürstentochter
Elissif, auf die er in der Ode 'Braga' und in einem Brief an Denis an-

spielte, lernte er wahrscheinlich aus einer Publication des englischen Bischofs Thomas Percy kennen. Dieser gab nämlich 1761 als eine Art von Vorläufer seiner großen Sammlung englischer Volkslieder 'Five pieces of runic poetry, translated from the Icelandic language' heraus und teilte hier unter anderm die zuerst von Thomas Bartholinus 1690 (in den 'Antiquitates Danicae de causis contemptae a Danis adhuc gentilibus mortis') veröffentlichten Lieder des norwegischen Königs Harald III. Harbraade (1047—1066) auf die russische Prinzessin Elisabeth mit. 1779 übersetzte Herder Haralds Verse im zweiten Bande seiner 'Volkslieder'. Natürlich unterrichtete sich Klopstock auch unmittelbar aus Cäsar, Tacitus und den übrigen antiken Schriftstellern, die von den ältesten Culturzuständen der Germanen und Kelten erzählten.

Klopstock schöpfte selbständig aus allen diesen Quellen, aber erst, nachdem dichterisch begabte Freunde ihm den Weg dazu gezeigt hatten. Zuerst wurde er vielleicht durch den Vertrauten seiner Jünglingsjahre, seinen Vetter Johann Christoph Schmidt, auf die poetischen überreste des germanischen Altertums aufmerksam. Schon 1750 hatte dieser in Sir William Temples Essay 'Of heroic virtue' Proben von „keltischen" Gedichten entdeckt und daraus unter anderm Lodbrogs Sterbelied, in der Chevy-Chase-Strophe frei und überaus breit übersetzt, mit manchem Lobeswort an Gleim mitgeteilt[1]. Zwei Jahre später mochten Hageborns Äußerungen über Wielands 'Hermann' Klopstocks allgemeines Interesse an den Anfängen unserer Geschichte neuerdings anregen. Nach längerer Pause dürfte dann Gleim 1759 oder in den folgenden Jahren, als Klopstock in Deutschland weilte, das Augenmerk seines Freundes wieder auf die älteren deutschen Sprachen und Literaturen gelenkt haben. Wenigstens hatte Gleim einen offnen Sinn für germanistische Studien. Sonst würde sich ein Mann wie Justus Möser, der sich selbst mit germanischer Altertumskunde vielfach beschäftigte, in seinen Briefen an ihn nicht so ausführlich über seine Excerpte aus unsern mittelalterlichen Dichtern ausgelassen haben. Den entscheidenden Anstoß aber zur gesammten „barbischen" Poesie gab 1766 Gerstenberg durch sein 'Gedicht eines Skalden'. Erst nach dem Beispiel dieses Freundes nahm Klopstock, wie er selbst mündlich

---

[1] Vgl. Erich Schmidt, Beiträge zur Kenntnis der Klopstock'schen Jugendlyrik, S. 18.

und schriftlich bekannte, „die Mythologie unserer Vorfahren" an[1]). Und mit ihr die ganze vermeintliche Weise des „feurigen Naturgesangs" der Barden. Prüfend verglich er die kunstvollen Silbertöne des Griechen, dessen Ohre „die Stimme der rauhen Natur" verstummte, mit den tausendfältigen, wahren, heißen, kühnen, taumelnd stürmischen, erschütternden Klängen des Bardengesangs, in welchem die Kunst der Natur, aber der seelenvollen Natur gehorchte. So ließ er 1767 in der Ode 'Der Hügel und der Hain' den antiken Poeten und den altdeutschen Barden wetteifernd vor dem modernen Dichter die Vorzüge ihrer Sangesweise gegen einander abwägen: der Schall des heiligen Namens Vaterland zieht mit Allgewalt den Dichter auf die Seite des Barden.

Wieder war es zumeist die geistige, literarisch-künstlerische Herrlichkeit des deutschen Volkes, die Klopstocks Oden priesen. Begeistert feierte er unsere Sprache ob ihrer treffenden Kraft und Kühnheit, ob ihrem wechselsweise mächtigen und sanften Getöne, ob ihrer von Fremdlingen nicht entweihten Reinheit und von den Römern nicht bezwungenen Freiheit. Mit wehmütigem Entzücken schwärmte er von der Poesie der altdeutschen Barden, deren Werke Nacht der Vergessenheit einhüllt, und voll selbstbewußten Stolzes verhieß er den neueren Dichtern unsres Vaterlandes, welche „über die Zeit siegten" und mit edler Kühnheit allein über alle Hindernisse sich aufschwangen, unsterblichen Ruhm, wenn der Name der Fürsten, die ihren Beistand den Sängern versagten, längst verweht ist. Der frohe Preis deutscher Kunst gieng Hand in Hand mit der grollenden Satire auf Deutschlands undeutsche Regenten. Was Schiller ein Menschenalter später in dem Gedichte 'Die deutsche Muse' aussprach, war nur ein milder Nachhall der Ode 'Unsre Fürsten' (1766). Zwar nannte Klopstock den großen Preußenkönig nicht ausdrücklich; aber sicherlich dachte er an ihn zumeist, wenn gleich die übrigen Monarchen Deutschlands mit wenigen Ausnahmen seinen Tadel eben so sehr verdienten.

Noch viel unzertrennlicher war Lob- und Scheltrede in der Ode 'Wir und Sie' (1766) verbunden. Klopstock hat selten mehr so kraftvolle, bei aller Einfalt und Knappheit so wuchtige Verse gedichtet wie hier. Sein fast zur gleichen Zeit entstandenes 'Schlachtlied', welches mit der

---

[1]) Auch die nordischen Namensformen aus der jüngern 'Edda', welche bei Mallet fehlten, fand Klopstock hier, wenn auch bisweilen etwas entstellt; so Hlin (Gesang V, 22), Glasur (I, 29), Einherium (II, 80) u. s. w.

patriotischen Begeisterung die religiöse vereinigt, ist in demselben Versmaß abgefaßt und ebenfalls — im Gegensatze zu dem wenig älteren 'Schlacht- gesang' — einfach und volksmäßig gehalten, reicht aber in seiner Wirkung keineswegs an die Ode 'Wir und Sie'. Auch das 'Vaterlandslied' von 1770, nach Form und Inhalt mit dieser Ode verwandt, ermangelt trotz vielen Vorzügen doch der zündenden Kraft und Unmittelbarkeit, die aus ihren Versen hervorsprüht. Da sind es echte Jamben im ursprünglichen Sinne, wie rasche Pfeile tief eindringend, jede Strophe ein Zeugnis glühender Vaterlandsliebe, aber zugleich ein wohlgezielter Streich gegen die thörichten Verächter deutscher Tüchtigkeit. Der patriotische Zorn riß den Dichter noch weiter fort. Sein Haß kehrte sich auch gegen das Volk, welches jene Thoren so ungerecht über die eigne Nation erhoben, gegen die Engländer, die er selbst einst gleichwie die auserwählten Lieblinge der Vorsehung gepriesen hatte. Nicht nur schränkte er jetzt das Lob ihrer geistigen, namentlich künstlerischen Verdienste gegenüber denen seiner Landsleute sachgemäß ein; er verirrte sich sogar zu dem frevlen Wunsche, daß Engländer und Deutsche, deren Waffenbrüderschaft in der Schlacht von Höchstedt er selber noch vor vierzehn Jahren feurig besungen hatte, ihre Kräfte im Kampf an einander messen möchten „dicht

> Am Stahl, wenn er nun sinkt,
> Wenn unsre Fürsten Hermanns sind,
> Cherusker unsre Heere sind,
> Cherusker, kalt und kühn".

Auch hier konnte sich Klopstock nicht dazu entschließen, den größten deutschen Kriegesfürsten der Gegenwart zu nennen, obwohl sein Name dem Zusammenhange sich viel folgerichtiger eingefügt hätte als der des altgermanischen Nationalhelden. An ihn aber, an Hermann und seine Thaten, dachte Klopstock zunächst, ja fast ausschließlich, wenn er die äußere, Nachbarn und Feinden sinnlich fühlbare Stärke des deutschen Volkes feiern wollte. So trat Hermanns Name an den Schluß mehrerer vater- ländischer Oden, das Lob deutscher Geistesgröße mit dem Preise deutscher Thatengröße krönend. Neben seinem Sieg über die „Welttyrannin" Rom erinnerte Klopstock höchstens noch an das wiederholte Eindringen ger- manischer Stämme in Gallien und Britannien zur Zeit der Völker- wanderung, nicht mehr aber an Deutschlands große Männer und Ge- schichte im späteren Mittelalter oder gar in der neueren Zeit. Dagegen fand er in Hermanns kurzem, kampferfülltem Leben stets neue Momente,

die sein Lied besang. In der Ode 'Thusnelda', die er jedoch in die
Sammlung seiner Gedichte nicht aufnahm, stellte er dieselbe Situation
wie einst in 'Hermann und Thusnelda' dar, nur wilder, doch eben darum
unkünstlerischer. Am ausführlichsten unter den Oden verherrlichte aber
den germanischen Helden der Klagesang der Barden Werdomar, Kerding
und Darmond an der Leiche des ermordeten Hermann (1767), edle, aus
echter Empfindung hervorströmende Verse, zwischen Epik und Lyrik dem
Inhalte nach, zwischen Lyrik und Drama der Form nach schwankend.

Der künstlerische Wert dieser vaterländischen Oden war, wie schon
die Zeitgenossen empfanden, sehr verschieden. Um ihren dichterischen
Charakter nach dem der alten Bardenlieder zu bilden, häufte Klopstock die
kühnsten Wagnisse in der Darstellung. Er gebrauchte schwierige, von ihm
neu erfundene oder ganz frei gefügte Strophenformen; er schrieb in einer
Sprache, deren Sinn oft syntaktische Schrullen, verkünstelte Stellungen,
ungewöhnliche Wendungen, die knappe Ausdrucksweise und die bildliche
Rede um die Wette verdunkelten; er eilte sprunghaft von Gedanken zu
Gedanken und verband so völlig Ungleichartiges zu einem nichts weniger
als einheitlichen Ganzen. Mit einer Handlung mußte er auch seine vaterländischen Oden höchst selten zu erfüllen. Meistens brachte er es wieder
nur zur begeisterten Schilderung innerer oder äußerer Vorgänge und
Zustände. Im einzelnen fehlte es weder an sinnlicher Anschauung noch an
unmittelbarer, leidenschaftlicher Empfindung; fast regelmäßig drängte sich
jedoch auch die ernüchternde Reflexion ein. Die Subjectivität des Lyrikers
herrschte selbst da vor, wo Klopstock seinen Stoff in ein halb episches
Gewand zu kleiden versuchte. Kaum trat die eigne Persönlichkeit des
Verfassers in jenen Oden, bei welchen er sich der Form des Dialogs bediente, immer zurück. Ein Gedicht wie 'Mein Vaterland' kann geradezu
als autobiographisches Zeugnis Klopstocks gelten. Die Ode enthält zugleich in knappster Form erschöpfend ausgedrückt das Urteil des patriotischen Sängers über deutsches Wesen. Rühmend ruft er dem Vaterlande zu:

„Einfältiger Sitte bist du und weise,
Bist ernsten, tieferen Geistes. Kraft ist dein Wort,
Entscheidung dein Schwert. Doch wandelst du gern es in die
                                   Sichel und triefst —
Wohl dir! — von dem Blute nicht der anderen Welten."

Aber dabei verkennt Klopstock nicht, wie verhängnisvoll gerade die edelsten Eigenschaften des deutschen Charakters uns schon geworden sind, und so verknüpft er mit dem stolzen Lobe die ernste Warnung:

> „Nie war gegen das Ausland
> Ein anderes Land gerecht wie du.
> Sei nicht allzu gerecht! Sie denken nicht edel genung,
> Zu sehn, wie schön dein Fehler ist."

Klopstocks ideale Begeisterung hatte sich einen ungemein hohen Begriff von der nationalen Größe und Kraft des deutschen Vaterlands gebildet. Seine Vorstellung konnte man im Hinblick auf die damalige Wirklichkeit nicht wohl anders als schwärmerisch heißen, um so mehr, als er die bedeutendsten patriotischen Thaten der Gegenwart, die Feldzüge Friedrichs des Großen, mindestens nicht nach Gebühr würdigte. Seine patriotische Begeisterung bekam aber, wie viel Schwärmerei auch immer damit verbunden sein mochte, einen realen Grund und eine thatsächliche Berechtigung durch den neuen Sinn, den er dem Worte Vaterland unterlegte. Er war seit langer Zeit der erste, der nicht mehr einen kleinen Staat oder gar ein einzelnes Städtchen des Reiches so nannte, sondern wieder einzig und allein das ganze, große Deutschland dieses Namens für würdig hielt. Er gieng noch weiter und dehnte seinen Patriotismus auf alle germanischen Völker, ja auf die vermeintlich germanischen Kelten aus. Wie er die nordische Mythologie mit der Religion der alten Cherusker und Katten vermengte, so nahm er Ossians Gedichte, deren Herausgabe durch James Macpherson (1762) die literarische Welt Europas allenthalben erregte, für unsre Bardenpoesie in Anspruch und erklärte desgleichen den Angelsachsen Cädmon für den größten Dichter nach Ossian unter unsern Alten. Hin und wieder zwar zweifelte er doch an der nationalen Identität der Stämme, die ehemals in Germanien und in Britannien hausten. Dann erweckte bald die Vortrefflichkeit Ossians in ihm den sehnsüchtigen Wunsch, daß auch uns Deutschen ein solcher Barde aus dem Staube der alten Sprachdenkmäler erstehen möchte; bald vermißte er an dem gälischen Sänger doch etwas, was die Meister unsrer älteren oder neueren Dichtkunst vor ihm auszeichnete, die vollendete Melodie des Verses. Und da bekannte er denn auch (im Einklang mit Macphersons Abhandlung über Ossians Zeitalter), daß die keltische Sprache uns zur Erkenntnis der alten germanischen Sprache nichts helfe. Allein dem gegenüber behauptete er doch bald wieder keck, Ossian sei als Caledonier deutscher Abkunft ge-

wesen (nach Tac. Agric. 11), pries ihn als den herrlichsten der alten
Sänger in unserer Sprache, mit dem die griechischen Dichter nicht zu
wetteifern vermöchten, und wollte aus den „eisgrauen Melodien" zu
einigen lyrischen Stellen Ossians, die ihm Macpherson brieflich versprochen
hatte[1]), mit Hilfe dessen, was er von der isländischen und angelsäch-
sischen Metrik wußte, das Silbenmaß der urgermanischen Barden heraus-
bringen.

Die elegische Grundstimmung der Ossianischen Gesänge zog den
empfindsamen deutschen Dichter sympathisch an. Wie einst in Young, so
trat ihm jetzt in Ossian eine ihm mannigfach verwandte Poetennatur entgegen, die er innig lieb gewann, in deren Studium er sich vertiefte, die er
aber doch im einzelnen verhältnismäßig wenig nachahmte. Mittelbar
wirkte Ossian auf Klopstocks Lyrik durch Gerstenberg, dessen 'Gedicht eines
Skalden' in mehr als Einer Hinsicht den Einfluß des gälischen Sängers
bekundete. Wahrscheinlich kam Klopstock erst auf diesem Umwege zu dem
Einfall, in der Ode 'Der Hügel und der Hain' einen Barden Teutoniens
aus seiner Grabesnacht vor den streitenden antiken Poeten und deutschen
Dichter heraufzubeschwören. Unmittelbar aus Ossian stammte vermutlich
das Grundmotiv der Ode 'Thuiskon', die Erscheinung des uralten
Stammvaters beim Abenddunkel vor den Dichtern späterer Zeiten. Auch
von den Geistern der Lieder und Barbiete, die Braga, den Gott der Poesie,
oder die Göttin der deutschen Sprache umschweben, sprach Klopstock gerade
in jenen Jahren öfters in seinen Oden — vielleicht hiezu gleichfalls im
allgemeinen angeregt durch Ossians Vorliebe für nebelhafte Geister-
erscheinungen. Im besondern aber waren ein paar Namen und Ausdrücke
alles, was er unmittelbar aus dem keltischen Dichter entlehnte. Nach ihm
nannte er die Leier der Barden nunmehr Telyn, schrieb Barbale statt
Lerche und betitelte die ausgezeichnetsten Barden Filea[2]). Auch an sprachlichen Mißverständnissen fehlte es dabei nicht. So machte Klopstock
Selma, den Namen des von Fingal beherrschten Reiches, achtlos zu einem

---

[1]) Auch Angelica Kaufmann bemühte sich, durch schottische Freunde ihm dieselben zu verschaffen.

[2]) Unter den keltischen Wörterbüchern, deren er sich bedienen konnte, ragte das
von Bullet ('Mémoires sur la langue Celtique', Besançon 1754—1760, Band II
und III) hervor. Hier finden sich auch die Worte bardala, file und telyn, die man
in den sonstigen keltischen Wörterbüchern jener Zeit meistens vergeblich sucht.

Frauennamen und bildete unbedenklich darnach den entsprechenden Männer-
namen Selmar.

Überall riß ihn der Drang, möglichst viel aus unserer Vorzeit in die
Gegenwart hinüberzuretten, zu weit fort. Mit kindlicher Gier wollte er
jeden Überrest alter Cultur und Literatur, den man damals in Europa
auffand, dem germanischen Volke zueignen. Als z. B. Denis 1768 ihm
von den Liedern illyrischer Barden schrieb, die sich noch durch die Überlieferung erhalten hätten (den serbischen Volksliedern), hatte er gleich die
Vermutung bereit, daß diese Illyrier wenigstens halbe Deutsche waren,
und hätte es gar zu gern gesehen, daß Denis ihm diese Hypothese wahrscheinlich gemacht hätte.

Wie oft aber auch Klopstock dabei gegen die geschichtliche Wahrheit
verstieß, sein vaterländischer Eifer trug doch manche schätzbare Frucht,
nicht nur am Baume der Dichtkunst, sondern auch an dem der Wissenschaft.
Durch das Beispiel Gottscheds und seiner Züricher Gegner ermuntert,
begann man damals in Deutschland emsiger nach den Überresten der
älteren germanischen Sprachen und Literaturen zu suchen. Durch Klopstock
erhielten diese Bestrebungen einen neuen, mächtigen Antrieb. Sein Feuer
zündete in weiteren Kreisen; seine dichterische Verherrlichung unseres
Altertums bereitete der wissenschaftlichen Erforschung desselben einen
empfänglicheren Boden im deutschen Volke: während sich bisher um germanistische Studien außer einigen gelehrten Kennern nur wenige gekümmert
hatten, war jetzt das Interesse aller gebildeten Vaterlandsfreunde für sie
erweckt worden. So wirkte Klopstock dadurch, daß er andere zur Mitarbeit
oder zu receptiver Teilnahme anregte, mehr als durch das, was er selbst
auf dem Gebiete dieser Wissenschaft leistete. Doch auch er persönlich war
fleißig beim Werke. Für seine patriotischen Dichtungen machte er unvergleichlich mehr gelehrte Vorarbeiten als für sein religiöses Epos und seine
biblischen Dramen. Und sein unmethodischer Dilettantismus hinderte ihn
nicht, reiche Kenntnisse über unser Altertum anzusammeln und auch den
einen oder andern Fund in der Germanistik zu machen. Er kannte bereits 1767 die 'Edda' nicht mehr bloß aus Mallets Übersetzung, und wenn
er auch der altnordischen Sprache nicht eben in's Cabinet gekommen war,
so glaubte er sich doch schon oft genug in ihrem Vorzimmer aufgehalten
zu haben, um bald einige bessere Lesarten der 'Völuspa' zu finden, als
man zur Zeit habe (1768). So bildete er denn auch meist auf eigne Faust
nach nordischen Mustern die Namen der altdeutschen Barden, die er jetzt

öfters in seinen Oden auftreten ließ. Mit den übrigen altgermanischen
Sprachen suchte er sich nicht minder vertraut zu machen. Vom Friesischen
gelang es ihm zwar nur etwa zehn Wörter aufzujagen. Tiefer drang er
in das Gotische und in die höhere Dichtersprache der Angelsachsen ein.
Er meinte sogar allenfalls darin schreiben zu können. Die neuen Entdeckungen freilich, auf welche er bei diesem Studium gekommen war, liefen
mehr oder minder alle auf Irrtümer hinaus. Am meisten beschäftigte er
sich wohl mit dem Althochdeutschen und mit dem Altsächsischen. Otfrieds
Evangelienharmonie, 1571 durch Flacius Illyricus und 1726 wieder
durch Johann Georg Scherz herausgegeben, wurde ihm bald bekannt,
und schon im Januar 1767 zimmerte er, allerdings in einem sonderbaren
Althochdeutsch, für Denis ein paar Hexameter, angeblich „nach Otfrieds
Klange". Schwer lag ihm der Verlust der Heldenlieder auf, welche Karl
der Große sammeln und schriftlich aufzeichnen ließ. Er wünschte, daß ein
reicher Gönner der Wissenschaft einen Preis für den glücklichen Finder
einer Handschrift von solchen Bardengesängen aussetze und dadurch viele
zum Suchen verlocke. Von Denis erbat er sich 1768 Auskunft über das
deutsche Glossar des Hrabanus Maurus, falls die Wiener Hofbibliothek
es besitze, überhaupt Nachrichten von alten deutschen Handschriften. „Man
muß nur suchen; man findet oft mehr, als man denkt." Vor allem aber
zog ihn damals und im folgenden Jahre das Studium des 'Heljand' an.
Bereits 1705 hatte Georg Hickes Fragmente des altsächsischen Gedichts
herausgegeben. Durch sie wurde Klopstock auf das Werk aufmerksam.
Neue Bruchstücke davon schrieb für ihn 1768 einer von den Reisebegleitern
Christians VII.[1]) aus dem einzigen altsächsischen Codex, den man damals
kannte (dem Cottonianus), im brittischen Museum zu London ab. Im
Anschluß daran ließ der König eine Copie des vollständigen Gedichts für
Klopstock anfertigen[2]). Vornehmlich wegen ihrer „alten Kernsprache", aus
welcher wir Neueren manches vielbedeutende Wort verloren haben, dann
aber auch wegen ihres schönen lyrischen Silbenmaßes und sonstigen
poetischen Wertes schätzte Klopstock diese Evangelienharmonie: ihm war
aus dem ganzen deutschen Mittelalter bis auf die Reformationszeit kein

---

[1]) Wahrscheinlich Sturz, wie Max Koch in seinem oben erwähnten Buche
S. 203 vermutet.

[2]) Durch J. F. Temler; vgl. Eduard Sievers in der Einleitung zu seiner
Ausgabe des 'Heljand' (1878), S. XVI f.

Autor bekannt, der dem Verfasser des 'Heljand' gliche. Er wollte darum das altniederdeutsche Original mit einer fast ganz wörtlichen Übersetzung und mit kurzen, aber bedeutenden Anmerkungen herausgeben. Auch den Titel des Buches hatte er bereits sorgfältig erwogen. 'Die Geschichte des Erlösers, durch den Sachsen, einen christlichen Dichter bald nach Wittekinds Barden' sollte derselbe lauten; denn aus der von Flacius Illyricus 1562 mitgeteilten Vorrede zu dem altsächsischen Gedichte, die Klopstock aber nur bruchstückweise aus Fricks Vorrede zu Schilters 'Thesaurus antiquitatum Teutonicarum' (Ulm 1727. I, 7 f.) kannte, hatte er (gegen Hickes) die Entstehungszeit des 'Heljand' (unter Ludwig dem Frommen) richtig erkannt. Vor ihm war bereits Johann Georg Eckhart zu demselben Ergebnisse gekommen; Klopstock hatte seine Schriften aber nicht gelesen. Einige angelsächsische und fränkische Fragmente wollte er dem 'Heljand' beifügen, wie denn überhaupt eine kleine Sammlung von altgermanischen Literaturdenkmälern längere Zeit sein Plan war. Er führte das Vorhaben nicht aus, sei es daß ihm die Lust zu diesem, wie zu so manchem anderen Plane jener Jahre, allmählich von selbst wieder zerrann, sei es daß die Abschrift des Londoner Codex noch nicht in seinem Besitze war, als er 1770 Dänemark für immer verließ, und daß so die völlige Umgestaltung seiner äußeren Lage ihn hinderte, jene literarischen Ziele weiter zu verfolgen.

Vorläufig verlieh er nur als Dichter, nicht auch als Sprachforscher seinen vaterländischen Gefühlen öffentlich Ausdruck. Aber auch der Poet ward bei all seiner noch so stürmischen Begeisterung nicht den kosmopolitischen Tendenzen des vorigen Jahrhunderts untreu. Wie Lessing am allerwenigsten nach dem Lobe des Patrioten geizte, der ihn vergessen lehrte, daß er ein Weltbürger sein sollte, so stiegen Klopstocks Gedanken hoch über das deutsche Heimatland, so laut er es auch pries, empor „zu dem Vaterlande des Menschengeschlechts". Es war derselbe Kosmopolitismus, dem Lessing und die andern Geistesheroen des Jahrhunderts huldigten; nur war bei Klopstock der rein humane Charakter jener weltbürgerlichen Tendenzen christlich = religiös schattiert. So galt ihm denn auch damals noch seine religiöse Dichtung als die erste und eigentliche Aufgabe seines Lebens. Die Stunden, die er der vaterländischen Poesie widmete, erschienen ihm wie Erholungspunkte, wie Raststationen in seiner furchtbar erhabenen Bahn, auf der er den Bürden des Sterblichen sonst erliegen müßte. Er empfand es darum durchaus nicht als störend, daß er zur

selben Zeit, als er seine beiden ersten vaterländischen Schauspiele aus-
arbeitete, den dritten Band des 'Messias' für den Druck vorzubereiten
hatte.

Etwa zu Anfang des Jahres 1767 machte sich Klopstock ernstlich
daran, die Schlacht im Teutoburger Walde, deren Helden er so oft schon
in seiner Lyrik gepriesen hatte, dramatisch darzustellen. Die Arbeit schritt
während der letzten Winter- und ersten Frühlingsmonate rüstig fort, und
als der Dichter um die Mitte des Juni nach Hamburg reiste, konnte er
bereits seinen dortigen Freunden das im Manuscripte vollendete Stück
mitbringen. Auch Lessing lernte es damals kennen und sprach sich lobend
darüber gegen seinen Berliner Freund Nicolai aus; er nannte es „ein
vortreffliches Werk, wenn es auch schon etwa keine Tragödie sein sollte".
Der Druck des Dramas zog sich etwas lange hinaus. Zuerst wollte ihn
Bachmann in Magdeburg übernehmen. Durch Gleim und vielleicht auch
durch Klopstock selbst angeregt, gedachte Bachmann damals eine typo-
graphische Gesellschaft zu begründen, welche die verbundenen Buchhändler
und Schriftsteller in den Stand setzen sollte, einen höheren Gewinn aus
ihren Verlagswerken zu erzielen. Zu einem ähnlichen Zwecke hatte aber
schon 1766, ebenfalls durch Klopstock angeregt, der als Übersetzer aus
dem Englischen und Französischen ehrenvoll bekannte Johann Joachim
Christoph Bode eine Druckerei errichtet und sich 1767 mit Lessing zur gemeinsamen Herausgabe einer Zeitschrift 'Deutsches Museum' vereinigt,
welche nur die Werke der besten deutschen Schriftsteller bringen sollte.
Klopstock überließ ihnen hiezu sein vaterländisches Schauspiel, als Bachmann sein Vorhaben nicht ausführte. Auch die von Bode und Lessing
geplante Zeitschrift kam nicht zu Stande; die beiden verkauften vielmehr
den Verlag des Klopstockischen Dramas nach vollendetem Druck an Johann
Heinrich Cramer zu Hamburg und Bremen. Wiederholt wurde das Erscheinen des Werkes durch verschiedene Nebenumstände verzögert, die mit
der Widmung desselben an den Kaiser Joseph II. verknüpft waren. Endlich
konnte das Drama, das seit dem Schluß des Jahres 1768 bis auf die
Zueignung fertig gedruckt vorlag, im Sommer 1769 zur Ausgabe gelangen:
'Hermanns Schlacht, ein Bardiet für die Schaubühne'.

Was Klopstock bewog, den ihm längst vertrauten Stoff nunmehr
gerade zu einem Drama zu verarbeiten, ist schwer zu sagen. Gewiß nicht
der unwiderstehliche Drang seines Genius, der diese Form als die natürlich angemessenste für den speciellen Gegenstand erkannt hatte. Aber viel-

leicht reizte ihn der Versuch, ob ihm, der bisher als religiöser Tragiker
auf die lebendige Bühne von vorn herein verzichtet hatte, nicht auch einmal
ein weltliches, wirklich aufführbares Theaterstück gelänge. Oder wählte
Klopstock die dramatische Form nur beßhalb, weil er so am besten seine
praktischen Zwecke erreichen zu können meinte? Glaubte er, von der Bühne
herab am erfolgreichsten Vaterlandsliebe zu predigen? Glaubte er, hier
seine Gedanken und Vorstellungen über das germanische Altertum am
unmittelbarsten anschaulich zu machen und somit am überzeugendsten zu
lehren? Jedenfalls sollte 'Hermanns Schlacht', wie auch der Titel ausdrücklich anzeigte, ein in jeder Weise bühnenfähiges Werk werden. Klopstock vermied zwar die herkömmlichen Bezeichnungen dramatischer Arbeiten.
Er nannte sein Stück nicht Trauerspiel oder Tragödie, wie er zuerst vorhatte, sondern Bardiet. Er selbst erklärte — freilich unrichtig — das aus
Tacitus (de German. 3) entlehnte Wort als Bardengedicht. Das heißt doch
wohl ein poetisches Werk in der Weise, wie vermutlich die alten Barden
dichteten. Und in dieser Bedeutung brauchte denn auch Klopstock den Ausdruck später in 'Hermanns Tod' (Scene XV). Etwas anders, allerdings
ziemlich unklar, erklärte er das Wort in den Anmerkungen zu 'Hermanns
Schlacht'. Hier verstand er unter Bardiet eine Art von Gedichten, „deren
Inhalt aus den Zeiten der Barden sein und deren Bildung so scheinen
muß". Die Charaktere und die vornehmsten Teile des Planes nehme der
Bardiet aus der Geschichte unsrer Vorfahren; desgleichen bezögen sich
seine „seltneren Erdichtungen" sehr genau auf die Sitten der gewählten
Zeit. Nie sei er ganz ohne Gesang. Klopstock dachte dabei also an ein
nationales Drama mit lyrischen Einlagen[1]. In diesem uneigentlichen
Sinne nannte er denn 'Hermanns Schlacht' und die folgenden Stücke
ähnlichen Charakters Bardiete; es waren vielmehr Schauspiele mit
Bardengesängen.

„Für die Schaubühne" jedoch taugten auch diese Versuche Klopstocks
im vaterländischen Drama und insbesondere 'Hermanns Schlacht' nicht;
denn der dramatische Wert des Werkes war sehr gering.

Die Geschichte der Teutoburger Schlacht ist, wie oft sie auch in
dramatischer Form behandelt worden ist, doch ein durchaus unbramatischer

---

[1] Kaum aber nur an „eine große, dramatisierte lyrische Dichtung", wie Hamel
in seiner Einleitung zu 'Hermanns Schlacht' (Klopstocks Werke IV, 43 in Kürschners 'Deutscher Nationalliteratur') schreibt.

Stoff. Sie enthält zwar tragische Motive mancher Art; zum tragischen
Helden könte aber Hermann erst dann werden, wenn der Dichter seinen
Sieg im Teutoburger Wald und seinen Tod in einen unmittelbaren,
inneren Zusammenhang brächte, von dem unsere geschichtlichen Quellen
nichts berichten, so daß Hermann, indem er um des Vaterlandes willen
seinen bisherigen Freunden, den Römern, die Treue bricht, mit der Freiheit seines Volkes zugleich seinen eignen Untergang besiegelte. Sobald
hingegen die poetische Darstellung mit dem durch nichts getrübten Sieg
über die Legionen des Varus ihren End- und Höhepunkt erreicht, bereitet
der epische Charakter des Stoffes dem dramatischen Dichter unüberwind-
liche Hindernisse. An diesem Grundmangel leiden alle Hermannsdramen
in unserer Literatur von Elias Schlegel bis auf Grabbe. Auch Klopstock
hat sich — trotz mehreren frei erfundnen Episoden — in der Hauptsache
so genau an die geschichtliche Überlieferung gehalten, daß sein Bardiet ein
vorwiegend episches Gepräge erhielt.

Seine hauptsächlichen Quellen waren die Berichte der römischen und
spätgriechischen Historiker. Klopstock mag dieselben im Original gelesen
haben; jedenfalls that er dies regelmäßig, wo er sie unmittelbar für den
Text oder die Anmerkungen zu 'Hermanns Schlacht' benützte. Erleichtert
war ihm aber die Arbeit durch die Vorrede, mit welcher Johann Heinrich
Schlegel den 'Hermann' seines verstorbenen Bruders versehen hatte (im
ersten Teil von dessen Werken 1761). Denn da Schlegel die wichtigsten
Abschnitte aus den Werken der antiken Schriftsteller, die von der Teutoburger Schlacht erzählen, (Dio Cassius, Vellejus Paterculus, Florus,
Tacitus, Sueton) zusammengestellt hatte, brauchte der spätere Dichter
wenigstens nicht mehr selbst erst in der alten Literatur darnach zu suchen,
konnte auch die neueren Geschichtswerke eines Mascou oder Bünau, welche
gewissenhaft die Berichte sämmtlicher antiken Geschichtschreiber zusammen-
faßten, außer Acht lassen. Übrigens hatte Klopstock sich noch aus Cäsar,
Strabo, Ammianus Marcellinus und andern von Schlegel nicht angeführten antiken oder mittelalterlichen Verfassern über die Sitten und Anschauungen unserer Vorfahren unterrichtet. Denn die culturhistorische
Färbung wünschte er, eingedenk seiner Definition des Bardiets, hier sorgfältig zu wahren. Auch durch Macphersons 'Dissertation' vor seiner
Ausgabe Ossians wurde Klopstock auf die eine oder andere Einrichtung
der alten Germanen (richtiger: Kelten) aufmerksam. Einige geographische
und ethnographische Kenntnisse schöpfte er aus Clüvers 'Germania antiqua'

(1615). Unter den von Schlegel übersetzten Schriftstellern benützte er besonders Vellejus Paterculus und Tacitus. Dem Dio Cassius entnahm er speciell nur die Nachricht von der dreitägigen Dauer der Schlacht. Aus Vellejus (histor. Rom. II, 119) lernte er unter anderm den Namen und das Schicksal des Lagerpräfecten L. Eggius ('Hermanns Schlacht', Schluß der zweiten Scene) und des Legaten Vala Numonius (Scene XI am Anfang und XIII am Schlusse) kennen. Tacitus aber bot ihm durch seine Mitteilungen über Segests vaterländisch denkenden Sohn Siegmund (annal. I, 57) und über Hermanns römisch gesinnten Bruder Flavius (annal. II, 9 f.) dramatisch brauchbare Motive. Vor ihm hatte dieselben jedoch schon Elias Schlegel ausgenützt, und Klopstock schloß sich auch an ihn in einzelnen Punkten an. Mit dem zwischen Vaterland und Rom schwankenden, in Thusnelda verliebten Flavius Schlegels wußte er zwar nichts anzufangen. Bei ihm ist Thusnelda bereits das Weib, nicht, wie bei Schlegel, die Braut Hermanns. In französisch galanter Weise um sie zu werben, ist somit bei ihm nicht mehr am Platze. Sein Flavius sühnt auch nicht, wie der seines Vorgängers, im letzten Augenblick die Schuld seiner unpatriotischen Neutralität durch den Versuch, Segest zur Teilnahme am Befreiungskampfe zu bereden, und bittet nicht beschämt die Sieger, die ihn in diesem fruchtlosen Bemühen überraschen, um den Tod. Sein Flavius denkt ganz römisch, kämpft in den Reihen der Römer gegen sein eigenes Volk, wird in der Schlacht gefangen genommen, und schon will der cheruskische Oberdruide trotz Thusneldas Flehen das Loos über sein Leben werfen lassen, als Hermanns Fürsprache ihm Gnade erwirkt. Hingegen übertrug Klopstock einige Züge von Schlegels Flavius auf seinen Siegmund, so das Verlangen, wenigstens in der letzten Stunde noch dem Vaterlande zu dienen, und die Bereitwilligkeit, von den Händen seiner siegreichen Stammesgenossen den Tod zu empfangen. Ausschließlich von Schlegel (V, 2) überkam Klopstock die durch kein antikes Zeugnis bestätigte Annahme, daß Hermanns Vater Siegmar in der Teutoburger Schlacht gefallen sei. Doch hatte auch Schönaich, dessen Heldengedicht Klopstock sicher gelesen, wenn gleich keiner Beachtung gewürdigt hatte, dasselbe Motiv ausgiebig verwertet. Dagegen übte Lohensteins Roman auf Klopstock zunächst noch keinen Einfluß aus. Bei dem schlesischen Dichter ist Hermanns Vater Segimer schon geraume Zeit vor der Teutoburger Schlacht gestorben. Ein andrer Segimer allerdings, Segests Bruder, (Tac. ann. I, 71) wird in dieser Schlacht verwundet, aber nicht getötet.

Siegmund spielt bei Lohenstein keine hervorragende Rolle; Flavius befindet sich nach seiner Schilderung zur Zeit des deutschen Freiheitskampfes
bei Germanicus in Dalmatien und Pannonien. Alle Einzelheiten, worin
Klopstock mehr oder weniger mit Lohenstein übereinstimmte, verdankte er
unmittelbar den antiken Geschichtschreibern. Was diese hingegen von den
Schicksalen der Römer berichteten, die in der Teutoburger Schlacht den Germanen lebend in die Hände fielen, konnte er in seinem Bardiete nicht recht
verwerten. Die beiden kriegsgefangenen Centurionen daselbst (Scene XI)
bildete er im allgemeinen nach dem Muster der zwei (gleichfalls gefangenen,
aber vom Tod erretteten) Römer in Glovers Trauerspiel 'Boadicea'.

Aber aus seinen sämmtlichen Quellen konnte Klopstock keine dramatische Handlung schöpfen, die sich einheitlich und organisch entwickelte. Er
ersetzte sie durch eine Anzahl von Episoden, welche er unter einander
äußerlich durch die Einheit des Ortes, der Zeit, wohl auch der Personen
verband. Er stellte den dritten, entscheidenden Tag der Teutoburger
Schlacht dar, etwa vom Mittag bis zum Untergang der Sonne¹). In
verschiedene Acte zergliederte er diesen Zeitraum nicht mehr; wie in der
griechischen Tragödie, so sollte auch in den Bardieten die dramatische Geschichte in Einem großen Zuge sich entwickeln. Er verlegte jedoch die
Schlacht nicht in den noch jetzt so genannten Teutoburger Wald bei Det-
mold, sondern in die Gegend des Harzes. In ähnlicher Weise hatte vor
ihm schon Wieland die beiden norddeutschen Gebirge mehrfach verwechselt.
Aber dem jungen Wieland hatte es an klarer geographischer Anschauung
gefehlt; Klopstock hingegen, der von seinen Kinderjahren her den Harz
vortrefflich kannte, wählte mit bewußter Absicht diejenige größere Thal-
schlucht, die seiner Vaterstadt Quedlinburg am nächsten lag, zum Schauplatze für Hermanns Schlacht. Die Örtlichkeit seines Bardiets ist bis in's
Kleinste genau und klar bestimmt. Es ist der Felsengipfel der Roßtrappe
am Ausgang des Bobethals. Klopstock war „aus gar nicht schlechten Gründen" überzeugt, daß die Roßtrappe das einzige druidische Überbleibsel
in Deutschland sei, und besang sie deßhalb noch 1771 in der nach ihr
benannten, mit mehreren Anklängen an die Bardiete ausgestatteten Ode.
Hier oben, von wo der Blick Thal und Umgegend weithin beherrscht, spielt
denn auch sein erstes vaterländisches Drama. Druiden, des Opfers

---

¹) Schon im 'Tod Adams' kam mit der sinkenden Sonne die erwartete Entscheidung. Vgl. 'Hermanns Schlacht', Scene II (S. 13 der ersten Ausgabe).

gewärtig, und Barden, deren Gesänge preisend und aufmunternd zu den Streitenden hinunterschallen, verfolgen von hier aus den Gang der Schlacht; Verwundete und Gefangene werden hieher geführt; Thusnelda forscht hier besorgt nach Hermanns Schicksal; Boten der deutschen Feld-herrn bringen hieher Berichte vom Kampfplatz und Befehle an die Priester oder Sänger; endlich stellt hier sich Hermann mit den siegreichen Gefähr-ten ein, um den Triumphliedern der Barden und der cheruskischen Jung-frauen zu lauschen, das Loos der Gefangenen zu entscheiden und sonst die letzten auf die gewonnene Schlacht bezüglichen Anordnungen zu treffen. Die eigentlichen Vorgänge der Schlacht selbst finden unten im Bodethal am Fuß der Roßtrappe, also in französischer Weise hinter der Bühne statt. Auf der letzteren erblicken wir wieder, wie im 'Salomo' und 'David', nur den Reflex der äußeren Thatsachen. Keine einzelne, der Haupthandlung genau entsprechende Nebenhandlung stellt sich hier uns unmittelbar dar, wohl aber eine ganze Reihe von episodischen Bildern, welche sammt und sonders Folgen des wechselnden Ganges der Schlacht sind. Ohne Rück-sicht auf organischen Zusammenhang oder innere Notwendigkeit führt Klopstock uns eben alles vor, was an jenem verhängnisvollen Nachmittag auf dem Gipfel der Roßtrappe geschieht. Ganz überflüssig, auch kläglich motiviert ist Segests Auftreten; der Knabe des Bardenführers Werdomar veranlaßt durch seine kindliche Kampfbegierde, die ihm den Tod bringt, einige mehr idyllisch-elegische als tragische Scenen; auch der stoische Gleichmut, mit welchem Siegmar den Tod für das Vaterland stirbt, ist nicht tragisch. Tragisch ist allenfalls die Siegesfreude Hermanns, so lang er an der verhüllten Leiche des Vaters steht, den er nur verwundet glaubt; tragisch und zugleich dramatisch im höchsten Sinn ist das Gericht über den gefangenen Flavius, die einzige Episode des Bardiets, die einer theatralischen Wirkung fähig ist, wie denn auch Karl Heigel mit ihr in seinem Festspiel 'Vor hundert Jahren' noch 1878 einen hübschen Bühnen-effect erzielte. Der Eindruck der übrigen Episoden wird überdies dadurch abgeschwächt, daß dieselben Motive sich mehrfach wiederholen. Der tod-wunde Sohn Werdomars hält zuerst den eignen Vater für einen Römer, dann den greisen Siegmar und endlich Hermann selbst für Varus; ebenso spricht aber auch der sterbende Siegmar den blutenden Knaben als den Geist seines Sohnes Hermann an.

Noch größeren Eintrag erleidet die Wirkung, die vielleicht diese inner-lich unverbundenen, an Handlung armen Episoden doch hervorbringen könnten, durch die Breite, womit Klopstock alles behandelt. Er malt sogar geringfügige Folgen des Sieges, wie den Streit eines cheruskischen und eines marsischen Hauptmanns um den Besitz eines gemeinsam erbeuteten römischen Adlers, unsäglich weitschweifig aus und verletzt so durch die große Bedeutung, die er den Ereignissen nach der entscheidenden Katastrophe beimißt, die Einheit der Handlung und des Interesses in höchst bedenklichem Grade. Allein auch sonst ermüdet er durch die allzu sehr gedehnte Darstellung unsere Teilnahme, statt sie zu spannen. Der Ausdruck im einzelnen ist zwar immer bündig und knapp, kraftvoll in seiner schmucklosen, fast nüchternen Einfalt; aber desto länger und langweiliger ist oft der Dialog. Die Personen sprechen so häufig über Nebensächliches, bald um ihrem oder Klopstocks Freiheitssinn Worte zu leihen, bald auch nur, um keinen Einzelzug, keinen gelegentlichen Einfall zu übergehen. So nimmt einerseits das schildernde Element ungemein überhand; andrerseits sind gar manche Reden, Fragen und Antworten im Dialoge des Barbiets eine Frucht der tüftelnden Reflexion[1]), während doch nur, was aus unmittelbarer Empfindung kommt, mächtig zum Herzen bringt.

Vor allem undramatisch breit sind die zahlreich in das Stück eingeflochtenen, im Tone zum Teil den Gedichten Ossians nachgebildeten Bardengesänge. Sie nehmen fast den dritten Teil des ganzen Schauspiels ein. Einzelne Scenen, wie z. B. die dritte, bestehen beinahe nur aus solchen Gesängen. Die Germanen zum Kampf anzufeuern, zu ermutigen, zu begeistern, die Römer hingegen zu schrecken und zu verwirren, ist der vornehmste Zweck der Barbenlieder. Sie schildern die Ehren, mit welchen den Verteidigern des Vaterlandes hier auf Erden Mütter und Bräute, dort in Walhalla die Götter lohnen; sie beschreiben die Leiden der Gefangenschaft und die Qualen des Tartaros, die der besiegten Feinde harren. Sie schleudern Vorwürfe und Anklagen auf die römischen Tyrannen, rufen zum Vernichtungskampf gegen sie auf, flehen die Schrecken Wotans auf sie herab und überhäufen noch die Unterliegenden mit Verwünschungen und Spott. Sie erzählen von den großen Thaten germanischer Krieger in früherer Zeit[2]), von ihren furchtbaren Schlachten gegen

---

[1]) So wenn Hermann (in der elften Scene) den gefangenen Römern Geschichte und Brenno gar Geschichtsphilosophie (S. 96) vorträgt.

[2]) Dabei findet sich auch einmal ein bestimmter Anklang an Ossians Ausdrucksweise. „Höret Thaten der vorigen Zeit", singen Klopstocks Barben, wie Macpherson öfters „a tale of the times of old", „the song of other times" u. dgl. schreibt.

Rom, ihren Kämpfen gegen Cäsar und unter Cäsar gegen die Gallier und gegen Pompejus. Sie preisen endlich jubelnd Hermann, Siegmar und ihre siegreichen Genossen. Mancherlei geschichtliche, namentlich auch culturgeschichtliche Kenntnisse sind in diesen Liedern angebracht. Die Poesie leidet im allgemeinen darunter. Einzelne Strophen zeugen zwar von hoher dichterischer Kraft und Schönheit und vermögen, wie sie selbst aus der Tiefe des Herzens aufströmen, so auch in dem Gemüte des Hörers wahre und innige Empfindungen zu erwecken und in der Seele des Patrioten ein mächtig loderndes Kriegesfeuer zu entzünden. Weitaus die meisten Bardenlieder jedoch umkleiden nur nüchterne Prosa mit dem schwungvollen Pathos einer rhetorisch ausgeschmückten, rhythmisch frei bewegten Sprache. Dramatisch berechtigt und wirksam könnten diese Gesänge nur in dem Falle sein, wenn sie nicht zu oft und dann nicht zu lange den Dialog unterbrächen, wenige oder noch besser nur Eine Strophe jedes Mal. Statt dessen macht Klopstock es sich bei ihnen nahezu zur Regel, was er in Prosa mit zwei Sätzchen sagen würde, umständlich in viele Verse aus einander zu zerren. Ja, er drückt mitunter gar einfache Commandorufe durch lange Bardengesänge aus (Scene III, S. 37).

So ist denn sein Bardiet ganz und gar episch ausgefallen. Aber selbst eine kunstvoll aufgebaute Handlung im epischen Sinne sucht man vergeblich in dem Stücke. Es mangelt nämlich nicht nur die dramatische Peripetie und beinahe auch die Katastrophe, es wird kein Knoten geschürzt und gelöst; sondern Klopstock hat nicht einmal die nötige Mühe aufgewendet, um seinen Stoff sorgfältig zu exponieren. Wir werden sogleich mitten in das Getose der Schlacht versetzt; über die Ursachen, warum, und über die Art und Weise, wie sich die Germanen gegen die Römer erhoben haben, erfahren wir wenig mehr als nichts. Während alle andern dichterischen Bearbeiter der Teutoburger Schlacht, sowohl Epiker als Dramatiker, darauf bedacht waren, den tödlichen Haß Hermanns und seiner Stammesgenossen auf die Römer durch haarsträubende Greuelthaten der letzteren gründlich zu rechtfertigen, während sie alle den Ausbruch der Feindseligkeiten, das heimliche Bündnis der germanischen Fürsten, die Überlistung des arglosen Varus ausführlich darstellten, beschränkte Klopstock sich darauf, drei- oder viermal in den Bardengesängen mit wenigen, zudem ganz allgemeinen Worten, auf die grausame Bedrückung der freien Germanen durch Roms Heere anzuspielen. Die besten Motive ließ er sich so entgehen, namentlich eines, welches Lohenstein erfunden hatte, um dadurch

ben Gipfelpunkt der römischen Tyrannei grell zu beleuchten, und welches
von da an in der Hermannsdichtung eine bedeutende Rolle spielte: der
Tod einer deutschen Jungfrau, die Varus oder einer seiner Krieger schän-
dete oder auch nur schänden wollte, gibt den letzten Anstoß zur Empörung
der Geknechteten. Wie vor ihm bereits Schlegel, so deutete auch Klopstock
darauf bloß mit flüchtigen, unbestimmten Worten: „die unsre Jung-
frauen gezwungen haben, gegen ihr eignes Leben zu wüten" (Scene XIV,
S. 132). Die Mittel und Anstalten Hermanns aber, um die germanischen Fürsten zum Bunde gegen den Feind zu sammeln und die Römer in
Sicherheit zu wiegen, erwähnte Klopstock mit keiner Silbe.   ·

Nicht minder unbestimmt zeichnete er die Charaktere der Personen in
dem Stücke. Von einem innern dramatischen Conflict ist bei keiner Gestalt
des Barbiets die Rede; aber es mangelt dem Dichter auch die Gabe, die
einzelnen Figuren zu individualisieren, sei es durch ihre verschiedene Art
zu reden oder durch feinere Schattierungen der Charakteristik. Kaum,
daß er die Milde Hermanns oder Thusneldas gegen Gefangene der unerbittlichen Strenge des Oberdruiden Brenno und dem Rachedurst der
Wittwe Siegmars gegenüberstellt. Sonst jedoch gleichen sich die Germanen in ihrem Wesen, Reden und Thun alle auf's Haar. Sie sind stark,
tapfer, kühn, lieben Freiheit und Vaterland über alles und verachten den
Tod, sind in ihrem Schlachtendurst oft geradezu blutgierig und grausam,
außerdem weichen, ja empfindsamen Regungen wohl zugänglich, idyllische,
unverdorbene Naturmenschen, daneben aber in mancherlei Künsten und
Wissenschaften, besonders in Poesie und Geschichte recht erfahren. Alles
in allem genommen, bildet ihr Charakter eine ungesunde und unnatürliche Mischung aus naiven und sentimentalen Elementen; sie sind ein
Zwitter von rohem Urvolk und modernem Culturvolk.

In der ganzen Anlage und Tendenz, in Charakter und Stil mit 'Hermanns Schlacht' innig verwandt war Klopstocks folgender Barbiet, 'Hermann und die Fürsten'. Zum größten Teil entstand er unmittelbar,
nachdem 'Hermanns Schlacht' im Manuscripte vollendet war, in den letzten
Monaten des Jahres 1767. Zwei Drittel des Ganzen waren bis zum
19. December fertig; Kopf und Arm fehlten allerdings noch, wie der
Dichter an Gleim berichtete. 'Hermann und Ingomar' sollte damals das
neue Werk betitelt werden. Ausführlichere Angaben in einem Brief an
Klopstocks jungen Freund Boie lassen vermuten, daß von Anfang an der
Plan dieses zweiten Barbiets in allen Einzelheiten fest bestimmt war, so

daß im Laufe der vielen Jahre, die bis zum Druck desselben verstrichen, keine irgendwie bedeutende Änderung an dem Entwurfe vorgenommen wurde[1]). In welcher Weise Klopstock darnach die Arbeit daran förderte, läßt sich aus der einzigen, kurzen Mitteilung darüber, zu der er sich am 5. Mai 1769 gegen Ebert herbeiließ, nicht deutlich erkennen. Umgetauft hatte er nunmehr sein Stück; aber noch immer war es nur „bis auf das letzte Drittel fertig". „Über zwei Drittel" waren vollendet, als der junge Voß zu Anfang April 1774 in Hamburg den Dichter besuchte. Von da an gibt uns sein Briefwechsel keinen Aufschluß mehr. Das Werk scheint langsam fortgeschritten zu sein. Zwar hatte schon im Februar 1771 Nicolai an Lessing das Gerücht mitgeteilt, daß Klopstocks 'Schlacht der sieben Fürsten' unter der Presse sei. Dann durfte Boie im Göttinger Musen-almanach auf 1774 und Voß in seinem Musenalmanach auf 1776 einige Bardengesänge daraus veröffentlichen; der ganze Barbiet erschien aber erst zehn Jahre später im Druck (Hamburg in der Herold'schen Buch-handlung 1784).

Die Sprache sowie die gesammte äußere Form des Werkes ist die-selbe wie in 'Hermanns Schlacht'. Wieder unterbrechen den prosaischen Dialog zahlreiche Bardenlieder, meist in freien Rhythmen, zum Teil jedoch unmittelbarer, wärmer empfunden und anmutiger, dichterischer aus-gestattet als in dem früheren Barbiete. Wieder ist das Stück nicht in Acte gegliedert, die Einheit von Ort und Zeit streng gewahrt. Die äußere Situation ist überhaupt ganz die gleiche wie in 'Hermanns Schlacht'. Es handelt sich um die Kämpfe der Cherusker und ihrer germanischen Nach-barstämme gegen A. Cäcina, den Unterfeldherrn des Germanicus, im Jahre 15 nach Christi Geburt. In Folge einer äußerlich unentschiedenen, doch für die Römer verhängnisvollen Schlacht gegen Hermann tritt Germani-cus den Rückzug aus dem Inneren Germaniens an, er selbst mit der Hälfte seines Heeres zu Schiffe auf der Ems, oder zu Lande längs der Meeresküste; sein Legat Cäcina mit vier Legionen und einer ansehnlichen Schaar von Hilfstruppen sucht in Eilmärschen auf dem kürzesten Landwege den Rhein zu erreichen. Ihn zunächst verfolgen die Germanen, belästigen seinen Marsch auf das äußerste, so daß er auf halbem Wege zwischen

---

[1]) Nur sollten ursprünglich außer Hermann und Ingomar noch fünf deutsche Fürsten auftreten; später begnügte sich Klopstock mit vieren. Sollte vielleicht Bo-jokal, der in 'Hermanns Tod' eine kleine Rolle spielt, zuerst der fünfte sein?

Sümpfen und Wäldern sich genötigt sieht, ein festes Lager zu schlagen,
und fügen ihm zwei Tage hinter einander in heißem Kampfe unabsehbaren
Schaden zu.   Die Germanen sind bisher Sieger gewesen; aber zur endgültigen Entscheidung ist es noch nicht gekommen: sie bringt — wie dereinst im Teutoburger Walde — der dritte Schlachtentag.   Ihn stellt Klopstocks Bardiet dar.   Und zwar spielt der größere Teil desselben noch in
der Nacht nach dem zweiten Tage; der Schluß des Dramas, bis zur Entscheidung des Kampfes, füllt die ersten Morgenstunden des dritten Tages.
Den Schauplatz bildet wieder eine Anhöhe neben dem Schlachtfelde.   Hier
sind die Fürsten der Deutschen mit den Barden versammelt, um das Sie-
gesmahl wegen der vorausgegangenen Kampfestage zu feiern und sich über
die künftige Art des Angriffs zu beraten.   Dieser selbst, mit ihm der wichtigste
Teil der äußeren, thatsächlichen Vorgänge ist wieder in französischer Weise
hinter die Bühne verwiesen.   Nicht die Schlacht, sondern der Kriegsrat
der germanischen Fürsten vor derselben macht die eigentliche Handlung des
Bardiets aus.   Hermann rät, zu warten, bis in wenigen Tagen der
Mangel an allem Nötigen die Legionen aus ihrem Lager heraustreibe,
und sie dann auf dem Marsche zwischen Sumpf und Gesträuche von allen
Seiten anzufallen und zu vernichten.   Die übrigen Fürsten wollen, um
rascher zur Beute zu kommen und dieselbe vollständig und unversehrt zu
erhalten, sogleich bei Sonnenaufgang die Römer in ihrem Lager angreifen.
Umsonst hat Hermann bereits durch einen heimlich angelegten Verhau den
Feinden jegliche Flucht aus der Waldschlacht verrammelt; umsonst mahnt
er, der römische Kriegskunst besser kennt als die andern alle, daran, daß
Cäcinas Verschanzung in einem engen, für seine Streitmacht eigentlich zu
engen Lager eine dem großen Cäsar[1] abgelernte List sei, um die Germanen zum Sturm zu locken; vergebens bestätigt diese Ansicht Cäcina selbst,
indem er sich — genau wie Hermann es vorausgesagt — weigert, den Abge-
sandten der deutschen Fürsten in sein Lager einzulassen; vergebens spricht
der greise Oberdruide Breuno, ja der Himmel selbst durch Träume, Weis-
sagung und Gottesurteil im geweihten Zweikampf für Hermann.   Die
übrigen Heerführer widerstreben ihm jetzt nicht mehr bloß aus Beutegier
und Ungeduld, sondern auch aus Eifersucht.   Zwar Katwald, der jugendliche Bruder des Marsenfürsten, steht von Anfang an fest und treu zu
Hermann; auch Arpe, der greise, kriegserfahrene Fürst der Katten, wird

---

[1] Caes. de bello Gall. V, 49 ff.

bei den Warnungen des Cheruskers eine Zeit lang bedenklich und scheint sich ebenfalls für die Waldschlacht zu entscheiden. Seine Stimme gibt den Ausschlag. Schon bringen ihm Hermann und Katwald für seine Sinnesänderung begeistert Ehre und Dank dar, und Bardengesänge und Siegestänze unterbrechen den nüchternen Ernst der Beratung; da entschließt sich Arpe plötzlich aus kleinlicher Eifersucht auf Hermann, die noch dazu thatsächlich durch nichts begründet ist, zum Lagersturm, und nun vermag nichts mehr seinen Starrsinn zu beugen. Hermann muß gegen seine Überzeugung dem Beschlusse der Fürsten folgen. Die Germanen erleiden eine vollständige Niederlage. Ingomar wird schwer verwundet. Mit Mühe entgehn die kattischen Fürstinnen und Hermanns Sohn den Römern; Brenno gerät in die Gefangenschaft der Sieger. Seine stolzen, trost- und hoffnungsvollen Worte, die an einige Verse der Ode 'Unsre Sprache' (1767) anklingen, schließen würdig den Bardiet: „Besiegen könnt ihr uns, aber nie sollt ihr Deutschland erobern."

Die Handlung ist auch hier mehr episch als dramatisch und durch zahlreiche, zwar an sich schöne, aber das Hauptinteresse störende Episoden zerrissen. Zu einem inneren, wahrhaft tragischen Conflict kommt es auch hier kaum; der geschichtliche Stoff bietet dem Dichter zunächst nur einen äußeren Gegensatz von Personen und Meinungen; zu einer wirklich tragischen Verkettung der Ereignisse bringt es daher Klopstock eben so wenig als zu einer dramatisch bewegten Darstellung. Allein sein Bardiet enthält diesmal doch wenigstens überhaupt eine einheitliche Handlung mit Anfang, Mitte und Ende, mit Exposition, Peripetie und Katastrophe. Es ist doch wenigstens ein allgemeiner Gegensatz von Personen und Willensäußerungen vorhanden. Freilich kann kaum ein spröderer, poetisch unfruchtbarerer Stoff gedacht werden als eine Kriegsberatung. Trockne Reflexionen des Verstandes müssen hier vorwalten; die unmittelbare, warme Empfindung des Herzens kann nur höchst selten zum Worte kommen. Dazu lähmt der außerordentlich langsame und breitspurige Gang der Entwicklung mit den unvermeidlichen Bardengesängen gar das Bißchen Spannung und Teilnahme, welche der Leser allenfalls noch fühlt. Auch die Charakteristik der auftretenden Personen ist nicht eben tief und treu nach dem Leben ausgefallen. Hermann ist wieder das Ideal des deutschen Fürsten, tapfer, besonnen, gut, selbstlos, Freiheit und Vaterland über alles liebend; die übrigen Personen reichen an dieses Ideal mehr oder weniger heran, je nachdem sie freundlicher oder unfreundlicher gegen Hermann gesinnt sind.

So verkörpern Katwald, Theube, Brenno und die liebenswürdig-anmutige Kattenfürstin Herminone, die dichterisch schönste Gestalt des ganzen Barbiets, ziemlich dasselbe Ideal wie Hermann, nur nach Alter und Geschlecht verschieden. Weniger ist dies schon bei Malwend und Arpe der Fall, denen mindestens die eine und andere von Hermanns Tugenden abgeht. Am fernsten stehen jenem Ideale Gambriv und Ingomar, die erklärten Gegner Hermanns, deren Charaktere, vom allgemeinen menschlich-sittlichen Standpunkt aus betrachtet, sich keineswegs über die ihrer römischen Feinde erheben. So schablonenhaft und äußerlich Klopstock hier aber auch verfuhr, er ließ es doch an individualisierenden Zügen auch im kleinen nicht mehr so ganz fehlen wie bei seinem vorigen Barbiet.

Welcher Anregung er diese zwar geringen, doch zweifellosen Fortschritte in der Technik verdankte, ist schwer zu sagen. Möglich, daß allein der dramatischere Stoff daran schuld war und Klopstock sich also des Unterschieds im Aufbau der beiden Stücke kaum recht bewußt wurde. Geradezu wahrscheinlich wird dies durch einen Brief an Herder, worin er noch am 5. Mai 1773 sich dagegen verwahrte, daß 'Hermanns Schlacht' ohne Handlung sei. Vielleicht aber blieben auch Gespräche mit Lessing, die sich an die Lectüre des früheren Barbiets anknüpfen mochten, und das Studium der 'Hamburgischen Dramaturgie' nicht ohne Einfluß. Oder verraten die Kampfscenen am Schlusse des zweiten vaterländischen Schauspiels eine genauere Kenntnis Shakespeares, den eben damals die 'Schleswigischen Literaturbriefe', von den nächsten Freunden Klopstocks verfaßt, als den dramatischen Dichter ohne Gleichen priesen? Bestimmte Anklänge an die Werke des Engländers sind im einzelnen kaum nachzuweisen. Hier war Klopstock nur von den antiken Berichterstattern abhängig.

Die Schriften des Tacitus bildeten seine hauptsächliche Quelle. Und zwar nahm er nicht nur den eigentlichen Stoff seines Barbiets aus dem ersten Buche der 'Annalen', indem er sorgfältig jede noch so geringfügige Angabe ausbeutete, sondern benützte auch sonst bald genauer, bald freier manche Andeutungen, die er allenthalben bei dem großen römischen Geschichtschreiber fand. So führte er Flavius auch in diesen Barbiet ein, folgte jetzt aber etwas strenger der Erzählung des Tacitus von seinem Zwiegespräch mit Hermann (ann. II, 9 f.). Desgleichen wies er dem Sohne des Flavius, dem späteren Fürsten der Cherusker, Italus (nach der damals noch weniger angefochtenen Lesart der ann. XI, 16), eine Rolle in dem Stücke zu, die jedoch ganz auf freier Erfindung beruhte.

Aus der Geschichte von Marbods Sturz und Ende (ann. II, 62 f.) schöpfte er den Namen Katwald, den auch schon Justus Möser in seinem Trauerspiel 'Arminius' verwertet hatte. Gleichfalls nur den Namen, nicht auch den Charakter seines Marsenfürsten Malwend lernte Klopstock aus dem Berichte des Tacitus über den letzten Streifzug des Germanicus in das innere Deutschland (ann. II, 25) kennen. Die Erzählung eines früheren Einfalles der Römer in das Gebiet der Katten (ann. II, 7) bot ihm den Namen des Fürsten Arpe dar, dessen Gemahlin und Tochter damals in Feindeshand fielen. Die letztere nennt Klopstock aber nicht Rhamis, wie bei Strabo (VII, 1, 4) die Tochter des Kattenfürsten heißt, die mit Thusnelda vor dem Triumphwagen des Germanicus gieng[1]), sondern Herminone und ihre Mutter Istäwona, indem er die von Tacitus (de German. 2) überlieferten Namen zweier germanischer Hauptstämme in Frauennamen ummodelt. Ebenda erwähnt Tacitus eine Völkerschaft, Gambrivier geheißen, woraus Klopstock den Namen seines Brucererfürsten Gambriv bildet. Aus dem gleichen Capitel der 'Germania' stammt wohl auch Theude, nach Klopstock Hermanns erster Sohn, wofern er nicht den alten Teutonen seinen Namen verdanken sollte, so wie der schon in 'Hermanns Schlacht' vorkommende Oberdruide Brenno den alten Gallierhäuptling Brennus, der nach der Schlacht an der Allia Rom einnahm, zum Paten hat. Der Oberdruide Libusch hingegen ist aus Strabo (VII, 1, 4) entlehnt.

'Hermann und die Fürsten' erlebte erst 1806 im neunten Bande der gesammelten Werke Klopstocks eine zweite Auflage. Hier zeugten kleine Änderungen und geringfügige Zusätze an verschiednen Stellen von der unermüdlich feilenden Sorgfalt des Dichters; die bedeutendste Variante, ein größeres Einschiebsel in den Dialog, war in der fünften Scene angebracht. 'Hermanns Schlacht' wurde öfters nachgedruckt oder wieder aufgelegt, bevor sie 1804 ihren Platz im achten Bande der 'Werke' fand. Allein auch hier beschränkte sich Klopstock zumeist auf kleine, allerdings zahlreiche Änderungen des einzelnen Ausdrucks, wodurch die Rede knapper, treffender, kraftvoller wurde. Seltner vermehrte er den früheren Text um wenige Worte, um den Gedankengang klarer oder bedeutsamer hervortreten zu lassen. Dagegen strich er sowohl gegen den Schluß der

---

[1]) Klopstocks eigne Anmerkung darüber mischt unklar die Angaben Tacitus' und Strabos durch einander.

zweiten als zu Anfang der dritten Scene einen längeren Bardenge-
sang weg.

Von der Kritik wurde 'Hermann und die Fürsten' zwar meistens sehr
glimpflich behandelt, überhaupt aber wenig beachtet. Das Publicum kümmerte sich auch nicht viel um das Stück. Anders war 'Hermanns Schlacht'
von den Zeitgenossen aufgenommen worden. Die verschiednen literarischen
Zeitschriften Deutschlands hatten ausführliche, ziemlich einstimmig an-
erkennende, zum Teil sogar begeisterte Artikel über das Werk gebracht;
das Lob des vaterländischen Dichters wurde in desto höheren Tönen gesungen, da die meisten Recensenten ganz im Sinne Klopstocks es von vorn
herein ablehnten, einen Barbiet nach den gewöhnlichen Regeln, wie sie seit
Aristoteles für das Drama gelten, zu beurteilen. Und die Stimme der
öffentlichen Kritik fand diesmal, wie einst beim 'Messias', einen lauten
Widerhall in den gebildeten Kreisen unseres Volkes.

Sogar Lessing, der doch eben so wenig wie Herder die dramatischen
Schwächen des Klopstockischen Barbiets übersah, lobte 'Hermanns Schlacht'
mehr, als sie nach ihrem allgemeinen dichterischen Wert und zumal von
einem sonst so strengen Kunstrichter verdiente. Ja auch Nicolai gab zu,
daß er den Barbiet bewunderte, obwohl er ihn nicht liebte und obschon er
— gleich Moses Mendelssohn — mit dem Bardengeschmack überhaupt sich
nicht recht vertragen konnte. Viel wärmer sprach sich Angelica Kaufmann
aus. Sie erklärte, sie könne unmöglich durch Worte lebhaft genug ausdrücken, was ihre Seele beim Lesen dieser unvergleichlichen, alle ähnlichen
Werke weit überragenden Dichtung empfunden habe. Und Denis pries in
einer begeisterten Ode an Klopstock 'Hermanns Schlacht', die Barden-
arbeit, die der Ahnen Sitte hell dem Enkel zeigt und in ihm der Ahnen
Mut weckt, kaum minder als die Messiade, nannte bewundernd Hermann,
„Deutschlands großen Entfessler", in Einem Atem mit „der Erderzeugten
großem Entfessler", dem „Sohn Allvaters". Gleim vollends wurde durch
die Lectüre des „simplen, hohen, göttlichen Barbiets" in ein maßlos überschwängliches Entzücken versetzt. Drei Tage lang blätterte er aus allzu
großer Begierde in dem Buche herum und überflog bald einige Seiten aus
dem Anfang, bald aus dem Ende des Schauspiels; endlich in der dritten
Nacht brachte er sich dazu, das Stück der Reihe nach ganz zu lesen. Nun
kannte sein Jubel keine Grenzen. „Ach, daß ich Kaiser, daß ich Kaiser
wäre", schrieb er an Klopstock, „diesen Barbiet aufführen zu lassen mit den
Kosten des peloponnesischen Kriegs, eine Million für die Probe!"

Zu einer wirklichen Aufführung des gesammten Werkes scheint es aber nirgends gekommen zu sein. Klopstock hatte zwar den seltsamen Einfall, daß der Erbprinz Karl Wilhelm Ferdinand von Braunschweig, der auch als Militär 'Hermanns Schlacht' bewunderte, den Barbiet unter freiem Himmel im Harz auf der Roßtrappe oder einem ähnlichen Felsen des Bodethals aufführen lassen und außer verschiednen Kennern auch einige preußische Bataillons dazu einladen sollte, die sich im siebenjährigen Kriege besonders hervorgethan hätten. Aber sogleich schärfte er seinem Freund Ebert, an den er dies schrieb, ausdrücklich ein, er dürfe diesen Scherz nicht einmal als Scherz dem Erbprinzen wiedersagen. Dagegen hoffte er 1771 in allem Ernst eine Darstellung seines Barbiets auf der Wiener Bühne zu erleben. Hatte doch Gluck bereits 1769 angefangen, die Barbengesänge in 'Hermanns Schlacht' „mit dem vollen Tone der Wahrheit" zu componieren[1]. Allein die Arbeit rückte nicht so rasch vor, als Dichter und Musiker zuerst erwarten mochten. Glucks reformatorische Thätigkeit für die Pariser Oper hielt ihn manches Jahr hindurch in der Vollendung jener „altbardischen" Composition auf. Den „Hauptstoff" dazu sammelte er zwar gerade in jener Zeit, da er seine größten Werke, 'Armida' und die beiden 'Iphigenien', schuf und 'Orpheus' sowie 'Alceste' neu bearbeitete: er trug die Melodien und Recitative zu 'Hermanns Schlacht' fertig im Kopfe, sang sie dem einen oder andern Freunde vor, indem er sich mit wenigen Accorden auf dem Claviere begleitete, schrieb aber nichts nieder, auch nicht, als er in den letzten Jahren seines Lebens ernstlich an die Ausführung dieser Lieblingscomposition dachte. Für die Nachwelt gieng mit seinem Tode (1787) seine Musik zu Klopstocks Barbengesängen rettungslos verloren, und damit schwand auch die letzte Möglichkeit, den Barbiet auf das Wiener Theater zu bringen. Bühnenbearbeitungen desselben wurden mehrfach und an verschiednen Orten versucht. 1784 richtete Johann Gottfried Dyk ihn als heroisches Schauspiel in drei Acten für die Bühne ein, mit nicht viel Glück und Geschick, so weit man aus den Recensionen schließen darf. Fünfzehn Jahre später übertrug, nachdem schon 1791 eine holländische Übersetzung des Barbiets erschienen war, Klopstocks

---

[1] Auch Schubart componierte einige Barbengesänge von 'Hermanns Schlacht'. Desgleichen wurden die Chöre und Gesänge in 'Hermann und die Fürsten' in Musik gesetzt von Friedrich Ludwig Amilius Kunzen. Im Clavierauszug gab 1790 Karl Friedrich Cramer dessen Composition heraus.

schwärmerischer jüngerer Freund Karl Friedrich Cramer zum Zweck einer
Aufführung in Paris 'Hermanns Schlacht' (gleich darnach auch 'Hermann
und die Fürsten') in's Französische. Ein Pariser Bekannter, Namens
Blanvillain, half ihm dabei. Zur Aufführung scheint es nicht gekommen
zu sein; die Übersetzung wurde jedoch 1800 veröffentlicht und von Klopstock
sehr beifällig aufgenommen. Auch Schiller dachte um jene Zeit daran,
das vaterländische Stück durch eine maßvolle Umarbeitung für die Weimarer Bühne zu gewinnen. Bei der Lectüre des Schauspiels überzeugte
er sich jedoch, daß es für seine Zwecke völlig unbrauchbar sei. „Es ist",
schrieb er am 20. Mai 1803 an Goethe, „ein kaltes, herzloses, ja fratzen-
haftes Product, ohne Anschauung für den Sinn, ohne Leben und Wahrheit, und die paar rührende Situationen, die sie enthält, sind mit einer
Gefühllosigkeit und Kälte behandelt, daß man indigniert wird." Das
Urteil ist im frischen Ärger über die Enttäuschung niedergeschrieben und
darum vielleicht herber ausgefallen, als es sonst geschehen wäre; ungerecht
ist Schillers Tadel kaum zu nennen. Klopstocks Barbiet übte denn auch
auf die bedeutenderen Dichter, die nach ihm Hermanns Geschichte dramati-
sierten, keinen irgendwie erheblichen Einfluß aus. Kleist konnte von den
Motiven, Charakteren und Situationen in Klopstocks Schauspiel nicht das
Geringste brauchen. Nur ein paar Namensformen und culturhistorische
Einzelzüge[1]), die er zum Teil überdies aus den geschichtlichen Quellen
lernen konnte, entlehnte er aus dem älteren Barbiete. Bei Grabbe
vollends fehlt außer einer kaum erwähnenswerten Anspielung auf das
Wort Barbiet (Nacht I, 1) jeder, auch der leiseste Anklang an Klopstocks Drama.

Desto mächtiger wirkte dieses sofort bei seinem Erscheinen auf das
heranwachsende Geschlecht. Mit heiliger Begeisterung für Freiheit und
Vaterland erfüllte es die Jünglinge, die im Laufe der nächsten Jahre zu
gemeinsamen Studien und dichterischen Versuchen sich an der Universität
zu Göttingen zusammenfanden. In ihren Briefen hat sich zwar kein
eigentliches Urteil über die Barbiete Klopstocks erhalten. Desgleichen
merkt man auch in ihren poetischen Arbeiten den unmittelbaren Einfluß

---

[1]) So den Barbengesang zum Beginn der Schlacht, das Saugen des Blutes
aus den Wunden (Kleist, Act V, 654), die Namen Winfried, Gueltar (aus Klopstock,
Scene XI, Anfang), Cherusla (Kleist I, 184), Horst (Kleist I, 392), Selmar (IV,
268, aus Klopstocks Oden entlehnt), Siegmar (V, 305).

seines vaterländischen Ideals ziemlich selten. Nur Hölty sang 1772 nach Klopstockischen Motiven und stellenweise sogar in Klopstockischen Ausdrücken eine patriotische Ode 'An Teuthard' (= Fritz Hahn), und Graf Friedrich Leopold zu Stolberg trug in verschiedenen Gedichten der Jahre 1772 bis 1775 nicht bloß Klopstocks allgemeinen Enthusiasmus für Deutschlands Größe und Ruhm zur Schau[1]), sondern verherrlichte auch insbesondere Armins Andenken, indem er bald den Harz als das altwerte „Cheruska-land", den Sitz der Barden und die Heimat Hermanns wie Klopstocks pries, bald unter den Freiheitshelden unseres Volkes Hermann rühmend neben Tell, Luther und Klopstock nannte. Deutlicher und mächtiger aber zeigte sich der Eindruck von 'Hermanns Schlacht' auf die Göttinger Freunde in ihrem gemeinsamen gesellig-literarischen Treiben. Von den Bardengesängen der Tragödie entzückt, dachten sie sich bei dem Bunde, welchen sie 1772 im September unter einander errichteten, als deutschen Bardenchor und nannten sich trotz des Spottes der Göttinger Professoren auch Jahre lang Barden. Boie, der in gewissem Sinn den Vorsitz hatte, hieß nach dem Chorführer in dem gefeierten Barbiete Werdomar. Klop-stock, der Sänger der Religion, der Tugend, der Freundschaft, vor allem aber des Vaterlandes, war ihr gepriesenes Vorbild. Gegen französische Sitten und französischen Geschmack für deutsche Freiheit, deutsche Tugend, deutsche Dichtung eiferten sie als echte „Bardenschüler". Erst als sich die Verachtung und der Hohn aller literarisch Gebildeten an diesen Namen heftete, wollten auch die Göttinger Freunde bei allem Patriotismus nicht mehr Barden heißen.

Es waren wieder thätige Anhänger, Nachahmer oder Nebenbuhler des vaterländischen Dichters Klopstock, die den zuvor geachteten, ja hoch-gehaltenen Bardennamen binnen weniger Jahre in schlimmen Verruf brachten. Noch bevor 'Hermanns Schlacht' erschien, vollendete und veröffentlichte (im Herbst 1768) Karl Friedrich Kretschmann (1738—1809) seinen 'Gesang Rhingulphs des Barden, als Varus geschlagen war', dem sich 1771 die 'Klage Rhingulphs des Barden' (über Hermanns Tod) anschloß. Unabhängig von Klopstock, bildete Kretsch-

----

[1]) So z. B. in dem 'Lied eines deutschen Knaben' von 1774, welches gleich dem 'Liede', das Matthias Claudius am 23. April 1771 im 'Wandsbecker Boten' veröffentlichte, gewissermaßen als Gegenstück zu Klopstocks 'Vaterlandslied' von 1770 verfaßt ist.

mann den Ton und die Form seines Barbiets, auch das ziemlich frei
behandelte und gereimte Versmaß, nach Gerstenbergs 'Gedicht eines Skalden'. Epische und lyrische Bestandteile flossen, wie in Ossians Gesängen,
so in diesen deutschen Nachahmungen derselben zusammen. Der Grundton war lyrisch: unter dem unmittelbaren Eindruck der Teutoburger
Schlacht, die er selbst mitgeschlagen hat, noch heiß erregt von Streit und
Sieg, schildert der Barde die Ursachen und den Verlauf des Kampfes.
Oder er besingt den Untergang des Cheruskerfürsten, dem er selbst im
letzten Streite zur Seite gefochten hat, an dessen Tod er immerdar mit
Schrecken und Wehmut, aber auch mit Groll und Wut denkt. Allein
nicht nur historisch und kriegerisch, sondern auch religiös und moralisch
oder bloß empfindsam soll nach Kretschmanns eigner Forderung in dem
seine sämmtlichen Werke (1784) einleitenden Aufsatze der Barbiet sein.
Rhingulph verflicht daher in seine Gesänge vom Kampf und Tod germanischer Helden auch breit ausgemalte idyllische Scenen, Bilder von dem
einfach-unschuldigen Culturzustande seines Volkes, von dessen geselligen
und religiösen Gebräuchen oder noch lieber Situationen aus seiner eignen
Lebensgeschichte, letztere durchweg von sentimentalem, abwechselnd heiterem
und elegischem Charakter. Ganz nur empfindsam war das kleine Idyll
'Die Jägerin' (1772), worin Kretschmann das glückliche Liebeswerben
des Barden Wonnebald halb im Tone Gleims und seiner Anakreontisch
tändelnden Genossen besang.

Mit Klopstocks nationaler Dichtung hatten diese Barbiete wenig oder
nichts gemein. Selbst wo Kretschmann denselben geschichtlichen Stoff behandelte, traf er höchstens in einigen äußerlichen Motiven, die er von
älteren Poeten entlehnte, mit dem größeren Nebenbuhler zusammen. Aber
die Wirkungen seines Gedichtes vereinigten sich mit denen des Klopstockischen
Dramas, um rasch in ganz Deutschland einen bedenklichen Aufschwung der
Barbenpoesie zu verursachen. Kretschmanns Versuche fanden zuerst ziemlich
überall Anklang. Die gefällige Form und der leicht verständliche Inhalt
seiner Verse mochte zu der beifälligen Aufnahme manches beitragen, besonders aber der Umstand, daß trotz der äußerlichen Neuerung sich Kretschmann doch noch recht viel in den alten Geleisen der deutschen Lyrik bewegte.
Klopstock freilich wollte von diesem Götzenbild, das der Pöbel anbetete,
nichts wissen. Allein durch ihn fühlte sich allem Anscheine nach Michael
Denis in Wien (1729—1800), der doch auch zu den Bewunderern
Kretschmanns zählte, angeregt, daß er seit 1770 dem Bardengeschmacke

rückhaltlos in seiner Dichtung huldigte. Vereinzelte Anspielungen auf das alte Bardenwesen hatte er, der Übersetzer Ossians, schon zuvor in seine Oden einfließen lassen. Ossian blieb denn auch stets das wichtigste Muster für den „Oberbarden der Donau"; sein Einfluß war viel bedeutsamer als der Klopstocks, den gleichwohl die von Denis gebrauchten Versmaße, sein oft erkünsteltes und verworrenes Pathos sowie manche Redewendungen im einzelnen unverkennbar nachwiesen; keiner der modernen Barden entlehnte so viele dichterische Motive und Ausdrücke von dem gälischen Sänger wie der Wiener Jesuitenpater und Bibliothekar.

Aber mit Denis begann schon die deutsche Bardenpoesie in oberfläch= liche und oft läppische Spielerei auszuarten. Denis wählte nicht mehr, wie vorher Klopstock und Kretschmann, geschichtliche Ereignisse aus den Tagen unserer Urväter zum Stoffe seiner Bardenlieder, sondern er begnügte sich mit dem Titel und der Maske eines Barden und mit ein paar aus germanischer Urzeit entlehnten Namen, um so verkappt die modernste Gelegenheitsdichterei zu treiben, bald Maria Theresia und Joseph II., bald Klopstock, den „obersten der Barden Teuts", Gleim, den „Bardenführer der Brennenheere", Weiße, den „Oberbarden der Pleiße", und die übrigen befreundeten Poeten Deutschlands anzusingen, bald religiöse, moralisch= didaktische und deutsch=patriotische Verse zu drechseln, bei denen überhaupt ein geschichtlich bestimmtes Zeitalter nicht in Betracht kam. Und je weniger altgermanisch die Gedichte im Kern und Wesen waren, desto ängstlicher war man auf die barbische Mummerei bedacht. Als Josephs Barde führte Denis nach einem nicht eben sinnreichen Vorschlag Kretschmanns den Namen Sined. Kretschmann selbst nannte sich Rhingulph und taufte den jungen Gottlieb David Hartmann (1752—1775) Telynhard; Gerstenberg hieß nach seinem Skalden Thorlaug, Klopstock Werdomar, Johann Georg Jacobi Teuthard, Johann Benjamin Michaelis Minnehold. Die Gedichte der jüngeren Barden waren größtenteils in der Manier der Lieder Sineds verfaßt, dem Inhalte nach modern mit einigen altgermanischen oder kel= tischen Namen. Auch Kretschmann betrat schon 1770 diesen Abweg.

Zuerst schüchtern, bald jedoch kräftiger erhob die Kritik Einsprache gegen den literarischen Unfug. Wieland und Herder verurteilten in den gewichtigsten Zeitschriften, dem 'Deutschen Mercur' und der 'Allgemeinen deutschen Bibliothek', das Bardenunwesen; geistig untergeordnete, aber nicht einflußlose Kritiker sprachen sich neben ihnen im gleichen Sinn aus; Goethe hatte sein Mißfallen schon früher in Briefen und gelegentlich auch in

Recensionen nicht verhehlt. Dazu gab Klopstock immer deutlicher zu verstehen, daß er den Singsang dieser vorgeblichen Urgermanen keineswegs in
allen Dingen billigte. So sank denn die Bardendichtung noch vor der Mitte
der siebziger Jahre jäh in der allgemeinen Achtung, und die Barden selbst
gerieten durch allerlei übertriebene oder völlig erfundene Gerüchte, die man
besonders von den jungen Göttinger Poeten erzählte, in bösen Verruf. Die
neue Dichtungsart verschwand nach kurzem Bestande bald wieder aus
unserer Literatur. Doch fehlte es nicht an mehrfachen Nachklängen derselben bis in den Beginn unseres Jahrhunderts. Und zwar scheint es, daß
gerade die letzten Accorde wieder reiner in der ursprünglichen Weise Klopstocks und Kretschmanns angeschlagen wurden. Wenigstens enthielt der
'Bardenalmanach der Deutschen für 1802', den Gräter und Münchhausen
herausgaben, neben dem Kretschmann'schen Bardiet 'Hermann in Walhalla'
noch manches Gedicht, in welchem das altdeutsche Costüm und die altgermanischen Namen nicht bloß als ein leerer Mummenschanz zur Verhüllung
modernen Wesens und Denkens erschienen.[1]

Aber auch unmittelbar auf die dramatische Production in Deutschland
wirkte 'Hermanns Schlacht' anregend und bestimmend. Daß in den nächsten anderthalb Jahrzehnten Hermann und Thusnelda oder ihr Sohn und
andere Glieder des cheruskischen Fürstengeschlechts ziemlich oft als Helden
deutscher Schau- und Trauerspiele erscheinen, deutet auf den Einfluß des
Klopstockischen Bardiets, selbst wo sich dieser im besonderen nicht nachweisen
läßt. Unberührt davon scheint Bodmer geblieben zu sein, der 'Hermanns
Schlacht' nicht einmal parodierte, wie die biblischen Tragödien seines
einstigen Schülers. Sein Drama 'Italus' (Flavius' Sohn und Arminus
Neffe), das bereits 1768 in der Züricher Sammlung seiner politischen
Schauspiele gedruckt wurde, nüchtern und undramatisch gleich allen ähnlichen Versuchen des schreiblustigen Alten, entstand zu einer Zeit, da Bodmer
sicherlich von Klopstocks Bardiet noch nichts wußte, verriet hingegen an mehr

---

[1] Zur vorstehenden Charakteristik der Bardendichtung vgl. Dr. Hermann
Friedrich Knothe, 'Karl Friedrich Kretschmann (der Barde Rhingulph); ein Bei-
trag zur Geschichte des Bardenwesens' (Zittau 1858) und Dr. P. v. Hofmann-
Wellenhof, 'Michael Denis; ein Beitrag zur deutsch-österreichischen Literaturgeschichte
des achtzehnten Jahrhunderts' (Innsbruck 1881); auch Hamels Ausgabe von Klop-
stocks Werken, Teil IV (in Kürschners 'Deutscher Nationalliteratur' Bd. 48) und
Erich Schmidts Aufsatz über Kretschmann im 17. Bande der 'Allgemeinen deutschen
Biographie'.

als Einer Stelle, wie aufmerksam derselbe Ossians Gesänge gelesen hatte. Das letztere gilt ebenso von Babos „dramatischem Heldengedicht" in fünf Acten 'Die Römer in Deutschland' (1780). Das sehr mangelhafte Trauerspiel lehnt sich nur ganz allgemein an 'Hermanns Schlacht' an, indem es deutsche Freiheitsliebe, Todesverachtung, Römerhaß und Treue verherrlicht. Eigentlich dramatische Züge und Motive borgt es von Klopstock nicht; selbst die Prosa, die nicht nur durchaus im Dialog, sondern auch in den spärlichen Barbengesängen herrscht, hat kein ausgesprochen Klopstockisches Gepräge. Auch der erste Versuch des österreichischen Dichters Cornelius Hermann von Ayrenhoff (1733—1819) im vaterländischen Drama, 'Hermanns Tod', bereits 1768 im Wiener Theater aufgeführt, war dem gleichzeitigen Werke Klopstocks in jeder Hinsicht unähnlich, eine Alexandrinertragödie im Stile Gottscheds, arm an Poesie, gleichfalls arm, wenn auch nicht ganz baar, an tragischen Motiven, die der Verfasser jedoch durchweg in epischer Weise verwertete, so daß sein Trauerspiel trotz dem gleichen Stoffe nicht die leiseste Ähnlichkeit mit Klopstocks letztem Barbiet zeigt. Klopstock hat es wohl gar nicht gekannt. Hingegen kannte und nützte Ayrenhoff sehr wohl die dramatischen Versuche des Kopenhagner Dichters. Sein 1770 vollendetes, 1774 zu Wien aufgeführtes Trauerspiel 'Tumelicus oder Hermanns Rache' mahnt durch die Form wie durch den Inhalt beständig an den ein Jahr zuvor gedruckten Barbiet Klopstocks. Altgermanische Sitten, namentlich Opfergebräuche, werden, wie in 'Hermanns Schlacht', durch das ganze Stück hindurch mit möglichster geschichtlicher Treue breit dargestellt. Hier wie dort erregt ein durch Priesterwort zum Tode bestimmtes Opfer unsere mitleidsvolle Teilnahme, dort ein Schuldiger, hier eine Schuldlose; beide werden im letzten Augenblick wider Erwarten gerettet. Tragischer ist ohne Zweifel der Gegenstand Ayrenhoffs, dichterischer und trotz aller Mängel durch die Wahrheit des Empfindens ergreifender die Darstellung Klopstocks. Druiden sind in 'Tumelicus' wie in 'Hermanns Schlacht' wesentlich an der Handlung beteiligt; Barden unterbrechen durch ihre Gesänge, welche die Thaten der vorigen Zeit, bei Ayrenhoff Hermanns Kriegsthaten feiern, wiederholt den Gang der dramatischen Entwicklung. Auch 'Tumelicus' ist nicht in Acte eingeteilt; Einheit des Ortes und der Zeit ist streng gewahrt. Der Dialog ist Prosa wie bei Klopstock; die Barbenlieder hingegen sind frei gereimt wie Kretschmanns Gesänge. An geschichtlichen Anmerkungen und Citaten aus antiken Gewährsmännern läßt es endlich der Wiener Dichter so wenig wie der Kopenhagner fehlen.

Noch unmittelbarer unter dem Einfluß des letzteren stand sein Magdeburger
Freund Patzke, der 1770 einen gereimten Barbiet 'Hermanns Tod' verfaßte. Ohne vom Geiste Klopstocks irgendwie mächtig angehaucht zu sein,
behielt er das äußere Schema seines Werkes sorgfältig bei, brachte einzelne
seiner Hauptcharaktere, Hermann, Thusnelba, Segest, Siegmund, unverändert auf die Bühne und ließ es an Gesängen der Barden und des Volkes,
die Hermanns Ruhm lyrisch feiern, nicht fehlen [1]).

Wie mächtig aber auch Klopstocks Barbiet als Dichtwerk durch sich
selbst wirkte, größeres Aufsehen noch erregten bei den Zeitgenossen die
literarischen Pläne, die der Verfasser an die Herausgabe des Schauspiels
knüpfte. Klopstock wollte mehr als nur etwa im allgemeinen die nationale
Poesie oder die vaterländische Dramatik in Deutschland anregen; mit
vollem Recht konnte Lessing, diesmal sein Vertrauter, im October 1768
an Ebert und an Nicolai schreiben, 'Hermanns Schlacht' werde in einer
Absicht gedruckt, die für den Ruhm des Dichters eine zweite Messiade
werden könne, wenn sie ihm gelinge. An seinen persönlichen Ruhm und
Gewinn zwar dachte Klopstock hier erst in zweiter Linie; aber die Sache,
die er erstrebte, galt ihm an sich schon so viel, daß er freudig alle Kräfte
daran setzte. Es handelte sich darum, den schönen Wissenschaften in Deutschland Förderung im größten Stil zu erwirken, Kaiser und Reich zur öffentlichen Unterstützung einer nationalen Kunst zu vermögen.

Ähnliche Gedanken hatte Klopstock schon früher gehegt. Gleich in den
ersten Jahren, die er am dänischen Hofe verlebte, suchte er Friedrich V. zu
bestimmen, daß er zum Vorteil der vorzüglichsten Schriftsteller eine freie
Druckerei errichte. Aus besonderer Gunst setzte der König ihn persönlich
in die Lage, daß er von der Ausgabe der Messiade denselben Gewinn
ziehen konnte, den ihm eine solche Druckerei gewährt hätte; zur Ausführung des Klopstockischen Planes jedoch ließ er sich nicht herbei. Wozu
der fürstliche Freund seinen Namen und Schutz nicht herleihen mochte, das
versuchte der Dichter später im Verein mit gleichgesinnten Privatmännern
in's Werk zu setzen. So wollte er sich an Bachmanns typographischer
Gesellschaft in Magdeburg, so an Lessings und Bodes buchhändlerischem
Unternehmen in Hamburg beteiligen. Allein gerade der erfolglose Ausgang dieser Projecte belehrte ihn, daß er ohne höhere Protection seinen
Wunsch nie erfüllt sehen werde. Es lag in Klopstocks Wesen, gleich nach

---

[1]) Vgl. Kawerau a. a. O. S. 224 ff.

der denkbar höchsten zu streben, das Oberhaupt des Reiches selbst in sein Interesse zu ziehen. Aber auch die äußeren Umstände ließen ihn kaum an einen andern Schutzherrn der deutschen Wissenschaften als an den Kaiser denken. Von den norddeutschen Fürsten konnte nur Friedrich der Große in Betracht kommen; von ihm aber war längst nichts mehr für die vaterländische Literatur zu erwarten. Auf den schwachen und wankelmütigen Christian VII. war ebenfalls kein Verlaß. Dagegen traf allerlei zusammen, um die Blicke deutscher Schriftsteller auf Wien zu lenken.

Um die Mitte des Jahrhunderts von der „Lutherischen" Literatur des nördlichen Deutschland noch feindlich abgeschlossen, war die öster-reichische Kaiserstadt in der letzten Zeit mehr und mehr eine Pflegestätte deutscher Kunst und Poesie geworden. Die religiösen Dichter Gellert und Klopstock hatten die Schranken der jesuitischen Censur durchbrochen; der siebenjährige Krieg weckte auch in den Staaten Maria Theresias deutsches Geistesleben; die deutschen Aufklärer verdrängten beim Wiener Adel all-mählich die Franzosen. Namentlich seitdem Joseph II. 1765 Mitregent seiner Mutter geworden war, galt der „junge Hof" nicht mit Unrecht als ein Sitz deutscher Geistesbildung. Von den adeligen Herren, die hier eine Rolle spielten, hatte Klopstock den einen oder andern in früheren Jahren persönlich gekannt, so den Grafen Rosenberg, den einstigen kaiserlichen Ge-sandten in Kopenhagen, der zwar noch bis 1772 am Hofe Leopolds zu Florenz wirkte, nichts desto weniger aber auch in Wien sehr einflußreich war, ebenso den Grafen Karl Johann Baptist Walter von Dietrichstein, der 1757—1763 Rosenbergs Nachfolger in Kopenhagen gewesen war und jetzt als Oberststallmeister die besondere Gunst Josephs besaß; andere hatte Denis, seit 1759 Lehrer an der Theresianischen Ritterakademie, zu begeisterten Verehrern des Sängers der Messiade gewonnen. Durch Denis sandte Klopstock ihnen gelegentlich Grüße, Abdrucke seiner Arbeiten, wohl auch kleine Aufträge und wußte so ihre Teilnahme an seinem Dichten und Schaffen stets lebendig zu erhalten: Auf ihren Beistand zählte er auch, als er von dem jungen Kaiser Schutz und Hebung der deutschen Literatur zu erwirken suchte; die Anregung zu diesem Unternehmen erhielt er aber wenigstens nicht unmittelbar aus ihrem Kreise.

An Dietrichsteins Stelle war 1763 Graf Philipp Wellsperg als kaiserlicher Gesandter in Kopenhagen getreten. Klopstock gewann an ihm nicht nur einen aufrichtigen Bewunderer seiner Poesie, sondern auch einen persönlichen Freund, dessen Charakter und Geist er hoch schätzte und in dessen Haus er oft und gern verkehrte. Mit dem Wiener Gesandten wetteiferte in der Begeisterung für den Dichter und seine Werke eine Gräfin Wallis, der Klopstock gleichfalls bei Wellsperg mehrfach begegnete. Beide scheinen in dem gefeierten Dichter das Verlangen, seine zahlreichen Wiener Freunde von Angesicht zu sehen, entfacht zu haben, bis endlich Wellsperg durch eine vertrauliche Mitteilung in ihm den ersten Gedanken an den kühnen Plan entzündete, dessen Verwirklichung ihn wohl auf die Dauer seines Lebens nach Wien geführt hätte.

Maria Theresia, auch für den literarischen Glanz ihrer Hauptstadt besorgt, wünschte daselbst eine Akademie der Wissenschaften zu gründen, wie verschiedne auswärtige Residenzen eine solche besaßen. Zu diesem Zweck erhielt der Jesuitenpater Maximilian Hell (1720—1792), Conservator der Wiener Sternwarte, den Auftrag, einen Entwurf auszuarbeiten. Hell — den Klopstock bald darnach, im Sommer 1768, bei dessen Durchreise durch Kopenhagen persönlich kennen und warm schätzen lernte — besaß als Astronom einen europäischen Ruf; er war selbst Mitglied mehrerer fremder Akademien und gelehrter Gesellschaften und schien daher vollauf geeignet, um der Kaiserin die zweckdienlichsten Vorschläge zu unterbreiten. Gleichwohl wies Maria Theresia seinen Entwurf kurzweg zurück, da derselbe das neu zu begründende Institut ganz und gar den Jesuiten in die Hand gespielt hätte. Von dem Vorhaben, das auf diese Weise unausgeführt blieb, scheint aber in den Hof- und Regierungskreisen bereits länger zuvor die Rede gewesen zu sein. So erfuhr Wellsperg und durch ihn spätestens zu Anfang des Frühlings 1768 Klopstock davon. Alsbald griff er die Sache auf, steckte sich aber im vollen Gegensatze zu dem einseitig-exclusiven Verfahren Hells die weitesten Grenzen, so daß unter seinen Händen der Entwurf einer auf bestimmte Disciplinen beschränkten Akademie sich in einen ganz allgemeinen Plan zur Beförderung der Wissenschaften in Deutschland verwandelte. Um den Kaiser seinen Wünschen geneigter zu stimmen, entschloß er sich, vermutlich wiederum auf Wellspergs Rat, ihm sein kürzlich vollendetes nationales Schauspiel ʻHermanns Schlachtʼ zuzueignen. Beides, Entwurf des geplanten Wiener Institutes und Widmung des Bardiets, war noch vor dem Ende Aprils vollendet. Graf Wellsperg, der gleich den Gesandten der übrigen europäischen Staaten während der großen Reise Christians VII. sich nach Hause zurückbegab und, von seinem Legationssecretär, Klopstocks vertrautem Freunde Ignaz Matt begleitet, am 29. April 1768 nach Wien abreiste[1]), nahm beide Schriftstücke an den kaiserlichen Hof mit.

Die deutsche Literatur frei vom Zwange der Nachahmung, original und national zu machen, war von je Klopstocks Bestreben gewesen. Auch die gehoffte Unterstützung von Seiten des Kaisers sollte natürlich nur wahrhaft originalen Geistern zu Gute kommen. Aber eben so wenig durfte die Art der Unterstützung den Geist der Nachahmung atmen. Schon aus dieser Ursache wollte Klopstock keine förmliche Akademie gegründet wissen, wie anderswo solche längst bestanden. An dem geplanten Institute sollte alles original sein. Original war denn auch gleich die Form, in die Klopstock seine darauf bezüglichen Vorschläge einkleidete. Statt dem Kaiser einen actenmäßig nüchternen, bis in's Einzelne ausgearbeiteten Entwurf der zu treffenden Einrichtungen vorzulegen, setzte er die dichterische Fiction voraus, daß das gewünschte Institut bereits seit Jahrzehnten existiere, und berichtete nun als objectiver Historiker über die Gründung und den erfolgreichen Bestand desselben. Seinem Plane gab er demgemäß die Überschrift 'Fragment aus einem Geschichtschreiber des neunzehnten Jahrhunderts'. Das Schriftstück ist uns nicht vollständig nach dem genauen Wortlaute bekannt. Bruchstücke daraus teilte Klopstock 1774 gegen den Schluß seiner 'Gelehrtenrepublik' mit; unsere Kenntnis zu ergänzen und zu erweitern, dient ferner sein ausgebreiteter Briefwechsel aus jenen Jahren.

Auf die schönen Wissenschaften sowohl als auf die philosophischen, die beide in Deutschland während der letzten Jahrzehnte einen mächtigen Aufschwung genommen hatten, wünschte Klopstock das Augenmerk des Kaisers zu lenken. Um ihr Wachstum zu fördern, schlug er vor, Preise für die besten Leistungen in beiden anzusetzen. Und zwar Preise von doppelter Art. Gute Arbeiten sollten einfach durch Geldgeschenke geehrt werden; für vortreffliche Arbeiten jedoch wollte er Ehrengaben bestimmt wissen, die zwar nicht weniger kostbar als jene Geldgeschenke, aber auch abgesehen von ihrem materiellen Werte schon an und für sich auszeichnend seien (also wohl Orden, Medaillen, Ehrenketten u. dgl.). Außer diesen „Ermunterungen der Ehre" sollte würdigen Gelehrten auch die ihrer Thätigkeit

---

[1]) Er wurde daselbst noch in dem gleichen Jahre zum Gesandten am kurbayrischen Hofe bestimmt; an seinen Posten in Kopenhagen wurde zunächst als kaiserlicher Geschäftsträger de Mercier berufen.

angemessene Muße gewährt werden. Doch wohl durch Jahresgehalte oder
durch besondere Vorteile, welche den Schriftstellern aus der Veröffentlichung ihrer Arbeiten erwachsen sollten. Klopstock freilich gab sich die
Miene, als wolle er von der Errichtung einer kaiserlichen Druckerei äußerer
Umstände halber absehen. Allein gerade in den Worten, mit welchen er
diesen scheinbaren Verzicht aussprach, lag eine diplomatisch versteckte Aufforderung an den Kaiser, durch Gründung einer eignen Druckerei dem
bisher sogar privilegierten Unfug des Nachdrucks in den österreichischen
Erblanden zu steuern und dafür zugleich den Verfassern sowie dem Staate
den rechtmäßig zukommenden Gewinn zu sichern, endlich aber auch in
literarischer Hinsicht dieselbe Duldung gegen Katholiken und Protestanten
zu üben.

Nicht bloß die allgemein anerkannten Schriftsteller und Gelehrten,
sondern auch die Männer von bescheidnem Verdienste, die nur in ihrem
Kreise bekannt zu sein glaubten, wollte Klopstock von der kaiserlichen
Stiftung bedacht wissen; nach seiner Absicht sollte man sie geradezu zu
preiswürdigen Arbeiten aufmuntern. Ebenso sollten junge Genies Beihilfe
erhalten, um sich weiter zu bilden.

Insbesondere hatte Klopstock von Anfang an seinen Blick auf die
Hebung der Bühne und auf die Förderung der Geschichtschreibung
gerichtet. Gedanken der ersten Art wurden ihm, der erst kürzlich 'Hermanns
Schlacht' vollendet hatte, überdies durch den jüngsten Versuch, in Hamburg ein deutsches Nationaltheater zu gründen, nahe gelegt. Schon war
über das mit so stolzen Hoffnungen begonnene Unternehmen, von dem er
durch seine Hamburger Freunde, namentlich durch Lessing, die genaueste
Nachricht haben konnte, der Verfall unaufhaltsam hereingebrochen. Klopstock scheint diesen Mißerfolg zum allergrößten Teile dem Umstande zugeschrieben zu haben, daß Privatpersonen, die ängstlich nach Gewinn und
Verlust fragen mußten, die Unternehmer waren und nicht der Staat, der
allenfalls jährlich eine gewisse Summe zur Deckung des Deficits aufopfern
konnte. Denn die Nationalbühne, die er sich mit kaiserlichen Geldzuschüssen
in Wien gegründet dachte, war in mehrfacher Hinsicht nach dem Muster
des verunglückten Hamburger Theaters oder doch nach dem Ideal eingerichtet, welches bei dem dortigen Reformversuche vorschwebte. An Stelle
der dem Schauspielerstand angehörigen Principale sollten auch nach Klopstocks Plan bewährte Kenner des Theaters treten, die aber selbst keine
Schauspieler wären. In allen äußeren technischen und künstlerischen

Fragen sollten zwei Unteraufseher der Schaubühne entscheiden. Lessing und Gerstenberg, ohne Zweifel unter den damaligen Dramatikern Deutschlands die bedeutendsten, wenn gleich einen Weiße der Beifall der großen Menge am lautesten umjohlte, hatte Klopstock zu jenem Amt ausersehen. Sie sollten die aufzuführenden Werke wählen, Schauspieler annehmen und entlassen können, ohne jemanden darüber Rechenschaft zu geben, endlich die neuen Stücke einstudieren und überhaupt — wie Anfangs Löwen in Hamburg — Unterricht in der Kunst der Vorstellung erteilen. Durch keine pecuniäre Rücksicht bestimmt, brauchten sie auch den unkünstlerischen Neigungen des Publicums kein Zugeständnis zu machen; die Bühne sollte den Geschmack der Zuschauer bilden, nicht ihm fröhnen. Aber, wie stets bei Klopstock, so war ihm auch hier die sittliche Schönheit noch wichtiger als die dichterische. Im Hinblick auf sie sollten bei der Wahl der Stücke nicht die technischen Leiter, die Unteraufseher, sondern der Vertreter der staatlichen Interessen am Theater, der Oberaufseher, den streitigen Fall entscheiden. Daß Klopstock diese Stelle eines kaiserlichen Intendanten selbst einzunehmen wünschte, ist im höchsten Grad unwahrscheinlich; vermutlich wollte er einen kunstsinnigen Hofbeamten dahin berufen wissen. Auch ein „Singhaus" neben dem Schauspielhaus einzurichten, dürfte in seinem Plane gelegen sein. Aber nur Concertaufführungen hatte er dabei im Auge; ausdrücklich verwahrte er sich dagegen, daß von der Oper die Rede sei.

Als das höchste und fernste Ziel aber, dem die deutschen Wissenschaften durch die Unterstützung des Kaisers zugeführt werden sollten, betrachtete der Dichter, dem historische Studien von je wert gewesen waren und eben jetzt besonders am Herzen lagen, die Abfassung einer würdigen Geschichte unseres Vaterlandes. Wissenschaftliche Genauigkeit und kunstvolle Darstellung sollten sich in ihr vereinigen, alles vorhandene Material durchforscht, alles thatsächlich Wahre festgestellt, doch nur das Wissenswürdige daraus aufgezeichnet werden. Welch einen Fortschritt aber auch diese Forderung gegen die bisherige deutsche Geschichtschreibung bekundete, so zeigte sich andrerseits Klopstock doch gerade hier in den Anschauungen seiner Zeit beschränkt. Gemäß seiner eignen durchaus religiösen Geistesrichtung und Bildung vermochte er nicht zu denken, daß man von vorn herein confessionslos Geschichte schreiben könne: erst die nachträgliche Kritik sollte aus den unter einseitig katholischen und einseitig protestantischen Gesichtspunkten gesammelten Stoffmassen das thatsächlich Richtige ausscheiben. Einige Monate später waren Klopstocks Ansichten reifer geworden. Jetzt wollte er nicht mehr Materialsammlung, Kritik und Darstellung unter verschiedne Gelehrte verteilt haben, sondern schlug praktischer vor, die deutsche Geschichte in Perioden zu gliedern, für deren vollständige Bearbeitung je eine Kraft ausreiche, und durch ausgesetzte Preise die Historiker zur Aufnahme des Werkes anzureizen.

An der Spitze dieses gelehrten Instituts dachte sich Klopstock den Kaiser selbst, ihm zunächst die „Beschützer der Wissenschaften" (wohl literarisch gebildete Staatsmänner und Hofbeamte in der Umgebung des Kaisers, wie Fürst Kaunitz, Fürst Dietrichstein, Graf Wellsperg, Graf Rosenberg). Unter ihnen sollte dann die geringe Anzahl derjenigen stehen, welche über die Belohnungen zu entscheiden hätten. Keinem als dem Kaiser und den „Beschützern" sollten sie verantwortlich sein, ihre Kritik aber niemals anonym ausüben und stets den Wert ihres streng gerechten Urteils durch die anmutige und wechselreiche Form desselben erhöhen. Diese Auserlesenen sollten wohl auch, wie das ganze Institut, ihren Sitz in Wien nehmen. Nach Andeutungen in einem Briefe Gleims an Lessing, die allerdings zum Teil auf unzuverlässigen Gerüchten beruhten und von augenscheinlichen Irrtümern nicht frei waren, wären die zwölf größten Genies Deutschlands ohne Unterschied der Confession und Herkunft dazu ausersehen gewesen; ihr jährlicher Gehalt sollte angeblich je zweitausend Thaler betragen. Von diesen Zwölfen sollten durch Stimmenmehrheit weitere vierundzwanzig Gelehrte gewählt werden, die allerorten im deutschen Land wohnen könnten und je tausend Thaler Pension empfiengen. Desgleichen berichtete Gleim — was zu dem eben Gesagten schwer und zu Klopstocks eignen Angaben noch weniger paßt, doch aber nur entstellt, nicht völlig erfunden zu sein scheint —, daß das Institut neben jener ersten Klasse der genialsten und originellsten Köpfe noch drei niedrigere Klassen bekommen sollte, je eine für die besten Prosaschriftsteller, die besten Dichter zweiter Größe und die besten Übersetzer. Eine derartige Klasseneinteilung plante Klopstock kaum. Er wollte ja nicht die Formen einer Akademie nachbilden, wie die Zeitgenossen die Sache meistens mißverstanden. Möglich aber, daß er zunächst für die genannten Kategorien Preise ausgesetzt haben wollte.

Klopstocks Entwurf scheint vornehmlich an zwei Fehlern gelitten zu haben. Obwohl er selbst fürchtete, er habe sich zu umständlich ausgesprochen, als daß man seinen Worten in Wien gedulig Gehör schenken möchte, dürfte er trotzdem praktisch wichtige Punkte zu allgemein und somit nicht klar und überzeugend genug behandelt haben. Dann aber unterschätzte er entschieden die Kosten des Unternehmens. Auch wenn Gleims Angaben über die für damals ungewöhnlich hohen Jahresgehalte übertrieben sein sollten, so beweisen doch schon Klopstocks eigne Äußerungen über die etwaigen Zuschüsse zum Nationaltheater, über Preise und sonstige Belohnungen des Verdienstes, wie wenig er in seinem idealistischen Streben nach nüchternen finanziellen Rücksichten fragte. Gleichwohl verdiente sein Plan, wenn er auch ohne mannigfache Einschränkung und genauere Bestimmung nicht ausgeführt werden konnte, wenigstens sorgfältig geprüft und reiflich erwogen zu werden. Damit dies geschehe, hätte er aber den maßgebenden Staatsmännern Josephs II. mehr realen Nutzen für das praktische Leben versprechen müssen.

Graf Wellsperg zwar löste sein dem Dichter gegebenes Wort getreulich ein. Er übermittelte durch Dietrichstein den Entwurf dem Staatskanzler Fürsten Kaunitz, dem er auch ein eignes Schreiben Klopstocks zu überbringen hatte, warb sonst am Hofe Gönner für die Sache und trug schließlich, als der Kaiser von einer militärischen Inspectionsreise aus Ungarn und Böhmen nach Wien zurückgekehrt war, diesem selbst alles vor. Joseph aber scheint sich um den groß angelegten Plan weiter gar nicht gekümmert zu haben. Nur die Zueignung des Bardiets zog er in Betracht. Allerdings waren nach Klopstocks Ansicht beide Schriftstücke nicht von einander zu trennen. Er widmete sein vaterländisches Gedicht dem Kaiser, der seine Vaterlandsliebe nun auch durch Unterstützung der deutschen Wissenschaften zeigen sollte. Diese Unterstützung war nun zwar zur Zeit nur Gegenstand seiner Wünsche und vom Kaiser noch nicht einmal gebilligt oder gar beschlossen; gleichwohl wagte Klopstock vorschnell, sie in der Zueignungsschrift bereits That zu nennen, ebenso wie er in dem ausführlichen Entwurfe sie als längst vollendete Thatsache geschichtlich dargestellt hatte. Und trotz dieser allzu kühnen Zuversicht rückte er, im höchsten Grade tactlos, in derselben Widmung dem Kaiser das Beispiel zweier großer und politisch mächtiger Zeitgenossen vor, deren verschiedenes Verhalten gegen deutsche Wissenschaft und Literatur jenem zur Lehre dienen mochte. Tadelnd wies er auf Friedrich II., dankbar rühmend und indirect zur Nachahmung des „großen Mannes" mahnend auf Bernstorff. Den ersteren Verstoß gegen seine Sitte und höfische Etikette rügte Joseph II. sowohl als Kaunitz, den der Kaiser am 17. Juli 1768 um seine Ansicht über die Widmung befragte, und Klopstock mußte den unziemlichen Ausfall auf den preußischen König vor dem Druck beseitigen. Den verborgenen Sinn hingegen der äußerlich unmotivierten Erwähnung Bernstorffs bemerkte Kaunitz nicht und hatte darum gegen das Lob des dänischen Ministers nichts einzuwenden. Klopstocks geheimnisvolle Anspielungen auf das, was der Kaiser für die Wissenschaften thun wolle, scheint er fast mit Absicht ignoriert zu haben; jedenfalls würdigte er sie nicht nach ihrer vollen Bedeutung. So riet er denn, ohne daß er den Dichter dadurch zu irgend welchen größeren Hoffnungen zu ermutigen glaubte, seine Zuschrift anzunehmen und den in ganz Deutschland besonders geachteten Verfasser vielleicht gar mit einer goldnen Kette oder Medaille zu begnadigen. Damit einverstanden, ließ Joseph dem gespannt harrenden Dichter sein Brustbild auf einem Medaillon, mit Laubwerk von Brillanten umgeben, überschicken, eine Auszeichnung, deren sich bis dahin nur van der Swieten, der erste Leibarzt Maria Theresias, erfreute.

Erst zu Weihnachten 1768 erhielt Klopstock bestimmte Nachricht davon. Seine Freude war maßlos, um so mehr, als er Anfangs meinte, der Kaiser habe ihm sein Portrait als Gemälde zugedacht. Sofort entwarf er einen überschwänglichen Dankbrief, wobei ihn seine trunkene Begeisterung beständig von dem eigentlichen Gegenstand zu entzückten Vorstellungen und Empfindungen anderer Art abschweifen ließ. Wellsperg sollte das Schreiben, wo möglich, persönlich dem Kaiser übergeben. Ob er es that? Nach Form und Inhalt war der Brief wenig geeignet, vor Josephs Augen zu kommen. Keinesfalls wurde durch diesen eigenartigen Dankesausdruck die Teilnahme des Monarchen von neuem auf den Klopstockischen Plan hingelenkt. Für ihn war die Sache mit der Annahme der Widmung abgethan.

Klopstock dagegen sah in der huldvollen Aufnahme seiner Zuschrift nur die feste Gewähr, daß man seinen ganzen Plan auszuführen denke. In diesem Glauben konnte ihn noch der Jubel der Freunde bestärken, der sich in Worten und Briefen, namentlich zu Hamburg auch in begeisterten Zeitungsberichten kund gab, als endlich im Juli 1769 das kaiserliche Ehrengeschenk eintraf. Er selbst suchte denn auch unermüdlich die maßgebenden Berater Josephs für seine Zwecke in Atem zu erhalten. Wiederholt versicherte er, seine Vorschläge könnten ja im einzelnen manche Abänderung erfahren, wenn nur die wesentlichen Punkte blieben. Vor allem hielt er an dem Grundsatz fest, daß der Kaiser entweder gar nichts für die Wissenschaften thun müsse oder etwas, das seiner würdig sei, aber nichts Halbes, keine Kleinigkeit. Da er aus dem Schweigen des Fürsten Kaunitz.

schließen mußte, daß sein Entwurf nicht dessen unbedingten Beifall gefunden habe, trachtete er ihn in einem zweiten Briefe (vom 15. Juli 1769)
durch leise Zugeständnisse an seinen persönlichen Geschmack zu gewinnen.
Kaunitz war Protector der Wiener Akademie der Künste. Nun schlug ihm
Klopstock, in dessen erstem Plane der Fürst nur einen „Entwurf zur Er-
weiterung der Geschichtskunde" von zweifelhafter Brauchbarkeit erblickt
hatte, auch die Errichtung einer öffentlichen, jederzeit jedem zugänglichen
Gallerie in Wien vor, in welcher die vorzüglichsten Thaten der Nation,
z. B. die größten Momente aus Maria Theresias oder Josephs Leben, in
meisterhaften Kupferstichen dargestellt würden. So wollte er also jetzt den
bildenden Künsten, deren vermutlich der erste Plan gar nicht gedachte, soweit sie die Kenntnis der Geschichte förderten, einen hervorragenden Platz
in dem Unternehmen anweisen. Seine persönlichen Wünsche traten dabei
immer weiter vor dem nationalen Interesse zurück. Schon hatte er einen
kleinen Aufsatz halb ausgearbeitet, worin er den deutschen Gelehrten sagen
wollte, was man von ihnen erwarte; mit Erlaubnis des Fürsten wollte er
auch von den Belohnungen darin reden.

Auch auf dieses Schreiben traf keine directe Antwort in Kopenhagen
ein. Mit allerlei Scheingründen tröstete sich Klopstock, der die Hoffnung
auf endlichen Erfolg um keinen Preis aufgeben wollte. Bald erklärte er
sich den Stillstand der Sache aus der Reise, die Joseph im März 1769
nach Rom antrat; dann dünkte ihn jener Verzug gar ein Beweis, daß man
es mit seinem Plan ernst meine. Erwartungsvoll verfolgte er jeden Schritt
und jede Handlung des Kaisers. Im September 1769 sandte er neue
Anmerkungen zu seinem Entwurf an die bisherigen Vermittler seiner Vorschläge; inständig bat er, alles zu versuchen, auf daß Kaunitz dem Plane
beistimme. Darauf ward ihm von mehreren seiner Wiener Freunde
empfohlen, er möge persönlich am Hofe Josephs seine Angelegenheit vertreten. Im nächsten Frühling sollte er die Reise unternehmen; endlich im
Sommer 1770 stand er im Begriff, sich auf den Weg zu machen, die Er-
setzung der Reisekosten war ihm angeboten, von Bernstorff hatte er bereits
Urlaub genommen: da belehrte ihn ein neuer Brief aus Wien, wovon ihn
die letzten Berichte seiner dortigen Correspondenten längst hätten überzeugen sollen, daß die Sache noch nicht reif, ja so wenig reif sei, daß viele
andere an seiner Stelle sie vielleicht ganz aufgeben würden.

Hatte er bisher schon immer „mehr Einladung und also auch mehr
Hoffnung etwas auszurichten" verlangt, so verschob er nun die Fahrt nach

Wien entschieden, doch vorläufig nur bis zum künftigen Frühjahr. Denn trotz der ernsten Zweifel, deren er sich jetzt nicht mehr zu erwehren vermochte, wollte er das schöne Phantom nicht so rasch zerrinnen lassen. Am meisten setzte ihn dabei in Verlegenheit, daß er nicht allein den süßen Traum geträumt hatte. Er hatte zwar im allgemeinen seinen Plan ängstlich geheim gehalten; einzelne Vertraute hatten aber doch bald mehr, bald weniger davon erfahren, so seine Mutter und durch sie Gleim, ferner Cäcilie, Ebert und besonders Lessing, der fast noch heißblütiger als Klopstock auf Erfolg hoffte. Dazu wußten in Wien viele um sein Vorhaben. So kam es, daß, unterstützt durch die rätselhaften Worte in der Zuschrift vor 'Hermanns Schlacht', unbestimmte Gerüchte von einer kaiserlichen Akademie der deutschen Sprache, von einer nach Wien zu verpflanzenden Gelehrtenkolonie und ähnliche halb zutreffende Nachrichten sich durch ganz Deutschland verbreiteten, von den einen mit Kopfschütteln gehört und heftig bestritten, von den andern aber gläubig aufgenommen und weiter gejagt. Mit einer letzten, krampfhaften Anstrengung aller Kräfte wollte nun Klopstock seine bisherige Taktik völlig verändern und, um dem drohenden Mißerfolge vorzubeugen, das Gerücht und die öffentliche Stimme zu Hilfe rufen. Während er selbst Joseph II. in einem bescheiden freimütigen, aber deutlichen Briefe „an's gethane Versprechen" erinnern wollte, sollten Ebert und andre Freunde laut und öffentlich behaupten, man dürfe an der Ausführung des Planes nicht zweifeln, weil der Kaiser (durch Annahme der Widmung des Barbiets) sie zugesagt habe. Das sollte so lange geschehen, bis der kaiserliche Gesandte in Hamburg es höre und nach Wien berichte.

Es scheint nicht, daß dieser Wunsch ihm erfüllt wurde. Auch den Mahnbrief an Joseph dürfte Klopstock kaum geschrieben haben. Endlich mußte auch er das Wiener Unternehmen als gescheitert und beendigt anschauen, wenn er gleich noch 1772 gelegentlich davon sprach, die Sache seiner Zeit wieder zu betreiben, und zum Teil in dieser Absicht 1774 in der 'Gelehrtenrepublik' darauf zurückkam, ja auch noch später durch Gluck die Verhandlungen am kaiserlichen Hofe neu anzuknüpfen suchte. Gleichwohl glaubte er nicht mehr, daß er sein Ziel erreichen werde; sonst hätte er nicht im Februar 1773 die Concepte seiner Wiener Correspondenz (außer den Briefen an Matt volle fünfzig Nummern) geordnet und zusammenbinden lassen, um sie an seine vertrautesten Freunde zu versenden. Er that dies zunächst, um die Schuld des Mißerfolgs von sich abzuwälzen;

aber, wie einst bei der Liebe zu Fanny, so deutete auch hier die Sammlung
der geschichtlichen Actenstücke darauf, daß er die Sache selbst als abgeschlossen betrachtete. Sein Groll über die erlebte Täuschung verstummte
freilich nicht so bald. In der Ode 'Die Roßtrappe' weissagte er 1771 dem
Kaiser einstmals die gleiche Vergessenheit, die den undeutschen Friedrich II.
erwarte, wofern er sein ehrenvolles Wort dem Vaterlande nicht noch halte.
Ja selbst in der schönen Ode auf den Tod Maria Theresias 1780 vermochte
er seinen Unmut über Josephs früheres Verhalten nicht ganz zu unterdrücken. Andre, eblere und freudenvollere Töne stimmte er jedoch ein Jahr
darnach an in der Ode, die des Kaisers reformatorisches Wirken auf
kirchenpolitischem und socialem Gebiete poetisch verherrlichte. Aber damals hatten eben diese Reformversuche in Klopstock neue, obgleich nur
schwache Hoffnung erweckt, Joseph werde vielleicht nun auch die literarischen
Pläne von 1768 verwirklichen. An sie wollte der Dichter mit seiner Ode
in zarter Weise erinnern. Zwar verbat er es sich entschieden bei den
Wiener Freunden, daß man etwa das Gedicht dem Kaiser „aufbringe"
oder gar ihm „anbiete"; aber Matt hoffte den richtigen Weg zu finden,
um die Verse vor Joseph zu bringen[1]. Ob er sein Wort halten konnte
und welchen Eindruck die Ode auf den Kaiser machte, wissen wir nicht.
Jedenfalls aber mußte Klopstock bald erkennen, daß seine Aussichten in
Wien sich nicht im geringsten gegen früher verbessert hatten, und grollend
gab er 1798 der Ode das zwar nicht deutliche, aber nach seiner eignen
Erklärung vorwurfsvoll gemeinte Motto aus der Aeneide (VIII, 564):
„Cui tres animas". —

Während die Hoffnungen Klopstocks auf Wien sich von Monat zu
Monat trügerischer erwiesen, begann ihm allmählich auch in Kopenhagen
der Boden unter den Füßen zu schwanken. Bernstorff, dessen politische
Stellung unter Friedrich V. unerschüttert geblieben war, sah sich bei der
rasch wechselnden und oft Unwürdige beglückenden Gunst des jungen
Monarchen, dem er persönlich unsympathisch war, manchen früher kaum
gekannten Gefahren ausgesetzt. Zwar den ersten Angriff, den der alte, um
das dänische Seekriegswesen hochverdiente Graf von Danneskjold-Samsöe

---

[1] Aus einem ungedruckten Briefe Klopstocks an Frau von Greiner (vom
15. März 1782), der mir gleichzeitig von Erich Schmidt und Jaro Pawel in Wien
freundlichst mitgeteilt wurde. Vgl. dazu Haschkas Erklärung im „Deutschen Museum" vom Juli 1782.

schon wenige Tage nach dem Regierungsantritt Christians VII. auf Bernstorff wagte, wehrte dieser mit edler Würde und mit dem freien Mute der
verklagten Unschuld ab, und sein Einfluß wuchs sogar in der nächsten Zeit.
Ebenso hatte er sich zunächst von Seiten des Königs mehrerer unzweifelhafter Gunstbeweise zu erfreuen. Bedenklicher wurde jedoch seine Lage,
seitdem Christian 1768 auf seiner Reise nach England und Frankreich in
dem Altonaer Stadtphysicus Johann Friedrich Struensee einen Mann
kennen lernte, der ihm zugleich imponierte und seine herzliche Zuneigung
abgewann. Je schneller Struensee nach der Rückkehr von der Reise zu den
höchsten Staatsämtern aufstieg, je fester er sich der Gunst des Monarchen
und der Königin, die Bernstorff nicht sonderlich gewogen war, versicherte,
desto mehr Grund hatte der letztere, den kühnen Emporkömmling zu
fürchten. Aber obgleich die russischen Diplomaten am dänischen Hofe den
erprobten Freund ihrer Politik wiederholt warnten und ihn sogar baten,
sich ihres mächtigen Einflusses zum Sturze Struensees zu bedienen, wollte
Bernstorff sich des Gegners nicht so gewaltsam entledigen. Ohne die
Gefahr, die ihm selbst drohte, zu verkennen, scheint er Struensee doch nur
als Werkzeug in der Hand seiner alten, dem dänischen Erbadel angehörigen
Feinde betrachtet zu haben und suchte daher vielmehr ihre steigende Macht
zu brechen. Umsonst: auf einer Reise der Majestäten und des gesammten
Hofes nach Holstein im Sommer 1770 that Struensee die letzten vor-
bereitenden Schritte, um die Regierung ganz an sich zu reißen, und
unmittelbar nach der Rückkehr aus den deutschen Ländern erfolgte fast
gleichzeitig mit den ersten staatlichen Reformen Struensees die Entlassung
Bernstorffs aus dem dänischen Ministerium. Am 13. September 1770
verabschiedete ihn der König durch ein eigenhändiges, seine geleisteten
Dienste dankbar anerkennendes Schreiben. Ohne zu klagen oder zu
murren, sich zu verteidigen oder die Gegner zu beschuldigen, verließ Bernstorff, nachdem er das Nötigste geordnet hatte, am 3. October Kopenhagen
und zog sich, von der Achtung und Trauer des ganzen Volkes begleitet,
auf seine Güter in Holstein zurück.

Klopstock schied mit ihm aus Dänemark. Was sollte er jetzt noch am
Hofe Christians VII. nach dem Sturze seines mächtigsten Gönners, an
den ihn hundert Bande der Dankbarkeit, der Verehrung, der Freundschaft
knüpften, mit dem er seit Jahren täglich zu verkehren gewohnt war, unter
dessen Dach er wohnte, an dessen Tisch er aß? Wohl blieben ihm zahlreiche Freunde in Kopenhagen zurück; wohl hatte sich der König bisher

ihm nur huldvoll erwiesen, und auch von den neuen Gewalthabern hatte er bisher, so lang eben Bernstorff noch über ihnen stand, nichts Unfreundliches erfahren. Ein persönliches Verhältnis zu einem von ihnen hatte sich aber noch viel weniger gebildet; in seinen Briefen aus den letzten Jahren des Kopenhaguer Aufenthaltes ist weder der Name Struensees noch der irgend eines seiner Genossen auch nur genannt. Wahres Verständnis und Interesse für seine Dichtung konnte Klopstock von dem Freigeist Struensee, der gegen Pietismus und Orthodoxie gleichmäßig zu Felde zog, eben so wenig voraussetzen. Am ersten dürfte er noch Struensees Reformen des Preßwesens und seine Bemühungen für den Bauernstand, worin allerdings Bernstorff ihm schon vorausgegangen war, von Herzen gebilligt haben. Er schickte sogar im Herbst 1770 einen jungen dänischen Bauern, den ältesten Sohn des im 'Nordischen Aufseher' geschilderten Hans Jensen, an Gleim, damit er auf einem der großen Güter in der Umgegend Halberstadts deutsche Landwirtschaft lerne. Allein was wollte dieser particuläre Beifall gegenüber der unbeschränkten Verehrung bedeuten, womit er alles, was Bernstorff wollte und that, vertrauensvoll als das Richtigste und Beste hinnahm? Ihm konnte er auch durch sein etwaiges Bleiben in Kopenhagen nicht nützen, wie z. B. der Ministerialbeamte Sturz, der eben deßhalb in Dänemark zurückgelassen wurde. So verließ denn Klopstock zugleich mit seinem Wohlthäter im October 1770 das Land, das ihnen beiden eine zweite Heimat geworden war. Das Scheiden wurde dem Dichter, der von je die Trennung von seinen Lieben doppelt schmerzlich empfunden hatte, nicht leicht. Gerade darum aber entzog er sich mit täuschender Heiterkeit dem letzten Lebewohl der Freunde, die sich zum Abschiedsfest in Lyngby um ihn versammelten. Über Flensburg, wo er Cäcilie Ambrosius persönlich sah, begab er sich zunächst für wenige Tage mit Bernstorff auf dessen holsteinische Güter, dann noch im Laufe des October zum Winteraufenthalte nach Hamburg.

Drittes Buch.

In Hamburg.

I.

Bis zur Rückkehr von der Reise nach Karlsruhe.

1770—1775.

Es waren keine fremden Verhältnisse, in die Klopstock 1770 zu Hamburg eintrat. Er wohnte zunächst, wie bisher in Kopenhagen, bei Bernstorff (auf dem Kamp, im fürstlich-eutinischen Hause). Von früheren Besuchen her hatte er zahlreiche Bekannte in der Hansastadt, deren Umgang ihm den Verkehr mit den schwer vermißten Freunden in Dänemark zum Teil ersetzte. Dieser Kreis erweiterte sich jetzt noch, vornehmlich durch mehrere bürgerlich hochangesehene und wissenschaftlich ausgezeichnete Männer, die er bei Bernstorff näher kennen und schätzen lernte. Im Hause des Grafen gieng neben Klopstocks altem Freund Alberti der spätere Biograph Bernstorffs, Consistorialrat Georg Ludwig Ahlemann (1721—1787), aus und ein; der für Klopstock warm begeisterte Dichter Johann Jakob Dusch (1725—1787), seit 1766 Rector in Altona, Basedow, seit 1761 an das Gymnasium daselbst versetzt, der Mathematiker Johann Georg Büsch (1728—1800), dessen Haus zu den Sammelplätzen der literarischen Welt in Hamburg gehörte, der Schulmann Martin Ehlers, später Professor in Kiel (1732—1800), der Geistliche Karl Christoph Plüer (1725—1772), früher in Kopenhagen, dann bei der dänischen Gesandtschaft in Madrid, seit 1765 in Altona, fanden sich oft dort zusammen; die Altonaer Ärzte Philipp Gabriel Hensler (1733—1805) und Dr. Jakob Mumssen (1737—1819) stellten sich regelmäßig ein. Ein viel und gern gesehener Gast war ferner Schönborn, der 1771 dem Grafen aus Kopenhagen folgte. Im nachbarlichen Wandsbeck wohnte Matthias Claudius, der Herausgeber des 'Wandsbecker Boten', längst ein inniger Verehrer

des Sängers der Erlösung, mit dem er schon von einem längeren Aufenthalt in Kopenhagen her (1764—1765) befreundet war. Mit ihm wie
mit seinem Verleger Bode, der ja bereits 'Hermanns Schlacht' gedruckt
hatte und auch in Bernstorffs Hause kein Fremdling war, unterhielt Klopstock einen traulichen, nicht bloß ihrem literarischen Verhältnis geltenden
Verkehr. Ebenso lebten zahlreiche Verwandte des Dichters in Hamburg.
Sein jüngster Bruder Victor Ludwig (1744—1811) trieb dort ein Handels-
geschäft, freilich mit so schlechtem Erfolg, daß er es 1772 aufgeben mußte;
dann leitete er an die vierzig Jahre lang die 'Adreß-Comtoir-Nachrichten'
und die 'Hamburgische neue Zeitung'. Metas beide Schwestern waren
ebenfalls in Hamburg verheiratet; auch ihre sonstige, weit verzweigte
Familie wohnte daselbst.

Am meisten zog den Dichter ihre Nichte Johanna Elisabeth an,
die jüngere Tochter ihrer zweiten Schwester Katharina Margareta Moller
(1724—1773) und Johann Heinrich Dimpfels (1717—1789). Hannchen, wie sie im Kreis der Familie gewöhnlich genannt wurde, war am
26. Juli 1747 zu Hamburg geboren. Klopstock hatte sie schon in ihren
Kinderjahren lieb gewonnen. Wie er mit ihrer kaum zwei Jahre älteren
Schwester Margareta Cäcilia bereits 1762 herzliche Briefe wechselte, in
denen er sich halb als belehrenden älteren Freund, halb als zärtlich
scherzenden Oheim darstellte, so erlangte er auch auf Hannchens jugendliche Geistesentwicklung einen bedeutsamen, bildenden und erziehenden
Einfluß, sowohl unmittelbar im persönlichen Verkehr mit seiner Nichte,
wozu seine wiederholten Reisen von Kopenhagen nach Hamburg reichlich
Gelegenheit gaben, als auch mittelbar durch seine Schriften; denn Metas
Schwestern verehrten seine Dichtungen mit demselben dankbar-frommen
Entzücken wie bereinst Meta selber, hielten ihre Kinder ohne Zweifel früh-
zeitig zur Lectüre seiner Messiade an und prägten ihnen seine Lieder und
Oden fleißig in's Gedächtnis. Wenig über achtzehn Jahre alt, wurde
Hannchen am 19. November 1765 an Johann Martin von Winthem
(1738—1789) verheiratet, einen ziemlich nahen Verwandten: seine Mutter
war eine ältere Stiefschwester von Hannchens Mutter. Vier Kinder, zwei
Mädchen und zwei Knaben, waren aus dieser Ehe bereits hervorgegangen,
als Klopstock 1770 sich zu dauerndem Aufenthalt in Hamburg niederließ.
Sehr bald darnach erlitt jedoch ihr häusliches Glück einen harten Stoß.
Von Winthem, ein Mann von häßlichem Äußeren, aber gutmütigem
Charakter, war von Haus aus sehr reich und somit im Stande gewesen,

seiner anspruchsvoll erzogenen, lebenslustigen Frau manchen Wunsch zu
erfüllen. Jetzt verlor er aber, großenteils durch die Schuld ihrer Eltern
und Geschwister, sein ganzes Vermögen. Als Buchhalter und Kirchen-
beamter suchte er sich nach dem Untergange seines Geschäfts eine bescheidne
Existenz zu gründen, in der sich seine junge und an Einschränkung
nicht gewöhnte Frau allerdings nicht behaglich fühlte. Gleichwohl trug
sie ihr Schicksal mit männlich-standhaftem Mute. Dadurch wuchs noch
die Teilnahme und Zuneigung, die Klopstock längst für sie fühlte. Was
ihn am meisten an sie gefesselt hatte, war ihre Pflege des Gesangs gewesen.
Sie wußte dem musikalischen Dichter ähnliche Stunden voll schönsten Genusses zu bereiten, wie er sie zu Kopenhagen in Gerstenbergs Hause verlebt
hatte und ohne seine Nichte jetzt fast völlig hätte entbehren müssen. Für
sie war er denn auch poetisch mannigfach thätig. Zum Singen für sie
dichtete er noch 1770 das 'Vaterlandslied'; ausgewählten Stellen aus
verschiednen älteren und gleichzeitigen Componisten, aus den alten Italie-
nern sowie aus Händel und Gluck, legte er neue Texte für sie unter — er
selbst bewahrte später nur Eine derartig entstandene Ode auf, 'Warnung'
von 1772, nach Stellen aus Bai, Allegri und Palestrina entworfen und
gegen die Freigeister gerichtet. Hannchens oder, wie er sie in seiner
Dichtung nach dem Namen ihres Mannes taufte, Windemens Gesang verherrlichte er in mehreren Oden. Eine der anmutigsten von ihnen, trotz der
freien Rhythmen großenteils einfach wie ein Lied, entstammte dem Jahre
1771, 'Klage', zugleich ein Zeugnis von der Bewunderung Klopstocks für
den Hamburger Musikdirector Bach, einen Sohn des großen Johann
Sebastian, und für den Geigenkünstler Lolli. In einem arg verkünstelten
Gedichte ('Der Denkstein') feierte er 1777 die Stimme der Freundin, der
er neunzehn Jahre darnach im späten Alter noch eine rührend innige Ode,
'Die Sängerin und der Zuhörer', widmete. Mit Philemon und Baucis
verglich er, leicht übertreibend, sich und Windeme, und entzückt gab er den
aus dem Herzen quellenden und mit Zaubergewalt zum Herzen des Hörers
dringenden Tönen der Geliebten, die mit dem Vortrag seiner von Gluck
componierten Oden den greisen Dichter erfreute, das höchste Lob:

> „Farb' ist nicht Menschenstimme. Wie Baucis dem Ohre, gefällt dem
> Aug' Angelica nicht.“

In Windeme sah Klopstock nunmehr gleichsam die irdische Personification des Gesangs, der Musik überhaupt. Sonst übte sie keinen un-

mittelbaren Einfluß auf seine Poesie aus; einen inneren Zusammenhang
seiner späteren Dichtungen mit ihrem Wesen und Walten ausspüren zu
wollen, wäre vergebliche Mühe. Dagegen spielte Hannchen im Leben des
alternden Klopstock eine bedeutende Rolle. In ihrem Hause richtete er bald
nach seiner Ankunft in Hamburg eine Lesegesellschaft für Damen ein.
Später teilte er gar, durch ihr Mißgeschick gerührt, seine eignen Einkünfte
mit ihr. Wenig kümmerte es ihn dabei, daß der Stadtklatsch in Hamburg
darüber sowie über seinen häufigen, freien Verkehr mit seiner Nichte böse
schmälte. Weh that es ihm, daß ein Freund wie Alberti, den er seit vielen
Jahren innig schätzte, sich an dem Geschwätze beteiligte, ja es gar noch
vergrößerte und weiter trug. Aber lieber brach er, nachdem er manche
Kränkung von ihm stillschweigend hingenommen hatte, endlich den Umgang
mit ihm völlig ab, als daß er sein Betragen gegen seine Nichte geändert
hätte. Frau von Winthem ist für den, der an Meta und ihre Liebe denkt,
schwerlich eine sympathische Erscheinung im Leben unseres Dichters; daß
jedoch ihr Verhältnis zu Klopstock sittlich rein im strengsten Sinne war
und blieb, darüber kann nicht der leiseste Zweifel walten. Unvorsichtig
verstieß Klopstock gegen manches, was die äußere Sitte pedantisch ängstlich
heischte: conventionell prüde benahm er sich überhaupt nie gegen Frauen;
aber seine sittlichen Grundsätze über Ehe und Liebe waren nichts desto
weniger die strengsten, jetzt so gut wie stets zuvor, und in keinem Augenblicke verletzte darum er oder Hannchen die Pflicht der Treue gegen ihren
Gatten. Vertrauensvoll ließ denn auch von Winthem die beiden gewähren;
keine Silbe in allen uns zugänglichen Briefen von, an und über Klopstock
deutet darauf, daß er irgend welchen Verdacht aus ihrem Gebahren
schöpfte. Überdies war er volle vierzehn Jahre jünger als der Dichter,
den auch dieser Umstand vor übler Nachrede hätte schützen sollen. Jedenfalls fühlte sich Klopstock von jeder Schuld im Verkehr mit seiner Nichte
rein; sonst hätte er nicht bald darauf gegen Goethe und Karl August den
Sittenrichter spielen können.

In diesem Bewußtsein seines Rechts achtete er denn auch auf die
Klagen seiner Geschwister nicht, die scheel dazu sahen, wie er von seinem
Jahresgehalt Frau von Winthem unterstützte. Klopstock that, wie gedruckte
und ungedruckte Berichte erweisen, viel für seine Brüder und Schwestern;
doch das zum Teil von ihnen selbst verschuldete traurige Loos der letzteren
nach dem Tode der Mutter (1773) vermochte er nicht von Grund aus und
dauernd zu verbessern. Freilich wollte er keine von ihnen zu sich nehmen,

daß sie ihm das Hauswesen führe; ein hauptsächlicher Grund davon war aber wohl der unverträgliche Charakter seiner jüngsten Schwester Charlotte Victoria, worüber schon die Mutter ihm mehrmals geklagt hatte. Die andere, gleichfalls unverheiratete Schwester Henriette Ernestine war mit einem Kaufmann Lerche, allerdings schon seit mehreren Jahren, verlobt, ohne daß dieser Anstalt zur Hochzeit machte. Wie es scheint, wollte sie sich selbst nicht aus Queblinburg entfernen, um den unentschlossenen Bräutigam nicht aus den Augen zu verlieren, bis endlich die Heirat zu Stande kam. Klopstock hatte überdies schon einen Bruder zu Hamburg, für den er wenigstens zeitweise beträchtliche Summen aufopfern mußte. Gleichwohl schmälte sein anderer Bruder Karl Christoph, der selbst, was er war, dem Einfluß des Dichters auf Bernstorff verdankte, hämisch über dessen Verhältnis zu seiner „eingeheirateten Nièce", das er 1776 bei der Reise von Madrid zur dänischen Gesandtschaft im Haag aus eigner Anschauung kennen lernte. Und doch wies auch er noch drei Jahre darnach die Klagen der Queblinburger Schwestern mit dem Bemerken ab, daß sie ja selbst alle Vorschläge zum Besseren von Seiten der Brüder, also auch wohl des Dichters, verworfen hätten.

In der ersten Zeit, nachdem sich Klopstock in Hamburg niedergelassen hatte, schien es übrigens gar nicht, als ob ihm überhaupt etwas bleiben würde, wovon er, sei es mit Hannchen oder mit seinen Geschwistern, teilen könnte. In Kopenhagen mochten die neuen Gewalthaber es ihm verdenken, daß er mit Bernstorff gezogen war. Im Frühling 1771 erhielt er von dort eine amtliche Anfrage, wie alt er sei, nach welchen Verdiensten und aus was für Ursachen er ein königliches Jahresgehalt beziehe, und wie sein Vermögen beschaffen sei. Nur der Rat seiner Hamburger Freunde, in erster Linie wohl Bernstorffs, hielt ihn ab, daß er in seinem Antwortschreiben nicht stolz erklärte, er wünsche keine fernere dänische Pension mehr. Er selbst hatte zwar das Zutrauen zum deutschen Vaterlande, daß es seinen Sänger nicht werde darben lassen. Doch wurde ihm sein Gehalt von der neuen Regierung in Kopenhagen ungeschmälert belassen, und es blieb ihm somit erspart, jenes Zutrauen zur deutschen Nation zu erproben. Ihm zum Heile; denn wenn seine Leser und Verehrer vielleicht auch einmal und für den Anfang zu zahlreicher Subscription auf seine Werke oder einer ähnlichen Ehrengabe an den Dichter bereit gewesen wären, auf die Dauer hätte diese Opferwilligkeit nicht nachgehalten. Vielleicht wäre es am ersten möglich gewesen, ihm eine Professur an einer höheren Schule zu verschaffen; davon wollte nun aber

Klopstock, der wußte, daß ihm dafür jede Begabung fehlte, nichts wissen. Und um in einer deutschen Residenz eine ähnliche Stelle einzunehmen wie bisher in Kopenhagen, dazu war er nicht mehr geschmeidig genug und bereits allzu verwöhnt. Er hätte weder an einem Hofe, an welchem noch die alte steife Etiquette herrschte, sich dauernd in Gunst zu erhalten vermocht, noch wäre es ihm an einem Hofe wohl geworden, der das kraftgenialische Treiben der neuen Zeit mitmachte. Weder Wien noch Weimar noch eine andre deutsche Residenz hätte dem alternden Dichter, dessen Unabhängigkeitssinn immer schroffer hervortrat, ein behagliches Heim gewährt.

Er selbst hatte auch damals seine Blicke nicht sowohl auf einen in Deutschland residierenden Fürsten als vielmehr auf den nur seiner Abkunft nach deutschen König von England gerichtet. Georg III. (1760—1820), der Sohn des Prinzen Friedrich Ludwig, um dessen Gunst sich einst schon der junge Poet beworben hatte, besaß seit 1761 in der Prinzessin Sophia Charlotte von Mecklenburg-Strelitz eine warme Bewunderin der Schriften Klopstocks zur Gemahlin. Durch Haller ließ er seinen und seiner Königin Beifall dem Dichter aussprechen, den ziemlich zur selben Zeit Ebert der teilnehmenden Huld des braunschweigischen Erbprinzen versicherte. Klopstock beschloß, bei dem bedenklichen Stande seiner dänischen Angelegenheiten — die Hälfte seines Gehalts fürchtete er mindestens zu verlieren — jene Anzeichen fürstlicher Gunst nicht ungenützt zu lassen. Er wünschte durch Fürsprache des Erbprinzen von Georg III. ein mäßig großes Geldgeschenk zu erhalten, das, auf Leibrente gegeben oder in einem Geschäft angelegt, ihn von Dänemark unabhängig machte. Allein auch diesmal blieb seine Hoffnung auf England unerfüllt. Noch einmal wünschte er siebzehn Jahre darnach, als er wieder (aus politischen Ursachen) den Verlust seiner dänischen Pension befürchtete, daß sein braunschweigischer Gönner bei dem neuen, der Religion und der deutschen Dichtung zugethanen König Friedrich Wilhelm II. von Preußen sich für ihn verwende; doch zog er den Auftrag, den er zu diesem Zwecke seinem Freund Ebert erteilt hatte, bald wieder zurück, sei es, daß man zu Braunschweig seine Bitte nicht in der erwarteten Weise auffaßte, sei es, daß er sie nicht mehr thun wollte, nachdem ihm sein dänisches Gehalt auch diesmal unentrissen blieb.

Im innigsten Verkehr mit Bernstorff brachte Klopstock das Jahr 1771 hin. Ausflüge in die nächste Umgegend Hamburgs wurden zur Sommerzeit unternommen, auch die entfernteren Güter des Grafen im Lauenburgischen mehrmals besucht. Im Juni und wieder im August weilte Klopstock dort zu Bernstorff und zu Stintenburg¹). Das Ende des Herbstes führte den Grafen und mit ihm Klopstock nach Hamburg zurück. Die rheumatischen und katarrhalischen Anfälle, an denen Bernstorff seit Jahren litt, waren seit dem Ausgang des Sommers besonders heftig aufgetreten. Im Laufe des Winters wurde die Krankheit ernstlicher. Fieber stellte sich ein; doch glaubte man nicht an unmittelbare Gefahr. Bernstorffs Neffe und verschiedne hochstehende Freunde aus Dänemark kamen zu vorübergehendem Besuche nach Hamburg; zu Ende Januars 1772 erregte die Nachricht von Struensees Sturz dem verabschiedeten Staatsmanne, der in treuer Anhänglichkeit an sein zweites Vaterland jeden sonstigen Antrag, selbst einen vielversprechenden Ruf nach St. Petersburg abgelehnt hatte, die freudige Hoffnung, daß er nunmehr bald auf seinen alten Platz nach Kopenhagen zurückkehren werde. Die ränkesüchtige Partei der Königin Mutter, die seit dem 17. Januar in Dänemark nach Willkür schaltete, hätte es nie dazu kommen lassen, trotz allem, was man später, als leicht reden war, darüber fabelte. Dem kranken Minister blieb jedoch der Schmerz der Enttäuschung erspart. Ein Schlagfluß setzte seinem Leben in der Nacht vom 18. auf den 19. Februar 1772 ein plötzliches Ende. Klopstock war noch eine Stunde, bevor er verschied, an seinem Lager gewesen. Als Freund und Hausgenosse des Verstorbenen stand er der Wittwe mit Trost und mancher kleinen Dienstleistung nach Kräften zur Seite. Auf ihr freundschaftliches Anerbieten blieb er auch ferner bei ihr wohnen und bezog daher im Beginn des Frühlings mit ihr ein reizend gelegenes Haus am Alsterbassin. Um seinen edlen Gönner noch im Tode zu ehren, suchte er es durch den mit der dänischen Königsfamilie verschwägerten Prinzen Karl von Hessen dahin zu bringen, daß Bernstorffs Leiche in der königlichen Gruft zu Roeskilde beigesetzt werde. Allein diese Auszeichnung war noch

---

¹) Daß der von „Bernstorff, den 11. Juni 1771“ datierte Brief an Ebert nicht auf dem dänischen Gute des Ministers, sondern auf dem Schlosse gleichen Namens am Schaalsee geschrieben ist, beweisen die unmittelbar vorausgehenden und folgenden Briefe an Gerstenberg. Auch verlautet in Klopstocks ganzer sonstiger Correspondenz nicht ein Wort von einem nochmaligen Besuche Dänemarks. Im Göttinger Kreise war zwar das Gerücht verbreitet, er werde nach Ostern 1774 nach Kopenhagen reisen. Wirklich scheint aber Klopstock erst im Frühling 1775 an eine solche Reise gedacht zu haben, wie aus einem Briefe von Voß an Brückner vom Himmelfahrtstag 1775 hervorgeht; doch wurde auch damals der Plan nicht ausgeführt.

nie einem dänischen Minister widerfahren, und in Kopenhagen war man wenig geneigt, bei Bernstorff eine bisher unerhörte Ausnahme zu machen.

Eine Zeit lang scheint Klopstock sich mit dem Gedanken getragen zu haben, die Lebensgeschichte des Verewigten zu schreiben[1]). Doch brachte er sein Vorhaben nicht zur Reife. Ein anderes Denkmal seiner dankbaren Verehrung hatte er dem geschiedenen Freunde noch im letzten Jahre seines Lebens setzen können. Nachdem er bis dahin nur zwei gekrönten Monarchen, Friedrich V. und Joseph II., dichterische Arbeiten gewidmet hatte, überschrieb er nun — und zwar in einem Zeitpunkte, da er fürchten mußte, durch diese Zuschrift den Verlust seines dänischen Gehaltes zu beschleunigen — die erste authentische Sammlung seiner Oden „An Bernstorff".

Seit dem Jahre 1752 war die Absicht, gegenüber den vielfach verstümmelten Abschriften und unrechtmäßigen Einzeldrucken seiner Oden selbst eine Auswahl aus seiner Lyrik in correcter Form herauszugeben, öfters vor Klopstock aufgetaucht. Feste Gestalt gewann aber der Gedanke erst etwa um Neujahr 1767. Eifrig gieng der Dichter damals daran, seine Oden von 1747 an zu sammeln, zu sichten, zu überarbeiten, mit „teutonischer" Mythologie auszustatten. Zuerst wollte er sie auf Subscription herausgeben und sich zu dem Zweck um ein kaiserliches Privilegium für sich und für seine Rechtsnachfolger bewerben. Dann dachte er sie mit andern fertigen Arbeiten der typographischen Gesellschaft Bachmanns zum Drucke zu überlassen. Zu Anfang des folgenden Jahres 1768 aber war Bode in Hamburg schon zum Verleger der Oden ausersehen. Das Manuscript derselben war druckfertig; die Herausgabe schien dem Dichter ganz gegen seine sonstige Gewohnheit sehr zu eilen. Aber noch nach Jahresfrist war mit dem Druck nicht begonnen. Klopstock hatte unter Preislers Beistand Zeichnungen zu neuen Lettern entworfen und wollte nun doch erst den Guß derselben abwarten. Ja, trotz allem Bitten und Drängen durfte Gleim noch im September 1770 nicht hoffen, daß er die Oden des Freundes bald zu lesen bekommen werde.

Bei diesem immerwährenden Zögern, das sich die auswärtigen Anhänger Klopstocks nicht erklären konnten, war es natürlich, wenn dem einen und andern endlich die Geduld riß und er auf eigne Faust Anstalten traf, alles, was er von den Oden des Hochverehrten aufzutreiben wußte, in

---

[1]) Vgl. Boie an Merck am 26. Januar 1775.

einem Bande zu sammeln. So erschienen gleichzeitig, dicht bevor Klopstock mit der versprochenen Ausgabe wirklich herausrückte, in den letzten Tagen des März oder ersten des April 1771 zwei Sammlungen der Oden, die eine zu Darmstadt, auf Anregung der dortigen Landgräfin Caroline in nur vierunddreißig Exemplaren gedruckt, die andere im ersten Teil der von Schubart zu Frankfurt und Leipzig herausgegebenen 'Kleinen poetischen und prosaischen Werke' Klopstocks.

Beide Sammlungen mußten den Dichter mehr verdrießen als erfreuen. Sie waren nach kritiklos zusammengerafften Abschriften und älteren, meist unechten Drucken veranstaltet, die zahlreichen Fehler dieser Vorlagen aber beim Wiederabdrucke noch durch viele neue Irrtümer und Versehen vermehrt. Überdies enthielten beide Ausgaben verschiedne Oden, die gar nicht von Klopstock herrührten. Die Darmstädter Sammlung war wenigstens nicht für das große Publicum bestimmt. Sie gehörte für die auserlesenen Kreise eines literarisch regsamen Hofes und war ohne jede Nebenabsicht aus reiner Verehrung des Dichters hervorgegangen. Männer wie Herder, Merck, Hofrat Ring von Karlsruhe hatten Abschriften von Oden dazu beigesteuert. An groben Fehlern und ärgerlichen Mißverständnissen war zwar auch hier kein Mangel, und Herder hatte allen Grund, auf die hessische Orthographie und die unglaublichen Schnitzer der „heiligen Vierunddreißig" zu schelten, die weder zu buchstabieren noch zu sehen und zu hören verstünden. Gleichwohl konnte Klopstock sich nicht leicht gegen diese Ausgabe erklären. Desto weniger brauchte er gegen Schubarts Sammlung seinen Ärger zurückzuhalten. Sie war für die Öffentlichkeit bestimmt und, genau betrachtet, ein gewöhnlicher Nachdruck, dem man nur, weil die Gesetze geistiges Eigentum fast ohne Schutz ließen, nichts anhaben konnte. Dazu stand hier kein fürstlicher Name an der Spitze; ein junger, bis dahin wenig bekannter Literat, der allerdings den Dichter des 'Messias' schwärmerisch bewunderte und seinen Ruhm weithin durch Schwaben und Bayern erfolgreich ausposaunte, war der auf dem Titelblatt nicht einmal genannte Herausgeber. Gegen diese Sammlung erließ denn auch Klopstock oder sein Verleger im 'Wandsbecker Boten' vom 12. April 1771 und gleichzeitig in der 'Hamburgischen neuen Zeitung' (Nr. 57) eine Erklärung, daß dreizehn der Oden, die sie enthielt, nicht von ihm herrührten und sechs weitere Gedichte zwar echt, aber von ihm nicht zur Herausgabe bestimmt seien. Er klagte über den fehlerreichen Druck und wies zugleich auf die echte Ausgabe hin, die er selbst vorbereitete.

Endlich erschien diese im October 1771. Sie enthielt ziemlich vollständig die in den letzten zwei Jahrzehnten verfaßten Oden; dagegen war
von den in Leipzig und Langensalza entstandenen Gedichten nur eine karge
Auswahl aufgenommen. Ohne begleitendes Vorwort, welches damals
in der Regel nicht fehlte, ja selbst ohne den Namen des Verfassers trat die
Sammlung vor das Publicum. Aber die Ausgabe war nicht nur musterhaft correct gedruckt und vom Verleger vornehm ausgestattet, sondern die
Oden, die sie brachte, waren auf das sorgsamste geprüft und gefeilt und
namentlich in sprachlicher und metrischer Hinsicht meist glücklich umgearbeitet. Klopstock hatte dabei dieselben Grundsätze befolgt, die er bereits
vor fünfzehn Jahren auf die ersten Gesänge des 'Messias' angewandt hatte;
nur strenger, peinlicher, mitunter sogar pedantischer machte er sie jetzt
geltend. Selbst wo früher rhythmische Schönheiten einen Verstoß gegen
das genaue Versmaß reichlich aufgewogen hatten, ließ er nun die starre
Regel walten. Auch führte ihn der Eifer, mit jedem Worte möglichst viel
zu sagen und deßhalb unbedeutendere Ausdrücke und Wendungen auszu-
merzen, hie und da zu weit. Dann setzte er etwa in der Ode auf den
Züricher See (59 f.) statt

> „Ist, beim Himmel, nicht wenig,
> Ist des Schweißes der Edlen wert"

die auf die Dauer doch nicht brauchbare Zeile

> „Ist, Goldhäufer, nicht wenig"

und versuchte ähnliche Schlimmbesserungen. Weitaus in den meisten
Fällen aber änderte er unzweifelhaft zum Heile seiner Gedichte, so daß
selbst die, welchen die nordische Mythologie nicht behagte und welchen überhaupt die Frische der ersten Form nunmehr durch das bedächtige Feilen
allzu oft verwischt zu sein schien, die neue Fassung der Oden als einen
wirklichen, großen Fortschritt erkennen mußten.

In diesem Sinne sprach sich denn auch einstimmig die öffentliche
Kritik aus. Herders begeistertes Lob in dem Büchlein 'Von deutscher Art
und Kunst' und in der 'Allgemeinen deutschen Bibliothek' (Band XIX) gab
für viele den Ton an. Herder, der auch mündlich und brieflich im Freundeskreise kräftig für die 'Oden' wirkte, schrieb keine nüchterne Beurteilung; in
gehobener Dichtersprache pries er selbst schwärmerisch den Dichter, der
gleich dem Psalmisten immer neu und immer wahrhaft ergreifend, weil
immer unmittelbar aus seiner jeweiligen Stimmung heraus, singt, den

Dichter, den man nicht nach veralteten, schablonenhaften Regeln prüfen darf, sondern aus dessen Versen man die echten Regeln der Ode heraus-lesen soll. Ausführlich besprach er seine Silbenmaße, rühmte die hohen Gedanken, die Klopstock im Gusse seiner Empfindungen und im Fluge der Phantasie einwebe, und hob den bedeutenden Fortschritt in den Ver-änderungen des einzelnen Ausdrucks hervor. Noch bevor diese Recension erschien (1773), hatten die 'Frankfurter gelehrten Anzeigen' am 28. Ja-nuar 1772 eine nicht minder begeisterte Lobrede auf die Oden gebracht, von Merck verfaßt, aber unter Herders persönlichem Einfluß entstanden. Merck zählte triumphierend die in der Sammlung zum ersten Mal gedruckten Oden auf und fand bei den übrigen kaum genug Worte des Lobes für die Verbesserungen, sogar für den Gebrauch der nordischen Mythologie. Ohne auf das Einzelne der Gedichte gründlich einzugehen, gab Clau-dius im 'Wandsbecker Boten' seine helle Freude über die Sammlung in seiner gesucht einfältigen Weise kund. Kürzer und unbedeutender fielen die übrigen Besprechungen aus; alle jedoch zeugten von der Hochachtung und Bewunderung, mit der damals bereits die gesammte deutsche Schrift-stellerwelt zu Klopstock aufblickte.

Und das Lob der journalistischen Kritik wurde diesmal mit lauter Freude in allen Kreisen des gebildeten Volkes erwidert. Mochten auch Leute wie Friedrich Nicolai verschlossenen Sinnes das Schöne in den Ge-dichten Klopstocks so vereinzelt und zerstreut, so sehr mit schwärmerischen und abgeschmackten Ideen gepaart finden, daß sie schwerlich eine einzige ganz gut gedachte Ode anzutreffen hofften, so urteilte doch der bei weitem größere und bessere Teil der Nation ganz anders. Er erblickte in den 'Oden', die so rasch auf 'Hermanns Schlacht' folgten, einen neuen Beweis von der dichterischen Größe des alle Rivalen hoch überragenden Sängers, und die Begeisterung für Klopstock, die während des vorausgehenden Jahr-zehntes zwar keineswegs erloschen war, aber stiller und ärmer an Glanz unter der Oberfläche fortgebrannt hatte, loderte wieder prasselnd, besonders in den Seelen der Jugend, zu hellen Flammen empor. Wenig schürte 'David' 1772 das Feuer des Enthusiasmus; aber auf das mächtigste wurde die Glut entfacht, als 1773 der Schlußband des in der ersten Hälfte Octobers 1772 vollendeten[1]) 'Messias' erschien. Zwar wurden gerade die

---

[1]) Nach einem ungedruckten Briefe Klopstocks an Gleim vom 21. Octo-ber 1772.

letzten Gesänge dieses Werkes weder von der Kritik noch vom weiten Publicum in ungewöhnlicher und außerordentlicher Weise beachtet; es übte jetzt nicht etwa speciell der Epiker Klopstock wieder eine ähnliche Wirkung aus wie vor fünfundzwanzig Jahren: sondern die Gesammterscheinung des Dichters, des Lyrikers und Dramatikers so gut wie des Epikers, wurde jetzt mit anderen Augen betrachtet. Hatte 1748 und unmittelbar darnach die Bewunderung der Zeit- und Parteigenossen dem Sänger der Messiade, dem Verfasser dieser und jener Oden gegolten, so war jetzt Klopstock selbst der Verehrte, dessen Ruhm und Bedeutung selbst ein literarischer Mißerfolg nicht mehr zu erschüttern vermochte. Ihm erkannten die älteren Schriftsteller fast ohne Widerspruch den ersten Platz unter den Vertretern der schönen Wissenschaften in Deutschland an; zu ihm blickten die Jüngeren als zu dem einzigen wahren und großen Dichter ihres Vaterlandes auf.

Auch unmittelbar zu Klopstock drangen nun häufiger aus Nah und Fern diese Stimmen der Verehrung. So widmete ihm schon 1772 Theodor Gottlieb von Hippel (1741—1796), der spätere Verfasser der 'Lebensläufe', seine anonym veröffentlichten 'Geistlichen Lieder'. Herder sandte seine Besprechung der 'Oden' 1773 durch Claudius an Klopstock, um so — was ihm auch gelang — in Briefwechsel mit dem gefeierten Sänger zu kommen. Er lebte damals geradezu in Klopstocks Werken; in sie Freunde und Freundinnen einzuführen, galt ihm als hohe Aufgabe; auch Goethen erschloß erst er völlig ihr Verständnis. Und begeistert brachte der Dichterjüngling nicht nur an einer bedeutenden Stelle des 'Werther' dem Verfasser der 'Frühlingsfeier' seine Huldigung dar, sondern richtete auch persönlich im Mai 1774 Worte herzlicher Verehrung an ihn. Vor allem aber wurde Göttingen ein Sammelplatz leidenschaftlicher Anhänger und Bewunderer Klopstocks.

Dort studierten mehrere dichterisch begabte und strebsame Jünglinge, welche der wenig Jahre ältere, reifere, für seine eigne Person auf poetischen Ruhm verzichtende Heinrich Christian Boie seit dem Beginn des Jahres 1772 in lebhafteren Verkehr unter einander brachte. Man kam ziemlich regelmäßig jede Woche zusammen, teilte sich gegenseitig seine dichterischen Arbeiten mit, beurteilte und verbesserte sie — vieles ganz ebenso wie einst bei den Bremer Beiträgern. Die Mehrzahl der so vereinigten Jünglinge schloß sich auf einem von empfindsamer Schwärmerei belebten Spaziergang am 12. September 1772 noch besonders zu einem engeren Bunde zusammen, um „ewige Freundschaft" und die gleichen künstlerischen Tendenzen wie bisher, nur noch strenger und feierlicher, zu pflegen. Gott,

Vaterland, Tugend, Freiheit waren die großen Ideen, die sie in ihren gegenseitiger Prüfung unterstellten Gedichten verherrlichten. Die Schriftsteller, in denen sie Sittenverderber und Vertreter oder Nachahmer des französischen Wesens sahen, Wieland, Voltaire und ihre Genossen, verabscheuten und schmähten sie; begeistert priesen sie dagegen diejenigen, in welchen sie gleichgesinnte Sänger ihrer religiösen, vaterländischen und sittlichen Ideale zu erkennen glaubten. Mit heiliger Ehrfurcht nannten sie Klopstocks großen Namen, nicht mehr ganz so feierlich, doch noch immer mit ernster Achtung tranken sie die Gesundheit Ramlers, Lessings, Gleims, Geßners, Gerstenbergs, selbst Uzens und Weißens. Allmählich gesellten sich ziemlich alle Mitglieder des früheren, von Boie gestifteten Vereines diesem engeren Bunde zu, der sich außerdem noch durch neue Ankömmlinge der Göttinger Studentenschaft vergrößerte. Als die Seele desselben sah sich Johann Heinrich Voß an, der durch das Loos zum „Ältesten" erwählt worden war; bei der Beurteilung der Gedichte, welche die Bundesbrüder lieferten oder aus den Sammlungen der Oden Klopstocks und Ramlers vorlasen, hatte Boie als kritisch reifster Genosse und Meister der Declamation die gewichtigste Stimme. Den beiden schlossen sich Johann Martin Miller, Ludwig Heinrich Christoph Hölty, Johann Friedrich Hahn und einige unbedeutendere Freunde an; im December wurden die beiden Grafen Christian und Friedrich Leopold von Stolberg, im Februar 1773 auch Karl Friedrich Cramer, den Voß vorher fern zu halten suchte, in den Bund aufgenommen.

Damit rückte für die Bundesbrüder ein Wunsch, den sie bei aller Begier bislang kaum so bald verwirklicht zu sehen hofften, der Erfüllung nahe: Klopstock, den sie unbedingt verehrten, über Milton, Ossian, Virgil und Homer stellten, den sie fast anbeteten, erfuhr von ihrem Streben; ja mehr, eine lebhafte Teilnahme daran wurde in ihm geweckt. Von Kind auf standen Cramer, der Sohn des Kopenhagner Hofpredigers, und die beiden Stolbergs ihm nahe: was war natürlicher, als daß sie ihm von diesen glühenden Bewunderern seiner Dichtung schrieben, daß sie die neue, rührige Schaar von thatkräftigen Anhängern seinem Wohlwollen empfahlen? Und eben so natürlich war es, daß Klopstock diese Nachricht nicht mißachtete, sondern die für ihn so warm begeisterten Jünglinge durch persönliche Freundlichkeit noch fester an sich zu fesseln suchte. Er ließ ihnen die Aushängebogen vom letzten Bande seiner Messiade durch den Verleger zusenden und schickte ihnen die von Gluck componierten Oden; er nahm eine handschriftliche Sammlung ihrer besten Gedichte entgegen, sprach ihnen seinen Beifall dafür aus und beschenkte sie mit einem Kupferstich von Preisler für die Bundesstube; er erbot sich unaufgefordert, zu einem etwaigen Bundesbuche, in dem die Freunde ihre Gedichte künftig gesammelt herausgeben würden, die Vorrede zu schreiben; er erklärte sich schließlich gar bereit, selbst in den Bund einzutreten. Mit maßlosem Entzücken begrüßten die Jünglinge diese Nachrichten. War schon beim Lesen der letzten Gesänge des 'Messias' ihre Schwärmerei auf einen bedenklichen Grad gestiegen, hatten sie mit ihrer Feier des Geburtstages Klopstocks 1773 schon beinahe den Einen, kurzen Schritt vom Erhabenen zum Lächerlichen gemacht, so versetzte sie vollends der Gedanke „Unter uns Klopstock!" in eine dithyrambische Verzückung, die in dem dankerfüllten Antwortschreiben des Bundes an den Hamburger Dichter einen nur zu überschwänglichen Ausdruck fand.

Mit dieser Verehrung Klopstocks ging naturgemäß die Nachahmung seiner Werke bei den Göttingern Hand in Hand. Keiner von ihnen konnte oder wollte sich ganz frei davon halten. Selbst Miller, dessen leichtgereimte Lyrik ihrem Wesen nach mit Klopstocks Odendichtung nicht das Geringste gemein hatte, arbeitete einige Oden in antiken Versmaßen aus, worin er Klopstockische Ausdrücke und Gedanken sich zu Nutze machte und gleich seinem Meister begeistert Tugend, Freiheit und Vaterland, schwermütig Liebe und Freundschaft besang.

Viel natürlicher eignete sich Hölty den Klopstockischen Stil an, welcher seiner Poesie von Anfang nicht fremd gewesen war, wenn er gleich weder früher noch später jemals ausschließlich in ihr vorherrschte. Aber er bildete antike Versmaße in der freieren Form, wie Klopstock sie gebrauchte, nach, er entlehnte aus dessen Oden wie aus dem 'Messias' allerlei Ausdrücke und Redensarten, lernte an Klopstocks stilistischen Eigentümlichkeiten der Satzbildung, bediente sich des ganzen Stimmungs- und Empfindungsapparates, den jener aufwandte, vom schauervollen Zittern und Beben bis zu den heißen Thränen der Sehnsucht, arbeitete überhaupt durchaus mit Klopstockischen Motiven. Gedanken an Tod, Grab und Jenseits, an die Trennung von den Freunden und an die noch ferne künftige Geliebte paßten vortrefflich zu dem elegischen Grundcharakter seiner Lyrik, die, wie Klopstocks Jugenddichtung, mehr sehnsüchtig in die Zukunft blickte als glücklich die Gegenwart genoß; dabei blieb aber gelegentlich auch der (gleichfalls von Klopstock stammende) Einfall nicht unausgesprochen, daß ein

Augenblick der Freude unter Freunden, in der Maienlandschaft, ein Kuß jeden Kranz des Nachruhms aufwiege, den sich Helden oder Weise wanden. Den friedlichen Dämmerschein der Mondnacht suchte Hölty wie Klopstock als stimmungsvollen Beleuchtungseffect seiner empfindsamen Schwärmerei. Seine Verehrung für den Sänger des 'Messias' gieng so weit, daß er behauptete: „Wessen Arbeiten Klopstock gefallen, der ist schon in den Vorhof des Tempels der Unsterblichkeit eingegangen und wird gewiß in's Allerheiligste kommen. Die Stimme der Nachwelt wird mit Klopstocks einerlei sein." Auch die vaterländische Dichtung des bewunderten Meisters ließ er nicht ganz ohne Nachahmung; doch schloß er sich an sie verhältnismäßig am wenigsten mit seinen eignen Versuchen an, und über die Barden machte er sich sogar in einem derben Spottgedichte lustig.

Alle Motive, welche Hölty von Klopstock borgte, und noch etliche darüber finden sich wieder in den Oden des jungen Voß. Bei ihm tritt auch das freiheitliche und das national-deutsche Element stärker hervor. Er brauchte Klopstockische Namen, Klopstockische Wortverbindungen, Zusammensetzungen und Stellungen, erschwerte gleich dem älteren Odensänger durch gekünstelte Anspielungen und durch das übertriebene Streben nach Kürze und Prägnanz oft das Verständnis und war selbst mit den abstractesten Vorstellungen seines Lehrers vertraut. Aber im Vers hielt er sich doch strenger an die antiken Muster, und ihr Einfluß, der bald auch stofflich bedeutsamer wurde, sowie sein eigner Sinn für realistische Abbildung einfach ländlicher Zustände befreiten ihn frühzeitig von unselbständiger Nachahmung des deutschen Dichters, dessen metrische und sprachliche Errungenschaften er allerdings auch fernerhin stets fleißig nützte.

Unbedingt unter Klopstocks Einflusse stand Graf Christian Stolberg in seinen wenig zahlreichen Gedichten. Inhalt und Form, Gedanken, Stimmungen, Redewendungen, Vers — alles war hier unmittelbar von Klopstock abhängig, und nicht einmal in seinen gereimten Gedichten wußte sich der Schüler eine äußerlich bemerkbare Freiheit von dem Muster seines Lehrers zu erkämpfen.

Dagegen ließ sich sein Bruder Friedrich Leopold Stolberg nie völlig zu sklavischer Nachahmung seines Vorbildes herab. Nur im Versmaß folgte er unbedenklich Klopstock; sonst mochte man bei ihm zahlreiche Anklänge an den 'Messias' und an die 'Oden' wahrnehmen, mitunter fast wörtliche Anklänge, man mochte hier wie dort einer ähnlichen Auffassung der Natur, ähnlichen elegischen Stimmungen, ähnlichen Gedanken von

Freiheit und Vaterland begegnen, man mußte eingestehen, daß Stolbergs
Sprache sich nur aus und an der dichterischen Rede Klopstocks hatte entwickeln können: aber troß dem allen konnte man schon frühe die künstlerische
Selbständigkeit des ersteren, die auf der Eigenart seines Wesens beruhte,
nicht verkennen; später, als auch Stolberg dem griechischen Altertum immer
näher trat, mußte vollends Klopstocks unmittelbarer Einfluß auch bei ihm
an Kraft verlieren.

Am freiesten von dieser Einwirkung erhielt sich Boie, wenn er auch
einige wenige Verse in antiken Metren abfaßte; Hahn hingegen, der sogar
ein großes vaterländisches Epos 'Hermann' plante, suchte in seinen paar
Oden durch geschraubtes Gepolter Klopstocks Pathos, durch revolutionäre
Kraftausdrücke Klopstocks Freiheitsbegierde zu überbieten. Auch Karl
Friedrich Cramer erwies sich in den wenigen Oden, die von ihm be-
kannt sind, als blinden Nachahmer des von ihm vergötterten väterlichen
Freundes.

Nachbildung Klopstocks nahm überhaupt jetzt auch in der Lyrik immer
mehr überhand. Ziemlich in allen Zeitschriften, die der schönen Literatur
dienten, tauchten — von bekannten und von unbekannten Verfassern — nunmehr häufig Gedichte auf, welche den innigsten Anschluß an die Form und
den Inhalt der Klopstockischen Oden bekundeten. Und seitdem diese Oden
durch die Ausgaben von 1771 jedem zugänglich geworden waren, breitete
sich ihr Einfluß immer weiter aus, namentlich auf die jüngeren Dichter,
deren künstlerische Entwicklung noch nicht fertig abgeschlossen war und durch
neue Erfahrungen noch irgendwie bestimmt und gelenkt werden konnte.
Goethe und Schiller mit ihren gleichaltrigen Freunden, Matthisson und
Salis-Seewis, Hölderlin und Jahrzehnte darnach Platen und mehrere
unserer bedeutenderen Lyriker bis auf den heutigen Tag haben diesen Einfluß empfunden und künstlerisch verarbeitet; von den Dichtern Deutschlands, deren Bildungsperiode noch vor den Beginn des neunzehnten Jahrhunderts fällt, haben sich nur wenige ihm ganz entziehen können. Die
Anzahl der plumpen Nachahmer, die gerade in den siebziger Jahren allerseits wieder gewachsen war, auch in Österreich, wo unter andern Lorenz
Leopold Haschka (1749—1827) schwerfällige Oden streng nach Klop-
stockischem Muster schmiedete, verringerte sich freilich mit der zunehmenden
Reise in der Gesammtentwicklung unserer Literatur. Aber mochten auch
einseitige Klopstockianer, zu reifer Selbsterkenntnis gelangt, ganz andere
Bahnen betreten, mochte unsere gesammte Dichtung Wege einschlagen, die

von denen Klopstocks immer weiter abführten, eine Fülle von poetischen
Motiven, die er in unsere Lyrik gebracht hatte, blieb ihr als unveräußer-
licher Besitz, mit dem die folgenden Sänger schalteten, ohne sich auch nur
immer seiner Herkunft bewußt zu sein. So blieb er lange Zeit ein bald
mehr, bald minder copiertes Vorbild für die idyllische und elegische Darstellung, für die religiöse und vaterländische Poesie; die kühnen Errungenschaften seiner Dichtung auf sprachlichem und metrischem Gebiete jedoch
kamen selbst, als die Nachbildung seines Ausdrucks und seiner Strophenformen im einzelnen aufhörte, noch den spätesten Geschlechtern zu Gute.
Daß sie so rasch und weithin sich dem ganzen deutschen Volke mitteilten,
darum hatten Klopstocks junge Freunde, vor allen die Göttinger, kein geringes Verdienst.

Bald bot sich den begeisterungstrunkenen Jünglingen eine vortreffliche
Gelegenheit, ihren Eifer auch durch die äußere That zu bewähren. Am
14. Mai 1773 versandte Klopstock gedruckte Exemplare einer öffentlichen
Ankündigung, daß er demnächst eine Schrift auf Subscription herausgeben
werde und zu dem Behufe Collecteure von Subscribenten suche. Endlich
also wählte er doch nun die Art der Veröffentlichung, die er seit einem
Vierteljahrhundert so und so oft beabsichtigt, aber nie zu verwirklichen vermocht hatte. Mündlich mit den Hamburger Freunden, brieflich vor allem
mit Gleim beriet er seinen Subscriptionsplan sorgfältig, bevor er mit dem
lange gehegten und vorbereiteten Project an die Öffentlichkeit trat. Überall
im ganzen deutschen Reich, ja auch im Auslande, wo Deutsche lebten, die
Sinn für vaterländische Literatur hatten, entwickelten nun Klopstocks Anhänger, ohne auf die Klagen der verstimmten Buchhändler zu achten, eine
Rührigkeit ohne Gleichen. Sie sammelten nicht nur selbst rastlos Subscribenten, sondern warben eben so fleißig ihre auswärtigen Freunde zu
Collecteuren an solchen Orten, wo der Dichter keine unmittelbaren Beziehungen hatte. Das Publicum aber kam ihnen meistens auf halbem
Weg entgegen. Anschaulich schilderte noch der alte Goethe, wie jedermann
sich zur Subscription drängte, wie selbst Jünglinge und Mädchen, die nicht
viel aufzuwenden hatten, ihre Sparbüchsen eröffneten, Männer und Frauen,
der obere und der mittlere Stand gleich eifrig zu der heiligen Spende bei-
trugen. Denn weniger um den Ankauf eines neuen Buches war es den
Subscribenten zu thun, die sich bereitwilligst an der Pränumeration beteiligten; man betrachtete dieselbe vielmehr als eine Art Ehrengabe,
durch die man den Verfasser für seine Verdienste um das Vaterland

belohnen wollte. So kamen über dreitausend sechshundert Subscribenten zusammen.

Weitaus die größte Anzahl stellte das kleine Göttingen, volle 342 Käufer. Dann folgten Mietau mit 140, Hamburg mit 133, Hildesheim mit 110, Berlin mit 90 und Wien mit 88, meistens dem hohen Adel angehörigen Subscribenten. Im Süden Deutschlands war die Beteiligung etwas schwächer als im Norden, in den katholischen Gegenden nicht so stark wie in den protestantischen, doch immer noch größer, als man erwarten sollte. Zwar fehlte Bamberg ganz in der Subscribentenliste, und Regensburg, Würzburg, Passau waren nur schwach vertreten; aber Ingolstadt stellte immerhin 18, Innsbruck und Salzburg je 20, München 24 Käufer, während Stuttgart nur 17, Frankfurt am Main 22 und gar Leipzig nur 25 aufwiesen. Im allgemeinen kam man in den Universitätsstädten dem Unternehmen am freundlichsten entgegen. Nach Tübingen giengen 81, nach Königsberg 70, nach Halle 59, nach Jena 39, nach Erlangen 21, nach Gießen und Wittenberg je 20, nach Heidelberg freilich nur 2 Exemplare. Unter den kleineren Residenzstädten thaten sich Mannheim, Darmstadt, Karlsruhe, auch Ansbach, unter den Provincialstädten Schleswig, Breslau, Münster, Altona und Hadersleben hervor; Dresden hingegen brachte es nur auf 48 Subscribenten. Auffallend wenig Käufer stellten sich in den Orten ein, an denen Klopstock sich oft und gern aufgehalten hatte, in Langensalza, Zürich, selbst in Magdeburg, Halberstadt und Braunschweig; in Quedlinburg subscribierte niemand. Im Auslande beschämten die Hauptstädte der russischen Ostseeprovinzen Mietau, Riga und Rewal alles durch ihren Eifer. Ihnen schloß sich Kopenhagen mit 37, Amsterdam mit eben so vielen und Lissabon mit 36 Subscribenten an. In London wurden 21, in St. Petersburg 19 Exemplare bestellt, in Paris keines. Klopstock hatte allen Grund, seinen Subscriptionsversuch weit über seine Erwartung gelungen zu nennen.

Endlich erschien im Frühling 1774 zu Hamburg das mit Neugier und Spannung erwartete Werk: 'Die deutsche Gelehrtenrepublik, ihre Einrichtung, ihre Gesetze, Geschichte des letzten Landtags; auf Befehl der Aldermänner durch Salogast und Wlemar, herausgegeben von Klopstock; erster Teil'.

Während der Verhandlungen mit dem Wiener Hof hatte Klopstock sich so eindringlich mit dem Zustande der Wissenschaften in Deutschland beschäftigt, daß ihn wohl dabei die Lust anwandeln konnte, seine Gedanken darüber in umfangreicherer Weise darzulegen. Anfangs hoffte er vielleicht, dies praktisch am besten mittelst des Wiener Instituts im persönlichen Verkehr mit den hieran beteiligten Schriftstellern zu erreichen. Seitdem jedoch sein zuversichtlicher Glaube an die Verwirklichung jener Pläne zu wanken begann, also etwa seit dem Herbst 1769, dürfte es ihm mehr und mehr zum festen Entschluß geworden sein, seine Ansichten und Wünsche in Bezug auf den gegenwärtigen Stand und die künftige Entwicklung der deutschen Wissenschaften in einem ausführlichen theoretischen Werk öffentlich auszusprechen. Das trockne Theoretisieren aber haßte Klopstock. Schon bei dem Entwurf für Kaiser Joseph hatte er sich darum die Maske des Geschichtschreibers vorgebunden, der mit objectiver Ruhe fertige, unumstößliche Thatsachen aus vergangener Zeit erzählt. Er that sich auf diese Art der Darstellung etwas zu Gute; was war natürlicher, als daß er jetzt im ähnlichen Falle sie wieder wählte? Diese Form schien hier sogar noch besser am Platz als dort, wo er nur Pläne für die Zukunft aus einander gesetzt hatte; denn hier wollte er ja die schöne und die gelehrte Literatur Deutschlands nicht bloß schildern, wie sie sein sollte, sondern auch, wie sie zur Zeit war. Allein damit, daß er wieder die Miene des Geschichtschreibers annahm, dünkte es ihn noch nicht gethan zu sein; die eine Vermummung zog eine andre nach sich, die absonderliche Weise des Vortrags führte zur vollständigen, künstlich ausgebildeten Allegorie. So dachte er sich die Gesammtheit derjenigen Deutschen, die activ oder passiv in irgend welchem Verhältnis zur Literatur stehen, als ein staatlich geordnetes Gemeinwesen, das sich innerhalb des politischen Staates und unabhängig von ihm, ohne Zusammenhang mit ihm selbständig entwickelt — eine Vorstellung, auf welche bereits ein von Bodmer 1749 im achtzehnten der 'Neuen kritischen Briefe') ausgesprochner Gedanke hinleitete. Wie jedes andre Staatswesen hat auch diese „Gelehrtenrepublik" ihre Gesetze, ihre Beamten, ihre Stände und Rangklassen, ihre Landtage.

Punkt für Punkt hatte Klopstock dies in seinem Buche darzustellen. Die Arbeit scheint er nach seiner Weise ziemlich geheim gehalten zu haben, bevor sie zur Veröffentlichung reif war. Dem großen Publicum legte er zuerst in der zweiten Auflage des von Gerstenberg herausgegebenen 'Hypochondristen' (Teil II, Stück 26) das 'Gesetzbuch der Gelehrtenrepublik in Deutschland' vor. Dasselbe enthielt die meisten Gesetze des späteren, voll ausgeführten Werkes, doch in kürzerer Form als 1774.

Schon 1769 hatte Klopstock sie aufgezeichnet, und spätestens im Sommer 1770 war sein Manuscript druckfertig gewesen; aber erst ein volles Jahr darnach kamen die „trefflichen Gesetze" in Gerstenbergs Wochenschrift an's Licht. Klopstock selbst drängte zuletzt den befreundeten Herausgeber zur Eile; denn gerade der gegenwärtige Zeitpunkt schien ihm einer solchen Veröffentlichung besonders bedürftig. Er ließ daher diese 'Gesetze der Gelehrtenrepublik in Deutschland' gleichzeitig auch im 'Wandsbecker Boten' (vom 29. Juni bis zum 6. Juli 1771) abdrucken. Auch wünschte er den Gesetzen bald eine 'Nachricht von dem letzten Landtage der Gelehrten und Dichter' folgen zu lassen; im August 1771 hatte er auch davon die ersten Umrisse schon entworfen. Bedächtig führte er die Arbeit fort; er forderte diesmal sogar in außerordentlich weitgehender Weise den Rat der nächsten Freunde heraus. Im September 1773 bat er Gleim und den besonders in der Metallurgie tüchtigen braunschweigischen Kammerrat Johann Andreas Cramer zu Blankenburg (1710—1777), ihm dasjenige Neue, welches sie über irgend einen Teil irgend einer Wissenschaft gedacht hätten, für die 'Gelehrtenrepublik' mitzuteilen, „es mögen nun erste Gedanken oder völlig bestimmte und ausgebildete sein"; zugleich fragte er an, ob er auch dieselben Worte brauchen solle wie die beratenden Freunde, oder ob die Geschichtschreiber der Republik die Sachen vortragen dürften, wie sie wollten. Unter den Wenigen, an die Klopstock das gleiche Ansuchen richtete, war namentlich Ebert, desgleichen die Göttinger Jünglinge. Dem ersteren bezeichnete er auch die Stelle, die solchen Mitteilungen eingeräumt werden sollte. Sie sollten in der Geschichte des letzten Landtages bei den Unterredungen über die schönen Wissenschaften, die an den Abenden stattfinden, verzeichnet werden.

Ob die älteren Freunde der Bitte entsprachen und was sie beisteuerten, läßt sich kaum mehr feststellen; denn jedenfalls erhielt Klopstock die Erlaubnis, die Einfälle seiner Correspondenten in seiner Weise vorzutragen, und machte davon ausgiebigen Gebrauch, indem er allem und jedem, was ihm zur Verfügung gestellt wurde, den Stempel seines Geistes und seines Stiles aufdrückte. Vermutlich lieferte Ebert einiges zu den Vorarbeiten für eine deutsche Grammatik und zu dem Abschnitt über ein künftiges deutsches Wörterbuch. Auch unter den 'Denkmale der Deutschen' betitelten geschichtlichen Fragmenten und Anekdoten dürfte manches Stück von den Freunden herrühren. Die Göttinger sandten Sinngedichte gegen Wieland, die Klopstock möglicher Weise doch nicht aufnahm[1]). Ferner hatte dieser ihnen die alte Felsenaufschrift, die gegen den Schluß der 'Gelehrtenrepublik' eine Rolle in der Geschichte des letzten Landtages spielen sollte, zugeschickt, damit sie dieselbe in's Neuhochdeutsche übertrügen; allein noch zu Weihnachten 1773 mußten sie es aufschieben, den Wunsch des Hochverehrten zu erfüllen. Ob sie schließlich vielleicht gar die verunglückte, fehlerhafte Übersetzung lieferten, die Klopstock vor der richtigen in seinem Werke mitteilte, bleibt dahingestellt.

Einzig und allein in originaler, nationaler Production war nach Klopstocks Ansicht das Heil der deutschen Wissenschaften zu suchen. Sie zu erleichtern und zu befördern, darauf zielte jeder Satz der 'Gelehrtenrepublik' ab. Aus diesem Princip ergaben sich zwei weitere Hauptgrundsätze: jegliche Nachahmung, besonders die der Ausländer, war auf das strengste zu bekämpfen, ebenso aber die Macht der Kritik oder gar der Polemik möglichst einzuschränken. Denn der ehemalige Bremer Beiträger haßte oder verachtete noch immer die Kritik und die, welche ihr oblagen, betrachtete ihr Urteil zwar als gleichgültig und machtlos gegenüber dem Richterspruch der Geschichte, glaubte aber, daß sie vorher durch ihr Treiben die gedeihliche Entwicklung der Wissenschaften vielfach erschwerten. Er leugnete nicht, daß einzelne Kritiker sich rühmlich vor der großen Menge ihrer Berufsgenossen auszeichneten. Das waren aber in seinen Augen seltne Ausnahmen, die nur die Richtigkeit der Regel bestätigten. In der großen Mehrzahl galten ihm die Kritiker als solche für dumm und schlecht. Er schalt sie ungerecht, unedel, boshaft, anmaßend, schamlos, verurteilte die Anonymität ihrer Recensionen in den meisten Fällen als heimtückische Feigheit und sah überhaupt in ihrem ganzen Treiben nichts als falschen äußeren Schein bei innerer Hohlheit. Den mächtigen Aufschwung, den gerade die deutsche Kritik seit der Mitte des Jahrhunderts genommen hatte, schätzte er keineswegs nach Gebühr; von der productiven Kraft der Kritik wollte er, obwohl ihn sein freundschaftlicher Verkehr mit Lessing eines Besseren hätte belehren sollen, nichts wissen. Auch jetzt noch hielt er den Grundsatz aufrecht, den er schon früher (im 'Nordischen Aufseher') ausgesprochen und selbst immer befolgt hatte, daß es unter der Würde des productiven Schriftstellers sei, sich gegen einen Recensenten zu verteidigen. Streitschriften vollends wollte er nur im Falle der äußersten Notwehr zulassen

---

[1]) Oder sollten die Epigramme 'Ganz gute Bemerkung' und 'Weil', die übrigens recht Klopstockisch klingen, so zu erklären sein? Am Ende auch 'Die Chronologen'?

— und wie selten gab er zu, daß dieser Fall eingetreten sei! —; sonst
jedoch suchte er dem Unfuge der Polemik, der zu nichts diene als die
Männer der Wissenschaft zum lächerlichen Schauspiel für Ungelehrte zu
erniedrigen, mit allen Kräften zu steuern.

In einem gewissen Zusammenhange mit Klopstocks übertriebener und
in ihrem Übermaß ungerechter Abneigung gegen die Kritik stand seine
Antipathie gegen alle bloß theoretische Wissenschaft. Wahrhaft productiv
dünkte ihn nur die praktische That; er achtete nur die Studien, welche zu
praktisch brauchbaren Ergebnissen im einzelnen wie im ganzen führten. Der
Mangel einer speculativen Geistesanlage machte sich hier wieder fühlbar.
Zwar versäumte er keine Gelegenheit, zu zeigen, wie hoch er Leibniz verehrte. Aber er pries regelmäßig in ihm nicht so fast den Philosophen als
den Polyhistor, den einzigen unter den Deutschen, der diesen Namen wirklich verdiene, den größten Gelehrten Europas, der nicht nur, wie und wo
Newton es that, die Furche geführt und die Saat gestreut, sondern in
gleicher Weise auch da angebaut habe, wo Newton nicht hinkam. Dagegen
machte Klopstock aus seiner geringen Meinung von philosophischen Systemen
durchaus kein Hehl. „Neue Lehrgebäude", verordnete ein Gesetz seiner
'Gelehrtenrepublik', „werden gleich, wenn sie fertig sind, verbrannt." Er
sträubte sich gegen eine Wissenschaft, die sich oft auf bloße Hypothesen
gründete und um irreale oder nur formal wichtige Begriffe drehte. Erst,
wenn man „genug richtige Erfahrungen" gesammelt habe, sollte das strenge
Gesetz abgeschafft werden; aber zweifelnd fragte er, ob diese Zeit jemals
kommen werde. Inzwischen war er überzeugt, daß eine objective, wahre
Geschichte der Philosophie ohne die Absicht des Verfassers als vernichtend-
scharfe Satire sich darstellen würde, da die allermeisten Philosophen gar
wenig dazu beigetragen hätten, den Verstand zu erleuchten und die Herzen
zu lenken.

Die Polytheorie, die er an Stelle der alten Polyhistorie einreißen sah,
fertigte er energisch ab. Ganz im Geiste der jungen Generation, die auf
bloße Gelehrsamkeit verächtlich herabschaute, setzte er Darstellung weit über
Abhandlung: diese „ist gewöhnlich nur Theorie", jene „hat Theorie". So
galt ihm unter sämmtlichen Wissenschaften die Geschichtschreibung vorzüglich hoch; allein auch hier wünschte er nur Thatsachen erzählt, jedoch alle
Vermutungen — worauf der pragmatische Historiker doch kaum völlig verzichten kann — unterdrückt. Unter den abhandelnden Wissenschaften
zeichnete er nicht umsonst die Naturforschung, deren Ergebnisse sich am un-

mittelbarsten als praktisch tauglich erweisen, besonders aus, während er der
Philologie, soweit sie nicht auch im einzelnen praktisch wertvolles Neues zu
Tage förbert, und den verwandten hauptsächlich formalen Disciplinen die
unterste Stufe anwies.

Wie in der Philosophie, so ließ er auch in der Dichtkunst kein „Regel-
geschwätz", sondern einzig und allein Erfahrung gelten. Er spottete über
die „Regulgeber", die, sobald sie selbst einmal productiv arbeiten wollen,
beim ersten Ansatz kläglich stecken bleiben. Als Dichter, der in seiner Kunst
schaffend thätig sein könne, wies Klopstock — doch ohne daß er hiemit
Lessings 'Laokoon' tadelnd streifen wollte — sogar jede theoretische Äußerung über das Wesen und die Grenzen der Künste von sich. Nur wenige,
zum Teil schon bereinst von den Schweizern aufgestellte Regeln erkannte er
als wahr und echt an, solche, die aus der Art und Eigenschaft des menschlichen Herzens und aus der Natur der Dinge, die den Menschen umgeben,
hergenommen sind. Die aber sind leicht anzuwenden und leiten zu großen
Zielen: sie lehren den Dichter, die höchste Wirkung, deren die Kunst
fähig ist, hervorzubringen, nämlich das Herz zu rühren. Dreierlei empfahl Klopstock vor allen Dingen dem jungen Poeten, auf daß er die nötige
Erfahrung gewinne: Untersuchung des Menschen, des idealen sowohl wie
des wirklichen, Vorübungen und vollkommene Sprachkenntnis. Dazu
machte er im besonderen die feinsten, auf seiner eignen künstlerischen Praxis
beruhenden Anmerkungen. Der Dichter muß die Leidenschaft mit all ihren
Schattierungen kennen „wie der Bauer sein Feld oder der Günstling den
Fürsten, durch den er herrscht, oder ... der Teufel die Seele, die er holt".
„Wie dem Mädchen, das aus dem Bade steigt, das Gewand anliegt", so
soll es die Sprache dem Gedanken. Namentlich hob Klopstock, der selber
hierin Meister war, hervor, wie wichtig der Klang der Worte, die Ton-
bildung für den poetischen Ausdruck ist, und schlug demgemäß den Wert
einer guten Declamation, von der auch der Dichter viel lernen kann,
hoch an.

Aber freilich weiß nur das Genie mit all diesen Vorschriften und
Winken etwas anzufangen. Die Verhältnisse, durch welche das poetische
Genie entsteht, bestimmte Klopstock, unbeirrt durch den Mißbrauch dieses
Wortes unter der literarisch strebenden Jugend jener Zeit, ganz in der besonnenen Weise des älteren Geschlechtes mit Worten, die Lessing durchaus
billigen konnte. Er forderte, daß die Reizbarkeit der Empfindung etwas
größer als die Lebhaftigkeit der Einbildungskraft, die Schärfe des Urteils

aber größer als beide sei. So riet er denn auch dem Dichter, daß er, frei vom Zwange der Regel, schaffe, wie der Geist ihn treibt, dann jedoch kalt und streng sein Werk prüfe, die Feile weder spare noch überflüssig anlege und vor übertriebener Zierlichkeit der Form sich nicht weniger als vor formloser Rohheit hüte. Vornehmlich nach Vollständigkeit und Klarheit trachte er bei möglichster Kürze, die der Unverständige oder Unaufmerksame immerhin des Dunkels beschuldigen mag — wieder verlangte Klopstock nur, was er selbst als Dichter ohne Unterlaß zu leisten suchte. Im Einklang mit Lessing, der früher einen ähnlichen Ausspruch gethan hatte, krönte er diesen Teil seiner Vorschriften mit dem Satze: „Wer die Wollust noch nicht geschmeckt hat, welche die zu überwindende und die überwundne Schwierigkeit geben, der ist noch ein Neuling und sollte sich des Mitsprechens enthalten."

Doch im höchsten Grade gilt von der Dichtkunst das Grundgesetz, welches die Nachahmung aus dem weiten Umkreise der deutschen Gelehrtenrepublik verpönt. Zutreffend verglich Klopstock die Originalwerke mit Blumen, während er die Arbeiten der Nachahmer als verfaulte Töpfe (pots-pourris) bezeichnete. Nachdrücklich wies er darauf hin, wie viel Wissenswürdiges noch aller Orten verborgen sei. Aber gerade deßhalb schien ihm das Verlangen berechtigt, daß jedes frisch ausgegebene Buch nach Inhalt oder Form wenigstens in einigen Stücken wirklich neu sei. Entdeckern und Erfindern verhieß er die größten Belohnungen der Republik; den letzten Stand in derselben, arm an Rechten und ausgeschlossen von manchen Ehren, bilden die Nachahmer.

Doppelt verwerflich ist ihr Thun, wenn sie sich gar zu Knechten des Auslands erniedrigen. Denn so freveln sie zugleich an der Würde des Vaterlandes, dessen literarischen Ruhm zu verkünden Klopstock auch hier nicht versäumte. Mit patriotischem Stolze pries er den von seinen Landsleuten meist unterschätzten Reichtum, besonders aber den freien und zugleich aristokratisch vornehmen Charakter der deutschen Wissenschaft, während die demokratischen Engländer dem literarischen Pöbel zu große Vorrechte einräumten, die oligarchischen Franzosen aber fast schon der Dictatur Voltaires sich unterworfen hätten. Und, wie in seinen Oden, so wurde er auch hier nicht müde, das Lob der deutschen Sprache zu singen, „der es kaum die griechische und keine der andern Europäersprachen bieten darf". In wechselnden Bildern rühmte er sie als reichhaltig, vollblühend, fruchtschwer, tönend, gemessen, frei, bildsam, männlich, edel und vortrefflich. In großen Umrissen skizzierte er flüchtig ihr geschichtliches Wachstum von den ältesten

Zeiten an, zum Aufſuchen und Erforſchen ihrer noch unbekannten Schätze mahnend und lockend. [1]). Und an Begeiſterung für Luther mit Leſſing und Herder wetteifernd, widmete er dem Reformator, der die zerfallene Sprache von neuem feſt und ſtark begründete, die dankbaren Worte: „Niemand, der weiß, was eine Sprache iſt, erſcheine ohne Ehrerbietung vor Luthern. Unter keinem Volk hat Ein Mann ſo viel an ſeiner Sprache gebildet."

Dieſe Sprache rein zu erhalten und unverletzt zu gebrauchen, achtete Klopſtock für die Pflicht jedes Deutſchen. Es verdroß ihn, daß ſelbſt gute Schriftſteller ausländiſche Worte ohne Bedürfnis in ihre Rede einmiſchten; dagegen begrüßte er mit lauter Freude jeden Verſuch, gute alte deutſche Worte und Formen aus der Vergeſſenheit zu erwecken. Wußte er doch, daß keiner der Zeitgenoſſen öfter und glücklicher dieſen Verſuch gewagt hatte als er ſelber. Jetzt wollte er ſogar die lateiniſchen techniſchen Aus- drücke durch deutſche erſetzt wiſſen. Den heißeſten Zorn erregte es ihm da, wenn Deutſche gar vollſtändig in einer fremden Sprache ſchrieben. Und rückſichtslos machte er ſeinem Unmut Luft. Ziemlich deutlich, wenn er auch den Gegner nicht nannte, klagte er Wieland, dem ſchon vor fünf- zehn Jahren Leſſing denſelben Vorwurf gemacht hatte, wegen ſeines mit Fremdwörtern allzu bunt durchwirkten Deutſch an; mit bitterem Hohn geißelte er ihn und ſeine Genoſſen [2]) als Nachahmer des Auslandes, die nur von ihren gutherzigen und unbeleſenen Landsleuten für rechte Wunder- männer gehalten würden. Er enthielt ſich nicht, dem bereits verſtorbenen deutſchen Baron Georg Ludwig von Bar ſeine franzöſiſche Schriftſtellerei vorzurücken, und eiferte um desſelben Fehltritts willen auch jetzt wieder gegen den großen Friedrich, den Verächter deutſcher Sprache und Literatur. Ja ſelbſt dem innig verehrten Leibniz gegenüber vermochte er ein Wort des Tadels, daß er ſo ſelten deutſch ſchrieb, nicht zu unterdrücken. Daß vol- lends ganze gelehrte Geſellſchaften, wie die Akademien der Wiſſenſchaften zu Berlin und Mannheim, es verſchmähten, ſich der Mutterſprache zu be- dienen, erſchien ihm wie Hochverrat am deutſchen Geiſte, wie er andrerſeits dem vaterländiſchen Eifer der Münchner Akademie ausdrückliche Worte des Dankes zollen zu müſſen glaubte.

---

[1]) Unter den erſten, die ſich anſchickten, ſeinem Rufe zu folgen, war Leſſing, der 1777 Vorarbeiten zur Geſchichte unſerer Sprache und Literatur im Ausgang des Mittelalters begann.

[2]) Auch Bodmer konnte ſich von der 'Wundergeſchichte' (S. 165 der 'Gelehr- tenrepublik') getroffen fühlen.

Auch den klassischen Philologen, den Scholiasten, wie Klopstock sie durchweg in seinem Buche nannte, rechnete er ihre Neigung, lateinisch zu schreiben, zu schwerem Tadel an. Namentlich mußte ihm Ernesti die Verachtung der Muttersprache bitter entgelten. Klopstock war seit seinen Knabenjahren ein begeisterter Bewunderer der Antike. Auch in der 'Gelehrtenrepublik' bekundete das mehr als Eine Stelle. So verglich er z. B. die Schreibart der Alten und die der meisten Neuern mit einander, die letztere einem hübschen, fleischigen Mädchen, das viel Putz, halblebende Augen und „nur so etwas wie 'ne Seele" hat, die erstere einem schönen nackten Mädchen, das Augen und eine Seele hat. Aber gegen die Überschätzung des Altertums stemmte er sich nicht weniger als gegen die der neueren Ausländer. Zumal sollten die Deutschen durch die künstlerischen und literarischen Leistungen der Griechen nicht entmutigt, sondern vielmehr zum Wetteifer angespornt werden. Selbst die Autorität des Aristoteles, dessen Größe Klopstock keineswegs verkannte, imponierte ihm nicht. Während Lessing die echte Lehre des hellenischen Philosophen, gereinigt von den Irrtümern seiner Ausleger, wiederherzustellen strebte, wollte er, indem er derartige Untersuchungen überhaupt abwies, die Macht des griechischen Denkers, wie in der Philosophie, so nun auch in der Dichtkunst gebrochen sehen. Und ebenso reihte sich Klopstock den patriotischen Schriftstellern an, die, wie Herder und gelegentlich Wieland, das deutsche Volk von der seit mehreren Jahrhunderten unerschütterten Herrschaft der lateinischen Sprache und des lateinischen Geistes frei zu machen strebten. Die Sprachen schätzte er nur als Mittel zum Zweck, und den antiken gestand er dabei keinerlei Vorzug vor den modernen zu. Eben so wenig schienen ihm die Lehrer der alten Sprachen einen Vorrang vor denen der neueren zu verdienen. Klopstock urteilte hier fast schon wie ein Sohn unseres Zeitalters, nur mit Einem großen Unterschiede: während er die klassischen Philologen zu bloßen Sprachmeistern herabsetzen wollte, trachten wir die Lehrer der modernen Sprachen zu wissenschaftlich geschulten Philologen emporzuheben.

Statt daß der deutsche Geist sich der Herrschaft eines fremden, antiken oder modernen Volkes unterjoche, sollte er nach Klopstocks Absicht vielmehr selbst seine siegende Macht über alle Wissenschaften und Künste ausbreiten. Der greise Goethe hegte die große Idee einer Weltliteratur, in welcher die verschiedenartigen Nationen friedlich neben und mit einander wirken und schaffen sollten, jede der andern gebend und von ihr wieder empfangend, jede ihrer geistigen Eigenart treu und doch alle durch den gegenseitigen

Austausch erst völlig groß. Deutschland sah er am reifsten für den Anbruch dieser Zeit; so hoffte er auch, daß der deutsche Geist zunächst die
führende Rolle in dem künftigen Weltreiche der Literatur übernehmen
werde. Die Machtstellung, die Klopstock ein halbes Jahrhundert vor
Goethe dem deutschen Genius zudachte, war nicht geringer; allein sie war
andrer Art. Gleichsam in fliegender Hast sollte der Deutsche alle Wissenschaften erobern, alle Erfindungen und Entdeckungen an sich reißen, dadurch
die Ausländer in ihrem bisherigen Besitze schwächen und sie zwingen, von
uns zu lernen, unsere geistige Übermacht anzuerkennen. Unter einem großartigen, schönen Bilde stellte das Klopstock dar. Er zeichnete sein Volk, wie
es colonisierend den ganzen Umkreis des Wissenswürdigen befährt. Aber
was er ihm empfahl, war keine besonnene Colonialpolitik, die auch die
Rechte des Nachbars achtet und auf Unerreichbares freiwillig verzichtet;
sondern in chimärischer Hoffnung sah er die deutschen Entdecker überall,
auf der kleinsten Insel, auf jedem Felsenriff im Ocean landen, alles um-
gehn, ausspähn, untersuchen, auf jedem Eiland sogleich die Erde aufreißen,
Saat streun und deutsche Anbauer von der Heimat herüberholen, aber
auch nirgends der falschen Cultur schonen, über alle Gärten, wo nur
Blumen wachsen, den Pflug führen, jedes Gebäude, das in den Sand
gebaut ist, niederreißen.

Allerdings zweifelte Klopstock, ob jetzt schon die Zeit zu solchen Thaten
gekommen sei, und der vorläufige Aufschub des ungeheuren Wagnisses
machte ihn in seinem Wollen und Hoffen selber noch nicht irre. Mit dem
Worte tröstender Zuversicht „Desto reifer, je länger's keimt!" schloß er
sein Buch. Daß es aber auch wirklich keimte, dafür war ihm die Bewegung
in dem jugendlich heranwachsenden Geschlechte Gewähr. Er verkannte die
Vorzeichen der politischen Revolution so wenig als die der literarischen in
und außer Deutschland: „Über'm Rheine flammt's auf und dampft's;
über'm Meere brennt's und sprüht's Funken: aber diesseits glüht's!"
Gegen Selbstüberhebung der Jugend eiferte er an mehr als Einer Stelle;
aber nirgends verbarg er auch, wie viel er von der Glut eines edlen
Feuers im Herzen begabter Jünglinge erwartete, und so deutete er in
auszeichnender Weise ein und anderes Mal auf das vaterländisch-kühne
Streben der Göttinger Bundesbrüder und ihrer gleichgesinnten Genossen
unter den Dichtern des eben entfesselten Sturms und Drangs.

Aber nicht auf ihnen allein beruhte seine Hoffnung. Er bekannte mit
Stolz, daß die jüngste Blüte deutscher Wissenschaft und Dichtung über-

haupt ihm reicher als jemals zu sein schien. Und er versäumte nicht, zur Ehre des Vaterlandes die Thatsache zu verzeichnen, daß man sogar in Frankreich sich bereits um deutsches Schrifttum kümmere und daraus zu lernen trachte. Darum eben hielt er die Zeit für gekommen, um jedes Mittel zur weiteren Kräftigung und Ausbildung der einheimischen Literatur zu versuchen. Unabhängig von den Großen, die meistens als herrschsüchtige Kenner ihre Macht auf die Wissenschaften auszubehnen strebten, weit entfernt, ihnen zu schmeicheln oder um ihre Gunst zu werben, sollten Deutschlands Gelehrte jetzt vielmehr selbst Einfluß auf jene gewinnen, als gerechte und freimütige, wenn auch maßvolle Kritiker und als wahrhafte Geschichtschreiber ihrer Thaten. Den Deutschen, welche voll Dünkels auf ihr Wirken in Staats- oder Kriegsämtern sich verächtlich von den literarischen Bestrebungen ihres Volkes abwandten, hielt Klopstock das Beispiel Julius Cäsars vor, der sich auch mit grammatikalischen Untersuchungen abgab und den Lorbeer Ciceros schöner als die Lorbeern aller Triumphe nannte. Aber ausgeschlossen aus dem Kreise der deutschen Gelehrten wollte er die Freigeister wissen; glaubte er doch die Ausbreitung ihrer Lehren in unserm Volke hauptsächlich wieder auf die Nachahmungssucht des letztern, dem alles von England und Frankreich Kommende für vortrefflich gelte, zurückführen zu dürfen. In seiner Auffassung der Freigeisterei war er auch jetzt noch trotz dem persönlichen Verkehre mit Lessing kaum über den beschränkten Standpunkt der Bremer Beiträger hinausgekommen, auf den er sich bereits vor anderthalb Jahrzehnten im „Nordischen Aufseher" gestellt hatte.

Namentlich jedoch bekämpfte er die Duldung des Mittelmäßigen als einen Krebsschaden für das Wachstum der Wissenschaften: nur das Vortreffliche und Gute, nicht aber auch etwas halb Gutes oder gleichsam Gutes dünkte ihn anerkennenswert, und als wichtigen Grundsatz empfahl er den deutschen Gelehrten, nur das Nützlichste, Schönste und Notwendigste von dem, was ihren Geist auf eine neue und würdige Weise beschäftigt und vergnügt hatte, durch Schriften oder auf Lehrstühlen mitzuteilen. Zu wiederholten Malen gab er vornehmlich dem Überwuchern der Mittelmäßigkeit Schuld an den Zerrüttungen im deutschen Geistes- und Literaturleben während des siebzehnten Jahrhunderts. Um einer Wiederkehr solcher Zustände vorzubeugen, untersagte er, wie sehr er andrerseits auch wider handwerksmäßige Beschränkung auf ein einziges Brodstudium eiferte, den nicht universell begabten Geistern die zersplitternde Beschäftigung mit allzu vielen Fächern. Ungründliche Vielwisser erklärte er des Ranges unwürdig, den sie sich neben den wirklichen Kennern in der deutschen Gelehrtenwelt anmaßten. Ganz im Sinne des jungen Geschlechtes leugnete er, daß durch neue Zusammensetzung lauter kleiner Stücke etwas Bedeutendes in Kunst oder Wissenschaft erreicht werden könne: nur aus der Vereinigung großer oder allenfalls großer und kleiner Bestandteile entstehe Großes und Dauerndes. Dem, der nach hohen Zielen strebt, riet er kühnen Aufschwung in der Stunde des Genies ohne falsche, ängstlich lähmende Behutsamkeit, auch hier im Einklang mit den Stürmern und Drängern; aber, reifer als sie, forderte er nicht minder Ausdauer zur besonnenen Ausführung des Entwurfes, der nicht nach fragmentarischen Ansätzen vergessen werden solle.

Auf die Jünglinge, denen die Zukunft der deutschen Literatur gehörte, waren alle diese Ratschläge zumeist berechnet; um wirksamer zu ihnen zu reden, bequemte sich Klopstock vielfach sogar zu ihrer eigentümlichen Sprechweise. Sein eigner Stil, wie er sich schon in seinen früheren prosaischen Arbeiten ausgeprägt hatte, befand sich in unverkennbarem Gegensatze zu jener. Klopstock schrieb überaus klar und correct; auf den logisch richtigen und sicheren Bau seiner Sätze sowie auf die zutreffende Genauigkeit des einzelnen Ausdrucks kam ihm alles an. Er schien als prosaischer Schriftsteller nur mit dem Verstande zu arbeiten, Phantasie und Gefühl aber dabei streng zu verbannen. Seine Prosa kommt uns daher trotz ihrer Deutlichkeit und formalen Richtigkeit oft nüchtern, auch wohl steif, knochig, „athletisch mager"[1]) vor; ihr fehlt Anmut, Wärme, Freiheit, kühne Bildlichkeit. Sie erweist sich nur als das Werk des Gelehrten, nicht auch des Dichters. Auch der größte Teil der 'Gelehrtenrepublik', namentlich die Abschnitte, in denen Klopstock als geschichtlicher Erzähler spricht oder in denen es sich darum handelt, wichtige ästhetische Sätze gründlich zu bestimmen, sind in diesem mitunter wissenschaftlich trocknen Stil abgefaßt. Völlig aus diesem Tone fallen jedoch die gelegentlich eingefügten Anmerkungen von erzählender oder unmittelbar lehrhafter Art, die mehr skizzenhaft andeuten als ausführlich abhandeln wollen. Hier ahmt Klopstock nicht ungern die kraftgenialische Sprache der Stürmer und Dränger nach mit ihrer oft gesuchten Einfachheit, ihrer volksmäßigen Derbheit, ihren altertümelnden Wortformen, Stellungen und Redewendungen. Familiäre Kürzungen sind da nicht vermieden; der Apostroph spielt eine große Rolle; leicht zu ergänzende

---

[1]) Vgl. Jean Paul, Vorschule der Ästhetik, Abteilung II, § 51; auch §§ 76 und 86.

Fürwörter (es, ich u. dgl.) fehlen häufig. Klopstock wahrt dabei meistens das richtige Maß: er wird nicht leicht — wie die Stürmer so oft — vor lauter Streben nach Natur unnatürlich. Zugleich aber ist seine Prosa in diesen Stellen, denen er einen fremdartigen Stil aufprägt, viel dichterischer ausgebildet: sinnliche Anschaulichkeit ist hier sein Zweck, den zu erlangen er einen reichen Vorrat an Bildern und Gleichnissen aufwendet, ja mitunter seine Lehren geradezu in Fabeln umsetzt, die streng nach Lessings Regeln gebildet sind. Dieselbe altertümlich-derbe Stilform weisen auch die meisten Gesetze der 'Gelehrtenrepublik' auf, aus denen Klopstock Bruchstücke angeblich nach dem Wortlaute mitteilte. Ihm diente dabei die altdeutsch gefärbte Rede zur Charakteristik von Aussprüchen, denen er künstlich die ehrwürdige Autorität des Alters zu geben wünschte, während den Stürmern diese Sprache auch zum Ausdruck ihrer modernsten Gedanken und Gefühle geläufig war.

Überhaupt suchte Klopstock seiner Darstellung ein altdeutsches Gewand umzuhängen. Gleich auf dem Titelblatte deutete er das an, indem er Salogast und Wlemar, Abkömmlinge der gleichnamigen alten Gesetzgeber der salischen Franken und der Friesen, als die eigentlichen Verfasser seines Buches nannte, denen die „Aldermänner" diese Arbeit aufgetragen hätten. An mittelalterliche Einrichtungen mahnte wenigstens teilweise die Gliederung der Gelehrtenrepublik in Stände. Symbolische Gebräuche des staatlichen oder gesellschaftlichen Lebens unserer Vorfahren erneuerte Klopstock als Sitten seines literarischen Staates. So tüftelte er allerhand eigentümliche Formen von Belohnungen und Strafen in demselben aus. Die Allegorie wurde hier oft dadurch noch sonderbarer, daß Klopstock die Zeichen des Beifalls oder Mißfallens, die dem Leser eine Schrift entlockt, von dem Buche auf die Person des Verfassers übertrug. Wir rümpfen z. B. über ein albernes Werk verächtlich die Nase: demgemäß führte Klopstock als eine der entehrendsten Strafen, welche der deutsche Gelehrtenstaat über einen Schriftsteller verhängt, das Naserümpfen auf.

Noch befremdender als solche äußerste Folgerungen der Allegorie, in welche Klopstock aus Originalitätssucht seine Darstellung kleidete, erscheinen gewisse literargeschichtliche Anspielungen seines Werkes. Mit zweideutigen und bisweilen ganz rätselhaften Worten, indem er keine oder nur erdichtete Namen nannte, wies er auf Männer und Vorgänge der deutschen Gelehrtengeschichte hin, die in früherer oder in jüngster Zeit irgendwie Aufsehen erregt hatten. So gab er auch bei den meisten Gesetzen der Republik

die Jahre an, in welchen sie zuerst auf den Landtagen der deutschen Gelehrten verkündigt wurden. Sicherlich verband er dabei mit der Wahl jeder
einzelnen Jahreszahl einen ganz bestimmten Sinn. Diesen zu entziffern, ist
aber oft kaum möglich; mit knapper Not findet man immer passende
Ereignisse oder allgemeine Strömungen in der Geschichte des deutschen
Geisteslebens, die der Zeit nach annähernd zu jenen Zahlen stimmen.

Fast scheint es, als ob Klopstock selbst nicht alle Rätsel seiner Darstellung gelöst wissen wollte. Seine eigne Meinung wenigstens in heiklen
Fragen gab er gar nicht immer unumwunden zu verstehn. Er legte sie
wechselsweise bald einem der Aldermänner, bald dem Anwalt einer Zunft
seines Gelehrtenstaates in den Mund und hatte so Gelegenheit, das Für
und Wider auf dem Landtag der Republik scheinbar objectiv zu erörtern,
so daß die nicht ganz mit seinem Denken und Wollen vertrauten Leser
manchmal zweifeln konnten, auf welche Seite er sich neige.

So zog er mit mehr oder weniger bestimmten Worten alles in den
Bereich seines Werkes, was ihm jemals für die deutschen Wissenschaften
beachtenswert erschienen war. Er wies auf Pläne hin, die er seit Jahren
gehegt hatte und jetzt zur Ausführung überreif glaubte, auf die Frage des
Selbstverlags, die er zu der allgemeineren Frage erweiterte, ob und wie
weit sich ein Gelehrter auf kaufmännische Geschäfte einlassen solle, auf das
Wiener Project. Er äußerte wiederholt seine Verachtung des großen
Publicums und verwarf, selbst gleichgültig gegen den Beifall der Unverständigen oder Unfreien, alles Selbstlob sowie die Pflege literarischer
Freundschaften und Schulen, bei denen es nur auf gegenseitige Beräuche-
rung abgesehen sei. Er kämpfte ebenso gegen die Überhebung der einen
Wissenschaft über die andere und gegen den müßigen Streit um den
geistigen Vorrang des deutschen Nordens oder Südens. Doch verwahrte
er sich auch dagegen, daß man eine bloße Kenntnis, wie die Wappenkunde,
zu einer Wissenschaft aufbausche.

Mit aller Entschiedenheit aber verfocht er wieder den Vorzug der
Wissenschaften, zu denen er ja auch die Dichtung zählte, vor den schönen
Künsten, und zwar jetzt nicht mehr in allgemein moralisierender Weise wie
einst im 'Nordischen Aufseher'. Er hatte seitdem nicht umsonst in Lessings
'Laokoon' gelesen, daß der Maler uns Gegenstände zeigt, die neben
einander im Raume verharren, der Dichter aber solche, die oder deren
Teile auf einander in der Zeit folgen. Aus diesem Lessingischen Grund-
satze zog Klopstock als treuer Anhänger der schweizerischen Ästhetik, welche

ben Wert eines Kunstwerkes vornehmlich nach seinem Eindruck auf das
Gemüt des Beschauers oder Hörers bestimmte, folgerichtig den Schluß,
daß der Dichter im Vorteil gegen den Maler ist, weil er durch sein Nacheinander bei den Hörern mehr Begierde zu entdecken und Erwartung dessen,
was man entdecken werde, erregen, die Darstellung also in höherem Grade
bis- zur Täuschung lebhaft machen kann. Und, entschuldigt durch seine
geringe unmittelbare Kenntnis von den edelsten Werken der bildenden
Kunst, fügte er die kühne Frage bei: „Wer hat jemals bei einem Gemälde
geweint?“ Aber mit Lessing verlangte er von dem Dichter, daß er darstelle
und nicht nur beschreibe, daß er also leblose Dinge „in Bewegung oder als
in Bewegung“ zeige. Ganz ähnlich wie Lessing (in den Abhandlungen über
die Fabel) forderte er zur Handlung, die er mit Recht die Seele des Gedichts nannte, nicht unumgänglich eine äußerliche That. Den Begriff der
Handlung suchte er vielmehr „in der Anwendung der Willenskraft zu Er-
reichung eines Zwecks“ — eine Definition, deren Wortlaut freilich noch
mehr an die von Lessing bekämpfte Erklärung Batteux' als an die Lessingische
selber erinnerte. Richtig sagte Klopstock, für das lyrische Gedicht sei Leidenschaft schon allein zureichend, indem mit ihr immer wenigstens beginnende
Handlung verbunden sei. Ganz verkehrt hingegen vermißte er mit den
Schweizern einen wesentlichen Unterschied zwischen der epischen und dramatischen Handlung und wähnte die letztere nur dadurch eingeschränkt, daß sie
vorstellbar sein müsse. Auch das Studium der Lessingischen Schriften hatte
ihn nicht aus diesem Grundirrtum zu reißen vermocht. Wieder nahe mit
Lessings Gedanken, die jedoch damals noch nicht in die Öffentlichkeit gedrungen waren, berührte sich, was Klopstock von der — wie er behauptete — eigentlichen, nach ihrem Ausdruck einzig vollkommenen Musik, von
derjenigen nämlich, welche nicht ohne Worte reden will, forderte. Sie galt
ihm als schönste Declamation, und er betrachtete es als ihre höchste, ja
ausschließliche Aufgabe, das jeweilige Gedicht, das ihr als Text unter-
gelegt ist, völlig angemessen auszudrücken: sie soll unweigerlich der Poesie
dienen. Man bemerkt, wie der Verkehr mit Gluck und seinen Werken
Klopstocks Ansichten über Wesen und Zweck der einzigen ihm verständlichen Gattung der Musik bestimmte.

So weit diese Äußerungen in eine halbwegs systematische Form gebracht waren, teilte sie Klopstock meistens als für sich bestehende Einschiebsel
seines Buches in den Abendunterhaltungen des letzten Landtags seiner Gelehrtenrepublik mit. Hier kramte er seine eigenartigen Gedanken über ein

wissenschaftliches deutsches Wörterbuch, über eine neue deutsche Grammatik
aus. Um der Verfasser des erstern zu werden, hielt er bei dem weiten Umfang unserer Sprache selbst einen deutschen Johnson nicht für genügend.
Er verlangte dazu mindestens einige Forscher, die aber ja nicht in eine Gesellschaft „zusammengeknetet" sein dürften. Vielmehr sollten sie sich bei
ihren Worterklärungen in einem beständigen Krieg aller gegen alle befinden,
und erst ein späterer Sammler sollte aus ihren einander widersprechenden
Sätzen das Richtige herausklauben — die moderne Germanistik befolgt
manche dieser Vorschriften gar genau. In der Grammatik gab Klopstock sich
zunächst nur mit verschiednen Anfangsgründen ab: er suchte das Wesen
der deutschen Buchstaben und Laute, ihre Aussprache und das Tonmaß,
die Länge oder Kürze der Silben zu bestimmen; er sann auf Regeln für die
Rechtschreibung, wies auf die Mittel und Arten der Wortableitung und auf
den Sinn der Ableitungssilben hin, bemühte sich, kurze, doch erschöpfende
Gesetze der Declination im Deutschen aufzustellen. Möglichste Vereinfachung der Grammatik war schon jetzt sein Grundsatz. So schlug er vor,
in der Rechtschreibung, die ihm nur „ein Ding für's Ohr und nicht für's
Auge" schien, unnötige Verdopplungen oder Dehnungsbuchstaben wegzu-
lassen und für gleich lautende Buchstaben nur Ein Zeichen zu brauchen;
aber noch riet er, des sicherern Gelingens wegen die Neuerung nicht radical
auf Einen Schlag, sondern nach und nach zu versuchen. Seine Regeln
für die Declination wurden durch jenes Streben nach Kürze und Einfachheit
erst recht verwickelt, weil er nun bei dem Mangel einer systematischen Begründung derselben manche Einzelheiten anführen mußte, deren Angabe
durch eine solche überflüssig geworden wäre. Auf die organischen Grundgesetze unserer Sprache gab er nämlich dabei eben so wenig Acht als auf
ihre geschichtliche Entwicklung; durchaus unwissenschaftlich, als ein wißbe-
gieriger, auch vieles Einzelne, aber unmethodisch wissender Dilettant, merkte
er nur auf den äußeren Klang und Schein der Wörter. Allerlei Fehler
waren dabei nicht zu vermeiden. So stellte Klopstock z. B. in allem Ernste
die Mitlaute b, f, b, t (zwei mediae, eine aspirata und eine tenuis!) als
einfache Töne neben einander und erklärte g aus jh und ch aus jhh oder gh
entstanden. Dagegen gab er, sobald er sich Fragen der Vortragskunst oder
Verslehre näherte, auf Grund seiner eignen dichterischen Erfahrung vielfach
schätzbare Winke. Nur die Erfahrung, den Sprachgebrauch, ließ er wieder
als Führerin des Grammatikers gelten, nicht aber die Sprachähnlichkeit
und die selbstgemachte Wortbestimmung, welch letztere nur die Sprach-

bilbner, also die gute Gesellschaft und die guten Schriftsteller leiten dürfen; doch auch jenen Sprachgebrauch beschränkte er noch für den Grammatiker, indem er für ihn den Kanzleistil und die Mundarten gleichgültig wähnte.

Die Herrlichkeit unserer Sprache, ihren Vorrang selbst vor der griechischen und römischen feierte Klopstock auch hier. Die gleiche vaterländische Gesinnung bekundeten namentlich die „Denkmale der Deutschen", welche er als Bruchstücke eines größeren geschichtlichen Werkes, richtiger wohl als Vorarbeiten zu einem solchen, der Erzählung von dem jüngsten Landtage seines Gelehrtenstaates einflocht. Er zeichnete darin charakteristische Begebenheiten aus der ältesten germanischen Vorzeit bis zur Völkerwanderung, seltner auch aus späteren Jahrhunderten[1]) auf, welche deutschen Freiheitssinn, deutschen Kriegesmut und todverachtende Kühnheit, den Sieg deutscher Stammesart in den westlichen Ländern Europas, die noch heute nach ihren germanischen Eroberern benannt werden (England, Frankreich), aber auch deutsche Treue, deutschen Edelmut, deutsche Mäßigung und Friedensliebe veranschaulichten. Verschiedne Geschichtschreiber von Tacitus an waren Klopstocks Quellen, Tacitus das Muster, dem er seinen Stil glücklich nachbildete. Aber so knapp er schrieb, so suchte er doch oft die Überlieferung seiner Gewährsmänner zu vervollständigen: wo sie nur nackte Thatsachen erzählten, fügte er die vermutlichen Gründe und Absichten der Handelnden hinzu, doch stets auch sie im Tone thatsächlicher, über allen Zweifel erhabner Gewißheit. Und indem er bei seiner Darstellung geschichtlicher Vorgänge Pläne und Handlungen, überhaupt Ursachen und Folgen in bedeutsamen Gegensätzen dicht an einander rückte, bildete er die historischen Anekdoten, die er seinen Quellen entnahm, großenteils zu Epigrammen über die deutsche Geschichte um, die er nur in Verse zu zerschneiden brauchte, auf daß der Stempel des Sinngedichts an ihnen unverkennbar hervortrete.

Auch eine Anzahl metrisch ausgefeilter Epigramme teilte Klopstock in der 'Gelehrtenrepublik' mit. Sie behandelten meistens nur die auch sonst in dem Buche verfochtenen ästhetischen Grundsätze, kämpften gegen die Nachahmung der Griechen und Römer wie der Franzosen und Engländer, gegen das Ansehen der Kritik und aller Theorie, ließen die Erfahrung allein

[1]) Doch gedachte er auch preisend der Siege Friedrichs des Großen, die er selbst erlebt hatte, erhob den Ruhm der Schlacht von Lissa hoch über die von Höchstedt und parodierte im Hinblick auf Roßbach das stolze Bekenntnis Cäsars in das Spottwort: „Sie kamen, sahn, flohen."

als Richtschnur des Künstlers gelten, achteten nur die geschehene, nicht die
bloß geplante That, beklagten den Untergang der alten vaterländischen
Dichtung und ermahnten die Zeitgenossen zu nimmer säumendem Fortgang
in den Wissenschaften.　Insbesondere jedoch verfolgten sie mit Spott und
Tadel Voltaires 'Henriade' sowie seine 'Pucelle' und forderten „den, der's
versteht," zur Schöpfung eines „neuen, schönen Sonderdings" auf, das
mit Recht deutsch-komisch genannt werden dürfe.　Auf die Begründung
eines volkstümlich deutschen Lustspiels zielte dieser Wink ab; Lessings
'Minna' scheint entweder durch ihre preußische Färbung Klopstock abgestoßen zu haben oder ihm wenigstens nicht reich genug an Komik gewesen
zu sein. Er spürte in ihr wohl nur „des Lächelns Würze", nicht die „herzens-
volle Lache", die er als den Quell des Deutsch-Komischen ansah.

　Die meisten dieser Sinngedichte waren in Reimen abgefaßt, nur wenige
in antiken Distichen oder gar in fortlaufenden Hexametern, das eine oder
andere auch in reimlosen Jamben von verschiedner Länge. Später bediente
sich Klopstock unter Umständen selbst bei dieser Dichtgattung einer Art von
freien Rhythmen; ja er ließ sogar in Einem Falle die gereimten Verse in ein
daktylisches Distichon ausmünden.　Metrum und Rhythmus schien ihm
überhaupt bei diesen Kleinigkeiten gleichgültiger als sonst zu sein.　Doch
arbeitete er wenigstens bei den späteren Sinngedichten mehrmals den Reim,
den er in seinen geistlichen Liedern fast wie eine Fessel empfunden hatte,
bedeutsam gleichwie eine Stütze oder einen Hebel des Gedankens heraus.
Nur störte manchmal die kunstlose Verschlingung der Reime und der willkürliche Wechsel zwischen langen und kurzen Verszeilen.　Im einzelnen
Wort und Satz strebte Klopstock auch hier nach dem knappsten Ausdruck;
die richtige epigrammatische Kürze fehlte jedoch seinen Versen.　Er schob
nicht bloß, auch dem ungewohnten Reim zu Liebe, bisweilen Flickverse ein
(vgl. 'Der unglückliche Waghals' S. 205 der 'Gelehrtenrepublik'), sondern
kümmerte sich überhaupt um die logischen Verbindungsglieder zwischen den
beiden wesentlichen Hauptteilen des Sinngedichts zu viel.　Der Gegensatz
dieser beiden, von Lessing durch Erwartung und Erfüllung bezeichneten
Teile trat so bei ihm gewöhnlich nicht scharf genug hervor.　Oft war freilich
dieser notwendige Gegensatz kaum vorhanden.　An Schärfe des Witzes
fehlte es den Epigrammen Klopstocks selten; auch traf er fast durchaus
richtig den kranken Fleck, an den er das Messer ansetzen mußte.　Aber er
senkte die zwar scharf geschliffene Schneide nur zu langsam in's Fleisch.
Seine Sinngedichte waren durchweg Früchte des Verstandes und zwar oft

des tüftelnden Verstandes. Die Thätigkeit der Phantasie beschränkte sich
auf die — selten ganz glückliche — Erfindung vereinzelter Bilder; denn
auch hier fehlte sinnliche Anschauung und die gerade dem Epigramm so
nötige sinnliche Kraft des Ausdrucks. Ja selbst die Klarheit des Verständ-
nisses litt nicht selten unter den gar zu künstlich ausgeklügelten Einfällen
des Verfassers und unter seiner verschnörkelten Schreibart.

Den gleichen Charakter bewahrten auch Klopstocks übrige Sinngedichte,
die zum Teil fast gleichzeitig mit denen der 'Gelehrtenrepublik' im Göttinger 'Musenalmanach' von 1773, zum Teil in späteren Jahren in den
Vossischen 'Musenalmanachen' oder gar erst nach dem Tode des Dichters
im siebenten Bande seiner 'Werke' und in verschiednen Sammelschriften
veröffentlicht wurden. Die Epigrammendichtung, die Klopstock früher doch
nur vorübergehend gepflegt hatte, begleitete ihn von nun an ziemlich unablässig bis an seinen Tod. Namentlich seine wissenschaftlichen und künstlerischen Anschauungen, dann und wann auch einmal einen sittlichen Grundsatz liebte er jetzt in die Form des Sinngedichts zu fassen. Manche der so entstandenen Verse waren allerdings nahezu nichts als metrische Umstellungen
prosodischer, sprachlicher oder sonst ästhetischer Vorschriften. Äußerst selten
befand sich unter ihnen ein wirkliches, formal richtig gebildetes Epigramm,
gewöhnlich dann ohne satirischen Stachel, wie das auf Luther, dessen
Inhalt eben so gut von Klopstock gelten würde:

> Der ernste Luther liebt' auch Scherz;
> Das macht, er war er selbst, und hatte Luthers Herz.

Inhaltlich wiederholten diese späteren Sinngedichte bisweilen dasselbe,
was schon die Verse in der 'Gelehrtenrepublik' angedeutet hatten; öfter
sprachen sie Gedanken aus, welche in den prosaischen Abschnitten dieses
Buchs auf gleiche Weise erörtert worden waren. Freier schlossen sich wieder
andre spätere Epigramme an das in der 'Gelehrtenrepublik' Gesagte an,
indem sie dieses ähnlich wie die sprachwissenschaftlichen und ästhetischen
Schriften des alternden Klopstock fortsetzten oder weiter ausführten. Sie
deuteten mehrfach auf den Vorzug der Darstellung vor der Beschreibung,
auch ganz im Sinne Lessings, verlangten vom Künstler, daß er gleich den
Griechen aus der unerschöpflichen Natur, aber nicht ohne Wahl, seine Vorbilder nehme, hoben die gegenseitige Wirkung des Gedankens und der
Sprache als der beiden wesentlichen Elemente eines Gedichts hervor, ohne
doch die Bedeutung des vom Poeten nach einheitlichen Gesetzen zu bildenden Wohlklangs und Silbenmaßes zu unterschätzen, forderten aber auch

nach den Grundsätzen der alten Ästhetik, daß der Meister im Kunstwerk
Anmut und Vortrefflichkeit zur „hohen Schönheit" vereinige, und erklärten daher, an den schweizerischen Kunstprincipien gegen Schiller festhaltend,
Schön und Erhaben, wie überhaupt das Wesen und den Wert aller Künste,
nur aus der verschiedenartigen Wirkung auf das Gemüt des Hörers oder
Zuschauers. Sie erinnerten an den 'Laokoon' durch den Vers „Schreckendes darf der Künstler, allein nichts Scheusliches bilden" und priesen Winckelmann als ein Muster, dem die Ausleger der alten Literatur nacheifern
sollten. Sie bezeichneten die nähere oder weitere Verwandtschaft mit der
hellenischen Sprache als Gradmesser der Schönheit unserer modernen
Sprachen, stellten die griechische Dichtung unbedenklich über die der Engländer oder Franzosen und schalten auf die „gewöhnte Verschönerung" der
stammelnden französischen Übersetzer aus alter oder neuer Poesie, forderten
demgemäß von dem modernen Dichter künstlerischen Wetteifer mit dem
Griechen in origineller Erfindung, wollten aber nichts von einem Vorzug des
Hellenentums vor dem Germanentum hören und suchten z. B. in der kühneren
Kraft des alten Deutschen, der mit seinen schlechten Waffen Römer schlug,
gegenüber dem Sparter, der mit seinen ausgezeichneten Waffen doch nur
über Perser siegte, einen rühmlichen Ersatz für den Mangel an Sanftheit
in der Sprache unserer Vorfahren. Sie richteten sich in späterer Zeit sowohl
gegen die vermeintlich geniale Verachtung aller Regeln und Sprachgesetze
wie gegen vieles, was Goethe und Schiller auf dem Gebiete der Kunst
lehrten oder leisteten, und griffen wiederholt Sätze aus der neueren Philosophie Kants und Fichtes bissig an, obwohl sie sonst im allgemeinen auf
den Unverstand der Welt gegenüber jeglichem neuen Gedanken schmälten.

Jene späteren Sinngedichte veröffentlichte Klopstock freilich zum Teil
gar nicht, weil er durch die Schroffheit der Ansichten, die er darin aussprach, selbst manche seiner bisherigen Anhänger sich zu Gegnern zu machen
besorgte; aber auch was von ihnen damals in Zeitschriften erschien, wurde
nur noch in dem engeren Kreise seiner treuen Anhänger beachtet. Die
Epigramme der 'Gelehrtenrepublik' hingegen drangen mit dieser in die
fernsten Winkel der deutschen Leserwelt. Der Eindruck des Buches war
aber sehr verschiedenartig, im allgemeinen jedenfalls nichts weniger als
günstig. Die große Menge der Subscribenten fand sich in ihrer Erwartung
gründlich getäuscht; durch die absonderliche, rätselvolle Form vermochten
die meisten Leser nicht zum Verständnis oder wenigstens nicht zum Genuß
und zur richtigen Würdigung des Inhalts durchzudringen. Bestürzt und

ärgerlich, hielt man doch aus Achtung für den Verfasser meistens lautes
Murren zurück und verschenkte unter Umständen mit ironischem Lächeln die
teuer erkauften Exemplare.   Wieland, Sulzer, Breitinger, Herder, Garve,
Karl Lessing und andere verheimlichten freilich in ihren Reden und Briefen
nicht ihren Unmut darüber, die Göttinger Professoren schrieen fast insgesammt vom Katheder aus dawider, und Klopstocks alter Gegner Triller
zerplagte sein Bißchen Gehirn, um mit immer neuen Schimpf- und Spott-
wörtern den Rand in seinem Exemplar des gehaßten Buches zu beschreiben.   Aber auch im allgemeinen gieng man von nun an nicht bloß bei
jedem ähnlichen Subscriptionsunternehmen anderer Schriftsteller viel vor-
sichtiger zu Werke; sondern der Mißerfolg der 'Gelehrtenrepublik' erwies
sich verhängnisvoll für die Aufnahme aller späteren Werke Klopstocks.
Sein Name als solcher zog nicht mehr, wie zuvor, Schaaren von Lesern
und Käufern an, ohne daß diese erst prüften: von nun an kam wenigstens
die große Masse mit einem gewissen Mißtrauen seinen Schriften entgegen,
und manches seiner folgenden Werke hat unter diesem Mißtrauen über Gebühr gelitten. Die Popularität Klopstocks wurde durch die seltsame Form
der 'Gelehrtenrepublik' verscherzt. An das (für den 1. Februar 1775 geplante) Erscheinen des zweiten Teiles derselben war unter solchen Umständen natürlich nicht mehr zu denken.

Auch die literarische Kritik verhielt sich, so fern sie nicht ganz unbedeutend war, ziemlich ablehnend gegen das Buch.   Man stieß sich an der
zu lang gedehnten und oft geheimnisvollen oder undeutlichen Allegorie,
tadelte unverständig Klopstocks Prosa als unnatürlich oder zusammenhang-
los, schalt seine Vorschläge chimärisch und verwahrte sich kleinlich, wenn
auch im einzelnen Falle manchmal mit Recht, gegen gewisse Sätze, die man
aus dem Zusammenhange herausgriff; die großen, echten Grundgedanken
des Werkes wurden von den landläufigen Beurteilern nicht erkannt. Lob
erhielten dagegen fast überall die Bruchstücke einer neuen deutschen Grammatik, die Klopstock in das Buch verstreut hatte.

Wahres Verständnis fand das Werk eigentlich nur bei den Jünglingen,
die, bisher schon voll Begeisterung für Klopstock, in seinem Sinne an der
Erneuerung unserer Literatur arbeiteten, bei den Göttinger Freunden und
bei den Stürmern und Drängern.   „Ein götterhaft Gerüst, der Menschen
Thun zu adeln", woran nur der mäkeln könne, dem es unersteiglich sei,
nannte Lenz in einem Sinngedicht die 'Gelehrtenrepublik'.   Den schönsten
und wärmsten Ausdruck dieses Entzückens fand Goethe, der wenige Tage

zuvor in einem verehrungsvollen Briefe sich an den älteren Dichter gewandt
hatte, am 10. Juni 1774 in einem Brief an den Consul Schönborn in
Algier: „Klopstocks herrliches Werk hat mir neues Leben in die Adern gegossen. Die einzige Poetik aller Zeiten und Völker, die einzige Regeln, die
möglich sind! Das heißt Geschichte des Gefühls, wie es sich nach und
nach festiget und läutert, und wie mit ihm Ausdruck und Sprache sich
bildet; und die biedersten Albermannswahrheiten von dem, was edel und
knechtisch ist am Dichter! Das alles aus dem tiefsten Herzen, eigenster Erfahrung mit einer bezaubernden Simplicität hingeschrieben! . . . .
Der unter den Jünglingen, den das Unglück unter die Recensentenschaar
geführt hat und nun, wenn er das Werk las, nicht seine Federn wegwirft,
alle Kritik und Krittelei verschwört, sich nicht geradezu wie ein Quietist zur
Contemplation seiner selbst niedersetzt, — aus dem wird nichts.   Denn
hier fließen die heiligen Quellen bildender Empfindung lauter aus vom
Throne der Natur." Nach vier Jahrzehnten äußerte Goethe sich im zwölften Buch von 'Dichtung und Wahrheit' zwar ruhiger und maßvoller, doch
noch immer anerkennend genug über das bedeutende und lehrreiche, aber
gar zu seltsam gestaltete und nur auf selbst denkende Leser berechnete Werk:
„Für Schriftsteller und Literatoren war und ist das Buch unschätzbar,
konnte aber auch nur in diesem Kreise wirksam und nützlich sein."   Aber
was ihn, wie seine Genossen vom Sturm und Drang, in jenen Jugendjahren an Klopstocks Werk so mächtig anzog, das war der durchaus praktische Charakter desselben, der Gegensatz gegen alle Systeme, Theorien und
Kritiken, der Eifer für Originalität und Selbständigkeit unserer Wissenschaften, die Verherrlichung deutschen Wesens, deutscher Sprache und Kunst,
daneben die gelegentlichen Ausfälle gegen Voltaire, gegen die Freigeister,
denen man ja wohl auch die von diesen Jünglingen befehdeten Aufklärer
beizählen konnte, die derbe Frische des Stils und alles übrige, was ein
Entgegenkommen des älteren Dichters gegen ihre eignen Gedanken und
Absichten zu bekunden schien.   Sie ließen darüber fast außer Acht, daß
Klopstocks Auffassung der Poesie von der ihrigen noch immer weit entfernt
war, daß in seinem Buche wenigstens kein Wort von jener Volksmäßigkeit
stand, welche sie, treu ihren Führern Hamann und Herder, von dem echten
Dichterwerk verlangten.

Mit den Stürmern wetteiferten die Göttinger Freunde in der Begeisterung für die 'Gelehrtenrepublik'. Und sie hatten fast noch mehr Grund
dazu als jene. Sie hatten schon während der Entstehung allerlei von dem

Werke gehört, sie hatten allen andern zuvor Käufer für dasselbe geworben, sie hatten vielleicht gar Kleinigkeiten dazu beigesteuert: sie betrachteten daher das Buch halb als ihr Eigentum, desto mehr, da Klopstock wiederholt darin mit ausdrücklichen Worten auf sie und ihren Bund ehrenvoll hingedeutet hatte.   Durch Besuche Boies und Vossens, welche unmittelbar vor und nach dem Erscheinen der 'Gelehrtenrepublik' Wochen lang bei Klopstock in Hamburg weilten, waren auch die persönlich verknüpfenden Fäden zwischen diesem und dem Bunde fester gezogen worden, und bereits im Februar 1774, als Boie nach Göttingen zurückkehrte, hatte er den Freunden einen Brief des maßlos bewunderten Dichters mitgebracht, dessen Inhalt sie in einen wahren Taumel von Entzücken versetzte.   Klopstock erklärte darin, daß er an dem Bunde der Jünglinge Anteil nehmen und ihn durch Beiziehung andrer hervorragender Dichter und Literaturfreunde — er nannte zunächst Gerstenberg, Schönborn, Goethe, später noch besonders Nesewitz — erweitern und über ganz Deutschland ausdehnen wolle.   Die zwölf Vertrautesten sollten den „inneren Bund" ausmachen.   Gemeinsamer Kampf gegen Laster und Schwäche, Recensententum und Sklaverei sollte der Zweck des Vereins sein, gegenseitige Prüfung der zum Druck bestimmten Arbeiten, wie einst bei den Bremer Beiträgern, ein hauptsächliches Mittel, diesen Zweck zu erreichen.   Klopstock selbst wollte sich in allen Dingen den Bundesbrüdern gleich stellen, nicht mehr als Eine (und zwar die letzte) Stimme haben, und, wenn nicht wenigstens zwei Drittel der übrigen Mitglieder einwilligten, künftig nichts mehr veröffentlichen.   So ernstlich dachte Klopstock daran, manche der äußeren Formen seiner 'Gelehrtenrepublik', die auf den ersten Blick wie eine weithergeholte Allegorie aussahen, zur geschichtlichen That zu machen.   Der Plan mußte schon deßhalb mißlingen, weil die Göttinger Universitätsfreunde sich nach Abschluß ihrer Studien nach allen Seiten hin zerstreuten und so, selbst räumlich getrennt, wenig geeignet waren, den Kern und Grundstock eines weit verzweigten Bundes zu bilden.   Die Zeitschrift, die 1776 aus ihrem Kreise hervorgieng und daher auch ein Sammelplatz für alle von Klopstock angeregten Bestrebungen wurde, das von Boie begründete 'Deutsche Museum', bot dafür doch nur einen schwachen Ersatz.   Zunächst aber wiegten sie sich mit Klopstock einige Monate lang in diesen hochfliegenden Hoffnungen.   Ihr Taumel erreichte den Gipfel, als im Juli 1774 der abgöttisch Verehrte für die nächsten Tage seine persönliche Ankunft in Göttingen ankündigte.   Auf der Reise nach Karlsruhe wollte er daselbst kurze Rast machen.

Markgraf Karl Friedrich von Baden (1728—1811), ſeit 1746 auf dem Throne, einer der edelſten Fürſten des damaligen Deutſchland, ein Vater ſeiner Unterthanen, fromm, deutſch geſinnt und mit Liebe zu unſrer Literatur erfüllt, darum von Herder, Lavater, Goethe, Knebel und Jung-Stilling gleichmäßig verehrt, war längſt ein aufrichtiger Bewunderer Klopſtocks und verſuchte ſich ſogar gelegentlich ſelbſt in freien Rhythmen nach deſſen Beiſpiel. Neuerdings hatten Geſpräche mit dem Kirchenrat Böckmann, der dem Markgrafen bisweilen aus der Meſſiade vorlas, dieſes ſein Intereſſe an dem Dichter noch geſteigert, und ſo gab er im Sommer 1774 Auftrag, Klopſtock mit dem Rang und Gehalt eines markgräflichen Hofrats[1]) nach Karlsruhe einzuladen. Wie erwünſcht mußte dieſer Ruf dem Dichter ſein, der ſich ſeit dem Abſchied von Kopenhagen vergebens bemüht hatte, ein neues perſönliches Verhältnis zu irgend einem anderen, deutſche Kunſt achtenden Fürſten zu begründen! Er ſchrieb ſogleich zuſtimmend an Böckmann und bat nur, daß er nicht eben immer ſich in Karlsruhe aufhalten müſſe. Erfreut bewilligte Karl Friedrich dieſen Wunſch in einem eigenhändigen Brief dem „Dichter der Religion und des Vaterlandes": „Die Freiheit iſt das edelſte Recht des Menſchen und von den Wiſſenſchaften ganz unzertrennlich." Daraufhin machte ſich Klopſtock im September auf den Weg. Gegen Ende des Monats traf er in Göttingen ein. Bis Eimbeck waren ihm Hahn und die beiden Vettern Miller, bis Bovenden Voß, Hölty, Boies jüngerer Bruder und ein vierter Freund, von Cloſen, entgegengefahren. Hier verbrachte man gemeinſam einen Nachmittag und Abend; den folgenden Tag blieb der Gaſt, nur den Mitgliedern des Bundes zugänglich, ihnen ſeine großen Pläne entwickelnd, auf Boies Stube; am dritten ſetzte er, von Hahn und den beiden Millers begleitet, ſeine Reiſe nach Caſſel fort. Hier erwartete ihn Leiſewitz, deſſen 'Julius von Tarent' ſpäter Klopſtocks höchſten, wenn auch nicht unbedingten Beifall fand; auch er war erſt vor einem Vierteljahr in den Bund aufgenommen worden. Noch ein Poſttag wurde daſelbſt mit den Genoſſen verſäumt; dann gieng es allein weiter, nach Frankfurt am Main zu Goethe.

Von Kind auf an den Dichtungen Klopſtocks genährt, erſt jüngſt gleichſam berauſcht durch den Eindruck der 'Gelehrtenrepublik', erwartete der

---

[1]) Baar 528 Gulden; durch allerlei Geſchenke und die Lieferung von Wein und einigen andern Lebensmitteln ſtieg dieſer Betrag jedoch auf 800 bis 900 Gulden.

Jüngling, der bereits 'Göß', 'Werther', 'Clavigo' vollendet hatte und die Entwürfe des 'Fauft', des 'Prometheus' in seinem Geiste wälzte, mit sehnsüchtiger Spannung den älteren Dichter, den er unter allen Lebenden am höchsten verehrte, dem er sich künstlerisch damals am verwandtesten fühlte. Von dem persönlichen Verkehr mit ihm versprach er sich eine Fülle geistigen Genusses und künstlerischer Belehrung. Aber als Klopstock endlich — später als ursprünglich abgeredet war — eintraf, vermied er es mit diplomatischer Zurückhaltung möglichst, von dichterischen und literarischen Dingen zu sprechen, unterhielt sich jedoch weitläufig über den „Schrittschuhlauf", über Reitkünste und ähnliche Sachen, die er als Liebhabereien trieb, erkundigte sich wohl auch nach Frankfurts Verfassung und übrigen Verhältnissen. So würdig und angemessen Goethe sonst das Betragen seines Gastes, so angenehm er den Verkehr mit ihm fand, so sehr erstaunte und verdroß ihn doch diese Verschlossenheit. Und es läßt sich in der That kaum eine völlig befriedigende Erklärung dafür geben, um so weniger, da sich Klopstock unmittelbar zuvor in Göttingen ganz anders benommen zu haben scheint. Zog ihn die größere, interessantere Stadt und das buntere Leben in Frankfurt mehr an als in dem stilleren, öberen Göttingen, so daß er sich zu ernsten Gesprächen über Wissenschaft und Kunst nicht sammeln konnte, oder wollte er keine solche Unterredung mit Goethe? Den Göttingern hatte er gesagt, er wolle Goethe erst noch prüfen, ob er „bundesfähig" sei; verhielt er sich deßhalb bei ihm vorläufig hörend und empfangend, während er gegen jene, die er meistens schon genau kannte, den Mitteilenden, Gebenden spielte? Oder fühlte er instinctiv den inneren Zwiespalt, der bei aller begeisterten Verehrung Goethes Künstlernatur von der seinen trennte? Nahm er diesen Gegensaß der Geister vielleicht an den halbfertigen Werken und Plänen wahr, die Goethe ihm damals vorlegte? Hielt ihn die Lectüre von Scenen aus 'Fauft' und ähnlichen Dichtungen, die der Schaffensfrohe vor ihm nicht verbarg, von einer vollständigen, offenen Hingabe an ihren Verfasser zurück? Fühlte er, daß Goethe in seiner fast troßigen Selbständigkeit sich niemals ihm so unterordnen werde, als es auch die scheinbar unabhängigsten von den Göttinger Freunden thaten? Oder betrug sich etwa Klopstock in Frankfurt gar nicht anders als in Göttingen, erwartete nur Goethe von ihm zu viel? Meinte dieser vielleicht, daß jener das, was er bereits in der 'Gelehrtenrepublik' gesagt, noch ausführlicher erörtern solle, und Klopstock wollte nicht mehr von dem Vergangenen, zunächst für ihn Abgeschlossenen reden, sondern — wie in

Göttingen — höchstens von seinen zukünftigen Plänen? Lauter Fragen, auf die es keine unbedingt sichere Antwort gibt.

Indeß erwies man im Goethe'schen Hause dem berühmten Gast alle gebührende Ehre. Klopstock wurde mit den Freunden des jungen Dichters bekannt gemacht, und von diesem selbst nach Darmstadt zu Merck begleitet, dem unter anderm auffiel, wie schön deutsch und abgemessen sein Gast redete. Nicht vor der Mitte des October kam Klopstock in Karlsruhe an.

Der Markgraf empfieng und behandelte ihn eben so ehrenvoll als freundschaftlich. Er vergütete ihm alsbald die Reisekosten, spendete ihm neben seinem Gehalt kleinere Geschenke, räumte ihm, solange der Hof in Rastatt weilte, ein Zimmer im Schlosse selbst ein, besuchte ihn öfters, ohne daß sich der erst fünfzigjährige Dichter dabei seiner ziemlich weit gehenden Bequemlichkeit zu entäußern brauchte, zog ihn regelmäßig an die Tafel seiner Cavaliere und zeichnete ihn und die sich zu ihm hielten in besonderer Weise aus. Gleiche Aufmerksamkeit erfuhr Klopstock von den übrigen Mitgliedern der markgräflichen Familie und von den fürstlichen Gästen, die zu längerem oder kürzerem Besuche gleichzeitig mit ihm am badischen Hofe weilten, besonders von der Prinzessin Luise von Hessen-Darmstadt und ihrem Bräutigam, dem Erbprinzen Karl August von Sachsen-Weimar. Er erwiderte diese Huldbezeigungen, wie einst in Kopenhagen, durch ein wohl überdachtes, einfaches und würdiges Betragen, das meistens von unhöfischer Formlosigkeit und unterwürfiger Kriecherei gleich weit entfernt war. In den Augen kleinlicher Höflinge, die den begünstigten Fremdling überhaupt scheel ansahen, erschienen diese mäßigen Freiheiten, besonders aber die Willensfestigkeit, die Klopstock jederzeit bewies, die Gleichgültigkeit, mit welcher er den Urteilen und Wünschen der Hofcavaliere oder Hofdamen gegenüberstand, als unerhörte Verstöße gegen Tact und gute Sitte, und über seinen unleugbaren, auch oft lästigen kleinen Eigenarten und Schwächen übersahen viele von ihnen ganz und gar seine große Bedeutung und seine bleibenden Verdienste. Doch traten ihm auch aus diesem Kreis einzelne edler oder freier Denkende in treuer Freundschaft nahe, neben dem Kirchenrat Böckmann und dem Bibliothekar Molter namentlich der Geheimrat Minister Georg Ludwig Freiherr von Edelsheim.

Von fremden Gästen, die in jenem Winter durch Karlsruhe kamen, trugen vornehmlich Knebel und Friedrich Heinrich Jacobi einen bedeutenden Eindruck von Klopstock mit fort. Was der erste in einem für uns verlorenen Brief über den gefeierten Dichter äußerte, nannte Goethe herrlich; Jacobi

aber schrieb an Sophie von La Roche das begeisterte Wort „Dieser Klopstock ist für mich Ideal echter menschlicher Größe" und suchte zu derselben
Verehrung Wieland umzustimmen, der den einst so Bewunderten und
Nachgeahmten jetzt wie den Mann im Mond oder im Hundsstern auffaßte,
wie ein Wesen aus einer ihm unbekannten und mit seinen äußeren und
inneren Sinnen in gar keiner Beziehung stehenden Reihe von Dingen, kurz
wie ein Wesen, von dem er nichts begriff. Aber auch Klopstock gewann
den schwärmerischen Verehrer lieb; er begleitete ihn (im Februar 1775)
nach Mannheim zurück und blieb dort sechs Tage bei ihm, bis Jacobi
weiter reisen mußte, versprach auch ihn im Mai auf der Rückreise nach
Hamburg in Düsseldorf zu besuchen. Bei dieser Gelegenheit wurde er auch
von dem Kurfürsten der Pfalz, Karl Theodor, in langer Audienz empfangen
und durch musikalische Vorträge der ersten Tonkünstler Mannheims ausgezeichnet[1]). Seine freimütigen Worte über die Gleichgültigkeit der
deutschen Fürsten gegen die Wissenschaften nahm Karl Theodor, der selbst
schon damals ein deutsches Nationaltheater zu gründen vorhatte und sich
deßhalb nicht mitgetroffen fühlte, sogar mit einem gewissen Behagen auf.

Aber unter allen, die als Gäste Zutritt am badischen Hofe fanden,
hieß wohl keinen Klopstock wärmer willkommen als den Ritter Gluck, der
damals mit seiner Frau und Nichte aus Paris von den Aufführungen
seiner 'Iphigenie in Aulis' und seines 'Orpheus' nach Wien zurückkehrte.
Am 9. März 1775 begrüßte ihn der Dichter in Straßburg; acht Tage
darnach trafen sie wieder in Rastatt zusammen. Sie genossen die Stunden
des Beisammenseins, die Gluck ein paar Jahre vorher nicht einmal durch
eine Reise nach Hamburg zu teuer zu erkaufen geglaubt hatte, in herzlichen
Gesprächen, deren Stoff ernste, für beide Künstler bedeutsame Fragen
bildeten, denen aber auch die Würze des gemütlichen Scherzes nicht fehlte;
vor allem aber trug Gluck mit den Seinen verschiedene von seinen Compositionen Klopstockischer Dichtungen vor. Der Gesang seiner Nichte und
Adoptivtochter Maria Anna (Nanette) riß den Hörer, der hier sein Ideal
von dem, was die Musik kann und soll, erfüllt sah, zu freudigster Begeisterung hin. Als ein Jahr darnach der Tod die Sängerin im Frühling
ihres Lebens wegraffte (am 22. April 1776), wandte sich ihr schmerz-

---

[1]) Vgl. Böttiger, Klopstock im Sommer 1795 (Taschenbuch 'Minerva' auf das
Jahr 1814). Durch einen Druckfehler, der auch neuere Biographen getäuscht hat,
ist daselbst das Jahr 1771 statt 1774 oder 1775 angegeben.

beladener Oheim in einem rührenden Brief an Klopstock und bat um ein
Trauergedicht, in dessen musikalischer Composition er seine Klagen würdig
anstönen und zugleich kräftigen Trost für seinen Verlust erlangen könne.
Klopstock vermochte seine Muse nicht zur Erfüllung dieser Bitte zu zwingen.
Es ist uns nicht einmal ein Brief erhalten, durch den er den trauernden
Freund seines Beileides versicherte. Da wählte Gluck unter den älteren
Gedichten 'Die tote Clarissa', jetzt seine „Favoritode", deren Composition
die wenigsten Hörer thränenlos ließ, wie er 1780 ohne jeden Groll oder
Verstimmung nach Hamburg berichtete.

Bald nach Gluck schied auch Klopstock aus Baden. Der Markgraf
und auch der Dichter, als er den Ruf des Fürsten annahm, hatten zuerst
geglaubt, daß Karlsruhe ihm eine neue Heimat werden sollte, so wie es
Kopenhagen ihm einst gewesen, eine Heimat, von der er sich nur zeitweise
zum Besuche seiner auswärtigen Freunde entfernen würde. Von diesem
Gedanken dürfte Klopstock aber schon während des ersten Winters, den er
am badischen Hof verbrachte, zurückgekommen sein. Er selbst war nicht
mehr jung und beweglich genug, um sich in solch ein völlig neues Verhältnis richtig einzuleben; er war namentlich durch seine Hamburger Freunde
und Freundinnen schon allzu sehr verwöhnt worden, als daß er ihre persönliche Pflege und Verehrung auf die Dauer entbehren konnte. Der klein-
liche Sinn der neidischen Höflinge stieß ihn ab, und die Achtung und
Freundschaft der fürstlichen Familie vermochte ihn dafür doch nicht genügend zu entschädigen; denn ein solches Herzensverhältnis wie etwa
zwischen Goethe und Karl August gestaltete sich trotzdem zwischen ihm und
Karl Friedrich nicht: dazu waren beide schon zu alt, ihre geistige Entwicklung zu fertig und der vorzügliche Markgraf doch zu wenig künstlerisch
angelegt. Klopstock nahm sich also vor, zwar immer wieder auf mehrere
Monate an den badischen Hof zurückzukehren, doch aber Hamburg als
eigentlichen Wohnort nicht aufzugeben. So wollte er zunächst im Mai 1775
zu den dortigen Freunden heimreisen. Nun traf aber schon im März sein
Bruder Karl Christoph aus Madrid unvermutet in Rastatt ein. Mit ihm,
der gleichfalls freundlich bei Hofe empfangen worden war, reiste Klopstock
plötzlich ab, nach seiner (hier freilich unpassenden) Gewohnheit sogar ohne
Abschied zu nehmen. Über Karlsruhe und Frankfurt, wo Goethe wieder
aufgesucht wurde, in der Aufregung seiner Liebe zu Lili jedoch den will-
kommenen Gast nur wenig genießen konnte, fuhren die Brüder nach Cassel;
von da begab sich Karl Christoph zunächst nach Quedlinburg. Der Dichter

gieng nach Göttingen und von da in der Begleitung Johann Martin Millers
geraden Wegs über Hannover nach Hamburg. Erst von hier aus entschuldigte er sich im April durch ein kurzes Schreiben an den Markgrafen
wegen seiner plötzlichen Abreise: Abschied zu nehmen würde ihm zu empfindlich gefallen sein. Herzlich antwortete der edle Fürst, „wie man einem
Freund schreibt, ganz ohne Complimente" mit der Bitte, Klopstock möge
die Leere, die sein Gehen in der Hofgesellschaft gelassen, durch seine baldige
Rückkehr wieder ausfüllen. Der Dichter plante denn auch zunächst für
das folgende Jahr 1776 eine zweite Reise nach Karlsruhe; aber er führte
den Gedanken nicht aus. Er konnte sich nicht mehr dazu entschließen, seine
Hamburger Kreise zu verlassen und lehnte deßhalb auch im Herbst 1775
die Aufforderung des verdienstvollen münsterischen Ministers Freiherrn
von Fürstenberg (1728—1811) ab, der bei seiner Reformation des Unter-
richtswesens Klopstock als Ratgeber an seiner Seite zu haben wünschte und
ihn darum zu einem Besuche des Bistums einlud.

Das freundschaftliche Verhältnis des Dichters zu dem Markgrafen
dauerte ungestört bis an den Tod des ersteren fort, obwohl Klopstock nicht
wieder nach Karlsruhe kam. Auch sein badisches Jahresgehalt blieb ihm
unentzogen. Mit wahrer Hochachtung und Teilnahme erinnerten sich die
beiden räumlich Getrennten immer wieder an einander. Ein Dankgedicht,
wie es die Karlsruher Höflinge erwarteten, verfaßte Klopstock nicht; aber
noch im Jahre 1775 schrieb er in freien Versen die gegen höfische Schmeich-
ler eifernde Ode 'Fürstenlob', die in ihren Schlußstrophen sich als schüchterne, doch eben darum edelste Verherrlichung Friedrichs V. von Dänemark
und Karl Friedrichs von Baden darstellte. Neun Jahre später widmete
er seinen zweiten Bardiet 'Hermann und die Fürsten' dem Markgrafen als
dem „fürstlichen Weisen, der nach viel andern landesväterlichen Thaten
vor kurzem auch die Leibeigenschaft aufgehoben hat". Als dieser im
Herbst 1786 im Bade zu Pyrmont weilte, machte er mit zweien seiner
Prinzen und dem Geheimrat von Edelsheim einen Ausflug nach Hamburg
zum Besuche des Dichters. Auch auf Klopstocks jüngsten Bruder Victor
Ludwig, dem er den Titel eines badischen Commercienrates verlieh, dehnte
der Fürst seine Gunst aus. Klopstockische Ideen suchte er praktischer
herauszuarbeiten und zur That zu machen. So gieng er 1788 unter dem
Beistand Herders, auch Johannes Müllers, damit um, eine deutsche Gesellschaft zu gründen, um durch sie in ähnlicher Weise, wie es in der 'Gelehrtenrepublik' vorgeschlagen war, die Wissenschaften, vorzüglich aber

vaterländischen Sinn und Allgemeingeist in unserem Volke zu befördern. Der Ausbruch der französischen Revolution lenkte sein Augenmerk von diesem Plane wieder ab. An den Markgrafen ist der letzte Brief gerichtet, der uns von Klopstocks Hand erhalten ist, durch den kurzen Aufenthalt einer badischen Prinzessin in Hamburg veranlaßt, voll Verehrung und Liebe zu dem Fürsten, dem der alte, kränkelnde Dichter nicht nur wissenschaftliche Wünsche, sondern auch die Bitte um ein Geldgeschenk für seinen Arzt „ganz ohne Complimente" vortragen durfte. Es war ihm noch vergönnt, sich der Antwort Karl Friedrichs zu freuen; schriftlich dafür zu danken, dazu war er schon zu schwach. Aber die Erinnerung an den fürstlichen Freund umschwebte ihn heiter auf dem Sterbelager; neben Bernstorff bildete Karl Friedrich den Mittelpunkt seiner letzten Träume.

II.

Bis zum Beginne der französischen Revolution.

1775—1789.

Immer mehr zog sich Klopstock seit der Rückkehr aus Karlsruhe in den engeren Kreis seiner Hamburger Freunde und Freundinnen zurück. Hier verehrte man ihn unbedingt, hier störte man ihn nicht in seinen Eigentümlichkeiten und Grillen, hier verhätschelte man ihn geradezu mit sorgsamer Pflege; und wie sehr sagte das dem alternden Dichter zu, der auffallend rasch bequem wurde! Zwar körperlich behielt er noch lange seine frühere Rüstigkeit, und auch die ihm lieb gewordenen Leibesübungen, durch die er seine Gesundheit zu stählen hoffte, versäumte er so bald nicht. Er gieng und ritt fleißig spazieren, setzte seine turnerhaften Spiele fort, badete wie vordem und trieb bis in das höchste Alter den Schlittschuhlauf. Aber all das mußte er ganz nach seinem Belieben, zu der ihm gelegenen Stunde und in der ihm zusagenden Weise unternehmen können, und zu Hause gar wünschte er ohne jegliche Rücksicht auf andere es sich behaglich zu machen. Größere Reisen, die ihn daran verhindert hätten, vermied er; dem Verkehr mit fremden Menschen, die ihn in seiner Bequemlichkeit gestört hätten, wich er aus. Um recht nach Wunsch eine trauliche Pflege im Familienkreis zu finden, zog er 1776 in die Wohnung Windemens und ihres Gatten, deren Hauswesen er längst durch Geldzuschüsse aus seinem Gehalt unterstützte. Die verwittwete Gräfin Bernstorff, bei der er bis dahin gewohnt hatte, siedelte 1778 nach Weimar über.

Mit den Freunden unternahm Klopstock auch kleinere Ausflüge in die Nachbarschaft. So brach er gegen das Ende Julis 1776, von Frau von Winthem und einigen Hamburger Bekannten begleitet, nach Lübeck auf, um Gerstenberg zu besuchen, der seit einem Jahr als dänischer Resident hier weilte. Mit ihm und Karl Friedrich Cramer, der ihnen nachgereist war, setzten sie dann die Fahrt fort nach Eutin zu Fritz Stolberg und nach Kiel zu Cramers Vater, jetzt Prokanzler der Universität, zu Professor Fabricius und seiner Gattin Cäcilie, Klopstocks früherer Herzensfreundin. Hier stellten sich noch weitere Freunde aus Kiel und aus Hamburg ein, und so verflossen rasch acht heitere Augusttage, aus denen der Dichter mit neckendem Humor in seinen Briefen nichts berichtete als die zahllosen Bäder, die er mit den Genossen überall nahm. Ähnliche Ausflüge in die Umgegend von Kiel und Schleswig machte Klopstock, stets in der Gesellschaft der Frau von Winthem, während der folgenden Jahre. Für den September 1777 hatten sie mit mehreren Mitgliedern der Familie Stolberg eine Zusammenkunft in Loitmark verabredet. Damit verbanden sie, von beiden Cramers, Vater und Sohn, begleitet, einen Besuch bei dem Grafen Holck und seiner Gemahlin auf ihrem Gut Eckhof. Eine Reise nach Dessau zu dem Fürsten Franz Leopold Friedrich (1758—1817), zu der Klopstock im Juli 1779 so fest entschlossen schien, daß ihm Gleim schon, ohne genauere Nachricht abzuwarten, nach Braunschweig entgegenfuhr, unterblieb schließlich ganz, nachdem sie durch das Warten auf die Teilnahme Stolbergs von Woche zu Woche hinausgezögert worden war. Aber im Sommer 1780 machte Klopstock mit der Freundin wieder die Rundfahrt durch Kiel, Eckhof, Loitmark und Knoop (bei Kiel). Ja noch im Sommer 1787 fand er sich mit dem jüngeren Cramer und mit Fritz Stolberg in Eutin bei Voß ein und wiederholte diesen Besuch mit Stolberg 1788; es war der letzte größere Ausflug, von dem wir durch gleichzeitige Mitteilungen zuverlässig unterrichtet sind. Immer mehr bestätigte sich nun, was Klopstocks Bruder schon 1776 an Gleim schrieb: der Alternde war „kein Reiser mehr, wie vordem". Er mietete sich im Sommer einen Garten vor der Stadt; da genoß er die sonnig-warmen Tage und fuhr höchstens zum Besuch eines Freundes oder zu einem heitern, geselligen Mahl nach einem der Dörfer in Hamburgs nächster Umgebung.

Je weniger er aus seinem immer enger geschlossenen Bezirke heraustrat, desto häufiger suchten ihn auswärtige Verehrer darin auf. Aus Göttingen brachte er selbst 1775 Miller mit, der sich zwei Monate lang bei den nächsten Freunden und Verwandten Klopstocks herumtrieb. Auf dem Fuße folgte ihm Voß, der auf mehr als drei Jahre, mit der Herausgabe seines Musenalmanachs beschäftigt, in Wandsbeck neben Claudius sich niederließ und treuen Geistes- und Herzensverkehr mit Klopstock pflegte, auch später noch bis 1789 fast Jahr für Jahr einmal die Hamburger Freunde besuchte. Zu flüchtigerem Aufenthalt fanden sich von den Teilnehmern des Göttinger Bundes im Sommer 1775 der kranke Hölty, im Herbst der zerfahrene Phantast Hahn, im Frühjahr darauf Sprickmann ein; die Brüder Stolberg kamen ab und zu. Im August 1776, im September und October 1778 und zum letzten Mal im October 1780 weilte Lessing in der alten Hansastadt, nie ohne anregende Stunden mit Klopstock verplaudert zu haben. 1777 gründete Joachim Heinrich Campe, vorher Director des Philanthropins zu Dessau, eine Erziehungsanstalt bei Hamburg; mit Klopstock führte ihn vornehmlich das gleiche Interesse an grammatischen Fragen, insbesondere an einer Umgestaltung der deutschen Rechtschreibung, zusammen. Zu Anfang des Jahres 1778 verbrachte Schönborn auf der Reise von Algier nach London genußreiche Tage in Hamburg. Das Jahr darauf besuchte Marie Sophie von la Roche, Wielands Jugendgeliebte, den Dichter, den sie seit ihren Mädchentagen schwärmerisch bewundert hatte. Auch Giacomo Zigno, der die erste Hälfte des 'Messias' 1776 in's Italienische übertrug, suchte um diese Zeit Klopstock auf; er gewann sich die freundschaftliche Achtung, seine Arbeit den aufrichtigen Beifall des deutschen Sängers, der ihm eine Ode zueignete und ihn im Juli 1780 mit warmen Empfehlungen an den Capellmeister Reichardt in Berlin sandte. Im Mai 1783 kehrte Herder, der endlich in dem Wirrwarr seiner Weimarer Geschäfte Muße zu einer kurzen Erholungsreise gefunden hatte, auf acht Tage in Wandsbeck und Hamburg ein, um zu erfahren, wie sich in Klopstocks Hause seine Verehrung für den Dichter rasch in herzliche Zuneigung zu dem Menschen verwandelte, der mit den Seinen um die Wette sich seinem Gaste freundlich erwies. Keinen aber entzückte die behagliche Häuslichkeit des Dichters mehr als den alten Gleim, der, wiederholt eingeladen, endlich seinen Vorsatz ausführte und im Sommer 1785 den lang entbehrten Herzensfreund wiedersah. Wie im Taumel flohen ihm elf glückliche Tage hin, für die er in überschwänglichen Worten Klopstock und den Damen seines Hauses (Windeme und ihren Töchtern) nicht genug danken konnte. Dicht hinter ihm traf ein nicht minder schwärmerischer Gast ein, Elise von der Recke, die empfindsame Verehrerin und Nachahmerin der Klopstockischen Dichtung. Zu Ende desselben Jahres 1785 verkehrte, wofern Gleims Nachricht glaubwürdig ist, ein der deutschen Literatur zugethaner Fürst von Lichtenstein überaus viel bei Klopstock. Auch den späteren preußischen Minister Freiherrn von Hardenberg, damals noch Geheimrat in braunschweigischen Diensten, lernte der Dichter bei dessen Durchreise durch Hamburg im Frühling 1788 kennen und schätzen.

So kehrten bedeutende Gäste, einander ungleich an Stand und Charakter, an Anschauungen und Absichten, Jahr um Jahr bei Klopstock ein und hielten sein Interesse wach für die Vorgänge im deutschen Geistesleben oder erweckten es, wo es zu schlummern schien. Allein die Beziehungen, die auf solche Weise zwischen dem alten Dichter und der Außenwelt geschaffen wurden, waren doch ziemlich lose und dürftig. Er griff nicht mehr als ein thätig Mitwirkender in den Gang der eigentlichen literarischen Entwicklung ein; er kümmerte sich vielfach gerade um die wichtigsten Ereignisse in derselben blutwenig; er büßte so für das Bedeutendste, was das junge Geschlecht leistete, wie nicht minder für die Art, wie es das Leben auffaßte und genoß, das Verständnis ein. Und dabei vereinsamte er inmitten der Bewunderer und Anhängerinnen, die ihn zu Hamburg umschaarten.

Gleich das Jahr 1776 beraubte ihn der Freundschaft mit dem Manne, der damals schon klar blickenden Geistern zu erkennen gegeben hatte, daß er zum Herrscher der aufblühenden deutschen Dichtung berufen sei. Wie einen Oheim hatte Goethe bis dahin Klopstock verehrt, kindlich-herzlich wie zu einem Vater hatte er zu ihm gesprochen, an ihn geschrieben. Und Klopstock hatte diese Zuneigung und Achtung des genialen Jünglings innig erwidert. Nun kamen ihm von dem übermütigen, doch nichts weniger als sittenlosen Treiben Goethes und des Herzogs Karl August zu Weimar unwahre oder mindestens stark übertreibende Gerüchte zu Ohren, die ihn desto besorgter machten, je weniger er an ihrer Nichtigkeit zweifeln zu dürfen meinte. Daß er den Verleumdungen allzu leicht glaubte, war sein Unrecht; nachdem er dies auf sich geladen, handelte er jedoch völlig correct und seiner Stellung in der deutschen Literatur wie seinem persönlichen Verhältnisse zu Goethe angemessen, wenn er diesen liebevoll-ernst warnte, er möge durch die Art, wie er die Gunst seines Herzogs mißbrauche, nicht die allgemeine Ehre der deutschen Gelehrten beflecken, nicht die übrigen Fürsten in ihrer bisherigen Gleichgültigkeit gegen die schönen Wissenschaften und ihre Vertreter in Deutschland bestätigen. Ebenso mußten sich aber Goethe und Karl August durch Klopstocks Brief gekränkt fühlen; denn sie durften von dem älteren, erfahrenen Manne, der ihnen persönlich so nahe getreten war, erwarten, daß er nicht durch leere Gerüchte sein Vertrauen auf ihren sittlichen Wert und Willen erschüttern lasse. Darum antwortete Goethe

kurz, ja schroff, wenn gleich die alte herzliche Verehrung aus seinen ab-
lehnenden Worten überall hervorklang. Klopstock jedoch, durch den äußeren
Ton der Antwort gekränkt, hörte diese versteckte Stimme der Zuneigung
nicht; ohne weiter nach Recht oder Unrecht seines Vorgehens zu fragen,
fühlte er nur die Beleidigung und fühlte sie doppelt, weil er Dank verdient
zu haben glaubte: rauh brach er sein Verhältnis mit Goethe ab. Er fehlte
damit gegen Goethe, den er (und mit ihm sein ganzer Anhang) um eines
falschen Verdachtes willen verwarf, und gegen sich selbst; denn er zerriß
dasjenige Band, das ihn am festesten mit der wirklich lebenskräftigen
Dichtung der Zukunft verknüpfte, das einzige vielleicht, durch das er etwa
noch einen Einfluß auf diese Dichtung zu behalten hoffen konnte. Doch
verdiente er weniger darum Tadel — denn auch Goethe war nicht unbedingt im Rechte gegen ihn — als vielmehr wegen des Grolles, den er von
nun an wider den ehemaligen Freund bewahrte. Wie bald hatte Goethe
den peinlichen Zwischenfall vergeben und vergessen, nachdem er sich einmal
1780 und 1781 in den 'Vögeln' und im 'Neuesten von Plundersweilern'
durch derb-humoristischen Spott, der aber Klopstock selbst gar nicht sehr
traf, von seiner Verstimmung befreit hatte! Klopstock hingegen verfertigte
noch in späten Jahren ein für ihn selbst nicht eben rühmliches Sinngedicht
auf den 'Faust', in welchem er jetzt nur „verwünscht Geschrei der traurigen
Genieerei" zu hören wähnte, und ließ um dieselbe Zeit (1796) gegen
Goethes Klage über die deutsche Sprache (im 29. venetianischen Epigramm)
ein geschraubtes Sinngedicht drucken; ja noch die letzte Ausgabe seiner gesammelten Werke brachte 1804 ein Epigramm auf sie, welche von dem
Genie die Sittlichkeit sonderten (Nr. 17), das man eben so gut auf jene
Weimarer Vorgänge als auf gewisse Erscheinungen der romantischen Lite-
ratur deuten könnte.

Auch durch die schriftstellerischen Arbeiten, die Klopstock nach der Rückkehr aus Baden am meisten beschäftigten, kam er in Zwiespalt mit
Männern, die ihm vorher unbedingt anhiengen, stellenweise sogar in einen
augenfälligen Gegensatz zu den Ansichten und Wünschen des gesammten
übrigen literarischen Deutschland. Was er in der 'Gelehrtenrepublik' gelegentlich und oft nur in allgemeinen Umrissen zur deutschen Grammatik
bemerkt hatte, führte er jetzt im einzelnen weiter aus. So veröffentlichte
er 1778, zuerst als Beilage zum zweiten Teil der 'Sammlung einiger Er-
ziehungsschriften' von Campe, dann selbständig ein Schriftchen 'Über die
deutsche Rechtschreibung'. Die in der 'Gelehrtenrepublik' angedeute-

ten Grundsätze waren darin mit strenger Folgerichtigkeit rücksichtslos gegen
das bisher Gültige bis zum Äußersten durchgeführt.   Als einzigen Zweck
der Rechtschreibung erkannte er, „das Gehörte der guten Aussprache nach
der Regel der Sparsamkeit zu schreiben".   Daraus folgten mehrere, allerdings knapp zusammengefaßte Vorschriften über Vereinfachung, Verkürzung, Deutlichkeit der Schreibung, die ziemlich alle in dem Satze gipfelten:
„Kein Laut darf mehr als Ein Zeichen und kein Zeichen mehr als Einen
Laut haben."

Klopstock schlug damit keineswegs etwas völlig Neues oder Einziges
vor.   Schon zur Zeit der Opitzischen Reform unserer Dichtkunst waren
verwandte Bestrebungen aufgetaucht.   In der fruchtbringenden Gesellschaft
hatte Fürst Ludwig zu Anhalt-Köthen mit Schottel, Gueindtius und Hars-
dörffer viel über ähnliche Fragen verhandelt; Philipp von Zesen, Butschky
von Rutinfeld und andere hatten neue Orthographien ausgeheckt.   Aber
auch wenige Jahre vor Klopstocks Schrift waren, nachdem Herder in seinen
'Fragmenten über die neuere deutsche Literatur' 1767 gewisse Mängel der
üblichen deutschen Orthographie beklagt hatte, besonders im südwestlichen
Deutschland mehrere Arbeiten über die Rechtschreibung veröffentlicht
worden.   Ziemlich frei verfuhr Friedrich Karl Fulda mit dem Hergebrach-
ten in seinen 'Grundregeln der deutschen Sprache' (Stuttgart 1778); im
allgemeinen suchte er Aussprache und Etymologie zur Grundlage seiner
Rechtschreibung zu machen.   Noch weiter ging Johann Nast in Stuttgart,
der in seinem 'Deutschen Sprachforscher' (1777—1778) die Orthographie
schon weniger auf die Abstammung der Wörter als auf die gute Aussprache
gründen wollte.   Klopstocks entschiedenster Vorarbeiter jedoch war Jakob
Hemmer (Domitor).   Nachdem er 1775 die Regeln der bisher geläufigen
deutschen Schreibung zusammengestellt hatte, gab er 1776 zu Mannheim
heraus: 'Grundriß einer dauerhaften Rechtschreibung, Deutschland zur
Prüfung vorgeleget'.   Er gieng von den gleichen Grundsätzen aus wie
Klopstock und gelangte daher in den meisten Fällen auch zu den gleichen
Vorschriften im allgemeinen wie im besonderen.   Aber Klopstock wußte
von ihm wie von allen übrigen Vorgängern nichts; er betrachtete die Sache
auch unter einem ganz andern Gesichtspunkt wie die meisten von ihnen.
In gewissem Grade trafen seine Grundsätze der Rechtschreibung mit vielem
zusammen, was hernach Gabelsberger als Regel seiner Stenographie aufstellte, auch mit manchem, was die jüngste Reform der deutschen Rechtschreibung zu allgemeiner Geltung gebracht hat.   Aber keiner vor oder

nach Klopstock, Domitor ausgenommen, ist so einseitig streng nach seinem Princip, so unvorsichtig radical verfahren wie Klopstock. Unerbittlich verwarf er alle überflüssigen Zeichen, die entweder das Ohr nicht hört, wie die Verdoppelung eines Consonanten innerhalb einer Silbe (z. B. stellt, sinnt, läßt) und die Dehnungsbuchstaben (bienen, kehren, Meer), oder die wir durch die Aussprache nicht unterscheiden (z. B. s und s, f, v und ph, dt und t, t und th); die übrig bleibenden Buchstaben suchte er nach ihrem Laute sorgfältig zu bestimmen.

Er wollte ganz richtig nur die reine deutsche Aussprache, nicht aber die mundartlich gefärbte durch die Schreibung wiedergeben. Anstatt jedoch dieses reine Deutsch aus den verschiednen Mundarten Süd- und Norddeutschlands zusammenzustellen, anstatt es nur etwa in dem idealen Bezirke der Bühne zu suchen, wähnte er es in einem wirklichen geographischen Teile des Reiches zu finden, in jenen Gegenden Niedersachsens, deren Aussprache des Hochdeutschen, von Kleinigkeiten abgesehen, in der That als musterhaft gelten kann. Leider wollte Klopstock nur auch diese kleinen Unrichtigkeiten großenteils nicht als solche zugeben; denn wie sehr er auch durch Verkehr mit Leuten aus den verschiedensten Provinzen Deutschlands sein sprachliches Wissen zu vermehren suchte, so blieb doch besonders seine Kenntnis der süddeutschen Mundarten viel zu gering, als daß er seine Untersuchung dessen, was reines Hochdeutsch sei, auch auf sie gründen konnte. Die Aussprache, nach der er seine Rechtschreibung einrichtete, war somit immerhin doch die einer norddeutschen Mundart. So nahm er an, daß man pf am Anfang der Silbe richtig wie f spreche ("Pfründe" wie "Fründe"), schrieb dem g einen Mittelklang zwischen j und ch zu (statt zwischen k und ch) und machte sich bei der Unterscheidung von ä und e, oft im geraden Widerspruch zum wirklichen Hochdeutsch, ganz abhängig von der Aussprache des gewählten niedersächsischen Dialektes.

Diese als maßgebend anerkannte Aussprache wollte er durch die Schreibung genau abgebildet haben, ohne Rücksicht auf die Geschichte der Sprache, auf das Befremdliche und scheinbar Undeutliche der Neuerung. Er eiferte heftig gegen das Begehren, daß der Schreibende deutlicher sein solle als der Redende, und Unformen wie "fileicht" (= vielleicht), "wän" (= wen), "fliß" (= fließt's), in denen die organische Entstehung und Zusammensetzung des Wortes völlig verwischt ist, machten ihn in seinem Beginnen nicht stutzig. Auch nicht der Einwand, daß einzelne Wörter selbst in den Gegenden der guten Aussprache verschieden gesprochen werden und daß man sie demgemäß auch verschieden müsse schreiben dürfen; die Anzahl solcher Wörter schien ihm zu unerheblich. Mit eiserner Consequenz wollte er sein Princip durchführen. Aber unwillkürlich wich er doch in ein paar Einzelheiten von dieser Strenge ab. Er meinte, die zwar überflüssigen, doch unschädlichen großen Buchstaben könne man beibehalten; desgleichen entschloß er sich, b und d, wie bisher, am Ende der Silbe (Grab, Kind) und st, sp am Anfang derselben (stand, sprechen) zu schreiben, obwohl er bei seiner norddeutschen Mundart überzeugt war, daß jene nur als p und t, diese aber mit einem Mittelklang zwischen st, sp und scht, schp ausgesprochen würden. Ferner bemerkte er nicht den Unterschied zwischen dem hellen und dumpfen kurzen e, so daß er also hier gegen seine Regel doch zwei Laute durch Ein Zeichen ausdrückte. Auch unmethodische Einfälle mangelten nicht trotz aller äußerlichen Folgerichtigkeit. Klopstock freute sich z. B. der Buchstaben x und z, welche je zwei Mitlaute (ks und ts) kürzer durch Ein Zeichen andeuteten; er wünschte nun ein ähnliches Verkürzungszeichen für die Endsilbe en (in „geben", „Sachen"), obwohl hier ein Vocal mit einem Consonanten in einen Doppelbuchstaben zu vereinigen gewesen wäre. Dazwischen fanden sich allerdings auch manche treffende Äußerungen, die nicht bloß in dem engeren Gebiete der Rechtschreibung Wert hatten. So verwahrte er sich grundsätzlich gegen die allgemeine Annahme, als ob wir im Neuhochdeutschen lange und kurze Vocale hätten, während wir doch vielmehr betonte und unbetonte besitzen.

Diese Ansichten und Vorschläge Klopstocks waren kaum öffentlich bekannt geworden, so riefen sie Widerspruch von allen Seiten hervor. Männer wie Lessing und Herder, ja selbst Gleim verbargen wenigstens vor Freunden nicht ihr Mißfallen über das verfehlte Unternehmen; Lichtenberg und Kästner zeichneten witzige Einfälle über die Neuerung auf, ohne dieselben jedoch vorerst zu veröffentlichen; die wichtigsten Zeitschriften brachten mißbilligende Urteile darüber; mehrere selbständig gedruckte Gegenschriften traten an's Licht[1]). Auch die Art, wie Campe Klopstocks Arbeit eingeleitet und empfohlen hatte, verstimmte und reizte manchen. Gegen Campe zumeist schrieb Hamann, von Herder angestachelt, im krausesten Stil seine 'Zwei Scherflein zur neuesten deutschen Literatur' (1780). Er bemerkte

---

[1]) Vgl. Dr. Ludwig Muggenthaler, Klopstocks Orthographiereformbestrebungen und ihre Bedeutung für die Gegenwart (in Dittes' 'Pädagogium', Jahrgang VII, 1885).

richtig den circulus vitiosus, in welchem sich Klopstock bewegte, indem er
die durch die allgemeine Rechtschreibung als mustergültig anerkannte Aussprache gewisser Gegenden zur Grundlage dieser Rechtschreibung machen
wollte. Er verlangte dem gegenüber eben so zutreffend von dem Verbesserer unsrer Orthographie einbringende sprachgeschichtliche Studien und
bewies gut das Recht und die Aufgabe des Schreibenden, in etymologischer
und grammatischer Hinsicht deutlicher als der Redende zu sein, weil er nur
so den Mangel des sinnlichen Klangelementes in der Schrift ersetzen kann.
Obwohl diese Behauptungen im Gegensatz zu den seinigen standen, wurde
Klopstock durch die Broschüre, deren Verfasser er alsbald erriet, nicht verletzt, freilich auch nicht überzeugt. Streitschriften, welche, wie die des halt-
und ideenlosen Christian Wilhelm Kindlebn, in einem unwürdigen Ton
abgefaßt waren, beachtete er von vorn herein nicht. Dagegen veranlaßte
er nicht nur einen anders denkenden Freund, den Professor der Mathematik Johann Nicolaus Tetens zu Kiel, daß er in mehreren Briefen an
ihn seine Einwürfe gegen die neue Rechtschreibung darlegte und verteidigte,
sondern er antwortete wider seine sonstige Gepflogenheit sogar öffentlich
einigen Gegnern. Er rechtfertigte dieses Abweichen von der Regel ausdrücklich damit, daß es sich hier um Verteidigung einer Theorie, nicht eines
Kunstwerkes handle.

Als er 1779 'Fragmente über Sprache und Dichtkunst' herausgab, nahm er in dieselben das orthographische Schriftchen von 1778 mit
einigen Zusätzen auf, worin er kleine, zuvor übersehene Inconsequenzen
seiner neuen Schreibung nachträglich beseitigte, auch verschiedne Einzelheiten näher erläuterte. Daran schlossen sich in den beiden Fortsetzungen
der 'Fragmente' 1779 und 1780 zwei weitere Aufsätze, in denen er, ohne
wesentlich Neues zu sagen, hauptsächlich gegen das Verlangen ankämpfte,
daß die Rechtschreibung auch Etymologisches andeuten solle. Gab man
seinen Haupt- und Grundsatz zu, daß sie nur ein Ding für das Ohr,
nicht auch für das Auge sei und daß Sparsamkeit als höchstes Gesetz in
ihr gelte, so waren alle diese Folgerungen freilich unangreifbar, so hatte
er auch Recht, die „Schreibung des Ungehörten" mit „gemalten Gerüchen"
zu vergleichen, die den denkenden Leser „anstinken". Und auf diesen Grundsatz kam er immer wieder zurück, so namentlich 1780 in seiner Abwehr
anonymer Gegner, die zum Teil in der Geschichte der deutschen Sprache
beinahe besser bewandert gewesen sein dürften als er selbst. Wenigstens
gab er sich gerade hier mancherlei Blößen und zeigte überall nur ein bilet-

tantisches, wenn schon für einen Dilettanten ansehnliches Wissen. Freilich
ließ er sich auch keinen wirklichen oder vermeintlichen Irrtum seiner Wider-
sacher entgehen und trat in dieser Absicht vor allem ben Vorschlägen eines
halben Gesinnungsgenossen aus der Rheinpfalz entgegen, welcher zwar in
manchen Punkten ihm gegenüber unzweifelhaft im Rechte war, im allgemeinen jedoch als Anhänger Domitors die Rücksichtslosigkeit der Klopstockischen Schreibung ausschließlich nach dem Gehör noch überbot und
überdies zahlreiche Besonderheiten seiner süddeutschen Mundart in die
Orthographie einschmuggelte. Solchen äußersten Übertreibungen abgeneigt,
hatte Klopstock sich jetzt sogar zu einem kleinen Rückschritt, einer zwar unschädlichen, aber auch unnötigen Inconsequenz verleiten lassen: er brauchte
am Schluß der Wörter wieder s statt s.

So schwankte er trotz aller scheinbaren Bestimmtheit doch selber und
fühlte die Notwendigkeit, dem Vorurteil des Publicums hie und da zu
schmeicheln. Noch suchte er durch gelegentliche kleine Aufsätze 1781 und
1782 balb ernst, balb ironisch wider die alte, halb etymologische Rechtschreibung zu streiten, auch jetzt, ohne auf einem durch ausreichende sprachliche und geschichtliche Kenntnisse wissenschaftlich gefestigten Boden zu
stehen. Dann gab er, durch die Zustimmung von ein paar blinden Anhängern über den allgemeinen Widerspruch schlecht getröstet, das vergebliche Bemühen auf; ja er kehrte selbst nach einigen Jahren wieder zur
alten Schreibung zurück, ob er gleich noch spät grollend gegen einen Freund
äußerte, man habe seinen Versuch, von dem „Zwei mal zwei ist vier" der
Orthographie zu reden, mit der Antwort abgewiesen: „Ist aber fünf."

Dauernder als auf die Rechtschreibung blieb Klopstocks Interesse auf
die sonstigen Fragen der Grammatik und Metrik gespannt, die er in der
‚Gelehrtenrepublik' angeregt hatte. Seine grammatischen Untersuchungen
im engeren Sinne schloß er vorläufig noch gar nicht ab; in den ‚Fragmenten über Sprache und Dichtkunst' teilte er 1779 einstweilen nur ein
kleines Abschnitzel davon mit, unbedeutende Bemerkungen über die Präpo-
sitionen, die sowohl mit dem Dativ als mit dem Accusativ verbunden
werden können. Auch von seinen lexikalischen Studien verlautete in diesen
‚Fragmenten' so viel wie nichts; sie enthielten nur eine kurze, erklärende
Zusammenstellung der synonymen Ausdrücke für „verstehen". Mehr schon
gab sich Klopstock darin mit der Stilistik ab. Und hier gelangte er in ein
Gebiet, durch das er bereits früher gern gewandelt war. Er schlug auch
jetzt darin nicht eigentlich neue Bahnen ein, sondern schritt nur auf den

ehemals betretenen Wegen sicherer und weiter fort. Vieles von dem, was
er 1779 in dem inhaltsreichsten dieser Aufsätze, in dem Fragment 'Von der
Darstellung' sagte, hatte er schon 1759 in den 'Gedanken über die Natur der
Poesie' angedeutet, einiges wörtlich ebenso in der 'Gelehrtenrepublik' ausgesprochen. Wie dort, so richtete er auch hier sein Augenmerk nur auf die
Darstellung in der höheren Poesie; desgleichen galt für ihn noch unangetastet die schweizerische Kunstlehre, welche die psychologische Wirkung betonte
und die sittliche Schönheit zur wichtigsten Bedingung des vollkommenen
Kunstwerkes machte. So bezeichnete er einen Gegenstand dann vornehmlich als darstellbar, wenn er viel Handlung und Leidenschaft in sich begreife,
erhaben und zugleich sittlich gut sei. Zweck der Darstellung war ihm
Täuschung, und zwar eine Täuschung, zu welcher der Dichter den Zuhörer,
so oft er kann, hinreißen und nicht hinleiten muß. Um dieselbe möglichst
stark und möglichst schnell zu erzielen, um also auf das Gemüt des Hörers
möglichst gewaltsam einzuwirken, forderte er Lebendigkeit und Wahrheit,
Einfachheit, Stärke und davon unzertrennlich Kürze der Darstellung, Ernst
und herzliche Teilnahme des Dichters an seinem Stoffe und neben der
Sorgfalt bei der Wahl und Anordnung der Worte und des Versmaßes
die allgemeine Rücksicht auf die Abrundung des Ganzen zum schönen
Ganzen. Wie ihm aber als Dichter die Gabe plastischer Gestaltung versagt war, so versäumte er auch als Theoretiker malerische Anschaulichkeit
von dem darstellenden Künstler zu verlangen. In besonderen Aufsätzen
handelte Klopstock, auf den Herders 'Fragmente über die neuere deutsche
Literatur' auch hier nicht ganz ohne Einfluß waren, von der Wortfolge,
die der Dichter verändert, um den Ausdruck der Leidenschaft und damit zugleich den Eindruck auf das Gemüt des Hörers zu verstärken, und vom
edlen Ausdruck, als dessen erste Bedingung er mit vollem Rechte Reinheit
der Sprache von Fremdwörtern aufstellte — ein Grundsatz, den er selbst
in seiner Prosa mit aller Strenge befolgte. Dabei ergriff er wieder die
Gelegenheit, gegen den Gebrauch der lateinischen Sprache in wissenschaftlichen Abhandlungen auf das entschiedenste und mit durchaus stichhaltigen
Gründen zu eifern. Auch der Nebengedanke, den Vorzug der deutschen
Sprache vor den andern zu erweisen, drängte sich wieder ein. So verglich
Klopstock ziemlich einseitig und parteiisch die deutsche Wortfolge mit der
antiken, insbesondere der römischen, und warf einen halb schmerzlichen,
halb spöttischen Seitenblick auf die zahllosen vermeintlichen Fremdwörter
im Englischen, vergaß dabei jedoch, daß, wie das englische Volk, so auch

feine Sprache nach ihrer gefchichtlichen Entwicklung aus germanifchen und romanifchen Beftandteilen gemifcht fein müffe.

Eine klare, ftreng fachgemäße, faft nüchtern fchmucklofe Vortragsweife war allen diefen Auffätzen eigentümlich, felbft wo Klopftock (wie in dem Fragment 'Von der Darftellung') den Inhalt in Gefprächsform einkleidete. Allerdings handhabte er diefe Form ganz äußerlich, ohne fich der Vorteile, die fie bot, irgendwie zu bedienen, ohne nur die Schwierigkeiten, die fie bereitete, völlig zu überwinden. Der dichterifche Schriftfteller zeigte fich nur in dem kleinen Fragment 'Zur Gefchichte unfrer Sprache', das gewiffermaßen feinen Entfchluß, folche trockne fprachliche Abhandlungen zu fchreiben, rechtfertigen follte. Neben Luther und Opitz ftellte Klopftock fich, wenn auch ohne feinen Namen zu nennen, als treuen Liebhaber der heimifchen Sprache, der für die Geliebte keine Mühe noch Unannehmlichkeit fcheut.

Weitaus den größten Teil der 'Fragmente' von 1779 nahmen aber metrifche Abhandlungen ein. Auch fie waren die Frucht langjähriger, emfiger Unterfuchung. Aus dem Jahre 1755 ftammte der Auffatz 'Von der Nachahmung des griechifchen Silbenmaßes im Deutfchen', vor dem zweiten Bande der Meffiade gedruckt, der bereits vieles von dem Inhalt der fpäteren Schriften über Verskunft allgemein andeutete. Nach längerer Paufe nahm Klopftock 1764 die theoretifche Befchäftigung mit den Fragen der Metrik wieder auf, um von nun an dauernder dabei zu verharren. Durch Gleim angeregt, fchrieb er zunächft im März diefes Jahres „als Manufcript für Freunde" zwölf Foliofeiten über 'Lyrifche Silbenmaße', indem er aus feiner eignen Dichtung je ein Beifpiel für die verfchiednen Strophenformen der antikifierenden Lyrik aufzeichnete, bisweilen auch einige Verfe der griechifchen Tragiker zum Vergleiche beizog. Gleim, deffen Nachlaß zu Halberftadt uns die Handfchrift diefes Auffatzes aufbewahrt, beforgte den Druck desfelben fowie eines zweiten Bogens, der 'Fragmente aus dem zwanzigften Gefange des Meffias', welche Klopftock zur felben Zeit wiederum hauptfächlich mit Rückficht auf die kühnen lyrifchen Strophengebilde, die er darin brauchte, gleichfalls nur für wenige Freunde zufammenftellte. Aber auch an einer kleinen Abhandlung vom Silbenmaße arbeitete der Dichter fchon 1764, und feine (zum Teil ungedruckten) Briefe an Gleim, Ebert und Denis aus diefem und den folgenden Jahren beweifen, wie ernft er die Arbeit nahm. Auf das Drängen feiner Freunde in Dänemark entfchloß er fich, fie in größerem Umfang auszuführen. Vollenden wollte er sie erst nach Abschluß der Messiade. Indessen gab er 1768 ein Bruchstück daraus, 'Vom deutschen Hexameter', als Einleitung zum dritten Bande seines Epos; 1770 teilte er ein weiteres Bruchstück, 'Vom Silben-maße', in der Schrift 'Über Merkwürdigkeiten der Literatur', der Fort-setzung der Gerstenbergischen Literaturbriefe, mit; ein drittes Fragment, 'Vom gleichen Verse', brachte 1773 der Schlußband des 'Messias'. Die 'Fragmente' von 1779 sollten diese Untersuchungen, die Klopstock ihrer An-lage nach zu mehreren Einzelarbeiten von beträchtlichem Umfang aus-dehnen konnte und anfänglich auch ausdehnen wollte, vorläufig abschließen. Sie enthielten unter dem Titel 'Neue Silbenmaße' einen kurzen Nachtrag zu den Aufsätzen über lyrische Versarten und eine große Abhandlung über den deutschen Hexameter, die gegen Bürgers Schreiben an einen Freund über seine deutsche Ilias (im 'Deutschen Mercur' vom October 1776) gerichtet, schon 1777 entworfen und zum Teil im 'Deutschen Museum' gedruckt worden war.

Auch diese Schriften über Metrik waren ein sonderbares Gemische von Wahrheit und Irrtum, von scharf zutreffenden, feinsinnigen Be-merkungen über die Kunst der Versfügung, der Klangmalerei und des Vor-trags, die alle gründliche Einsicht und fleißige Erfahrung bekundeten, und von einer eigensinnigen Voreingenommenheit für die deutsche Sprache und Dichtung, welche kein unbefangenes Urteil über die Prosodie und Verskunst der fremden, speciell der antiken Völker zuließ und zum Teil nur in dem (damals allgemeinen) Mangel an Wissen von der geschichtlichen Entwick-lung der arischen, auch der älteren germanischen Sprachen begründet war.

Klopstock verwechselte zwar durchweg die Länge und die Betonung der Silben mit einander, erkannte aber richtig, daß die Silbenzeit der Alten bloß durch das Ohr bestimmt wurde, also mechanisch war, während die unsrige sich auf Begriffe gründet. Er selbst fühlte sich jedoch so sehr als einen Sohn der neueren Zeit, daß er sich nicht dazu brachte, unparteiisch die Vorzüge und Nachteile der mechanischen und der begriffsmäßigen Silbenzeit gegen einander abzuwägen, sondern der letzteren unbedingt den Vorrang in allem zugestand. Demgemäß galt ihm vieles, was aus jener mechanischen Silbenmessung der antiken Sprachen notwendig folgt, vieles, worum ein musikalischer Dichter diese Sprachen mit Recht beneiden könnte, als fehlerhaft, als unschön, unrein, gezwungen, widersinnig. Die Kürze vieler Stammsilben und die Länge zahlloser Flexionssilben, die Kürze ganzer inhaltschwerer Worte (θεός, πόλεμος, θάνατος und dergleichen), ferner alle Positionslängen erschienen ihm als wesentliche Mängel der antiken Prosodie; die Verlängerung kurzer Silben durch den Verston und die Verkürzung langer, unbetonter Vocale vor Vocalen im Griechischen (κλῦθί μευ 'Αργυρότοξε u. dgl.) verurteilte er gar als harten Silbenzwang. Er konnte freilich damals, vor den Brüdern Grimm und Lachmann, noch nicht wissen, daß auch unsere deutsche Sprache bis zum Ausgange des Mittelalters mechanische Silbenzeit hatte, daß diese überhaupt ein ursprüngliches natürliches Eigentum der arischen Sprachen, aber nichts weniger als eine willkürliche Einrichtung der Theoretiker eines einzelnen Volkes war. Statt dessen scandierte er altsächsische und mittelhochdeutsche Verse nach den Gesetzen der neuhochdeutschen Betonung und las so hexametrische Stellen oder gar ganze Hexameter aus dem 'Heljand' und aus einzelnen Liedern der Minnesinger zusammen. Ebenso gelangte er, indem er die Regeln der deutschen Metrik auf griechische Verse anwandte, zu der grundfalschen Behauptung, die deutschen Dichter hätten die Silbenzeit besser beobachtet als Homer. Auch den aus der mechanischen Silbenmessung im Griechischen wie im Mittelhochdeutschen folgerichtig sich ergebenden Satz, daß zwei kurze Silben einer langen gleich seien, bekämpfte er; durch den äußeren Schein geblendet, schloß er nämlich von der schnelleren Bewegung, die ja in der That durch die zahlreicheren kurzen Silben dem Verse mitgeteilt wird, sogleich auf eine geringere Zeitdauer desselben.

Bis in's Kleinste suchte Klopstock Länge und Kürze der Silben genau zu bestimmen. Freilich griff er auch hier, so lang es sich wenigstens um die alten Sprachen handelte, schwerlich immer zu den sichersten Mitteln. Denn wenn er z. B. in μένος die erste, betonte Silbe als kurz, die zweite, unbetonte als kürzer bezeichnete, so konnte er sich dabei doch nur auf sein deutsches Sprachgefühl, nicht auf Gründe berufen, die aus dem Wesen der griechischen Sprache hergeholt waren. Ebenso ergieng es ihm, wenn er sich über den Unterschied des Klanges zwischen der althellenischen und der deutschen Sprache erklärte. Ihm schien jene vornehmlich sanft, aber auch nicht selten hart oder weich, diese vornehmlich stark, oft auch sanft und selten hart, nie weich zu klingen, so daß das sanfte Griechische nach zwei Seiten, in's Harte und in's Weiche, das starke Deutsche aber nur nach Einer Richtung, in's Harte, ausarte. Allein woher wollte Klopstock, der nie die Sprache Homers als eine lebende gehört hatte, wissen, was er doch keck behauptete, daß dem alten Hellenen πτ, τμ, μν und qϑ am Anfang einer Silbe hart geklungen habe? Ein Blick auf die slavischen Sprachen

und ihre auf dem Papier faſt unmöglich ſcheinenden Conſonantenverbin-
dungen, die der Slave ſelbſt gleichwohl unleugbar weich ausſpricht, hätte
den nur mit deutſchem Ohr hörenden Metriker von ſeinem Irrtum überführen müſſen.

Vortrefflich war alles, was Klopſtock über rhythmiſchen Ausdruck und
Vortrag ſagte. Er unterſchied bei der Bewegung der Worte, die er, wie
billig, für wichtiger hielt als ihren Wohlklang, zwiſchen dem Zeitausdruck,
d. h. dem allgemeinen, langſamen oder ſchnellen Fluß der Silben, und dem
Tonverhalt, dem Verhältnis der kurzen und der langen Silben zu einander
innerhalb der einzelnen Satzglieder (z. B. ‿‿‿‿ in den Reihntanz,
‿‿‿‿ Gerichtsdonner, ‿‿‿‿ Wonnegeſang). Aus derſelben Betrach-
tungsweiſe des Verſes folgte ein zweiter, nicht minder wichtiger Unterſchied
zwiſchen künſtlichen oder Versfüßen und Wortfüßen. Die letzteren zuſammt
dem Tonverhalt, der ſich allein in ihnen und durch ſie offenbart, behandelte
Klopſtock mit Recht als das A und O des Rhythmus. Er prüfte, ohne den
Vorwurf einer pedantiſchen Tüftelei zu ſcheuen, einzelne Wortfüße auf ihre
Beſchaffenheit hin, ob ſie Sanftes oder Starkes, Muntres, Heftiges, Un-
ruhiges oder Ernſtvolles, Feierliches ausdrückten; er führte aus antiken
Schriftſtellern Verſchiednes an über den Eindruck, den die Verbindung ge-
wiſſer Wortfüße auf den griechiſchen oder römiſchen Hörer machte; er
unterſuchte das wechſelſeitige Verhältnis von Zeitausdruck und Tonverhalt
und den jeweiligen Vorrang des einen oder des andern in Fällen, wo beide
ſich nicht wohl vereinigen laſſen; er wies auf den vollkommenen Einklang
zwiſchen dem Versausdruck und dem Inhalt hin als auf das Ideal
metriſcher Schönheit, welches freilich von keinem der alten Dichter erreicht
worden ſei und überhaupt nie ganz erreicht werden könne. Unter ähnlichen
Geſichtspunkten wie die einzelnen Verſe und Versteile betrachtete er die
aus ihnen zuſammengeſetzten Strophen und erläuterte an Beiſpielen aus
ſeiner eignen Lyrik das Weſen der ſchnell oder langſam ſteigenden, ſinken-
den, abwechſelnden und ſchwebenden ſowie der übergehenden Strophen.

Dabei mußte er notwendig auf den lauten, lebendigen Vortrag das
größte Gewicht legen. Er hob hervor, daß den Griechen, die wenig ge-
ſchriebne Bücher beſaßen, die Declamation zur Notburſt geworden war.
„Aber auch ohne dieſe Notburſt liebten ſie ihre Dichter und ihr Vergnügen
zu ſehr, um es wie wir zu machen. Wir ſetzen uns in einen Winkel, ſehen
den Schall und fühlen daher das Gedicht kaum halb." Er wies im Anſchluß daran auf den Nutzen öffentlicher Vorleſungen von Dichtwerken hin.

Vor allem aber forderte er mit Recht, daß nicht die durch Fehler wider das wahre Zeitmaß oft entstellten iambischen und trochaischen Verse unserer gedruckten Literatur die Regeln für unsere Aussprache hergeben sollten, sondern die Declamation unsrer Redner — „und Schauspieler", hätte er nur noch ergänzend hinzufügen sollen.

Bei der Anwendung dieser fast durchweg unangreifbaren Grundsätze auf die einzelnen Versarten im Deutschen gieng es allerdings nicht ohne kleine Verstöße ab. So ließ er die Verlängerung einsilbiger, an sich kurzer Worte (in dem Bache, in dem Gefilde) nur als „Notdurften" des Jambus, Trochäus, Hexameters und ähnlicher Verse gelten und hielt im Wider-spruch mit dem deutschen Betonungsprincip auch bei uns eine ungezwungene Aussprache von drei oder gar vier kurzen Silben hinter einander für praktisch möglich, wie er ja auch in seinen Oden öfters, einseitig streng einer antikisierenden Theorie folgend, eine solche Aussprache vorschrieb. Dieser Wahn hieng eng zusammen mit seinem Glauben, daß das iambische Versmaß der deutschen Sprache nichts weniger als angemessen sei. Er dachte dabei jedoch, noch eng befangen in dem einseitig äußerlichen Form-gesetz, das Opitz unserer Poesie gegeben, nur an reine Jamben, und diese können freilich ohne Silbenzwang und ohne Eintönigkeit in einem längeren deutschen Gedichte nicht leicht angewendet werden. Aber warum wollte er denn unsern Dichtern wehren, was er doch den englischen zugestand, freie iambische Verse ohne strenge Silbenmessung mit Spondeen und Anapästen, ja unter Umständen mit antispastischem Rhythmus zu bilden? Warum genügte es ihm nicht, wenn die Bewegung des Verses zwar nicht in jedem einzelnen Fuße, doch aber im allgemeinen und ganzen iambischer Art war? Es war übertrieben streng, wegen solcher Freiheiten dem Verse Miltons, gleich dem der romanischen Dichter, nur Silbenzahl, aber nicht Silbenmaß zuzuerkennen. Und wie der neueste Untersucher der deutschen Metrik, Rudolf Aßmus, dessen Grundsätze mit den Ansichten Klopstocks trotz aller erdenklichen Verschiedenheit der von beiden daraus gezogenen Folgerungen vielfach übereinstimmen, verschloß sich auch der ältere Forscher vor hundert Jahren eigensinnig der Erkenntnis, daß durch den äußerlichen Gegensatz von Metrum und Rhythmus die formale Schönheit des Verses nicht nur nicht herabgemindert, sondern oft geradezu erhöht werde. Allerdings konnte ihn zu dieser Einsicht Lessings 'Nathan' noch kaum bekehren, der eben da-mals an's Licht trat, als Klopstock den von Bürger mit maßlosem Eifer verteidigten Jambus mit eben so maßloser Herbheit verwarf; erst aus dem

dramatischen Verse Schillers war diese Lehre zu schöpfen. Klopstocks Irrtum war, daß er zu pedantisch nur die einzelnen Vers- und Wortfüße in's
Auge faßte; darüber beachtete er den allgemeinen Grundcharakter des
iambischen Verses zu wenig, der nach seinem natürlichen Bau und Ausdruck dem Geist der deutschen (wie der englischen) Sprache mehr als jedes
andere Metrum angemessen ist.

Statt ihm empfahl Klopstock den von Bürger heftig und deßhalb nicht
immer siegreich bekämpften Hexameter. Aber auch er gieng viel zu weit,
indem er patriotisch-einseitig den deutschen Hexameter über den griechischen
stellte. Durch die Aufnahme des Trochäus nämlich wird unser Hexameter
viel reicher an Wortfüßen als der antike, sein Rhythmus wechselnder, sein
Ausdrucksvermögen größer. Mit der Mannigfaltigkeit aber wächst nach
Klopstocks — gewiß richtiger — Grundanschauung innerhalb gewisser
Schranken die formale Schönheit. Es wäre nur die Frage, ob diese
Schranken durch das Eindringen des Trochäus in das feste Gefüge des
aus gleichzeitigen musikalischen Tacten bestehenden Hexameters nicht schon
durchbrochen werden. Gewiß hatte Klopstock damit Recht, daß dem
deutschen Hexameter der Trochäus unentbehrlich ist; aber besonnene und
vorurteilslose Metriker werden in dieser Zugabe doch immer nur einen
Notbehelf sehen, durch den wir unsern Mangel an ausreichenden Spondeen
zu verdecken trachten, niemals jedoch einen Vorzug, dessen wir uns Angesichts
des ruhigeren, sichreren, gleichmäßigeren, kurz epischeren Ganges des antiken
Hexameters rühmen dürften. Kleists mit einem Auftact beginnenden Hexameter erkannte Klopstock richtig nur als einen schönen anapästischen, also
lyrischen Vers an. Überhaupt wünschte er den Anapäst häufiger in
lyrischen Strophen verwendet zu sehen und empfahl deßhalb den Oden-
dichtern auf's wärmste die ionische und die päonische Versart, in welch
beiden der Anapäst eine überaus wichtige Rolle spielt. Auch die musikalische
Composition der verschiedenen Versmaße zog seine lebhafte Aufmerksamkeit
auf sich, und er bemühte sich, was er darüber bei den Schriftstellern des
späteren Altertums fand, möglichst getreu zu übersetzen, selbst auf die Gefahr hin, wie er offen zugab, daß er den Sinn ihrer Worte nicht verstand.

Die 'Fragmente' von 1779 verrieten aber auch von Klopstocks
sonstigen Arbeiten und Plänen einiges. Das zehnte 'Fragment' brachte
Proben einer Übersetzung des 'Messias' in lateinische Prosa. Aus eigner,
schmerzlicher Erfahrung wußte der Dichter, wie entstellt meistens sein Werk
in fremden Sprachen erschien; nun wünschte er den Ausländern wenigstens

durch eine würdige lateinische Übertragung zu zeigen, wie wenig ihre bisherigen Übersetzungsversuche von dem Charakter des Originals ahnen
ließen. Er selbst aber glaubte diese lateinische Umdichtung, die er seit 1773
ernstlich plante, nicht übernehmen zu dürfen; nur Beispiele, die den rechten
Ton der Übertragung angeben sollten, wollte er mitteilen. Er versuchte
also so zu schreiben, wie ein Römer, der ein Christ gewesen wäre, in
poetischer Prosa geschrieben haben würde. Aus der hallischen Ausgabe der
Messiade (1756—1773) wählte er mehrere der schwersten Stellen aus,
solche Stellen nämlich, in welchen seine Eigenart, sein lyrisches Pathos,
seine unsinnliche, nur auf das Geistige gerichtete Phantasie zum stärksten
Ausdrucke kam[1]). Als Übersetzer richtete er sich in der Wortstellung und
Satzfügung genau nach der deutschen Vorlage und bot alle Mittel der
Rhetorik auf, um den mächtigsten Eindruck auf den Hörer zu erzielen, griff
deßhalb mit Vorliebe nach außergewöhnlichen Wörtern und seltnen, ja im
guten Latein geradezu verpönten oder unmöglichen Formen und brachte so
eine „poetische Prosa" zu Stande, die reich an plumpen Fehlern, überreich
an Germanismen, durchaus geschraubt, schwerfällig und unnatürlich war
und sich oft, wenn auch nach einer andern Seite hin, von dem echten Tone
des deutschen Gedichts kaum weniger weit entfernte als die unbeholfenen
Übersetzungen der Ausländer, denen sie zum Vorbilde dienen sollte.

Seinen Zweck erreichte Klopstock mit diesem Versuch auch äußerlich
nicht. Denn eine lateinische Musterübersetzung des 'Messias', wie er sie
durch seine Beispiele anregen wollte, erschien auch in den nächsten Jahren
nicht, obgleich er selbst noch brieflich das Augenmerk seines Freundes und
Verehrers Denis darauf zu lenken strebte. Den 'Fragmenten' überhaupt
aber wurde beim Publicum und bei der Kritik so ziemlich die nämliche
Aufnahme zu Teil wie den vorausgehenden theoretischen Schriften Klopstocks. Man verhielt sich kühl dagegen, sparte zwar nicht mit Lobsprüchen
auf das sonstige, dichterische Verdienst des Verfassers, lehnte jedoch den
Kern dessen, was er hier bezweckte, ab und ließ sich in diesem, vielfach ja
auch berechtigten Urteil nicht durch die groben, aber sachlich schwachen
'Verhöre' irre machen, welche Voß als geschworener Anhänger des ihm
freundschaftlich zugethanen Dichters 1781 über zwei weniger begeisterte
Kritiker der 'Fragmente' anstellte.

[1]) Vgl. meine Aufsätze über Klopstocks Verhältnis zum classischen Altertum
(Augsburger allgemeine Zeitung vom 3. Mai 1878, Beilage).

Ob diese Gleichgültigkeit der deutschen Leser tiefen Eindruck auf
Klopstock machte, darüber geben seine gleichzeitigen Äußerungen keinen
Aufschluß. Kaum jedoch dürfte in dem Mißerfolg der 'Fragmente' der
hauptsächliche Grund zu suchen sein, warum der Dichter verschiedne andere
Arbeiten, die er zur gleichen und in späterer Zeit plante oder gar begann,
nicht zu Ende führte. Mit steter Energie bestimmt einem Ziele zuzuarbeiten,
war nie Klopstocks Sache gewesen; je älter er wurde, desto schwerer entschloß er sich zu der ihn von je wenig lockenden Mühe, die Bruchstücke eines
begonnenen Werkes zu sammeln, zu verbinden und zum Ganzen abzurunden.
Aber das Entwerfen reizte ihn nach wie vor. So fieng er an, Stücke der
'Ilias' in Prosa zu übersetzen; zu Anfang des April 1776 hatte er das
zweiundzwanzigste Buch, bald darauf noch im gleichen Jahr auch den
zwanzigsten Gesang, mindestens einen größeren Teil davon, übertragen.
Diese Proben, durch die Fritz Stolberg und Voß zu ihren hexametrischen
Übersetzungen Homers angeregt wurden, waren zunächst für den zweiten
Teil der 'Gelehrtenrepublik' bestimmt; mit demselben blieben auch sie der
Öffentlichkeit vorenthalten. Möglich, daß sie in einer Art von Wetteifer
mit Bürgers Homerübersetzung entstanden waren; denn wie beifällig sich
Klopstock auch über dieselbe gegen den Überbringer der Handschrift Bürgers,
Karl Friedrich Cramer, im April 1773 geäußert hatte, so hatte er doch
schon damals über das iambische Versmaß des Übersetzers den Kopf ge-
schüttelt und, weil ihm auch Hexameter in diesem Falle nicht am Platze
schienen, geradezu eine Wiedergabe der alten Gesänge in deutscher Prosa
verlangt. Erst Fritz Stolberg und Voß, der seine Übertragung der 'Odyssee'
unter Klopstocks unmittelbarem Einfluß, ja fast unter seiner Aufsicht begann, überzeugten ihn (wie Bürger) durch die That, daß Homer nur in
Hexametern unserer deutschen Literatur dauernd zugeeignet und einverleibt
werden könne. Zu diesen Stücken aus der 'Ilias' gesellten sich bald Übersetzungen bedeutender Stellen aus Herodot, Thukydides, Xenophon,
Demosthenes, Isokrates, Hippokrates, Cicero, Cäsar, Nepos, Tacitus, dem älteren Plinius und den Rhetorikern. Im Verein mit Voß
wollte Klopstock eine Sammlung solcher ausgewählten Proben der antiken Prosa herausgeben. Aber das Vorhaben wurde nicht ausgeführt,
und jene Verdeutschungen sind für uns nahezu spurlos verloren gegangen.

In demselben Jahre 1776 schien noch ein anderer Plan Gestalt gewinnen zu wollen: Klopstock hieng dem Gedanken nach, die Geschichte

ſeines eignen Lebens zu ſchreiben. Noch im April 1773 hatte er ſich
gegen Ebert erklärt, es ſei ihm unmöglich, einen Aufſatz über ſein Leben zu
machen; die biographiſchen Angaben, die der Freund zu einem nicht weiter
genannten literariſchen Zwecke benötigte, ſolle er ihm durch Fragen entlocken. Vierthalb Jahre ſpäter erließ er ein Rundſchreiben an ſeine alten
Freunde Ebert, Gärtner, Zachariä, Konrad Arnold Schmid und Gleim
mit der Bitte, ihm Nachrichten über Einzelheiten ſeines Lebens, über die
Zeiten des gemeinſamen Verkehrs, über den Eindruck ſeiner Werke auf
Ungelehrte zukommen zu laſſen, weil er ſich der ſchweren Aufgabe nicht ent-
ſchlagen könne, ſein eigner Biograph zu werden. Namentlich auch, um die
vielen halbwahren oder ganz falſchen Gerüchte zu beſeitigen, die über ihn
im Umlauf waren, meinte er ſich zu dieſem Unternehmen entſchließen zu
müſſen. Aber bald gab er die Abſicht wieder auf. Kurze Aufzeichnungen
von ſeiner Hand aus dem Jahre 1800 deuten an, warum der Plan unausgeführt blieb. Klopſtock fürchtete nicht mit Unrecht den Vorwurf des Stolzes
oder gar der Eitelkeit, wenn er ſeine Lebensgeſchichte umſtändlich und vielleicht auch mit einiger Wärme, wie er doch ſollte, ſchriebe. Zunächſt nahm
ihm einer ſeiner innigſten Anhänger, der ſchwärmeriſche Brauſekopf Karl
Friedrich Cramer, die Mühe ab. Er veröffentlichte unter Klopſtocks
Augen und mit ſeinem Wiſſen zuerſt 1777 und 1778 zwei Bände angeb-
licher ‘Fragmente aus Briefen von Tellow an Eliſa’ über den Dichter und
ſeine Gedichte und ließ von 1780 bis 1793 die fünf erſten Bände eines
unendlich breit angelegten Werkes folgen, das unter dem Titel ‘Klopſtock.
Er; und über ihn’ halb Biographie und Charakteriſtik des Gefeierten, halb
eine Ausgabe ſeiner ſämmtlichen Schriften mit überreichem Commentar
werden ſollte. Beide Arbeiten haben ohne Zweifel einen nicht geringen
geſchichtlichen Wert; der Taumel der Begeiſterung aber, womit Cramer
kritiklos und maßlos alles an und von Klopſtock bewunderte, mußte den
Zeitgenoſſen Mißbehagen bereiten und forderte zu derbem Spott, wie ihn
Goethe z. B. jederzeit über das Buch ausgoß, geradezu heraus. Ja die
Sympathien der deutſchen Leſer für Klopſtock ſelbſt wurden dadurch merklich abgeſchwächt; man verdachte es dem Dichter mit Recht, daß er ſolche
Lobſchriften ſich gefallen ließ, ja ſogar kleine Berichtigungen von Irrtümern
zu den ſpätern Bänden derſelben beiſteuerte. Wenn ihm nun aber ſchon
das bloße Mitwiſſen um die von einem andern verfaßte Geſchichte ſeines
Lebens ſolchen Tadel zuzog, ſo mochte Klopſtock Grund genug haben, zu
glauben, daß er ſelbſt ſich gleich gar nicht an ſeine Biographie wagen

dürfe, obwohl es sich mit der Zeit herausstellte, daß Cramers Werk unvollendet bleiben werde.

Seine Lust zur historischen Darstellung sättigte er an andern Gegenständen aus den Zeiten, die er miterlebt hatte. Seit dem Winter 1786 auf
1787 entwarf er zahlreiche Bruchstücke zu einer Geschichte des siebenjährigen Krieges. Er hatte die Schlachten, die Märsche und Belage-
rungen desselben auf das gründlichste studiert. Den Fürsten, den er seit
Jahrzehnten in seinen Oden als Eroberer, als Freigeist und als Verächter
der vaterländischen Dichtung geißelte, wollte er jetzt als Politiker, als
Feldherrn nach dem praktischen Erfolg und sittlichen Werte seiner helden-
haften Thaten prüfen und der strengen Wahrheit gemäß schildern. Im
knappen Tacitéischen Stil, wie er ihn schon vor mehr als einem Jahrzehnt
in den 'Denkmalen der Deutschen' ausgebildet hatte, verfaßte er einen
ansehnlichen Band solcher Bruchstücke, durch deren Vortrag er seine
nächsten Freunde erfreute. Voß, der sie im Frühling 1788 kennen lernte,
rühmte daran die edle, obschon etwas dunkle Sprache; mit den über
Friedrich II. gefällten Urteilen war er nicht einverstanden. Wieder, wie
bei den 'Fragmenten' von 1779, gewann Klopstock es nicht über sich, daß
er die einzelnen Stücke zum künstlerischen Ganzen verband. Aber schon
erlaubte er um Ostern 1788 dem drängenden Enthusiasten Cramer, sich in
Leipzig nach einem Verleger für diese geschichtlichen Fragmente umzusehen.
Leider gieng nur sogar der ob seiner Liberalität allerseits gerühmte Georg
Joachim Göschen, der erst vor Jahresfrist eine neue, unveränderte Ausgabe der Oden verlegt hatte, nicht blindlings, ohne die Handschrift vorerst
zur Durchsicht zu verlangen, auf Cramers Antrag ein, und dieses wohl
erklärliche Begehren empörte den stürmischen Vermittler so sehr, daß er bei
keinem zweiten Buchhändler mehr einen Schritt für Klopstocks Werk that.
Dem Verfasser selbst war keineswegs an dessen eiligem Druck gelegen; er
wollte noch manches berichtigen oder ergänzen. Im Herbst 1788 scheint er
die Handschrift an Ebert gesandt zu haben, dessen Urteil jedoch (gleich dem
des Herzogs von Braunschweig) wider Erwarten ungünstig ausfiel. Gegen
seinen Tadel verteidigte Klopstock seine Darstellung mit dem Hinweis auf
Xenophons 'Anabasis' und Cäsars Geschichtswerke. Allmählich aber erlahmte sein eignes Interesse an der Arbeit mehr und mehr, und als die
Eroberungskämpfe der französischen Republik den alten Groll gegen den
Krieg, „die belorbeerte Furie", in ihm wieder mächtig aufstachelten, verbrannte er in einer finstern Stunde der allzu großen Strenge gegen sich

sein ganzes Manuscript, um von da an jeder Erinnerung an diese Arbeit, die er einst selbst hoch gehalten, unwillig auszuweichen. Kein Satz daraus ist auf die Nachwelt gekommen.

Statt der neuen Entwürfe gediehen jedoch einige ältere, lange vorbereitete Werke zum Abschluß. 'Hermann und die Fürsten' erschien endlich 1784; drei Jahre darnach folgte Klopstocks letzter Bardiet für die Schaubühne, 'Hermanns Tod'. Auch diese Dichtung war langsam im Geiste des alternden Verfassers gereift. Als Voß ihn während der letzten März- und ersten Apriltage 1774 besuchte, teilte er dem begeistert aufhorchenden Jünger den damals neuen Plan des Bardiets mit. Und schon 1767 hatte er allerlei Gedanken und Motive dieses Dramas in der Ode 'Hermann' vorweggenommen, die als Trauergesang der Barden am Schlusse von 'Hermanns Tod' eine völlig geeignete, obgleich vom Dichter ihr nie zugedachte Stelle finden würde. Aber sie beweist, daß Klopstock den Stoff seines letzten Trauerspiels, nur noch nicht so reich ausgestattet, doch in den Grundlinien bereits bestimmt gezeichnet, zwanzig Jahre, bevor es erschien, im Kopfe trug und dem Reize dieses Stoffes als lyrischer Dichter noch weniger zu widerstehen vermochte denn als Dramatiker. Wann der Bardiet ausgearbeitet wurde, darüber fehlt uns jegliche Nachricht. Erst aus Gleims Brief vom October 1785 ist zu vermuten, daß er bei seinem Hamburger Aufenthalt im Sommer dieses Jahres das nunmehr wohl vollendete Drama zu lesen bekommen habe.

Viermal wird Arminius von den antiken Geschichtschreibern an bedeutender Stelle genannt, als Sieger über Varus, als Feind des Germanicus, als Gegner Marbods, als ein frühem Tode geweihtes Opfer der Hinterlist seiner Verwandten. Seinen Kämpfen gegen Varus und Germanicus waren Klopstocks zwei erste Bardiete gewidmet; seinen Tod verherrlichte das dritte Stück, in welches der Dichter die für ein eignes Drama ungenügende Überlieferung von dem Kriege zwischen dem Cheruskerfürsten und Marbod mitverarbeitete. Die drei Bardiete bildeten somit ein geschichtlich zusammenhängendes Ganzes, ähnlich den drei Teilen einer antiken Trilogie, nur daß ihre Einheit mehr epischer als dramatischer Art war; jedes der spätern Stücke setzte die Kenntnis der früheren voraus und knüpfte an Thatsachen und Auftritte darin an. Und so mag vielleicht nur der Wunsch, den Kreislauf von Hermanns Leben künstlerisch abzuschließen, der Beweggrund Klopstocks gewesen sein, als er seinen letzten Bardiet verfaßte. Denn was die alten Quellen ihm von Hermanns Tod überlieferten, war unfäglich dürftig und überdies für einen Dichter, welcher nicht den geringsten Makel an dem Charakter des altgermanischen Freiheitskämpfers duldete, nach seinem unmittelbaren Wortlaute nicht zu gebrauchen. Nach der Vertreibung Marbods, berichtet Tacitus (annal. II, 88), habe Arminius nach der Königsmacht gestrebt und die Freiheit seiner Stammgenossen bedroht; mit Waffengewalt deßhalb angegriffen, habe er mit wechselndem Glücke gestritten und sei endlich durch die List seiner Verwandten umgekommen. Schon der freien Erfindung des Dichters, welcher nur, was hier kurz und in der allgemeinsten Weise angedeutet war, ausführlich veranschaulichen wollte, war da der größte Spielraum gegeben. Klopstock erweiterte denselben noch, indem er nicht einmal die paar Worte der Überlieferung unbedingt annahm.

Sein Hermann hat nie die Freiheit seines Volkes bedroht. Völlige Unterdrückung der welterobernden Römer ist, wie einst beim Kampf mit Germanicus und Cäcina, so auch jetzt noch einzig sein Ziel. Dies zu erreichen, plant er einen Kriegszug nach Italien[1]), zu dem sich die Fürsten Deutschlands um ihn schaaren sollen. Aber der Bürgerkrieg mit Marbod und andern einheimischen Gegnern hindert ihn Jahr um Jahr an der Ausführung des großen Gedankens. Vergeblich ringt er nach Frieden. Da beschließt er die widerstrebenden Fürsten mit den Waffen zu unterwerfen und so zum Bunde zu zwingen. Sein Streben nach oberster Herrschergewalt ist also nur Schein; sobald er die Eroberer vertilgt und die Überwundnen befreit hat, will er allen Ansprüchen auf den Vorrang wieder entsagen. Schon haben die Fürsten der Longobarden und der Semnonen aus freier Wahl sich ihm zum Bunde geboten (Tac. ann. II, 45); sein Oheim Ingomar aber, jetzt verbündet mit Segest, hat Gambriv, den Fürsten der Bructerer, und selbst Hermanns trautesten Freund Katwald, den Fürsten der Marsen, die beide jener falsche Schein täuschte, zum Kampf wider den angeblichen Feind der Freiheit angeworben. Gambriv hat den Bund gegen Hermann beschworen; Katwald hat sich durch keinen Eid gebunden, doch ficht auch er mit den Seinen gegen den verkannten Cherusker. Und die ungestüme Tapferkeit seiner Marsen ist es vor allem, wodurch Hermann auf's äußerste bedrängt, seiner Krieger beraubt und mit ganz wenigen Gefährten in seiner Burg eingeschlossen wird.

---

[1]) Das Motiv stammt aus Dio Cassius LVI, 23; auch Sueton berichtet im Leben des Tiberius (Capitel 17) etwas Ähnliches.

Damit beginnt die eigentliche Darstellung. Ihr Inhalt ist also nur der letzte, kurze Kampf des todgeweihten Helden, der letzte Act des geschichtlichen Dramas. Einheit des Ortes, der Zeit und der Handlung war damit zwar, wie in den vorausgehenden Barbieten, gewonnen, aber um den Preis einer bedenklichen Armut der Handlung. Ihr war nur durch eine glücklich erfundene Episode abzuhelfen, die jedoch nicht eine bloße Episode bleiben durfte, sondern mit dem Hauptgewebe der dramatischen Fabel, dem Geschicke Hermanns, auf's innigste verflossen sein mußte. Diese Forderung hat Klopstock über Erwarten gut erfüllt und dadurch dieses einzige und letzte Mal ein dramatisches Talent bekundet, welches niemand dem unbeholfenen Bühnendichter der religiösen Trauerspiele und früheren Barbiete zutrauen sollte. Thusnelda — so dichtet er die Geschichte um — ist von einem edlen Römer frei gemacht und zu ihrem Gatten heim gesandt worden; sie trifft an Hermanns Todestag ein, um mit ihm zu sterben. So erlebt Hermann vor seinem Untergang noch ein höchstes, nicht mehr gehofftes Glück. Durch die Freudenscene des Wiedersehens kommt aber zugleich ein dramatisch überaus wirksamer Gegensatz in das Stück: zärtliche Empfindungen, mit leidenschaftlicher Innigkeit, aber zugleich mit männlicher Kraft ergreifend ausgedrückt, verdrängen eine Zeit lang die blutigen Kriegsgedanken; in die düstere Nacht trauervollen Ernstes leuchtet wenigstens einmal die helle Sonne heiteren Glückes herein. Aber die tragische Spannung wird dadurch nur verstärkt, wenn Hermann und seine Kriegsgefährten der heimkehrenden Thusnelda das Furchtbare ihrer gemeinsamen Lage zuerst sorgsam verheimlichen, wenn sie sich selbst mit der Kühnheit des die Gefahr verachtenden Helden von der Erinnerung daran losreißen und bloß dem Genusse der frohen Gegenwart hingeben, und wenn nun plötzlich das Verhängnis unentrinnbar hereinbricht und die eben noch Wonneberauschten und Hoffnungstrunkenen den sichern Tod vor sich sehen, der all ihr Glück und ihre stolzen Entwürfe rauh zerstört. Von einer Wiederkehr Thusnelbas aus der römischen Gefangenschaft hatte vor Klopstock schon Lohenstein in seinem bekannten Roman erzählt (Teil IV, Buch IV, §§ 72 und 229 der zweiten Auflage, von 1731), und die unbestimmte Erinnerung an dieses Buch, das Klopstock in jungen Jahren jedenfalls gelesen hatte, gab ihm vielleicht den ersten Anstoß, daß er jenes Motiv verwendete. Doch kann er es auch von Justus Möser entlehnt haben, der in seinem Alexandrinertrauerspiel 'Arminius' (1749) die Rückkehr Thusnelbas und die Ermordung ihres Gatten auf Einen Tag fallen ließ. Sicherlich aber ver-

wertete Klopstock diese Wiederkehr zuerst wahrhaft dichterisch als tragisches
Motiv, während Möser die Bedeutung dieses Umstandes keineswegs aus-
nützte und vollends Lohenstein damit bloß eine abenteuerliche Erfindung
mehr in seinem Roman anbrachte und mit dem ganzen Hocuspocus, den
er über Hermanns hier nur vermeintlichen Tod machte, einen fast lächerlichen Eindruck erzielte.   Von der gesammten Darstellung des schlesischen
Dichters konnte Klopstock unmöglich etwas für seine Zwecke brauchen. Auch
Mösers Drama bot ihm außer dem Einen Motive nicht die geringste Anregung. Eben so wenig konnte er der Kretschmann'schen 'Klage Rhingulphs
des Barden' (1771) und dem Ayrenhoff'schen Trauerspiel 'Hermanns Tod'
(1768) entnehmen.   Dagegen bot ihm der Charakter Sigismunds in
Paßkes gleichnamigem Bardiet (1770) das Vorbild für seinen Katwald.
Ebenso sind verschiedne, wenn auch nur allgemeine Anklänge an das
Nibelungenlied, dessen zweite Hälfte Bodmer 1757 herausgegeben und
1767 in der 'Rache der Schwester' hexametrisch bearbeitet hatte, in den
Schlußscenen des Klopstockischen Bardiets nicht zu verkennen.

Klopstock sah ein, daß er die trotz der Einfügung Thusnelbas noch
immer dürftige und mehr epische als dramatische Handlung auch sonst vertiefen und erweitern müsse.   Ganz richtig suchte er zu diesem Zweck die
Charaktere der auftretenden Personen reicher auszugestalten und in Gegensatz zu einander zu stellen, so daß nicht zufällige Episoden, sondern notwendig aus den Charakteren folgende Handlungen den Gang des Dramas
hemmen oder beschleunigen.   In Hermanns Inneres war freilich ein tragischer Widerstreit verschiedenartiger Empfindungen nicht zu verlegen:
sein einzelner Wille kämpft nicht gegen das Gebot einer allgemeinen sittlichen Ordnung, nicht gegen ein Sollen an; er erliegt dem rohen „Du
mußt", das die äußere Notwendigkeit ihm zukreischt.   Er ist trotz einiger
dramatischer Züge doch im Grunde seines Wesens kein dramatischer, sondern ein epischer Held; er erregt mehr unsre Bewunderung als unser Mitleid.   Auch in Thusnelda kann der Conflict zwischen Gattin und Tochter
nicht zu einem bedeutenden Ausdruck kommen; was sie bisher von ihrem
Vater erfahren und selbst erduldet hat, mußte ihr letztes Gefühl für ihn ersticken: sie ist nur noch das hingebungsvoll liebende Weib des edel und
vaterländisch denkenden Helden. Eben so einheitlich sind Hermanns Waffen-
freunde und sein Sohn Thende und von seinen Feinden die blind hassenden
Segest und Ingomar gezeichnet, jene mit eben so leuchtenden wie diese mit
trüben Farben gemalt.   Aber in Katwalds und Gambrivs Charakter zeigt

uns der Dichter einen bedeutsamen Umschwung während des Dramas, wodurch sie beide und namentlich der letztere stellenweise mehr als die Hauptperson unser tragisches Mitleid auf sich ziehen. Der junge, feurige Marsenfürst, den kein Eid fesselt, braucht nur von Hermann zu hören, wie wenig er die Freiheit des Vaterlandes zu bedrohen gedenkt, so tritt er auf seine Seite, um ihn zu rächen und mit ihm zu sterben; aber sogar sein Edelmut gereicht Hermann zum Verderben: statt gleich den andern Feinden des Cheruskers mit mehreren Kriegsgefährten in die Halle des Verfolgten einzubringen, ist Katwald ohne Begleiter gekommen und kann daher dem Bedrängten nur seinen Arm, nicht auch den seiner Waffengenossen leihen. Das schwerste Loos aber ist Gambriv gefallen. Er, derber, plumper, rauher, von geringerer Schlauheit und Selbstbeherrschung, aber auch geradsinniger und reckenhafter als Ingomar und Segest, stimmt von Anfang an in ihre heuchlerischen Anklagen nicht völlig ein; aber durch falschen Verdacht bethört, hat er mit ihnen den Bund zu Hermanns Tod beschworen. In der Stunde der Entscheidung wird auch er seines Irrtums gewahr und möchte sich von den Frevlern zu dem Bedrohten wenden. Aber Hermann selbst antwortet auf die Frage des Zweifelnden, ob ein Deutscher einen Bund brechen könne, mit erhabener Seelenstärke: „Er kann nicht." Und so sieht sich Gambriv, ein anderer Rüdiger von Pöchlarn, in den furchtbarsten Widerstreit der Pflichten hineingerissen: sein Eid bindet ihn, daß er den nunmehr verachteten und gehaßten Verleumbern gegen ihre schuldlosen Todesopfer, die er retten könnte und zu retten heiß wünscht, beistehen muß. Er kostet allerdings die Tragik seiner Lage nicht so völlig bis auf die Hefe aus wie Markgraf Rüdiger dereinst. Nur seine Kriegsgefährten sendet er in den Kampf; er selbst hält sich unthätig davon fern, bis der Bote, der Hermanns Tod meldet, heranwankt: dann stößt er sich den Dolch in's Herz.

Mahnt Gambrivs Schicksal an das tragische Loos des liebenswürdigsten und beklagenswertesten Helden an Etzels Hofe, so erinnert ein fast komischer Zug in seinem Wesen, seine Trinklust, an andere Recken der mittelalterlichen Dichtung. Hermanns trotzige Todeskühnheit, mit der er selbst den kurzen Waffenstillstand vor dem letzten Kampf endigt, läßt an Hagens wilden Mut denken, womit er den Kampf frevelnd heraufbeschwört, obwohl er am besten weiß, daß keiner von ihnen allen dem Tode dabei entrinnen wird. Und so endigt denn auch 'Hermanns Tod' wie das Lied von den Nibelungen mit dem Untergang einer ganzen Generation: alle hervor-

ragenderen Personen des Dramas finden mit Hermann den Tod. Nur
die römischen Gesandten, die Thusnelda heim geleitet, kehren erschüttert
nach Italien zurück, und Bojokal, der heimatlose Fürst der Ansibaren, der
sich am Kampfe nicht beteiligt hat, sucht in menschenferner Einöde eine Zuflucht für seinen Gram.

So klingt 'Hermanns Tod' rein wie eine gewaltige Tragödie aus.
Die Katastrophe selbst leitete Klopstock möglichst ungeschickt ein. Die ganze
Rolle des Anklägers, der Hermanns herrlichste Thaten fälschend zu Verbrechen umstempelt, kann man nicht anders als läppisch nennen, wenn auch
Ähnliches manchmal in der Geschichte (z. B. in den Jahrzehnten der Re-
action nach den Freiheitskriegen) vorkam, und noch läppischer sind die
Worte, mit welchen Segest seine Tochter wieder zu sich herüberlocken will:
diese Stellen widersprechen im Inhalt wie im Ausdruck schroff der dramatischen Wahrscheinlichkeit. Überhaupt ist 'Hermanns Tod' nichts weniger
als ein fehlerloses Musterstück. Gar vieles ist zu breit ausgeführt, einzelne
Nebenrollen sind ganz überflüssig, mehrere Scenen nur episodisch; der
Gang der Handlung wird dadurch zwar von seiner steten Richtung nicht
abgelenkt, doch unnötiger Weise verzögert. Die Sprache, obwohl einfacher,
gedrungener und kraftvoller als in Klopstocks frühern Barbieten, obwohl
meistens wahr und warm und nicht ohne dichterischen Reiz, ist doch bei
allen Personen des Dramas die gleiche, entbehrt also des verschiedenartig
charakterisierenden Elementes. Zahlreiche lyrische Bardengesänge, Oden
in freien Rhythmen, sind auch in 'Hermanns Tod' äußerlich eingefügt,
ohne daß sie für den Zusammenhang der Handlung irgendwie erforderlich
oder auch nur in solchem Umfange zum Ausdruck der Stimmung besonders
geeignet wären. An sich betrachtet, verdienen diese Oden viel mehr Lob
als die Bardenlieder der frühern Klopstockischen Schauspiele. In marki-
ger, knapper, feuriger Sprache erzählen die Lieder des Schlachtrufes,
zwischen epischer und lyrischer Darstellung in der Mitte verharrend und
durch die Form des Dialogs leise der dramatischen Kunstgattung sich zu-
neigend, den Verlauf der Teutoburger Schlacht, während die Lieder der
cheruskischen Landleute, die Thusnelbas Rückkehr feiern, vor allem das
innig zarte Hirtenlied, idyllisch anmutige Scenen aus der Natur und aus
dem Wirken der ursprünglichen Berufsklassen in ihr, der Jäger, der Hirten,
der Ackerleute, der Fischer, der Schiffer, nicht sowohl malerisch abschildern
als vielmehr in ihrem bewegten Verlaufe darstellen. Im Rahmen des Ganzen
nehmen sich diese Gesänge freilich wie opernhafte Einlagen oder wie ein

lyrisches Intermezzo aus, das nach Belieben auch weggelassen werden
könnte, ohne weitere Veränderungen zur Folge zu haben. Ja das Drama
als solches würde durch diesen Wegfall nur gewinnen, und dadurch unterscheiden sich diese Lieder von den nur äußerlich mit ihnen verwandten Gesängen des Fischerknabens, des Hirten und des Alpenjägers in Schillers
'Tell', die nicht fehlen können, ohne daß auch der überaus bezeichnende,
künstlerisch wohl begründete Wechsel der Stimmung in dieser Anfangsscene
des Schauspiels verloren geht.   Denkt man sich hingegen Klopstocks letzten
Barbiet dieser lyrischen Zuthaten entledigt und sonst im einzelnen durch
eine bühnenkundige Hand mannigfach gekürzt, so bleibt ein dichterisch
schönes und ergreifendes Werk übrig, das bei aller nationalen und stilistischen Verschiedenheit doch nicht allzu fern an die erhabnen Tragödien der
griechischen Literatur hinanreicht.

Die zeitgenössische Kritik ließ davon nicht das Geringste ahnen.   Beschäftigt mit Goethes und Schillers Werken, die allerdings einen unermeß-
lichen Fortschritt der dramatischen Kunst gegen Klopstocks Barbiet bedeute-
ten, beachtete sie den letzteren meistens gar nicht, und die einzige wichtigere
und ausführliche Besprechung desselben (in der 'Allgemeinen Literaturzeitung' von 1791 aus der Feder Ludwig Ferdinand Hubers) schwankte ziemlich unsicher zwischen dem Lob seiner Vorzüge im einzelnen und dem Tadel der
gesammten an das germanische Altertum anknüpfenden Barbietendichtung.

Auch den vielen Oden, die Klopstock in diesen Jahren des zunehmenden Alters schuf, wurde lange nicht mehr jene lebhafte Teilnahme zugewendet, deren sich ein Vierteljahrhundert zuvor der junge Lyriker hatte erfreuen
dürfen.   Höchstens einige wenige Gedichte, deren Gegenstand schon allgemein anzog, wie das auf den Tod der Kaiserin Maria Theresia, fesselten
die Aufmerksamkeit der Leser und Kritiker etwas länger; die weit zahlreicheren Oden aber, die, ohne solchen stofflichen Reiz zu besitzen, in verschiednen Musenalmanachen und Zeitschriften gelegentlich veröffentlicht
oder vorläufig nur handschriftlich den Freunden mitgeteilt wurden, wirkten
nur in kleineren Kreisen und auch hier nicht mehr recht zündend.   Daran
war freilich nicht allein der Wechsel der Zeiten schuld.   Inhalt und Form
der späteren Oden war vielmehr nur selten darnach geartet, daß sie auch
andre als die nächsten Freunde und Gesinnungsgenossen des Verfassers
zur Begeisterung entflammen konnten.

Ein sehr großer Teil dieser Gedichte hatte nämlich dieselben ästhetischen,
sprachlichen oder metrischen Fragen zum Gegenstande, welche Klopstock

gleichzeitig in verschiednen Aufsätzen behandelte. Was er in Prosa aus=
führlich erörterte und begründete, das streifte er flüchtiger in der Poesie
oder stellte es in mannigfacher Verkleidung bildlich, doch immer nur von
Einer Seite dar. So verglich er die im Kunstwerk unerläßliche Ver=
einigung von Genie und echter, nicht aus den Regelbüchern erlernter,
sondern aus dem Herzen und aus der Natur geschöpfter Kunst, die aber
äußerlich nicht auffällig wahrgenommen werden soll, einem heimlichen
Liebesbund zwischen Jüngling und Mädchen; oder er erhob die strenger
gebundene Wortfolge der deutschen Sprache über die freiere, den logischen
Zusammenhang scheinbar verwirrende der griechischen, wie er den schön
geflochtenen Kranz den einzeln zerstreuten Blumen vorzog; oder er griff
wieder auf eines seiner liebsten älteren Bilder zurück und schilderte das
Silbenmaß mit seinen Eigenschaften des Zeitausdrucks und Tonverhalts
als eine der tiefsten Quellen, die dem Strom unsrer Sprache zufließen.
In ähnlicher Weise besang er bald den Vorzug der darstellenden vor den
abhandelnden Wissenschaften und eiferte dabei, durch Hamann'sche Ideen
vielleicht unbewußt geleitet, gegen die niedrige Stelle, welche die Wolffische
Philosophie der Erkenntnis des Schönen angewiesen hatte. Bald pries er
den Vorzug des länger unverfälscht fortdauernden oder auf größere Kreise
wirkenden Kunstwerkes vor der durch die Geschichte oft getrübten oder
entstellten und rasch vergessenen praktischen That. Bald wieder stellte er
die Leistungen des halben und des vollendeten Künstlers, Virtuosentum und
wahre, aus dem Herzen quellende Kunst einander gegenüber und bezeichnete das
höhere, die Seele entzückende und stärkende Vergnügen als den eigentlichen
Endzweck der letzteren, griff wohl auch bei dieser Gelegenheit die, welche von
der Kunst einen plump äußerlichen Nutzen verlangten, aber nicht minder
Batteux, Voltaire und mit ihnen alle jene an, welche von ihr niedrig genug
dachten, um sie nur als Nachahmung der Natur zu betrachten und ihren
Zweck nur im zeitvertreibenden Vergnügen zu erblicken. Aber er gieng
selbst auf Fragen der künstlerischen Technik in diesen Versuchen einer lehr=
haften Lyrik ein, beleuchtete etwa die hohe Bedeutung, welche beim Kunst=
werk nicht nur die Schönheit der Teile, sondern auch ihr richtiges Maß
und Verhältnis unter einander hat, oder wies darauf hin, daß der Dichter
durch das Nacheinander und die größere Bildungsfähigkeit der Sprache
einen wichtigen Vorteil vor dem Maler voraus habe, begehrte zugleich aber
Wohlklang und Rhythmus als überaus förderliche Ausdrucksmittel zu un=
trennbaren Begleitern der Sprache. Oder er maß die Vorzüge und Mängel

der deutschen und der antiken sowie der übrigen modernen Sprachen gegen einander ab, je nachdem jede einzelne von ihnen mehr Worte von sanftem oder starkem Klang besitze, sich zarter oder schwerfälliger bewege, auf den Reim, der so oft den in der Begeisterung gefaßten Gedanken ertöte, und sein lärmendes Gleichgetöne angewiesen sei oder sich mit dem freier wechselnden Schmucke des antiken Silbenmaßes zieren könne. Er untersuchte etwa auch ganz speciell, in wie fern der Dichter, der das Leben und das menschliche Herz kennt, die Empfindung der Freude durch Worte ausdrücken darf: die Freude der Edlen ist öfter stumm als selbst ihr mächtigster Schmerz.

Derartiger Inhalt lyrischer Gedichte war aber nicht nach jedermanns Geschmack und wird es nie werden. Nicht sowohl die Wiederholung derselben Gedanken, die wir schon aus der 'Gelehrtenrepublik' und aus den 'Fragmenten' kennen, oder die etwaigen Fehler in Klopstocks Anschauungen sind es, was auch uns von diesen Oden abstößt, sondern ihr durchaus unpoetischer Gehalt, für den vollends die Form der Ode, wenn er ja in Verse gebracht werden sollte, am allerwenigsten paßte. Wir hören nichts als nüchterne Grundsätze einer ganz und gar verstandesmäßigen Theorie, in der auch nicht Ein Laut warmer Herzensempfindung Raum hat. Und alles ist ruhige Schilderung; nicht bloß die Handlung selbst fehlt, sondern auch schon alle Motive, aus denen allenfalls eine entspringen könnte. Freilich suchte das Klopstock oft recht geschickt auf künstliche Weise zu verstecken. Er personificierte die abstracten Begriffe, er verkleidete sie in sinnliche Symbole und setzte sie so unter und gegen einander äußerlich in Bewegung. Er legte wohl auch seine Gedanken einer erdichteten Person in den Mund, einem Künstler z. B., der sein vollendetes Werk nach den Gesetzen der Kunst prüft, oder er stellte sie als ein Zwiegespräch zwischen Lehrer und Schüler dar und vermochte dann wenigstens den Schein einer Handlung zu erregen. Aber auch dann einer Handlung, die in allen wesentlichen Stücken aus dem Kopf und nicht aus dem Herzen herausgesponnen wurde. Im besten Falle kam er über eine kühle Allegorie nicht hinaus. Oft jedoch unterließ er selbst dies und theoretisierte geradehin, indem er wenig zutreffend sein Verfahren mit dem Hinweis auf ähnliche Gedichte der Griechen zu rechtfertigen versuchte. Eine bildersatte Sprache und ein künstliches Versmaß waren dann die einzigen Kennzeichen von Poesie in diesen Oden. Und sogar hieran verdarb er viel durch sein jetzt bereits zur Manier ausgeartetes Streben nach dem kürzesten, zutreffendsten und bedeutendsten Ausdruck. Dunkle Anspielungen auf das Allerent-

legenfte, verkünftelte Stellungen, das Weglaffen notwendiger oder nur
schwer zu entbehrender Hilfs- und Verbindungswörter, endlich die Bildung
neuer, an Kühnheit die verwandten Versuche des Jünglings weit über-
steigender Zusammensetzungen wieder mit Hilfe des tüftelnden Verstandes,
nicht der sinnlich anschauenden Phantasie — alles dies machte seine Sprache
ungelenk, gesucht, geschraubt und rätselhaft undeutlich, auch wo ihr Sinn
der einfachste von der Welt war: Form und Inhalt entsprachen sich gegenseitig nicht mehr.   Auch beim Vers übersah er über der allzu strengen
Rücksicht auf den Rhythmus der einzelnen Versteile öfters, was wichtiger
gewesen wäre, die einheitlich rhythmische Bewegung der Strophe. Namentlich, wo er freie Silbenmaße gebrauchte, trat dieser Fall nicht selten ein;
mitunter suchte Klopstock dann den metrisch zerfallenden Vers durch die
allerdings regellose Anwendung des Stabreims, der ihm aus der altgermanischen Dichtung bekannt war, äußerlich wieder zu binden.   Neben
diesen ganz freien Versgebäuden gebrauchte er jetzt besonders gern die von
ihm selbst neu zusammengefügten künstlichen Strophen, während er die einfacheren Silbenmaße der antiken, insbesondere der Horazischen Lyrik nur
noch in vereinzelten Fällen wählte.

Die künstlichen Sprach- und Versbildungen, durch welche Klopstock
den prosaischen Inhalt dieser Oden poetisch aufzustutzen meinte, wucherten
jedoch bald auch in seiner übrigen Lyrik, deren Stoffe der dichterischen Behandlung weniger widerstrebten, üppig empor.   Die Oden, in denen er
eine einfache, unschwer verständliche, von spitzfindigen Anspielungen freie
Sprache redete und sich überdies einer natürlich-gefälligen, schlichten
Strophenform bediente, gehören jetzt geradezu zu den seltensten Ausnahmen.
Den Eindruck müheloser Unmittelbarkeit macht seine damalige Lyrik fast
nie.   Man merkt ihrer äußern Gestalt die Arbeit des sinnenden, klügeln-
den, zu ganz bestimmten Zwecken feilenden Dichters an; man merkt desgleichen in der Anordnung und Verbindung der Gedanken die Arbeit eines
klar und nüchtern überlegenden, sicher nach einem fest vorgezeichneten Plan
verfahrenden Verstandes.   Die Reflexion herrscht, selbst wo man nach dem
Stoff ein Vorwalten der Empfindung erwarten sollte; der Mangel an
innrer Herzenswärme des Verfassers wirkt erkältend auch auf den Leser.
Zwar zeitigte eine Stunde dithyrambischer Begeisterung 1773 den Dank-
und Jubelhymnus 'An den Erlöser' nach der Vollendung des 'Messias',
den stürmischen Erguß einer leidenschaftlich bewegten Seele, der in den
schäumenden Wogen des erregten Gefühls kühn dahinbraust; aber in den

folgenden religiösen Oden trat öfters die grübelnde und doch äußerlich nicht ruhige Betrachtung, der sich noch dazu eine halb wissenschaftliche Polemik gegen anders Denkende beimischte, an die Stelle der frommen Empfindung. So entstanden Gedichte wie 'Die Ankläger' (ursprünglich 'Die zweite Warnung' überschrieben), von denen Lessing, wenn er sie eben als Gedichte auf ihren Zweck hin betrachtete, mit Recht sagen konnte, er verstehe sie nicht. Wo Klopstock aber diese Gefahr vermied, da fiel er ganz und gar in den Ton der früheren Hymnen zurück und zeigte das auch im einzelnen durch häufige sprachliche Anklänge an dieselben (z. B. im 'Morgengesang am Schöpfungsfeste'); eine neue, eigenartige Form konnte er sich damals für sein religiöses Empfinden nicht mehr schaffen.

Ähnlich gieng es ihm gar manchmal auch bei den Oden der siebziger und achziger Jahre, zu denen allgemeine Gefühle der Freundschaft und Liebe oder rein persönliche Stimmungen seiner Seele den Anlaß gaben. Die besten, innigsten von diesen Gedichten erinnerten durch mehr als Einen Zug an seine Jugendlyrik zurück. Nur wenig anders gewendet, tauchten da die alten Motive wieder auf von den Schmerzen der Trennung zwischen Freunden, von der dauernderen Vereinigung Liebender im Jenseits, von der bleibenden Teilnahme selig Entschlafner an den Geschicken ihrer auf der Erde zurückgelassenen Lieben, die sie schützend und tröstend, mild ihnen ihre Nähe andeutend, umschweben. Mehrere dieser Oden knüpften unmittelbar an ehemalige Erlebnisse des Dichters an. Metas Bild und das Gedächtnis ihres Todes trat ihm wieder, Wehmut weckend, vor die Seele. Aber er dachte auch mit freudigem Stolz an sein und seiner Jugendfreunde glühendes Streben, unter dem Widerstande Gottscheds und seiner Genossen sich zum Gipfel der Vortrefflichkeit in der Dichtkunst emporzuringen; er blickte zurück auf die Jahre, in denen er zuerst den Plan seines großen Lebenswerkes erwog und ausgestaltete, und maß mit gerechtem, weder kleinlich-schüchternem noch unbescheidnem Selbstbewußtsein sein bleibendes Verdienst um unsere Literatur ab: auf die Würde des religiösen Stoffes fiel dabei das stärkste Gewicht. Doch blieb er selten bei dem stehen, was nur sein einzelnes Ich angieng; er brachte vielmehr meist auch das Persönlichste, wiewohl bisweilen recht äußerlich, mit allgemeinen Ideen und Erfahrungen in Zusammenhang. Selbst ein reines Gelegenheitsgedicht wie die Ode 'Mehr Unterricht' an Fritz Stolberg, dem er darin Nachricht von seinen Übungen mit einem neuen Reitpferde gab, erhob sich schließlich zu allgemein bedeutenden, wenn schon dem eigentlichen Gegenstande dieser Ode ziemlich fern liegenden Gedanken. Noch leichter klang die persönliche Stimmung des Dichters in's Allgemeine aus, wenn er gewissen, öfters wiederkehrenden Empfindungen des Alters lyrischen Ausdruck verlieh. Erfreulich wirkt dabei vor allem der glückliche Optimismus, womit jetzt der früher so schwermütige Sänger die Welt und das Leben auffaßt. Nicht einmal der Gedanke an den näheren Tod trübt ihm den Frohsinn, mit dem er das frische Leben regsam atmet, oder die Hoffnung, mit der er in die fernere Zukunft hinausschaut, und eben so wenig vergißt er über der süßen Erinnerung an vergangenes Glück seine alte Maxime, sich vornehmlich der Gegenwart zu freuen. Auch andern sucht er diese heitere Anschauung der Dinge mitzuteilen, und so preist er tröstend einem Freunde zu Kiel, der zu erblinden fürchtete, mit schönen, aber ohne den darauf verweilenden Blick des Auges schwer zu verstehenden Versen den Vorzug des Gehörs vor dem des Gesichts.

Überall streift er die gleichzeitigen Verhältnisse im deutschen Staats- und Kunstleben und hält unter Umständen mit seinem Unwillen durchaus nicht zurück. Gegenüber den Verirrungen in jener Gährungsperiode der Wissenschaften und der Literatur weist er wieder auf das griechische Schönheitsideal hin; den herkömmlichen Sängern der Grazien, die zierlich die holden Göttinnen nur „liebeln", stellt er mahnend die wahren Liebhaber der Anmut verleihenden himmlischen Schwestern, Homer und Orpheus, zum Muster vor die Augen. Am unerbittlichsten aber eiferte er, wenn er Luthers männliche Sprache durch neue, angebliche Verbesserer empfindlich geschädigt sah, und so richtete er gegen die geistesarmen Verdeutscher der Bibel nach dem Reformator 1783, in demselben Jahr, als Moses Mendelssohn seine Übersetzung des Pentateuchs vollendete und die der Psalmen herausgab, eine kurze Ode voll schneidender Ironie. Den „undeutschen Deutschen", welche, den eignen Wert verkennend, die Ausländer überschätzten, rief er ernste Worte des Mitleids und der Warnung zu, und in mehreren Oden rügte er, von Jahr zu Jahr heftiger erbittert und zuletzt durch Friedrichs II. Schrift über die deutsche Literatur auf's äußerste empört, des Preußenkönigs Vorliebe für französische Sprache und Schriftstellerei. Zugleich griff er jetzt auch leidenschaftlich den Eroberer in Friedrich an. Als ungerecht und schändlich brandmarkte er überhaupt jeden Krieg, der nicht der Verteidigung der bedrohten Freiheit gilt; seine Menschenliebe schauderte vor dem aus Ehrsucht vergossenen

Blute. Indem er zweckwidrige Schonung des Menschenlebens selbst im Kriege begehrte, pries er sogar, von ganz falschen Voraussetzungen ausgehend, die Lässigkeit, womit die Befehlshaber der englischen und der französisch-spanischen Flotten im nordamericanischen Freiheitskampf die Jahre 1780 und 1781 ohne eine ernstliches Treffen verlaufen ließen, als Morgenröte eines nahenden großen Tags, zu dem sich Europas Bildung mit Adlerschwung erhebe. Verdrängung des Schwertrechts durch das Vernunftrecht war die große That, die er von der Zukunft erwartete. „Ein Jahrhundert nur noch, so ist es geschehen", rief er weissagend 1773 dem Stolbergischen Brüderpaare zu und verkündigte zugleich mit dem Falle der rohen Tyrannengewalt, des Schwertrechts, die Wiedergeburt der Freiheit Deutschlands. Revolutionäre Ideen von republicanischer Freiheit, an denen ihn die Vortrefflichkeit einzelner ihm wohlgesinnter und von ihm aufrichtig verehrter Fürsten nicht irre machte, fanden in Klopstocks Lyrik lange Jahre schon vor der großen Staatenumwälzung einen mächtigen Ausdruck; kein Wunder, daß er in hoffnungsreicher Freude aufjauchzte, als die ersten unmittelbaren Vorboten der Revolution erschienen, als der Sieg der Freiheit, des Vernunftrechts sich so bald, noch in seinen Tagen zu vollenden schien.

III.

Die französische Revolution. Letzte Lebensjahre.

1789—1803.

Schon als im nordamericanischen Freiheitskriege dem staunenden Europa, das seit einem Jahrhundert nichts Ähnliches mehr gesehen hatte, sich das aufregende Schauspiel darbot, wie ein starkes und kühnes Volk sich aus schmählicher Unterdrückung durch langwierigen Kampf zur Unabhängigkeit durchrang, verhehlte Klopstock in keiner Weise, wie sehr er mit seiner Gesinnung und seinen Wünschen auf Seiten der nordamericanischen Kolonien stand, während sonst gerade in Deutschland die englische Regierung bei ihrem Vorgehen gegen die Rebellen mehr Sympathien fand als ziemlich in allen übrigen Staaten Europas. Selbst in Kleinigkeiten trug er seine Vorliebe für jene Freiheitskämpfer zur Schau. Er siegelte mit einem Brutuskopfe und zeigte seinen Freunden als kostbares Besitztum einen Stock vom Felde bei Boston, das Geschenk Eatons, eines englischen Verehrers. Unverhohlen sprach er den Grundsatz aus: „Sobald ein Volk sich eins wird, Republik sein zu wollen, so darf es auch." Helle Freude flammte daher in ihm auf, als anderthalb Jahrzehnte nach den nordamericanischen Kolonien der mächtigste Staat Europas in ähnlicher Weise wie sie ein Herd bürgerlicher Freiheit zu werden versprach. Er fühlte sein Alter verjüngt, und mit der ganzen sorglosen Begeisterung und Hoffnungsfreudigkeit eines Jünglings jubelte er den Thaten zu, mit denen, zunächst segensreich und allgemeines Heil verheißend, aber nicht minder große Gefahren von Anfang an drohend, die französische Revolution begann. Klopstock stand hierin nicht allein unter seinen Mitbürgern oder gar unter den Schriftstellern Deutschlands; mit

die edelsten von ihnen ergriff der gleiche Freiheitstaumel: aber wie sein
dichterisches Ansehen sie alle noch weit überragte, so wog auch sein Wort,
das den Aufgang der „neuen, labenden, selbst nicht geträumten Sonne"
bei dem Nachbarvolke pries, doppelt und dreimal so schwer als jener
ihres, und zudem ließ er es früher als die meisten andern und lauter,
durchdringender, zuversichtlicher erschallen.

Am 23. September 1788 hatte Ludwig XVI. auf Neckers Betreiben
das von den Parlamenten bisher vergeblich geäußerte Verlangen seines
Volkes erfüllt und die seit 1614 nicht mehr versammelten Reichsstände
auf den 1. Mai des folgenden Jahres einberufen. Die Kunde von
diesem außerordentlichen Ereignis, die überall die Erwartung auf das
höchste spannte, erhitzte Klopstocks Phantasie sogleich, daß sie Bilder einer
ungeahnt glücklichen Zukunft als Folgen jenes dem König abgenötigten
Erlasses sich ausmalte. Noch im December 1788 dichtete er die Ode
'Die états généraux', ein schönes Zeugnis seiner warmen Begeisterung,
die freilich dem ängstlichen alten Gleim Worte bangen Zweifels auspreßte
(in einem Brief an Bürger vom 15. November 1789). Froh jauchzte
Klopstock auf, daß er den Anbruch der neuen Zeit noch erleben durfte,
ob er schon nunmehr vieles preisgeben mußte, was er unerschüttert bis
dahin geglaubt und gelehrt hatte. Friedrichs II. Heldenmut im Kampf
mit Europas Herrschern und Herrscherinnen dünkte ihn nicht mehr die
größte Handlung des Jahrhunderts; wie schwer es seine Vaterlandsliebe
auch über sich vermochte, diesen Ruhm dem Auslande zu gönnen, doch
feierte er laut als herrlichste That, daß Gallien jetzt ohne Blutvergießen
mit dem schönsten Bürgerkranze sich kröne. Und er, dessen ganzes Wirken
bis dahin wider das französische Wesen und seine Nachahmung in Deutschland gerichtet gewesen war, auch wo diese Absicht nicht äußerlich offenkundig wurde, er „flehte" zu seinen Landsleuten jetzt, das Brudervolk
der „Franken"[1]) nachzuahmen.

Diese Begeisterung Klopstocks wurde auch nicht abgekühlt, als im
Juli 1789 das erste Bürgerblut die Hände der Freiheitskämpfer be-
sudelte und bald Greuel der schlimmsten Art rasch einander ablösten.
Noch immer priesen seine Oden die Revolution als „des Jahrhunderts

---

[1]) Gegen diesen Namen eiferte Friedrich Stolberg 1793 zur selben Zeit, da
sich auch Klopstock empört von den Greueln der Revolution abwandte, in der Ode
'Die Westhunnen'.

edelste That"; noch immer ließ er durch den ihm eignen Hang zum Op=
timismus und durch trügerische Ehrentitel, welche das französische Volk
mehr ironisch als aufrichtig seinem machtlosen Könige gab, sich täuschen
und hielt, was Ludwig unter dem Zwang der Not dem Drängen seiner
Feinde zugestand, für freiwillige Geschenke seiner eignen Liebe zu Volk
und Freiheit; noch immer glaubte er, daß die weltgeschichtliche Tragödie
in heitere Idyllen auslaufen, daß aus dem Ringen der gesammten Nation
nach bürgerlicher Freiheit dem einzelnen ein neues, schöneres Familien=
glück erwachsen werde. Nur Ein schmerzlicher Gedanke trübte dem deutschen
Dichter die Freude, daß nämlich nicht sein Vaterland das große Beispiel
den Völkern gegeben hatte. In diesem Schmerz aber wollte er von keinem
Troste wissen: selbst der alles heilenden Zeit traute er die Kraft nicht
zu, ihn je zu lindern. Wohl sagte er sich, daß Deutschland einst das
Joch des Mönchtums zerbrochen und die Religion gereinigt und damit
eine für die politische Revolution Frankreichs notwendige Vorbedingung
erfüllt habe; allein ihm genügte es nicht, daß Europa nur die kirchliche
und nicht auch die staatliche Freiheit seinem Vaterlande verdanken sollte,
und noch weniger vermochte es ihn zu trösten, daß unter den americanischen
Kolonisten auch Deutsche mit für die Unabhängigkeit gestritten hatten.

Am 14. Juli 1790 wurde zu Hamburg ein glänzendes Fest zur
Erinnerung an den Sturm auf die Bastille gefeiert. Gesang und Dicht=
kunst halfen es verherrlichen, und Klopstock las den Freiheitstrunkenen
zwei neue Oden vor. Er gieng noch weiter; er setzte sich mit einzelnen
Führern der Revolution in persönliche Verbindung. Er kannte den Herzog
Ludwig Alexander von La Rochefoucauld (1743—1792), der seit den ersten
Tagen der Nationalversammlung mehrere bedeutende Anträge, auf die
Aufhebung des Sklavenhandels, Abschaffung der Klöster und Verkauf der
Kirchengüter, Freiheit der Presse, eingebracht hatte, von Kopenhagen her,
das La Rochefoucauld früher einmal auf der Durchreise nach Schweden
besucht hatte. Ihm widmete er die Ode 'Sie und nicht wir', die seinen
heftigen Schmerz über den nunmehrigen Vorrang Frankreichs vor Deutsch=
land und damit zugleich seine maßlose Begeisterung für die Revolution
und ihre durch kein Lob zu erreichenden Thaten aussprach, und über=
sandte sie nebst den andern der französischen Freiheit gewidmeten Ge=
dichten im Juni 1790 mit einem Brief in lateinischer Sprache, in welchem
der schwärmerische Ton jener Oden, wo möglich, noch entschiedner er=
klang. Er, dem die Heimat über alles wert war, versicherte dem Frem=

ben: „Si mihi essent filii . . . essentque illi viri boni, linquerem, quam amo, patriam, atque filios, quamvis jam senior, in Galliam ducerem, enixe petens, ut cum patre cives reciperentur ejus reipublicae, quae Europae regnis illustre hoc exemplum dedit, qua via eatur ad libertatem." Aber nun ohne Söhne, fügte er klagend hinzu, müsse er auf das ungemeine Glück verzichten, sich unter die französischen Bürger gereiht zu sehen. Gleichwohl fühlte er sich selbst als solchen gemäß seiner innigen Teilnahme an allen Schicksalen Frankreichs, und so hielt er sich auch für berechtigt, ja für verpflichtet, mit seinen Bedenken und Ratschlägen gegen die, welche wenigstens er als seine Mitbürger betrachtete, nicht zurückzuhalten. In diesem Sinne schrieb er wiederholt an La Rochefoucauld und an Lafayette, mit dem ihn auf seine Bitte hin jener in brieflichen Verkehr gebracht hatte. Mit naiver Eitelkeit, deren Lächerlichkeit er aber kaum zu ahnen schien, gab er, der Dichter, dazu der Ausländer, der alle Nachrichten erst aus zweiter oder gar dritter Hand empfieng, dem Staatsmann und dem General der französischen Republik politische und strategische Winke. Allerdings ermunterte ihn in diesem Thun die freundliche Höflichkeit, mit der man um seiner guten Absicht willen seine Meinungen aufnahm, und die Wärme, mit der seine Pariser Freunde gelegentlich von ihm sprachen. Mit stolzer Freude mußte ihn eine Äußerung wie die La Rochefoucaulds gegen Matthisson erfüllen, man würde ihn, wenn er nach Paris käme, wie Voltaire aufnehmen.

Am entschiedensten und in einer für den deutschen Verfasser beinahe befremdlichen Weise gab Klopstock seine volle Billigung der Vorgänge zu Paris im April 1792 kund, als Frankreich den zum Schutze Ludwigs XVI. verbündeten deutschen Fürsten, dem Kaiser und dem König von Preußen, den Krieg erklärte. Hatte er es schon in einer Ode von 1790 ein Gebot der Klugheit genannt, daß der Monarch in steter Angst vor dem zur Selbstbestimmung erwachten Volke schwebe, so empfand er auch jetzt nicht einen Hauch von Mitleid mit dem unglücklichen Fürsten, dessen Loos bereits in vielen Stücken dem eines Gefangenen glich. Vielmehr klagte er Deutschlands Herrscher an, daß sie durch ihr Bündnis zum Schutze des monarchischen Princips das französische Volk, welches sich selbst errettend den Gipfel der Freiheit erstiegen und, indem es den Eroberungskrieg, „die belorbeerte Furie", verbannt, das schönste aller Gesetze sich gegeben habe, mit Feuer und Schwert von seiner Höhe in die alte Dienstbarkeit unter „Wilden" herabstürzen wollten. Warnend deutete er auf die revolutionären Regungen hin,

die er auch schon in Deutschland da und dort zu bemerken glaubte. Unverhohlen endlich sprach er seinen heißen Wunsch aus, der Lenker der
Weltgeschichte möge eine rasche Entscheidung in diesem neugestalteten, allzu
schrecklichen Kriege herbeiführen; er sehnte sich, den Sieg der Freiheit,
die er durch Deutschlands Fürsten bedroht meinte, noch zu erleben. Die
kühne Ode, welche dieser Gesinnung Worte verlieh, ('Der Freiheitskrieg')
sandte er am 2. Juli 1792 an den ihm persönlich wohlwollenden Herzog
Karl Wilhelm Ferdinand von Braunschweig, der den Oberbefehl über
das preußisch-österreichische Heer übernommen hatte. Ein mehr als frei-
mütiger Brief begleitete das Gedicht: Klopstock bat den Herzog, „noch
einmal zwischen der wahren und scheinbaren Ehre zu wählen" und das
Commando wieder niederzulegen. Obwohl er sich selbst sagte, daß sein
Schreiben erst sehr spät, in der letzten Stunde vor dem geplanten Aufbruch, eintreffe, hoffte er doch noch Eindruck damit zu machen; natürlich
vergebens.

Seine Freunde in Paris ließen diesen republicanischen Eifer nicht
unbelohnt. Am 26. August 1792 ernannte die Nationalversammlung
nebst mehreren andern Schriftstellern und Staatsmännern auch Klopstock
zum französischen Bürger; der Minister Roland de la Platière erhielt
am 9. September den Auftrag, dem Dichter das Bürgerdiplom zu übersenden. Klopstock hatte in seinen Briefen an La Rochefoucauld und an
Lafayette mehr als einmal angedeutet, wie sehnsüchtig es ihn nach dem
französischen Bürgerrecht verlangte; daß es ihm in Deutschland je zu
Teil werden würde, wagte er wohl kaum zu hoffen. Desto höher stieg
sein Entzücken, als er die Auszeichnung erfuhr. „Es ist unmöglich, die
Ehre zu verdienen," schrieb er dankend am 19. November an Roland,
„die einem Ausländer widerfährt, der von der französischen Nationalversammlung mit dem Bürgertitel beschenkt wird. Das Einzige, was
ihn bis auf einen gewissen Grad dessen würdig machen kann, ist sein vor
dieser einzigen, unsterblichen Erhebung vorhergehender Civismus." Aber
nicht zufrieden, diesen letzteren dem Minister an verschiednen Beispielen
nachzuweisen, ließ er es auch in diesem Dankschreiben an politischen Er-
mahnungen und Ratschlägen nicht fehlen, zu denen er sich durch seine
neue Würde geradezu aufgefordert glaubte. Indem er sich vorbehielt,
einige Gedanken über die Verfassung, die sich die Republik zu geben vorhatte, später mitzuteilen, empfahl er zunächst seinem „neuen Vaterlande"
ein Bündnis mit Dänemark, dessen Regent, Kronprinz Friedrich (VI.),

seinem Lande vollkommene Preßfreiheit bewilligt, die Leibeigenschaft aufgehoben und den Sklavenhandel verboten hatte[1]). Vor allem aber forderte
der Dichter, den die jüngsten Greuel, namentlich die Schandthaten des
2. September, doch aus seiner unbedingten Bewunderung der Revolu-
tionsmänner aufgestört hatten, strenge Bestrafung der Schuldigen, an deren
Händen ja auch La Rochefoucaulds Blut klebte, — schon um der Ausländer willen, die über jene scheuslichen Verbrechen alles vergessen könnten, was sie bisher an Frankreich bezaubert hatte.

Die nächsten Wochen schon mußten ihn belehren, wie wenig er an
eine Erfüllung solcher Wünsche denken durfte. Immer entsetzlicher walteten die Jacobiner, durch das vergossene Blut nur zu neuen Blutthaten
gereizt; noch 1792 drückte Klopstock durch eine warnende Ode seinen Abscheu vor ihrem der Freiheit so gefährlichen Treiben kräftig aus. Dann
erfolgte die Hinrichtung des Königs, der Sturz der Girondisten, die
Schreckensherrschaft mit ihren Greueln in Paris und in den Provinzen,
die Abschaffung der christlichen Religion und, für Klopstock von allen
Freveln der unverzeihlichste, die Eroberungskriege der Republik. Bei
diesen Erfahrungen erlosch jäh seine Begeisterung für das französische
Volk. Mochte Klopstock bis dahin mit seinem kühnen Eifer für die Freiheit unwillkürlich an Milton erinnern, bei welchem sich in ähnlicher Weise
mit dem festesten religiösen Glauben ein republicanischer Unabhängigkeitssinn verband, der rücksichtslos die geheiligten Ordnungen des bestehenden
monarchischen Staates mißachtete, jetzt glich er dem wankellosen Vorkämpfer der englischen Rebellion ganz und gar nicht mehr. Auch Klopstock hätte, wie Milton, im Anfang der Revolution sich den Verteidigern
der Volksrechte unzweifelhaft beigesellt, wenn er in Frankreich gelebt
hätte; aber er war nicht genug Mann der unerschrockenen That, um
auch gleich Milton vor den letzten Consequenzen der Revolution nicht
zurückzuscheuen. Den Königsmord, den dieser laut zu rechtfertigen unternahm, hätte er nimmermehr gebilligt, und die wüste Gewaltherrschaft
Marats und Robespierres betrachtete er mit Grauen und Entrüstung,
obgleich sie sich in streng logischer Folge unvermeidlich aus den von ihm
maßlos gefeierten Anfängen der Bewegung entwickelte. Gegen diese geschichtliche Erkenntnis aber lehnte sich sein Geist und Herz mächtig auf;

---

[1]) Klopstock pries ihn dafür auch warm in einer schönen Ode und stellte ihn
Europas Herrschern, besonders engherzigen deutschen Fürsten, zum Muster vor.

an den Verbrechen ihrer verabscheuungswürdigen Mitglieder dünkte ihn
die Nation als solche unschuldig, mochte die Anzahl der Verbrecher auch
Legion sein. Er sandte daher sein Bürgerdiplom nicht zurück, wie Lavater
schon im Januar 1793 ihn beschwörend zuversichtlich hoffte, wie man
auch sonst ziemlich allgemein erwartete, und begründete dieses Verfahren
1796 nachdrücklich in der 'Berlinischen Monatsschrift', als hinter einander ein Deutscher, ein Franzose und ein Engländer gar in öffentlichen
Blättern von der bereits erfolgten Zurücksendung des Diploms fabelten.
Einmal zwar, im November 1794, wollte er auf eine andere Weise seinen
Abscheu über die Unthaten der Schreckensjahre den Lenkern des französischen Staates geradenwegs in's Gesicht schleudern und ließ zu dem
Zweck einen vorwurfsvollen Brief an den Nationalconvent schon in's
Französische übersetzen; aber schließlich behielt er das (1796 deutsch ver-
öffentlichte) Schreiben, dessen Wirkungslosigkeit von vorn herein außer
Zweifel war, lieber zurück. Er begnügte sich, nach wie vor in seine Oden,
nebenher auch in einige Epigramme, seine Klagen über den raschen Untergang der leider nur so kurze Zeit leuchtenden Sonne der wahren Freiheit
niederzulegen. Und selbst von diesen Oden ließ er einige nie zum
Drucke zu.

Er widerrief auch hier nicht das hohe Lob, das er zuvor dem französischen Volke gespendet hatte; die Revolution selber feierte er laut wie
ehedem, nur über ihre unselige Entwicklung grollte und trauerte er. Daß
das Gesetz, die Seele der wahren Freiheit, durch die Wut der Parteien
gemordet, daß die Göttin Freiheit zur Furie verwandelt, zum Ungeheuer
umgeschaffen und mit der Entweihten das Hehrste, was die Sonne auf
Erden je gesehen, entheiligt, die Menschheit so völlig wie nie zuvor ent-
menscht worden sei, daß die Schreckensmänner der Revolution, die „Hoch-
verräter der Menschheit", „der Freiheit getünchte Vergötterer", das hoch-
heilige Gesetz ihres Volkes vernichtet und wieder Eroberungskrieg geführt,
daß sie selbst diesen fluchwürdigsten aller Frevel durch Greuelthaten, für
die es der Sprache gänzlich an Worten fehle, noch überboten und das freie
Frankreich zu einem bloßen Republikgerippe, einem Henker- und Sklaven-
staat entstellt hätten, der in allem und jedem von dem nordamericanischen
Freistaate verschieden sei, diese Klagen und Vorwürfe bildeten seit dem
Anfang des Jahres 1793 das beständige Thema seiner politischen Lyrik.
Von Ode zu Ode bitterer wurde dabei sein Ingrimm, immer tiefer der
Schmerz, der gleich dem Kummer verschmähter Liebe sein Gemüt um-

düsterte. Herb empfand er wieder die Last des Alters, die der Freiheits-
traum ihn vergessen gemacht, mit der täglich zunehmenden Gewißheit, daß
nichts von allem geschehe, was die Revolution einst Gutes und Edles verheißen hatte. Nun nahm er auch in gewisser Form den Tadel zurück, mit
dem er 1792 die deutschen Fürsten vom Krieg gegen die Republik abzuschrecken versuchte. Was er damals, noch bevor es geschah, als abscheu-
lichstes Unrecht verwarf, erkannte er jetzt, zumal da er die edle Mäßigung
der deutschen Heerführer wahrnahm, als eine der Unsterblichkeit würdige
That an, und bei aller Sehnsucht nach dem Frieden, der „schönsten der
Lösungen“, ließ er 1794 seine von Frankreichs Heeren bedrohten Landsleute durch Hermann aus Walhall zum „cheruskischen Kriege“ beschwören:
rettungslose Vernichtung dem Feinde, der deutschen Boden betritt; aber
der Deutsche selbst setze keinen Fuß über die französische Grenze. Leider
war auch in diesem Kampfe der Erfolg nicht der Art, daß Klopstock darin
einen Trost für die Enttäuschungen der letzten Jahre hätte finden können.
In der ganzen grauenvollen Nacht der Pariser Willkürherrschaft erquickte
nur Ein lichter Moment das Auge des Dichters, die That der „erhabnen
Männin“ Charlotte Corday. Marats wüste Gemeinheit und scheusliche
Mordgier widerte Klopstock unter allem Schändlichen, was die Revolution
zeitigte, vielleicht am meisten an. Das Mädchen, welches von diesem Ungeheuer die Welt säuberte und, der Römerin Arria vergleichbar, mit edler
Furchtlosigkeit für ihre erlösende That den Tod erlitt, erschien ihm als
eine nie genug zu preisende Märtyrerin der Freiheit. Aber Marat wurde
noch nach seinem Tode fast mit göttlichen Ehren gefeiert, seine Rächerin
war umsonst für das Vaterland gestorben: das erfüllte die Seele des
Dichters mit unsagbarem Gram, und so, jedes Trostes baar, sang er
ihrem und La Rochefoucaulds Andenken die schöne Trauerode ‘Die beiden
Gräber’.

Bei solchen Erfahrungen oder bei Greueln, wie sie Carrier zu Nantes
ausübte, mußte Klopstock, der immer gut von den Menschen gedacht hatte
und dessen Glück und Lebensfreude von seiner Menschenliebe unzertrennlich abhieng, in der That einen heißen, langen Kampf in seiner Seele
durchkämpfen, um nicht Menschenfeind „im Blütenhaare“ noch zu werden.
Während er noch mit sich rang, erfüllte ihn heißes Verlangen nach Rache,
und flehentlich forderte er daher, daß Wahrheit und Geschichte vereint
schon jetzt durch ein warnendes Schandmal die Verbrechen der schamlosen
Buben verewigten; taumelnd wollte er sich damals dieser Vergeltung

freuen. Jetzt, nachdem er sich den Sieg abgerungen, bedauerte er sogar, durch seine Klagegesänge sich die Wunde stets von neuem aufgerissen zu haben, und betrachtete nur völlige Vergessenheit und etwa noch den Trost, den die unveränderliche Gleichheit der Natur bei dem Wankelsinne der Menschen gewährt, als lindernd. Allein die schmerzliche Erinnerung ließ sich nicht so leicht verscheuchen. Überall drängte sie sich ein, selbst in Oden, deren Stoffe der Politik so fern als möglich lagen, und „gallische Wilde“ wurde eine Zeit lang im Munde des Dichters fast ein Gattungsname für alle, die sich irgend einer Rohheit schuldig gemacht hatten. Am längsten nagte an ihm der Groll über die Wiederentfesselung des Scheusals Er- oberungskrieg. Vollständig vergessen konnte er diesen Frevel nie, wie oft er sich auch von dem Gedanken daran mit Gewalt losriß; die Heere der Republik, welche, meist siegreich, ein Land um das andere angriffen, weckten ihm stets wieder auf's neue das nunmehr bittere Andenken an das einstige Friedensversprechen der Heuchler. Dann fluchte er bald den Revolutionskriegen, die ihm jetzt gleich entsetzlich wie vordem die Religions- kriege, der Greuel aller Greuel, waren, ihren schamlosen Urhebern, die vergebens jeden neuen Feldzug durch neue Vorspiegelungen ihres Rechtes zu beschönigen suchten, und ihrem Helden, dem „corsischen Jünglinge“, der den Völkern Italiens mit gehobenem Schwerte „Freiheit aufjochte“; bald beschwor er die Wortbrüchigen, wenigstens von nun an Frieden zu wahren und sich so wieder fast zu jener sittlichen Höhe aufzuschwingen, auf welche sie ihr edler, menschenfreundlicher Entschluß einst emporgehoben; bald pries er die Völker dreimal glücklich, welche das Weltmeer gegen Frank- reichs Kriegesdrachen schirme; bald rühmte er die „Nachkommen der Angelsachsen“, daß sie thatenmutig, ein Beispiel für die übrigen Nationen Europas, dem drohenden Angriffe der Räuber zuvorkamen. Dann wieder wünschte er in schmerzlichem Ingrimm, daß seine Lieder in die Zeit der Enkel unvergänglich hinüberdauern möchten als ein Zeugnis vom Tode der vernichteten Freiheit, bis er endlich, um nicht an der Menschheit zu verzweifeln, mit aller Kraft jeden Gedanken an die „Bejochungskriege“ unterdrückte und seinen Geist auf die Schönheit der Natur und Kunst, auf die Probleme der Wissenschaft, auf die heitern Genüsse des Mahles und der Geselligkeit, auf die edelsten Freuden der Freundschaft zu blicken zwang.

Fast bis an's Ende seiner gesammten Odenbichtung, bis an den Schluß des Jahres 1801, da er in Rußlands jugendlichem, mild und volksfreundlich gesinntem Kaiser Alexander I. das Erscheinen der „heiligen Menschlichkeit" auf einem oft durch Grausamkeit und Barbarei geschändeten Throne wonnetrunken feierte, klangen die Ereignisse der französischen Revolution in seiner Lyrik nach. Die einzelnen Begebenheiten derselben machte Klopstock allerdings nicht häufig zum unmittelbaren Ziel- oder Ausgangspunkt, noch weniger zum eigentlichen Gegenstande seiner Poesie, sondern hielt sein Auge stets auf die allgemeine geschichtliche Entwicklung geheftet; doch sparte er im Verlauf der dichterischen Darstellung nicht eben mit Anspielungen auf das Einzelnste, die, namentlich wegen der versteckten und dunkeln Art, wie sie meistens angebracht waren, zu ihrem Verständnis die genaueste Kenntnis der Vorgänge in Frankreich bei den Lesern voraussetzten.

Überhaupt sind Klopstocks Revolutionsoden keine leichte Lectüre. Schon der einzelne Ausdruck ist meist nicht einfach genug. Das Streben des Dichters, mit jedem Wort möglichst viel und dies zugleich möglichst stark zu sagen, verführte ihn zu neuen, nicht immer sehr deutlichen Wortbildungen, zu gesuchten gleichnisartigen Redewendungen; dazu riß er nur allzu gern, um den rhetorischen Eindruck des Satzes zu verstärken, die Glieder desselben aus ihrer natürlichen Ordnung oder schob zwischen sie logisch überflüssige Wörtchen ein, welche auf das Hervorzuhebende noch besonders hinweisen sollten, namentlich Pronomina (z. B. „Ist sie des Blatts Weissag' Irrtum", „Herrschende Buben sie brauchen" u. dgl.). Dadurch wurde die Sprache, die überdies hie und da Latinismen oder Gräcismen aufgenommen hatte, oft schwieriger und gewöhnlich auch schwerfälliger, als der Inhalt es erfordert hätte.

Noch mehr jedoch litt das Verständnis dieser Oden unter der sonderbaren Verbindung von abstracter Reflexion und sinnlicher Phantasie in ihnen. Ihr eigentlicher Stoff und Inhalt ist vielfach undichterisch, nüchternes Verstandeswerk, für das sich das Herz kaum erwärmen kann oder mit dem die Einbildungskraft wenig anzufangen weiß. Staatliche Grundsätze werden behandelt, Regeln und Lehren politischer Klugheit oder völkerrechtlicher Billigkeit ausgesprochen, kurz Begriffe anstatt Ideen zum Gegenstande der Dichtkunst gemacht. Äußere Mittel der Darstellung sollen diese prosaischen, mehr der Wissenschaft als der Kunst angehörenden Stoffe zur Poesie umgestalten. Klopstock wählt wieder, gleichwie früher, mit Vorliebe dazu die Allegorie, die einerseits öfters nicht ohne Zwang durch lange Oden durchgeführt wird und andrerseits selten die erforderliche ver-

anschaulichende Kraft besitzt, weil eben viele Begriffe, die sie verdeutlichen
soll, sich der sinnbildlichen Darstellung überhaupt entziehen.   Die alle-
gorischen Personen, die uns in den Revolutionsoden entgegentreten, handeln darum auch wenig mit und gegen einander, sondern lassen sich dafür
lieber in umständliche Gespräche ein, in welchen sie alles, was sonst der
Dichter ganz abstract vortragen müßte, ein klein wenig sinnlicher auszudrücken sich bemühen.   Den Inhalt ihrer Reden bilden aber im Grunde
nach wie vor verstandes- oder vernunftgemäß entwickelte Gedanken, viel
seltner seelische Empfindungen oder durch die Phantasie vermittelte Anschauungen.   Daher denn auch diesen Gesprächen öfters die künstlerische
Einheit fehlt, indem die logische Betrachtung Gedanken äußerlich an
einander knüpft, die ob ihrer grundverschiednen Natur die sinnliche Vorstellung nimmermehr unter Einem Bilde zu fassen vermag.

An die Stelle der einheitlichen Handlung tritt im günstigsten Falle
nur die fortschreitende Schilderung mehrerer auf einander folgender Zustände und Vorgänge, die in ihrer äußeren Form vielfach der epischen
Erzählung gleicht.   Auch den eigentümlichen Schmuck der letzteren verwendet sie, malende Beiwörter, breit ausgeführte Gleichnisse.   Am weitesten
geht diese Ähnlichkeit mit der epischen Dichtungsart in der Ode 'Die Vergeltung' von 1795, die fast den Charakter einer epischen Satire hat.
Jedes subjective Element, demzufolge jegliche Spur einer lyrischen Stimmung fehlt hier.   In den übrigen Oden mangelt diese Stimmung keineswegs; es sind ihr nur mehr oder weniger objective Ausdrucksweisen auf-
genötigt: die Folge davon ist ein künstlerisch bedenklicher Gegensatz von
Form und Inhalt.   Volle ästhetische Befriedigung und reinen Genuß gewähren nur diejenigen unter Klopstocks Revolutionsoden, in welchen das
subjectiv-lyrische Empfinden sich frei aus dem Herzen des Dichters nach
seiner natürlichen Weise ergießt, ungehemmt durch die Tüfteleien des Verstandes, aber auch unbeengt durch Formen, die seinem ursprünglichen
Wesen widerstrebten, so vornehmlich die Gedichte voll warmer Begeisterung
für die Freiheit aus den ersten paar Jahren der französischen Staats-
umwälzung, mehrere Elegien aus der Folgezeit, in welchen der Sänger
sein eigenstes wehmütiges Gefühl über sein getäuschtes Hoffen ganz un-
verstellt und unmittelbar ausspricht, und einige von stürmischer Leidenschaft
durchtobte Zornesoden gegen die Eroberungskriege der Republik.   Ein
Verdienst jedoch ist ziemlich allen Oden aus diesen letzten anderthalb Jahrzehnten der Klopstockischen Lyrik gemeinsam, die Rückkehr zu den einfacheren

Strophengebilden der antiken Dichtkunst, besonders zu denen, die teilweise aus Hexametern bestehen; dem gegenüber kommen die wenigen
Fälle, in denen Klopstock auch jetzt noch sich freier Rhythmen bediente
oder kühnere, von ihm selbst gebaute Strophen brauchte, nicht in
Betracht.

Eine Zeit lang widmete er seine lyrische Dichtung ausschließlich den
Freiheitsbestrebungen des Nachbarvolkes; erst 1794, als nahezu alle Hoffnungen, die er einst daran knüpfte, sich trügerisch erwiesen hatten, wandte
sich seine Lyrik auch wieder andern Zwecken zu. Was er so von da an
noch dichtete, war der Form nach teilweise von seinen gleichzeitigen politischen Oden wenig verschieden; doch ermöglichten schon die Stoffe bei den
meisten jener spätesten Gaben seiner Muse eine poetischere Ausgestaltung
als bei den der Revolution gewidmeten Gesängen.

Zwar behandelten auch viele jener nicht politischen Oden Gegenstände,
die sich wegen ihrer abstract-theoretischen, nur durch den Verstand zu er-
fassenden Natur wenig für die dichterische, zumal für die lyrische Darstellung eigneten. Wissenschaftlich zu belehren, war ihre nächste Aufgabe,
gleichviel ob sie etwa den Ruhmsüchtigen ironisch verteidigten, daß er die
beifälligen Stimmen lieber zähle als wäge, ob sie vom Kupferstecher verlangten, daß er aufhöre, bloß Werke der übrigen bildenden Künste nachzuahmen, und vielmehr selbst Kunstwürdiges erfinde, ob sie neuerdings in
treuem Anschluß an Lessingische Grundsätze darlegten, wie weit die Poesie,
die sich zum Zweck der höchsten Schönheit noch mit der Musik verbinden
könne, Malerei und Bildhauerei übertreffe, oder ob sie wieder den Vorzug
der deutschen Sprache vor ihren antiken und modernen Schwestern ver-
kündigten und, das in der 'Gelehrtenrepublik' und anderswo schon Gesagte
noch einmal wiederholend, allgemeine Regeln für den Dichtenden aus-
sprachen. Bei solchen und ähnlichen der Lyrik widerstrebenden Stoffen
vermochte freilich alle Kunst, an der es Klopstock nirgends fehlen ließ, dem
kühlen Verstandesgehalt nicht sinnliche Anschaulichkeit und herzliche Wärme
zu verleihen. Äußerlich auf rein logische Weise wurden wieder Gedanken
an einander geknüpft, deren innere Verschiedenartigkeit die künstlerische
Einheit des Gedichtes zerstörte; farblose Allegorien und Personificationen
unbeseelter Wesen oder gar bloßer Begriffe sollten ersetzen, was an sinn-
lichem Leben mangelte; die Formen des Zwiegesprächs, des Wettstreits
wurden vergeblich angewandt, um für die fehlende Handlung wenigstens
den Schein einer solchen zu erzeugen.

Glücklicher Weise jedoch hatte immerhin die Mehrzahl der nicht politischen Oden aus Klopstocks letzten zehn Lebensjahren ihren Ursprung nicht im Kopf, sondern im Herzen des Dichters. Besonders die Erinnerung, die er als süße Verneuerin und Verlängerin des Lebens pries, die Erinnerung an die Freuden und Freunde seiner Jugend war es, die das Empfinden des Greises innig durchdrang und seiner Muse die schönsten, rührendsten Gesänge entlockte. Er versetzte sich zurück in die erste Zeit seines Verkehrs mit Gleim; er beklagte 1795 Eberts Tod in einer tief ergreifenden Ode, die (auch in formaler Hinsicht) ein ernst ausgereiftes Gegenstück zu der 1748 geschriebenen Elegie an denselben Freund bildete; er ließ sich durch den Wiederkehr des Frühlings an die Lenztage gemahnen, die er einst zu Queblinburg, Friedeburg, Pforta, Jena und Leipzig genossen, und dachte, als das Alter ihm den Eislauf verwehrte, mit schmerzlicher Innigkeit zurück an die mancherlei Freuden, die der „Wasserkothurn" ihm beschert; die Gestalt der frommen Großmutter, die himmlische Segensworte über den für immer von ihr Scheidenden herabrief, trat ihm wieder vor das innere Auge; das Erblühen seiner ersten, fast noch kindlichen Liebe feierte er in einer wundervollen Ode von vollendeter Anmut. Vor allem aber umschwebte ihn Metas Bild jetzt näher als vordem und ließ ihn hienieden schon die höhern Sphären ahnen, zu denen sich seine Seele bald zu erheben hoffte. Wie sehr er mit seinen Gedanken und Träumen schon dort weilte, gab er in zahlreichen Oden unter mannigfachen Formen und Gleichnissen kund. Ein mahnendes Vorgefühl des nahen Todes zog durch alle diese Gedichte; Vorstellungen des Grabes drängten sich überall in sie ein; aber noch lieber schweifte der Sinn des Greises hinaus über die Grenzen dieses Erdenlebens in die Zukunft und in das Jenseits, zum Wiedersehen der vor ihm geschiednen Lieben, zur Verklärung des sterblichen Leibes in überirdischem Lichte, auch zu glänzenden Phantasien über das innere Wesen und die Bewohner jener fernen, von seiner kühnen Einbildungskraft selbst als liebend-beseelt gedachten Welten.

Aus einem tiefen und wahren religiösen Empfinden war diese ganze Lyrik hervorgeströmt, wogegen die eigentlich religiösen Oden, die den Charakter der christlichen Hymnen strenger wahrten oder ihr Thema enger auf die Feier des Göttlichen beschränkten, in dem letzten Jahrzehnt Klopstocks seltner wurden. Aus seinen meisten Versen klang jetzt eine weiche, elegisch-ernste Stimmung wider, die aber in nichts mit Gram oder Trübsinn verwandt war. Ohne Schmerz oder Furcht, mit vollkommener

Seelenruhe sah der Dichter dem Tod entgegen — nur vor der Trennung von den Geliebten bangte ihm —, aber auch ohne Sehnsucht; vielmehr freute er sich dankbar jedes neuen Tages, den das Geschick gnädig ihm schenkte. So pries er denn auch innig froh bis zuletzt die Freude, die genügsame, freie, dem Herzen entströmende, dem Genie gleichende, und mit ihr alles, was ihm das Leben an Genüssen der Natur, der Kunst, der Geselligkeit Erquickendes bot, und verdrängte öfters den elegischen Ernst seiner Dichtung durch eine idyllische Heiterkeit, ja räumte hie und da sogar den muntern Spielen des harmlosen Humors ein bescheidenes Plätzchen ein, wenn er etwa die Tiere, die er seit Jahren um sich hielt, Metas Hündchen oder sein Reitpferd, zu Vertrauten seiner Gefühle machte oder mit komischer Wichtigkeit die Vorzüge zweier Weinsorten, die er besonders liebte, gegen einander dichterisch abschätzte. Aber auch, wo der Ernst der Stimmung ungestört verblieb, verschmähte Klopstock die äußerlichen Mittel, die er namentlich als Jüngling gern gebraucht hatte, um der Darstellung eine büstere Farbe zu geben; ausdrücklich verzichtete er (in der Ode auf Eberts Tod) auf winterliche Einöde und mitternächtiges Dunkel als Staffage für seine Schwermut: desto wahrer offenbarte sich aber sein inneres Empfinden, gerade weil es nicht mehr in der conventionellen Maske auftrat.

Allerdings wußte Klopstock auch jetzt nur ganz wenige, künstlerisch vollendete Gebilde seiner Muse mit einer wirklichen Handlung zu erfüllen; meistens ließ er es wieder bei bewegter Schilderung bewenden. Dann trübte auch hier den reinen Genuß auf verschiedne Weise der Widerstreit von verstandesmäßiger Betrachtung und sinnlicher Anschauung oder leidenschaftlicher Empfindung. Nur zu oft sprach der Dichter nicht unmittelbar aus, was er fühlte, sondern was er über seine Gefühle dachte. Dazu breitete er über seine meisten Oden jetzt eine Art von leidenschaftsloser, objectiver, fast epischer Ruhe aus, die zwar dem hohen Alter des Sängers wohl angemessen war und daher stellenweise sehr rührend wirkt, öfters jedoch, vornehmlich bei Oden, deren bedeutender Empfindungsgehalt eine glühende, zündende Darstellung erfordert hätte, den Leser abkühlt, ja ernüchtert. Man vermißt den fortreißenden Hauch lyrischer Begeisterung, der uns unsichtbar aus den Worten des Gedichts anwehen muß. Andrerseits wiederum verlieh Klopstock mehreren Oden, die durch ihren Stoff in die ausschließliche Sphäre verständig-kühler Gedankenpoesie gebannt zu sein schienen, eine solche Wärme des Vortrags und, indem er freigebig

Bilder und Gleichnisse einwob oder die ganze leblose Natur als beseelt und ihrer selbst bewußt darstellte, eine solche Sinnlichkeit der Anschauung, daß sie sich äußerlich mehr wie Werke der Empfindung und der Phantasie denn des Verstandes ausnahmen. Nur Ein Vorwurf lastete jetzt fast auf allen seinen Gedichten, der der Schwerfälligkeit und Unverständlichkeit des Ausdrucks. Bald aus metrischen Gründen, bald zu rhetorischem Zwecke stellte Klopstock jetzt oft seine Worte so künstlich, daß seine Gliederung des Satzes kaum in der lateinischen Sprache, die er sich dabei zum Muster nahm[1]), erträglich wäre, in der deutschen aber als ganz widernatürlich und unrichtig zu verwerfen ist. Einfache Begriffe umschrieb er in dem Wahne, den Adel der Darstellung dadurch zu vermehren, durch verkünstelte Redensarten, die bisweilen noch überdies einige dunkle Anspielungen auf entlegene Dinge enthielten und so, weil sie zu viel sagen sollten, in Wirklichkeit gar nichts klar und deutlich sagten. Aber auch durch neue, zu kühne und unschöne Wortbildungen versündigte sich Klopstock jetzt immer mehr an dem Geist unserer Sprache. Wer, gleich ihm, sich in Prosa und in Versen so ernstlich gegen das Eindringen fremdländischer Wörter und Constructionen in die deutsche Sprache erklärte, durfte nicht selber zur gleichen Zeit, auch nicht parodierend, in einer Ode über „die translätinge Faust" eines plumpen englischen Übersetzers klagen und ähnliche undeutsche Wagnisse in Fülle sich zu Schulden kommen lassen. Die schlimmste Folge aller solcher gesuchten Neubildungen und Künsteleien war, daß die zahlreichen Rätsel dieser Oden nicht mehr durch das einfache aufmerksame Lesen, sondern erst durch ein langwieriges Studium aufgelöst werden konnten, der Genuß der Dichtung also immer durch den grübelnden Verstand vermittelt wurde. Schlichte, liebartige Weisen vermochte Klopstock jetzt nur noch in ganz seltnen Ausnahmsfällen erklingen zu lassen; am glücklichsten gelang es ihm 1797 in der Ode 'Das Wiedersehen' an Meta.

Es könnte fast als ein Widerspruch in sich selbst erscheinen, daß der Dichter, der in diesen Oden solche übermäßig kühne Freiheiten und Neuerungen seiner Sprache aufzwang, zur gleichen Zeit die Grundgesetze derselben durch grammatische Arbeiten fest zu bestimmen suchte. Aber die Theorien, die Klopstock hier aufstellte, befanden sich in vollem Einklang mit seiner eignen dichterischen Praxis.

---

[1]) Gerade in diesen spätesten Oden finden sich wieder mehr Anklänge an antike Dichter, vornehmlich an diejenigen, aus welchen Klopstock damals übersetzte, an Virgil, Ovid, Homer.

1794 (richtiger Ende 1793) ließ er zu Altona 'Grammatische Gespräche' erscheinen, an die sich während der beiden folgenden Jahre nicht
unwichtige Nachträge in einigen Zeitschriften anschlossen. Vieles von
dem, was erst so spät an's Licht trat, war schon vor Jahren ausgearbeitet
worden[1]); die ersten Anfänge dieser Untersuchungen lagen in den Bruchstücken aus einer deutschen Grammatik, welche 1774 in der 'Gelehrtenrepublik' mitgeteilt worden waren. Nur durch die politischen Ereignisse
der jüngsten Zeit war Klopstock von seinen sprachlichen Arbeiten länger
abgezogen worden, ohne daß er sie aber auch damals ganz aus dem
Auge verloren hätte. Als er sich aber 1793 wieder mit größerem Eifer
ihnen zuwandte, ließ er den früheren stolzen Plan, eine vollständige
Grammatik der deutschen Sprache zu schreiben, für immer fahren; nur
einzelne Teile einer solchen, größere und kleinere grammatische Abhandlungen, die jedoch in sich selbst regelmäßig zu einem Ganzen abgerundet
und weder nach ihrer Form noch nach dem Inhalte bloße Fragmente
sein sollten, gab er heraus und versprach er für die Folge.

Eine vollständige, systematisch ausgebaute Grammatik zu schreiben,
wäre ihm gegen die Natur gegangen. Er scheute sich vor der Trocken-
heit einer streng wissenschaftlichen Darstellung. Der lehrhafte Inhalt
sollte wenigstens in eine halbwegs künstlerische Form gegossen, die pedantische Nüchternheit der philologischen Untersuchung vermieden, neben
dem Verstand auch die Einbildungskraft des Lesers angeregt werden.
Klopstock wählte daher einzelne Abschnitte der Sprachlehre aus, die ihm
besonders anziehend erschienen, wenn sie auch keineswegs im Zusammenhange der grammatischen Forschung vor andern beachtet zu werden verdienten oder gar als grundlegend gelten konnten. Überdies reihte er diese
einzelnen Abschnitte künstlerisch frei und nichts weniger als in methodischer
Ordnung an einander. Ferner aber nahm er wieder, wie bei der 'Gelehrtenrepublik' und bei den späteren Oden, die Allegorie zu Hilfe, um
den starren, einförmigen Inhalt künstlich zu beleben und bunt zu mas-
kieren. Statt grammatischer Abhandlungen im eigentlichen Sinne verfaßte er grammatische Gespräche. Aber die Personen, welche diese Gespräche führten, waren nicht etwa er selbst und seine Freunde, überhaupt
nicht geschichtliche oder erdichtete Menschen, wie in Platons Dialogen

[1]) Nach einem Briefe von Voß an Miller war das Werk schon 1785 ziemlich
weit fortgeschritten.

ober in Leſſings Freimaurergeſprächen und in der übergroßen Mehrzahl
aller ſolchen literariſchen Werke, ſondern allegoriſche, faſt durchaus ab=
ſtracte Weſen, die einzelnen Buchſtaben, Ableitungsſilben, Redeteile, Vers=
füße, die techniſchen Ausdrücke der Grammatik, Stiliſtik und Metrik, die
bei der Sprachbildung wirkſamen Eigenſchaften des menſchlichen Geiſtes,
endlich alle erbenklichen rhetoriſchen oder dichteriſchen Factoren, die bei
der kunſtvoll ausgeſtalteten Rede in Betracht kommen.

Klopſtock deutete zu Anfang ſeines Buches ſelbſt an, wer ihn auf
dieſen ſonderbaren Einfall brachte: Lukian, in deſſen Dialogen wiederholt
allegoriſche Perſonen redend und ſtreitend eingeführt waren, insbeſondere
ſeine (von Wieland nicht mitüberſetzte) Anklagerede des Buchſtaben Σ gegen
das T vor dem Gericht der Vocale. Klopſtock gieng aber in der Häufung
des Abſtracten und Allegoriſchen viel weiter als der Grieche. Um der
Einheit des Stils willen bildete er ſelbſt wirkliche geſchichtliche Perſonen,
Schriftſteller, deren Anſichten er bekämpfte, zu abſtracten Begriffen um,
die er nachträglich wieder perſonificierte; ſo wurden aus den Franzoſen
Paliſſot und A. C. de Rivarol, welch letzterer eine von der Berliner
Akademie 1784 gekrönte Preisſchrift 'De l'universalité de la langue
française' verfaßt hatte, die allegoriſchen Figuren Paliſſotie und Rivaro-
lade. Andrerſeits nützte er eine Eigentümlichkeit der franzöſiſchen Redeweiſe bei der Frage (das umſchreibende Qu'est ce que c'est que) bur-
lesk aus und ließ unter andern erdichteten Perſonen auch die Wasiſtdas-
wasbasiſtwashaftigkeit redend auftreten.

Bei Lukian ſpielt ſich der Streit der wetteifernden Conſonanten auf
wenigen Seiten ab; die Allegorie verliert wegen ihrer Kürze nirgends
den Reiz ihrer abſonderlichen Neuheit und wirkt gleich einem phantaſtiſchen
Scherze durchaus beluſtigend und anregend. Klopſtock hingegen wiederholt dieſe nämliche Form unabläſſig durch ein dickes Buch hindurch;
die Allegorie wird dadurch ermüdend und langweilig. Dazu iſt es immer
derſelbe Ton der Rede, den ſeine perſonificierten Abſtracta in ihren Geſprächen anſchlagen. Wie Lukians Buchſtaben, ſo ſind auch ſie regelmäßig auf einander eiferſüchtig; jedes Geſpräch ſtellt einen andern Wett-
ſtreit dar; die Vocale hadern mit den Conſonanten, die Stammſilben
mit den Ableitungsſilben, die wechſelvolleren Versfüße mit den einförmigen, die deutſche Sprache mit der franzöſiſchen, lateiniſchen und griechiſchen um den Vorrang. Wenn in der 'Gelehrtenrepublik' die ver-
ſchiednen Ereigniſſe, Geſetzesvorſchläge und Beſchlüſſe des Landtags noch

einen gewiſſen erfreulichen Farbenwechſel bei der gleichförmig über alles gebreiteten Allegorie zuließen, ſo tritt in den 'Grammatiſchen Geſprächen' zu dem unerquicklichen Gleichmaß der Formen noch die unerquicklichere Eintönigkeit der Farbe hinzu.

Aber auch für den Inhalt war dieſes Übermaß von Allegorie nicht vorteilhaft. Unwillkürlich, ja ſicher gegen Klopſtocks Abſicht, büßte die Darſtellung dadurch an knapper Kürze ein und gewann nicht an Klar-heit und Überſichtlichkeit: unweſentliche, noch dazu nur erträumte Vorzüge der äußern Form, die Klopſtock ſelbſt in dem die Einleitung vertretenden erſten Geſpräch mehr entſchuldigte als rechtfertigte, waren ſomit durch thatſächliche, weſentliche Mängel, die zum Teil ſogar das Verſtändnis des inneren Zuſammenhangs ſchädigten, allzu teuer erkauft worden.

In der Sache knüpfte Klopſtock überall an ſeine früheren gramma-tiſchen Beiträge zur 'Gelehrtenrepublik' und zu den 'Fragmenten' von 1779 an. Oft wiederholte er nur das dort Geſagte, manchmal wo es der Sinn zuließ, ſogar mit denſelben Worten. Er verkannte noch eben ſo ſehr die Verwandtſchaft der einzelnen Laute und erwies ſich bei der Beſtimmung der reinen hochdeutſchen Ausſprache noch gerade ſo abhängig von der Mundart ſeiner engeren Heimat als fünfzehn Jahre zuvor. Seine Anſichten über die deutſche Rechtſchreibung waren im Grunde die gleichen geblieben, wenn er ſie auch nicht mehr ſeinen Leſern ſo unge-ſtüm aufbrängte wie ehedem. Dagegen wollte er nun, frühere Verſuche dieſer Art weit überbietend, höchſt oberflächlich aus der äußern, nur für das Auge geltenden Ähnlichkeit der Buchſtaben in einer Anzahl griechiſcher und deutſcher Worte darthun, daß beide Sprachen dem Klange nach einander verwandt ſeien. Ja in ſeinem einſeitigen Patriotismus, der neben der deutſchen alle übrigen Sprachen gering ſchätzte und für die Denkgeſetze der erſteren allgemeine Gültigkeit in Anſpruch nahm, klaubte er wieder allerlei angebliche Beweisgründe zuſammen für die Be-hauptung, daß das Deutſche dem alten Griechiſchen an Wohlklang keines-wegs nachſtehe, ſondern es ſogar in wichtigen Einzelheiten auch hier (wie in der Klarheit bei der Bildung zuſammengeſetzter Worte, wie in der Vermeidung überflüſſiger Partikeln und ſonſt) übertreffe. Und ebenſo wie früher zog er den deutſchen Hexameter, der durch die Aufnahme des Trochäus eines mannigfacheren rhythmiſchen Ausbrucks fähig ge-worden iſt, bem Homeriſchen vor. Auch jetzt wieder verleitete ihn ſeine Deutſchtümelei, ſtatt der allgemein gebräuchlichen und verſtänd-

lichen lateinischen Kunstwörter der Grammatik deutsche zu verlangen, die
ohne ausdrückliche Erklärung niemand verstehen konnte (z. B. Wechsel-
wort statt Participium, kurze und lange Form statt Activ und Passiv):
hätte Schopenhauer die 'Grammatischen Gespräche' gekannt, so würde
er hier für seine Polemik gegen solch übertriebene „Deutschmichelei"
('Die Welt als Wille und Vorstellung', 1844, Bd. II, S. 121 ff.) die
treffendsten Beispiele gefunden haben. In allen Fragen, welche eine geschichtliche Kenntnis der ältern germanischen Sprachen erheischten, zeigte
sich Klopstock noch immer als den fleißig arbeitenden, wohlmeinenden
Dilettanten, der sich aber — und zwar mit besonderer Vorliebe — auf
Dinge bezog, die er nicht genügend verstand, und an Aufgaben wagte,
denen nicht nur sein eignes Halbwissen, sondern überhaupt die damalige
Sprachforschung nicht gewachsen war. Er könne nicht eigentlicher Sprach-
kenner heißen, urteilte sehr zutreffend Jakob Grimm 1819 von Klopstock.
„Er waltete in der neuern Sprache und fühlte mitunter in die ältere
hinein." Namentlich seine etymologischen Nachweise bekundeten das auffällig. Richtiger hingegen betonte er wieder die maßgebende Bedeutung
des Sprachgebrauchs, den er aber nur nach den Werken der wenigen
guten Schriftsteller, nicht etwa nach den Reden der französisch verbildeten
feineren Gesellschaft oder nach dem Regensburger Kanzleistil mit seinen
„Heiligerömischereichdeutschernationsperioden" bestimmt, auch nicht durch
Einmischung „landschaftischer" Formen und Redensarten bereichert wissen
wollte. Und vortreffliche Winke gab er auch jetzt wieder über die Sprache
der Leidenschaft, überhaupt reiflich überdachte Regeln für die dichterisch
oder rednerisch gehobene wie für die einfach-nüchterne prosaische Darstellung.

Die einzelnen praktischen Vorschriften, welche das Buch enthielt,
zeugten ausnahmslos von Klopstocks eigner Meisterschaft der Sprachbe-
handlung und konnten wohl alle dem Leser, der sie befolgte, nur zum
großen Vorteile gereichen. Höchstens litt auch hier die Bestimmtheit und
Klarheit durch den Mangel an System und Methode, namentlich durch
den Mangel eines sicheren Princips, das sich aus der philosophisch er-
faßten Natur der Sprache ergeben mußte. Umständliche, aber unüber-
sichtliche Aufzählungen einzelner Wörter und Normen, die gleichwohl
noch vieles schwankend ließen, waren die nächste, bedenkliche Folge dieses
Grundfehlers. Darin besonders unterschieden sich — nicht zu ihrem
Ruhme — Klopstocks 'Grammatische Gespräche' von Herders sprachlichen

Forschungen und ebenso von Abelungs bedeutendstem grammatischen Werke, dem 'Umständlichen Lehrgebäude der deutschen Sprache' (Leipzig 1782): wie Herder, so suchte Abelung seine Sprachlehre philosophisch und geschichtlich zu begründen; über seinen praktischen Zweck verlor er den zunächst theoretischen Charakter seiner Aufgabe nicht aus dem Auge; ausführlich handelte er vom Sprechen, von den Sprachen überhaupt und von der Entwicklung der deutschen Sprache insbesondere, bevor er streng systematisch und lückenlos Stockwerk für Stockwerk seines Lehrgebäudes der jetzigen deutschen Sprache aufführte. Klopstock dagegen verfolgte nur praktische Ziele; das philosophische Wesen der Sprache und ihr geschichtliches Werden ließ er, soweit die Folgen davon nicht ganz unmittelbar ihren gegenwärtigen Zustand bestimmten, als unfruchtbare theoretische Fragen unbeachtet. Die alltäglichen Elementarregeln, wie sie jede Schulgrammatik enthält, von der Beugung der Nomina und Verba, den Eigentümlichkeiten der Syntax und andern dergleichen Dingen vollständig zu sammeln, wobei er notwendig manches von andern schon Gesagte hätte wiederholen müssen, dazu konnte er sich nicht entschließen; nur hie und da, wo er gewisse Regeln neu und besser als seine Vorgänger zu fassen hoffte, lieferte er kleine Bruchstücke zur Formenlehre und Syntax. Andrerseits enthielten die 'Gespräche' viel mehr, als was im engeren Sinne zur Grammatik gehört: Fragen der Prosodie, der Rhythmik, der Stilistik wurden eingehend darin erörtert. Das Buch war eben für Schriftsteller, für Dichter bestimmt und darum in künstlerisch freierer Weise abgefaßt. Im einzelnen stimmte ja manches, was Klopstock berührte, mit Abelungs Lehrsätzen überein, besonders wenn es sich um den Ruhm der deutschen Sprache gegenüber dem Auslande handelte; der allgemeine Gegensatz aber, in welchem sich Klopstock zu dem Schüler Gottscheds befand, veranlaßte ihn auch im besondern zu zahlreichen feindlichen Ausfällen auf die Behauptungen oder Vorschläge desselben. Abelung vor andern verspottete er, wenn er sich im zweiten Gespräch über die neuen, in der That drolligen Namen der Consonanten je nach der verschiednen Öffnung des Mundes, durch die sie entstehen (Mampflaut, Blaselaut, Stotterer u. s. w.), lustig machte; ihn parodierte er, wenn er im vierten Zwischengespräch mittelst einer allerdings steifen und schleppenden Ironie mehrere nichtssagende Sätze über die Bedeutung der Ableitungssilben von der Ausländerei als tiefsinnige Weisheitslehren bewundern ließ; gegen ihn gieng, was Klopstock über den Zweck und den

daraus sich ergebenden notwendigen Charakter eines wissenschaftlich ge-
nügenden deutschen Wörterbuchs bemerkte.

Neben Abelung bekämpfte er vornehmlich auswärtige Verächter des
Deutschen, zu denen er freilich oft schon bloße begeisterte Verehrer einer
andern Sprache zählte. So erfuhren die Franzosen Palissot und Rivarol,
der italienische Abt Xaver Bettinelli, gelegentlich auch Samuel Johnson
und Voltaire, zumeist aber Friedrich der Große seine bissigen Angriffe.
Bitter verspottete er die Vorschläge Friedrichs in seiner bekannten Schrift
über die deutsche Literatur, welche den Wohlklang unserer Sprache zu
heben strebten; noch höhnischer geißelte er die Unbeholfenheit des großen
Königs in seiner Muttersprache, wenn er sie ja einmal in amtlichen Bescheiden gebrauchte, und die prosaische Redeweise seiner französischen Verse.

Nicht minder heftig eiferte Klopstock gegen Kant, der früher (1764)
doch selbst den 'Messias' über Homers und Miltons Werke gestellt hatte.
Ihm ausschließlich war das 1795 veröffentlichte Bruchstück aus dem Gespräch über die Bedeutsamkeit gewidmet. Und Klopstock wurde dieser
unvergleichlich großen Erscheinung im Reiche der Wissenschaft noch weniger
gerecht als der politisch-nationalen Größe Friedrichs II. Weit entfernt,
daß er durch ein wirklich ernstes Studium in das tiefere Verständnis
der Kantischen Philosophie eindrang, stieß er sich, kleinlich, ja oft kindisch
tadelnd, an der äußeren Schale derselben; bei seinem völligen Mangel
an philosophischem Sinn und speculativem Interesse vermochte er sich
nicht über die Schwerfälligkeit der sprachlichen Darstellung bei Kant hin-
wegzusetzen. Ihn schreckten neben der Unbeholfenheit seines Periodenbaus
namentlich seine gehäuften, teils fremden Sprachen entlehnten, teils im
Deutschen neugebildeten Kunstausdrücke ab, mit denen Kant (wie jeder
Philosoph) bisweilen einen andern, bestimmteren Sinn verband als die
meisten Schriftsteller vor ihm. Indem Klopstock diesen Sinn mißverstand, zumal da er Kants Sätze einzeln aus dem Zusammenhange losriß, oft aber auch aus bloßem conservativen Eigensinn gegen die selbständige Bildung neuer deutscher Wörter, um kleine Schattierungen
logischer Begriffe zu unterscheiden, sich sträubte, konnte er die größte
philosophische That seines Jahrhunderts so sehr verkennen, daß sie ihm
nur als eine Erneuerung der alten, längst überwundenen Scholastik mit
veränderter Tendenz galt. Einen Tiefsinn lügenden Wechselbalg, der
dem zur Wahrheit führenden heilsamen Zweifel untergeschoben sei, nannte
er Kants Kritik in einer gleichzeitigen Ode, und in etlichen mißglückten

Sinngedichten stellte er den Königsberger Weltweisen, dessen Lehre bereits die gesammte europäische Wissenschaft umzuwälzen begann, als einen seichten Fasler hin, der nie einen brauchbaren eignen Gedanken gehabt habe. Mit Herders oder gar mit Hamanns wissenschaftlicher Polemik gegen Kant läßt sich dieses unwürdige Geifern Klopstocks auf ein Werk, für das ihm selbst ein oberflächliches Verständnis und somit jede Urteilsfähigkeit abgieng, in keiner Weise vergleichen; einigermaßen entschuldigt wird sein Fehler höchstens durch den an sich löblichen, auch sonst in den 'Grammatischen Gesprächen' bekundeten Eifer, die deutsche Sprache vor dem Eindringen neuer, unrichtig oder doch ungenau gebildeter Wörter zu bewahren, ein Bestreben, das Klopstock mit allen großen Stilisten neben und nach ihm bis auf Schopenhauer und Richard Wagner gemein hatte.

Einen großen Raum in den 'Grammatischen Gesprächen' füllten Übersetzungen aus dem Griechischen und Lateinischen. Auch sie sollten den Vorzug der deutschen Sprache vor ihren modernen Schwestern erweisen, da sie allein getreu, ohne Verschönerung oder Umschreibung und im Versmaß des Originals übertragen kann. Allein Klopstock verfolgte mit diesen Versuchen, denen er sich, wohl von Fritz Stolberg und Voß angeregt, verhältnismäßig spät, nun aber mit besonderer, bleibender Liebe zuwandte, noch eine zweite Absicht, die ihrem Wesen nach außer dem Gebiete der Kunst lag: er wollte seine Vorlagen getreu, jedoch auf kürzerem Raum im Deutschen nachbilden[1]. Vor dieser Grille mußten unter Umständen alle andern, für den Dichter ungleich wichtigern Rücksichten zurücktreten. Um ein paar Silben zu ersparen, gab Klopstock oft den Ton und Stil seiner Vorlage preis, zerstörte den kunstvollen Bau des Satzes wie den musikalischen Rhythmus des Verses, veränderte willkürlich die Stellung der Worte und überhaupt ihr gegenseitiges Verhältnis, hob hier Unwesentliches stärker hervor und gieng dort über Bedeutendes leicht hinweg, vermied nicht genug unbeholfene oder gar undeutliche Ausdrücke, undeutsche Constructionen, ja selbst metrische Schwerfälligkeiten und löste die schwungvolle Poesie seiner Originale nicht selten in dürre, nüchterne Prosa auf. Kein Funke von Horazens zündender Begeisterung glühte mehr in seiner Übersetzung des „Dulce et decorum est pro patria mori" (od. III, 2, 13 ff.):

---

[1] Nach einer, allerdings nicht unbedingt zuverlässigen Angabe Böttigers hatte Klopstock in gleicher Weise und zu gleichem Zweck auch Stellen aus Milton übersetzt.

> Schön ist der Tod, ist süß für das Vaterland!
> Wer fliehet, stirbt auch; bebenden Jünglingen,
>   Dem Feiggewandten sinkt das Knie auch.

Aber die Strophe war um eine ganze Zeile kürzer geworden! Die Kürze allein sollte es denn auch rechtfertigen, wenn die berühmte Grabschrift des Simonides auf die Spartaner, die bei Thermopylä gefallen waren, in Klopstocks Wiedergabe ihrer einfachen, aber ergreifenden Würde entkleidet wurde:

> Wanderer, sag's den Lakonen, daß, Thäter ihres Gesetzes,
>   Wir hier liegen.

Doch auch schlimmere Dinge liefen mit unter. So verdeutschte Klopstock das Horazische „leni recreare vento sparsum odoratis humerum capillis" (od. III, 20, 13 f.) mit

> „Ließ den leisen Wind die beflossne Schulter
>   Von gesalbten Locken sich kühlen".

Oder er gab „grataque feminis imbelli cithara carmina divides" (Hor. od. I, 15, 14 f.) unerlaubt frei wieder:

> Singest zur friedlichen
>   Laute jeder ihr Lied deiner Gespielinnen.[1]

An unverkürzbaren Eigennamen schnitt er die Endsilben ab und machte Erynn aus Erinnys, Apul aus Apulier. Nicht bloß zahlreiche griechische Partikeln, die wir im Deutschen, ohne schwerfällig zu werden, kaum alle übersetzen können, sondern auch liebevoll ausmalende, charakteristisch veranschaulichende Worte höherer Gattung ließ er weg und bot so besonders statt Homers behaglicher und selbst rührender Breite öfters ein unruhig knappes oder wirres Gehaste von Begriffen, die für unsere Phantasie keine Gestalt, für unser Empfinden kein Leben gewinnen. Da setzte er etwa statt des malerischen ἀμφὶ δ'ἄρ' ὤμοισιν βάλετο (Il. V, 738) ein fahles „nahm" oder drückte, wenn Homer, deutlich und mit Absicht unterscheidend, in zwei Versen hinter einander (Il. XXII, 433 f.) κατὰ ἄστυ und dann κατὰ πτόλιν brauchte, nur die eine von beiden Bezeichnungen aus, hier überdies von dem Wahne befangen, er habe den Text, indem er die vermeintliche Wiederholung beseitigte, verschönert. Oder er ließ auch ohne solchen Vorwand ein θεοειδής (Hom. Od. XX, 350), ein

---

[1] Später verbesserte er allerdings:
> Singest zur friedlichen
> Laute süßen Gesang deinen Gespielinnen.

jamjam (Virg. Aen. XII, 875) völlig unübersetzt und verwischte ein ander Mal verkürzend das Gepräge des Originals, indem er ein mehrmals redselig wiederholtes Wort bald ganz beseitigte, bald mit einem andern umschrieb (Hom. Od. XIX, 204 ff.):

> Τῆς δ' ἄρ' ἀκουούσης ῥέε δάκρυα, τήκετο δὲ χρώς.
> Ὡς δὲ χιὼν κατατήκετ' ἐν ἀκροπόλοισιν ὄρεσσιν,
> Ἥν τ' εὖρος κατέτηκεν, ἐπὴν ζέφυρος καταχεύῃ,
> Τηκομένης δ' ἄρα τῆς ποταμοὶ πλήθουσι ῥέοντες,
> Ὡς τῆς τήκετο καλὰ παρήια δακρυχεούσης.

Schon Voß war hier 1781 in seiner ersten Übersetzung der Odyssee nicht genau genug gewesen; Klopstock gar verdeutschte schön, aber ganz selbständig, ohne um den Satzbau und um die gewählten Worte seiner Vorlage sich viel zu kümmern:

> Aber die Hörerin zerfloß in Thränen. Der Schnee schmilzt
> Also, welchen der West ausgießt auf die Höhen der Berge
> Und der Ost auftaut; der zerrinnende schwellet die Ströme.
> Also floß von den Thränen der Weinenden liebliche Wange.

Daneben jedoch glückte ihm vieles auf das allerschönste, namentlich wo er aus römischen Dichtern übertrug. Denn hier war er wegen der besonderen Knappheit der lateinischen Sprache oft zufrieden, wenn er nur nicht mehr Raum bedurfte als seine Originale; an weitere Verkürzung durfte er hier nur viel seltner als bei griechischen Werken denken. Ja, einmal bekannte er geradezu, daß er nicht im Stande sei, eine Horazische Ode (III, 9), das reizende Zwiegespräch des Dichters mit Lydia, ohne kleine Erweiterungen in's Deutsche zu übersetzen. Sonst aber wußte er gerade bei Horaz die verschiedensten Töne, des trauernden Ernstes, der innigen Herzensempfindung, des behaglichen Humors, der spielenden Ironie, des launig neckenden Spottes, auf das glücklichste zu treffen, und nicht minder gelang es ihm, viele der schönsten und zugleich nicht der leichtesten Stellen aus den größern Werken des fast unübersetzbaren Virgil ohne Einbuße ihres dichterischen wie ihres rhetorischen Glanzes zu verdeutschen. Dasselbe Lob gebührt uneingeschränkt seinen Übertragungen aus Ovids 'Metamorphosen'. Hier wählte er allerdings durchaus Verse, in denen einerlei Stimmung herrschte, in denen zartes, weiches Empfinden sich innig aussprach. Unter ihnen aber befand sich die Krone alles dessen, was er je aus der antiken Literatur in die Sprache der deutschen Dichtung herüberzauberte, die Verse an den thrakischen Strom, der des toten Orpheus Haupt und Leier auf seinen Wellen dahin trägt (metamorph. XI, 50 ff.):

> Caput, Hebre, lyramque
> Excipis, et, mirum, medio dum labitur amne,
> Flebile nescio quid queritur lyra, flebile lingua
> Murmurat exanimis: respondent flebile ripae.

> Das Haupt und die Leier, o Hebrus,
> Nahmest du auf, und Wunder! indem sie mitten im Strom fließt,
> Klagt was wie Wehmut die Leier, wie Wehmut murmelt des Toten
> Mund, antwortet der Widerhall vom Gestade wie Wehmut.

Bei den griechischen Dichtern hielt er sich nur an Homer, mit dessen Werken er ja überhaupt seine Übersetzungsversuche, zuerst freilich in Prosa, begonnen hatte. Dagegen teilte er auch einige jener früheren Verdeutschungen von besonders kurz gefaßten Stellen aus Xenophons 'Anabasis' und Thukydides' 'Peloponnesischem Kriege' mit. In beiden Fällen sind die nicht geringen Schwierigkeiten der Aufgabe geschickt überwunden; Wort und Sinn ist richtig, kraftvoll und im Tone des Originals wiedergegeben. Nur an Einer Stelle ist bei der Übertragung aus Xenophon (Anab. II, 1, 17, durch Weglassen des ἀναλεγόμενον ὅτι) die Klarheit zu Gunsten der Kürze geschädigt, und die aus Thukydides (I, 80 ff.) gewählte Rede des Archidamos dürfte mehrmals in ein flüssigeres, natürlicheres Deutsch gebracht sein.

Es ist bezeichnend für Klopstocks dichterische Eigenart, daß ihn als Übersetzer aus der antiken Poesie nur die Werke der Epiker und Lyriker und zwar von den ersteren wieder zumeist die lyrisch gefärbten Abschnitte anzogen. Schon August Wilhelm Schlegel hat mit Recht hervorgehoben, daß bei einem Wettstreit um die Kürze der Sprachen statt Versen Homers vielmehr Stellen aus Aischylos und den attischen Tragikern, „wo die Gedanken mit jeder Zeile wie Geschosse hin und wider fliegen", gewählt werden mußten, allenfalls auch Sprüche Pindars oder Menanders. Zu ihnen aber hatte Klopstock weitaus nicht das innige persönliche Verhältnis wie zu Homer, Virgil, Ovid und Horaz. Aus dieser persönlichen Vorliebe für die genannten Dichter entsprang zunächst der Eifer, der ihn stets wieder auf's neue antrieb, sich übersetzend mit ihnen zu beschäftigen. Die eine und andere Stelle aus Virgil oder Horaz verdeutschte er sogar mehrmals. In seinem Streben nach Kürze wurde er jedoch mit den Jahren fast noch gleichgültiger gegen den rhythmischen Gang der Strophe, den er nun noch öfter und äußerlich verletzender unterbrach.

Durch diesen absonderlichen Ehrgeiz, mit weniger Silben als die Griechen und die Römer auszureichen, unterschied sich Klopstock von allen deutschen Übersetzern vor, neben und nach ihm. Ohne, ja gegen seinen Willen wurde seine Wiedergabe antiker Gedichte gar oft um ein gutes Stück freier als die, welche ziemlich gleichzeitig Voß versuchte. Gleichwohl steht sie ihrem allgemeinen Wesen nach der Art von poetischer Übertragung, welche durch Voß in unserer Literatur am edelsten vertreten ist, näher als jeder andern. Klopstock wandelte nicht in den Bahnen des Bibelübersetzers Luther, so daß er etwa ganz naiv seine griechischen und römischen Lieblinge deutsch reden ließ, also den Inhalt ihrer Dichtung ohne Rücksicht auf ihre formalen und nationalen Eigentümlichkeiten in urwüchsigem, unverkünsteltem Deutsch neu schuf. Eben so wenig nahm er Wielands mehr umschreibende, den eigenartigen Sinn und Ausdruck des Originals nur halb wiedergebende Übertragungsweise, die parodistische, wie Goethe sie nannte, zum Muster. Er erreichte aber auch nicht jene ideale Höhe der formvollendeten Übersetzungskunst, auf welche Schlegels deutscher Shakespeare führte, so daß er das eigentümliche Gepräge der antiken Gedichte und den selbständigen Charakter unserer modernen Sprache unverletzt zu schöner Einheit verband, also zwar die römischen und griechischen Verse im Deutschen neu, doch aus dem Geiste des ursprünglichen Dichters heraus erzeugte. Für sein im großen und ganzen künstelndes Verfahren war vielmehr der eigentümliche Charakter des Originals maßgebend: die deutsche Sprache sollte in seiner Übersetzung alle Farbentöne und Schattierungen der Ursprache getreulich ausdrücken, sie wurde gleichsam — und bisweilen nicht ohne Zwang — in dieselbe Form gegossen, welche die antiken Sprachen frei und naturgemäß auf organischem Wege sich gebildet hatten. Aber gleich Voß ließ Klopstock von der philologischen Genauigkeit seine dichterische Kraft keineswegs unterdrücken, und so erzielte er, wie jener, im einzelnen Erfolge, die mitunter nahe an die Meisterleistungen eines Schlegel streiften [1]).

Von dem lesenden Publicum wurden die 'Grammatischen Gespräche' nebst ihren Fortsetzungen gleichgültig aufgenommen, von der Kritik im allgemeinen nur wenig beachtet. Doch wurden sie in ausführlicher und bedeutender Weise von den beiden Kunstrichtern besprochen, die als sprach-

---

[1]) Vgl. über Einzelnes dieser Übersetzungen meine schon früher erwähnten Aufsätze über Klopstocks Verhältnis zum klassischen Altertum.

lich-metrische Künstler und als dichterische Übersetzer vor allen deutschen
Lesern hier zum Urteil berufen waren, von August Wilhelm Schlegel
und von Voß. Jener veröffentlichte 1798 im 'Athenäum' unter dem Titel
'Die Sprachen' ein Gespräch über die 'Grammatischen Gespräche', in der
Form diesen nachgebildet, im Inhalt bei der allerhöchsten Verehrung für
Klopstock und sein Verdienst doch fast beständig seine Behauptungen be-
richtigend und einschränkend. Schlegel rügte alle die kleinen formalen
Mißgriffe und sachlichen Irrtümer der 'Grammatischen Gespräche' und
erkannte ganz richtig als ihren gemeinsamen Grund Klopstocks einseitigen
Patriotismus, der sich bei noch so tiefem Studium über den ungültigen
Gesichtspunkt seiner eignen Sprache nicht erheben konnte. Er tadelte
ferner, daß der wortkarge Schriftsteller oft kaum Winke gebe, wo man befriedigende Belehrung von ihm wünsche. Bisweilen gieng freilich auch
Schlegel in seiner Verteidigung der nichtdeutschen Sprachen zu weit: indem
er Klopstocks einseitige Anpreisung der Muttersprache entschieden ablehnte,
schien er fast ihre wirklichen Vorzüge zu tief herabzusetzen. Mit vollem
Recht verwahrte er sich gegen den übertriebenen Hang zur Kürze. Er erhob den wohl begründeten Einwand, daß die alten Dichter nicht kürzer
sein wollten, als sie waren, weil der beständige Lakonismus zwar eine
große sittliche oder politische Tugend sein möge, gewiß aber weder eine
dichterische noch eine rednerische sei. Aber überschwänglich rühmte Schlegel
noch 1827 die Meisterschaft des Stils in den 'Grammatischen Gesprächen'.
Sie schienen ihm das Anmutigste, was Klopstock überhaupt geschrieben
hatte. Er bewunderte die Kunst, womit der Verfasser seine Scheinpersonen
so charakteristisch in Handlung gesetzt habe, den raschen und muntern
Dialog, den reichlich eingestreuten drolligen und stets gesellschaftlich feinen
Scherz. Noch freigebiger fast spendete Voß, dessen Anzeige der 'Grammatischen Gespräche' erst 1804 nach Klopstocks Tod in der Jenaer 'Allgemeinen Literaturzeitung' erschien, sein Lob dem Werke des älteren, innig
verehrten Freundes, obgleich auch er dessen falsches Trachten nach Kürze
beklagte, wodurch in den Übersetzungen der Rhythmus und die Tonmalerei
des Originals meist völlig verwischt worden sei.

Doch auch schon zu Lebzeiten Klopstocks hatte Voß wiederholt die
Gelegenheit ergriffen, die Ansichten des Messiasdichters namentlich über
Metrik im einzelnen zu bekämpfen, obgleich auch er zunächst und im allgemeinen auf ihrer Grundlage seine Verslehre aufbaute. Dem ehemaligen
schrankenlosen Bewunderer Klopstocks waren über den Plan und die Aus-

führung der Messiade arge, in ihrer Schroffheit nicht einmal berechtigte
Zweifel aufgestiegen; namentlich hatte ihn aber ein unbefangenes, gründ-
liches Studium des antiken Hexameters belehrt, daß Klopstocks Vers nach
seinem äußeren Bau wie nach seinem inneren Wesen von demselben grundverschieden sei und ihm an strenger Gliederung und Wohlklang weit nach-
stehe. In der Vorrede zu seiner Übersetzung der Virgilischen 'Georgica'
(1789) sprach er sich denn auch zwar mit der größten Ehrerbietung vor
dem dichterischen Genie Klopstocks, doch unumwunden über die Mängel
seines Hexameters aus. Noch vor dem Reindrucke sandte er die Correctur-
bögen des Werkes dem Freunde nach Hamburg, der von diesen metrischen
Ketzereien seines einstigen Jüngers schon durch Gerstenberg allerlei Unlieb-
sames erfahren haben mochte[1]) und nun sich in einen ausführlichen wissenschaftlichen Briefwechsel darüber mit ihm einließ. In der Sache wiederholte Klopstock dabei nur, was er schon 1779 in den 'Fragmenten über
Sprache und Dichtkunst' gesagt hatte, begründete und zergliederte es aber
dem zweifelnden Mitforscher gegenüber auf das sorgfältigste. Die Richtigkeit der Vossischen Einwürfe vermochte er freilich nur selten zu bestreiten,
obwohl sich die ganze Controverse um äußerst feine, überaus schwer zu
entscheidende Punkte drehte. Leider jedoch hielt sich weder er noch sein
Gegner bei diesem Gedankenaustausche von persönlicher Empfindlichkeit
frei. Voß stritt, zumal als der Jüngere, nicht höflich genug; Klopstock
antwortete im Tone des gekränkten Stolzes; so wurde im November 1789
der Briefwechsel und mit ihm die einst so herzliche Freundschaft der beiden
abgebrochen.

Voß hatte das letzte Wort behalten; er mußte auch wieder das erste
sprechen. Er that es erst nach zehn Jahren[2]) im März 1799 mit einem
herzlichen Briefe, in welchem sich sein inniges Verlangen kund gab, von
Klopstock wieder in der alten Weise geliebt und als Dichter beachtet zu
werden. Seine aufrichtige, warme Bitte fand eine freundliche Antwort,
das alte Verhältnis war wieder hergestellt, und auf's neue wurden ziemlich
eifrig Briefe zwischen Hamburg und Eutin gewechselt. Das Thema bildete
jetzt fast ausschließlich Vossens Übersetzungsart, an der Klopstock gewisse

---

[1]) Vgl. Wilhelm Herbst, Johann Heinrich Voß. Leipzig 1874. Band II, 1,
S. 20 und 46.

[2]) So lange stockte der Verkehr zwischen den beiden Dichtern vollständig.
Der bei Lappenberg S. 364 abgedruckte Brief von Ernestine Voß aus dem Jahre
1796 ist augenscheinlich an Reinhold in Kiel gerichtet.

im Deutschen gewagt scheinende sprachliche Wendungen, besonders aber
den Grundsatz tadelte, nach welchem Voß Vers für Vers, ohne zu kürzen,
wiedergab. Er achtete dies mit der Treue der Übertragung nicht verein-
bar, da der Übersetzer seinem Original weder etwas geben noch nehmen
dürfe, der Deutsche jedoch bei gleicher Verszahl durch die größere Kürze
seiner Sprache zum Geben geradezu gezwungen werde. Sicherlich war
diese Ansicht verkehrt, wie denn überhaupt jetzt in der Sache fast immer
Voß gegen Klopstock im Rechte sich befand. Daß dieser das nicht zugestand,
gab jenem aber noch keinen Grund, nach drei Vierteljahren wieder den
Beleidigten zu spielen. Die neue Verstimmung dauerte jedoch nicht lange.
Voß hob sie noch im gleichen Jahre 1800 durch eine Ode 'Klopstock in
Elysion', deren warm begeisterter Ton alle Mißverständnisse der letzten
Zeit vergessen machte. In alter Freundschaft begrüßten sich die Versöhnten
wieder im Sommer 1801 zu Hamburg, und Vossens nächste theoretische
Arbeit, die 'Zeitmessung der deutschen Sprache' (1802), ganz und gar
durch Klopstocks metrische Studien bedingt und unter ihrem Einfluß ent-
standen, verriet schon in den einleitenden Worten die verehrende Liebe ihres
Verfassers zu dem greisen Dichter, „dem unsere Sprache zuerst griechische
Reigen tanzte und sang".

Der Einklang der literarischen Bestrebungen Klopstocks und Vossens
war gerade damals gestört worden, als der letztere in einen geistig und
persönlich nahen Verkehr mit den am Weimarer Hofe vereinigten Dichtern
trat. Den größten unter ihnen blieb Klopstock auch jetzt dauernd entfremdet.
Der alte Groll auf Goethe machte ihn auch jetzt noch unfähig, seine künstlerischen Schöpfungen würdig und richtig aufzufassen: 'Iphigenie' schalt
er eine steife Nachahmung der Griechen, und während er selbst in den
Jahren persönlicher Entzweiung Vossens 'Luise' mit vieler Wärme als ein
vortreffliches Werk lobte, fesselten ihn in 'Hermann und Dorothea' erst
die drei letzten Gesänge; diese entzückten ihn jedoch auch auf das höchste.
Von Schiller aber mußte ihn sein Widerwillen gegen die Kantische
Philosophie, als deren bewundernden Schüler und Verkündiger sich jener
offen bekannte, vollends entfernen, nachdem ihn schon die Übertreibungen
in den 'Räubern' von der Lectüre seiner Jugenddramen abgestoßen hatten.
Das literarische Bündnis Schillers und Goethes verspottete er witzlos in
schwerfälligen, aber von bittrem Ärger zeugenden Versen. Freilich büßte
hinwiederum auch Schiller in der jetzigen Periode seiner höchsten künstlerischen Reise das persönliche Verhältnis ein, welches er als Jüngling zu

Klopſtocks Werken gehabt hatte. Aber nichts deſto weniger entfloß jeßt ſeiner Feder jene ſichere, gerechte und bei aller Strenge doch liebevoll das innerſte Weſen des Klopſtockiſchen Genius ergründende Charakteriſtik, welche den Aufſaß 'über naive und ſentimentaliſche Dichtung' ziert. Wie er auch immer die Überſinnlichkeit, den Mangel beſtimmter und zwar für die Anſchauung beſtimmter Formen bei Klopſtock tadelte, wie wenig ihn die Meſſiade als Darſtellung einer Handlung und als ein epiſches Werk be- friedigte, doch galt ihm ihr Verfaſſer als Meiſter auf dem ganzen Felde ſentimentaliſcher Poeſie, beſonders groß jedoch in der elegiſchen Gattung, als ein vorzugsweiſe muſikaliſcher Dichter. Schroffer wandten ſich die Begründer der romantiſchen Schule, mit ihnen Jean Paul von Klopſtock ab, deſſen unmittelbaren Einfluß ſie nicht mehr gleich den Männern eines nur wenig älteren Geſchlechtes in ihrem eignen Bildungs- gang erfahren hatten. Fichte aber, der 1793 als Bräutigam einer Nichte Klopſtocks an ihn, den er ſeit ſeinem früheſten Knabenalter liebte und be- wunderte, Worte der innigſten Verehrung geſchrieben hatte, wurde wenige Jahre darauf für ſeine „philoſophiſche Caricatur" von dem zürnenden Dichter durch biſſige Spottverſe gegeißelt.

Verlor der Alternde ſo immer mehr die Fühlung mit denen, welche zu literariſchen Beherrſchern ihres Zeitalters berufen waren oder ſich doch als ſolche gebärdeten, ſo hatte er meiſtens innige Beziehungen zu jenen an ſich nicht minder ausgezeichneten und verdienſtvollen Schriftſtellern, die, nur durch jene Geiſter erſten Ranges verdunkelt, teils ihnen willig und freundſchaftlich-heiter ſich unterordneten, teils ſie voll unmutigen und un- fruchtbaren Grolles umſtanden. Sein Verhältnis zu Herder, das bald nach ihrer perſönlichen Begegnung (1783) geſtört worden zu ſein ſcheint, wurde ſeit 1795 wieder von Jahr zu Jahr herzlicher. Schon die gemein- ſame Abneigung beider gegen die kritiſche Philoſophie, gegen Schiller und Goethe, desgleichen verwandte ſprachliche und äſthetiſche Studien hielten die Freundſchaft warm. Junge Schüßlinge und ſonſtige Bekannte, die mit Empfehlungen des einen zum andern reiſten, ſchlangen die Bande der gegenſeitigen Zuneigung noch feſter. Wieder hatte Klopſtock die Freude, in Herders Schriften ſeinen Namen zu wiederholten Malen mit größter Aus- zeichnung genannt zu ſehen, ja eine überaus beifällige Anzeige ſeiner Oden (in der Ausgabe ſeiner geſammelten Werke) von Herders Hand zu leſen. Bereitwillig ſteuerte denn auch er einige Sinngedichte zu der von jenem 1800 geplanten Zeitſchrift 'Aurora' bei.

In ähnlicher Weise fühlte er sich jetzt zu dem alternden Wieland hingezogen, den die vollständig entgegengesetzten Tendenzen seiner Dichtung Jahrzehnte lang auch der rein menschlichen Teilnahme Klopstocks entfremdet hatten. Auch hier kittete der Widerwille gegen Kant die einstigen Gegner fester an einander, nicht weniger aber das lebhafte Interesse am Wein- und Gartenbau, welches beide Dichter als Besitzer oder Pächter kleiner Landgüter in gleichem Maße fühlten. Aber auch Wielands letzte literarische Arbeiten hatten Klopstocks vollen Beifall. Begeistert rühmte er Wielands Stil und Sprachgewalt, in der ihm auch Goethe nicht gleich komme, pries mit einem fast schwärmerischen Entzücken den 'Oberon' und spendete namentlich auch dem 'Aristipp' kräftiges Lob. Karl August Böttiger, der im Leben wie in der Literatur vielgewandte, der den greisen Sänger zu Hamburg im August 1795 aufsuchte, mag den Vermittler zwischen ihm und seinem ehemaligen Weimarer Antipoden gemacht haben. Böttiger selbst zählte von da an zu Klopstocks nächsten Freunden, erhielt manches Sinngedicht mitgeteilt, das nicht für die Öffentlichkeit bestimmt war, ja konnte sich sogar verhältnismäßig vieler Briefe von dem sonst im Schreiben so säumigen Dichter rühmen. Er war es auch, der zunächst die erfreulichen Beziehungen fortspinnen half, die Klopstock mit Wilhelm von Humboldt 1797 bei dessen Besuche in Hamburg angeknüpft hatte. Lange zuvor (1789) hatte ein anderer Gast, dessen die freundlichste Aufnahme in Weimar und Jena wartete, Jens Baggesen, auf der Durchreise Klopstock kennen gelernt und sich sein aufrichtiges Wohlwollen erworben. Erneute Besuche des reiselustigen Dänen während der folgenden Jahre verhüteten, daß die erste Zuneigung der beiden Dichter zu einander zugleich mit dem nächsten Anlaß derselben, ihrer gemeinsamen Begeisterung für die französische Revolution, erstarb.

Wie für Kant, so vermochte sich Klopstock für den Begründer der modernen Philologie, dem Weimars größte Geister damals so leidenschaftlich sich zuwandten, für Friedrich August Wolf nicht recht zu erwärmen. Die 'Prolegomena ad Homerum' hatten seines Verdienstes um das deutsche Epos zwar in ehrenvollster Weise gedacht; er selbst las das geistvolle Werk des tausendjährige Vorurteile zerstörenden Kritikers mit größtem Anteil, mit höchster Achtung für seine Gelehrsamkeit und seinen Scharfsinn: allein den kühnen Ergebnissen seiner Forschung stimmte er nicht bei. Er, der sich selbst als den Homer seines Volkes fühlte, der selbst nach einem einheitlichen, überlegten Plan ein großes Epos kunstvoll geschaffen hatte,

konnte sich nicht entschließen, den Glauben an die künstlerische Einheit und
Unteilbarkeit der Homerischen Gesänge, an ihre planvolle Erfindung und
Ausgestaltung im Geiste eines einzigen, gottbegnadeten Sängers aufzugeben. Auch hierin war Herder seiner Ansicht. Und seine alten treuen
Freunde richteten sich nach ihm, so namentlich Gleim, der freilich, wie es
scheint, von vorn herein für Wolfs Hypothese so wenig wie für Kants
zerstörende, nicht aufbauende Philosophie eingenommen war.

Keiner pflegte die alte Freundschaft mit solch rührender Zärtlichkeit
wie er. Als Ebert und die andern bis zum Tode geistig ihnen innig verbundenen Jugendgenossen dahin geschieden waren, als er selbst gleich
Klopstock „kein Reiser mehr" war, ja als Augenleiden und sonstige Krankheit ihm das Schreiben verwehrte, da diktierte er doch noch immer Brief
auf Brief an den Fernen, Heißgeliebten und verlangte sehnsüchtig nach
Mitteilungen von ihm; mit Entzücken begrüßte er jede neue Ode, die ihm
der Freund sandte; er lebte in der Erinnerung an die gemeinsam verbrachten Tage ihrer Jugend und suchte sogar Geringfügiges, was Klopstock damals mit ihm gethan, dem Andenken der Nachwelt zu erhalten;
sterbend endlich sandte er dem Teuern, den auch schon der eisige Hauch des
Todes streifte, den letzten Gruß: „In diesem Leben haben wir für und
mit einander nicht genug gelebt; in jenem wollen wir's nachholen."

Ihm, der mit derselben Liebe an allem hieng, was Klopstock liebte
und zu ihm gehörte, that es keiner an Treue gleich. Doch überdauerte
auch Karl Friedrich Cramers schwärmerische Verehrung und Anhänglichkeit ungeschwächt den Wechsel der Zeiten, und die Freundschaft zu der
Stolbergischen Familie erlitt selbst durch den Übertritt des Grafen
Friedrich Leopold zum katholischen Bekenntnis (1800) keinen gefährlichen
Riß. Von den übrigen Göttinger Genossen blieb namentlich Boie bis
zuletzt in persönlich freundlichem Verkehr mit Klopstock, während Bürger
und andere wenigstens durch Briefe gelegentlich ihr Andenken bei ihm
auffrischten.

Schwankender waren die Beziehungen zu Lavater, der in die
dichterische Literatur Deutschlands ganz und gar als Bewunderer und
Nachahmer Klopstocks eingetreten war. Schon 1764 hatte er auf der
Rückreise aus Pommern den verehrten Sänger zu Quedlinburg aufgesucht;
doch ist von einem näheren persönlichen Verhältnis, das sich in der Folge
zwischen beiden Männern entwickelt hätte, wenigstens äußerlich nichts
wahrzunehmen. Ja manche durch das Gerücht noch unschön aufgebauschte

ober entstellte Handlungen Lavaters, namentlich seine magnetischen Curen, stießen den Dichter, der über solche Dinge sehr rationalistisch dachte und in diesem Sinn erst kürzlich Swedenborg und seinen Anhängern derb die Meinung gesagt hatte, ernstlich ab. Seinen Unwillen erregte vollends Lavaters unberufene Einmischung in sein Verhältnis zu den französischen Republicanern, das eben so väterlich ermahnende als stürmisch drängende Schreiben des Züricher Geistlichen, der ihm zumutete, durch schroffe Zurücksendung des französischen Bürgerdiploms seinen Abscheu über den Königsmord öffentlich auszudrücken. Als daher Lavater ihn auf der Reise nach Kopenhagen im Sommer 1793 zu Hamburg besuchen wollte, weigerte sich Klopstock Anfangs, ihn zu empfangen. Erst auf der Rückreise gelangte Lavater durch Windemeus kluge Veranstaltung dazu, den trotz der herben Abweisung hoch verehrten Greis persönlich zu sehen. Er wurde nun freundlich aufgenommen, und das störende Mißverständnis war bei ehrlich-offener Zwiesprache bald beseitigt. Aber ein ferneres, dauerndes Freundes-verhältnis knüpfte sich auch an dieses Wiedersehen der beiden nicht an.

Überhaupt führten die zahlreichen Besuche hervorragender Menschen, die Klopstock in seinen letzten Jahren empfieng, nur selten zu einem länger andauernden persönlichen Verkehr. Das lag in der ganzen Art dieser Be-suche. Man wußte, daß der greise Dichter es gewissermaßen als eine Pflicht der Höflichkeit betrachtete, daß hervorragende Fremde zu Hamburg ihn in seinem Hause begrüßten; auch ohne dies lockten Neugier, Eitelkeit und wahre Verehrung manchen Gast an seine Thüre. Die meisten empfieng Klopstock mit ungeheuchelter Liebenswürdigkeit; er freute sich, Neues zu hören, seine Menschenkenntnis zu erweitern, seine nie gestillte Lernbegierde in dieser oder jener Hinsicht besser zu befriedigen. Zwar nicht immer waren seine Gäste Personen von der geistigen oder politischen Bedeutung Matthissons, den seine mannigfachen Reisen 1787 und wieder 1794 nach Hamburg führten, der Fürstin Gallizin, die ihn im Sommer 1793 aufsuchte, der englischen Romantiker Samuel Taylor Coleridge und William Wordsworth, die sich im Herbst 1798 bei ihm einstellten, und des Admirals Nelson, der, als er 1800 nach Hamburg kam, den für ihn schon im voraus begeisterten Dichter durch seine anspruchslose Treuherzigkeit entzückte, während seine Begleiterin, Lady Hamilton, ihn durch ihre pantomimischen Darstellungen bezauberte; und selbst in solchen Ausnahmsfällen brachten ihm die neuen Bekanntschaften selten dauernden Gewinn: auch die Zuneigung zu Nelson riß der Dichter, dem das Recht über alles galt, mit Gewalt aus seinem Herzen, als er erfuhr, daß der Sieger von Abukir den Republicanern in Neapel, die sich ihm ergaben, das Wort gebrochen hatte, mit dem sein Unterbefehlshaber Foote ihnen Leben und Freiheit zugesichert hatte. Doch Klopstock freute sich meistens auch jener Besuche, die ihm nur vorübergehend Anregung und Unterhaltung boten: immer ja brachten sie ihm erwünschte Abwechselung in die Eintönigkeit seines Lebens. Reisen oder auch nur größere Ausflüge mochte er bei seinem hohen, wenn gleich rüstigen Alter nicht mehr unternehmen; so vermittelten vornehmlich jene Gäste ihm den Verkehr mit der Außenwelt, dessen er so sehr bedurfte. Ohne sie wäre er auf sein Haus und auf die Hamburger Freunde beschränkt gewesen.

Behaglich zwar mochte er vor allem in diesem Kreise sich fühlen. Sein Heim hatte er am 30. October 1791 neu begründet, als er die Wittwe von Winthems als seine zweite Gattin in dasselbe einführte. Er gewann in ihr eine treue, liebevolle und sorgsame Pflegerin seines Alters, die es vortrefflich verstand, ihm und seinen Freunden seine Häuslichkeit angenehm und traulich zu machen. Die innige freundschaftliche Zuneigung, die er für Hannchen seit Jahrzehnten empfand, mochte er am Ende immerhin Liebe heißen; von jener leidenschaftlich-zärtlichen Hingabe, die ihn einst in Metas Arme getrieben, war seine zweite Ehe sicherlich weit entfernt, und er durfte es eigentlich seinen Hamburger Mitbürgern nicht verdenken, wenn sie sich seine Heirat nur so zu erklären vermochten, daß er dadurch der Freundin für den Fall seines Todes seine Pension retten wollte.

Sein Haus oder im Sommer seinen Garten vor der Stadt verließ Klopstock jetzt fast nur noch, um sich auf Spaziergängen oder lieber auf Spazierritten die körperliche Bewegung zu verschaffen, die er als seiner Gesundheit unentbehrlich erachtete. Auch pflegte er regen Umgang mit den alten Hamburger Freunden und Freundinnen. Regelmäßige Zusammenkünfte vereinigten ihn mit Büsch, den Ärzten Dr. Mumssen, Dr. Johann Albert Heinrich Reimarus und Hensler, bevor der letztere nach Kiel berufen wurde, mit Christoph Daniel Ebeling (1741—1817), Professor der Geschichte und der griechischen Sprache am Gymnasium; zu diesen „liebsten Freunden" gehörte ferner Büschens Tochter Friederike Elisabeth und ihr Gatte Peter Poel, der Herausgeber des 'Altonaer Mercur' (gestorben 1837), ebenso Reimarus' Schwester und Schwager, der hochgebildete Kaufmann Georg Heinrich

Sieveking (1751—1799). Zeitweise gesellte sich zu diesem Kreise der Componist Johann Friedrich Reichardt, der schon 1773 Klopstock in Hamburg kennen gelernt hatte und wieder von 1792 bis 1794 sich dort aufhielt. Zahlreiche französische Emigranten ließen sich während der Revolutionsjahre hier nieder; von 1797 an weilte selbst Lafayette zwei volle Jahre in Hamburg. 1802 siedelte Schönborn, aus dem dänischen Staatsdienst entlassen, von London nach Hamburg über. In Wandsbeck aber wohnte Freund Claudius und seit 1794 geraume Zeit auch Friedrich Heinrich Jacobi, durch die Siege der französischen Republik aus Düsseldorf vertrieben.

Unter diesen Freunden fühlte Klopstock sich behaglich. Sie boten ihm die gemütvolle, heiter anregende Unterhaltung, die er liebte; sie kannten seine Wünsche und Eigenheiten und störten ihn nicht darin; sie ließen sich auch seine kleinen Eitelkeiten gefallen und brachten dem Greise, den sie aufrichtig schätzten, allerwärts jene offen ersichtliche Verehrung dar, die er jetzt nicht leicht mehr entbehren konnte. Er war verwöhnt worden durch die Huldigungen, die ihm seit Jahrzehnten von allen Seiten mündlich und brieflich, erwartet oder unerwartet, selbst von Bewunderern, die er gar nicht kannte, erwiesen wurden. So überraschte ihn unter anderm im Winter 1795 auf 1796 die Erbprinzessin Therese Mathilde Amalie von Thurn und Taxis, eine geborne Herzogin von Mecklenburg-Strelitz, mit einem anonymen Brief und einer goldnen Dose, der ein kostbares Emailgemälde aus 'Hermanns Schlacht' eingefügt war, und der Dichter mußte erst eine öffentliche Aufforderung in Zeitungen ergehn lassen, damit er den Namen der ungenannten Spenderin erfuhr und ihr durch Zueignung einer Ode — seltsamer Weise wurde dafür 'Das Denkmal' von 1794 gewählt — danken konnte. Verehrungsvoll widmeten jüngere Dichter dem Nestor des deutschen Olymp ihre poetischen Versuche; von den durch die Revolution aus der Heimat vertriebnen Franzosen wagte sich der eine oder andere an Übersetzungen aus dem 'Messias' und den Oden, die er ehrerbietig-schüchtern dem greisen Sänger vorlegte; ausgezeichnete Männer der Wissenschaft schmeichelten ihm durch Zusendung ihrer Werke, und selbst ein Friedrich August Wolf suchte ihm seine Hochachtung zu beweisen, indem er ihm durch einen Freund seine Epoche machende Schrift überreichen ließ. Vornehmlich aber gab die letzte Sammlung seiner dichterischen Arbeiten seinen Freunden und Bewunderern erwünschten Anlaß, ihre Verehrung ihm auf's neue laut und kräftig zu bewähren.

Seit 1771 hatte Klopstock zahlreiche Oden gedichtet, die zum Teil in verschiedne Zeitschriften zerstreut, zum Teil gar nicht gedruckt worden waren. Seine Freunde drängten ihn, sie zu sammeln. Das war auch sein Wunsch; nur wollte er auch die Oden der Ausgabe von 1771, die er während der letzten Jahre wieder durchgesehen und mehrfach ver= bessert hatte, mit seinen spätern Gedichten zu einer vollständigen Samm= lung vereinigen. Durch Fritz Stolberg war er 1791 mit Georg Heinrich Ludwig Nicolovius aus Königsberg (1767—1839) bekannt geworden, der später im preußischen Cultusministerium eine hervorragende Stelle einnahm. Dieser, damals erster Secretär der bischöflichen Kammer in Eutin, empfahl ihm seinen Bruder zum Verleger, und Klopstock gieng gern auf diesen Vorschlag ein, als ihm tausend Thaler Honorar für die neue Ausgabe der Oden geboten wurden (1795). Auch noch zwei andre Buchhändler, Karl Friedrich Fleischer in Leipzig und Michaelis in Neu= strelitz, hatten sich um den Verlag der Oden beworben, waren aber bald wieder zurückgetreten. Allein nun schlug Göschen in Leipzig[1]), der schon 1787 aus Bodes Verlag die 'Oden' und den 'Tod Adams' gekauft hatte, dem Dichter eine große **Prachtausgabe seiner sämmtlichen Werke** vor, wie eine solche eben auch Wielands Schriften zu Teil wurde. Nicolovius hatte nicht den Mut, etwas Ähnliches zu unternehmen, war aber bereit, den Vertrag mit Klopstock zu lösen. Noch im Herbst 1795 giengen dessen sämmtliche Werke für alle Zeiten in Göschens Besitz über gegen die beträchtliche Summe von dreitausend Thalern. Der Beginn des Druckes zog sich jedoch noch beinahe ein Jahr lang hinaus. Zuvor galt es erst, sich mit Hemmerde und andern Buchhändlern, die gegen den Übergang der früher von ihnen gedruckten Werke in einen neuen Verlag Einsprache erhoben, aus einander zu setzen. Als das geschehen war, wurde mit einer für jene Zeit beispiellosen Sorgfalt die Ausgabe in Angriff genommen. Johann Gottfried Seume, damals in Göschens Diensten, war vornehmlich als Corrector dafür thätig, und Böttiger machte auf den Wunsch des Verlegers erläuternde Anmerkungen zu den

---

[1]) Die genauere Kenntnis der buchhändlerischen Beziehungen Klopstocks zu Göschen verdanke ich dem jetzigen Besitzer der G. J. Göschen'schen Verlagshand= lung, Herrn Ferdinand Weibert in Stuttgart, welcher mir die von ihm auf Grund seiner Geschäftspapiere verfaßten 'Episoden aus dem Leben Georg Joachim Göschens' in der Handschrift freundlichst zur Durchsicht überließ.

dunkeln Stellen der Oden. Aber Klopstock wollte von dem Freunde
höchstens die Verse und Worte angezeigt wissen, die ihm einer Erklärung
zu bedürfen schienen, und weigerte sich dann wieder lebhaft, „sein eigner
Scholiast zu werden". Im übrigen that es an Genauigkeit und Eifer
ihm keiner gleich. Das Kleinste, was bei dem Druck in Betracht kam,
war ihm nicht zu geringfügig. Er bekümmerte sich nicht nur um die
Verbesserung störender Druckfehler, um Orthographie und Interpunction
der Ausgabe mit peinlicher Gewissenhaftigkeit; auch die unbedeutendsten
Schnörkel bei gewissen Lettern, die Göschen wählte, oder fast unmerkliche
Abweichungen des Zeichners von seinem Entwurfe bei den Illustrationen,
ein scheinbar etwas zu langer oder zu kurzer Finger, ein etwas zu
fleischichter Fuß darauf, ja die Zubereitung der Druckerschwärze erregten
ihm ernstliche Bedenken. Brief auf Brief gieng deßhalb an Göschen ab,
der manches Blatt umdrucken lassen mußte. Ganz ohne vorübergehende
Verstimmung blieb zwar auch dieser Verkehr nicht, da einzelne Freunde
Klopstocks, die Göschen von dem Dichter oder seiner Familie dazu an-
gestiftet glauben mußte, dem Buchhändler den Gedanken nahe legten,
das Honorar freiwillig zu erhöhen, Klopstock aber den Verdacht, sie
hätten in seinem Auftrage gehandelt, beleidigt abwies. Gleichwohl griff
in diesem Briefwechsel bald ein herzlicherer Ton um sich, als er jemals
in Briefen des Dichters an seine früheren Verleger aufgekommen war;
Klopstock nahm an Göschens persönlichen Schicksalen, an den fröhlichen
oder traurigen Vorgängen in seinem Familienleben warmen Anteil und
lud ihn zu wiederholten Malen freundschaftlich zu einem Besuch in
Hamburg ein, wo er sein Gast sein sollte. Das letztere Anerbieten lehnte
der Buchhändler höflich ab; es scheint überhaupt aus der ganzen Reise,
wie oft er sie auch plante, nie etwas geworden zu sein.

Der Druck der großen Ausgabe schritt rasch vorwärts; am 30. April
1798 hielt Gleim die mit brennender Sehnsucht erwarteten beiden Bände
der Oden in den Händen. „Klopstock," rief er begeistert aus, und seine
jungen Freunde stimmten in das schwärmerische Lob ein, „du bist nicht
Horaz, nicht Pindar, bist Eloah!" Dicht auf die Oden folgte der
'Messias', auch dieses Werk im einzelnen neuerdings (seit 1793) durch-
gearbeitet, gefeilt und verbessert. Und zwar veranstaltete Göschen neben
einander drei Ausgaben der gesammelten Werke, die eine im größten
Quartformat, mit außerordentlicher Pracht gedruckt, die andern einfacher,
in kleinem Quart- oder im gewöhnlichen Octavformat.

Leider war Klopstock, der sonst allerlei verwegene Pläne wieder im
Kopfe trug, an eine zweite, mit Rücksicht auf die neuesten Zeitverhältnisse
veränderte und vermehrte Auflage der 'Gelehrtenrepublik' dachte, Böttiger
und darnach Karl Friedrich Cramer zu einer Ausgabe seiner verkürzen=
den Übersetzungen mit den antiken Originalstellen, den letzteren auch zu
einer Vergleichung vorzüglicher Stellen aus den besten alten und neuen
Dichtern mit solchen aus seinen eignen Schriften ermunterte — leider
war er in der Aufnahme des Einzelnen nur zu oft allzu streng gegen
sich. Zwar stiegen ihm nicht leicht Zweifel an der formalen Vollkommen-
heit seiner Gedichte auf; am allerwenigsten fiel ihm gar ein, sie wegen
des rätselhaften Dunkels der Sprache zu schelten: er hielt die Schwierigkeit des Ausdrucks bis zu einem gewissen Grade sogar für erhöhte
Schönheit. Aber aus stofflichen Gründen, weil er eine früher ausgesprochene Ansicht nicht mehr billigte oder weil er die Gegenwart nicht
für reif oder ruhig genug hielt, um seine Meinung zu vernehmen, schloß
er manche Ode aus der Sammlung seiner 'Werke' vorläufig aus. Auch
mit einer Anzahl halb dichterischer, halb geschichtlicher Aufzeichnungen
über die Revolution, die er wieder 'Denkmale' betitelt hatte, verfuhr
er so. Nach dem Bericht eines Freundes, der diese „in Art und Kunst
originellen" Entwürfe genau kennen gelernt hatte, des Historikers Johann
Wilhelm von Archenholz, waren es mit den feurigsten Farben gemalte
Schilderungen einzelner großer Vorfälle, wobei die jacobinischen Greuel
nicht vergessen waren, metrische Schilderungen, die durch ihre Eigenheit
in Rhythmus und Versbau ganz von Klopstocks Oden abwichen, durch
ihr hohes dichterisches Verdienst aber wie durch ihren Inhalt höchst
merkwürdig waren. Das einzige Stückchen jedoch, das davon erhalten
ist (in der Anmerkung zur Ode 'Der Eroberungskrieg', weist keinerlei
Versmaß oder Rhythmus auf, sondern ist in Taciteischer Prosa ziemlich
im Stile der 'Denkmale der Deutschen' aus der 'Gelehrtenrepublik' abgefaßt. Doch wie immer die Form der übrigen 'Denkmale' gebildet sein
mochte, jedenfalls begleitete Klopstock mit diesen Aufzeichnungen die Vorgänge der Revolution, bis die ärgsten Scheuslichkeiten der Schreckensherrschaft ihm einen Ekel an diesen Dingen erregten. Als vollends die
Siege der französischen Republik Deutschland zu dem erniedrigenden
Frieden von Lüneville 1801 nötigten, verbrannte Klopstock in patriotischem
Mißmut den ganzen Stoß seiner für den Druck bereits durchgefeilten
'Denkmale', die ursprünglich in der Ausgabe seiner 'Werke' ihren Platz

gleich hinter den Oden hatten erhalten sollen, dann aber für einen der spätern Bände zurückgestellt worden waren.

Aber auch die so rüstig begonnene Ausgabe geriet allmählich in's Stocken. Sechs Bände erschienen rasch hinter einander bis 1800; dann hemmten verschiedne Umstände die Fortsetzung, Klopstocks zunehmende Kränklichkeit, vor allem aber die unsichere politische Lage und demzufolge die Sprödigkeit der Käufer gegen die teuere Quartausgabe, während die Octavausgabe größeren Absatz fand. Erst 1804 trat ein siebenter Band mit den geistlichen Liedern, Epigrammen und einem Nachtrag zu den Oden an's Licht, vorerst nur in der billigeren Ausgabe, die bis 1817 durch die Dramen, die 'Gelehrtenrepublik', einige Aufsätze des 'Nordischen Aufsehers' und Metas hinterlassene Schriften auf zwölf Bände ergänzt wurde; von der Prachtausgabe wurde nur noch der siebente Band 1809 nachgeliefert.

Großes Aufsehen erregte die Sammlung der dichterischen Werke Klopstocks in der damaligen deutschen Literatur, die bereits zu ganz andern Zielen vorgeschritten war, nicht mehr. Bedeutende Kritiken, welche mit dem Eifer der einstigen Begeisterung das Augenmerk der Nation auf diese Dichtungen gelenkt und ihnen Schaaren neuer Bewunderer gewonnen hätten, ließen sich nicht vernehmen. Aber die alten Freunde Klopstocks jubelten bei dem Erscheinen der Gesammtausgabe froh auf und wetteiferten, dem greisen Verfasser neuerdings ihre Verehrung unter den mannigfachsten Formen zu bezeigen. Bisweilen gab er jetzt sogar selbst den ersten Anstoß zu den Huldigungen, die man ihm darbrachte. So übersandte er dem nunmehrigen Rector der Schulpforte, M. Karl Wilhelm Ernst Heimbach (gestorben 1801), ein Prachtexemplar der Messiade für die Schulbibliothek und fügte einige Winke bei, wie das Geschenk allenfalls in feierlicher Weise dort aufgestellt werden könnte. Mit innigem Vergnügen hörte er, mit welchen Ehren die Lehrer und Schüler der Pforte seine Gabe empfangen hatten, und obschon er das Übermaß dieser Ehren für sich bescheiden ablehnte, so war er doch auch in der Folge bemüht, daß der hell entzündete Eifer der Pförtner für das in ihren Mauern einst begonnene Gedicht, ihr Fleiß im Lesen desselben, ihre Anhänglichkeit an den Verfasser nicht so bald erlösche.

Eine ihm besonders schätzbare Auszeichnung widerfuhr dem Dichter, als ihn 1802 das französische Nationalinstitut (1795 an Stelle der 1793 aufgelösten Akademie gegründet) zum auswärtigen Mitgliede wählte.

Hocherfreut über diese Ehre, mit der man die streng wahrhafte Sprache seiner Revolutionsoden belohnen zu wollen erklärte, bot Klopstock in seinem Dankschreiben dem Präsidenten des Instituts als Zeichen seiner Erkenntlichkeit Proben seiner Übersetzungen an, welche durch ihre Kürze den Vorzug der deutschen Sprache vor allen ihren europäischen Schwestern erweisen würden; so machte sich bis zuletzt überall, selbst zur Unzeit, seine stolze Vaterlandsliebe geltend.

Klopstock litt bereits schwer unter der Schwäche des Alters, als Frankreich ihn dieser höchsten literarischen Auszeichnung würdigte. Seine früher so kräftige Gesundheit war während des letzten Jahrzehnts durch mehrere, zum Teil langwierige Krankheiten erschüttert worden. Besonders in den Jahren 1801 und 1802 suchten ihn „allerlei Gichtereien und kleine Fieberanfälle" heim. Doch erholte er sich immer wieder leiblich. Heiter feierte er 1801 auf dem Landgute der Familie Sieveking zu Neumühlen bei Altona seinen Geburtstag im Freundeskreise; auch das Vossische Ehepaar war unter den Festgenossen. Aber schon machte auf Voß, der den älteren Dichter über ein Jahrzehnt nicht mehr gesehen hatte, die greisenhaft hingewelkte Gestalt, die nunmehr einem Schatten des ehemaligen Klopstock glich, einen unverwischbaren, tieftraurigen Eindruck. Ein erstes Vorzeichen seines nahen Scheidens stellte sich im Frühling des folgenden Jahres ein. Nach längerem, doch unbedeutendem Kränkeln fühlte er sich am 6. Mai 1802 wieder kräftig genug, um zu einem Mittagsmahle bei einem Freunde, der in der Nähe von Ottensen wohnte, zu fahren. Aber kaum war er dort angelangt, als ihn eine fast schlagartige Betäubung traf: sprachlos und fiebernd, einem Sterbenden gleich wurde er in seine Wohnung zurückgebracht. Das Fieber, mit rheumatischen Schmerzen verbunden, ließ nur langsam nach; erst nach zwei Monaten fühlte er sich so weit genesen, daß er bei schönem, warmem Wetter seinen Garten wieder zu beziehen beschloß. Geheilt genoß er noch einmal des sonnigen Herbstes.

Mit Winteranfang überfiel ihn wieder die Krankheit, die die Kräfte seines Körpers bald völlig erschöpfte. Besonders litt er an Hämorrhoidalübeln und Koliken. Doch bewahrte er sich unter den Schmerzen seinen alten Gleichmut und zeigte den Freunden, deren Besuch ihn herzlich erfreute, ein möglichst heiteres Gesicht. Die Frische und die Kraft seines Geistes ließ dabei nicht nach. Sein Verstand und seine Phantasie behielten ihre frühere Stärke; selbst sein Gedächtnis war nur wenig schwächer geworden. Mit voller Teilnahme las er bis in die letzten Wochen seines Lebens neue Bücher, deren Stoff oder Behandlungsweise ihn anzog. So bereitete ihm das Lob, das Frau von Staël in der Vorrede zur 'Delphine' den Deutschen spendete, lebhaftes Vergnügen. Politische Gespräche, die er sonst vornehmlich gesucht hatte, vermied er jetzt; die trüben Geschicke der jüngsten Vergangenheit lasteten schwer auf seiner von Vaterlandsliebe glühenden Seele. Dagegen versenkte er jetzt sich gern in die Erinnerung an seine Jugend; der Gedanke an jene glücklichen Jahre munterer Kraft erquickte ihn augenscheinlich. Bis zuletzt hielt seine warme Teilnahme an den klassischen Studien an; durch seine Verbindungen in Wien, Karlsruhe und an andern Höfen suchte er genaue Abschriften der vor einiger Zeit entdeckten herculanischen Papyrusrollen und griechische Handschriften aus dem Serail des Sultans zu bekommen. Er wiegte sich dabei in den kühnsten Träumen von unschätzbaren neuen Funden antiker Dichtungen. Vor allem aber labte sich der Kranke an geistlichem Troste. Eifrig las er in der Bibel, und selbst in seinen Fieberphantasien schwebten ihm Gestalten aus der heiligen Geschichte vor der Seele und traten ihm Worte der Schrift auf die Lippen. Auch an der Lectüre seines 'Messias' richtete er sich auf, und oft sagte er sich mehrere Verse daraus vor; ohne daß er in eitler Selbstgefälligkeit an den dichterischen Schönheiten seines eignen Werkes sich erbauen wollte, stärkte er sich durch die religiösen Ideen, die es enthielt, wie ihm denn überhaupt gerade in diesen letzten Jahren der sittliche Einfluß seines Hauptwerkes ungleich wichtiger war als sein künstlerischer Wert.

Noch einmal einen ganz heitern, schmerzlosen Tag verlebte er unter Freunden am 6. Januar 1803. In dem folgenden Monat aber nahm sein Leiden und seine Schwäche auffallend zu. Ein Fieber, das seine letzte Kraft aufrieb, zwang ihn, vom 17. Februar an ganz das Bett zu hüten. Heftig und unter bittern Qualen, die man durch häufigen Opiumgenuß zu betäuben suchte, rang er mit dem Tode, bis er endlich unterlag. Er klagte nicht und wollte nicht bedauert sein; „Kein Mitleid!" bat er mit ernstem Nachdruck, als sein jüngster Bruder, tief erschüttert, an sein Krankenlager trat. Aber er hoffte auch nicht mehr auf Genesung. „Mich wird der Frühling nicht erfreuen", sagte er ahnungsvoll schon am 12. Februar. In den letzten Wochen wollte er außer seinen Ärzten, Heise und Reimarus, selbst die nächsten Freunde nicht mehr sehen, um durch ihre Betrübnis nicht neuerdings aufgeregt zu werden. Nur seine

Gattin, seine Stieftochter Meta und seine Schwägerin blieben fortwährend in seiner Nähe. Mit dankbarster Liebe nahm er ihre unermüdliche Pflege hin. Mit ihnen sprach er meist von Tod und Unsterblichkeit, stets gehoben und getröstet durch seinen wankellosen christlich-frommen Glauben. Auch seine Träume, denen er dann lange mit seinen Gedanken nachhieng, wiesen ihn meist in's Jenseits und führten ihm die Gestalten Bernstorffs und andrer geliebten Entschlafenen, doch auch die des Markgrafen von Baden vor die Seele. Dann wieder gedachte er seines Sohnes, den Meta ihm nicht hatte gebären können, und sagte mit freudiger Zuversicht: „Nun werde ich Vater zu dem Kinde." Die Nachricht vom Tode seiner alten Freunde Gleim und Hirzel, die ihm um wenige Wochen vorausgiengen, verschwieg man ihm; doch konnte man aus seinen Reden schließen, daß er ihren Verlust ahnte. Endlich erlosch die letzte Lebenskraft, die so lange immer wieder aufzuglimmen gesucht hatte, und in tiefem, ruhigem Schlummer verschied er schmerzlos ohne Röcheln und ohne eine ängstliche Miene am Mittag des 14. März 1803.

Erst am 22. März wurde die Leiche zur Erde bestattet. So lange dauerten die Zurüstungen zu dem Begräbnis, das sich durch das vereinigte Wirken der Städte Hamburg und Altona zu einer großartigen Feier gestaltete, wie sie niemals in Deutschland weder vorher noch darnach bis auf Richard Wagner den sterblichen Überresten eines Dichters bereitet wurde. Mit fürstlichem Pompe wurde der Sarg auf einem vierspännigen Trauerwagen nach Ottensen zu Metas Grab geleitet. Von den Schiffen des Hafens wehten Trauerflaggen; von allen Türmen der Stadt läuteten die Glocken. In sechsundsiebzig Kutschen folgten dem Totenwagen alle in Hamburg wohnenden Gesandten und Geschäftsträger fremder Mächte, der gesammte städtische Senat, die Geistlichen, Lehrer, Künstler und angesehensten Bürger. Eine militärische Ehrenwache zu Pferd und zu Fuß eröffnete den Zug; Marschälle mit weißen Stäben und Jungfrauen, mit Blumen geschmückt, schritten dem Sarge voraus. Gegen fünfzigtausend Menschen standen in ehrfurchtsvoller Stille in den Straßen, durch die sich der Zug bewegte. Feierlich ward an der Grenze der beiden Städte die Leiche den Vertretern der dänischen Regierung und der Stadt Altona übergeben. Weitere fünfzig Wagen schlossen sich hier dem Trauergefolge an. In Ottensen wurde die Leiche unter Musik in die Kirche getragen, und während Klopstockische Oden und Lieder und Chöre aus Mozarts 'Requiem' gesungen wurden, ein mit Lorbeerzweigen überdecktes Exemplar der Messiade aufgeschlagen auf den Sarg gelegt. Der Domherr Dr. Friedrich Johann Lorenz Meyer (1760—1844) sprach statt einer Grabrede nur wenige, einfache Worte tiefster Verehrung für den Verewigten, dessen naher Freund er gewesen war, und las aus dem zwölften Gesang der Messiade die Verse vom Tode der Maria von Bethania vor, die Klopstock auf dem Sterbebette sich vornehmlich oft in's Gedächtnis gerufen hatte. Dann wurde unter neuen Gesängen der Sarg zur Gruft getragen und in die Erde gesenkt. Jünglinge und Jungfrauen bestreuten ihn mit den ersten Blumen des Frühlings.

Eine musikalische Totenfeier veranstaltete bald darauf die Hamburger Gesellschaft 'Harmonie'. Nachrufe auf den Geschiedenen, die teilweise zu selbständigen größeren Schriften anwuchsen, brachten die meisten angeseheneren Zeitschriften Deutschlands. Im französischen Nationalinstitut hielt Dacier am 22. März 1805 die Gedächtnisrede. In Deutschland aber lenkte gerade die politische Not der folgenden Jahre den Blick der literarisch Gebildeten wiederholt auf den vaterländischen Sänger. Mit Lobgedichten hatte man schon den Lebenden in seinen letzten Jahren vielfach zu ehren gesucht; sein Tod rief sogleich und noch nach geraumer Zeit eine erkleckliche Anzahl von Versen hervor, deren Gehalt und Wert sehr verschiedenartig war. Den schönsten und bedeutendsten Nachruf widmete Herder dem Geschiedenen in der 'Adrastea' (Band V, S. 98 ff.). Warm pries er „die Verdienste des seltnen, einzigen Mannes", der unsere Dichtung neu begründete, dessen Ziel stets die höchste Poesie war, die Poesie des Herzens und der Empfindung. Den 'Messias' nannte er das erste klassische Buch der deutschen Sprache nächst Luthers Bibelübersetzung, die Oden verglich er mit Apollos Köcher voll musikalischer Pfeile, die geistlichen Lieder mit den Gesängen Davids, und herzlich schloß er seinen Scheidegruß an den verewigten Freund: „Verhalle nicht, liebliche Stimme unsres Selma; doch du kannst nicht verhallen aus unsrer Sprache, so wenig als aus Hainen und Bergen die tausendstimmige Echo. Dreifache Kränze schmücken dein Grab, guter Klopstock; zuvörderst dein Jugendkranz, Myrten und Lorbeer, dann die Palme Zions, dann das prophetische Eichenlaub deines Vaterlandes. Deine stille Seele aber wohnt droben."

Klopstocks Wittwe überlebte ihn um fast achtzehn Jahre; sie starb erst am 19. Januar 1821, vierthalb Jahre, bevor die hundertste Wiederkehr seines Geburtstages in Hamburg, Altona, Berlin und namentlich in Quedlinburg feierlich begangen wurde. Da Klopstock kein Vermögen

hinterließ[1]), reichte Windeme bei dem dänischen Hofe verschiedne bringende
Gesuche um Fortdauer der bisherigen Unterstützung ein; sie wurden am
17. Juni 1803 dahin beschieden, daß ihr die Hälfte der Pension, die
Klopstock bezogen hatte, nämlich vierhundert Reichsthaler jährlich zu belassen seien. Die andere Hälfte jener Pension wurde teilweise dazu verwendet, das kleine Jahresgehalt des Romanschriftstellers Johann Gott-
wert Müller von Itzehoe zu erhöhen.

Klopstocks literarischer Nachlaß war unbedeutend. Schon das
Bittgesuch seiner Wittwe an den dänischen König beklagte diesen Mangel.
Die vielleicht interessantesten und wertvollsten seiner ungedruckten Papiere,
die geschichtlichen Arbeiten über den siebenjährigen Krieg und die fran-
zösische Revolution, hatte der Verfasser selbst erst vor kurzem vernichtet.
Einzelne Übersetzungsversuche, kleine Nachträge zu den 'Grammatischen
Gesprächen' und eine Anzahl von Sinngedichten, das war außer Briefen
so ziemlich alles, was sich noch unveröffentlicht in dem Nachlaß des
Verstorbenen vorfand. Einige in die Gesammtausgabe noch nicht auf-
genommene Oden und kleinere Gedichte kaufte Göschen nach mancherlei
Verhandlungen im September 1803 von der Wittwe des Dichters um
den ansehnlichen Preis von fünfhundert Thalern. Klopstock hatte selbst
gewünscht, daß sein Freund Ebeling, der auch die spätern Bände der
Göschen'schen Gesammtausgabe besorgte, seine ungedruckten Arbeiten
zur Grammatik für eine neue Ausgabe der völlig umzuschmelzenden
'Grammatischen Gespräche' verwerte. Doch blieb dieser Wunsch unerfüllt; eine zweibändige Auswahl aus dem Nachlasse Klopstocks, die seitdem nicht merklich vergrößert worden ist, veröffentlichte erst 1821 einer
seiner jüngeren Verehrer, der Leipziger Professor der Philosophie Christian
August Heinrich Clodius (1772—1836).

Das deutsche Publicum hat es nie beklagt, daß die Ausbeute aus
dem Nachlasse Klopstocks so gering war. Die Teilnahme der Leser an
den Werken des Dichters schwand bald nach seinem Tode auf das denkbar kleinste Maß herab. Bei den unleugbaren Schwächen der Poesie
Klopstocks und bei der vollständig veränderten Geistesrichtung unseres
Jahrhunderts durfte man sich darüber nicht verwundern; wohl aber
konnte es befremden, daß das deutsche Volk in grobem Undanke sogar

---

[1]) Seine Bibliothek wurde am 19. Februar 1805 öffentlich verkauft. Der
Katalog derselben umfaßte 771 Nummern.

der billigen Achtung vergaß, die es dem Begründer seiner neueren Dichtung schuldig ist, und daß eine Zeit lang nicht nur ungebildete Hohlköpfe, sondern selbst sonst hochverdiente Männer der Wissenschaft Klopstock entweder mit schlechten Witzen verspotteten oder mit leidenschaftlich heftigen Vorwürfen befehdeten. Und nicht bloß den Dichter, den sie kritiklos stets langweilig und unnatürlich schalten, traf ihr Tadel, sondern fast noch mehr den Menschen. Man sprach von seiner kleinlichen Eitelkeit, seiner geschraubten hohenpriesterlichen Würde; man schilderte ihn, als ob er voll dünkelhafter Anmaßung sich nur in den Weihrauchdünsten anbetender Bewunderer wohl befunden und in idealistischer Verstiegenheit das wirkliche Erdenleben nie mit gesunden und einfachen Sinnen aufgefaßt und genossen habe. Man begieng dabei einen doppelten Fehler. Das Charakterbild, das man von Klopstock entwarf, war nur nach dem alternden Dichter gezeichnet und auch da noch bis zur Caricatur verzeichnet.

Klopstocks Charakter, besonders aber sein äußeres Gebahren in der Welt blieb sich nicht von Anfang bis zu Ende unveränderlich gleich. Der Jüngling, der in Zürich studentenhaft schwärmte, der Mann, der von Kopenhagen oder Lyngby aus mit den Familien seiner Freunde turnerhaft verwegne Ausflüge unternahm, war von dem Greise, der sein behagliches Heim in der Königsstraße zu Hamburg fast nur noch mit seinem Gartenhause vor dem Dammthor vertauschte und aus Bequemlichkeit vom Reisen nichts mehr wissen wollte, nicht bloß körperlich verschieden. Erst im späteren Mannes- und im Greisenalter trat jene so oft gerügte Würde und jenes hohe Selbstbewußtsein bei Klopstock hervor. Aber auch jetzt artete der berechtigte Stolz auf sein geschichtliches Verdienst um Deutschlands Sprache und Literatur nur selten in persönliche Eitelkeit, seine unter Umständen abgemessene Würde niemals in unnatürliche Geschraubtheit aus. Freunde, die herzlich und unbefangen ihm nahten, fanden ihn stets heiter, einfach, offen, frei von Anmaßung. Sie rühmten seine schonende Milde im Urteil über andere, seine Verträglichkeit mit Leuten von allerlei Art, seine bescheidene Aufnahme widersprechender Behauptungen, seine herzliche Besorgnis bei dem kleinsten Unfall, der einem in seiner Nähe Weilenden begegnete. Selbst Fremde, die ihn zum ersten Mal sahen, fanden ihn schlicht und naiv, wenn sie nur selbst so zu ihm kamen. So rühmte der französische Schriftsteller Chênedollé an ihm „un air ouvert et plein de franchise, la candeur d'un enfant et le génie d'Homère".

Kühler, doch nicht weniger beifällig urteilte der scharf blickende Merck schon 1775: „Aus seinem Umgang erhellt ein klarer, heller Menschenverstand mit sehr viel Weltkunde und Weltkälte. . . . . Sein Herz scheint ruhig, in sich selbst gekehrt, seines Werts bewußt. Dabei ist er per Intervallen offen und scheint im ganzen Verstande des Worts ein ehrlicher Mann." Lächelnde Heiterkeit, die fast nie durch üble Laune gestört wurde, Freude am Scherz und Witz, der aber nicht verletzen durfte, vor allem liebenswürdige Zuvorkommenheit gegen Damen blieben bis zuletzt Grundzüge seines gesellschaftlichen Benehmens. Stets war er ein Freund der Jugend, und noch im hohen Alter ergötzte er sich, von Jünglingen begleitet, an ihren Freuden, badete, ritt, lief Schlittschuh mit ihnen um die Wette, so lange sein Körper es irgend vertrug. Allerdings labte er sich herzlich an der warmen Verehrung, mit der Jung und Alt ihn umschmeichelte; aber diese innige Verehrung erkaltete gerade deßwegen nicht, weil er selbst im geselligen Verkehr so selten sich für einen Besseren als die andern zu erachten, einen höheren Rang vor ihnen zu fordern schien. Gebieterisch-stolze Würde zeigte er für gewöhnlich nur dann, wenn jemand, zumal ein Jüngerer, vorlaut ein unhöfliches oder unbesonnenes Wort gegen ihn wagte oder wenn sein vaterländisches Gefühl unziemlich gekränkt wurde.

Und wie im gesellschaftlichen Umgang mit Freunden oder Fremden, so war er zu Haus im Kreise seiner Familie. Auch hier begegnete ihm alles mit Liebe und Verehrung, alles richtete sich nach seinem Wink; aber er selbst schien das nie zu fordern oder vorauszusetzen. Für den kleinsten Dienst erwies er sich dankbar, und aufmerksam strebte er, wo er konnte, den Wünschen seiner Lieben entgegenzukommen. Hochmut und Selbstsucht zeigten sich auch hier seinem Wesen fremd, hingegen Wahrhaftigkeit, Rechtlichkeit und innige Frömmigkeit als die Grundzüge seines Charakters. Willig ließen sich daher auch seine Angehörigen seine kleinen Schwächen gefallen, die lyrische Unordnung seines Arbeitszimmers, das die Freunde mit einem alles verschlingenden Abgrund verglichen, seinen Gebrauch häßlich riechender Salben und andrer den Kleidern schädlicher Gesundheitsmittel, auf die er viel hielt, oder gelegentlich leichte Nachlässigkeiten in der Kleidung überhaupt.

Zwar wählte Klopstock auch seinen Anzug meistens einfach, aber elegant, weder geckenhaft modern noch auffallend altmodisch. Höchstens vermochte ihn seine Vorliebe für Wärme, später auch die Rücksicht auf die

Bequemlichkeit, dann und wann durch Kleinigkeiten gegen die übliche Sitte oder gegen den guten Geschmack der Kleidung zu verstoßen. Im allgemeinen hatte sein äußeres Auftreten wie seine Person etwas Zierliches. Er war von mittlerer Größe, beinahe noch klein zu nennen, weder schmächtig noch stark; seine Bewegungen, besonders die der Hände, werden als äußerst lebhaft geschildert, doch hatten sie alle etwas Abgemessenes, Schwebendes an sich. Die Züge seines ebenmäßig gebauten Kopfes schienen nicht frappant, scharf bestimmt, sondern verschmolzen sich vielmehr unter einander, so daß zwar das Gesicht als ein Ganzes sprechend im höchsten Grade genannt werden konnte, doch nicht in den einzelnen Teilen. Die Lippen umschwebte ein sehr freundlicher Zug; aus den blauen, etwas kleinen, in den spätern Jahren meistens leidenden Augen blickte noch mehr Zärtlichkeit als Feuer; Festigkeit und Kraft zeigte die energisch geschweifte Nase, die durch ihre mannigfache Muskelbewegung gleich dem spitzen Kinn viel zum charakteristischen Ausdruck des Kopfes beitrug.

Für den Maler war jenes unbestimmte Ebenmaß aller Züge, namentlich auch die zutrauliche, nichts weniger als spöttische Freundlichkeit des Mundes eine beinahe unumschiffbare Klippe. Seit 1750, als der Dichter bei Sack in Magdeburg (wohl von Hempel) und bald darnach in Zürich von Johann Kaspar Füßli gemalt wurde, entstanden zahlreiche Portraits Klopstocks, Ölgemälde, Radierungen, Kupferstiche, Schattenrisse, Büsten[1]). Aber selbst große Meister der Portraitmalerei versuchten vergebens, den Ausdruck seines Gesichts ganz zu treffen. Er selbst und seine Angehörigen hielten das Gemälde von Jens Juel (1780 vollendet, oft in Kupfer gestochen, unter andern von Preisler 1782) für das beste; Böttiger zog wenigstens für die letzten Jahre Klopstocks das auch von J. J. L. Meyer gelobte Bild vor, welches Anton Hickel 1798 von dem greisen Dichter entwarf.

Lebenswahrer und ähnlicher hat Klopstock selbst sein geistiges Bild in seinen Werken und Briefen gezeichnet. In ihnen drückt sich die Hoheit seiner Anschauungen, der strenge Ernst seiner Gedanken, die leidenschaftliche Innigkeit seines Empfindens am treuesten aus. Vor allem spiegelt sich in seinen Briefen sein Wesen, wie es sich im geselligen Verkehr zeigte, genau wider. Klare, kalte Besonnenheit in allen Fragen, die sich auf das

---

[1]) Am vollständigsten sind dieselben von Cropp im Hamburger Schriftsteller-lexikon IV, 13 ff. aufgezählt.

praktische Leben beziehen, und Vergnügen an harmlosem Scherz und Witz, der manchmal sogar zum neckenden Getändel ohne tieferen Geistesgehalt wird, bildet den Grundton dieser Briefe; Kürze, Einfachheit und Offenheit sind bleibende Vorzüge derselben. Wohl findet sich auch in ihnen dann und wann eine schwer verständliche Anspielung auf Dinge, die uns ferne liegen, und eine idealistische Verstiegenheit der Phantasie oder des Gefühls; für die Leser aber, denen Klopstocks Briefe zunächst galten, waren jene Anspielungen nicht undeutlich, und in der empfindsameren Sprache des vorigen Jahrhunderts klang manches, was uns schwärmerisch dünkt, noch immer nüchtern genug. Überdies wurde der verständige, ruhige und natürliche Gesammtton dieser Briefe durch solche seltne Einzelheiten nicht verändert.

Daß unser Volk Klopstocks Schriften jemals wieder mit wahrer Teilnahme lesen wird, steht nicht zu erwarten. Selbst wenn man den einzigen Weg, der allenfalls in die Nähe dieses Zieles führen könnte, betreten wollte und statt der ganzen Messiade nur einzelne, mit Bedacht aus dem Zusammenhang losgelöste, schöne Stellen derselben, statt der chronologisch geordneten Odenreihe ausgewählte Gedichte daraus, deren Ton und Art frei abwechselte, statt 'Hermanns Schlacht' etwa 'Hermanns Tod' lesen würde, so dürfte eine solche Lectüre heutzutage noch immer nur sehr wenige Freunde unserer Literatur anziehen. Hingegen ist zu hoffen, daß der (wenn auch bisweilen überschwängliche) Eifer, mit dem seit einiger Zeit das Studium Klopstocks und seiner Werke in den wissenschaftlichen Kreisen Deutschlands wieder betrieben wird, dem Sänger der Messiade und der Oden bei den Gebildeten unseres Volkes überhaupt die Achtung und dankbare Verehrung wieder geben werde, welche dem Begründer unserer neueren Poesie, dem ersten, der den Namen eines deutschen Dichters bei Hoch und Niedrig, in der Heimat und im Ausland wieder zu Ehren brachte, nach seinem geschichtlichen Verdienste gebührt.

Register.